Gott der Schöpfer - Israels Gott

# BEITRÄGE ZUR ERFORSCHUNG DES ALTEN TESTAMENTS UND DES ANTIKEN JUDENTUMS

Herausgegeben von Matthias Augustin

Band 5

## Verlag Peter Lang

Frankfurt am Main · Bern · New York · Paris

# Karl Eberlein

# Gott der Schöpfer – Israels Gott

Eine exegetisch-hermeneutische
Studie zur theologischen Funktion
alttestamentlicher Schöpfungsaussagen

2., erweiterte Auflage

**Verlag Peter Lang**

Frankfurt am Main · Bern · New York · Paris

CIP-Titelaufnahme der Deutschen Bibliothek

Eberlein, Karl:

Gott der Schöpfer, Israels Gott: e. exeget. - hermeneut. Studie
zur theol. Funktion alttestamentl. Schöpfungsaussagen / Karl
Eberlein. - 2. erw. Aufl. - Frankfurt am Main ; Bern ; New York ;
Paris : Lang, 1989
  (Beiträge zur Erforschung des Alten Testaments und des
  Antiken Judentums ; Bd. 5)
  Zugl.: Erlangen, Nürnberg, Univ., Diss., 1985
  ISBN 3-631-41582-6

NE: GT

D 29
ISSN 0722-0790
ISBN 3-631-41582-6
© Verlag Peter Lang GmbH, Frankfurt am Main 1989
Alle Rechte vorbehalten.

Für meinen Vater
und
für meine Frau

Für meine Tochter
und
für meine Frau

## Vorwort

Die vorliegende Untersuchung ist eine etwas überarbeitete Dissertation, die im Wintersemester 1984/5 vom Fachbereich Theologie der Universität Erlangen-Nürnberg angenommen wurde. Der Exkurs S.68ff stellt eine nachträgliche Ergänzung dar.

Die Dissertation wurde von Herrn Prof. Dr. Ernst Kutsch betreut. Prof. Kutsch hat sowohl hinsichtlich der Wahl des Themas als auch bei der Art der Durchführung seinem Assistenten die nötige Freiheit gelassen und zugleich wertvolle Ratschläge gegeben. Dafür und für das einfühlsame und ausführliche Erstgutachten sei ihm auch an dieser Stelle mein Dank ausgesprochen. Das Zweitgutachten hat Herr Prof. Dr. Ludwig Schmidt erstellt. In einem Drittgutachten hat Herr Prof. Dr. Friedrich Mildenberger die Arbeit besonders von der systematisch-theologischen Seite her bewertet und somit einen Aspekt hervorgehoben, der in meiner Arbeit vielmals nur indirekt zum Tragen kam. Der Dank an Prof. Mildenberger geht einher mit dem Dank an Herrn Prof. Dr. Jürgen Roloff, der in seiner exegetischen Expertise u.a. auch die neutestamentlichen Aspekte meiner Arbeit hervorgehoben hat.

Zu danken habe ich noch vielen. Es seien die Mitglieder des Doktorandenkollegs von Herrn Prof. Kutsch genannt, ebenso der auf privater Ebene sich treffende Assistentenkreis. Herr Pfarrer Rudolf Barth hat die Untersuchung nochmals gründlich gelesen und vor allem auch in stilistischer Hinsicht überprüft. Frau Lydia Platzer hat das Skriptum für den Verlag druckfähig gestaltet. Des weiteren war an der Fertigstellung des Skriptums Frau Christiane Neumann beteiligt. Zu nennen ist auch Herr Stefan Kanehl vom Verlag Peter Lang. Der Landeskirchenrat der Evang.-Luth. Kirche in Bayern und die Zantner-Busch-Stiftung in Erlangen haben durch ihre Druckkostenzuschüsse das Erscheinen dieses Buches ganz wesentlich erleichtert. Nicht zuletzt möchte ich Herrn Dr. Dr. Matthias Augustin, meinen Freund und Kollegen, erwähnen. In der von ihm herausgegebenen Reihe erscheint die vorliegende Untersuchung.

Ich widme dieses Buch aus guten Gründen meinem Vater und meiner Frau.

Erlangen, im Mai 1986                    Karl Eberlein


## Vorwort zur zweiten Auflage

Gut zwei Jahre nach der Erstveröffentlichung ist eine zweite Auflage nötig geworden. Hierfür wurden einige Verschreibungen korrigiert und der einleitende Abschnitt I.1 neu verfaßt. Des weiteren kommt ein Nachtrag hinzu, in dem ich mich vor allem mit Jürgen Moltmanns Buch "Gott in der Schöpfung" befasse und somit noch ausführlicher als in der ersten Auflage das Gespräch mit der systematischen Theologie suche. Schließlich sind zur homiletischen Konkretion auch noch zwei Predigten angefügt.

Da die Anmerkungen zum neu verfaßten Abschnitt I.1 mehr Platz beanspruchen als in der ersten Auflage, ergeben sich folgende Verschiebungen in den Seitenzahlen: Die Seiten 312 bis 448 der ersten Auflage entsprechen in der zweiten Auflage den Seiten 313 bis 449.

Frau Hildegard Hausch danke ich für ihre Mithilfe bei der Erstellung des Manuskripts.


Roth, im November 1988          Karl Eberlein

# INHALTSVERZEICHNIS

# 0. Technische und inhaltliche Vorbemerkungen

1. Die verwendete (d.h.: zitierte) Literatur ist mit möglichst vollständigen bibliographischen Angaben im Literaturverzeichnis aufgeführt. Ist ein entsprechendes Opus an verschiedenen Stellen erschienen (etwa in einer Zeitschrift und später in einer Aufsatzsammlung), wird durch ein "zit." in Klammern angegeben, nach welchem Fundort zitiert wird.

2. Die Abkürzungen werden nach den entsprechenden Gepflogenheiten (also in der Regel nach TRE) vorgenommen.

3. Im fortlaufenden Text einschließlich der Anmerkungen wird verwendete Literatur in Kurzform genannt, jedoch so, daß im Hinblick auf das Literaturverzeichnis wohl keine Verwechslungsmöglichkeiten entstehen können. Werden nur Namen angeführt, dann sind damit immer die Verfasser von den Kommentaren der biblischen Bücher gemeint, um deren Exegese es im Augenblick gerade geht. Außerdem ist auf Seitenangaben verzichtet, wenn es sich um die Exegese eines bestimmten, nicht zu verwechselnden Textabschnittes handelt. So deutet z.B. innerhalb der Auslegung von Gen 1 der Name "Westermann" auf BK I/1 hin, bei der Interpretation Deuterojesajas bezieht sich derselbe Name auf ATD 19. Nur bei mir möglich erscheinenden Mißverständnissen erfolgen in solchen Zusammenhängen noch weitere bibliographische Angaben.

4. Hervorhebungen innerhalb von Zitaten stammen, wenn nicht ausdrücklich anders angegeben, immer vom jeweils zitierten Verfasser selbst. Auch runde Klammern innerhalb von Zitaten sind originaler Art. Mit eckigen Klammern eingerahmte Bemerkungen innerhalb von Zitaten stellen Hinzufügungen meinerseits dar.

5. Ich habe mich bemüht, das Literaturverzeichnis trotz der umfassenden Thematik in einem relativ begrenzten Rahmen zu halten. Anderweitiger, von mir nicht direkt herangezogener Literatur wird vielmals in der Weise Rechnung getragen, daß bei der Nennung eines Werkes auf dort zusätzlich zitierte Literatur pauschal verwiesen wird. Freilich ist zu betonen, daß die Literatur, die für meine Darlegung tatsächlich relevant geworden ist, auch angeführt wird und somit auch im Literaturverzeichnis Berücksichtigung findet. Ich hoffe, auf diese Weise einen einigermaßen akzeptablen Mittelweg gefunden zu haben, nämlich zum einen die Anführung von Fachliteratur nicht uferlos werden zu lassen, zum anderen gerade so auch den Positionen gebührend Rechnung tragen zu können, die der eigenen Meinung widerstreiten.

## 1. Hinführung zum Thema

## 1. Erläuterungen zur Art des Themas

Im ersten Artikel des Apostolischen Glaubensbekenntnisses wird von Gott als dem "Schöpfer des Himmels und der Erde" gesprochen (1) und somit eine universale Perspektive des Glaubens eröffnet. Im zweiten Artikel hingegen steht mit Jesus Christus eine Person im Mittelpunkt, die zu einer bestimmten Zeit am Rand des damaligen römischen Weltreichs gelebt hat. Während das Geschehen um diese Person wohl kaum ein größeres Interesse der zeitgenössischen Weltöffentlichkeit gefunden hat (2), bekennt christlicher Glaube, daß in eben diesem Geschehen Gott in besonderer Weise am Werk war (3) - der gleiche Gott, der Himmel und Erde geschaffen hat.

Gott, der Schöpfer unserer ganzen vorfindlichen Wirklichkeit, ist in der Person Jesu Christi in einer ganz besonderen Weise am Werk - diese Überzeugung bildet die Klammer zwischen dem universalen Horizont des ersten und der partikularen Ausrichtung des zweiten Glaubensartikels. Dieser partikulare Aspekt mündet freilich seinerseits wieder in universale Perspektiven ein: Derjenige, der unter Pontius Pilatus gelitten hat, ist zugleich der, der zur Rechten Gottes sitzt und wiederkommen wird, um die Lebenden und die Toten zu richten.

Dadurch, daß christlicher Glaube den universalen Schöpfergott und den unter der Statthalterschaft des Pontius Pilatus gekreuzigten Menschen Jesus in einer so engen Beziehung sieht, ist der christlichen Theologie seit ihrem Anbeginn die Aufgabe gestellt, die Relation zwischen dem universalen und dem partikularen göttlichen Handeln zu bedenken. Nachdem weiterhin dieses partikulare Handeln nach dem Zeugnis des NTs heilvolle Bedeutung für die ganze

Welt haben soll (4), geht es bei der genannten Relation
zugleich um das Verhältnis von Schöpfung und Heil.

Es ist sicher eine der ganz grundlegenden Aufgaben christlicher Theologie, über dieses Verhältnis nachzudenken.
Die für mich nun wichtige Frage ist, was neben den anderen
theologischen Disziplinen die atl. Wissenschaft zu dieser
Aufgabenstellung beitragen kann. In der eingangs skizzier-
ten Weise stellt sich für sie diese Aufgabe insofern
nicht direkt, als in ihrem Forschungsgegenstand - also
im AT - der Name Jesus Christus (noch) nicht vorkommt.
In einer etwas anderen Art ist freilich auch der atl.
Disziplin der genannte Fragehorizont nicht fremd:
Während vom NT her die Frage nach dem Verhältnis von Schöpfung und Heil sich auf die Frage nach dem Verhältnis von
Schöpfungsbekenntnis und Christusbekenntnis zuspitzt,
geht es im AT um das Problem, in welcher Relation Jahwes
weltweites Schöpfungshandeln zu seinem besonderen Handeln
an seinem Volk Israel steht (5) - an dem Volk also, in
das Christus als der Sohn Gottes hineingeboren wurde (6).
Genau diesem Problem soll in dieser Untersuchung nachgegangen werden.

Wie aus den Exegesen in den Abschnitten III bis V zu ersehen ist, bin ich der Meinung, daß im AT die Rede von
Jahwes weltweitem Schöpfungshandeln weithin kein eigenständiges Thema darstellt, sondern ganz überwiegend in
einem unauflöslichen Zusammenhang mit dem steht, was Israel als besondere Hinwendung seines Gottes erfahren hat.
Gewiß läßt sich diese hermeneutische Grundposition (7)
nicht bei allen atl. Texten in gleicher Weise verifizieren (8), gleichwohl meine ich, daß im Schöpfungszeugnis
des ATs ein solcher enger Zusammenhang gleichsam als Grund-
tenor deutlich wahrnehmbar ist.

Mit dieser Sicht stehe ich sicher in einer deutlichen
Nähe zur Position G.v.Rads. Ich habe in der Tat durch

seine schriftliche Hinterlassenschaft (persönlich konnte ich ihn nicht mehr hören) entscheidende Impulse empfangen, meine jedoch, daß sein Anliegen, Schöpfungs- und Heils- glauben ganz eng einander zuzuordnen, angesichts der inzwi- schen weitergegangenen Forschung sowie unter Berücksich- tigung einiger Anfragen, die ich selber habe, nicht nur neu, sondern teilweise auch anders bewährt werden muß. Das gilt nicht nur, aber sicher nicht zuletzt für die Beurteilung der Weisheitstheologie (9). Insgesamt geht es mir freilich nicht darum, Recht und Unrecht der Posi- tion v.Rads zur Darstellung zu bringen. Intendiert ist vielmehr die eigenständige Bearbeitung eines Themas, dem sich G.v.Rad - gewiß in einer sehr beachtlichen und bahn- brechenden Weise - _auch_ verpflichtet wußte.

Wenn tatsächlich begründet gesagt werden kann, daß die Rede von Jahwe als dem universalen Schöpfer im AT vornehm- lich nicht als ein eigenständiges Thema anzusehen ist, sondern in engem Zusammenhang mit dem besonderen Handeln dieses Gottes an seinem Volk gesehen wird, dann hat dies Konsequenzen für die Theologie insgesamt. Wenn schon im AT Gott als der universale Schöpfer nur in der Weise zu haben ist, daß er zugleich als Israels Gott in Erschei- nung tritt, dann stellt sich umso mehr für die am Chri- stusbekenntnis orientierte Theologie die Aufgabe, den ersten Glaubensartikel nur in engem Zusammenhang mit dem zweiten Glaubensartikel abzuhandeln. Diese Aufgabe stellt sich für die christliche Theologie als ganze deshalb _umso mehr_, weil die Verbindung Gottes des Vaters, der alles geschaffen hat, zu seinem Sohn Jesus Christus qualitativ noch eine andere ist als die Hinwendung dieses Gottes zu seinem Volk Israel (10).

Der von mir vorweg behauptete und exegetisch zu verifizie- rende unauflösliche Zusammenhang von Gottes weltweitem Schöpfungshandeln und seinem besonderen Handeln an Israel läßt m.E. weiterhin den Schluß zu, daß das AT auf seine

Weise ein Nein zu den Möglichkeiten einer natürlichen
Theologie spricht, wenn man darunter - im genau zu beach-
tenden Unterschied zu einer Theologie der Natur (11) -
die Möglichkeit einer eigenständigen (!) Gotteserkenntnis außerhalb der besonderen Offenbarung versteht. Dieses
Nein dürfte auch aus meinen Exegesen ersichtlich sein,
wobei ich freilich mit dem dogmatischen Begriff "natürliche Theologie" zurückhaltend umgehen möchte, damit er
nicht überstrapaziert wird.

Insgesamt kann ich in dieser atl. Untersuchung Querverbin-
dungen zu den anderen theologischen Disziplinen nur hin
und wieder herstellen und somit auch Konsequenzen für
die Theologie als ganze nur andeutungsweise aufzeigen.
Solche Blicke über die atl. Disziplin hinaus erfolgen
vor allem in etlichen Anmerkungen, in einem Teil der Exkurse (vgl. die Exkurse S.68ff, 101ff, 105ff und 291ff)
und schließlich in der hermeneutischen Schlußbesinnung
(Abschn.VI). In erster Linie soll es in dieser Untersuchung um die theologische Funktion der Schöpfungsaussagen
im atl. Kontext selber gehen und dabei vor allem das Verhältnis von Jahwes weltweitem Schöpfungshandeln zu seinem besonderen Handeln an Israel beleuchtet werden. Nicht
zuletzt ist es dabei auch nötig, Lebenszusammenhängen
nachzuspüren, in die die entsprechenden Glaubensaussagen
hineingehören. Eine in dieser Weise biblisch-theologisch
ausgerichtete Untersuchung kann sicher keine unmittelbaren (!) Antworten auf die dogmatischen und ethischen Herausforderungen geben, vor denen wir heute im Zusammenhang
mit dem Thema "Schöpfung" stehen. Solche Antworten haben aber eine sorgfältige Rückbindung an die biblische
Tradition als der norma normans zur Voraussetzung.

2. Paradigmatische Konkretion

G.v.Rad hat in seinem Aufsatz von 1936 (Titel:das theologische Problem des alttestamentlichen Schöpfungsglaubens)
die Abhängigkeit des Schöpfungsglaubens vom Heilsglauben be-

tont (12). R.Albertz sieht in seiner 1974 veröffentlichten
Untersuchung (13) die "Berechtigung" dieses Ansatzes von der
damaligen zeitgeschichtlichen Situation her, wo es um die
Auseinandersetzung mit der nationalsozialistischen Ideologie
ging. Zugleich aber fährt er fort: "Heute ist die Situation
eine andere." Angesichts der säkularen Wirklichkeitserfahrung fragt er: "Können vielleicht in dieser Lage die 'peripheren' Gotteserfahrungen, die sich in der Menschen- und
Weltschöpfungstradition aussprechen und die sich ja nicht
einmal auf den Jahweglauben Israels beschränken lassen,
sondern weit in die Religionsgeschichte hineinreichen, erneute Bedeutung bekommen?" Ganz in diese Richtung geht sein
Einwand gegen "die enge Parallelisierung von 'Schöpfung' und
'Erlösung'" (14).

In diesen Äußerungen von Albertz kommt ganz deutlich ein
Interesse zum Vorschein: Einer gewandelten geistigen Situation hat Exegese in der Weise Rechnung zu tragen, daß sie
biblische Sachverhalte, von denen man meint, sie könnten in
der jetzigen Lage weiterhelfen, stärker als bisher betont
und für das Zeitgespräch fruchtbar macht. Aus der Sicht von
Albertz heißt dies: Die Eigenständigkeit atl. Redens von
Schöpfung muß mehr zum Tragen kommen, um der säkularen
Wirklichkeitserfahrung - ich verzichte darauf zu erörtern,
was damit wohl nun genau gemeint sein kann - angemessen
entsprechen zu können.

Wir stimmen Albertz dahingehend zu, daß Exegese nicht ohne
Zeitbezug geschehen kann. Über die Korrektheit solchen Zeit-
bezugs ist damit freilich noch nicht entschieden. Darum soll
es nun nachfolgend gehen.

- Wenn die enge Zuordnung von Schöpfungs- und Heilsglauben
  (15) im Jahre 1936 ihre Berechtigung hatte, dann kann sie
  diese m.E. heute nicht einfach verlieren. Entweder hatte
  v.Rad mit seiner damaligen Sicht recht, dann kann diese

jetzt nicht aufgegeben werden, sondern muß in einer gewandelten geistigen Situation neu bewährt werden - oder er hatte nicht recht, dann müßte es in der Tat zu einer Neuorientierung kommen, die nicht nur unter zeitgeschichtlichen Erfordernissen etliches anders sagt als G.v.Rad im Jahre 1936, sondern es müßte dieser Neuansatz im nachhinein auch für das Jahr 1936 als fruchtbar und somit schwer hintanstellbar gelten. D.h.: Die Wahrheitsfrage kann nicht in der Weise von zeitgeschichtlichen Erfordernissen abhängig gemacht werden, wie es bei Albertz am Schluß seiner Untersuchung - damit ist gesagt, daß er keineswegs seine gesamte Erörterung in dieser Weise ausgerichtet hat - anklingt.

- Ähnliche Bedenken sind anzumelden, wenn nach Albertz die "peripheren" Gotteserfahrungen der Welt- und Menschenschöpfungstradition in unserer heutigen Lage "erneute Bedeutung bekommen" (16). Sollten solche Erfahrungen tatsächlich peripherer Natur sein (17) - können sie dann so ins Zentrum treten, wie es Albertz m.E. will?

- Im Anschluß hieran ist eine grundsätzliche Anfrage zu stellen. Albertz stellt fest, "daß weite Bereiche der Wirklichkeit aus unserer Gottesbeziehung ausgewandert sind." (18).Als eine Ursache hierfür sieht er "möglicherweise" die "Konzentration der Theologie auf Rettung, Rechtfertigung und Erlösung" an und bringt auch in diesem Zusammenhang die Bedeutung der Menschen- und Weltschöpfungstradition ins Spiel (19). Soll das nun heißen, daß die Rede von Rettung, Rechtfertigung und Erlösung der Rede von Gott als dem Schöpfer gleichsam Konkurrenz macht? Ich würde es anders sehen: Soteriologie und Schöpfungstheologie bedingen sich gegenseitig. Wenn Albertz damit recht haben sollte, daß Theologie in der Vergangenheit soteriologische Gesichtspunkte zu einseitig betont hat, dann heißt dies m.E.: Theologie hat es versäumt, von Gottes

Handeln in seiner Ganzheit zu reden. Das gleiche Versäum-
nis passiert nun von der anderen Seite her, wenn man die
Eigenständigkeit der Schöpfungsthematik hervorkehrt. Wird
dadurch der beklagte Wirklichkeitsverlust der Theologie
wettgemacht? Statt dessen könnte es m.E. passieren, daß
die Rede vom Schöpfer ihre christliche Identität verliert
und Gott zu einem recht nebulösen Numen wird. Das will
Albertz ganz sicherlich nicht. Wenn er aber betont, daß
die Situation (auch theologisch) gegenüber der des Dritten
Reiches heute eine andere sei, dann ist das - unter be-
stimmtem Blickwinkel betrachtet (wenn man von der Zuge-
spitztheit der damaligen Auseinandersetzung ausgeht) -
nicht einfach falsch. Gleichwohl gilt es m.E. darauf zu
achten, daß Gefährdungen von damals sich nicht durch eine
Hintertür wieder hereinschleichen, während man - gewiß
nicht ohne Berechtigung - meint, auf einem ganz anderen
Posten wachsam sein zu müssen.

Es kann in diesem Zusammenhang nicht ohne Bedeutung sein,
daß bestimmte Formen der sog. "Zwei-Reiche-Lehre" (20) die
"Welt" in der Weise alleine gelassen haben, daß nicht mehr
in erster Linie die Herrschaft Gottes auch im Bereich zur
Linken im Vordergrund stand, sondern die sich selbst set-
zende "autonome" Vernunft mit ihrer Eigengesetzlichkeit.
Mit der damit zusammenhängenden Individualisierung der
Soteriologie möchte ich zumindest auch den Wirklichkeitsverlust in Verbindung bringen, den Albertz beklagt. Ich
meine nicht, daß Albertz solches einfach verkennen würde.
Es gilt aber m.E. solche möglichen Abwege immer wieder zu
beachten, wenn man der Rede vom Schöpfer und von der
Schöpfung eine besondere Dignität zubilligen will.

## 3. Erläuterungen zum Aufbau der Untersuchung

Der in Abschn.I.1 und Abschn.I.2 angedeutete Gegenwartsbezug
unserer Themenstellung wird in den folgenden Abschnitten mit
berücksichtigt, zu direkten "Aktualisierungen" wird es aber
nur hin und wieder kommen. Meine Hoffnung ist, daß der
Gegenwartsbezug gelegentlich auch dort nicht ganz unerkenn-

bar ist, wo scheinbar "nur" exegetisch geredet wird. Nun zum
Aufbau im einzelnen:

In Abschn.II soll die in Abschn.I.1 und Abschn.I.2 versuchte
Problemerhellung in der Weise vertieft werden, daß eine
Auseinandersetzung mit m.E. gegenwärtig besonders relevanten
exegetisch-hermeneutischen Ansätzen unternommen wird. Die
daran anschließenden Exkurse sollen das vorher Dargelegte
ergänzen und einer grundsätzlichen Besinnung zuführen, die
dann auch unsere weiteren Ausführungen prägt.

In Abschn.III wird versucht, der Botschaft Deuterojesajas
von unserer Fragestellung her nachzuspüren. Dabei soll es
aber auch zu Klärungen kommen, die nicht nur hinsichtlich
Deuterojesajas relevant sind; so vor allem in Abschn.III.3
mit den beiden nachfolgenden Exkursen und in Abschn.III.4.j.
Die "Zusammenfassung" in Abschn.III.6 versucht nicht nur
eine Bündelung der Ergebnisse, sondern auch eine Einordnung
unserer Thematik in den Gesamthorizont der Botschaft Deuterojesajas (womit natürlich keineswegs gesagt ist, daß wir
eine vollständige Theologie des Propheten entwerfen wollen!). Anzumerken wäre noch, daß ich bei den Exegesen innerhalb von Abschn.III hin und wieder auch auf solche Detail-
fragen eingehe, auf die von der Themenstellung her wohl
nicht unbedingt(!) eingegangen werden müßte. Mich haben
solche "Details" schlichtweg interessiert. Ähnliches läßt
sich für einige Ausführungen innerhalb Abschn.IV.1-3 sagen.

In Abschn.IV wird dem Thema vornehmlich anhand der Psalmen
nachgegangen. Schon infolge des Umfangs des hier gebotenen
Materials sind Schwerpunktsetzungen unumgänglich.

- Angesichts der Strittigkeit der Datierung ist es mein
  Interesse nachzuweisen, daß wir mit einiger Sicherheit
  tatsächlich Schöpfungsaussagen auch in die vorexilische
  Zeit datieren können (Abschn.IV.2-5). Hierbei ist es nö-

tig, über den Bereich des Psalters hinauszugehen (Abschn.
IV.5.). Solche Datierungsfragen sind für unser Thema m.E.
durchaus von Bedeutung. Wir fragen ja (s.Abschn.I.1) vornehmlich auch nach "Lebenszusammenhängen", in denen die
Schöpfungsaussagen fruchtbar werden.

- Die nachexilische Psalmenliteratur wird in Abschn.IV.7
relativ eklektisch und summarisch abgehandelt. Ich meine
jedoch, daß die hier festzustellenden "Tendenzen" nicht
nebensächlicher Art sind. Zusammenfassend und ergänzend
zugleich sollen Abschn.IV.7.e und der anschließende Exkurs
sein.

- An der Weisheitstheologie kann nicht ganz vorbeigegangen
werden. In Abschn.IV.8 versuche ich zunächst den Nachweis,
daß der in diesem Zusammenhang nicht selten herangezogene
Psalm 19 A nicht weisheitlich zu verstehen ist, sondern
von einer ganz anderen Denkstruktur her geprägt ist. Damit
auf diese Weise das Phänomen "Weisheit" nicht einfach
umgangen wird, folgt der anschließende Exkurs.

Der Priesterschrift wollte ich ursprünglich wesentlich
größere Aufmerksamkeit widmen als dies nun in Abschn.V der
Fall ist. Nachdem ich aber gemerkt habe, daß meine eigenen
Beobachtungen an wesentlichen Punkten mit der in Abschn.V
zitierten Dissertation R.Borcherts konform gehen, soll es
hier bei dieser Kürze der Darstellung bleiben.

Die "hermeneutische Schlußbesinnung" (Abschn.VI) ist nochmals (und nun gebündelt) an einer theologischen Grundorien-
tierung interessiert. Diese Besinnung steht an der Stelle
einer Zusammenfassung, die ich deshalb nicht für nötig halte, weil ich wiederholt im Laufe der Untersuchung - oft auch
ausführlich - Zusammenfassungen, Rückblicke auf vorher Dar-
gestelltes und Anknüpfungen vornehme. Dies dürfte bereits
aus der Gliederung der Arbeit deutlich werden (vgl. etwa

Abschn.III.6; IV.6; IV.7.a), aber auch sonst im Verlauf der Darstellung.

Es mag auffallen, daß dem Jahwisten relativ wenig Aufmerksamkeit geschenkt wird (vgl. Abschn.IV.5.b). Es sei statt dessen auf die Position von E.Kutsch verwiesen (hierzu Abschn.II, Anm.64 und Abschn.III, Anm.75), der ich mich im wesentlichen anschließen kann. Eine eigene ausführliche Untersuchung hätte zudem zu einer wesentlichen Erweiterung des Umfangs dieser Arbeit geführt.

II. Jahwes weltweites Schöpfungshandeln und sein besonderes
Handeln an Israel.
Drei exegetisch-hermeneutische Positionen


1. G.v.Rad


G.v.Rad hat in seinem bereits erwähnten Aufsatz von 1936
("Das theologische Problem des alttestamentlichen Schöpfungsglaubens") eine enge Zuordnung des Schöpfungsglaubens
zum Heilsglauben vorgenommen. Er wollte damit der Position
des Systematikers W.Lütgert entgegentreten, der in seinem
kurz vorher erschienenen Buch "Schöpfung und Offenbarung"
dem Schöpfungsglauben insofern eine Priorität eingeräumt
hatte, als er von einem Selbstzeugnis der Schöpfung ausgegangen ist, welches das prophetische Wort zu beglaubigen
habe (1).

Die in diesem Aufsatz eingeschlagene Richtung hat v.Rad in
seiner "Theologie des Alten Testaments" weiter verfolgt und
präzisiert. Den Grund, daß die Weltschöpfungsaussagen des
ATs sich zumeist in jüngeren Texten finden, sieht er "nur
darin, daß Israel verhältnismäßig lange gebraucht hat, den
tatsächlich vorhandenen älteren Schöpfungsglauben mit der
Überlieferung von den eigentlichen, d.h. den geschichtlichen
Heilstaten Jahwes, theologisch ins rechte Verhältnis zu
bringen." (2) Die "eigentlichen" Heilstaten sind also die
geschichtlichen. Das bedeutet aber nicht, daß Schöpfung dem
Kontext der Heilsgeschichte entnommen wäre. Deuterojesaja
sehe "offenbar in der Schöpfung selbst ein Heilsereignis".
Dieses "soteriologische Verständnis der Schöpfung" eigne
z.B. auch Ps 89 und 74. Ganz auf dieser Linie werden die
jahwistische und die priesterschriftliche Schöpfungsgeschichte gesehen: "Bei beiden Quellenschriften liegt also
der Standort des 'Verfassers'im innersten Kreis des Heilsverhältnisses, das Jahwe Israel gewährt hat. Aber um dieses

Heilsverhältnis theologisch zu legitimieren, setzen beide
Geschichtsdarstellungen bei der Schöpfung ein und führen von
da die Linie auf sich zu, auf Israel, auf die Stiftshütte,
auf das verheißene Land. So anmaßend es klingt - die
Schöpfung gehört zur Ätiologie Israels." G.v.Rad versteht
diesen Vorbau als "Erweiterung des alten Credo", als "Hinausverlegung des Beginns der Heilsgeschichte", und all das
bedeutet dann: Die Schöpfung ist ein "Heilswerk Jahwes", ein
"Geschichtswerk Jahwes", ein "Werk in der Zeitstrecke".

Allerdings ist Schöpfung nach v.Rad nicht per se "Heilswerk"
oder "Geschichtswerk" - sonst müßte er nicht unterscheiden
zwischen dem "älteren Schöpfungsglauben" und der "Überlieferung von den eigentlichen, d.h. den geschichtlichen Heilstaten Jahwes". Man wird das vermutlich so verstehen dürfen:
Das, was Israel in besonderer Weise von Jahwe her erfahren
hat (Rettung am Schilfmeer, Landgabe etc.), ist das eigentlich Heilvolle. Jahwes weltweites Schöpfungshandeln, das ja
nicht nur Israel gilt, wird in seiner theologischen Verbindung mit den Heilstaten an Israel selbst zum Heilswerk. Es
ist hier zu beachten, daß v.Rad das Kerygma der atl. Zeugen
nachzeichnen will. Es geht nicht darum, ob Schöpfung nach
den empirischen Maßstäben unserer Vernunft als ein Heilswerk
anzusehen ist; vielmehr wird das Zeugnis der atl. Autoren
nacherzählend und interpretierend wiedergegeben. Dieses
Zeugnis läuft nach v.Rad darauf hinaus, daß Jahwes weltweites Schöpfungshandeln von seinem besonderen Handeln an Israel her zu verstehen ist, also das Allgemeine vom Besonderen
her. W.Lütgert hätte es wohl umgekehrt gesehen.

Freilich sieht auch v.Rad, daß solches Zeugnis kein selbstverständliches ist, sondern einen Interpretationsvorgang
voraussetzt. Der Schöpfungsglaube mußte erst mit der Überlieferung von den "eigentlichen" Heilstaten in Verbindung
gebracht werden. Nach Vollzug dieser Verbindung ist es die
Funktion des Redens von Schöpfung bei J und P, das "Heils-

verhältnis" zwischen Jahwe und Israel "theologisch zu legitimieren". Das bedeutet doch: Ohne das Reden von Schöpfung wäre Israels Heilsglaube einer wesentlichen Stütze beraubt. So hat zwar das Reden von Schöpfung eine dienende Funktion, ist aber gerade hierin unentbehrlich. Indem v.Rad von "legitimieren" redet, ist freilich Anlaß zum Mißverstehen gegeben. Bekommt nun doch der Schöpfungsglaube - wie schon bei Lütgert - größere Evidenz als der Heilsglaube? So wird v.Rad es aber sicher nicht verstanden wissen wollen. Es geht ihm vielmehr darum, daß ohne die Voranstellung des Schöpfungszeugnisses bei J und P Jahwes Handeln an Israel isoliert dastehen würde. Es muß also die Linie nach vorne ausgezogen werden - ohne daß dabei auf einmal Jahwes Wirken ein grundsätzlich anderes wäre: "Diese Hinausverlegung des Beginns der Heilsgeschichte war aber nur möglich, weil eben auch die Schöpfung als ein Heilswerk Jahwes verstanden wurde."

G.v.Rad ist sich nun sehr wohl bewußt, daß diese Einordnung des Schöpfungsglaubens, wie er sie bei J und P gegeben sieht, keineswegs für alle atl. Schöpfungsaussagen gilt: "... beide stehen verhältnismäßig isoliert im Alten Testament. Die strenge theologische Konzentriertheit des P-Textes ist ebenso singulär wie die profunden Verhältnisbestimmungen von J ..." (3) Diese Feststellung überrascht insofern etwas, als v.Rad kurz zuvor (4) P und J noch auf einer Linie mit Deuterojesaja oder Texten wie Ps 74 und 89 gesehen hat. Deshalb sieht v.Rad die Singularität von P und J wohl weniger in der Zuordnung von Schöpfung und Heil als solcher, sondern in der Klarheit der Konzeption und in der Ausblendung der Chaoskampfvorstellung, die wir etwa in Ps 74 und 89 antreffen (5).

Bemerkenswert ist nun weiterhin, wie v.Rad die Schöpfungsaussagen der Weisheit einordnet. Konnte er in seinem Aufsatz von 1936 in diesen "Zeugnissen eines reinen Schöpfungsglau-

bens" (6) eine "Bereicherung und Erweiterung des Heilsglaubens" sehen (7), so heißt es nun doch wesentlich vorsichtiger: "Die Weisheit steht den alten theologischen Überlieferungen Israels sehr fern ..." Sie sehe "die Schöpfung mit
einer wachen Verständigkeit an, mit einem rationalen Interesse an ihren technischen Problemen ..." (8) Dennoch wagt
v.Rad den Versuch, auch hier eine Beziehung zum Heilsglauben
herzustellen, wobei nun allerdings eine entscheidende Akzentverschiebung gegenüber seinen bisher zitierten Äußerungen eintritt: Von einer Verbindung von Schöpfung und Heil
kann er nur - die Texte ließen da auch gar nichts anderes zu
- in der Weise reden, daß Heil aus seiner engen Verbindung
mit Geschichte herausgenommen wird. Hinsichtlich Hi 38ff
spricht er von "einer Eigenart der Theologie des Dichters,
die sich, wie die Theologie der Weisheit überhaupt, eigentlich nur in Schöpfungsaussagen bewegen konnte, freilich in
Schöpfungsaussagen, die bis an die äußerste Grenze ihrer
Tragkraft die Heilsgedanken Gottes aussprechen sollten." (9)
Und mit Bezugnahme auf weitere Texte, vor allem Spr 8 und Hi
28, stellt er fest: "Charakteristisch für diese weisheit-
lich-theologischen Reflexionen ist also das entschlossene
Bemühen, das Phänomen der Welt, der 'Natur' mit ihren Schöp-
fungsgeheimnissen, mit der an den Menschen ergehenden Heilsoffenbarung in genauere Beziehung zu setzen. An dem Phänomen
der Geschichte war diese Theologie ... weniger interessiert." (10)

Nach dieser Analyse der wesentlichen für unsere Fragestellung relevanten Aussagen kann die Sicht v.Rads, wie sie in
seiner "Theologie des Alten Testaments" hervortritt, zusammenfassend folgendermaßen charakterisiert werden:

1. Er sieht eine enge Zuordnung von Schöpfung und Heil
   gegeben.

2. Seine Vorliebe gilt offenkundig den Konzeptionen von J

und P, wo nach seiner Sicht in einer klaren und profunden Weise Geschichte, Heil und Schöpfung eng verknüpft sind und so Jahwes Schöpfungshandeln ganz in das Licht seines besonderen Handelns an Israel tritt.

3. Dem Chaoskampfmotiv steht er mit einer gewissen Reserve gegenüber.

4. Die Schöpfungsaussagen der Weisheit, die in keiner Verbindung zur Geschichte stehen, werden dennoch mit Heil in Verbindung gebracht - womit die Notwendigkeit gegeben ist, Heil auch unabhängig von Geschichte zu denken.

Nun war für v.Rad dieser in sich imponierende Entwurf nicht sein letztes Wort. In seinem Aufsatz "Aspekte alttestamentlichen Weltverständnisses" von 1964, der also nur wenige Jahre nach den beiden Bänden seiner "Theologie des Alten Testaments" erschienen ist, finden sich neue Akzentsetzungen: "Sehe ich recht, so sind wir heute in der Gefahr, die theologischen Probleme des Alten Testaments zu einseitig im Bereich des Geschichtstheologischen zu sehen." (11) Sein neues Anliegen ist nun, die Auswirkungen des Jahweglaubens auf das "Weltverständnis" hin zu untersuchen, wobei er dieses Wort "unter Ausschluß des Bereichs der Geschichte" gebraucht wissen will (12). Kurz und bündig heißt es: "Die Annahme, daß der alttestamentliche Jahweglaube auch an dem Weltverständnis Israels prägend mitbeteiligt war, liegt von vornherein nahe." (13) So ergibt sich dann folgende Aufgabenstellung: "Wir wollen ... das, was Israel unter Schöpfung verstand, wenn irgendmöglich ontologisch noch deutlicher bestimmen. Denn von Schöpfung reden alle Religionen ... So sei hier der Versuch gemacht, die Frage des alttestamentlichen Weltverständnisses von einer ganz anderen Seite aus anzugehen, - nämlich vom Bilderverbot aus." (14) Dieses reiche "in die älteste, also vorpalästinische Zeit des Jahweglaubens" zurück (15) und impliziere folgende Verhältnis-

bestimmung zwischen Gott und Welt: "Jahwe war nicht eine der
tragenden Weltkräfte, auch nicht ihre Summe, sondern ihr
Schöpfer." (16) Könnten so gesehen - so v.Rad weiter - die
Schöpfungsaussagen nicht einen Ansatz entfalten, "der schon
in dem ältesten Wissen von Jahwe enthalten war?" (17)

Diese Äußerungen lassen auf ein doppeltes Interesse v.Rads
schließen:

1. Ihm geht es darum, daß über den Bereich der Geschichte
   hinaus auch das atl. Weltverständnis theologisch kein
   Adiaphoron ist, daß der Jahweglaube also auch hier sein
   Proprium beiträgt.

2. Dieses Proprium sieht v.Rad zugleich als ein Kontinuum
   an, das den verschiedenen Epochen atl. Religionsgeschichte gemeinsam ist. Von diesem Kontinuum her, das mit dem
   Bilderverbot in Zusammenhang gebracht wird, gewinnt auch
   abgesehen von ihrer Einbindung in die Heilsgeschichte die
   atl. Schöpfungstheologie ihre Kontur im Vergleich zur
   Umwelt.

Nimmt man beide Gesichtspunkte zusammen und vergleicht sie
mit dem, was v.Rad in seiner "Theologie des Alten Testaments" ausführt, dann kann man neue Perspektiven beobachten,
die das früher Dargelegte ergänzen, ohne es freilich außer
Kraft zu setzen. Das bleibende Anliegen ist, das unverwechselbare Gotteszeugnis Israels zum Erklingen zu bringen. Was
diesbezüglich zu den geschichtlichen Überlieferungen gesagt
wurde, behält seine Gültigkeit. Es wird nun aber deutlicher
als in der "Theologie des Alten Testaments" herausgearbeitet, daß die geschichtlichen Überlieferungen nicht allein
für die Besonderheit atl. Gotteserfahrung bürgen. So gesehen
zeugen sowohl die geschichtlichen Überlieferungen als auch
das atl. Weltverständnis allgemein in der Sicht v.Rads von
der Einzigartigkeit des Jahweglaubens; sie tun es jeweils

aber auf _ihre_ Weise.

Letzteres ist ein Problem; das sieht auch v.Rad. Zunächst einmal relativiert er unsere geläufigen Abstraktbegriffe, die hierbei ins Spiel kommen können (und derer sich v.Rad ja selbst auf weiten Strecken unbefangen bedient, wie die Zitate aus seiner "Theologie des Alten Testaments" leicht beweisen!), um so das Problem etwas zu entschärfen: "Alle diese Begriffe - Natur, Krankheit, Tod, Geschichte und viele andere - sind viel zu massive Chiffren, sind verobjektivierende Projektionen auf eine Bilderwand, die sich zwischen den Menschen und Gott stellt." (18)

Diese Äußerung möchte man fast dahingehend verstehen, daß es nach v.Rad für die Gottesbeziehung nicht nur verderblich ist, wenn man sich von _Gott_ ein Bild macht, sondern auch, wenn man sich im Hinblick auf die Weltwirklichkeit, die ja _Gottes_ Welt ist, bestimmter Abstraktbildungen bedient. Verstehe ich v.Rad recht, dann meint er wohl, daß Abstraktionen Bilder sind, mit deren Hilfe man der Welt habhaft werden will und so aber nur die Erfahrung Gottes in der Welt verdunkelt.

Daß das hier im Rahmen atl. Theologie zu Bedenkende grundsätzliche Relevanz hat, zeigt A.M.K.Müller auf (ein Physiker!): "Die globalbegriffliche (abendländische) Theologie verfehlt von ihrem Ansatz her die Dimension schöpferischen und geschöpflichen Heils, sie ist in letzter Konsequenz in die Irre führend und darum heillos." (Wende der Wahrnehmung, S.209). Die hier ins Auge gefaßte Problematik bedarf weiteren Nachdenkens. Vor dem Problem, Globalbegriffe zu entschlüsseln und mit Leben zu füllen, steht jeder Prediger auf der Kanzel. Andererseits ist globalbegriffliches Denken auch nicht gerade als theologischer Wildwuchs anzusehen; wenn anders, müßte man auch Paulus darunter reihen!

Ohne das Problem insgesamt lösen zu können, scheinen mir zunächst folgende praktische Überlegungen angebracht: Wenn Theologie auf Globalbegriffe verzichten wollte, würde das einen ungeheuren Bruch mit der theologischen Denktradition bedeuten. Und selbst wenn man das versuchen wollte - wer könnte garantieren, daß sich entsprechende alternative Redeweisen nicht doch wieder mit Chiffren und Globalbegriffen behelfen, nur daß diese dann etwas andere wären?! G.v.Rad ist ohne Globalbegriffe nicht ausgekommen - wie oft redet er z.B. von "Geschichte" oder von "Heil"! -, wir selber kommen ohne sie auch nicht aus. Freilich ist die Grenze globalbegrifflicher Rede in folgendem gegeben: Sie dient oft mehr

der Sprachverwirrung als der sprachlichen Verständigung. Was
alles kann man z.B. als "mythisch", als "eschatologisch"
oder als "ideologisch" bezeichnen! Aber auch hier sind wir
oftmals nicht in der Lage, zu einer - scheinbar oder tatsächlich - adäquateren Rede zu finden. Manche Begriffe erweisen ihre Macht gerade dadurch, daß sie in der Schwebe
bleiben und nur vom Kontext her zu erhellen sind. Trotz
meines Verständnisses für globalbegriffliche, chiffrenhafte
Rede scheint mir eine Grenzziehung gleichwohl unumgänglich:
Globale Rede darf nicht zu billigen Schlagworten verkommen.
Davon ist unsere sprachliche Kommunikation - die theologische eingeschlossen - freilich auch angefüllt (ich nenne nur
einige wenige Schlagworte: "Fundamentalist"; "Offenbarungs-
positivist"; "Pietist"; "Modernist" etc.).

Über die nun genannten praktischen Gesichtspunkte hinaus
sehe ich das Problem noch in einer mehr grundsätzlichen
Weise: Ch.Frey hat im Zusammenhang seiner Erwägungen zum
Thema "Schöpfung" darauf aufmerksam gemacht, daß die Lehr-
aussagen altprotestantischer Orthodoxie nicht nur der Belehrung dienten, sondern "Ortsanweisung für den Menschen in
seiner Welt" waren (Dogmatik, S.194). Hier sehe ich nun das
entscheidende Problem und vielleicht auch den Ansatz(!) zu
einer Lösung: Wir wären infolge unserer Denktradition über-
fordert, globalbegrifflicher Rede den Abschied zu geben.
Wenn wir jedoch stärker den Lebenszusammenhang bedenken, aus
dem solche Rede hervorgeht, dann scheint mir globales Reden
in gleicher Weise möglich als auch in seine Schranken gewiesen zu sein. Für den Dialog innerhalb der theologischen
Fachrichtungen würde dies bedeuten: Die systematische Theologie, der vornehmlich die Verantwortung des Glaubenszeug-
nisses vor der Gegenwart aufgetragen ist, läßt den historischen Aspekt genausowenig außer acht wie die Frage nach der
Wahrheit heute. Die historischen Fächer - ich denke hier vor
allem an die atl. und die ntl. Wissenschaft; die Stellung
der Kirchengeschichte wäre noch gesondert zu reflektieren,
da sie z.T. eine Arbeitsteilung mit der systematischen Theologie vollzogen hat - bringen ihr (vor allem durch die
formgeschichtliche Methode geschultes und erweitertes) his-
torisches Denken ein, ohne sich der Wahrheitsfrage im heutigen Kontext zu entziehen. So gesehen wäre allen theologischen Disziplinen sowohl die historische Ortsbestimmung als
auch die Frage nach der Wahrheit theologischer Aussage heute
- wenn auch unterschiedlich akzentuiert - inhärent und somit
zu einem nicht unwesentlichen Teil die Einheit theologischer
Fragens - trotz aller Verschiedenheit im einzelnen - gegeben. Eine solche Einheit des Fragens könnte bedingen, daß
sich die verschiedenen theologischen Disziplinen mehr als
bisher in einem guten(!) Sinn gegenseitig kontrollieren.
Dies könnte dann auch zur Folge haben, daß diejenigen Globalbegriffe, die zu Schlagworten und Leerformeln degeneriert
sind oder in falscher (!) Verallgemeinerung den Lebenszusammenhang eher verdunkeln als erhellen, an Bedeutung verlieren.

Kehren wir nach diesen grundsätzlichen Erwägungen zu
G.v.Rads Ausführungen zurück: Obwohl er gegen die Abstraktbegriffe grundsätzliche Bedenken hat, muß er auch weiterhin
damit umgehen und das Problem, das sich ihm stellt, "auf
unsere Weise" (19) formulieren. Obwohl er der Ansicht ist,
daß man vom AT her Natur und Geschichte nicht auseinander-
reißen könne, "weil beide Bereiche in der Aktualität des
Handelns Gottes koinzidieren", stellt sich ihm die Frage:
"Wie verhielt sich dieses ins Universale tendierende Weltverständnis Israels zu seinem ins Partikulare tendierenden
Geschichtsverständnis?" Er bleibt sich als Exeget in der
Weise treu, daß er hierauf keine allgemeine Antwort sucht,
sondern anhand konkreter Textaussagen (20) darstellt, in
welcher Weise - je unterschiedlich akzentuiert - eine Beziehung zwischen der universalen und der partikularen Ebene
hergestellt wurde.

Hatte er in seiner "Theologie des Alten Testaments" zunächst
eine enge Zuordnung von "Heil" und "Geschichte" vorgenommen,
bei seinen Erörterungen zur Weisheit allerdings - um auch in
diesem "geschichtsfremden" Bereich von Heil reden zu können
- diese Zuordnung nicht versucht, so könnten sich nun durch
eine reflektierte Verwendung der Begriffe "partikular" und
"universal" neue Perspektiven ergeben. Hiermit könnte man
nämlich nach wie vor der Tatsache Rechnung tragen, daß Jahwe
für Israel in besonderer Weise da ist, ohne hierfür immer
den vieldeutigen Begriff "Geschichte" verwenden zu müssen
(21). Diesen Weg schlägt nun v.Rad nicht ein; er setzt
sofort "partikular" und "Geschichte" ineins und trägt so den
Geschichtsbegriff auch an Texte heran, wo man seine Taug-
lichkeit in Zweifel ziehen kann (22).

Davon abgesehen - jedenfalls wird in seinem Aufsatz deutlich, daß er nun viel stärker als vorher in die Frage nach
der Besonderheit der israelitischen Gottesbeziehung weisheitliche Texte einbezieht und diese mit den geschichts-

theologischen Entwürfen von Jahwist und Priesterschrift
vergleicht. Dieses Unternehmen endet mit der Feststellung,
daß sich etwa im Vergleich zu P in den weisheitlichen Texten
Hi 28, Spr 8 und Sir 24 "die theologische Fragestellung um
180 Grad gedreht" habe: "In ihnen geht es ja nicht darum,
Israel zu begreifen, sondern um ein Verständnis der Welt,
und demgegenüber lautet der Satz jetzt umgekehrt: wer die
Welt als Schöpfung verstehen will, muß dem Gottesvolk ange-
hören." (23) Dieser "Umschwung der Fragestellung" müsse
"mit einem neu aufgebrochenen der Welt zugewandten Erkennt-
niswillen" zusammenhängen.

Die im Aufsatz von 1964 angestellten Erwägungen führen hin
zu dem umfangreicheren Werk "Weisheit in Israel". Wir müssen
uns wiederum auf das für unsere Fragestellung Relevante
konzentrieren. Grundsätzlich stellt v.Rad fest: "Nach der
Meinung der Lehrer konnte sich Jahwe neben Priestern und
Propheten noch eines ganz anderen Mediums bedienen, um die
Menschen zu erreichen, nämlich der aus der Schöpfung ergehenden Stimme der Urordnung ..." (24). Wie verhält sich nun
solche "Selbstoffenbarung der Schöpfung" zu anderen Offen-
barungsträgern (Kult, Geschichte, freies Charisma)? G.v.Rad
ist mit seiner Antwort vorsichtig; er vermutet weder ein
spannungsloses Zueinander noch einen reinen Gegensatz (25),
betont dann aber doch die Differenz: "Der Hauptunterschied
besteht darin, daß die Lehre von einem Offenbarungsgeschehen
entfaltet wird, das den Menschen nicht durch einen spezifischen irreversiblen Heilserweis in der Geschichte erreicht,
das vielmehr von der für allgenugsam gehaltenen Ordnungsmacht ausgeht." (26) Allerdings handelt es sich um eine
Differenz innerhalb des Jahweglaubens (27): "... die Vorstellung von einem von der Schöpfung ausgehenden Zeugnis ist
nur in Israel zu belegen. Die Lehre von der Uroffenbarung
stand also gerade mit ihrem Spezifikum - und das ist doch
ihre Anrede an den Menschen! - auf genuin altisraelitischen
Vorstellungen." (28)

Hat v.Rad auf diese Weise bereits das Proprium israelitischen Denkens auch im weisheitlichen Bereich herausgestellt,
so geht er nun noch einen Schritt weiter und stellt
Strukturanalogien zwischen weisheitlichem und geschichts-
theologischem Denken fest. Beide Bereiche wären vom "kontingenten Widerfahrnis" geprägt. Dieses habe den Vorrang "gegenüber dem durch abstrahierende Verrechnung gewonnenen
'Logos'". (29)

Wir halten zusammenfassend fest:

1. Die theologische Eigenständigkeit der Weisheit impliziert, daß auf diesem Gebiet dem Reden von Schöpfung
   keine "nur" dienende Funktion zukommt, sondern daß es
   hier seine Gewichtigkeit in sich hat.

2. Gleichwohl ist auch dieses Reden von Schöpfung ein Spezifikum des Jahweglaubens. Man könnte v.Rad vielleicht auch
   so wiedergeben: Israels Verständnis der Welt als
   Schöpfung ist als Folge der besonderen Zuwendung Jahwes
   zu seinem Volk zu begreifen. Israel steht von Jahwe her
   in einer ganz besonderen Erkenntnisrelation zur Welt als
   Schöpfung.

3. Geschichtstheologie und Weisheitstheologie sind trotz der
   Unterschiede dadurch geeint, daß sie sich abstrahierenden
   Denkmustern entziehen und von kontingenten Erfahrnissen
   ausgehen.

Wir hatten bereits wahrgenommen, daß v.Rad schon in seiner
"Theologie des Alten Testaments" die Schöpfungsaussagen der
Weisheit mit "Heil" in Verbindung bringt. In seinem Weis-
heitsbuch kommt es zu einer näheren Entfaltung dieses Gedan-
kenkomplexes. Nach seiner Sicht wird in der Theologie der
Weisheit "das Heil nicht von einer Deszendenz Jahwes in die
Geschichte hergeleitet und nicht von irgendeiner menschli-

chen Vermittlung ..., sondern von bestimmten Urgegebenheiten der Schöpfung selbst." (30)

Wollte man nun fragen, worin solche "Heilslehre" (31) bestehe, die v.Rad nicht unbedingt im Sinne einer "Erlösungslehre" verstanden wissen möchte, so gerät man in der Interpretation schnell auf falsche Geleise. Es gehe "um einen ultimativen Anruf an den ganzen Menschen" (32) - ohne daß dieser genau eingegrenzt werden kann. Die Schöpfungsordnung - in deren Einklang zu leben Heil impliziert - wendet sich dem Menschen zu, bleibt aber unverfügbar: "Jede Sentenz war grundsätzlich nach irgendeiner Ergänzung hin offen ... Aufgabe des Schülers war es dann, so könnte man sagen, die Zeit recht zu erkennen, in der die Sentenz wahr ist oder in der sie sich zur Unwahrheit verkehrt." (33) Weiter ausgedeutet bedeutet dies dann: "Der Mensch sieht sich Ordnungen gegenüber, die sich erkennen lassen; aber er sieht sich ebenso der Freiheit Gottes gegenüber, dergegenüber ihm alles Sichweise-Dünken vergeht." (34)

Die Welt als Schöpfung impliziert eine Ordnung, die in der Sicht v.Rads den Menschen mit umgreift, dieser somit zwar Regeln aufstellen kann, nicht aber ein Regelsystem (35); solchem Unterfangen würde Gottes Freiheit entgegenstehen. Es verwundert daher nicht, daß v.Rad über das, was Weisheit nicht zum Ausdruck bringen will, Schlüssigeres zu sagen weiß als über "ihre positiven 'Leistungen'" (36). Die Weisheit spricht nach v.Rad ein Verdikt gegenüber geschlossenen Systembildungen aus, was Weltbild, Menschenbild etc. anbelangt. Was sie darbringt, wäre "ein unabgeschlossener und auch unabschließbarer Dialog über Welt und Menschen auf Grund eines Wissens um die Ambivalenz der wahrgenommenen Phänomene, Vorrang des (u.U. kontingenten) Geschehens vor jedem 'Logos' usw."

Insgesamt hat also v.Rad auch in seinem Weisheitsbuch etwas über Schöpfung und Heil in ihrer Relation zueinander auszusagen. Dies ist letztlich nicht fern von dem, was er in seiner "Theologie des Alten Testaments" dazu geäußert hat, es tritt nun aber erheblich schärfer hervor. Wir fassen zusammen:

1. Schöpfung ist in der Interpretation weisheitlicher Texte durch v.Rad ein Globalbegriff in dem Sinn, daß es hier weniger auf die Weltentstehung - und somit auch nicht auf die zeitliche Hinausverlagerung der Heilsgeschichte! - als vielmehr auf die Deutung vorfindlicher Wirklichkeit ankommt (37).

2. "Heil" hat wenig Soteriologisches an sich, sondern meint das Verfaßtsein desjenigen, der der (unverfügbaren) Stimme des Schöpfungszeugnisses korrespondiert. Dieses "profane" Heil läßt sich nicht definieren, sondern sich nur im Hören auf das Zeugnis der Schöpfung je und je aktual gewinnen. Es wird in Regeln in einer gewissen Weise faßbar, die sich jedoch jedem abstrahierenden Zugriff entzieht. An heilsgeschichtlichen Traditionen läßt es sich nicht festmachen - und doch ertönt dieses Schöpfungszeugnis nur in Israel (38). Insofern(!) hat nach v.Rad also auch das weisheitliche "Heil" etwas mit der besonderen Hinwendung Jahwes zu Israel zu tun. Die Theologie der Weisheit ist ein selbständiges Zeugnis des Jahweglaubens - aber eben: ein Zeugnis des Jahweglaubens, der unverwechselbar auch die Bereiche tangiert, die wir heute "profan" nennen würden.

Dies alles klingt nach Harmonie, die freilich nicht gegeben ist. Eine sehr naheliegende Anfrage an v.Rad ist die: G.v.Rad will dem spezifischen Zeugnis israelitischer Weisheit nachspüren - ist diese aber wirklich so von der Umwelt abzusondern? Trotz beiläufiger Vergleiche (39) mit dem

Denken der Umwelt bleibt dieses Problem bei v.Rad letztlich
offen: Ganz am Schluß seines Buches findet sich eine recht
enthüllende Bemerkung: "Es wäre interessant, von da aus [er
meint von den Erfahrungen der Weisen Israels aus] die Besonderheiten der anderen Formen altorientalischer Weisheit,
sonderlich der ägyptischen und babylonischen, neu zu beur-
teilen." (40) Weil v.Rad gerade dies faktisch aber nicht
tut, muß die Feststellung getroffen werden: Sein Weisheitsbuch bringt letztlich keine Klärung der Frage, was an der
israelitischen Weisheit wirklich ein Proprium des Jahweglaubens darstellt und was als eine Partizipation am Denken der
Umwelt zu verstehen ist. Erst wenn dies tatsächlich klar
wäre, könnte man zur theologischen Interpretation des in
diese oder jene Richtung weisenden Befundes vorstoßen.
G.v.Rad hat also den zweiten Schritt vor dem ersten getan
und es dann unterlassen, den ersten überhaupt noch zu gehen!

Ein weiteres Problem tut sich auf: Daß in der Weisheit das
Heil "nicht von einer Deszendenz Jahwes in die Geschichte
hergeleitet (wird) ..., sondern von bestimmten Urgegebenheiten der Schöpfung selbst", hat gravierende Folgen, die von
Rad selber sieht: "Damit scheint eine theologische Spannung
gegenüber dem traditionellen Jahweglauben aufgebrochen, wie
sie schärfer kaum gedacht werden kann." (41)

Das Problem, wie diese Spannung zu interpretieren ist, hat
v.Rad seiner Nachwelt hinterlassen. Es gehört zur Würdigung
seiner Position mit hinzu, exemplarisch auf einige Stimmen
einzugehen, die sich diesem Problem verpflichtet fühlen.

R.Rendtorff will die Spannung zwischen weisheitlichem und
geschichtlichem Denken in der Weise überwinden, daß er
v.Rads Beobachtungen heranzieht, aus ihnen aber andere
Schlüsse zieht als dieser selbst. Er sieht eine Korrespondenz zwischen den "Ordnungen" der Weisheit und dem "Plan"
Jahwes im Bereich der Geschichte (42). "Gemeinsam ist beiden

Betrachtungsweisen das Wissen, daß der Glaube an Jahwe in dem Vertrauen beruht, das sich auf Erfahrungen mit seinem Handeln und auf den daraus gewonnenen Erkenntnissen und Einsichten gründet; gemeinsam ist ihnen auch das Bemühen, den inneren Zusammenhang des Erfahrenen zu begreifen und darzustellen ..." (43) Verschieden wären vornehmlich die Gegenstände der Beschäftigung, die die auch zu konstatierenden Unterschiede bedingen würden. So kann Rendtorff insgesamt feststellen: "... es bleibt nun doch nicht bei dem 'tiefen Schnitt', den von Rad noch meinte ziehen zu müssen."

Abgesehen davon, daß Rendtorff viel stärker als v.Rad Beziehungslinien zwischen Weisheit und Geschichte sieht, ist noch ein weiterer Unterschied bezeichnend: G.v.Rad hatte ja auch eine gewisse Gemeinsamkeit zwischen weisheitlichem und geschichtlichem Denken festgestellt, diese aber im "kontingenten Widerfahrnis" (44) des in beiden Bereichen zu Erfahrenden gesehen. Rendtorff hebt hingegen hervor, daß es, wie in der Weisheit, auch im geschichtlichen Bereich um ein Begreifen und Verstehen des von Jahwe her Zukommenden gehe (45). Geht es also v.Rad darum, das im Bereich der Geschichte Offenkundige auch für die Weisheit geltend zu machen, so beansprucht Rendtorff umgekehrt das bei der Weisheit Signifikante auch für die Geschichte.

Diese Akzentverlagerung hat ihre Gründe. Rendtorff geht es darum, durch eine Überwindung der "Diastase zwichen geschichtlichem und weisheitlichem Denken im Alten Testament" (46) neue Möglichkeiten im Gespräch zwischen Theologie und Naturwissenschaft zu eröffnen: "Wir können nun neu damit beginnen, den Vorstellungen nachzugehen, die im Alten Testament über die 'Ordnungen' der Schöpfung ausgesprochen werden." Sieht man so wie Rendtorff das atl. Bemühen, Jahwes geschichtliches Handeln zu verstehen, in einem gewissen Zusammenhang mit dem weisheitlichen Ordnungsdenken, dann kann man den Ordnungsbegriff auch in die atl. Schöpfungs-

theologie einbringen, ohne dabei den Faden zwischen
Schöpfung und Geschichte abreißen lassen zu müssen.

Ausgehend von Rendtorffs Ansatz ließe sich hier mit Hilfe
des Begriffes "Heil", der bei Rendtorff in diesem Zusammenhang nicht vorkommt, die Linie noch etwas weiterziehen: Dem
Menschen, der Einsicht gewinnt in Jahwes Geschichtssetzungen
und daraus für sein Verhalten die entsprechenden Folgerungen
zieht (man denke z.B. nur an die Verhaltensnormen, die sich
aus der Geschichtsschau des deuteronomistischen Geschichtswerkes heraus ergeben müßten, wenn man diese nicht nur als
eine Aufarbeitung der Vergangenheit versteht), der gleichzeitig den Ordnungen der Schöpfung konform lebt - diesem
Menschen (so versuche ich nun Rendtorffs Anliegen der
Zuordnung von Geschichte und Weisheit noch ein wenig weiter-
zudenken) würde sich "Heil" in umfassender Weise zukehren.
So wäre dann zwar nicht unbedingt eine Identifikation von
Geschichte und Weisheit gegeben, die Spannung aber gleichwohl aufgehoben.

So hat dies Rendtorff nun nicht gesagt. Ich möchte aber mit
meinem - allerdings an Rendtorff orientierten - Gedanken-
spiel auf Implikationen aufmerksam machen, die in einer
engen Zusammenschau von Geschichte und Weisheit beschlossen
sein könnten. Es geht mir um den eschatologischen Vorbehalt,
der bei alledem etwas in den Hintergrund zu geraten droht.
Gott mit seinem Heilswillen ist noch nicht alles in allem,
es steht noch Entscheidendes aus. Dies ist ein wesentliches
Element prophetischer Heilsansage. Wissen dies aber auch die
Weisheitslehrer? Verstehen sie ihre Theologie als Ergänzung
der geschichtstheologischen Entwürfe? Wollen sie einen Kon-
trapunkt setzen? Oder ist ihnen das Feld der Geschichte
grundsätzlich gleichgültig? (47) Wir jedenfalls sehen uns
veranlaßt, gegen eine zu enge Zuordnung von weisheitlichem
und geschichtlichem Denken Bedenken anzumelden. Es muß ins
Gewicht fallen, daß das futurische Element des Jahweglaubens

bei der Weisheit ganz in den Hintergrund tritt, was wohl
doch Folge einer Distanz zum Geschichtsdenken ist. Rendtorff
mag im Recht sein mit seiner Deutung, daß es im weisheitlichen und im geschichtlichen Denken in gleicher Weise um ein
Verstehen von Jahwes Tun gehe. Die Prophetie und die Apokalyptik etwa haben nun aber Jahwes Tun gerade so verstanden,
daß sie sich genötigt sahen, den Blick in die Zukunft zu
richten und von Jahwe noch entscheidend Neues zu erwarten.
Die Weisheit hingegen gibt sich mit den Urordnungen der
Schöpfung zufrieden. Ihnen ist Heil bereits eingestiftet,
und zwar so, daß man es im rechten Umgang mit den Dingen
auch ergreifen kann. So haben wir es hier letztlich mit
einem protologischen Heilsverständnis zu tun, während anderweitig Heil erst erwartet wird.

Diese Interpretation legt sich nahe, wenn wir die Texte so
nehmen, wie wir sie jetzt vor uns haben. Diese geben keinen
Anlaß zu vermuten, die Weisheitslehrer hätten lediglich in
einer Art Selbstbescheidung sich in ihrem Denken auf die
gegenwärtige Weltordnung beschränkt und das, was anderweitig
von Jahwe zu sagen war, grundsätzlich anerkannt und nur
unterlassen, es auch in Worte zu fassen (48). Zugespitzt
wäre zu fragen, ob weisheitliches Denken nicht in der Weise
in sich geschlossen ist, daß da für geschichtliche Überlieferungen grundsätzlich kein Raum mehr ist. Gegenstand ihres
Betrachtens ist die Welt in ihrer jetzigen Vorfindlichkeit,
auch wenn sie sich dem unmittelbaren objektivierenden
Zugriff menschlicher Rationalität entzieht. Es ist aber
nicht zu erkennen, daß es dabei noch der Erinnerung an
Rettungstaten der Vergangenheit und der Erwartung künftiger
Heilserweise bedarf. So gesehen muß einem weiteren Harmoni-
sierungsversuch widersprochen werden, den W.Pannenberg vorgelegt hat: "Sieht man einmal ab von der Bindung der Weisheit an den Anfang alles Geschehens, so ist die Ablösung des
Heilsverständnisses von der Beschränkung auf die besonderen
geschichtlichen Gotteserfahrungen Israels doch auch als ein

bedeutsamer Fortschritt zu würdigen, als Öffnung für eine
neue Universalität des göttlichen Heilswillens gegen alle
Menschen." (49) Von solcher "Bindung der Weisheit an den
Anfang alles Geschehens" kann man aber keineswegs absehen,
weil damit eben eine Festschreibung gegenwärtiger Weltwirklichkeit - auch wenn diese nach dem Zeugnis der Weisheit
definitorisch nicht erfaßt werden kann - verbunden ist.
Somit dürfte das weisheitliche Denken auch schwerlich taugen, die "Universalität des göttlichen Heilswillens" hervorzukehren, da die Heilsvorstellung der Weisheit eben eine
andere, eine bescheidenere ist als die der geschichtlichen
und prophetischen Überlieferungen und bei Hiob und Kohelet
nicht umsonst an ihre Grenze stößt. Die Universalität des
göttlichen Heilswillens läßt sich m.E. nur so denken, daß
man von der besonderen Hinwendung Jahwes zu Israel ausgeht
und diese auf ihre universalen Implikationen hin bedenkt,
wie es z.B. in Gen 12,1-3 angedeutet ist und von Paulus in
Gal 4 und - ganz anders wiederum - in Röm 9-11 eingehend
reflektiert wird.


Es geht also - abschließend betrachtet - bei der theologischen Bewertung der atl. Weisheit weniger darum, ob sie eine
besondere Erscheinungsform des Jahweglaubens ist. Dies kann
für das theologische Urteil nicht das alleinige Kriterium
sein. Es geht weiterhin weniger darum, ob hier "Geschichte"
vorkommt oder nicht. Sehr wohl aber geht es darum, ob
grundsätzlich die geschichtlichen Überlieferungen in Verbindung mit der Weisheitstheologie Raum haben können oder ob
letztere sich selbst genug ist. Es steht also zur Debatte,
ob Jahwe Garant einer Weltordnung ist, die protologisch Heil
aus sich entläßt, das es durch rechtes Verhalten je und je
zu ergreifen gilt - oder ob er (auch) für eine qualitativ
neue und zu erwartende Zukunft einsteht (50).

## 2. C.Westermann

Wie wohl kaum ein anderer Theologe der Gegenwart hat sich
Westermann mit dem Thema "Schöpfung" befaßt. Es zeichnet
sein Denken aus, daß er seine exegetischen Erkenntnisse
hermeneutisch in der Weise ausgedeutet hat, daß die Theologie als ganze daran nicht vorbeigehen kann.

Hatte v.Rad in seiner "Theologie des Alten Testaments" die
enge Verbindung von Jahwes universalem Schöpfungshandeln und
seinem partikularen Heilshandeln an Israel herausgearbeitet
und das atl. Zeugnis dahingehend verstanden, daß ersteres
vornehmlich als im Dienste des letzteren stehend zu begreifen sei, so setzt nun Westermann die Akzente deutlich anders
(51). Das wird schon bei seiner methodologischen Unterscheidung zwischen einem systematischen und einem geschichtlichen
Aspekt beim Aufbau der atl. Theologie deutlich: "Der systematische Aspekt ergibt sich aus dem durch das ganze Alte
Testament hindurch konstant bleibenden Reden von Gott. In
erster Linie ist das Konstante in einem Wechselgeschehen
zwischen Gott und Mensch (genauer zwischen Gott und seiner
Schöpfung, seinem Volk, dem Menschen) gegeben ... Der geschichtliche Aspekt ergibt sich daraus, daß der Gott, von
dem das Alte Testament redet, sich an die Geschichte seines
Volkes gebunden hat, ein Volk wie alle anderen, und darum
dem geschichtlichen Wandel und der geschichtlichen Kontin-
genz unterworfen ... In diesem Zueinandergehören von Kon-
stantem und Variablem ist es auch begründet, daß die Geschichte Gottes mit seinem Volk als ganze in ihrer Fügung
aus Konstanten und Variablen den Charakter unbedingter Ein-
maligkeit und Einzigartigkeit hat, daß aber die Elemente,
aus denen das Ganze gefügt ist, eine Verbindung zwischen der
Religion Israels und anderen Religionen darstellen können."
(52)

Diese Grundsatzausführungen machen bereits eines deutlich:
In der engen Weise, wie v.Rad Jahwes universales Schöpfungshandeln und sein besonderes Handeln an Israel einander zuordnet, geschieht dies bei Westermann nicht. Der Rahmen, von
dem aus in systematischer Hinsicht gedacht wird, ist
zunächst einmal nicht Jahwes besondere Beziehung zu Israel,
sondern das "Wechselgeschehen zwischen Gott und Mensch"
schlechthin! Wenn dieses Wechselgeschehen sich nach Westermann auf Schöpfung, Volk (Israel) und den Menschen (wohl im
Sinne von "Individuum" verstanden) erstreckt, dann ist das,
was zwischen Jahwe und Israel geschieht, _ein_ Moment solchen
Wechselgeschehens. Es wird also ein weiter Horizont abge-
steckt, _innerhalb dessen_ das Geschehen zwischen Gott und
Israel zum Tragen kommt. Anders sieht es freilich vom "ge-
schichtliche(n) Aspekt" (53) her aus: Auch in der Sicht
Westermanns hat Jahwe "sich an die Geschichte seines Volkes
gebunden", ist die "Geschichte Gottes mit seinem Volk als
ganze" einmalig und einzigartig. Bei all dem, was später
noch kritisch zu Westermann zu sagen ist, darf also nicht
vergessen werden, daß es durchaus auch ein zentrales Anliegen Westermanns ist, die besondere Beziehung Jahwes zu Israel hervorzukehren. Es ist aber beileibe nicht sein einziges,
wie sogleich in seiner Interpretation der Urgeschichte deutlich wird.

Hatte v.Rad das Zeugnis von J und P dahingehend gedeutet,
daß hier Schöpfung zur "Ätiologie Israels" gehöre (54), so
wird das von Westermann zwar nicht einfach bestritten, aber
durch zusätzliche Gesichtspunkte entscheidend ergänzt: "Die
Erzählungen der Urgeschichte haben gewissermaßen zwei Ge-
sichter: sie sehen zurück in eine Urzeit, in und aus der
alles entstanden ist, was in der Gegenwart ist; in diesem
Zurücksehen in die Urzeit liegt eo ipso etwas mit der Umwelt
und Vorwelt Gemeinsames ..." (55). Und weiter: "Das andere
Gesicht der Erzählungen der Urgeschichte sieht nach vorn in
die Geschichte Israels als des Volkes Gottes hinein. Dieser

andere Aspekt kommt in der Verbindung der Urgeschichte mit
der Volksgeschichte zum Ausdruck." (56) Durch diese Verknüpfung werde die Urgeschichte zum "Proömium oder Prolog
der Geschichte Gottes mit Israel". Ohne Zweifel nimmt
Westermann mit dem letzteren Aspekt den Ansatz v.Rads auf,
während der erstere über v.Rad hinausführt.

Auch wenn J und P durch solche Verknüpfung der Urgeschichte
"einen neuen Sitz im Leben und damit einen neuen Sinn"
gäben, sei ihr Interesse nicht nur in dieser Richtung zu
sehen: "Es wäre nicht im Sinn der Erzähler, aus den Texten
von Gn 1-11 nur die spezifisch israelitische Abwandlung und
die spezifisch israelitische Deutung zu hören; sie wollten
vielmehr, daß in diesem Teil ihres Werkes auch das zu Worte
komme, was ihnen aus der israelitischen Vorgeschichte vorgegeben ist." (57)

Was sollte damit erreicht werden? "Dieses deutliche und
unverkennbare Sich-Anschließen an vorgegebene Traditionen
wäre durchaus unnötig, wenn J und P nur hätten sagen wollen,
daß der Retter Israels der Schöpfer der Welt ist." (58) Was
wollten sie also darüber hinaus sagen?

Zunächst einmal ist hier von Belang, daß nach Westermann die
Urgeschichte als Ganzheit zu sehen ist: "Eine Systematisierung der Aussage von Gen. 1-11 in der Weise, daß von einem
sündenfreien Urstand und der gefallenen Menschheit (durch
den Sündenfall) gesprochen wird, ist vom Text her nicht
zulässig. Wenn neben die Aussage von der Erschaffung die
andere von der Begrenztheit des Menschen gesetzt wird, so
wird mit beiden eine Spannung zum Ausdruck gebracht, die dem
Menschsein eignet. Die besondere, einmalige Geschichte Gottes mit seinem Volk setzt die Grundelemente des Geschaffen-
seins und des Begrenztseins des Menschen voraus." (59) Dieser doppelte Aspekt gelte weltweit, wenn vom "Menschen im
Urgeschehen" die Rede sei. In Gen 1-11 nun "treten diese

beiden Aspekte in der Weise auf, a) daß der von Gott geschaffene auch der von Gott gesegnete Mensch ist (Segnung
realisiert in den Genealogien) und daß er von Gott zur
Herrschaft über die Erde bestimmt wird, b) daß dieser von
Gott gesegnete und begabte Mensch auf vielfache Weise fre-
velt und darum von Gott getrennt wird." Sehe ich recht, dann
wird man Westermann folgendermaßen interpretieren dürfen:

1. In den urgeschichtlichen Texten geht es um die fundamentalen Daseinskonstituenten menschlichen Lebens zu allen
   Zeiten.

2. J und P verknüpfen zwar Urgeschichte und Volksgeschichte,
   zeigen aber durch die Übernahme urgeschichtlicher Traditionen (60), daß sie nicht nur ein "Proömium" zum Nachfolgenden liefern wollen, sondern auch an den Daseinskonstituenten allen menschlichen Lebens als solchen interessiert sind.

3. Hiermit ist ihr Entwurf eingebunden in ein weltweites
   Reden vom Urgeschehen; gleichwohl setzen sie ihre eigenen
   Akzente (61). Ihre theologische Leistung bestünde somit
   nicht nur in der Verbindung von Urgeschichte und Heilsgeschichte, sondern auch in der theologischen Überarbeitung
   überkommener urgeschichtlicher Traditionen.

Nun tut sich in Westermanns Verständnis der Urgeschichte als
Urgeschehen noch ein Problem auf, auf das G.Liedke aufmerksam gemacht hat: "Einerseits sagt Westermann, Urgeschehen
sei der Erfahrung und der Geschichte jenseitig, andererseits
handelt es sich aber um Phänomene, die sehr wohl erfahrbar
sind: Schuld und Brudermord." (62) In der Tat ist hier bei
Westermann ein Problem gegeben. Es dürfte aber nicht gerade
überzeugen, wie Liedke es zu lösen versucht: "Daß es vom
Urgeschehen keine Erfahrung geben könne, ist von den Texten
her nicht formulierbar; schließlich erfährt doch jeder

Sommer und Winter usw." (63). Letzteres gewiß; gilt das z.B. aber auch für einen Text wie Gen 6,1-4? Es ist einfach ein zu enger Interpretationsraster, wollte man etwa den Jahwisten dahingehend verstehen, er habe es bei seiner Darstellung grundsätzlich auf Stoffe abgesehen, die auf allgemeine Grundbefindlichkeiten hin typisiert werden können. Der redaktionskritische Aspekt, daß die Urgeschichte auf Gen 12 hin zusteuert - das nehme ich nach wie vor an - wäre m.E. vor allem stärker zu betonen und so dem hamartiologischen Aspekt der Urgeschichte wieder etwas stärker Achtung zu zollen (64). Bei Liedke ist da freilich eher hierzu Entgegengesetztes zu beobachten, wenn er Gen 1-11 in seiner Ganzheit als "Grundgeschehen" interpretiert. Diesen Begriff führt er ein (65), um von der Mehrdeutigkeit der Rede Westermanns vom "Urgeschehen" wegzukommen: "Gewahr wird der Mensch das Grundgeschehen im Erleben der Geschichte, in der er lebt. Aber was er da gewahrt, zeigt sich nicht als so wandelbar wie etwa politische Institutionen. Das Grundgeschehen ist das elementar Bleibende, das sich auch verändert, aber in sehr langen Zeiträumen und nicht in seinem Kern."

Diese variierende Fortführung des Westermannschen Ansatzes ist bei Liedke von dem dezidierten Interesse getragen, im Gespräch mit der Naturwissenschaft eine Dialogbasis zu gewinnen (66). M.E. ist es hierzu aber nicht nötig, den Begriff "Grundgeschehen" als generellen Deuteschlüssel für Gen 1-11 einzuführen. Auch so könnten Texte wie z.B. Gen 4,1-16; 11,1-9 durchaus in der Weise betrachtet werden, daß sie zur Erhellung auch gegenwärtigen menschlichen Lebens Entscheidendes beizutragen vermögen. Alles in allem läuft das Verständnis von Gen 1-11 als Grundgeschehen entscheidend Gefahr, das "andere Gesicht der Erzählungen der Urgeschichte" nicht mehr wahrzunehmen, das "nach vorn in die Geschichte Israels als des Volkes Gottes hinein(reicht)." (67) Kommt dieser Geschichte - gesamtbiblisch gesehen - tatsächlich

weltweite Bedeutung zu, dann dürfte m.E. der nach vorne
weisende Aspekt der Urgeschichte auch im interdisziplinären
Gespräch nicht vernachlässigt werden. Würde die Theologie
anderen Wissenschaften nicht gerade etwas schuldig bleiben,
wenn sie sich im Gespräch mit ihnen auf die Herausarbeitung
mehr oder weniger konstanter Grundbefindlichkeiten beschränken würde (68)?

Es ist nun in einem weiteren Überlegungsgang nötig, die
Frage zu stellen, ob die bei Liedke sich andeutende Einsei-
tigkeit nicht doch ihre wesentliche Wurzel im Denken
C.Westermanns selber hat. Westermann hat, wie gezeigt, sowohl die Beziehung der Urgeschichte zu Menschheitstraditionen als auch ihre auf die Volksgeschichte vorweisende
Funktion betont. Es läßt sich nun aber m.E. zeigen, daß auch
das primäre Interesse Westermanns dem ersten Aspekt gilt.
Während seine Rede vom Urgeschehen sich noch nicht eindeutig
so interpretieren läßt, so weist doch ein anderer Aspekt
seiner Theologie deutlich in diese Richtung: Er lehnt für
das AT den Begriff "Schöpfungsglauben" ab (69), einschließlich dessen, was theologisch damit zusammenhängen könnte:
"Es gibt im Alten Testament keine einzige Stelle, an der die
Schöpfung oder der Schöpfer in einen direkten Zusammenhang
mit dem Glaubensbegriff gebracht würde." (70) Das bedeutet
für Westermann dann auch: "Mit Offenbarung hat das Reden von
Schöpfer und Schöpfung im Alten Testament schlechthin nichts
zu tun ...".

Weshalb es im AT keinen Schöpfungsglauben geben kann, sieht
Westermann in folgendem begründet: "Der Begriff 'Glauben an
Gott, den Schöpfer' setzt die Möglichkeit einer Alternative
voraus, also die Möglichkeit des Nicht-Glaubens. Diese Alternative gibt es für die Menschen des Alten Testaments noch
nicht ... Wir haben gesehen, daß Israel hierin mit der
ganzen antiken Welt zusammengehört ..." Unter Verweis auf
dogmatische Begrifflichkeit kann so schließlich gefolgert

werden: "... die Schöpfung zielt nicht auf ein Sich-Bekannt-
machen Gottes, so daß Gott dann aus seiner Schöpfung erkannt
werden könnte (revelatio generalis). Vom Alten Testament her
ist daher der Gegensatz zwischen natürlicher und übernatür-
licher, zwischen einer aus der Schöpfung und einer aus dem
Heilswerk erlangten Gotteserkenntnis undenkbar; der Begriff
einer 'natürlichen Theologie' könnte hier überhaupt nicht
gebildet werden." (71)

Ist somit offenkundig, daß Westermann den mit "Schöpfungsglauben" gemeinten Sachverhalt für das AT ablehnt, dann gilt
es unsererseits folgende Feststellungen zu treffen, die
zugleich den Charakter einer Anfrage haben: Der terminologische Befund, daß das AT kein Äquivalent für das enthält, was
wir Schöpfungsglauben nennen, kann m.E. wohl kaum hinrei-
chen, um das in der Sache Gemeinte von vornherein abzuleh-
nen. Deute ich die angeführten Zitate richtig, dann dürfte
es Westermann über den terminologischen Befund hinaus noch
um etwas ganz anderes gehen: Er scheint sehr stark von
unserer modernen atheistischen Alternative zum Schöpfungsglauben auszugehen. Diese hat sich Israel so gewiß nicht
gestellt; insofern läßt sich ein - allerdings sehr weit
gespannter! - antiker Konsens mit einem gewissen Recht behaupten (sieht man von religionskritischen Ansätzen bei den
Griechen - etwa bei Theagenes von Rhegion oder bei Euhemeros
(72) - einmal ab). Stellt nun aber z.B. die Art und Weise,
in der man im Alten Orient die Vorstellung von der Entstehung der Welt in Theogonien und Theomachien eingebettet hat,
keine Alternative zum Reden von Jahwe als Schöpfer dar? Ist
Israel wirklich nicht vor solche Alternativen gestellt worden? Konnte etwa die Exilsgemeinde unbestritten von Jahwe
als dem Schöpfer ausgehen - oder konnte doch nicht auch die
Schöpfungstheologie der Babylonier beeindrucken (73)? Wäre
das keine "Möglichkeit des Nicht-Glaubens"? Westermann konzentriert statt dessen seinen Blick darauf, daß Israel zusammen mit seiner Umwelt die vorfindliche Wirklichkeit nicht

ohne göttliche Einwirkung und Ursache denken konnte. Diese
Gemeinsamkeit ist jedoch eine recht vage, innerhalb derer
deutliche Alternativen denkbar sind.

Weiterhin geht es Westermann darum, dogmatische Schlagworte
wie "revelatio generalis" oder "natürliche Theologie" als
dem AT unsachgemäß nachzuweisen. In der Tat ist bei dem
Umgang mit solchen Begriffen im Rahmen der Exegese Vorsicht
geboten. Die Fragestellungen der Dogmatik in Vergangenheit
und Gegenwart müssen nicht unbedingt(!) die des ATs sein
(74). Freilich ist dann immer noch die Frage, ob nicht der
Exeget - der ja nicht mit den Texten gleichzeitig ist - von
solchen Fragen her beeinflußt ist. Westermann trägt m.E.
selber insofern moderne Fragestellungen an die Texte heran,
als er - wie bereits festgestellt - auch vornehmlich von
unserer atheistischen Alternative zur Rede von Schöpfer und
Schöpfung her einen breiten antiken Konsens annimmt, wie
folgendes Zitat nochmals zeigt: "In der gewaltigen Fülle und
Vielfalt des Redens von Schöpfer und Schöpfung gibt es an
keiner Stelle und zu keiner Zeit eine grundsätzliche, bewußte Bestreitung des Erschaffenseins von Welt und Menschheit." (75) Dies ist nicht zu bestreiten. Wir müssen aber
hier über das von uns bisher Festgestellte hinaus fragen, ob
die daraus von Westermann gefolgerte Ablehnung des mit dem
Begriff "Schöpfungsglauben" Gemeinten nicht doch Ansätze
natürlich-theologischen Denkens insofern in sich birgt, als
hier das Allgemeine (also die gemeinsame antike Überzeugung,
daß sich die Welt der Gottheit bzw. den Gottheiten verdankt)
dem Besonderen (also der atl. Rede davon, daß Jahwe der
Schöpfer ist) übergeordnet wird und so Jahwe in dieser Hinsicht (das gilt nicht für Westermanns Denken insgesamt!) als
eine besondere Ausprägung der allgemeinen Spezies "Gott"
erscheint. Ich kann Westermann nur so verstehen - direkt
sagt er es nicht -, daß er den Schöpfungsgedanken als solchen als wahr qualifizieren möchte und somit ein Grundbestand an Wahrheit abgesehen von der besonderen Geschichte

Gottes vorhanden wäre, an dem auch(!) die Rede von Jahwe als
Schöpfer Anteil haben würde.

Daß wir solchen Denkansätzen kritisch gegenüberstehen, dürfte deutlich geworden sein. Damit ist freilich - nun ganz
grundsätzlich bedacht - noch keine generelle Bestreitung
jeglicher Wahrheit außerhalb der besonderen Geschichte Gottes mit Israel und mit bzw. in Christus erfolgt. Die Frage
ist nur, wie man hier an das Problem herangeht: ob man das
Urteil von der besonderen Geschichte Gottes her fällt und
diese so Ausgangs- und Zielpunkt des theologischen Denkens
ist - oder ob man (generell oder auch nur bei bestimmten
Fragen) eine gemeinsame, allgemeine Basis sucht, in die sich
dann auch die besondere Geschichte Gottes einzureihen(!)
hat. Die Sichtung religionsgeschichtlicher Phänomene - auch
und gerade beim Thema "Schöpfung" - führt nicht von selber
zu einer eindeutigen Wertung, sondern bedarf der bewußten(!)
hermeneutischen Reflexion, die von unterschiedlichen Ansätzen her unterschiedlich ausfallen kann.

Wie sieht nun Westermann insgesamt Jahwes Schöpferhandeln
und sein besonderes Handeln an Israel einander zugeordnet?
Das bisher Erarbeitete fassen wir kurz zusammen:

1. Das Reden von Schöpfung im AT hat Teil an entsprechenden
   Menschheitstraditionen, weist aber auch eine Beziehung
   zur Volksgeschichte auf. Ersteren Aspekt betont Westermann in besonderer Weise.

2. Das Wechselgeschehen zwischen Gott und seinem Volk ist
   ein Aspekt des Wechselgeschehens zwischen Gott und seiner
   Welt schlechthin, freilich ein besonders herausgehobener.

Wichtig für das Verständnis dessen, wie Westermann Jahwes
weltweites Schöpfungshandeln und sein besonderes Handeln an
Israel einander zuordnet, ist nun weiterhin die Art und
Weise, in der er zwei für sein Denken zentrale Begriffe
verwendet: "segnen" und "retten". "Im Segen wirkt der Schöpfer, darum ist der Segen universal, er gilt allen Lebewesen.

Im Unterschied dazu ist Gottes rettendes Handeln eine besondere Zuwendung zu einer besonderen Gruppe, aus dem Erfahren
der Rettung erwächst darum eine besondere Geschichte, die
Geschichte der Errettung oder die Heilsgeschichte. Das Segnen Gottes dagegen geht auch außerhalb dieser besonderen
Geschichte weiter ... Die Geretteten aber ... bleiben Menschen wie alle anderen und bedürfen daher auch des alle
Menschen umfassenden Segens." Während das Retten Gottes
ereignishaften Charakter habe, wäre das Segnen "ein stilles,
stetiges, unmerklich fließendes Handeln Gottes", das etwa im
Wachsen, Reifen und Abnehmen erfahren werde (76). Jahwes
segnendes Handeln ist also demnach eine Art Grundbeziehung
zwischen Gott und seiner Kreatur, die alle Zeiten und Räume
umfaßt. In diesem ständigen Angewiesensein des Geschöpfes
stehen die Menschen, denen Jahwes besondere Zuwendung gilt,
mit allen Menschen und eigentlich auch aller Kreatur auf
einer Stufe (77).

Ähnlich wie bei dem Reden von Schöpfung stellt auch das
Reden vom segnenden Handeln Gottes nach Westermann etwas
dar, worin das AT tief mit der Religionsgeschichte verbunden
ist. Wie bei der Schöpfung ist dies wiederum nur die eine
Seite der Medaille; in bestimmter Weise wird auch der Segen
im AT in der Sicht Westermanns hineingenommen in die besondere Geschichte Gottes mit seinem Volk. Westermann führt
hier vor allem den Jahwisten (Gen 12,1-3), die Bileam-
Perikope (Num 22-24) und das Deuteronomium an (78) und
verweist auch auf die beschreibenden Lobpsalmen (79). "So
gilt für den Segen wie für die Schöpfung: Sofern sie in
irgendeinem Sinn der Geschichte des Rettens und Richtens
Gottes streng und fest zugeordnet sind, haben sie an der
Einzigartigkeit dieser Geschichte teil; sofern sie nur
locker oder gar nicht mit ihr verbunden sind, finden sich
immer religionsgeschichtliche Parallelen dazu." (80)

So kann es in der Sicht Westermanns durchaus zu einer

Zuordnung des segnenden zum rettenden Handeln kommen - ohne
daß diese Zuordnung eine unabdingbare wäre. Umgekehrt aber
meint er, daß das rettende Handeln ohne das segnende nicht
sein könne. Das "Ereignis der Rettung", das "Ergehen der
Botschaft" etc. habe "den Charakter des Augenblickgesche-
hens. Die Summe der Augenblicke aber ergibt niemals Geschichte; damit aus diesen Augenblicken Geschichte werde,
muß das Element des Stetigen hinzutreten: das Wachsen und
das Reifen, das Gedeihen und das Gelingen ..." (81)

Ein m.E. ganz entscheidender Gesichtspunkt kommt bei Westermann nun aber noch hinzu. Konnte man bisher den Eindruck
gewinnen, daß bei ihm das rettende Handeln gegenüber dem
segnenden eine untergeordnete Rolle spielt, so deuten folgende Ausführungen darauf hin, daß dem nicht so ist: Das
"Reden von Gott als dem Retter" erfährt nach seiner Sicht
über den Bereich des Volkes hinaus eine zweifache Ausweitung: zum einen auf den privaten Bereich hin, in welchem
auch der einzelne Mensch Rettung erfahren kann; zum anderen
in eine universale Richtung: "Für das Alte Testament ist das
rettende Handeln Gottes nicht auf sein Volk und die einzelnen darin beschränkt. Es wird in der Urgeschichte und in der
Apokalyptik auf die Menschheit und die Kreatur ausgeweitet."
(82) Man könnte wohl so interpretieren: In der gleichen
Weise, wie das universale Segenshandeln an etlichen Stellen
des ATs vergeschichtlicht und so im Rahmen der besonderen
Zuwendung Jahwes zu Israel gesehen wird, kann umgekehrt die
partikulare, auf das Volk bezogene Rettungserfahrung ins
Universale ausgeweitet werden.

Wenn man einmal hinnimmt, daß Westermann in phänomenologischen Distinktionen zu denken gewohnt ist und man so die
Unterscheidung zwischen segnendem und rettendem Handeln
grundsätzlich akzeptiert, so hat er m.E. nicht nur die
Differenz, sondern gerade auch die Zuordnung beider Wirkweisen Gottes herausgearbeitet. Außerdem hat er den eschatolo-

gischen Aspekt des Rettens Gottes durch die Erwähnung der
Apokalyptik berücksichtigt. Insofern übersteigt das rettende
Handeln Gottes sein segnendes, auch wenn die Apokalyptik -
so Westermann (83) - die Redeform der Segensschilderung
wählt. Diese wird man m.E. aber schwerlich mit dem Reden vom
Segnen Gottes in der Jetztzeit auf eine Stufe stellen können.

Insgesamt entgeht also Westermann der in seinen Distinktionen grundsätzlich vorhandenen Gefahr, die Rede von Gottes
rettendem und segnendem Handeln auseinanderdriften zu lassen. Er wahrt vielmehr den Zusammenhang, den er letztlich in
folgendem begründet sieht: "Aber was macht die unfaßlich
vielgestaltige Fülle des Geschehenden zwischen Anfang und
Ende zu einem Zusammenhang, zu einer zusammenhängenden Geschichte? Das ist das Einssein Gottes, das Israel bekennt ... Weil der Schöpfer derselbe ist wie der Retter,
weil der im universalen Horizont seine Schöpfung segnende
Gott derselbe ist wie der sein Volk rettende und der sein
Volk richtende Gott, weil der Gott, auf den ein einzelner
Mensch sein Vertrauen setzt, derselbe ist wie der, 'der den
jungen Raben ihr Brot gibt' (Ps 147,9), weil es nur einer
ist, zu dem das Lob aufsteigt und nur einer, an den sich die
Klage wendet, darum gibt es einen Zusammenhang in allem, was
zwischen Gott und Mensch, zwischen Gott und seiner Schöpfung
geschieht." (84) Angesichts dieser Ausführungen stellt sich
mir die Frage neu, die uns schon ausführlich beschäftigt
hat: Wenn tatsächlich Gott der Schöpfer derselbe ist wie
Gott der Retter, nämlich der Eine Gott, dessen Einssein
Israel bekennt, dann müßte doch auch das Reden von Schöpfer
und Schöpfung in Israel gegenüber seiner Umwelt in der Weise
ein spezifisches sein, daß sich durchaus der Begriff "Schöpfungsglaube" nahelegen könnte, weil eben Schöpfung diesem
Einen Gott zugeschrieben wird und keinem anderen.

So ist das Bild, das wir von Westermanns Entwurf gewinnen,

nicht ganz einheitlich. Ihm gelingt es insgesamt doch, Jahwes weltweites Schöpfungshandeln und sein besonderes Handeln an Israel einander zuzuordnen. Ihm gelingt es weiterhin, das Geschehen zwischen Gott und Welt in seiner _Fülle_ zur Sprache zu bringen und dabei dennoch den Zusammenhang zwischen Jahwes universalem und partikularem Handeln zu sehen. Freilich gerät er dabei mitunter auf Nebengeleise, wo der Zusammenhang ein recht lockerer zu werden droht: nämlich dort, wo er zu einer Ablehnung des mit dem Begriff "Schöpfungsglaube" Gemeinten kommt. Ein wichtiges Anliegen unsererseits war, auf die Konsequenz solcher Ablehnung hinzuweisen. Deshalb hatten die kritischen Anfragen an Westermann das Übergewicht gegenüber der positiven Würdigung seiner Position. Alles muß m.E. daran liegen, daß es in der Weiterführung des Westermannschen Ansatzes nicht zu einer weiteren Verselbständigung des Redens von Schöpfung kommt (85), sondern die Einheit des Handelns Gottes als des Schöpfers und Retters bei aller Differenzierung im einzelnen gewahrt bleibt.


### 3. H.H.Schmid

Mit H.H.Schmid tritt für uns ein Forscher in das Blickfeld, der exegetisch und hermeneutisch nochmals eine ganz andere Position einnimmt als G.v.Rad und C.Westermann. Wir versuchen, seine Gedankengänge nachvollziehend zu verstehen und sie sodann mit den beiden dargestellten theologischen Positionen kritisch in Beziehung zu setzen. Waren wir bei v.Rad und Westermann genötigt, die Ausführungen verschiedener Veröffentlichungen in gleicher Weise heranzuziehen, um so zu einem einigermaßen fundierten Gesamtbild zu kommen, so macht es uns Schmid bei unserer Fragestellung insofern leicht, als er in seinem programmatischen Aufsatz "Schöpfung, Gerechtigkeit und Heil" umfassend und zugleich gebündelt seine Sicht vorgetragen hat. Auf diesen Aufsatz werden wir uns in erster Linie konzentrieren; andere Äußerungen Schmids dienen dann mehr der Ergänzung.

In seinem soeben genannten Aufsatz will Schmid den Versuch begründen, "der Schöpfungstheologie eine sehr viel zentralere theologische Bedeutung zuzumessen, ja sogar, sie als den Gesamthorizont biblischer Theologie überhaupt zu erweisen ..." (86) Zu diesem Zweck erfährt bei ihm der Schöpfungsbegriff eine Dehnung: Altorientalischer Schöpfungsglaube sei weniger an Weltentstehung, sondern an "der gegenwärtigen, den Menschen umgebenden Welt und Natur" orientiert (87). Schöpfung begründe eine Ordnung, die nicht nur die Natur, sondern auch den Staat umfasse. Schmid kann dabei darauf verweisen, daß das Chaoskampfmotiv in Mesopotamien, Ugarit und Israel auch in politischen Zusammenhängen erscheint: "Die Feinde sind nichts anderes als Manifestationen des Chaos, das es zurückzudrängen gilt." Weiterhin gehöre zur Schöpfungsordnung die Rechtsordnung: "Das Recht statuiert die Durchsetzung der Schöpfungsordnung nach ihrer juristischen Seite hin." (88) Zusammengefaßt heißt dies dann: "Unter dem Begriff der 'Schöpfung' finden somit im altorientalischen Raum - abgekürzt gesagt - die kosmische, die politische und die soziale Ordnung ihre Einheit." (89) Schließlich sieht Schmid auch noch den "Zusammenhang von Tat und Ergehen" unter dieser Perspektive: "Wer Recht tut, verhält sich der (grundsätzlich heilsam verstandenen) Schöpfungsordnung konform und steht demgemäß unter dem Segen ..." (90)

Dieses vom altorientalischen Rahmen her gewonnene Schöpfungsverständnis wird nun für Schmid der wesentliche Deuteschlüssel für das AT. Die vorexilischen Propheten bezögen sich "in ihrer Verkündigung kaum auf einen geschichtlichen Heilsglauben im Sinne eines 'geschichtlichen Credo'", sie gingen vielmehr vom Tat-Ergehens-Zusammenhang aus (91). Ihre Botschaft wäre somit im Rahmen der Schöpfungsordnung zu verstehen: "Sie kritisieren das Volk nach dem allgemeinen Wissen der Zeit um das, was im zwischenmenschlichen Bereich 'Ordnung' ist - und das ist die gleiche Ordnung, von der im

Zusammenhang des Schöpfungsglaubens wie auch im Bereich des Rechts und der Weisheit die Rede ist."

Vom gleichen Denkrahmen her interpretiert Schmid die exilisch-nachexilische Prophetie (speziell Deuterojesaja) (92), die Deuteronomistik (93), Weisheit und Recht (94) sowie die Erzählungen der Urgeschichte (95). So legt sich ihm die generelle Schlußfolgerung nahe: "Aus alledem ergibt sich, daß der Schöpfungsglaube im weiteren Sinne für breite und zentrale Zusammenhänge des Alten Testamentes nicht nur die Folie abgibt, sondern sie in ihrer Sachaussage zentral bestimmt." (96)

Wir sehen: Über weite Strecken redet Schmid von "Schöpfung", "Schöpfungsglaube" (97) oder "Schöpfungsordnung", wo man eigentlich herkömmlicherweise die Vokabel "Geschichte" gebrauchen würde (etwa im Bereich der prophetischen Verkündigung). Nun kann auch Schmid es nicht vermeiden, den Geschichtsbegriff zu verwenden. Allerdings tritt atl. Geschichtsdenken nicht in Gegensatz zum Schöpfungsordnungs- bzw. Weltordnungsdenken. Vielmehr wird zwischen Geschichte und Mythos differenziert und das Denken in diesen beiden Kategorien wiederum gemeinsam auf die Weltordnungsvorstellung bezogen.

Im Deuteronomium etwa ist nach Schmids Sicht an die Stelle einer durch den Mythos konstituierten Weltordnung "die Geschichte getreten." (98) Allerdings: "Doch zu ihrer theologischen Relevanz kommt die Geschichte auch und gerade da nur dadurch, daß sie im Zusammenhang des phänomenologisch mit der Schöpfung verbundenen Weltordnungsdenkens Bedeutung gewinnt." (99) Ähnlich ist sein Argumentationsmuster hinsichtlich der atl. Eschatologie: "Was als Heil am Ende der Geschichte erwartet wird, entspricht dem, was der ganze Alte Orient als heile Welt beschrieben hat ... Neu ist der eschatologische Horizont: die sich im Laufe der Zeit immer

deutlicher artikulierende Erfahrung der Differenz zwischen
der heilen Welt und dem, was die Geschichte bringen kann ...
Allerdings war auch diese Erfahrung dem alten mythischen
Denken nicht fremd: Die immer neue Bemühung, auf magischem
Wege die Wirklichkeit in Richtung auf eine heile Welt hin zu
bestimmen, zeigt, daß man sich schon dort der Nichtidentifi-
zierbarkeit von heiler Welt und faktischer Wirklichkeit in
gewissem Maße bewußt war." (100)

Es wird insgesamt klar: Einer generellen religionsgeschichtlichen Nivellierung des atl. Zeugnisses redet Schmid nicht
das Wort. Das dem Jahweglauben Eigentümliche wird jedoch
eingebettet gesehen in das altorientalische Weltordnungsdenken und dieses als die entscheidende Deutekategorie angesehen. Diese Deutekategorie erlaubt es, das Israelitisch-Be-
sondere vom Altorientalisch-Allgemeinen her zu interpretieren. So gilt für Schmid ganz allgemein hinsichtlich der
Bibel (das NT, das er kurz streift, mit eingeschlossen) und
ihrer Umwelt: "Was Schöpfung, heile Welt im Grunde ist bzw.
sein sollte, ist ein allgemein menschliches Grundwissen ...
Je spezifisch ist a) die Beurteilung dessen, wie es zu
dieser heilen Welt kommen kann, b) woran es liegt, daß der
Durchbruch der heilen Welt im letzten noch immer nicht
erfolgt ist, und c) woran sich dabei der Mensch halten kann,
um nicht zu resignieren und aufzugeben." (101) Solcher
Denkhorizont sei durchaus nicht nur dem Alten Orient und der
Antike eigen. Schmid beobachtet, "daß das Thema der umfassenden Gerechtigkeit, der heilen Welt auch eines der Haupt-
themen unserer Zeit ist, wenn nicht sogar das Generalthema
schlechthin." (102)

Wenn wir uns alle diese Ausführungen Schmids vergegenwärtigen, dann kann es nicht überraschen, daß er sich als Anti-
pode zu G.v.Rad versteht. Für ihn erschließen sich die
Spezifika israelitischer Religion "nicht so, wie v.Rad die
Dinge sieht, daß Israel zunächst von einem mehr oder weniger

reinen geschichtlichen Heilsglauben ausging und nachträglich mit diesem auch andere, altorientalische Überlieferungen, so etwa den Schöpfungsglauben, verbunden hätte, sondern umgekehrt so, daß Israel durchaus am altorientalischen Welt- und Schöpfungsdenken teilhatte und dann seine spezifischen Geschichts- und Gotteserfahrungen in ihrem Horizont verstand - und auch nur so verstehen konnte." (103) Während v.Rad, wie wir gesehen haben, die Schöpfungstheologie der Soteriologie zuordnet, betont demgegenüber Schmid: "Die Schöpfungstheologie hat im Alten Orient wie im Alten Testament von Anfang an durchaus 'soteriologischen' Charakter, insofern sie sich durchweg um die Frage nach der heilen Welt müht." (104) So sieht Schmid von Anfang an das beisammen, was v.Rad erst einander zuordnen muß. Von daher kommt es dann sogar zu einer kritischen Beurteilung der Art und Weise, wie v.Rad mit der Weisheit umgeht: "... spätestens bei der Lektüre des Weisheitsbuches von Rads wird deutlich, daß eine wie auch immer geartete additive oder bestenfalls integrative, sekundäre Einholung der Weltproblematik nicht ausreicht. Sie reicht so lange nicht aus, als die Welt kein eigenständiges theologisches Thema ist." (105)

Der Ansatz Schmids steht und fällt nun mit einer exegetischen Prämisse: Wenn das AT entscheidend vom altorientalischen Weltordnungsdenken her zu interpretieren ist, dann muß das, was wir "geschichtliches Denken" nennen, im Rahmen der atl. Religionsgeschichte erst relativ spät auftreten. Genau diesen Nachweis versucht Schmid zu führen. "Geschichtsbewußtsein" im engeren Sinn liegt in seiner Sicht dann vor, wenn Geschichte nicht nur als kultisches Fest zelebriert wird, sondern wenn "ein Stück Geschichte als Geschichte und als irreversibler Vorgang bewußt" wird, wie es in Ägypten zu Beginn der ersten Zwischenzeit der Fall gewesen, dann aber wieder in Vergessenheit geraten sei (106). Insgesamt nimmt nach Schmid "das Eigengewicht der Geschichte im Alten Orient in dem Maße (zu), als sich die konkreten Ereignisse einer

direkten Integration in die Weltordnungszusammenhänge wider-
setzen." (107) So wäre es auch in Israel gewesen: "Die
wesentlichen Anstöße zu einem distanzierteren und damit
differenzierteren Verhältnis zur Geschichte scheinen mir
auch in Israel von Geschichtserfahrungen ausgegangen zu
sein, die sich nicht so einfach in das auch in Israel nationalreligiös geprägte Weltordnungsdenken integrieren ließen.
Zu denken ist zunächst an die Erfahrungen in der zweiten
Hälfte der Königszeit ..." (108) Damit ist gesagt: "Wie in
Ägypten und in Mesopotamien war die Krise zum Anlaß geworden, Geschichte als solche erkennen zu lernen." (109)

Erst nachdem Schmid die Entwicklung in Israel ganz parallel
zu der im übrigen Alten Orient rekonstruiert hat, kommt er
auf das israelitische Proprium zu sprechen, welches der
nachexilischen Erfahrung entspringe, "daß Geschichte und
heile Welt wohl überhaupt inkommensurable Größen seien. Den
Durchbruch des Heils ... konnte man ... nur noch als das
Ende der Geschichte erwarten. So steht das eschatologische
und schließlich apokalyptische Denken der alttestamentlichen
Glaubensgeschichte." (110)

Wenn solche Rekonstruktion stimmig sein soll, dann muß schon
deshalb der Jahwist relativ spät datiert werden, wie es
Schmid dann auch tatsächlich tut. Daß hinter seiner Analyse
des jahwistischen Werkes dieses grundsätzliche Interesse
steht, gibt er offen zu: "... ich will nicht verheimlichen,
dass mein eigentliches Interesse an der hier vorgetragenen
Modifikation der Literaturgeschichte Israels gerade diesen
ihren religionsgeschichtlichen und theologischen Implikationen und Konsequenzen gilt. Ist die Geschichtstheologie des
'Jahwisten' nicht wesentlich älter als die deuteronomisch-
deuteronomistische, so besagt das nichts anderes, als dass
das geschichtstheologische Denken des Alten Testamentes
überhaupt als relativer Spätling in der Religions- und Theo-
logiegeschichte Israels anzusehen ist." (111)

Stellen wir nun die Frage, wie nach Schmid das atl. Zeugnis
von Jahwes universalem Schöpfungshandeln und seiner besonderen Zuwendung zu Israel in ihrer Relation zueinander zu
bestimmen sei, so geraten wir in eine Aporie: Der Ausgangspunkt Schmids ist nicht ein reflektierendes Verstehen des
Handelns Jahwes in seiner Bezeugung durch das AT, sondern
die menschliche Vorstellung von Schöpfungsordnung und heiler
Welt im Alten Orient, Israel eingeschlossen. Zur weiteren
Erfassung der Schmidschen Position ist es zunächst erforderlich, einen nochmaligen kurzen Blick auf v.Rad und Westermann zu werfen. Beide unterscheiden sich hier ganz erheblich
von Schmid. Westermann redet in einer sehr direkten Weise
vom göttlichen Handeln und begründet dies folgendermaßen:
Die Geschichte, die das AT erzählt, "ist darin von der
Geschichte, wie sie die moderne Geschichtswissenschaft versteht, unterschieden, daß das hier Geschehende zwischen Gott
und Mensch, zwischen dem Schöpfer und seiner Schöpfung geschieht. Der im 19. Jahrhundert geprägte Geschichtsbegriff
kann dann für eine Theologie des Alten Testaments nicht
allein maßgebend sein, weil er ein Wirken Gottes als Bestandteil der Geschichte von vornherein ausschließt. Im
Alten Testament gehört zu allem Geschehenden das Wirken und
Reden Gottes ..." (112) Stärker als Westermann hebt v.Rad
zwar den Zeugnischarakter der atl. Tradition hervor, ohne
jedoch der Versuchung zu erliegen, aus einer Theologie des
Alten Testaments eine Geschichte der israelitischen Religion
zu machen: Die "alttestamentliche Zeugniswelt wird also vor
allem der Gegenstand einer Theologie des Alten Testaments
sein. Nicht eine systematisch geordnete 'Glaubenswelt' Israels, oder die tatsächlich überwältigende Lebendigkeit und
schöpferische Produktivität des Jahweglaubens, denn die
Glaubenswelt ist nicht der Gegenstand der von Israel aufge-
richteten Zeugnisse von Jahwes Geschichtshandeln. In seinen
Geschichtszeugnissen hat Israel doch nicht auf seinen Glauben, sondern auf Jahwe hingewiesen." (113)

Gerade den letzten Satz würde Schmid wohl schwerlich so
nachsprechen können. Nun ist es aber auch bei ihm nicht so,
daß da allein menschliche Vorstellungen von Gott und Welt im
Mittelpunkt seines Denkens stünden. Um seine Sicht in ihrer
Ganzheit zu erfassen, ist es nötig, seine Schlußbemerkungen
im Buch "Der sogenannte Jahwist" (114) eingehend heranzuziehen: "Der biblische Glaube beruht - gerade wo er sich von
anderen Religionsformen unterscheidet - nicht auf einer
besonderen, analogielosen, uranfänglichen Gottesoffenbarung,
die der menschlichen Welterfahrung absolut vorausginge und
erst sekundär mit ihr zu vermitteln wäre. Er hat vielmehr
von Anfang an seinen Ort und seinen Gegenstand in der dem
Menschen als Menschen eigenen Welterfahrung und den mit ihr
verknüpften, allgemein-menschlichen (im Falle Israels als
'nationalreligiös' zu beschreibenden) Vor-Formen von 'Glauben'. 'Offenbarung' - in einem solche allgemein-menschliche
Religiosität in ihrem Hang zur vorschnellen Identifikation
von Gottes- und Welterfahrung übersteigenden Sinne des Wortes (115) - ereignet sich da, wo sich angesichts der Erfahrung der Brüchigkeit solcher zu enger Vermengung von Gott
und Welt Glaubens- und Verstehensformen eröffnen, welche die
Erfahrung weder verleugnen noch zum alleinigen Kriterium der
Wirklichkeit machen und zwischen Gott und Welt unterscheiden, ohne aber beide aus ihrer gegenseitigen Beziehung und
Verantwortung zu entlassen." Verstehe ich Schmid recht, dann
laufen seine Gedankengänge doch auf folgendes hinaus:

1. Die atl. Zeugnisse sind auf weiten Strecken von einer
   allgemein-menschlichen Religiosität geprägt, die hier in
   einer nationalreligiösen Form auftritt. Der Mensch des
   ATs ist in seinem Glaubenszeugnis zunächst einmal homo
   religiosus wie jeder andere.

2. Den atl. Zeugnissen liegt nicht in voller Breite ein
   Wechselgeschehen zwischen Gott und Welt bzw. Gott und
   Israel zugrunde (wie es Westermann sehen würde); von Gott

her geschieht nur in der Weise etwas, daß menschlicher (hier: israelitischer) Religiosität ihre Grenzen gezeigt werden und dem Menschen ereignishaft 'Offenbarung' zuteil wird, die ihn zu neuen Einsichten führt.

3. Diese neuen Einsichten dürften vornehmlich eine eschatologische Orientierung zur Folge haben, was die Heilserwartung anbelangt (116).

Wir sehen: Von einem besonderen Handeln Jahwes an Israel läßt sich gemäß der Schmidschen Konzeption nur noch in der Weise reden, daß Israel im Verlauf seiner Geschichte und aufgrund seiner Geschichtserfahrungen Erkenntnisse besonderer Art zuteil werden. Ob Gott als Retter und Richter in der Geschichte Israels selbst dabei ist (und nicht nur in der Reflexion der Geschichtserfahrungen!) - das ist da nicht mehr das eigentliche Thema. Ja man müßte sogar fragen, ob bei solcher Sicht nicht grundlegende Glaubenstraditionen Israels - etwa das Bekenntnis zum Gott des Exodus - als nationalreligiöse Vorformen von Glauben anzusehen wären. Müßte man bei der Exodusthematik nicht eigentlich auch von einer "vorschnellen Identifikation von Gottes- und Welterfahrung" reden?

Wenn man trotz der nun zutage getretenen Aporie Schmids Position unserer Fragestellung nach dem Verhältnis von Jahwes universalem Handeln als Schöpfer zu seinem besonderen Handeln an Israel zuzuordnen versucht, dann ergibt sich nach meinem Verständnis folgende Paraphrase: Gott der Schöpfer, dessen Handeln Israel im Rahmen des allgemeinen altorientalischen Denkmusters weithin von einem Welt- und Schöpfungsordnungsdenken her interpretiert und zudem in einer Vorform des Glaubens unter nationalreligiösem Vorzeichen Gottes- und Welterfahrung vorschnell identifiziert hat - dieser Gott führt Israel im Laufe der Geschichte mittels ereignishafter Offenbarungen zu neuen Verstehensmöglichkeiten in der Weise,

daß es seine Heilsvorstellungen eschatologisiert und somit
Leben in Heil und Gerechtigkeit nicht mehr mit der Weltschöpfung am Anfang in Verbindung bringt, sondern es von der
eschatologischen Zukunft erhofft.

Ganz im Gegensatz zu v.Rad und Westermann sieht also Schmid
Jahwes besonderes Handeln an Israel vornehmlich - wenn nicht
gar ausschließlich! - auf die gnoseologische Ebene beschränkt. Es findet in dieser Sicht eigentlich gar keine
besondere Geschichte zwischen Jahwe und seinem Volk statt;
die Geschichte dieses Volkes ist da nur noch der Rahmen für
besondere Erkenntnisse. Das Zeugnis des ATs, daß Jahwe wirklich mit ganzer Leidenschaft in Gericht und Gnade diese
Geschichte zu seiner eigenen gemacht hat, muß da deutlich in
den Hintergrund treten.

Somit läßt sich am Ende unseres Abschnittes zusammenfassend
feststellen: G.v.Rad sieht Jahwes weltweites Schöpfungshandeln vornehmlich im Lichte seiner besonderen Hinwendung zu
Israel. C.Westermann betont sowohl die Einzigartigkeit des
rettenden Handelns Gottes an seinem Volk als auch sein
weltweites Handeln als der Schöpfer und der Segnende. Beide
Aspekte werden einander zugeordnet, wobei diese Zuordnung
durch die Ablehnung des Begriffs "Schöpfungsglaube" einen
gewissen Riß erfährt. Bei H.H.Schmid wird die Schöpfungstheologie zum umfassenden Bindeglied Israels mit seiner
Umwelt (v.Rad hat solche Bindegliedfunktion nicht einmal der
Weisheitstheologie zugestanden!). Demgegenüber verblaßt
Jahwes besonderes Handeln an Israel. Es läuft in dieser
Sicht eigentlich keine besondere Geschichte mehr ab, es
werden nur noch qua "Offenbarung" besondere Erkenntnisse
vermittelt.

## Exkurs: Geschichtsdenken im Alten Orient und in Israel

Bei H.H.Schmid - das dürfte in unseren Ausführungen deutlich
geworden sein - kommt im Hinblick auf das AT dem Geschichtsbegriff zwar nach wie vor eine wichtige Funktion zu, keineswegs mehr aber die herausragende wie etwa noch bei G.v.Rad
(trotz seines Weisheitsbuches!). Wir wollen nun diesen Problemkreis noch etwas weiter bedenken, indem wir auch andere
Stimmen zu Wort kommen lassen und - soweit nötig - uns mit
ihnen auseinandersetzen. Zwei sich ergänzende Argumenta-
tionsgänge lassen sich wiederholt beobachten, auch wenn sich
im einzelnen bei den verschiedenen Forschern deutliche
Sichtunterschiede zeigen:

1. Es wird bestritten oder doch zumindest bezweifelt, daß
   "Geschichte" der entscheidende Begriff ist, mit dessen
   Hilfe man das Proprium atl. Denkens auf einen Nenner
   bringen kann: Atl. Denken vollziehe sich zwar auch, aber
   keineswegs ausschließlich in den Kategorien von "Geschichte".

2. Es wird darauf verwiesen, daß geschichtliches Denken auch
   in der Umwelt des ATs vorkommt.

Bereits 1958 hat H.Gese in seiner Tübinger Antrittsvorlesung
mit dem Titel "Geschichtliches Denken im Alten Orient und im
Alten Testament" sich darum bemüht, zu einem differenzierten
Verstehen der entsprechenden Phänomene zu kommen. Ausgehend
von der Feststellung, daß sich in altorientalischer (vorper-
sischer) Zeit ein "geschichtslose(r) Naturmythus vom ewigen
Kreislauf allen Geschehens" gar nicht nachweisen lasse
(117), geht es ihm nun darum, "die Entwicklung des geschichtlichen Denkens im Vorderen Orient bis zur Mitte des
ersten vorchristlichen Jahrtausends zu verfolgen, also bis
zum Beginn der persischen Herrschaft." (118) Er trägt dabei
verschiedene Beobachtungen vor. So werde etwa in Mesopota-

mien auf Tempelinschriften "über die vergangene Geschichte des Kultobjektes" berichtet (119). Des weiteren erscheine in der sumerischen "Ordnungswissenschaft" (120) Geschichte "als unbestimmbare Abfolge von Zeiten" (121). Im Unterschied dazu werde nun in den babylonischen Chroniken Geschichte nicht mehr als "Abfolge, sondern Folge, Folge menschlichen Tuns und Handelns" verstanden (122).

Von hier aus erschließt sich nun Gese das Proprium israelitischen Geschichtsdenkens. In den Vätergeschichten sei Geschichte "mehr als nur die Folge menschlichen Tuns", sie habe vielmehr ein Ziel (123). Des weiteren müsse nach altorientalischer Konzeption der Ungehorsam des Volkes Unheil zur unmittelbaren Folge haben. Nach israelitischem Denken nun wäre aber das Unheil nicht einfach Unheil, sondern "nur Strafe und Züchtigung". Gottes "Verheißungen werden nicht hinfällig ... Damit ist die altorientalische Konzeption der Geschichte als Folge verwandelt in die Konzeption der Geschichte als Gericht." Von hier aus meint Gese, Israels Geschichte nach dem "Schema Verheißung und Erfüllung" verstehen zu können. Die Verwirklichung des Bundes sei ein "historischer Prozeß". Bei den Propheten trete die "eschatologische Prägung des Geschichtsdenkens" immer stärker hervor, bis es schließlich in der Apokalyptik zur Lehre von den zwei Äonen komme (124).

Da auch Gese das Proprium atl. Geschichtsdenkens im Vergleich mit den altorientalischen Konzeptionen herausarbeitet, könnte man sich zunächst an das Vorgehen Schmids erinnert sehen. Im Vergleich dazu sehe ich aber zwei wesentliche Unterschiede:

1. Gese verzichtet darauf, israelitisches Geschichtsdenken in den Rahmen altorientalischen Weltordnungsdenkens einzuspannen. Letzteres kommt bei ihm nicht nur dem Begriff nach, sondern auch in der Sache - vor allem im Hinblick

auf das AT - so nicht vor.

2. Ein reflektiertes Verstehen von Geschichte als der Geschichte Gottes mit seinem Volk zieht sich in der Sicht Geses durch die ganze Glaubensgeschichte Israels hindurch (125), während Schmid geschichtliches Denken erst einer relativ späten Zeit zubilligen möchte; ganz abgesehen davon, daß bei ihm, anders als bei Gese, der Aspekt des göttlichen <u>Handelns</u> deutlich zu kurz kommt.

Es hat inzwischen an weiteren Stimmen nicht gefehlt, die sich dagegen ausgesprochen haben, beim Erfassen des atl. Propriums allzusehr auf den Geschichtsbegriff zu pochen (126). Besonders wichtig scheint mir nun aber die Untersuchung "History and the Gods" von B.Albrektson zu sein, da dieser in umfassender Weise altorientalisches Material beibringt, um nachzuweisen, daß die Götter in Israels Umwelt tatsächlich etwas mit "Geschichte" zu tun gehabt haben. Wir können im folgenden freilich nur auf m.E. besonders relevante Passagen seines Buches eingehen.

Aus den Belegen, die Albrektson im Kapitel "Historical Events as Divine Actions" anführt, lassen sich ohne Zweifel folgende Aussagen entnehmen:

- Götter bewirken Geschichte (127).
- Götter können sich auch gegen das Territorium (Land, Stadt) wenden, für das sie in erster Linie zuständig sind (128).
- Götter sind sich mitunter nicht einig darüber, was geschehen soll (129).
- Auseinandersetzungen zwischen zwei Ländern können als Auseinandersetzungen ihrer Götter verstanden werden. Menschliches Handeln ist dabei nicht ausgeschlossen, wohl aber steht es in diesem Horizont (130).

Es wird hier deutlich, daß auch in Israels Umwelt göttliches
Handeln nach dem Zeugnis vieler religiöser Dokumente auch
den geschichtlichen Bereich tangiert und nicht auf die Natur
beschränkt bleibt. Es verbietet sich somit eine exklusive
Vereinnahmung des Geschichtsbegriffs für das AT. Damit kann
nun aber noch lange nicht einer grundsätzlichen religionsgeschichtlichen Nivellierung des im AT von Jahwes Geschichtshandeln Bezeugten das Wort geredet werden (131). Keiner der
von Albrektson angeführten Belege läßt den Schluß zu, daß
auch außerhalb des ATs bestimmte geschichtliche Erfahrungen
das Verhältnis einer Gottheit zu einer Menschengruppe so
nachhaltig bestimmen wie in Israel die Rettungserfahrung des
Exodus oder auch die Gründung des davidischen Königtums, um
nur einige Grunddata zu nennen.

Sehen wir uns nun noch ein weiteres Kapitel des Buches kurz
an: "The Divine Word and the Course of Events". Auch hier
finden wir wieder überzeugende Belege in der Richtung, daß
die Vorstellung von der Geschichtsmächtigkeit des göttlichen
Wortes nicht als ein atl. Proprium angesehen werden kann.
Dies kann Albrektson mit Recht gegen L.Dürr (132) und
O.Grether (133) einwenden (134), da diese sich in ihrer
Untersuchung des außeratl. Materials auf Hymnen beschränkt
hätten, wo das göttliche Wort in der Tat nur mit Weltentstehung und Naturgeschehen in Zusammenhang gebracht worden
wäre. Nur kommt es auch hier wieder im Hinblick auf das AT
auf die Gewichtung an, die man als Ausleger vornimmt: Die
von Albrektson in dem genannten Kapitel seiner Untersuchung
beigebrachten religionsgeschichtlichen Zeugnisse lassen noch
kaum etwas von der Art ahnen, wie innerhalb des ATs die
Priesterschrift in einem groß angelegten Entwurf Jahwes
Wirken in Schöpfung und Geschichte in Korrespondenz von Wort
und Tat sieht. In Abschn.V werden wir dies näher darzulegen
haben und dort unter diesem Aspekt auch einen kurzen Blick
über die Priesterschrift hinaus werfen.

Wenn wir nun ein kurzes Resümee ziehen, dann scheint mir folgendes deutlich zu sein: Auch die Götter der außerisraelitischen Religionen haben etwas mit Geschichte zu tun. Nur Jahwe aber gewinnt seine Identität seinem Volk gegenüber als derjenige, der in der Geschichte rettend und richtend handelt, ausgehend von der Grundtat der Rettung aus Ägypten (135). So können Albrektsons Ausführungen und Belege durchaus ein sinnvoller Anstoß sein, den Geschichtsbegriff nicht in einer undifferenzierten Weise für die atl. Theologie zu beschlagnahmen. Sie können aber m.E. nicht zur Bestreitung dessen führen, daß Jahwe im Vergleich zu den Göttern der Umwelt in qualitativ und quantitativ besonderer Weise im Raum der Geschichte erkennbar wird. Von diesem Besonderen her wäre m.E. auszugehen in der Weise, daß auch hier das Allgemeine ("Geschichte") vom Besonderen her verstanden wird (Jahwes Handeln in der Geschichte) und nicht umgekehrt. Diesen umgekehrten Weg haben allerdings sowohl Albrektson als auch Schmid - wenn auch jeder auf seine Weise - beschritten. Beiden geht es - wie festgestellt - nicht einfach um eine religionsgeschichtliche Nivellierung des atl. Zeugnisses. Bei beiden aber ist der (wie auch immer rekonstruierte) altorientalische Denkrahmen die Konstante, die dann in einzelnen Völkern und Kulturen - und in Israel in besonderer Weise; dies wird konzediert - ihre Variablen zeitigt.

## Exkurs: Wie kann biblisch-theologisch vom Handeln Gottes geredet werden?

Die am Schluß des vorhergehenden Exkurses vorgenommene Positionsbestimmung ist nun in grundsätzlicher Weise noch weiter zu entfalten. Wir verlassen dabei nicht den exegetischen Horizont, kommen aber gleichwohl zu Distinktionen, die vornehmlich in systematisch-theologischer Hinsicht von Bedeutung sind.

In dem vorangehenden Exkurs ging es um das "Geschichtsdenken im Alten Orient und in Israel". Auf religionsgeschichtlicher Basis läßt sich nach den angeführten Dokumenten sagen, daß sowohl Israel als auch seine altorientalische Umwelt von einem göttlichen Handeln in der Geschichte wissen. Nun haben wir jedoch die Eigenart des israelitischen Denkens im Vergleich zu seiner Umwelt herauszustellen versucht. Dies geschah zunächst in einem religionsgeschichtlichen Vergleich, mündete jedoch in eine These ein, die sich aus dem religionsgeschichtlichen Vergleich nicht zwingend ergeben muß: Nicht vom Allgemeinen (also von der allgemeinen Vorstellung eines göttlichen Wirkens im Raum der Geschichte) ist auszugehen, sondern vom Besonderen (nämlich von Jahwes Geschichtshandeln). Das Allgemeine ist vom Besonderen her zu verstehen, nicht umgekehrt.

In diesem Zusammenhang ist es ganz wichtig, darüber näher zu reflektieren, was wir unter "allgemein" und unter "besonders" verstehen. Der Begriff "allgemein" erzeugt zunächst die Vorstellung, daß das hierunter Subsumierte generell (eben "allgemein") gültig wäre, während das "Besondere" im besten Fall eine spezifische Ausprägung des Allgemeinen darstellen würde, im schlechteren Sinne jedoch ein eigensinniges Unterfangen, das aus dem Rahmen des Allgemeinen herausfällt. Beide Male ist aber der Begriff des Allgemeinen mit der Wahrheitsvorstellung verbunden, daß das erkennende menschliche Subjekt die Konstante, das zu erkennende Objekt die Variable ist, worunter auch die Vorstellung von Gottes Handeln fällt. Wie wäre es nun aber, wenn wir der Kategorie des Allgemeinen ihre anthropozentrische Würde nehmen und diese Kategorie als ein Produkt menschlichen Eigensinns ansehen? Dann wäre gerade das Allgemeine das Beliebige (weil vom "neutralen" Sichten des menschlichen Verstandes Abhängige, das die religionsgeschichtlichen und atl. Aussagen vom göttlichen Handeln zunächst einmal - trotz möglicher Differenzierung im einzelnen - abstrahierend unter einen Nenner faßt) - das Besondere (das Konkrete) hingegen dasjenige, das Wahrheit beansprucht und uns in seine Wahrheit hineinnimmt. Anders ausgedrückt: Wir verstehen das Wort "Gott" nicht als einen Gattungsbegriff, unter dem all das subsumiert werden kann, was menschliches Vorstellungsvermögen darunter zu verstehen in der Lage ist - etwa nach der Devise, daß das Göttliche eben verschiedene Namen habe. Wir meinen vielmehr, daß das besondere biblische Reden von Jahwe und vom Vater Jesu Christi das allgemeine Reden von Gott umgreift (das "Allgemeine" umgreift also nicht das "Besondere", sondern das "Besondere" das "Allgemeine"). So ist das, was anthropozentrisch als besondere Ausprägung des Göttlichen verstanden werden kann, biblisch-theologisch die Wirklichkeit, die alles umgreift.

Diese Darlegungen werden unsere weiteren Ausführungen entscheidend prägen, ohne daß wir immer direkt darauf verweisen. Es dürfte aber hinlänglich deutlich werden, daß das hier Ausgeführte vor allem bei der Nachzeichnung der Botschaft Deuterojesajas von erheblicher Relevanz ist (vgl. Abschn.III). In dem Exkurs über den Mythosbegriff innerhalb von Abschn.III versuchen wir zudem, den hier nun sichtbar gewordenen Problemhorizont weiter zu erhellen. Weiterhin sei auch auf unsere "hermeneutische Schlußbesinnung" (Abschn.VI) verwiesen.

Die hier vorgenommene Positionsbestimmung bedarf nun noch einer Absicherung: Ist die Unterscheidung zwischen anthropozentrischem Sichten und Einordnen einerseits und biblisch-theologischem Wahrheitsanspruch andererseits überhaupt zulässig? Fällt nicht auch im letzteren Fall das menschliche Erkenntnissubjekt das Urteil darüber, was als "allgemein" oder als "besonders" zu gelten hat und wie das Allgemeine und das Besondere in Relation zueinander zu bringen sind? Hierzu ist folgendes zu sagen:

- Es kann nicht geleugnet werden, daß Gottes Wort in der Form menschlicher Rede laut wird (die Art, in der im Johannesevangelium vom "Logos" gesprochen wird, bedürfte

freilich noch eines gesonderten Nachdenkens). Ebenso ist
deutlich, daß wir von Gottes Handeln in Vergangenheit,
Gegenwart und Zukunft nur in der Form mißdeutbarer
menschlicher Rede etwas erfahren. Dieser Mißdeutbarkeit
ist auch unser Zeugnis in der Gegenwart nicht enthoben.

- Zugleich ist festzuhalten: Ich kann nicht von einem göttlichen Abstraktum angesprochen werden, sondern nur von
einem Gott, der einen Namen und so auch eine unverwechselbare Geschichte mit seiner Welt hat und mich bei
meinem Namen ruft (vgl. Jes 43,1). In solcher Weise wird
menschliches Denken in seiner ganzen Unvollkommenheit
nicht ausgeschaltet, wohl aber in eine personale Beziehung gesetzt (vgl. hierzu ausführlicher unseren Exkurs
über den Mythosbegriff in Abschn.III).

- Der Gott, der uns in Zuspruch und Anspruch begegnet, ist
für uns der in der Bibel bezeugte Gott mit seinem unverwechselbaren Namen. Nach den religionsgeschichtlichen
Zeugnissen gewähren auch andere Götter Zuspruch, fordern
Anspruch und haben einen Namen. Lassen sich nun zwischen
den verschiedenen Namen Relationen herstellen? Den Weg
nivellierender Abstraktbildung haben wir als problematisch zu erweisen versucht. Vorausgesetzt, dieser Weg ist
tatsächlich nicht gangbar, dann bleibt m.E. nur die Möglichkeit, sich dem Wahrheitsanspruch des Gottes auszusetzen, der sich als Jahwe und als Vater Jesu Christi zu
erkennen gibt. Dies ist zunächst eine Festlegung apriori-
scher Art (sieht man einmal davon ab, daß wir in der
Mehrheit von einer christlichen Sozialisation geprägt
sind), deren Notwendigkeit sich aber sofort zeigt, wenn
wir die nun naheliegende Frage stellen: Weshalb setzen
wir uns nicht dem Wahrheitsanspruch einer Gottheit anderen Namens aus? Täten wir solches, dann hätten wir auch
eine apriorische Entscheidung getroffen! So müssen wir
weiter fragen: Was berechtigt uns zu der Festlegung auf
den biblischen Gott? Wir gehen zunächst einmal von der
domatischen Aussage aus, daß der Heilige Geist, der vom
Vater und vom Sohn ausgeht, uns in alle Wahrheit leitet
(vgl. Joh 16,13-15). Diese Aussage gilt es zu entschlüsseln, wenn sie nicht in den Verdacht einer bequemen
Ausrede kommen soll: Wir werden in die Wahrheit geleitet!
Das bedeutet: Es findet ein Erkenntnisweg statt, wenn wir
uns dem Wahrheitsanspruch des biblischen Gottes ausset-
zen. Es geht hier nicht so sehr um ein apriorisches
Anerkennen, sondern darum, sich in die Geschichte des
biblischen Gottes mit seiner Welt hineinnehmen zu lassen.
So gesehen wird die Wahrheit des biblischen Gotteszeug-
nisses nicht a priori nur behauptet, sondern a posteriori
erfahren. Über die Wege zu solcher Erfahrung können freilich keine normativen Richtlinien aufgestellt werden,
will man nicht über den Heiligen Geist verfügen.

Nach diesen grundsätzlichen Erwägungen sind wir in der Lage, eine in bestimmter Weise positive Haltung zu religionsgeschichtlichen Zeugnissen zu gewinnen. Wenn das Besondere das Allgemeine umgreift (so unsere Grundthese dieses Exkurses), dann heißt dies: Der Gott der Bibel ist der Herr über seine Schöpfung, der Herr über die menschliche Geschichte und so auch der entscheidende Orientierungspunkt hinsichtlich der religionsgeschichtlichen Zeugnisse mit ihren Aussagen über Gottes Sein und Handeln. Unter diesem Blickwinkel gewinnen wir die Freiheit, religionsgeschichtliche Vergleiche vorzunehmen und das dabei zu Beobachtende nicht von vornherein als "falsch" abzutun - unbeschadet dessen, daß wir (so vor allem in Abschn.III) einen deutlichen Kontrast zwischen Jahwe und den Göttern der Umwelt exegetisch nachzuzeichnen haben.

Mir ist bewußt, daß ich mich mit diesen Aussagen auf ein systematisch-theologisch sehr strittiges Feld begeben habe. Der Verdacht des religiösen Subjektivismus ist ja gerade auch gegenüber einem theologischen Denken geäußert worden, das diesem Subjektivismus den Abschied geben wollte. Instruktiv ist hier die Frage, die W.Pannenberg in seinem Buch "Wissenschaftstheorie und Theologie" (S.267) an K.Barth gerichtet hat: "Ob es Barth gelungen ist, den Einsatz seiner Dogmatik bei Gott und seiner Offenbarung als etwas anderes denn als Setzung unseres (bzw. seines) Bewußtseins zu vollziehen, das ist die kritische Frage, die an seine Begründung der Theologie zu richten ist." Diese Anfrage zeigt: Der Verdacht des Subjektivismus läßt sich nie stringent widerlegen, auch wenn wir ihm in diesem Exkurs in einer ganz bestimmten Weise entgegenzutreten versuchten. Es ist ja (wir haben es wiederholt betont) immer menschliche Rede, die von Gottes Sein, Reden und Handeln zeugt. Allerdings wäre es ein Trugschluß zu meinen, dem Subjektivismusverdacht dadurch entgehen zu können, daß man bei dem theologischen Denken zunächst einmal von einer allgemeinen religionsgeschichtlichen Basis ausgeht. Die Fragwürdigkeit solchen Unterfangens haben wir darzulegen versucht. Es würde nun zu weit führen, näher zu untersuchen, wo und wie bei nicht wenigen Theologen der Schritt von der vermeintlich sicheren Basis des Allgemeinen zum Besonderen der biblischen Offenbarung erfolgt. Grundsätzlich sei nur eine Frage gestellt: Was berechtigt eigentlich dazu, den Subjektivismusverdacht verstärkt gegenüber einem theologischen Denken zu erheben, das bei Gott und seiner Offenbarung einsetzt und von daher zu einer nun auch wirklich konkreten Wirklichkeitsdeutung gelangt (vgl. K.Barth, KD IV/3, §69) - wenn man andererseits nach "objektiven" Daseinsanalysen doch auch (solange man sich als christlicher Theologe versteht) um den Schritt zur biblischen Offenbarung in ihrer Besonderheit nicht herumkommt?

III. Deuterojesaja

Wir beginnen unsere exegetischen Erörterungen über die Verhältnisbestimmung von Jahwes weltweitem Handeln als Schöpfer
zu seinem besonderen Handeln an Israel bei Deuterojesaja.
Dies geschieht aus folgendem Grunde: Die Datierung und Situierung der atl. Schöpfungsaussagen bereiten im allgemeinen
erhebliche Schwierigkeiten. Bei Deuterojesaja hingegen sind
wir diesbezüglich in einer glücklicheren Lage. Darüber, daß
die Verkündigung des anonymen Propheten in die Spätphase der
Exilszeit zu datieren ist, dürfte wohl breiter Konsens herrschen (1); ebenso darüber, daß bezüglich des Ortes der
Wirksamkeit am ehesten Babylonien in Frage kommt (2). Nachdem wir wenigstens in dieser Hinsicht auf relativ sicherem
Boden stehen, erscheint es m.e. methodisch sinnvoll, bei
Deuterojesaja einzusetzen und von da aus dann die Linien in
zeitlicher Hinsicht nach vorne und nach hinten auszuziehen.


1. Beobachtungen zur Schöpfungsterminologie (3)

Bei unserer Fragestellung stoßen wir schon im Vorfeld auf
gewisse Schwierigkeiten: Deuterojesaja verwendet Schöpfungsterminologie auch innerhalb von Aussagebereichen, die nach
unserem herkömmlichen Verständnis nicht unbedingt etwas mit
"Schöpfung" (4) zu tun haben. Deshalb sollen nun einschlägige Verba auf ihre Aussagezusammenhänge hin untersucht
werden.

ברא

Mit diesem Verbum wird im ganzen AT nur göttliches Schaffen
umschrieben, wobei als Subjekt der Aussage nie eine Fremdgottheit, sondern immer Israels Gott erscheint (5). Bei
Deuterojesaja nun bezeichnet dieses Verbum nicht nur das

grundlegende Schaffen kosmischer oder sonstiger welthafter Gegebenheiten allgemeiner Art; es findet vielmehr eine beträchtliche Ausdehnung des Objektfeldes statt (6): In 41,17-20 ist von einer Bewässerung und Bepflanzung der Wüste die Rede, was wohl kaum als ein allgemeines Naturhandeln Jahwes zu verstehen ist, sondern mit der erhofften Rückwanderung der Exilierten in Zusammenhang gebracht werden muß. Es geht um eine "wunderbare Vorsorge auf dem Wüstenmarsch, die aber ohne Schwierigkeit als Teil des großen Rettungswerkes zu sehen ist." (7) In V.20 wird dieses bevorstehende Handeln mit ברא (und עשה ) umschrieben. Ähnlich bringt in 45,8 und 48,7 ברא ein neues Handeln Jahwes an Israel zum Ausdruck (8).

Etwas anders ausgerichtet sind die Stellen 43,1.7.15. Mit den obigen haben sie gemeinsam, daß ברא ein Handeln Jahwes an Israel umschreibt. Allerdings kommt hier kein neues Handeln an Israel zur Sprache; es wird vielmehr die Existenz Israels als solche von einem schöpferischen Akt Jahwes hergeleitet gedacht und dabei auch ברא verwendet.

Auf einen ganz anderen Aussagebereich kommen wir, wenn wir uns die zweimalige Verwendung von ברא in 45,7 ansehen. Dort sind die beiden Objekte חשך und רע , zu denen polar אור und שלום hinzutreten, wobei diesen die Verben יצר und עשה zugeordnet sind. Offenkundig soll hier - das in V.1ff Ausgesagte zusammenfassend und verallgemeinernd - zum Ausdruck gebracht werden, daß Jahwe der ist, der hinter allem steht, der "all dieses" macht, wie es in der Fortführung dann auch sogleich heißt (9).

In diesem Zusammenhang kann man auch die - allerdings in ihrer Echtheit unsichere (10) - Stelle 54,16 sehen: Jahwe schafft sowohl den Schmied, der Waffen macht, als auch den Verderber, der vernichtet (11). Hier wird also mehr beispielhaft als grundsätzlich darauf abgehoben, daß Jahwe

hinter allem steht, um daraus (V.17) sogleich die tröstliche
Konsequenz zu ziehen: "Keine Waffe, gegen dich gebildet,
wird Erfolg haben" (12). Somit ist hier eindrucksvoll Jahwes
keine Grenzen kennendes Schaffen mit seiner besonderen Hinwendung zu Israel zusammengedacht.

Überblicken wir nun die Verwendung von ברא bei Deuterojesaja, dann können wir bereits eine erste Klassifizierung
der Objektbereiche vornehmen, auf die sich bei Deuterojesaja
Jahwes schöpferische Tätigkeit erstreckt:

1. Jahwe schafft die grundlegenden kosmischen und sonstigen
   allgemeinen welthaften Gegebenheiten bis hin zum Menschen
   (40,26.28; 42,5; 45,12.18[bis]).
2. Jahwe ist mit seinem Schaffen Israel zugewandt (13):
   a. Er hat Israel geschaffen; Israel verdankt ihm also
      sein Vorhandensein (43,1.7.15).
   b. Er schafft das heilvoll Neue, das der Prophet seinen
      Landsleuten ansagt (41,20; 45,8; 48,7).
3. Jahwes Schaffen kennt keine Begrenzung (45,7 [bis];
   54,16 [bis]).

Bei der Untersuchung weiterer Verba nehmen wir zunächst
einmal eine Einordnung in die Objektbereiche vor, die schon
bei ברא in Erscheinung getreten sind, und schließen dann
Beobachtungen an, die sich jeweils zusätzlich treffen lassen.

עשה
Objektbereich 1: 45,12.18;
Objektbereich 2: a. 43,7; 44,2; 51,13;
                 b. 41,20; 42,16; 43,19; 44,23; 46,11;
                    48,11; 55,11 (hier ist Jahwes Wort
                    Subjekt);
Objektbereich 3: 44,24; 45,7(bis).

Darüber hinaus weist עשה auch noch andere Bezugsfelder auf:
In 40,23 ist davon die Rede, daß Gott - gemeint ist der Gott
Israels, also Jahwe - die Richter der Erde "wie wesenlos"
mache. Hier wird - ähnlich wie in 40,15.17 - auf Jahwes
Größe und Macht in der Geschichte allgemein angespielt.
Allerdings wird diese Aussage nicht in abstracto getroffen,
sondern steht im Blickwinkel der besonderen Hinwendung
Jahwes zu Israel (14). Ähnlich wird man עשה (und פעל ) in
41,4 verstehen dürfen: Die Frage "Wer tut und macht (das)?"
bezieht sich auf V.2f: Jahwe ist der Urheber des gewaltigen
Auftretens des Kyros, welches wiederum um Israels willen
erfolgt (vgl. 45,4). Die Anspielung auf Jahwes universalgeschichtliches Handeln ist also im Horizont seines besonderen
Handelns an Israel zu sehen (15).

Es bleiben jetzt noch zwei Belege, wo Jahwe Subjekt von עשה
ist: In 46,10 kommt עשה zweimal vor, davon einmal im Niphal
(16): "Ich künde vom Anfang das Spätere, in der Vorzeit, was
noch nicht geschah [Perf.Ni.]. Ich sage meinen Plan, der
eintrifft, all mein Vorhaben vollbringe ich [Imperf.Qal]."
Die Verwendung von עשה steht hier in engem Zusammenhang mit
den Belegen, die wir dem Objektbereich 2b zugeordnet haben,
da gleich nachfolgend in V.11 der Blick auf Kyros und so
indirekt auch auf Jahwes neues Handeln an Israel fällt. Von
V.9 her aber ("Denkt an das Frühere von einst ...") wird man
sagen dürfen, daß in V.10 nicht nur die Zukunft im Blick
ist, sondern hier eine grundsätzliche Aussage über den Zusammenhang von Wort und Geschehen getroffen wird: V.9 richtet seinen Blick in die Vergangenheit (17), V.10 baut darauf
eine grundsätzliche Feststellung, die in V.11 auf das zukünftige Handeln Jahwes übertragen wird.

Neben 46,10 ist noch 48,3 zu beachten. Hier geht es offenkundig um Jahwes vergangenes Handelns an Israel; wiederum
wird der Zusammenhang von Wort und Geschehen betont.

Insgesamt also wird man sagen können: Dort, wo Jahwe als Subjekt von עשׂה erscheint, bringt עשׂה in etwa das gleiche zum Ausdruck wie ברא ,wobei allerdings - anders als bei ברא - eine deutliche Konzentration der Belege im Objektbereich 2b zu beobachten ist. Eine gewisse Erweiterung des Objekt- feldes liegt insofern vor, als etwas stärker Jahwes ge- schichtsmächtiges Handeln überhaupt und die Dimension der Vergangenheit in das Blickfeld treten.

Es gilt nun noch einen Blick auf die Belege zu werfen, die ein anderes Subjekt als Jahwe aufweisen. 45,9 ("Spricht der Lehm zu seinem Bildner: 'Was machst du?' ...") kann vom Textzusammenhang her (vgl. V.11) den unter Objektbereich 2a gesammelten Belegen zugeordnet werden. 48,14 weist eine Nähe zu Objektbereich 2b auf: Es geht um das von Jahwe gewollte und angesagte Auftreten des Kyros, das ja um Israels willen geschieht (vgl. 45,4).

Wenn man von dem für unseren Zusammenhang untypischen Beleg 53,9 absieht, wo davon die Rede ist, daß der Gottesknecht keine Gewalttat getan habe, dann fällt nun noch eine ganz eigentümliche Verwendungsweise von עשׂה auf: In 44,13(bis).15.17.19; 46,6 ist im Zusammenhang der Götzen- bildpolemik von einem handwerklichen Tun die Rede, das die Herstellung von Götterbildern in deutlich kritischem Ton beschreibt. Eindrucksvoller kann der Kontrast nicht sein: Während Jahwe derjenige ist, der in Schöpfung und Geschichte wirkt und überhaupt hinter allem steht, sind die Götter menschliche Machwerke. Nun ist die Echtheit dieser Belege umstritten. Bei den Stellen in Kap.44 kommt man schwerlich zu einer eindeutigen Entscheidung. 46,6 dürfte mit einer größeren Wahrscheinlichkeit Deuterojesaja zuzurechnen sein (18).

Schließlich sei noch 48,5 angeführt, wo der Kontrast zwi- schen Jahwe und den Göttern auf eine etwas andere Art und

Weise zum Ausdruck kommt: Jahwe hat demnach das inzwischen
eingetroffene Geschehen deshalb vorher angekündigt, damit es
nicht für das Werk einer im Bild dargestellten Gottheit
gehalten wird (19).


## יצר

Ähnlich wie ברא (20) verwendet Deuterojesaja auch יצר in
einer besonders häufigen Weise: Von den 43 atl. Belegen
finden sich allein 18 innerhalb Jes 40-55. Außer 43,10
(Niphal) und 54,17 (Hophal) findet sich nur noch das Qal.
Wir stellen zunächst wieder die mit ברא identischen Objektbereiche fest:

Objektbereich 1: 45,18(bis);
Objektbereich 2: a. 43,1.7.21; 44,2.21.24; 45,9.11;
              b. 46,11;
Objektbereich 3: 45,7.

In diesen Belegen, wo Jahwe stets Subjekt ist, sind also
auch wieder all die Objektbereiche, die bei ברא vorkommen,
abgedeckt. Im Gegensatz zu עשה , wo eine konzentrierte Verwendung in 2b zu finden ist, liegt hier nun der Akzent auf
2a. Dies wird damit zusammenhängen, daß יצר in seiner
Grundbedeutung "formen" (21) besonders geeignet ist, die
Vorstellung der "Menschenschöpfung" - hier in der Übertragung auf Israel - zum Ausdruck zu bringen (22).

Wenn wir nun einen Blick auf weitere Objektbereiche werfen,
dann fallen zunächst einmal 44,9.10.12 auf: Es geht hier -
wie wir es auch schon bei עשה in 44,13.15.17.19 beobachtet
haben - um ein menschliches Machen (Formen) im Zusammenhang
der Götterbildherstellung (23). So wird also auch יצר verwendet, wenn es gilt, den Gegensatz zwischen Jahwe und den
Göttern zum Ausdruck zu bringen: Jahwe ist der, der selber
macht (formt), die Götter sind menschliche Machwerke (24).

In diesem Umfeld wird man auch יצר (Niphal) in 43,10 sehen
dürfen: "Vor mir ist kein Gott gebildet und nach mir wird
keiner sein." (25) Daß dabei eine Polemik gegen die babylonischen Götter intendiert ist, dürfte offenkundig sein.
Wogegen sie sich genau richtet, läßt sich nicht mit Sicherheit entscheiden. Die Verwendung von יצר legt es nahe,
zunächst einmal an die Götterbildherstellung zu denken (26).
Leichter fällt jedoch das Textverständnis, wenn man eine
Anspielung auf die babylonischen Theogonien dahinter vermutet (27): Jahwe steht nicht wie die babylonischen Gottheiten
in einer theogonischen Kette; vor ihm hat es niemand gegeben, nach ihm wird keiner sein. Somit ist dann - allerdings
nicht direkt ausgesprochen, die Weiterführung in V.11 deutet
aber darauf hin - die logische Konsequenz die, daß den
Göttern gar keine reale Existenz zukommen kann, was wiederum
das wesentliche Aussageziel der Götterbildpolemik ist.

Es bleiben noch zwei Belege zu bedenken. In 49,5 ist der
Gottesknecht Objekt von יצר . Hier wird also an die Men-
schenschöpfungsvorstellung in einer direkten - nicht auf
Israel übertragenen - Weise angeknüpft (28), wobei es aber
weniger auf das kreatürliche Verhältnis des Knechtes zu
Jahwe, sondern auf seine Beauftragung ankommt. Neben dieser
Verwendungsweise von יצר fällt der Wortgebrauch auch in
54,17 (Hophal) etwas aus der Rolle (29).

Insgesamt läßt sich also feststellen: יצר deckt - wenn auch
quantitativ unterschiedlich - zunächst die gleichen Objekt-
felder ab wie ברא , wobei die im übertragenen Sinn gebrauchte Menschenschöpfungsvorstellung (Objektbereich 2a)
ein besonderes Gewicht bekommt. Von den sechs Belegen, die
über die mit ברא gemeinsamen Objektbereiche hinausgehen,
haben es drei - ähnlich wie bei עשה - mit der Götterbildpolemik zu tun. Ein weiterer Beleg (43,10) ist in seiner
Aussageintention mit der Götterbildpolemik verwandt, beleuchtet aber das Verhältnis Jahwe - Götter von einer etwas

anderen Seite her. Die beiden restlichen Belege sind jeweils
für sich zu sehen (49,5; 54,17).

ברא , עשה und יצר sind die Verben, die in Jes 40-55 vornehmlich Jahwes schöpferisches Handeln zum Ausdruck bringen,
wobei עשה und יצר auch noch in anderen Zusammenhängen
Verwendung finden. Es gibt nun noch etliche weitere Verben,
die auch Jahwes schöpferisches Handeln zum Gegenstand haben,
in ihren Objektbereichen jedoch stärker eingeschränkt sind
und auch weniger häufig vorkommen.

### פעל

In 41,4 wird פעל zusammen mit עשה verwendet. Der Beleg
wurde bereits im Zusammenhang mit עשה behandelt. Ähnlich
wie 41,4 dürfte auch 43,13 zu verstehen sein; vorausgesetzt,
der Aussagezusammenhang - der Ansagebeweis (30) in V.12 -
bezieht sich auf das Kommen des Kyros. Es ginge hier dann
wiederum um Jahwes universalgeschichtliches, aber gleichwohl
Israel zugute kommendes Handeln, wobei die Aussage ("Ich
handle, wer kann es wenden?") am Ende des Abschnittes 43,8-
13 über den zeitgeschichtlichen Kontext hinaus zugleich
Grundsätzliches bezüglich Jahwes vollmächtigem Wirken zum
Ausdruck bringen dürfte.

Die übrigen Belege (44,12 [bis].15) beziehen sich wieder auf
das handwerkliche Schaffen im Zusammenhang der Götterbildherstellung. Hinzuweisen wäre schließlich noch auf die
Substantivbildung פֹּעַל : In 41,24 wird von den Göttern ausgesagt, daß ihr Tun ein Nichts sei. Auf Jahwes Werk heben
45,9.11 ab.

### נטה

Hier ist der Befund recht eindeutig. In fünf der sechs Qal-
Belege geht es um das Ausspannen der Himmel (31) (40,22;
42,5; 44,24; 45,12; 51,13) (32). Nur ein - u.U. sekundärer
(33) - Beleg geht in eine andere Richtung: 44,13 redet im

Zusammenhang der Götterbildpolemik vom handwerklichen
Ausspannen der Meßschnur. Von dieser Ausnahme abgesehen ist
נטה also ganz und gar auf den Objektbereich 1 konzentriert
und innerhalb dessen auf ein einziges Objekt - die Himmel -
beschränkt. Ähnlich wie bei einem Zelt (34) stellt man sich
(bildhaft?) ein Ausspannen der Himmel durch Jahwe vor (35).


## יסד

Einigermaßen klar ist auch der Gebrauch von יסד (Qal) (36).
Sieht man von der textlich unsicheren Stelle 54,11 ab, wo
man wohl den masoretischen Text im Anschluß an Q$^a$ und LXX
korrigieren muß, dann bleiben noch drei Belege (48,13;
51,13.16), in denen das Objekt von Jahwes Schöpfungshandeln
immer die Erde ist. Vergleichbare Vorstellungen begegnen in
Sach 12,1; Ps 24,2; 78,69; 89,12; 102,26; 104,5; Spr 3,19;
Hi 38,4 (37).


## רקע

Während die Piel-Form im Zusammenhang der Götzenpolemik
gebraucht wird (40,19), liegt im Qal das gleiche Objekt wie
bei יסד vor: Es geht um ein Breittreten (Ausbreiten) (38)
der Erde (42,5; 44,24; vgl. auch Ps 136,6) (39).


## צמח

Im Qal (42,9; 43,19; 44,4) und im Hiphil (45,8; 55,10) geht
es im Aussagezusammenhang um den Objektbereich 2b.


## כון

Das Verb kommt nur viermal vor, begegnet aber doch in recht
unterschiedlichen Aussagezusammenhängen. Um die Gründung der
Erde geht es in 45,18 (Polel), um das Gegründetsein Israels
"in Gerechtigkeit" - man wird auch "Heil" übersetzen können
- in 54,14 (Hitpolel). Hiermit wären also die Objektbereiche
1 und 2b abgedeckt. Zu nennen wäre weiterhin 40,20 (Hiphil),
wo es um die Götterbildherstellung geht, also um ein schöpferisches menschliches Handeln. Für uns weniger von Belang

ist schließlich 51,13 (Polel), wo das Verb die Bedeutung
"zielen" hat.


Wir versuchen nun eine Zusammenfassung und Deutung unserer
Beobachtungen (40):

1. Bei Deuterojesaja ist die Tendenz offenkundig, von Jahwes
   schöpferischem Tun nicht nur dort zu reden, wo es um die
   Erschaffung der Welt und der einzelnen Bestandteile derselben geht.

2. Die verschiedenen einschlägigen Verben werden nicht einfach deckungsgleich gebraucht; gleichwohl überschneiden
   sie sich in ihren Objektbereichen, was vor allem für die
   häufiger verwendeten ( ברא, עשה , יצר ) gilt (41).

3. Der Grund, weshalb Deuterojesaja in solch breiter Weise
   von Jahwes schöpferischem Handeln redet, könnte folgender
   sein: Der Prophet redet zu einer Exulantenschaft, die
   nicht nur selber machtlos ist, sondern angesichts der
   zurückliegenden politischen Katastrophe versucht ist,
   etwas Ähnliches auch von Jahwe anzunehmen. Ein solcher
   Verdacht wird vor allem denjenigen nahegelegen haben, die
   unter dem Einfluß der vorexilischen Heilsprophetie standen. Zumindest erfährt man Jahwe als untätig (vgl. 40,27)
   (42). Dieser Anschauung, daß Jahwe machtlos oder zumindest passiv sei, setzt nun Deuterojesaja in deutlicher
   Antithese die Rede von Jahwes schöpferischem Handeln
   entgegen. Dies geschieht in der breiten Weise, wie wir es
   beobachtet haben: Jahwes schöpferisches Handeln kennt
   keine Grenzen. Es erstreckt sich auf Vergangenheit, Gegenwart und Zukunft. Es äußert sich sowohl in weltweiten
   Maßstäben als auch in der besonderen Hinwendung zu Israel
   (43).

## 2. Erwägungen zu bisherigen Forschungsergebnissen

Als Ausgangspunkt der gegenwärtigen Diskussion über die
Funktion des Schöpfungsglaubens bei Deuterojesaja wird man
v.Rads Aufsatz "Das theologische Problem des alttestamentlichen Schöpfungsglaubens" ansehen können, wo er auch bei
Deuterojesaja den Schöpfungsglauben in Unterordnung unter
den Heilsglauben gesehen hat. Für die Rede von der Weltschöpfung bedeutet das, daß sie eine "begründende, unterbau-
ende Funktion" habe: "... um Vertrauen zu der uneinge-
schränkten Macht seines Gottes zu erwecken, greift der
Prophet zurück auf die Tat der Weltschöpfung." (44) Ähnlich
argumentiert zwei Jahre später (1938) J.Begrich: "Muß man
bejahen, daß Jahwe allein Himmel und Erde geschaffen hat,
wie man aus dem Hymnus weiß ..., so zwingt die Folgerichtig-
keit, anzuerkennen, daß der Schöpfer allein alle Möglichkeiten in seiner Hand hält und kein anderer außer Jahwe allein
das Geschehen dieser Welt regeln kann." (45)

Ganz in dieser Richtung schreitet H.E.v.Waldow weiter fort.
Er untersucht u.a. die Struktur der Disputationsworte bei
Deuterojesaja und unterscheidet dabei zwischen "Disputationsbasis" (Glied A) und "Schlußfolgerung" (Glied B) (46).
Zu der zwischen den Disputationspartnern unumstrittenen
Basis zählt er auch den Schöpfungsglauben. Der Heilsglaube
wäre "durch die Unheilsereignisse des Jahres 587 ins Wanken
geraten", nicht der Schöpfungsglaube: "Es war aber nichts
geschehen, das unmittelbar zu einer Problematisierung des
Glaubens an Jahve den Schöpfer hätte Anlaß geben können."
(47) Freilich wird man hier zu fragen haben: Kann man so
säuberlich zwischen Schöpfungs- und Heilsglauben trennen?
Wenn Jahwe im Bereich der Geschichte fragwürdig wird, kann
das die Rede von ihm als dem Schöpfer unberührt lassen?
Dieses Problem sieht auch v.Waldow. Er versucht darauf folgende Antwort: Nationale Katastrophen wie die von 587 würden
"eine große Ratlosigkeit der Betroffenen mit sich bringen";

in der "Volkstheologie" könne man da nicht mehr ein System
finden, vielmehr würden hier Trümmer "z.T. recht beziehungslos nebeneinanderliegen. Solch ein 'Trümmerhaufen' wird es
auch sein, wenn man im Exil wohl an dem göttlichen Heilswillen zweifelte, aber an die daraus abgeleiteten Schöpfungstaten Jahve's - wenigstens vorläufig noch - glaubte ..."
(48)

Solche Erwägungen haben zunächst einiges für sich. Ein Glaube, der aktuelle Gefährdungen zu bewältigen hat, muß nicht
unbedingt in theologischer Hinsicht völlig stringent sein.
In unserem Fall stoßen wir aber doch auf gewisse Schwierigkeiten und müssen deshalb die bereits gestellte Frage nochmals aufgreifen: Wie kann man es sich vorstellen, daß ein in
sich erschütterter Heilsglaube den Glauben an Jahwe als den
Schöpfer unberührt gelassen hätte? Wenn Jahwe in seiner
Hinwendung zu seinem Volk tatsächlich versagt haben sollte,
kann er dann als Schöpfer glaubwürdig bleiben? Immerhin
bekamen die Exulanten es ja auch mit einer ausgeprägten
babylonischen Schöpfungstheologie zu tun, z.B. beim dortigen
Neujahrsfest, in dem wohl auch das Enūma eliš eine wichtige
Funktion einnahm (49). Wenn man schon im nationalen Rahmen
Jahwe als schwach und die babylonischen Götter als stark
erfahren hat, kann man diesem Jahwe dann noch die Schöpfung
der ganzen Welt zutrauen? Selbst wenn man hier mit v.Waldow
nicht unbedingt eine exakte theologische Stringenz voraussetzen will, dann wäre aber weiter zu fragen, ob der Schöpfungsglaube noch in der Lage sein kann, eine unumstrittene
Disputationsbasis zu liefern. Gerade hier zeigt sich bei
v.Waldow eine Aporie: Das Weiterbestehen des Schöpfungsglaubens erklärt er zunächst damit, daß in der Krisenzeit die
"Volkstheologie" kein in sich abgerundetes System dargestellt habe. Daß das Festhalten am Schöpfungsglauben nicht
unbedingt theologisch konsequent war, sieht auch v.Waldow.
Das war nicht mehr "logisch" im theologischen Sinn. Genau
eine solche "Logik" wird nun aber vorausgesetzt, wenn in den

Disputationsworten auch der Schöpfungsglaube als unumstrittene Disputationsbasis fungieren soll (50).

G.v.Rad, J.Begrich und H.E.v.Waldow weisen also dem (Welt-)
Schöpfungsglauben eine dem Heilsglauben dienende und gerade
so unentbehrliche Funktion zu. Dies wird nun auch von
R.Rendtorff nicht bestritten (51); gleichwohl setzt er die
Akzente insofern noch etwas anders, als er stärker die
Einheit von Schöpfung und Heil hervorkehrt (52). Von einer
engen Zuordnung der Schöpfungsaussagen zum Heilsglauben
gehen weiterhin C.Stuhlmueller (53) und H.D.Preuß (54)
aus, während Ph.B.Harner zu einer etwas differenzierteren
Sichtweise gelangen möchte (55).

Was bei Harner bereits anklingt, wird von R.Albertz wesentlich deutlicher unterstrichen: die Eigenständigkeit des
Redens von Schöpfung bei Deuterojesaja. Unter Heranziehung
religionsgeschichtlichen Materials unterscheidet Albertz
traditionsgeschichtlich zwischen der Welt- und der Menschenschöpfungsvorstellung und ordnet diesen Traditionen jeweils
verschiedene Gattungen zu. Die Weltschöpfungsaussagen sieht
er im beschreibenden Lob, also im Hymnus, verankert (56).
Die Rede von der Menschenschöpfung zielt in seiner Sicht auf
das persönliche Verhältnis zwischen Schöpfer und Geschöpf;
ihr eigentlicher Ort wird in der Klage des Einzelnen und im
Heilsorakel gesehen (57), soweit es sich um die Erschaffung
des je einzelnen Menschen handelt. Hat Albertz in seiner
religionsgeschichtlichen Untersuchung noch säuberlich zwischen der "Erschaffung der Menschen insgesamt" und der "personal auf den Sprechenden bezogene(n) Menschenschöpfung"
unterschieden (58), so wird ansonsten diese Differenzierung
etwas vernachlässigt und bei "Menschenschöpfung" vor allem
das letztere ins Auge gefaßt (59).

Die Eigenständigkeit der Schöpfungsthematik sieht Albertz
nun in folgender Weise gegeben: Im beschreibenden Lob wäre

eine polare Struktur zu erkennen, nämlich eine Polarität der
Rede von Jahwes Majestät einerseits und seiner Güte andererseits. Die Rede von Jahwes Weltschöpfung und seinem Herrsein
in der Geschichte bringe seine Majestät zum Ausdruck, die
Rede von seinem sich Israel erbarmenden Handeln seine Güte
(60). Die Weltschöpfungsthematik wird somit nicht mehr in
enger Weise vom Heilsglauben her interpretiert, sie tritt
selbstverständlich zu ihm auch nicht in einen direkten Gegensatz; als polares Gegenüber zum Heilsglauben wahrt sie
aber in dieser Sicht ihre Eigenständigkeit.

Genau diese Polarität mit ihren grundsätzlichen Implikationen wird nun auch bei Deuterojesaja festgestellt (61), dessen Weltschöpfungsaussagen aus dem beschreibenden Lob hergeleitet werden. Zum Teil seien sie so formuliert, daß sie
auch im beschreibenden Lob stehen könnten, zum Teil seien
zum Zweck der Bestreitung die Partizipien in konstatierendes
Perfekt umgeschmolzen worden (62). Ist also demgemäß die
polare Struktur des Hymnus - wenngleich zum Teil in einer
stark abgewandelten Weise - auch bei Deuterojesaja zu finden
und sind die Weltschöpfungsaussagen auf den einen von beiden
Polen ("Majestät") konzentriert, so nimmt gegenüber der
Weltschöpfungsthematik die in der Klage und im Heilsorakel
beheimatete Rede von der Menschenschöpfung bei Deuterojesaja
- sie begegnet dort vornehmlich in partizipialer Form mit
dem Suffix der 2.Pers.sing. - nach Albertz theologisch eine
ganz andere, aber auf ihre Art und Weise auch wieder recht
selbständige Funktion ein. Der Prophet überträgt die Vorstellung von der "Erschaffung des einzelnen Menschen auf
Jakob/Israel" (63). Die das individuelle Gottesverhältnis
hervorkehrenden Menschenschöpfungsaussagen würden - so deutet Albertz den Sachverhalt - in der Meinung auf das Verhältnis Jahwe - Volk übertragen, "hier einen noch unzerstör-
ten Rest positiver Gottesbeziehung zu besitzen, an den man
sich jetzt klammern konnte." So werde die Menschenschöpfungstradition, "die zur 'Subreligion', zu den Riten im

kleinsten Kreis gehörte", nun "für eine kurze Zeit ein
zentraler Bestandteil des 'offiziellen' Jahweglaubens". Dies
gelte für die Exilszeit insgesamt; Deuterojesaja stehe
"innerhalb einer breiteren exilischen Bewegung ..., subreli-
giöse Vorgänge und Vorstellungen für den Jahweglauben in
Anspruch zu nehmen."

So gesehen dürfte dann eigentlich die dem offiziellen Kult
entstammende Weltschöpfungstradition im Exil - wenn überhaupt - nur noch eine geringe Rolle spielen. Hier nun nimmt
Albertz an, daß diese - wie sonst offizielle Traditionen
auch - ein besonderes Beharrungsvermögen gehabt habe und
"von offiziellen Kreisen - vor allem ist an ehemalige Tem-
pelsänger zu denken - bewußt weitergepflegt worden ist ...
Auf diese Weise könnte Deuterojesaja mit dem Gotteslob Israels vertraut gemacht worden sein." Das "Lob des machtvollen
Weltschöpfers" verwende nun der Prophet "bestreitend in
doppelte Richtung": "1. gegen die Hoffnungslosigkeit und
Verzagtheit der Israeliten, die ihrem Gott nichts mehr
zutrauen ...; 2. gegen die Einwände der frommen Tradition
gegen die Ankündigung eines so fremdartigen Rettungshandeln
Jahwes, der einen ausländischen König zu seinem Gesalbten
und Israels Befreier machen will." (64) Die "wichtige
Stellung der Weltschöpfungstradition bei Deuterojesaja" wäre
also dann "dadurch bedingt, daß es gilt, über den Bruch der
Rettungsgeschichte hinweg ein neues Handeln Gottes an seinem
Volk anzusagen." Hierin liege "eine Entsprechung zur Menschenschöpfung vor. Doch die Weltschöpfung kann diese
Zuwendung nicht begründen wie die Menschenschöpfung, sie
kann ihr nur den Weg gegen innere und äußere Widerstände
freikämpfen. So flankieren beide Schöpfungstraditionen je
auf ihre Weise ein neues geschichtliches Handeln Jahwes an
seinem Volk ..." (65)


Man kann diesem imponierenden Entwurf von Albertz seinen
Respekt nicht versagen; gleichwohl kommen wir um kritische

Einwände nicht herum. Bezüglich der Weltschöpfungstradition
können wir es mit einer kurzen Anfrage bewenden lassen, da
wir uns mit den einschlägigen Texten noch eingehend beschäftigen werden (s. Abschn.III.4): Wenn wirklich die Weltschöpfungstradition nicht aufgrund eigener Evidenz im Exil
fortlebte, sondern nur deshalb, weil offizielle Traditionen
ein großes Beharrungsvermögen besessen hätten (mit solchen
Erwägungen ist Albertz übrigens gar nicht so weit von
v.Waldow entfernt!) - kann sie dann tatsächlich bei Deuterojesaja diese gewichtige Funktion wahrnehmen, die ihr Albertz
zuschreibt? Versteht man Deuterojesaja als einen bewußt
reflektierenden theologischen Denker (66), dann erscheint
mir dies nicht gerade wahrscheinlich.

Die Menschenschöpfungstradition bei Deuterojesaja wird in
den späteren Abschnitten unserer Erwägungen nicht mehr Gegenstand ausgiebigen Nachdenkens sein. Deshalb versuchen wir
an dieser Stelle, im Dialog mit Albertz eine eigene Positionsbestimmung zu gewinnen: Daß der Prophet eigentlich
nicht mehr von der Schaffung eines einzelnen Menschen, sondern von der Erschaffung Israels redet, ist Albertz bewußt;
worin er den Grund einer solchen Übertragung sieht, haben
wir gesehen. Auffallen muß jedoch, daß er diese übertragene
Redeweise recht unbefangen mit dem Etikett "Menschenschöpfung" versieht. Unsere Bedenken hierzu sind diese: Deuterojesaja gebraucht - so unser Ergebnis in Abschn.III.1 -
Schöpfungsterminologie in einer sehr entschränkten Weise;
die entsprechenden Verben lassen sich keineswegs alle den
Themenbereichen "Weltschöpfung" oder "Menschenschöpfung"
unterordnen. Auf diese Weise wird es wichtig zu fragen,
inwieweit bei Deuterojesaja noch die gattungskritische Herleitung der Menschenschöpfungstradition aus dem Heilsorakel
- bzw. der Klage des Einzelnen - relevant ist. Für die Rede
von der Erschaffung des einzelnen Menschen ist die von
Albertz vorgenommene gattungsmäßige Zuordnung nicht unwahrscheinlich; vor allem in religionsgeschichtlicher Hinsicht

kann er dies eindrucksvoll untermauern (67). Die Frage ist
nur, ob bei Deuterojesaja bezüglich seiner Rede von der
Erschaffung Israels eine solche gattungsmäßige Einbindung
noch von großer Bedeutung ist. In den Einleitungen zum
Heilsorakel wird zweimal von der Erschaffung Israels gesprochen (43,1; 44,2) (68). Für den Korpus der Heilsorakel führt
Albertz 54,5 und 44,21 an, gesteht aber zu, "daß in beiden
Fällen die Heilsorakel nur in einer veränderten Form vorliegen." (69) Es bleiben noch 44,24; 45,11 und 51,13 (70). In
diesen drei Belegen ist auf alle Fälle kein Bezug zum Heilsorakel vorhanden (71). Es ist somit offenkundig, daß die
Rede von der Erschaffung Israels bei Deuterojesaja nicht
eindeutig an das Heilsorakel gebunden ist. Stellt man weiterhin in Rechnung, daß von den - m.W. zehn - übrigen atl.
Belegen, die die Erschaffung Israels thematisieren (72),
lediglich zwei (73) innerhalb der Gattung stehen, in der
Albertz die Menschenschöpfungsvorstellung als solche beheimatet sieht, dann dürfte die Frage erlaubt sein, ob man noch
so direkt die Vorstellung von der Erschaffung Israels mit
derjenigen von der Erschaffung eines einzelnen Menschen in
Verbindung bringen sollte. Somit halten wir fest: Es ist
nicht nur - mit Albertz und Petersen (74) - zwischen der
Schöpfung der Menschheit insgesamt und der Erschaffung eines
einzelnen Menschen zu differenzieren, sondern auch die Rede
von der Erschaffung Israels stärker als ein Vorstellungsge-
bilde sui generis zu betrachten (75).

Unsere Beobachtungen bekommen durch weitere Gesichtspunkte
zusätzliches Gewicht. Albertz meint mit Recht, daß Deuterojesaja von der Erschaffung Israels durch Jahwe deshalb rede,
um das persönliche Verhältnis zwischen Jahwe und seinem Volk
hervorzuheben. Ein Weiterdenken scheint mir aber gleichwohl
in einer doppelten Hinsicht nötig: Zum einen wäre zu überlegen, welches Gewicht bezüglich der Relation Jahwe - Volk der
Schöpfungsvorstellung als solcher zukommt. Zum anderen müßte
nochmals überprüft werden, ob man bei Deuterojesaja tatsäch-

lich in der Weise eine Anbindung an die "Subreligion" (76)
postulieren kann, wie es Albertz annimmt.

Zur Beantwortung dessen wenden wir uns zunächst einer
Untersuchung des Verbums גאל zu, weil auch es die Zuwendung
Jahwes zu seinem Volk zum Ausdruck bringt, dabei aber nicht
der Schöpfungsterminologie zuzurechnen ist. Das häufige -
18malige - Vorkommen des Wortes bei Deuterojesaja zeigt
seine Wichtigkeit für die Aussageintention des Propheten an.
Der Begriff spielt auf die Loskaufung ("Erlösung") Israels
an (77); es geht also um Jahwes neue Hinwendung zu seinem
Volk. Es fällt dabei auf, daß fast immer davon nicht isoliert geredet wird, sondern mittels anderer Ausdrucksweisen
im unmittelbaren Kontext Bezüge hergestellt werden, die auf
die Dauerhaftigkeit der auch schon in die Vergangenheit
zurückreichenden Beziehung Jahwes zu seinem Volk hindeuten
(78):

1. An mehreren Stellen ist im Zusammenhang mit גאל vom
"Heiligen Israels" die Rede ( קדוש ישראל in 41,14; 43,14;
47,4; 48,17; 54,5; קדושו in 49,7 und קדושכם in 43,15).
Damit ist ein geprägter Begriff aufgenommen, der außer in
2.Kön 19,22; Jer 50,29; 51,5; Ps 71,22; 78,41; 89,19 außerhalb von Jes 40-66 sonst nur noch im ersten Teil des Jesajabuches vorkommt. Auffallend ist, daß Jesaja den Begriff im
Kontext seiner Gerichtsbotschaft verwendet, während er bei
Deuterojesaja im Zusammenhang mit גאל auf ganz andere
Zusammenhänge verweist (79). Nun wird man dies aber nicht im
Sinne eines Gegensatzes sehen dürfen: Deuterojesaja nimmt
für seine Heilsverkündigung die vor dem Exil bei Protojesaja
im Rahmen der Gerichtsbotschaft verwendete Prädikation auf,
um zu zeigen, daß Jahwe in Gericht und heilvoller Zuwendung
als der Heilige Israels derselbe bleibt.
2. Auch 44,6; 48,20; 49,26; 52,9; 54,8 stellen גאל in
umfassendere Bezüge: In 44,6 wird Jahwe Könïg Israels genannt (80), in 48,20 ist von der Erlösung des Knechtes Jakob

die Rede, in 49,26 ist der Erlöser der אביר יעקב (81). In
52,9bß erscheint Jerusalem als Objekt von גאל . Dem entspricht V.9bα in synonymem Parallelismus: Jahwe habe sein
Volk getröstet. Auch in 54,8 ist Jahwe als der Erlöser
seines Volkes derjenige, der zu diesem schon vorher in einer
festen Beziehung stand; sonst könnte in V.7 nicht von einem
vorübergehenden Verlassen desselben die Rede sein.
3. Wenn nun schließlich im Zusammenhang mit גאל auf die
Erschaffung Israels angespielt wird, dann legt sich von
unseren soeben angestellten Beobachtungen her die Vermutung
nahe, daß es auch hier darum geht, das befreiende Handeln
Jahwes in umfassendere Bezüge zu stellen; In 43,1b erscheint
am Beginn des Heilsorakels גאל als Grund dafür, daß Israel
sich nicht fürchten solle. In der Einleitung zu diesem
Orakel (V.1a) wird im partizipialen Stil auf die Erschaffung
Jakobs bzw. Israels abgehoben und damit die Aussage von V.1b
in einen weiter gespannten Horizont gestellt. Die Schöpfungsaussage in 43,15, in deren Zusammenhang auch vom Heiligen und vom König Israels die Rede ist, schließt im Duktus
an V.14 an, der einleitend (V.14a) Jahwe den Erlöser (und
Heiligen) Israels nennt. In 44,22b steht גאל als Begründung
der Aufforderung zur Umkehr, aber auch in einem gewissen
Zusammenhang mit der Aussage in V.21: Jahwe hat Israel zum
Knecht bereitet. Die Einheit 44,24-28, die in umfassender
Weise Jahwes Handeln thematisiert, wird durch die Botenformel V.24a eingeleitet. Dort sind גאל und יצר unmittelbar
nebeneinandergeordnet. Schließlich ist noch 54,5 zu berücksichtigen: "Denn dein Eheherr ist dein Erschaffer - Jahwe
Zebaoth ist sein Name -, und dein Erlöser ist der Heilige
Israels; Gott der ganzen Erde wird er genannt." (82) Diese
Aneinanderreihung eigentlich ganz unterschiedlicher Sachverhalte zeigt, daß es auf die Vorstellungen als solche wohl
weniger ankommt, vielmehr darauf, auf was sie hinweisen: auf
Jahwes besondere Hinwendung zu seinem Volk. Diese läßt sich
in ihrem Gegenwartsaspekt mit גאל umschreiben. Daneben ist
aber der Aspekt der Beständigkeit mit gegeben; eben das

machen die Verweise im Umfeld von אגל deutlich, die Jahwes gegenwärtiges erlösendes Wirken in einen weiteren Horizont stellen.

Nach diesen Überlegungen sind wir in der Lage, die Fragen, die sich uns gestellt haben, einer Beantwortung zuzuführen: Welches Gewicht kommt bezüglich der Relation Jahwe - Volk der Schöpfungsvorstellung als solcher zu (1.)? Und (2.): Kann man noch wie Albertz eine Anbindung an die "Subreligion" postulieren?

1. Die Rede von der Erschaffung Israels nimmt bei Deutero-jesaja nicht eine in der Weise eigenständige Funktion ein, wie es von Albertz postuliert wird. Sie steht in einer Reihe mit anderen Aussagen, die ebenfalls die gegenwärtige Hin-wendung Jahwes in einen weiteren Horizont stellen (83).

2. Stimmen diese Feststellungen, dann kann hinter der Rede von der Erschaffung Israels auch nicht mehr vornehmlich eine Anbindung an die "Subreligion" vermutet werden. Deuteroje-saja macht seine Gegenwartsdeutung und seine Zukunftsaussa-gen im Horizont der bisherigen Geschichte Jahwes mit seinem Volk (84). Diese Anknüpfung - das haben wir z.B. in der Rede vom "Heiligen Israels" gesehen - kann keineswegs auf den subreligiösen Bereich zentriert werden. Bestritten werden muß dabei nicht, daß der seelsorgerliche Ton, den Deutero-jesaja anschlägt, den einzelnen Israeliten in seinem persön-lichen Gottesverhältnis ansprechen will.

Zusammenfassend fragen wir noch einmal, welche Funktion die Rede von der Erschaffung Israels bei Deuterojesaja eigent-lich hat. Am Ende von Abschn.III.1 haben wir unsere Beobach-tungen dahingehend zusammengefaßt, daß Deuterojesaja Schöp-fungsterminologie deshalb in einer entschränkten Weise ver-wende, um entgegen der Meinung seiner Adressaten, Jahwe wäre passiv und helfe nicht (mehr), deutlich zu machen, daß der

Gott Israels aktiv-schöpferisch tätig ist. Alles hängt für das Volk nun daran, daß dieses schöpferische Handeln eine neue Zukunft heraufführt (vgl. Objektbereich 2b unserer Begriffsuntersuchung in Abschn.III.1). Es kommt jetzt allein entscheidend auf die neuerliche Hinwendung Jahwes zu seinem ohnmächtigen Volk an. Um diese neue Hinwendung, die der Prophet ansagt, im rechten Licht zu sehen, erfüllt innerhalb der Aussagen, die Jahwes jetzt anhebendes Handeln in einen weiteren Horizont stellen, die Rede von der Erschaffung Israels die eigentümliche Funktion herauszustellen, daß Israel nicht nur jetzt ganz und gar auf Jahwe angewiesen ist, sondern daß dies von Anfang an so war; ohne Jahwe gäbe es Israel gar nicht. Von daher ist es zu verstehen, daß alle(!) Belege, die von der Erschaffung Israels handeln, in Aussagezusammenhängen stehen, die Jahwes neue Zuwendung zum Gegenstand haben. Eine feste gattungsmäßige Verankerung ist demgegenüber nicht gegeben. Diesbezüglich gestaltet Deuterojesaja frei (85).


## 3. "Schöpfung". Ein Versuch zur terminologischen Klärung

Daß Deuterojesaja Schöpfungsterminologie in einer recht entschränkten Weise verwendet, ist in Abschn.III.1 deutlich geworden. Es könnte sich von da aus nahelegen, "Schöpfungstheologie" als "Gesamthorizont" seiner Theologie zu verstehen (86). Dem steht nun aber die Tatsache entgegen, das haben wir in Abschn.III.2 gesehen, daß der Prophet sowohl die beständige Beziehung Jahwes zu seinem Volk als auch sein neues Handeln keineswegs nur mit schöpfungstheologischen Termini umschreibt. Nun ist es an der Zeit, eine Klärung des Begriffes "Schöpfung" vorzunehmen, wenn nicht unscharf geredet werden soll. Die Tatsache, daß es einen vergleichbaren Abstraktbegriff im AT nicht gibt, enthebt uns um der sprachlichen Verständigung willen nicht der Notwendigkeit, darüber nachzudenken, welche Sachverhalte des ATs dem Begriff

"Schöpfung" subsumiert werden können. Dabei lauert freilich die Gefahr, daß wir Eisegese betreiben. Auf keinen Fall dürfen wir von einem von der Dogmatik her entwickelten Schöpfungsbegriff ausgehen und diesem nach der Lokalmethode entsprechende atl. Belege zuordnen. Es ist vielmehr von den Texten selber auszugehen und von daher die terminologische Klärung vorzunehmen. Wir werten dabei zunächst den Befund bei Deuterojesaja aus und versuchen dann, das so gewonnene Ergebnis weiter abzustützen. Erst dann wollen wir in einem Exkurs auf die einschlägige dogmatische Diskussion eingehen. Gleichwohl liegt es hier in der Natur der Sache, daß wir auch in unserer exegetischen Erörterung um systematische Distinktionen nicht herumkommen (wie andererseits sich ja auch die dogmatische Erörterung von der Schrift her absichern muß). D.h.: Wir wollen den Texten nicht von vornherein ein System überstülpen, sind aber gleichwohl zu einer hermeneutischen Auswertung des exegetischen Befundes genötigt. Es wäre vermessen anzunehmen, daß die Art unserer Auswertung dann schlechthin zwingend ist; es soll uns genügen, wenn sie als einigermaßen plausibel erscheint.

In Abschn.III.1 haben wir zwischen drei Objektbereichen unterschieden (87). Nun haben aber unsere weiteren Untersuchungen hinsichtlich des Objektbereichs 2, wo es um die Erschaffung Israels (2a) und die Schaffung des heilvoll Neuen geht (2b), etwas Bemerkenswertes zutage gebracht: Das heilvoll Neue wird - wie bereits festgestellt - zwar auch, aber keineswegs nur in schöpfungstheologischen Kategorien umschrieben. Jahwes neues Handeln an seinem Volk wird aus den genannten Gründen auch als ein schöpferisches dargestellt. Weiterhin sind wir bei der Rede von der Erschaffung Israels zu dem Schluß gekommen, daß es dem Propheten hier wohl weniger auf die Schöpfungsvorstellung als solche ankommt.

Wenn letzteres Ergebnis aussagekräftig sein soll, dann muß es sich allerdings auch bei den Stellen bewähren, wo außer-

halb Deuterojesajas von der Erschaffung Israels die Rede
ist. Ohne eine Gewähr für Vollständigkeit geben zu können -
es wurde allerdings sorgfältig nachgesucht -, handelt es
sich um folgende Belege (vgl. auch Anm.72): Dtn 32,6.15.18;
Jes 29,23; 64,7; Hos 8,14; Mal 2,10; Ps 95,6; 100,3; 149,2.
Wird auch hier die Rede von der Erschaffung Israels in so
starker Weise mit anderen Relationsaussagen verflochten, wie
wir es bei Deuterojesaja beobachtet haben? Dies scheint mir
in der Tat bei der Mehrzahl der Belege der Fall zu sein:

- In Dtn 32,15b ist vom Gott, der Jeschurun (= Israel)
  gemacht hat, und vom "Fels seines Heils" im synonymen
  Parallelismus die Rede.

- Laut Jes 29,23 ist Jahwe sowohl Jakobs (= Israels) Erschaffer ("Werk meiner Hände") als auch sein Heiliger
  (88).

- Bei Hos 8,14, wo es heißt, daß Israel seinen Erschaffer
  vergessen habe, ist in V.13 die Aussage vorangestellt, daß
  Israel nach Ägypten zurück solle (89). Zieht man weiter
  Hos 13,4 in Betracht, demzufolge Jahwe Israels Gott "vom
  Lande Ägypten her" ist, dann ist die Deutung wahrscheinlich, daß Hosea unter der Erschaffung Israels das Exodusgeschehen versteht.

- In Mal 2,10 wird die Polemik gegen die Ehe mit heidnischen
  Frauen (V.10-12) folgendermaßen eingeleitet: "Haben nicht
  einen Vater wir alle? Hat nicht ein Gott uns gemacht?
  Warum sind wir treulos einer am andern und entheiligen die
  Zusage an unsere Väter?" (90) Daß mit "uns" letztlich
  Israel gemeint ist, scheint mir vom Aussagezusammenhang
  her naheliegend zu sein. Es wird demnach mit der Rede von
  der Erschaffung Israels und von der Zusage an die Väter
  die Dimension der Vergangenheit hereingebracht. Beide
  Aspekte gehören so auf jeden Fall eng zusammen; beide Male
  geht es um den Beginn der Relation Jahwe - Israel. Zu
  überlegen wäre - aber das ist vielleicht doch etwas zu
  weit gegriffen -, ob der Text nicht sogar die Erschaffung
  Israels und die Zusage an die Väter in der Weise identifizieren will, daß mit dieser Zusage die Erschaffung des
  Volkes vollzogen wurde.

- Ps 95 verbindet die Rede von der Erschaffung Israels (V.6)
  mit der Vorstellung von Jahwe als dem Hirten seines Volkes
  (V.7). Ähnlich ist es in Ps 100 (V.3).

- Ps 149,2 spricht im synonymen Parallelismus von Israels
  Erschaffer und dem König der Kinder Zions.

Ähnliche Verflechtungen in der Aussage ließen sich eigentlich auch bei den drei restlichen Belegen (Dtn 32,6.18; Jes
64,7) beobachten. Nur erscheint dies dort nicht so klar, da
man hierzu etwas mehr den weiteren Kontext beachten müßte.

Wie steht es nun mit Objektbereich 1? Folgende Stellen kommen in Betracht: 40,12.22.26.28; 42,5; 44,24; 45,12.18; 48,13; 51,13 (91). Hier ist ein gravierender Unterschied zu Objektbereich 2 festzustellen: Jahwe tritt in Objektbereich 1 in einer fundamentalen, allen welthaften Vorfindlichkeiten in gleicher Weise geltenden Relation in Erscheinung: als derjenige, der durch sein Machen erst die Daseinsbedingungen und Daseinsgegebenheiten in ihren verschiedenen Ausprägungen schafft. Anders als im Kontext der Belege von Objektbereich 2 werden hier nicht verschiedene Wirkweisen Gottes nahezu austauschbar nebeneinandergestellt. Wir schlagen deshalb vor, den Begriff "Schöpfung" nur dort zu verwenden, wo es um die grundlegenden weltweiten Setzungen geht, und anderweitig etwas zurückhaltender "lediglich" von Jahwes schöpferischem Handeln zu reden (92). Wir verstehen somit das Wort "Schöpfung" als eine Abstraktbildung, die bestimmte Aspekte des schöpferischen Handelns Jahwes zusammenfaßt. Als "schöpferisch" kann ja sehr viel verstanden werden, was vom Gott der Bibel her kommt, der eben nicht in erster Linie Garant einer statischen Seinsordnung ist - auch wenn das Element des Stetigen nicht fehlt -, sondern seine Welt in ein Geschehen, eine Geschichte mit hineinnimmt (93). "Schöpferisch" ist sein uranfängliches Handeln, sein neues Handeln an und durch Israel und in Jesus Christus und auch sein noch ausstehendes, der Vollendung der Welt dienendes Wirken. Bei alledem wird etwas hervorgerufen, was vorher nicht da war und somit erschaffen ist.

Wenn nun der Begriff "Schöpfung" nach unserem Verständnis sich auf einen Teilbereich des schöpferischen Handelns Jahwes erstrecken soll, dann kann dies in folgender Weise präzisiert werden (von "definieren" möchte ich lieber nicht sprechen!):

1. Subjekt und somit Urheber dessen, was mit "Schöpfung" zu umschreiben ist, ist Jahwe.

Diese zunächst banal klingende Feststellung hat ihre Notwendigkeit. Jenseits unserer spezielleren Fragestellung, welche Aspekte von Jahwes Handeln unserem Begriff "Schöpfung" subsumiert werden können, wäre folgender genereller Problemhintergrund zu sehen: In welcher Relation steht Jahwes Schaffen zum menschlichen Tätigsein? Deuterojesaja versteht - das haben wir in unserer Begriffsuntersuchung von עשה und יצר gesehen - im Gegensatz zu Jahwe als dem schöpferisch Handelnden die Fremdgötter als menschliche Machwerke. Damit ist ausgesagt, daß der Mensch mit seiner religiösen Kreativität am wahren Gott vorbeizielen kann und so zum Schöpfer eines eigenmächtigen Gottesbildes wird - sei dies nun eine Götterstatue (wie sie Deuterojesaja vor Augen hatte) oder eine "geistige" Vorstellung bzw. Projektion (wie es Feuerbach in seiner Religionskritik entfaltet hat; an einer vorschnellen Parallelisierung Deuterojesajas mit Feuerbach liegt mir freilich nicht). Jedenfalls läßt der Mensch Gott dann nicht mehr Subjekt sein, sondern unterwirft ihn sich als Objekt. Im Grunde genommen ist es dann kein allzu großer Schritt mehr dahin, auf Gott zu verzichten und den Menschen mit seiner schöpferischen Aktivität in den Mittelpunkt zu stellen, wie es bei Marx und Engels geschieht: "Man kann die Menschen durch das Bewußtsein, durch die Religion, durch was man sonst will, von den Tieren unterscheiden. Sie selbst fangen an, sich von den Tieren zu unterscheiden, sobald sie anfangen, ihre Lebensmittel zu produzieren ... Indem die Menschen ihre Lebensmittel produzieren, produzieren sie indirekt ihr materielles Leben selbst." (94) Selbstverständlich kann es auch uns nicht darum gehen, Gottes Schaffen und menschliches Wirken gegeneinander auszuspielen. Etwas anderes ist es jedoch, ob Menschsein (durch Produktion) als Setzung seiner selbst verstanden wird (m.E. ist das nicht nur eine Prämisse marxistischen Denkens, sondern ebenso mancher anderer Fortschrittsideologien) - oder ob der Mensch als "Schöpfer" seine Legitimation allein von Gottes Schöpfertum her empfängt.

2. Das mit "Schöpfung" umschriebene Handeln Jahwes erstreckt sich auf grundlegende Gegebenheiten des Daseins, den Menschen - nicht als Individuum, sondern als Gattungswesen betrachtet - eingeschlossen (95). Diese grundsätzliche Feststellung sei noch wie folgt erläutert:

a. Jahwes mit "Schöpfung" zu umschreibendes Handeln ist von seinem "Geschichtshandeln" zu unterscheiden. Bei letzterem ist der Mensch als Akteur mit auf dem Plan (96). "Schöpfung" jedoch bezieht sich auf Gegebenhei-

ten, die menschlicher Zeit voraus sind. Hierin unterscheidet sich der Objektbereich 1 von den Objektbereichen 2 und 3 (von letzterem insofern, als es bei
diesem auch um Phänomene in geschichtlicher Zeit gehen
kann).

b. Diese Daseinsgegebenheiten sind grundlegender Bestandteil unserer vorfindlichen Wirklichkeit als ganzer.
Auch Israel hat an ihnen teil - aber eben nicht nur
Israel. Dies stellt eine weitere Differenz zum Objektbereich 2 dar.

c. Das die grundlegenden Daseinsgegebenheiten schaffende
Handeln Jahwes ist zwar als ein uranfängliches jeder
menschlichen Zeit voraus, jedoch nicht ausschließlich
vom Aspekt der Vergangenheit her zu verstehen. Jahwe
hat geschaffen - aber er bleibt der Schöpfer; die
grundlegenden Daseinsgegebenheiten - die übrigens in
Gen 1 in einer recht umfassenden Weise aufgeführt
werden - haben einmal ihren Anfang gehabt, sind aber
nach wie vor da und bestimmen in gleicher Weise Vergangenheit und Gegenwart (97).

Ein Problem bedarf nun allerdings noch der Erörterung: Wir
haben Gründe dafür angeführt, weshalb man bei der Rede von
der Erschaffung Israels schwerlich von "Schöpfung" im eigentlichen Sinne reden kann. Es wurde vor allem auf die
Verflechtung mit anderen Vorstellungen hingewiesen. Nun gibt
es aber im AT genügend Belege, wo von der Erschaffung
einzelner Menschen in der Weise gesprochen wird, daß dabei
in der Tat - wie bei Objektbereich 1 - die Beziehung Jahwes
zu dem "Gegenstand" seines Schaffens ausschließlich als die
des Schöpfers zu seinem Geschöpf hervortritt und im näheren
Kontext nicht andere Vorstellungen mit vergleichbarer Aussageintention hinzutreten, die die Schöpfungsterminologie
wieder relativieren würden. Beispielhaft seien angeführt: Ps
22,10f; 138,8; 139,13-15; Hi 10,3.8-12; 14,15; 31,15; 32,22.
Auch wenn es in diesen Belegen ausschließlich um die Bezie-

hung des Schöpfers zu seinem Geschöpf geht, so scheint es mir gleichwohl problematisch, hier den Begriff "Schöpfung" ins Spiel zu bringen: "Schöpfung" als Wort unserer Sprache umschreibt - soweit es im religiösen Rahmen Verwendung findet und nicht in andere Bereiche abgewandert ist - sowohl den Anfang der Wirklichkeit als auch die vorfindliche Wirklichkeit selbst (98). So oder so bezieht sich der Begriff auf unsere Wirklichkeit in der Weise, daß es um grundlegende, mehr oder weniger konstante Gegebenheiten geht, nicht aber um individuelle, einmalige Erscheinungen. Wir können sagen, daß der Kosmos, das Weltall, die Erde, das Tier- und Pflanzenreich und schließlich auch die Menschheit Gottes Schöpfung sind. Wenn wir jedoch ein einzelnes Tier (z.B. ein Haustier), eine bestimmte Pflanze (z.B. eine Blume, die wir pflücken) oder einen einzelnen Menschen (etwa den Ehepartner, den Freund oder den Kollegen) im Blick haben, dann wäre der Ausdruck "Schöpfung" unpassend. Wir können schwerlich einen Herrn Meyer als "Gottes Schöpfung" bezeichnen, sondern würden eher sagen, er wäre "ein Geschöpf Gottes" - so, wie wir umgekehrt das Weltall nicht "Gottes Geschöpf", sondern "Gottes Schöpfung" nennen (99). "Schöpfung" ist also ein Globalbegriff, dem so nur mehr oder weniger umfassende Kollektivbegriffe zugeordnet werden können. Hinsichtlich der Vorstellung von der Erschaffung eines einzelnen Menschen ist dies nicht der Fall. Deshalb sollte man in dem Fall auch nicht mehr von "Schöpfung" reden. Es wäre dann auch konsequent, in solchen Zusammenhängen nicht von "Menschenschöpfung" zu sprechen - dieser Begriff ist für die Rede von der Erschaffung der Menschheit insgesamt oder des ersten Menschenpaares angebracht -, sondern von der "Erschaffung des einzelnen Menschen".

Diese an unserer Sprache orientierten Überlegungen sind exegetisch durchaus verifizierbar: Im AT ist die Rede von der Erschaffung des einzelnen Menschen nicht mit der von der Weltschöpfung oder der Schöpfung der Menschheit verbunden,

während die beiden letzteren Phänomene häufig nebeneinandergestellt werden (100). Das, was wir von unserer Sprache her
als unterschiedliche Sachverhalte empfunden haben, ist also
auch im AT nicht auf einer Linie gesehen worden. Es wäre
somit festzuhalten: Wenn auch unser Begriff "Schöpfung"
keine adäquate Wortbildung im AT hat (101), so haben doch
unsere Beobachtungen gezeigt, daß mit dem Ausdruck
"Schöpfung" ein atl. Vorstellungskomplex durchaus sachgemäß
zusammengefaßt wird (102).

Eine nicht unwichtige Einschränkung muß hier allerdings noch
vorgenommen werden: Unser Ausdruck "Schöpfung" richtet den
Blick vor allem auf das Erschaffene. Im AT hingegen tritt
durch die verbale und partizipiale Ausdrucksweise stärker
das Subjekt des Erschaffens - also Jahwe - hervor. Aus diesem Grund sprechen wir lieber von Jahwes weltweitem Schöpfungshandeln, um der atl. Akzentuierung etwas näher zu bleiben. Es ist damit im wesentlichen der Sachverhalt umschrieben, den wir "Schöpfung" nennen. Das Bezugsfeld bleibt sich
gleich, der Blickwinkel jedoch ist ein etwas anderer.

Exkurs: Anmerkungen zur Verwendung des Schöpfungsbegriffs
in der dogmatischen Diskussion

Unser Bemühen, dem Schöpfungsbegriff eine etwas größere
Eindeutigkeit zu verleihen, erfolgte in erster Linie auf
exegetischer Basis. Nun wollen wir untersuchen, welche Relationen sich von unseren Überlegungen aus zu dogmatischen
Fragestellungen ergeben. Dies kann freilich nur in eklekti-
scher Weise geschehen. Weiterhin ist noch im voraus zu
bemerken, daß gerade bei dieser Fragestellung die Unterscheidung zwischen Exegese und Dogmatik nur eine relative
sein kann. Der Dogmatiker muß sich auf biblische Sachverhalte berufen. Der Exeget kann sich bei Begriffsklärungen von
systematischen Prämissen wohl schwerlich dispensieren (ohne
daß dadurch freilich die Sorgfalt seiner exegetischen Beobachtungen leiden sollte).

Wir hatten beobachtet, in welcher Weise und aus welchen
Gründen Deuterojesaja Schöpfungsterminologie in einer entschränkten Weise verwendet. Unsere Beobachtungen hatten dazu
geführt, die mit "Schöpfung" umschriebenen Sachverhalte als
einen Teil des allgemeinen schöpferischen Handelns Jahwes
anzusehen. Es ist nun nicht uninteressant zu sehen, wie
bereits in der altprotestantischen Dogmatik König zwischen
der vox creationis im eigentlichen ("proprie") und uneigent-
lichen ("improprie") Sinn unterscheidet (103). Unter letzteres fällt u.a. die renovatio. Als atl. Beleg wird dabei Ps
51,12 herangezogen, der im wesentlichen unserem Objektbereich 2b (vgl. Abschn.III.1) entsprechen würde. An Distinktionen solcher Art ist J.Moltmann weniger interessiert. Er
sieht es als Aufgabe der Theologie an, "daß sie von der
Schöpfung nicht nur am Anfang, sondern auch in der Geschichte und im Ende, also im Blick auf den Gesamtprozeß des
göttlichen Schaffens reden muß. 'Schöpfung' als Inbegriff
von Gottes Schaffen umschließt die Schöpfung im Anfang, die
Schöpfungen der Geschichte und die Schöpfung der Endzeit."

(104) Es fällt auf, daß hier nebeneinandergeordnet von "Schöpfung" und von "Schöpfungen" gesprochen wird. "Schöpfung" hatten wir als einen Globalbegriff angesehen (Abschn.III.3). Von der Pluralform des Wortes läßt sich dies wohl schwerlich sagen. Wenn es nun das Anliegen Moltmanns ist, den "Gedanke(n) der Einheit Gottes" durch die "Einheit des Sinnes seines Schaffens" - er sieht diese vor allem unter eschatologischem Vorzeichen - zu betonen (105), dann könnte dem auch so Rechnung getragen werden, daß der Begriff "Schöpfung" auf die von uns umschriebenen Sachverhalte beschränkt bleibt und man bezüglich dessen, was zwischen Anfang und Vollendung geschieht, "lediglich" von Gottes schöpferischem Handeln redet. Erst dort, wo solches Handeln nicht nur als neues, sondern auch als globales und so die ganze Welt in einen neuen Status setzendes Wirken Gottes verstanden werden kann, empfiehlt sich m.E. wieder eine entsprechende globale Redeweise, wie sie etwa mit dem Begriff "Neuschöpfung" gegeben ist. Dieser verdient gegenüber der Moltmannschen Rede von "Schöpfung der Endzeit" insofern den Vorzug, als mit ihm stärker die Differenz zu Gottes anfänglichem Schaffen zum Ausdruck kommt, die darin begründet liegt, daß Gottes anfängliches Schaffen nicht seine Entsprechung im lebensdienlichen Verhalten der Kreatur gefunden hat und somit eine Neusetzung Gottes nötig wird.

Sehen wir uns nun noch etwas weiter in der dogmatischen Diskussion um, dann wird schnell klar, daß es sich bei terminologischen Fragen nicht nur um ein bloßes Spielen um Worte handelt. Ich möchte dies am Begriff "creatio continua" aufzeigen. Soweit er Verwendung findet, hat er innerhalb der Vorsehungslehre die Funktion, darauf hinzuweisen, daß Gott nicht nur am Anfang gehandelt hat, sondern mit seinem Handeln sich weiterhin seiner Welt zuwendet. Damit ist zunächst eine durchaus nötige Abgrenzung zu deistischen Konzeptionen vollzogen (106). Der eigentliche Streitpunkt liegt jedoch auf einer anderen Ebene. Wir hatten dem Sinn nach in Abschn.

III.3 als "schöpferisch" dasjenige Handeln Gottes bezeichnet, das Realitäten setzt, die vorher nicht da waren. Inwiefern kann man nun aber das Handeln Gottes, das dem Fortbestand der einmal geschaffenen Wirklichkeit dient, auch mit
"Schöpfung" in Verbindung bringen? P.Althaus (107) will
zwischen Schöpfung und Erhaltung unterscheiden, aber nicht
scheiden; letzteres deshalb nicht, weil das Geschaffene
nicht aus sich selbst heraus fortdauern könne. "Der Schöpfungsakt ist demnach nichts Einmaliges, Vergangenes, sondern
er dauert an und ist gegenwärtig." Dies trifft sich mit
unseren exegetischen Beobachtungen in Abschn.III.3 insofern,
als ja auch wir betont haben, daß "Schöpfung" nicht nur
einen Akt der Vergangenheit darstellt (108). Zugleich ist
aber zu bemerken: Wenn wir den Sachverhalt, daß Gott über
sein uranfängliches, die grundlegenden Daseinsgegebenheiten
schaffendes Handeln hinaus bei seiner Welt dabei ist (109)
und ihren Bestand sichert, mit dem Begriff "creatio continua" umschreiben (110), dann kann sich folgendes Problem
ergeben: Es könnte damit leicht die Vorstellung einhergehen,
daß der Fortbestand der grundlegenden Daseinsgegebenheiten
gleichsam als selbstverständlich (continua!) anzusehen wäre.
Und wenn man zugleich (natürlich berechtigterweise) solchen
Fortbestand im beständigen Handeln Gottes begründet sieht -
also nicht, wie der Deismus, in einem der Schöpfung inhären-
ten Prinzip -, dann kann es dazu kommen, daß der Unterschied
zwischen Schöpfer und Geschöpf in der Weise verwischt wird,
daß Gott als der Treue nicht zugleich auch der Freie bleibt,
der sich seiner Schöpfung gegenüber auch verbergen kann
(111). Die nicht automatische, aber doch real denkbare Konsequenz der Rede von creatio continua könnte somit die sein,
daß es zu einer "ontologische(n) Zusammenordnung von
Schöpfer und Geschöpf" kommt (112).

Das soeben verhandelte Problem gehört zu der Fragestellung
nach der Verhältnisbestimmung von Schöpfung und Erhaltung.
Hier scheint mir gerade wegen ihrer einseitigen Pointierung

die Position Schleiermachers besonders interessant zu sein.
Es wird hierbei deutlich, daß es von bestimmten Prämissen
aus kaum mehr gelingt, Schöpfung als eine uranfängliche
Setzung Gottes zu verstehen. Schleiermachers Verhältnisbestimmung von Schöpfung und Erhaltung hat seine immer wiederkehrende Rede vom Abhängigkeitsgefühl des christlichen
Selbstbewußtseins zur Voraussetzung. Diese Abhängigkeit
meine nicht "die Abhängigkeit des endlichen Einzelnen von
der Ganzheit und Gesammtheit alles endlichen"; das "Mitgeseztsein der Welt in unserem Selbstbewußtsein" sei "ein
anderes als das Mitgeseztsein Gottes in demselben. Denn die
Welt, wenn man sie auch als Einheit sezt, ist sie doch die
in sich selbst geteilte und zerspaltene Einheit ..." (113)
Für Schleiermacher bedeutet dies: "Das schlechthinige Abhängigkeitsgefühl also ist nicht als ein Mitgeseztsein der Welt
zu erklären, sondern nur als ein Mitgeseztsein Gottes als
der absoluten ungetheilten Einheit." Wenn Gott auf diese
Weise in eine Ontologie eingespannt wird, dann wird die
Frage brisant, wie Schleiermacher noch von Gottes uranfänglichem Schaffen sprechen kann. Hierbei kommt es zu einer
weitgehenden Identifikation von Schöpfung und Erhaltung. Dem
ersten Abschnitt des ersten Teils der Glaubenslehre gibt
Schleiermacher folgende Überschrift: "Beschreibung unseres
frommen Selbstbewußtseins, sofern sich darin das Verhältnis
zwischen der Welt und Gott ausdrükkt". Unmittelbar hierauf
wird §36 folgendermaßen eingeleitet: "Der ursprüngliche
Ausdrukk dieses Verhältnisses, daß nämlich nur die Welt in
der schlechthinigen Abhängigkeit von Gott besteht, spaltet
sich [sic!] in der kirchlichen Lehre in die beiden Säze, daß
die Welt von Gott erschaffen ist, und daß Gott die Welt
erhält." Beide Sätze sind für Schleiermacher eigentlich
"völlig gleich" (§36.1). Dies führt er in §38.1 näher aus.
Er sieht die "Weltkörper" als "einzelne Dinge" an (114) und
betont ihr "successives Entstehen". Hierin sieht er "das
wirksame Fortbestehen bildender Kräfte, die in dem endlichen
Sein müssen niedergelegt [sic!] sein." Der Schluß ist dann

der, "daß die Lehre von der Schöpfung ganz in der von der Erhaltung aufgeht." Die Gegenprobe bringt in der Sache nichts Neues: "Da nun jede einzelne Thätigkeit in sich selbst wieder eine Reihe bildet und ihr Anfang ein Entstehen ist: so fällt alles, so weit sich nur unser Bewußtsein erstrekkt, was wir gewöhnlich als Gegenstand der göttlichen Erhaltung ansehen, auch unter den Begriff der Schöpfung. Dieser also in seinem ganzen Umfang genommen macht jenen überflüssig, gerade wie wir es vorher umgekehrt gesehen haben; denn was in dem einen von beiden nicht aufgehen will, ist uns auch für den anderen nicht gegeben."

Es ist hier eines offenkundig: Die Schleiermachersche Sicht der Relation von Gott, Welt und religiösem Ich ist durch seinen Ansatz beim menschlichen (religiösen) Bewußtsein geprägt. Darin ist eine Art Ontologie mit einbeschlossen, von der her es nur noch schwer möglich sein kann, Gott als den seiner Schöpfung gegenüber Freien zu denken (115). Nur so könnte er als der vorgestellt werden, der einen absoluten Anfang setzt ("creatio ex nihilo"). In unserer Rede von den grundlegenden Daseinsgegebenheiten wollten wir gerade auch diesem Moment des Anfangs Rechnung tragen (116).


Exkurs: Erwägungen zum Mythosbegriff


Die Präzisierung des Schöpfungsbegriffs, wie wir sie in Abschn.III.3 vorgenommen haben, steht in einer gewissen Relation zu dem, was C.Petersen unter "Mythos" versteht. Er kommt nach der Durchsicht entsprechenden altorientalischen Materials zu dem Ergebnis, daß von "Mythos" bzw. "mythisch" nur unter folgenden Bedingungen geredet werden könne:
"(1) Es müssen Geschehnisse geschildert werden.
(2) An diesen Geschehnissen müssen eine Gottheit oder mehrere Götter beteiligt sein.
(3) Die Geschehnisse dürfen sich nicht in der geschicht-

lichen Zeit, sondern müssen sich (als einmalige Ereignisse) vor oder jenseits der geschichtlichen Zeit bzw. in der Urzeit zugetragen haben." (117)

Problematisch erscheint mir hier vor allem der dritte Aspekt. Folgt man den weiteren einschlägigen Ausführungen Petersens (118), dann wird klar, daß das in seiner Sicht dem Mythos eignende geschichtlich-jenseitige Element als ein im Hinblick auf die Vergangenheit jenseitiges gesehen wird. Da das AT bekanntermaßen keine Göttergenealogien kennt, kann so von Mythos im AT bzw. von mythischen Elementen praktisch nur dort die Rede sein, wo es um Jahwes uranfängliches, die Bedingungen unseres zeitlichen Seins mit seinen grundlegenden Gegebenheiten setzendes Handeln geht. Damit wäre das erfaßt, was wir selber "Schöpfung" genannt haben (119). Daß dem tatsächlich so ist, zeigt die Exegese der einschlägigen Psalmen, die Petersen vornimmt. Es werden dabei als mythische Elemente bestimmt: Ps 8,3(S.68).4(S.76).6-9(S.80); 19,2(S.87).5b(S.89); 24,2(S.97); 33,6f(S.107f); 65,7f(S.119-121); 74,13-17(S.130-138.143-147; ohne V.16a, vgl. S.148); 75,4(S.153); 78,69(S.162); 89,10-13(S.170-174); 95,5(S.180); 96,5(S.187); 102,26(S.192); 103,19(S.201); 104,2b-3aα.5-9. 19.26(S.209-215); 115,15f(S.222); 119,90b(S.227); 121,2 (S.231); 124,8(S.236); 134,3(S.239); 136,4-9(S.245); 146,6a (S.251); 148,5f(S.257) (120). Nahezu alle diese Belege drücken das aus, was wir mit "Schöpfung" umschrieben haben (121).

Nun kann man Petersen durchaus darin folgen, daß die angeführten Belege den von ihm aufgestellten und von uns oben zitierten drei Bedingungen genügen und folgende grundlegende Aussage gemeinsam haben: "Jahwe hat vor aller Zeit bzw. in der Urzeit bestimmte Taten vollbracht." (122) Das entscheidende Problem ergibt sich erst in der hermeneutischen Schlußfolgerung, daß der Begriff "Mythos" bei atl. Texten "künftig in der hier vorgeschlagenen Weise" verwendet werden

solle (123). Petersen muß sich fragen lassen, ob er mit
einer solchen reduktionistischen Verwendung des Mythosbegriffs nicht mehr Probleme heraufbeschwört als löst (124).
Der weithin gelungene Nachweis der Gemeinsamkeiten der angegebenen Texte läßt ja noch keineswegs den Schluß zu, daß
nur sie mythisch genannt werden könnten. Was macht man z.B.
mit Aussagen, deren Gegenstand auch ein Handeln Gottes jenseits unserer geschichtlichen Zeit ist, dieses Jenseits aber
in der Zukunft angesetzt wird (vgl. im AT z.B. Jes 25,8; Dan
12,2f und von den vielen ntl. Belegen nur Apk 21)? Auch hier
trifft doch zu, daß es Geschehnisse sind, die von Gott
gewirkt werden und jenseits unserer Zeit liegen, wenngleich
die Jenseitigkeit futurischer Art ist (125).

Ein weiterer Gesichtspunkt kommt hinzu: Sollte sich das
Mythosverständnis von Petersen tatsächlich in der atl. Wissenschaft durchsetzen, dann würde sich diese an diesem
Punkte von den anderen Fächern der Theologie isolieren. Daß
von hier aus z.B. schwerlich noch eine Beziehung zu der -
wenn auch inzwischen abgeebbten - Entmythologisierungsdebatte hergestellt werden kann, bedarf keiner weiteren Begründung. Und daß eine solche Einengung des Mythosbegriffs
auch dort hinderlich ist, wo angesichts der Grundlagenkrise
neuzeitlicher Wissenschaft einschließlich ihrer ethischen
Folgen eine neue Reflexion über unser Verständnis von "Wahrheit" angebracht ist, scheint mir ebenfalls die Gefahr zu
sein.

Ich sehe von daher die Aufgabe, zu einem Verständnis von
Mythos vorzustoßen, das zu einem interdisziplinären Gespräch
fähig ist - ohne freilich alles und jedes zu umgreifen (126)
und somit seine Aussagekraft überhaupt einzubüßen. Da diese
Positionsbestimmung in exkursartigem Rahmen erfolgt, sehe
ich mich allerdings nicht in der Lage, die hier an sich
nötige Auseinandersetzung mit einschlägiger Fachliteratur zu
führen.

Die für mich entscheidende Überlegung ist, ob mythische Rede
als solche in ihren ganz verschiedenen geistes- bzw. religionsgeschichtlichen Ausformungen nicht zunächst (!) dadurch
einheitlich qualifiziert werden kann, daß sie von den Ursa-
chen, den grundlegenden Daseinsbedingungen, den jetzigen
Relationen vorfindlicher Wirklichkeit und der Zukunftserwartung in personalen Kategorien spricht. Dies ist etwas anderes als unsere analytische, abstrahierende und definitori-
sche Denkweise. Ob man beides in Gegensatz zueinander bringt
oder komplementär versteht oder auch auf dialogischer Basis
eine Annäherung sucht, kann hier wiederum nicht näher bedacht werden. Ich stelle die Erörterung darüber - nicht
leichten Herzens - hintan und möchte statt dessen das Problem im Dialog mit einem Religionspsychologen (Sundén) und
einem Systematiker (Gollwitzer) in einer grundsätzlichen
Weise zuspitzen.

Sundén schreibt: "Es wird für immer mehr Menschen immer
deutlicher, daß der Kosmos, den die Naturwissenschaften als
einen Komplex unpersönlicher Ereignisse, ja als eine riesige
Maschinerie und ein gewaltiges Kraftfeld ansehen, grundsätzlich auch als Person erlebt werden kann, die bestimmte
Absichten mit dem Menschen und seinem Leben hat." (127) Von
einem anderen Fragehorizont aus kommt Gollwitzer zu ähnlichen Überlegungen. Er erörtert die "Frage nach dem Wofür",
die "das Ganze meiner Existenz (umfaßt)" und stellt dabei
fest: "Soll das Wofür eine genügende Antwort finden, dann
muß diese auf Partizipation an einem Sein verweisen, das
einesteils nicht untermenschlich ist, sondern mindestens
menschlich, d.h. zu dem ich in menschlicher Kommunikation
stehe, das ich lieben und von dem ich geliebt werden
kann ... Zum andern muß es sich um Partizipation an einem
Sein handeln, das mich überdauert ..." (128)

Stimmt man diesen Ausführungen zu, dann könnte man sagen:
Dem Menschen ist eine letzte Daseinsvergewisserung nur dann

gegeben, wenn sein personales Erleben nicht im zwischenmenschlichen Bereich aufgeht. In Anbetracht dessen wäre
unsere oben dargestellte Überlegung nochmals aufzugreifen:
Geht es mythischer Rede ureigentümlich nicht darum, vorfindliche Wirklichkeit personal strukturiert zu sehen? Das kann
auf ganz unterschiedliche Weise geschehen: Die Welt kann als
das Ergebnis eines Götterkampfes aufgefaßt werden. Ein ver-
lorener Krieg kann als die Strafe Gottes gedeutet werden.
Der Einzelne kann sein Wohlergehen als Wohltat Gottes verstehen. Der Blick auf die Zukunft kann in Form der Erwartung
auf das Kommen des Erlösers geschehen usw. Mythische Rede
wäre also dann gegeben, wenn über den zwischenmenschlichen
Bereich hinaus in personalen Kategorien gesprochen wird und
dabei der Bezugspunkt ein "über"menschliches Gegenüber ist.
Mythische Rede kann sich dann auch zu einem mythologischen
System - also zu einem "Mythos" im engeren Sinn - verdichten, was dann der Fall ist, wenn ein Denken in solchen
Relationen sich verfestigt hat und in ein System gebracht
wird.

Wenn wir in dieser Weise von mythischem Denken reden, dann
kann es m.E. nicht verwehrt sein, hinsichtlich der Geschichte Gottes mit seiner Welt, wie sie die Bibel bezeugt, auch
von "mythisch" zu sprechen: Biblische Rede ist dort, wo Gott
mit seiner Welt und die Welt mit Gott in Beziehung gesehen
wird, mythische Rede. Bei dieser Feststellung allein kann es
freilich nicht bleiben. Unsere Ausführungen könnten bis
jetzt dahingehend mißverstanden werden, daß es uns auf eine
Unterordnung biblischer Rede unter allgemein mythische Rede
ankomme. Wäre dem so, dann könnte nur noch unter großen
Vorbehalten von einem besonderen Handeln Jahwes an Israel
geredet werden. Das ist aber nicht unsere Sicht der Dinge.
Wir müssen also fragen: Wenn die Bibel wie andere Zeugnisse
der Religionsgeschichte nach unserem Verständnis nicht nur
am Rand, sondern in ihrem Kern mythische Rede enthält (129)
- wie ist es dann möglich, die biblische Rede von Gott nicht

einem mythischen Redemuster unterzuordnen, sondern auch hier
das Allgemeine (mythische Rede) vom Besonderen her (biblische Gottesoffenbarung) zu verstehen?

K.Barth hat gerade in dem Paragraphen seiner Dogmatik, wo er
in einer besonders scharfen Weise Gottes Offenbarung und
menschliche Religion gegenübergestellt hat (130), eine sehr
bemerkenswerte Ausführung gemacht: "Gott ist in seiner
Offenbarung tatsächlich eingegangen in eine Sphäre, in der
seine Wirklichkeit und Möglichkeit umgeben ist von einem
Meer von mehr oder weniger genauen, aber jedenfalls grundsätzlich als solche nicht zu verkennenden Parallelen und
Analogien in menschlichen Wirklichkeiten und Möglichkeiten ... Indem Gott sich offenbart, verbirgt sich [sic!] das
göttlich Besondere in einem menschlich Allgemeinen ..."
(131) Das heißt für unser Problem doch schlichtweg, daß die
äußere Gestalt, in der der biblische Gott in seiner Offenbarung sich uns zuwendet, zunächst einmal keine grundsätzlich esoterischen Züge aufweist, auch wenn wir dann in
unseren weiteren Überlegungen zu ganz wesentlichen Schei-
dungen kommen müssen. Von der Perspektive allgemeiner Religiosität kommen wir solange nicht weg, solange wir bei einem
distanzierten Sichten, Abwägen und Vergleichen bleiben. So
ist also die Frage, ob die mythische Rede der Bibel im
Vergleich zu sonstigem mythischen Reden gleich wahr, etwas
mehr (oder auch weniger) wahr sei oder ob sie die alles
entscheidende Wahrheit enthülle, nicht a priori zu stellen,
da sie ihre Beantwortung erst im Vollzug der Begegnung mit
dem biblischen Gott findet. Und da gilt es nun, sich dessen
Anspruch auszusetzen, daß nur er es ist, der über Anfang,
Gegenwart und Zukunft der Welt bestimmt; daß nur er es ist,
der sagen kann, wie es um diese Welt bestellt ist (132). In
diesem Horizont wäre die biblische mythische Rede als die
wahre anzuerkennen. Der Grund solcher Anerkenntnis kann nur
darin bestehen - ich sage es ganz pointiert -, daß nicht die
Spitze der Pyramide das mythische Welterleben als solches

ist, zu dem dann der biblische Gottesglaube in Beziehung zu
setzen wäre, sondern daß umgekehrt der Gott der Bibel in
seiner Offenbarung mythische Rede _in ihr Recht setzt_. Solches von menschlicher Seite her anzuerkennen heißt freilich,
sich in einen "Glaubenszirkel" hineinzubegeben. Dies scheint
mir aber unumgänglich zu sein.

Innerhalb eines solchen Glaubenszirkels ist es nun auch in
gleicher Weise möglich und nötig, die Wahrheit biblischer
mythischer Rede inhaltlich zu entfalten. Das halte ich für
die Hauptaufgabe jeglicher Schriftauslegung - gerade auch,
wenn sie sich aus guten Gründen der historisch-kritischen
Methode bedient. Wir können an dieser Stelle die Wahrheit
biblischer mythischer Rede nur in kurzen Umrissen entfalten.
Stimmt unsere geäußerte Annahme, daß mythisches Denken allgemein die Relationen unserer Wirklichkeit in personale
Kategorien faßt, dann könnte dieser Deuteansatz biblisch-
theologisch folgendes implizieren:

- Mythische Rede in der Bibel nimmt es voll ernst, daß Gott
  als Grund und Ziel allen Lebens seiner Geschöpfwelt personal begegnet und so nicht ein abstraktes Seinsprinzip
  darstellt.

- Mythische Rede in der Bibel nimmt es voll ernst, daß der
  seiner Geschöpfwelt personal begegnende Gott sich dem
  direkten Zugriff seitens des Geschöpfes entzieht. Von ihm
  darf man sich kein Bild machen (etwas anderes ist es, wenn
  er sich dann in Jesus Christus selbst sichtbar macht; vgl.
  Joh 12,45).

- Damit hängt zusammen, daß mythische Rede in der Bibel sich
  auch keine Brücke zwischen Gott und seinem Geschöpf in der
  Weise vorstellen kann, daß man Gott und Welt durch eine
  enge Zusammenschau von Theogonie und Kosmogonie miteinander in Verbindung bringt.

- Positiv ausgedrückt bedeutet dies: Der Gott der Bibel ist
der gegenüber seiner Geschöpfwelt absolut Freie. Wenn er
sich gleichwohl seines Geschöpfes annimmt, dann geschieht
das nicht aufgrund eines Seinszusammenhanges, durch den er
mit seiner Geschöpfwelt verbunden wäre (summum ens), sondern allein deshalb, weil seine Freiheit keine beliebige
ist, er somit also seine Freiheit auf Partnerschaft hin
angelegt hat und will, daß diese Partnerschaft tatsächlich
Gestalt annimmt.

- Als Partner erscheint in erster Linie der Mensch. Mit ihm
tritt Gott in Beziehung dadurch, daß er ihn zu seinem
Ebenbild macht (Gen 1,27), ihn zum Herrn über seine
Schöpfung bestellt (Gen 1,28; Ps 8,7-9), ihn zur Verantwortung ruft (Gen 3,13; 4,10), eine besondere Geschichte
mit ihm anfängt (Gen 12,1-3), diese in dem wahren Menschen
Jesus Christus zur Fülle bringt (Joh 1,14.16; Hebr 1,1f)
und schließlich auch einen Ausblick auf die vollendete
Gemeinschaft zwischen ihm und dem Menschen gewährt (Apk
21,3).

- Die personale Relation zwischen Gott und Mensch tritt in
der Bibel in besonders deutlicher Weise hervor. Das heißt
aber nicht, daß sie eine exklusive wäre. Vielmehr sind
auch die außermenschlichen Geschöpfe in eine personale
Relation mit ihrem Schöpfer hineingenommen. Darauf deuten
nicht wenige Belege hin (z.B. Jes 44,23; Ps 19,1-7; 89,6;
96,11-13; 97,1.6; 148,3-10; Röm 8,19-22) (133).

Zusammenfassend ließe sich also sagen: Der Gott der Bibel
ist mythischer Rede nicht unterworfen (sowenig diese per se
wahr sein kann). Er setzt sie vielmehr in seiner Offenbarung
dadurch ins Recht, daß er seiner Geschöpfwelt zugleich als
der Freie und als der personal sich Bindende entgegentritt,
wobei beide Aspekte - Freiheit und Bindung - untrennbar
zusammengehören. Gott ist nicht als freies Subjekt im Sinn

radikaler Autonomie zu denken, er ist vielmehr der <u>in sei-</u><u>ner Bindung</u> Freie. Diese Bindung hinwiederum ist keine be-liebige, sondern hat Bestand, weil sie - selbst im Gericht - mit <u>Liebe</u> gepaart ist. Zu dieser Bindung kann Gott nicht verpflichtet werden; er hat sich aber - vor allem im Verlauf seiner besonderen Geschichte mit Israel und mit (bzw. in) Christus - selber dazu verpflichtet, so wie er andererseits von daher die Menschen in Pflicht nimmt (134).

## 4. Die Rede von Jahwes weltweitem Schöpfungshandeln in ihrem Aussagezusammenhang

Nach einer allgemeinen Untersuchung und Klassifizierung der Schöpfungsterminologie bei Deuterojesaja (Abschn.III.1) ha-ben wir in Abschn.III.2 u.a. untersucht, welche Funktion die Rede von der Erschaffung Israels bei Deuterojesaja hat. Von da aus konnten wir dann eine terminologische Klärung des Begriffes "Schöpfung" vornehmen (Abschn.III.3), wobei wir hier bereits - und dann vollends in den Exkursen - einen Blick über Deuterojesaja hinaus geworfen haben. Nun ist ja unsere Fragestellung die, welche Funktion die Rede von Jahwes weltweitem Schöpfungshandeln im Hinblick auf sein besonderes Handeln an Israel hat. Die einschlägigen Texte gilt es nun durchzugehen, wobei wir nach unseren bisherigen Überlegungen von folgender Basis ausgehen können:

- Unter "Jahwes weltweitem Schöpfungshandeln" verstehen wir das, was wir in Abschn.III.3 zum Begriff "Schöpfung" aus-geführt haben. Weshalb wir lieber von "weltweitem Schöp-fungshandeln" als von "Schöpfung" sprechen, wurde am Ende des genannten Abschnitts begründet.

- In das weltweite Schöpfungshandeln einbezogen ist die Erschaffung der Menschheit insgesamt. Die Rede davon ist konsequent zu unterscheiden von den Vorstellungen der

Erschaffung des je einzelnen Menschen und der Erschaffung Israels, welche ihrerseits jeweils für sich zu sehen sind.

- Unsere Differenzierung zwischen Jahwes schöpferischem Handeln als umfassender Kategorie und seinem weltweiten Schöpfungshandeln ("Schöpfung" im eigentlichen Sinn) als Teilaspekt desselben erlaubt es uns, die schöpferische Komponente des besonderen Handelns Jahwes an Israel zu sehen, ohne alles nivellierend dem Schöpfungsbegriff zu subsumieren.

Wenn wir nun die Belege, die von Jahwes weltweitem Schöpfungshandeln reden, in ihren Aussagezusammenhängen untersuchen, dann stellt sich die Frage nach der Abgrenzung der jeweiligen Texteinheiten. Während L.Köhler bei Jes 40-55 noch von 70 voneinander unabhängigen Einheiten ausgeht (135), faßt Y.Gitays Untersuchung Jes 40-48 (Kap.49-55 bleiben außer Betracht) in 10 Einheiten zusammen (136). Die Kommentare kommen meist zu einer etwas ausgeglicheneren Lösung; gleichwohl sind auch hier deutliche Unterschiede sichtbar. Die jeweilige Problemlösung hängt zumeist davon ab, in welcher Weise kompositions-, redaktions- und gattungskritische Gesichtspunkte einander zugeordnet werden. Nicht unerheblich ist hier auch die Frage, ob die Verkündigung Deuterojesajas eine mündliche Phase durchlaufen hat oder von Anfang an nur in schriftlicher Form vorlag (137). Wir können diesen hier genannten Fragestellungen nicht im einzelnen nachgehen, wohl aber deutlich machen, von welchen Kriterien wir ausgehen: Wir versuchen eine Ausgrenzung von Einheiten aus dem Kontext in der Weise, daß sie noch einen für sich stringenten Aussagezusammenhang ergeben. Die größeren Zusammenhänge interessieren uns nur dann, wenn ihre Berücksichtigung im Blick auf die Funktion der von uns zu untersuchenden Schöpfungsaussagen von Bedeutung ist. Meine diesbezügliche Zurückhaltung ist auch dadurch bedingt, daß es bisher nicht gelungen ist, auf dem kompositions- und

redaktionskritischen Feld bei Jes 40-55 wenigstens annähe-
rungsweise zu einem Konsens zu gelangen (138).

a) 40,12-17

(12) Wer mißt (139) mit seiner hohlen Hand die Wasser des
Meeres (140)
und bestimmt (141) die Himmel mit der Spanne
und erfaßt im Dreimaß den Staub der Erde (142)
und wägt mit der Waage die Berge und die Hügel mit
Waagschalen?
(13) Wer bestimmt den Geist Jahwes
und unterweist ihn als sein Ratgeber?
(14) Mit wem berät er sich, daß er ihm Einsicht gebe
und ihn belehre über den Weg des Rechts
und ihm Wissen beibringe
und den Weg der Einsicht ihm kundmache?
(15) Siehe, Völker sind wie ein Tropfen am Einer,
wie Staub auf Waagschalen gelten sie;
siehe, Inseln wiegen (143) wie ein Stäubchen.
(16) Der Libanon hat zu wenig zum Brennen,
sein Wild reicht nicht zum Brandopfer.
(17) Alle Völker sind wie ein Nichts vor ihm,
als von Nichts und Nichtigkeit gelten sie ihm.

Während es in V.11 um das Verhältnis Jahwes zu seinem Volk
geht, beginnt mit der Frage in V.12 ein neues Thema. Unabhängig von dem noch zu erörternden Problem, ob man V.12-31
als eine geschlossene Komposition zu betrachten hat, leitet
auch V.18 einen neuen Sinnabschnitt ein: Die Frage nach der
Vergleichbarkeit bzw. Unvergleichlichkeit Gottes (V.18) wird
im Nachfolgenden einer Beantwortung zugeführt.

Einigermaßen kompliziert ist die Frage, worauf die Aussagen
von V.12-14 eigentlich hinauswollen. Soll die Antwort auf
die Fragen in V.12 lauten, daß niemand das alles könne (so

Volz, Westermann, McKenzie, Elliger u.a.) - oder daß Jahwe das alles täte (so Kittel, Duhm, Fohrer, North u.a.)? Im ersteren Fall wäre dann der Sinn von V.12-14: Weil niemand (kein Mensch also) das in V.12 Erfragte zu tun vermag, ist auch niemand in der Lage, das wohl noch Unmöglichere zu leisten, nämlich Ratgeber und Unterweiser Jahwes zu sein. Auf diese Weise wäre Jahwes Größe herausgestellt und die Aussage in V.15 und 17 vorbereitet. Dieser an sich möglichen Deutung steht nun aber eine Beobachtung entgegen: In all den anderen "Wer-Fragen" bei Deuterojesaja, in denen es auch um Jahwes Größe geht, wird diese nicht im Kontrast zum menschlichen Vermögen bzw. Unvermögen dargelegt (144); es wird vielmehr betont: _Jahwe_ ist es, der so groß ist, so handelt etc., niemand anders - vor allem die Götter Babyloniens nicht (vgl. 40,18.25; 41,2.4.26; 42,24; 44,7; 45,21; 46,5; 48,14). Wenn dem so ist, dann wird man auch hier davon ausgehen können, daß Jahwes Gottsein in Kontrast zu den Göttern gesetzt werden soll.

Nun finden wir in babylonischen Texten tatsächlich genügend Belege, die zu den Aussagen in V.12-14 in Beziehung gesetzt werden können. F.Stummer führt den Hymnus DT 109 an, wo Marduk "Durchschreiter des Himmels, Aufschütter der Erde, Abmesser der Wasser des Meeres" genannt wird (145). Ob man mit Stummer Jes 40,12 direkt von diesem Text ableiten kann in dem Sinn, daß Deuterojesaja eine bewußte Steigerung der Aussagen in bezug auf Jahwe vornehme, erscheint mir fraglich. Zumindest aber wird man sagen können: Es hat im babylonischen Raum Vorstellungen gegeben, auf die sich Deuterojesaja in der Weise beziehen konnte, daß er das, was dort von bestimmten Göttern ausgesagt wurde, in bewußter Antithese für Jahwe reklamierte. Das zeigt auch ein Hymnus an Schamasch, wo dieser "die Erde wie eine Waage in der Mitte des Himmels hält."(146) Weiterhin wird im Ritual des Neujahrsfestes von Marduk gesagt: "Der den Himmel bindet(?), die Erde aufschüttet, das Wasser des Meeres mißt, Pflanzungen schafft ..." (147)

Zu V.13f finden sich insbesondere im Enūma eliš beachtens-
werte Parallelen. Deuterojesaja will aussagen: Niemand be-
stimmt Jahwes "Geist" (148), er braucht keinen Ratgeber etc.
Genau dies ist aber bei den Göttern Babyloniens der Fall.
Ich nenne nur die m.E. auffälligsten Belege (149):
- "Mummu entgegnete, Apsû zu beraten ..." (I,47).
- "Alles, was sie in ihrer Versammlung geplant hatten ..."
                                                    (I,55).
- "Als die Götter, seine Väter, Bels Geschicke bestimmt
  hatten, ließen sie ihn einen Weg des Heils und der Erhö-
  rung als Straße einschlagen." (IV,33f) (150).
Ähnliche Aussagen wie in den drei angeführten Belegen finden
sich weiterhin in I,152; II,98; II,125-129.


Versteht man V.12-14 in diesen Zusammenhängen, dann unterstreicht Deuterojesaja hier in Auseinandersetzung mit babylonischer Mythologie Jahwes Größe in einer doppelten Weise:

- Jahwe (nicht Marduk oder wer auch immer) ist Schöpfer (und
  Herr) grundlegender Daseinsgegebenheiten (Wasser des
  Meeres, Himmel etc.) (151) (V.12).

- Jahwe ist den babylonischen Göttern dadurch überlegen, daß
  nicht über ihn verfügt wird, was er zu tun habe, er keines
  Rates und keiner Unterweisung bedarf. Er ist nicht mit
  anderen Göttern in ein Relationensystem eingebunden, sondern bestimmt und handelt ausschließlich in eigener Machtvollkommenheit (V.13f). Freilich erfolgen all diese Aussagen nicht in direkter Weise, die Fragen zielen aber darauf
  hin. Deuterojesajas Zuhörer dürften viel unmittelbarer
  gemerkt haben, auf was er hinaus will, als wir es heute
  tun können.


Bevor wir nun das Verhältnis der Aussagen V.12-14 zu V.15-17

118

bedenken, sind zunächst einige weitere Erwägungen zu V.12-14 selbst nötig. Unsere bisherigen Überlegungen zeigen an, daß die Fragen in V.12-14 nicht rein rhetorischer Natur sind, sondern argumentativen Charakter haben. Von daher legt es sich nahe, die ganze Texteinheit V.12-17 als ein Disputationswort zu bestimmen. Das Problem ist nur - und hier knüpfe ich an das an, was in Abschn.III.2 gegen die v.Waldowsche Rekonstruktion der Disputationsworte vorzubringen war -: Können die argumentativen Fragen in V.12-14 eine unanfechtbare Disputationsbasis für die nachfolgenden Ausführungen liefern (152)? Für V.12 kann man das m.E. nicht sagen: Das, was hier indirekt von Jahwe ausgesagt wird, reklamiert ja die babylonische Theologie gerade für Marduk! Somit ist die dahinter stehende Konfrontation zwischen Jahwe (dem Gott des unterlegenen Israel!) und Marduk (der wichtigsten Gottheit der Sieger!) für sich gesehen kaum überzeugend. Es kann so die Schöpfungsaussage in V.12 erst von V.13f her glaubwürdig werden - allerdings auch wieder nur unter einer Voraussetzung: Die Tatsache, daß Jahwe in eigener Machtvollkommenheit handelt und nicht als Glied einer himmlischen Ratsversammlung, muß von den Exulanten zunächst einmal als Kriterium seiner Überlegenheit anerkannt werden. Soll das "Argument", das nicht per se evident sein kann, Zustimmung finden, dann setzt dies zweierlei voraus:

- Bei den exilischen Adressaten Deuterojesajas müssen noch vorexilische theologische Impulse wirksam gewesen sein, die als Ansätze zum "Monotheismus" verstanden werden können (153).
- Die Adressaten Deuterojesajas - wir reden hier etwas vereinfachend von ihnen als einer einheitlichen Größe - müßten in der Weise zu charakterisieren sein, daß sie zwar in ihrem Glauben an Jahwe erschüttert worden sind, gleichwohl aber gern weiterhin glauben "möchten", ihr Angefochtensein also noch nicht zu einer völligen Distanz Jahwe gegenüber abgesunken ist. Tatsächlich wird man eher von einer Stimmung besorgten Zweifelns ausgehen können. Der

seelsorgerliche Ton, wie er in den Heilsorakeln anklingt,
scheint mir so am besten erklärbar (vgl. z.B. 43,1-7). Nur
wenn diese Charakterisierung stimmt, kann man annehmen,
daß die Exulanten Deuterojesajas Hinweis auf Jahwes in
eigener Machtvollkommenheit sich vollziehendes Handeln als
Kriterium seines wahrhaften Gottseins im Gegenüber zu den
babylonischen Göttern anerkennen konnten. Unsere Denkprä-
misse, daß "Monotheismus" höher zu bewerten sei als "Polytheismus", darf man nicht ohne weiteres in die damalige
Zeit hineinprojizieren.

Es scheint mir bei alledem deutlich zu sein, daß man von
einer quasi unanfechtbaren Disputationsbasis bei V.12-14
nicht reden kann. Die indirekt zu erschließenden Aussagen in
V.12 sind aus sich heraus überhaupt nicht evident, sondern
bedürfen der Stütze durch V.13f; aber auch die dortigen
Aussagen ergeben kein selbstverständliches Kriterium für
Jahwes Überlegenheit in der Diskussion mit den Exulanten in
ihrer Anfechtung. Deuterojesaja bezieht sich nicht einfach
auf selbstverständliche Glaubensinhalte, sondern will durch
seine Fragen die Hörer in einen Glaubenszirkel hineinnehmen.
Nur wenn sie sich dieses gefallen lassen, bekommen für sie
auch die Aussagen in V.15-17 Gewicht, die zunächst ähnlich
allgemein klingen wie die Fragen in V.12-14, genau gesehen
jedoch sehr konkret in die Situation der Exulanten hinein-
sprechen und auf ihre Bekümmernisse eingehen.

V.15 und 17 machen eine deutliche Aussage: Angesichts der
Größe Jahwes sind die Völker so bedeutungslos, daß ihnen
gleichsam - so V.15 sehr wörtlich - keine Gewichtigkeit
zukommt. Die Beziehung zwischen V.12 und V.15 liegt auf der
Hand: Die Berge werden von Jahwe mit der Waage und die Hügel
mit Waagschalen gewogen, der Staub der Erde wird im Dreimaß
erfaßt. So klein sind also schon grundlegende geschöpfliche
Gegebenheiten; viel kleiner aber sind die Völker! Sie werden
nicht mehr im Dreimaß erfaßt, sondern sind "wie ein Tropfen

am Einer". Wägen kann man sie eigentlich nicht mehr; "wie Staub auf Waagschalen", "wie ein Stäubchen" gelten bzw. wiegen sie (154). Und da kann die Fortführung in V.17 gar nicht ausbleiben: Alle Völker sind vor Jahwe "wie ein Nichts".

Aus diesem Aussagezusammenhang fällt V.16 heraus. Geht es in V.15 und 17 um die Bedeutungslosigkeit der Völker vor Jahwe, so wird in V.16 nochmals eine Konfrontation mit den babylonischen Gottheiten unternommen. Stummer (155) zieht den Mardukhymnus IV R 20 Nr. 1 heran, wo davon die Rede ist, daß Wild in Massen geschlachtet wurde. Eine Bezugnahme in V.16 auf solche Opferpraktiken ist schon deshalb anzunehmen, weil die Israeliten selbst kein Wild opferten. Die Aussage wäre somit folgende: Jahwe ist - anders als die babylonischen Götter - so groß, daß das Holz und das Wild des ganzen Libanon nicht ausreichen würden, um ihm ein angemessenes Opfer zu bringen. Dieser Gedanke, den man von V.12-14 her gesehen an sich gut mit Deuterojesaja in Verbindung bringen kann, stört offenkundig den Gedankenduktus von V.15 und 17. Es wäre so mit Elliger anzunehmen, daß das Wort selbst von Deuterojesaja stammen kann, dem jetzigen Aussageduktus aber fremd ist (156).

Wenn man so V.16 einmal unberücksichtigt läßt, dann ergibt sich für die Einheit V.12-17 folgendes Aussagegefälle: In V.12-14 wird als "Disputationsbasis" die Voraussetzung für die Aussagen in V.15 und 17 geschaffen. Wenn Jahwe diese Größe und Machtvollkommenheit besitzt (V.12-14), dann sind tatsächlich die Völker vor ihm verschwindend klein. Auf diese letztere Aussage kommt es an: Israel erfährt im Augenblick ja gerade das Gegenteil, nämlich die beeindruckende Macht der Völkerwelt in Gestalt des babylonischen Großreichs und demgegenüber Jahwes Ohnmacht. Gegen diesen Augenschein möchte Deuterojesaja das Auge des Glaubens schärfen. Um das zu erreichen, führt er seine Zuhörer über

die Fragen in V.12-14 hinaus zu den sich daraus ergebenden
konstatierenden Aussagen in V.15 und 17. Diese enthalten
die eigentlich wichtige Botschaft: Vor Jahwe sind alle Völker "wie ein Nichts".

Wir fassen zusammen:

1. Deuterojesaja bringt in V.12 Jahwes Schöpfersein argumentativ ein.
2. Dieses "Argument" kann aber erst im Zusammenhang mit
   V.13f überzeugen, wo es um Jahwes Machtvollkommenheit und
   somit um sein Gottsein schlechthin im Kontrast zu den
   gegenseitig voneinander abhängigen Göttern geht.
3. Da die "Argumente" in V.13f auch wieder nicht ganz
   selbstverständliche Überzeugungskraft haben können, kann
   selbst von V.13f her die Rede von Jahwes Schöpfersein
   keine dem Zweifel enthobene Stütze bekommen.
4. Wenn(!) sich die Zuhörer mit den Fragen in V.12-14 in
   einen "Glaubenszirkel" hineinnehmen lassen, bekommt auch
   die Botschaft in V.15 und 17 für sie Gewicht.

## b) 40,18-24

(18) Und mit wem wollt ihr Gott vergleichen,
     welch Gleiches (157) ihm zuordnen?
(19) Das Bild gießt der Handwerker,
     und der Feinschmied beschlägt es mit Gold,
     Kettchen von Silber legt er ein (158).
(20) Der ................. (159)
     Holz, das nicht morsch wird, wählt er aus.
     Einen kundigen Handwerker sucht er sich,
     zu schaffen ein Bild, das nicht wackelt.
(21) Wißt ihr nicht, hört ihr nicht?
     Ist's euch nicht verkündet von Anfang an?
     Wißt ihr nicht Bescheid über die Grundfesten (160) der
     Erde?

(22) Der thront über dem Kreis (161) der Erde -
ihre Bewohner sind wie Heuschrecken;
der ausspannt wie einen Flor die Himmel -
er breitet sie aus wie ein Zelt zum Wohnen;
(23) der die Fürsten zu Nichts macht -
die Richter der Erde macht er wie wesenlos:
(24) Kaum sind sie gepflanzt, kaum sind sie gesät,
kaum wurzelt in der Erde ihr Reis -
da bläst er sie an, und sie verdorren,
der Sturmwind trägt sie fort wie Stoppeln.

Bei der Frage nach der Abgrenzung muß zunächst einmal - nach
der Exegese von V.12-17 fällt das nun leichter - ein Blick
auf V.12-31 insgesamt geworfen werden. Westermann (162),
Preuß (163) und Gitay (164) fassen das ganze Stück als eine
Einheit auf, die sich freilich auch für sie in Unterab-
schnitte gliedern läßt. Westermann faßt in seinem Kommentar
seine Ergebnisse folgendermaßen zusammen: "40,12-31 ist eine
Komposition aus vier Bestreitungen (Disputationsworten), von
denen aber nur die letzte, V.27-31, die eigentlich gemeinte
Bestreitung (V.27) enthält; die ersten drei haben vorberei-
tenden Charakter." (165) Gewiß wird auf eine gegnerische
Position direkt nur in V.27 angespielt. Bereits unsere Analyse von V.12-17 hat aber erkennen lassen, daß Deuterojesaja
auch dort auf die Situation und Meinung seiner Gesprächspartner - wenn auch indirekt - Bezug nimmt, indem er einem
(falschen) Respekt der Exulanten vor den Völkermächten in
der Weise wehrt, daß er deren Kleinheit gegenüber der Größe
Jahwes betont. Es kann also die Einheit V.12-17 auch völlig
aus sich heraus verstanden werden. Außerdem: Wenn die eigentliche Bestreitung erst in V.27 kommen sollte, wäre dann
der Anlauf hierzu in V.12-26 nicht etwas sehr lange und
gewunden? Es scheint mir somit angemessen, stärker die Selbständigkeit der einzelnen Einheiten innerhalb V.12-31 zu
betonen. Daß in einem redaktionellen Prozeß diese Einheiten
nicht zufällig hintereinander zu stehen kamen, scheint mir

infolge der Ähnlichkeit ihrer Aussage (vgl. Abschn.III.4.d)
ebenfalls klar zu sein.

Wie können nun die Einheiten voneinander abgegrenzt werden?
Meist ist man sich einig darin, daß nach V.17 eine gewisse
Zäsur zu erkennen ist; ansonsten weichen die Positionen
voneinander ab (166). Wir begründen nun unsere Abgrenzung
(12-17/18-24/25-31) folgendermaßen:

- V.25f können nicht als Einheit für sich gesehen werden, da
  dann einem Disputationswort die Schlußfolgerung fehlen
  würde.

- V.25f zu 18-24 hinzuzunehmen, überzeugt gattungskritisch
  ebenfalls nicht. Für Elliger stellt V.26 die Schlußfolgerung dar, während V.22 in seiner Sicht zu den "Grundlagen
  des Gottesglaubens" gehört. Ist aber in beiden Versen der
  Inhalt nicht doch sehr vergleichbar? Beide Male geht es ja
  um Jahwes Schöpfermacht. V.26 könnte so als "Disputationsbasis" bereits zur nächsten Einheit gerechnet werden.

- V.25 wäre zu V.26-31 zu ziehen, da V.24 mit der Hinleitung
  in V.23 als Schlußfolgerung des Disputationswortes ausreicht, V.25 hingegen als Frage gut die nachfolgende Einheit einleiten kann.

- V.25-31 sind als eine in sich geschlossene Einheit mit
  einem sinnvollen Aufbau gut denkbar (vgl. Abschn.III.4.c).
  Es ergeben sich für uns auf diese Weise die drei Abschnitte 12-17/18-24/25-31. Jedes Disputationswort wird mit
  einer Frage eingeleitet, an deren Anfang מי bzw. ואל-מי
  steht.

Für den Aussagezusammenhang ist es nun wichtig, wie V.19f
anzusehen sind. Elliger sieht mit vielen anderen hier einen
Zusatz, der - so Elliger - deshalb erfolgt sei, weil man
דמות in V.18 "als Konkretum" mißverstanden und so V.18b als
Frage aufgefaßt habe, welches Bild man sich von Jahwe machen
könne. Daß darauf in der Tat V.18 nicht zielt, ist richtig
(vgl. unsere Übersetzung mit der entsprechenden Begründung).

Dem Schluß allerdings, daß V.19f ein Zusätz wäre, der V.18b
mißverstanden habe, vermag ich gleichwohl nicht zu folgen.
Im Gegenteil scheint es sich mir in V.18-24 um ein konsequentes Aussagegefälle zu handeln (167).

Ob Jahwe Gleiches zugeordnet werden könne, fragt V.18. Da
nun m.E. diese Frage nicht einfach in der Weise rhetorischer
Natur ist, daß darauf nur einmütig geantwortet werden kann,
Jahwe - um ihn handelt es sich ja, auch wenn allgemein von
"Gott" die Rede ist - sei in der Tat unvergleichbar, muß
zunächst einmal ein Blick auf die dem Jahweglauben konkur-
rierende babylonische Religiosität geworfen werden. Dies
geschieht in V.19f, wo die Götterbildherstellung das Thema
ist (168). Nach dieser Abgrenzung negativer Art kann nun in
V.21a Deuterojesaja darauf verweisen, daß seine Adressaten
keine Unwissenden sind, sondern in einer Verkündigungstradition stehen (169): Das Wissen, das sie eigentlich haben
sollten, steht mit einem Hören und einem Mitteilen in Zusammenhang. Worauf bezieht sich beides? Das macht zunächst
V.21b deutlich. Es geht hier um grundlegende, den Bestand
der vorfindlichen Wirklichkeit sichernde Gegebenheiten, um
die "Grundfesten" der Erde. Nachdem diese sich keiner anderen Gottheit als Jahwe verdanken können - dies ist ein
Implikat der Aussage von V.19f -, kann der Blick in V.22 auf
den Schöpfer selbst gerichtet werden: Dieser thront (170)
über der äußersten Grenzlinie, dem "Kreis" der Erde. Angesichts seiner Größe sind die Bewohner der Erde "wie Heuschrecken" - und doch ist diese Größe nicht so zu denken,
daß Jahwe seinem Geschöpf feindselig gegenüberstehen würde:
V.22b redet davon, daß der Schöpfer "wie einen Flor" die
Himmel ausspanne (171), sie ausbreite "wie ein Zelt zum
Wohnen[!]". Dieser so freundlich klingenden Aussage gegenüber scheint nun V.23 einen ganz anderen Ton anzuschlagen,
indem dort auf ein zerstörerisches Handeln Jahwes hingewiesen wird. Wichtig ist nun aber zu sehen, wem es gilt: den
Fürsten und Richtern der Erde (172)! Mit diesen waren die

Exulanten in ihrer Machtlosigkeit gewiß nicht zu identifizieren. Ganz im Gegenteil dürfte damit auf die Mächte angespielt werden, die - anders als die Exulanten - das Sagen haben und denen ihre Grenze unerbittlich dadurch aufgezeigt wird, daß sie in Relation zu Jahwes Größe gebracht werden.

V.19-22 kann man als die "Disputationsbasis" des Disputationswortes ansehen. Was hier angesprochen wird, ist die Voraussetzung für das, was in V.24 zur Sprache kommt. Unanfechtbar kann diese Voraussetzung in den Augen der Exulanten wohl nicht sein. Einverstanden kann damit nur jemand sein, der sich in die Verkündigungstradition hineinnehmen läßt (V.21), und diese ist nur dann glaubwürdig, wenn man sich den Lockungen der babylonischen Religiosität dadurch entzieht, daß man sich stets die Art der Götterbildherstellung bewußt macht (V.19f).

V.23 nimmt gegenüber der Disputationsbasis (V.19-22) und der Schlußfolgerung (V.24) eine Zwischenstellung ein. Der Stil ist dem von V.22 ganz ähnlich (Partizip in der ersten Vershälfte, finite Verbform in der zweiten). Außerdem paßt - vgl. Anm. 170 - die Vorstellung von Jahwes Thronen gut mit der Aussage von der Nichtigkeit irdischer Mächte zusammen. Mit V.24 ist V.23 insofern verbunden, als die Aussage von V.23 in V.24 eine Explikation erfährt.

V.24 bringt gegenüber V.23 inhaltlich nicht viel Neues. Allerdings wird nun der knappe Partizipialstil verlassen und das in V.23 Ausgedrückte in der Weise fortgeführt, daß ein Handlungsablauf sichtbar wird: Auf den Aufstieg der Mächtigen der Erde (V.24a) folgt sogleich ihr Niedergang (V.24b). Das sind Aussagen, die sich in ähnlicher Weise im AT auch sonst finden (173). Daß hier Deuterojesaja den Partizipialstil verläßt, deutet aber darauf hin, daß er nun im Gegensatz zu den vorangegangenen Versen nicht lediglich die Verkündigungstradition in Erinnerung rufen will, sondern diese in V.24 in aktueller Weise ausrichten möchte. Der Hinweis, daß die Mächtigen der Erde kurz nach ihrem Aufstieg schon wieder verdorren, hätte dann für die Exulanten folgende Bedeutung: Sie befinden sich in der Gewalt der Großmacht Babylon, die erst wenige Jahrzehnte zuvor (612 v. Chr.; ein Teil der den Exilierten vorangegangenen Generation dürfte das noch erlebt haben!) die Großmacht Assur gestürzt hat. Ist es so undenkbar, daß es mit Babylon nicht ebenso gehen könnte? Eine konkrete Erwartung äußert unser Text hier nicht, auch von Kyros ist (noch) nicht die Rede. Auf jeden Fall aber zeigt der veränderte Stil in V.24, daß hier das Aussageziel des Disputationswortes erreicht ist: Heben im vorausgehenden Disputationswort V.15 und 17 mehr auf die Kleinheit der Völker ab, so wird hier die zeitliche Begrenztheit irdischer Macht aufgezeigt.

Wir fassen zusammen:

1. Der Hinweis auf grundlegende geschöpfliche Gegebenheiten (V.21b), auf den über dem Kreis der Erde thronenden Schöpfer (V.22a) und auf sein grundlegendes schöpferisches Handeln (V.22b) ist zusammen mit V.23 Teil der Verkündigungstradition, auf die die Fragen in V.21a hinweisen (174), die auch als Teil der Disputationsbasis V.19-23 anzusehen sind (175).

2. Das, was als Verkündigungstradition expliziert wird, kann für die Adressaten nicht als Selbstverständlichkeit gelten; es wird - wie schon in V.12-17 - aus einem "Glaubenszirkel" heraus argumentiert. Nur wer sich darauf einläßt, kann auch das Aussageziel in V.24 als Trost für sich gelten lassen. In diesem Sinn trägt die Rede von Schöpfung und vom Schöpfer (V.21b.22) als Teil der Disputationsbasis mit dazu bei, V.24 plausibel zu machen.


c) 40,25-31


(25) Mit wem wollt ihr mich vergleichen,

(wem) soll ich gleich sein? spricht der Heilige.

(26) Hebt empor eure Augen
und seht: Wer hat diese (176) geschaffen?
Der herausführt auf die Zahl genau (177) ihr Heer -
sie alle ruft er beim Namen.
Vor Kraftfülle und Machtstärke
fehlt nicht einer.

(27) Warum sagst du, Jakob,
und sprichst du, Israel:
Verborgen ist mein Weg vor Jahwe,
und vor meinem Gott entschwindet mein Recht (178)?

(28) Hast du nicht gemerkt
oder nicht gehört?
Ewiger Gott ist Jahwe,
der da schafft die Enden der Erde (179).
Nicht wird er müde, nicht wird er matt,
unerforschlich ist seine Einsicht.

(29) Er gibt dem Müden Kraft
und den Machtlosen macht er reich an Stärke.

(30) Müde werden Jünglinge und ermatten,
und junge Männer straucheln dahin.

(31) Aber die auf Jahwe harren - sie bringen Kraft hervor;
sie treiben Flügel wie Adler.
Sie laufen und ermatten nicht,
sie gehen und werden nicht müde.

Im vorangegangenen Abschnitt III.4.b haben wir die Abgrenzung nach vorne bereits begründet; die Abgrenzung nach hinten ist nicht strittig. Uns hat nun die Frage zu beschäftigen, inwiefern man V.25-31 tatsächlich als eine in sich geschlossene Einheit mit einem sinnvollen Aufbau ansehen kann.

Zunächst einmal fällt auf, daß zweimal (in V.26 und 28) die Schöpfungsthematik angesprochen wird, ohne daß beide Aussagen in einem direkten Zusammenhang stehen. Gleichwohl ist es

nicht notwendig, V.25f abzukoppeln. Nach der Einleitungsfrage in V.25 wird in V.26 die Disputationsbasis hergestellt. In V.27 wird der Einwand der Gesprächspartner zitiert. Dies geschieht m.E. deshalb erst jetzt, weil vorher
(V.26) schon ein positiver Akzent gesetzt werden sollte, von
dem her der Einwand bereits in einem anderen Licht erscheint. Auf diese Zitation des Einwandes hin wird nun in
V.28 in Frageform auf die Verkündigungstradition hingewiesen, die dann inhaltlich dahingehend expliziert wird, daß
Jahwe ewiger Gott und Schöpfer sei. Hieraus wird in V.28 der
Schluß gezogen, daß Jahwe nicht müde werde und seine Einsicht unerforschlich sei. Von da aus kann dann in V.29-31
die eigentliche Schlußfolgerung des Disputationswortes erfolgen, die direkt in die Situation der Exulanten hinein-
spricht. Es ergibt sich somit folgender Aufbau:

V.25: Einleitungsfrage

V.26: Disputationsbasis

V.27: Zitation des Einwandes

V.28: nochmaliger Rekurs auf die Disputationsbasis mit Über-
      leitung zur Schlußfolgerung

V.29-31: Schlußfolgerung.

Es wird hier deutlich, daß V.27-31 aus sich heraus ein
Disputationswort bilden könnten. Abgesehen davon, daß V.25f
gattungskritisch gesehen dann einen Torso darstellen würden,
gilt es nun zu zeigen, daß diese Verse inhaltlich mit hinzugehören und das Disputationswort bereichern: Die Schlußfolgerung V.29-31 beinhaltet, daß Jahwe dem Müden - hier sicher
speziell den Exulanten - aufhilft; daß diejenigen, die auf
Jahwe harren, Kraft hervorbringen. In gewisser Weise ist die
Zusage konditional zu verstehen: Es bekommen nicht alle
automatisch von Jahwe Kraft, sondern nur diejenigen, die auf
ihn harren. Zu einem solchen Harren möchte Deuterojesaja
seine Gesprächspartner mit Hilfe der Disputationsbasis bringen. Und da nimmt über V.28 hinaus V.26 eine unverzichtbare
Funktion wahr.

V.26aß.b hat m.E. eine doppelte Aussagekomponente. Elliger
weist mit Recht darauf hin, daß יצא "terminus technicus für
den Auszug ins Feld" sei und צבא terminus technicus für
den Heerbann. Daraus zieht er folgenden Schluß: "Wenn also
Jahwe das Heer der Sterne aufruft, dann haben sie sich zur
Stelle zu melden und seiner Befehle zu harren." Diese aus
dem militärischen Bereich entnommene Vorstellung mag
durchaus mitschwingen, wenngleich man m.E. keine zu enge
Übertragung vornehmen darf, weil, wie wir (s. Anm.176) gesehen haben, vor allem im dtn.-dtr. Bereich auch vom "Heer der
Himmel" die Rede ist, ohne daß dort von dem genannten Hintergrund aus gedacht wird. Die Verwendung von יצא deutet
aber dennoch darauf hin, daß Elligers Vermutung in die
richtige Richtung geht. Jedenfalls wird man sagen können,
daß in der Rede von der Herausführung des Himmelsheeres eine
Polemik gegen die babylonische Astralreligion enthalten ist:
Jahwe ist der Herr über die vermeintlich göttlichen Größen
der Gestirne; er hat sie ja auch geschaffen (V.26aα) (180).

Zu dieser Komponente der Aussage kommt noch eine andere
hinzu. V.26bα redet davon, daß Jahwe die Gestirne beim Namen
ruft. Solches Rufen ergeht auch an Israel (43,1) oder an
Kyros (45,3f). 43,1 hebt - vom Kontext her gesehen - eindeutig nicht nur auf Jahwes Herrsein über Israel ab, sondern
auch darauf, daß die Beziehung Jahwes zu seinem Volk von
liebevoller Zuwendung geprägt ist. 45,3f drücken in bezug
auf Kyros Vergleichbares aus (Jahwe, der Kyros beim Namen
ruft, gibt ihm auch Schätze und Ehrennamen - freilich um
Israels willen). Der Schluß hieraus ist zwar nicht zwingend,
aber doch wahrscheinlich, daß die Aussage in V.26bα, Jahwe
rufe die Gestirne beim Namen ("sie alle"!), in den Aussagezusammenhang V.26aß.b die Komponente einbringt, daß Jahwe
nicht nur der gebietende Herr der Gestirne ist (denen keine
Göttlichkeit zukommt), sondern auch jedes einzelne Gestirn
kennt und ihm zugewandt ist, indem er es beim Namen ruft.
Auch bei einem Feldherrn, der seine Soldaten kennt, müssen

sich ja gebieterisches Befehlen und persönliche Zuwendung
nicht ausschließen.

Diese beiden Aussagekomponenten klingen dann in V.26bßγ
zusammen: Die Kraftfülle und Machtstärke Jahwes (V.26bß)
bedingen, daß keines der Gestirne aus seinem (Jahwes) Machtbereich herausfallen, verlorengehen und somit fehlen kann
(V.26bγ); jedes der Gestirne ist ihm untertan, ebenso ist er
jedem zugetan - Machtvollkommenheit und Zuwendung Jahwes
bilden eine Einheit (181).

Wenn wir V.26aß.b so verstehen, dann bekommt V.27 ein ausge-
prägtes Profil. Der Einwand erledigt sich dann: Wie kann
Israel sagen, daß sein Weg vor Jahwe verborgen wäre, daß
sein Recht vor seinem(!) Gott entschwinde - wenn diesem doch
sogar die Gestirne untertan sind und er sie alle kennt und
beim Namen ruft?! Aber es könnte ja sein, daß auch damit der
Zweifel noch nicht behoben ist. Deshalb kommt es in V.28
abermals (vgl. im vorhergehenden Abschnitt V.21) zu einem
Hinweis auf die Verkündigungstradition. Da heißt es zunächst
einmal, daß Jahwe עולם אלהי sei. Es geht dabei sicher
nicht um einen abstrakten Begriff von Ewigkeit, sondern
darum, daß Jahwe im Gegensatz zu menschlicher Zeitlichkeit
dem Werden und Vergehen entnommen ist (182). Der Ausdruck
als solcher ist zwar singulär; es wird hier jedoch in äußer-
ster Prägnanz das zusammengefaßt, was in Psalmen unterschiedlicher zeitlicher Herkunft von Jahwe ausgesagt wird
und somit als fester Bestandteil von Israels Glaubensgut
angesehen werden kann. So ist davon die Rede, daß Jahwe (als
König) in Ewigkeit throne (Ps 9,8; 29,10), daß er König für
immer und ewig sei (Ps 10,16), daß er von Ewigkeit her sei
(Ps 93,2; ähnlich Ps 90,2). Auch wird auf seine für immer
bleibende Gnade verwiesen (Ps 89,3) (183). In ähnlicher
Weise finden wir auch bei der Aussage, Jahwe schaffe die
Enden der Erde, keine direkte Entsprechung in der Verkündigungstradition, soweit sie uns überliefert ist. Auch hier

könnte es sich also um eine Neuformulierung handeln, die gleichwohl an Bekanntes anknüpft. Wenn es z.B. in Ps 89,12f - einem sicher vorexilischen Beleg; s. die Exegese in Abschn.IV - heißt, Jahwe habe das Festland gegründet und Nord und Süd (also die vorfindliche Wirklichkeit nach ihrer horizontalen Ausdehnung hin) geschaffen, dann dürfen wir annehmen, daß Deuterojesaja - falls er nicht sowieso aus einem uns unbekannten Hymnengut zitiert hat - bei seinen Zuhörern wohl kaum den Eindruck erweckt hat, er würde etwas völlig Unbekanntes sagen. Das muß freilich noch nicht heißen, daß solche Hinweise für die Exulanten in ihrer besonderen Situation eine Selbstverständlichkeit gewesen wären.

Wenn wir die beiden Aussagen, daß Jahwe ewiger Gott ist und die Enden der Erde geschaffen hat, zusammen bedenken, dann läßt sich sagen, daß hier sowohl die zeitliche als auch die räumliche Komponente in bezug auf Jahwes Gottsein gesehen wird. Dieses ist jenseits irdischer Zeitlichkeit zu denken und - indem er mit den Enden der Erde die äußerste Grenze geschöpflicher Vorfindlichkeit geschaffen hat (184) - ebenso der räumlichen Begrenzung enthoben. Jahwe ist also der Herr über Zeit und Raum. Das, was V.28aß.b zum Ausdruck bringt, ist dann nicht mehr überraschend: Jahwe wird nicht müde und matt (185), seine Einsicht ist unerforschlich.

Diese Aussage leitet direkt zur Schlußfolgerung in V.29-31 über: Jahwe, der selbst nicht müde und matt wird, kann dem Müden und dem Machtlosen aufhelfen (V.29). Während es zur menschlichen Wirklichkeit als solcher dazugehört, zu ermüden, zu ermatten, zu straucheln (V.30) - für diejenigen, die auf Jahwe hoffen, braucht das nicht mehr zu gelten (V.31). Jahwe nimmt sie auf die Weise in seine Machtsphäre hinein, daß auch für sie gelten kann, was für ihn selber gilt (V.28aß); nicht gilt es jedoch für den Menschen in seiner natürlichen Beschaffenheit als solcher (V.30) (186). Damit ist das Aussageziel des Disputationswortes erreicht: Den

Exulanten wird Mut zur Hoffnung gemacht und der "Ertrag"
solchen Hoffens vor Augen gemalt (187).

Am Schluß sei nun - wie schon in den vorhergehenden Abschnitten - auch hier die Frage nach der Evidenz der Schöpfungsaussagen in V.26 und V.28 gestellt. In V.28 geht es
wieder wie in V.21 darum, sich in die Verkündigungstradition
hineinnehmen zu lassen, die - das zeigt schon die Stimmung
der Exulanten, wie sie sich aus V.27 erschließen läßt - wohl
kaum bei allen noch fraglose(!) Geltung besaß. Wenn der
Prophet darauf zu sprechen kommt, dann bezieht er sich
demnach auf Aussagen, die zwar bekannt, aber nicht (mehr)
unbezweifelt anerkannt sind. Aus diesem Grund reden wir ja
auch davon, daß es darauf ankomme, sich in die Verkündigungstradition (wieder neu) hineinnehmen zu lassen. Etwas
anders scheint es zunächst bei V.26 zu sein. Die Frage "Hebt
empor eure Augen und seht: Wer hat diese geschaffen?" klingt
in unseren Ohren zunächst so, als solle hier von der
Schöpfung auf den Schöpfer geschlossen werden. Nun wird aber
gefragt, wer diese (die Gestirne) erschaffen habe; es könnte
ja auch Marduk sein! Es geht also nicht darum, grundsätzlich
das Geschaffensein der Welt anzuerkennen - eine atheistische
Alternative kannte man damals ja kaum -, sondern um das
Subjekt des Schaffens: Ist es Jahwe oder Marduk? Stimmt
unsere bereits dargelegte Annahme, daß in V.26aß.b eine
Polemik gegen die babylonische Astralreligion enthalten ist,
dann wird - wie schon in V.12-17.18-24 - auch hier Jahwes
Schöpfersein mit dadurch "erwiesen", daß Jahwes alleiniges
Gottsein mit Vorstellungen babylonischer Religiosität konfrontiert wird. Im enūma eliš heißt es von Marduk: "Er schuf
einen Standort für die großen Götter, Sternbilder, ihr Ebenbild, die Lumaši-Sterne, stellte er auf." (V,1f). "Den
Nannar [also den Mondgott!] ließ er erglänzen, vertraute
(ihm) die Nacht an. Er bestimmte ihn zu einem Nachtschmuck,
um die Zeit zu bestimmen. 'Alle Monat unaufhörlich komm
hervor aus der Tiara(?)...'" (V,12-14) (188). Wird hier also

die Gestirnwelt mit der göttlichen Sphäre in Verbindung
gebracht, so ist die Relation zwischen Jahwe und den Gestirnen ausschließlich(!) die, daß er als ihr Schöpfer und für-
sorglicher Gebieter erscheint; sie werden in Jes 40,26 eindeutig als Teil der geschöpflichen Wirklichkeit angesehen.
Wie in 40,13f ist also auch hier das monotheistische "Argument" von Bedeutung. Die Frage ist freilich wieder, ob die
Zuhörer das als Kriterium anerkennen. Wenn ja, dann setzt
dies "Bereitschaft" zum Glauben an Jahwe voraus. Dafür, daß
es tatsächlich so gewesen sein kann, spricht V.27. Die
Zuhörer können zwar Jahwes Zuwendung nicht mehr wahrnehmen.
Daß sie dabei das Schielen hin zu den babylonischen Göttern
nicht ganz unterlassen haben, wird man schon insofern annehmen können, als V.25 (wie auch V.18) die Frage nach der
Vergleichbarkeit Jahwes mit anderen Göttern stellt. Eine
Distanzierung vom Jahweglauben hat aber trotz des anzuneh-
menden Zweifels noch nicht stattgefunden. Laut V.27 sprechen
die Adressaten Deuterojesajas von Jahwe als von ihrem Gott
(189). Wird das monotheistische "Argument" akzeptiert, dann
ist Jahwe auch als Schöpfer glaubwürdig und die Rede davon
Hoffnung begründend (190).

Wir fassen zusammen:
1. Die Schöpfungsaussagen haben insofern begründende
   Funktion, als sie die Hoffnung auf Jahwe wiederherstellen
   oder doch zumindest stärken wollen.
2. Die Schöpfungsaussagen können nur unter der Voraussetzung
   glaubhaft werden, daß die Exulanten sich in die Verkündigungstradition hineinnehmen lassen (V.28) und die Art der
   Auseinandersetzung Deuterojesajas mit babylonischer Religiosität als Urteil des Glaubens für sich übernehmen
   (V.26).

d) Zusammenfassende Betrachtung der Komposition 40,12-31

Wir haben gesehen, daß die drei Einheiten innerhalb 40,12-31 jeweils einen in sich gerundeten Aussagezusammenhang darbieten. Die Ähnlichkeit in der Aussagestruktur legt allerdings auch die Annahme nahe, daß diese Einheiten in der jetzigen Komposition nicht zufällig einander zugeordnet sind. Ihre Aussageintention läßt sich im Hinblick auf unser Thema folgendermaßen charakterisieren:

1. Von Jahwes weltweitem Schöpfungshandeln und von seiner Schöpfermacht wird so geredet, daß der Hinweis als Grundlage für die Aussagen dient, die die Exulanten zu einer neuen Situationsdeutung führen sollen, indem ihnen die Kleinheit der Weltmächte (V.15.17) und deren zeitliche Begrenztheit (V.24) vor Augen gemalt und schließlich den Müden Kraft (V.29) und denjenigen, die auf Jahwe hoffen, eine Hineinnahme in seine Machtsphäre (V.31) verheißen wird. Von einem besonderen und neuen Handeln an Israel ist dabei konkret (noch) nicht die Rede. Es wird "lediglich" eine generelle Perspektive eröffnet, die aufzeigen soll, daß Jahwe in der Lage ist, den gegenwärtig tristen status quo zu verändern.

2. Der Hinweis auf die Schöpfung und den Schöpfer wird argumentativ eingebracht, um die genannte Perspektive glaubhaft zu machen. Es ist aber keine Argumentation auf der Basis allgemein einsichtiger Sachverhalte, sondern ein Argumentieren aus Glauben hin auf Glauben, wobei dem Hinweis auf die Verkündigungstradition und der grundsätzlichen Konfrontation des Jahweglaubens mit babylonischer Religiosität eine unerläßliche Funktion zukommt.

## e) 42,5-9

(5) So spricht der Gott Jahwe,
    der die Himmel schafft (191) und sie ausspannt,
    der die Erde befestigt und ihre Gewächse,
    der Odem gibt dem Volk auf ihr

und Lebensgeist denen, die auf ihr wandeln:
(6) Ich, Jahwe, habe dich gerufen in Gerechtigkeit
und fasse deine Hand.
Ich bewahre (192) dich und mache dich
zur Zusage (193) für das Volk, zum Licht für die Völker,
(7) zu öffnen blinde Augen,
herauszuführen aus dem Kerker den Gefangenen,
aus dem Gefängnis, die im Finstern sitzen.
(8) Ich bin Jahwe - das ist mein Name!
Meine Ehre gebe ich keinem andern,
noch meinen Ruhm den Götzen.
(9) Das Frühere - siehe, gekommen ist es,
und Neues tue ich kund.
Bevor es sproßt,
lasse ich es euch hören.

Der Abschnitt stellt uns vor einige Probleme, auch wenn wir uns nur auf das für unsere Fragestellung Relevante konzentrieren. Wir analysieren zunächst den Kontext, in dem die Schöpfungsaussagen stehen, um auf diese Weise dann deren Funktion angemessen bestimmen zu können.

Zunächst besteht weitgehend Einigkeit darin, daß mit der Botenformel in V.5 in gewisser Weise ein Neueinsatz gegeben ist. Damit ist allerdings noch keine Vorentscheidung darüber getroffen, in welchem Verhältnis der Abschnitt V.5-9 zu V.1-4 steht. Kaum bestreiten läßt sich auch, daß mit V.10 ein neuer Sinnabschnitt eingeleitet wird. Schwierigkeiten bereitet aber V.9: Wie ist der Adressatenwechsel (2.Pers.pl. statt wie vorher 2.Pers.sing.) zu erklären? Für Westermann wirkt V.9 "wie ein versprengtes Fragment". Auch Merendino, der allerdings schon vorher literarkritische Aussonderungen vornimmt, löst V.9 ab. Fohrer hinwiederum sieht in V.5-7 ein zweites Gottesknechtslied und hält V.8f für einen Zusatz. Umgekehrt hält Duhm V.5-7 für sekundär und schließt V.8f an 41,21-29 an. Wir selbst werden den Nachweis versuchen, daß

V.5-9 einen in sich geschlossenen Aussagezusammenhang darstellen, und beabsichtigen, das Problem, das uns V.9 aufgibt, anders als auf literarkritischem Weg zu lösen.

Bezüglich des Adressaten von V.5-8 ergeben sich drei Deute-
möglichkeiten: Man kann an Israel (z.B. Westermann), an den
Knecht als Einzelperson (Volz, Fohrer u.a.) oder an Kyros
(Elliger, Merendino u.a.) denken. Die Deutung auf Israel
ist m.E. nur dann möglich, wenn man V.9 als Zusatz ansieht;
der Wechsel vom Singular zum Plural ließe sich sonst
schlecht erklären. Will man V.9 beibehalten, bleiben noch
die beiden anderen Deutungen. Daß der Knecht als Einzelgestalt gemeint sein könnte, erscheint mir ebenfalls unwahrscheinlich. Folgende Gründe sprechen dafür, Kyros als Adressaten anzunehmen:
- Laut 45,13 gehört zur Aufgabe des Kyros u.a. die Loslösung
  der Gefangenen. Gleiches wird in 42,7 ausgesagt (194).
- In V.8 geht es um das Gottsein Jahwes im Kontrast zu
  anderen Gottheiten. Diese Problemstellung findet sich in
  den herkömmlicherweise als "Gottesknechtslieder" bezeich-
  neten Abschnitten (42,1-4; 49,1-6; 50,4-9; 52,13-53,12)
  nicht, sehr wohl aber dort, wo es zugleich um Kyros geht
  (so etwa in 41,21-29 und 45,1-7) (195).
- Wenn Kyros als Adressat anzusehen ist, dann kann die
  Anrede an ihn nur eine fingierte sein. Wirklich angeredet
  wären die Exulanten, denen Jahwes Stellung zu Kyros dargelegt werden soll. Ist das richtig, dann würde es sich bei
  V.9 im Gegensatz zu den vorangegangenen Versen nur noch in
  rein formaler Hinsicht um einen Adressatenwechsel handeln.
  V.9 könnte so - anders als bei den übrigen Deutungen -
  ohne Schwierigkeiten beibehalten werden (196).

Wenn wir V.5-8 als Anrede an Kyros verstehen, gibt es m.E.
keinen zwingenden Grund, Deuterojesaja nicht als Verfasser
des ganzen Abschnitts anzusehen. Unser Text spricht in eine
Situation hinein, die keine andere als die der Exulanten vor

dem Fall Babylons sein kann: Mit Kyros zieht Neues - also
die Verhältnisse entscheidend Änderndes - herauf (V.9bα),
ohne daß es schon vor aller Augen offenkundig ist (vgl.
V.9bß).

Wie kann 42,5-9 gattungskritisch bestimmt werden? Begrich
(197) nimmt ein prophetisches Berufungsorakel an. Dabei
kommt aber die bestreitende Komponente unseres Abschnitts
nicht zum Tragen (vgl. V.8f). Das gleiche läßt sich gegen
Eitz einwenden, der den Text als Heilsorakel versteht (198).
Eine andere Lösung versucht Westermann: "In dem V.5-9
zugrundeliegenden Deuterojesajawort könnte V.5.8.9 eine
Gerichtsrede an die Götter der Völker einleiten." Dabei muß
er annehmen, daß in der Zeit nach Deuterojesaja V.6 und 7
abgeändert wurden. Elliger faßt V.5-9 als Disputationswort
auf. Es erscheint mir freilich fraglich, ob man V.5 als
"Ausgangsbasis" eines Disputationswortes ansehen kann, wie
Elliger annimmt.

Geht man davon aus, daß Deuterojesaja die Form in den Dienst
seiner Aussageabsicht stellt, dann kann es m.E. mitunter -
wie hier - angemessen sein, auf eine eindeutige Gattungsbestimmung zu verzichten, wenn dadurch mehr Probleme aufgewor-
fen als gelöst werden. Klar scheint mir zu sein, daß Elemente eines Berufungsorakels vorhanden sind. Das zeigt die
Berufungsterminologie und die Nennung des Auftrags in V.6f.
V.8 hinwiederum hat hinsichtlich der Relation Jahwes zu den
Göttern abgrenzenden Charakter. In V.9 schließlich ist ein
argumentativer Stil unverkennbar, indem vom Vergangenen her
auf Zukünftiges geschlossen wird.

Nach dieser vorläufigen Problemabklärung sind wir nun in der
Lage, den Aussageduktus des Textes zu rekonstruieren.
Zunächst einmal fällt auf, daß an zwei Stellen (V.6 und 8)
der Jahwename eine Betonung erfährt. Am Anfang von V.6 steht
die Formel אני יהוה , und darauf folgt die Aussage, daß

Jahwe Kyros gerufen habe (die Stimmigkeit unserer Deutung auf Kyros setzen wir nun voraus). Weshalb geschieht solche Betonung im Zusammenhang mit der Kyrosberufung? Zimmerli redet von einer "Selbstvorstellungsformel" (SF) und macht bei Deuterojesaja hierzu folgende Beobachtungen: "An all den Stellen, an denen die SF in der kurzen, zweigliedrigen Form auftritt, ist die Selbstverherrlichung Jahwes in Abgrenzung zu den möglicherweise auftauchenden Rivalen in der Götterwelt ausgesprochen." (199) Eine solche Rivalität ist nun in der Tat bei der Kyrosthematik gegeben. Nachdem Kyros in Babylon eingezogen war, haben die babylonischen Priester, wie aus dem sog. Kyroszylinder deutlich wird (200), Marduk hinter dem Auftreten des Kyros gesehen. Der wesentliche Unterschied unseres Textes zum Kyroszylinder besteht darin, daß dieser erst nach dem Sieg des Kyros entstanden ist, während unser Abschnitt deutlich auf die Zeit vor dem Fall Babylons verweist. Diese zeitliche Differenz markiert nicht nur einen qualitativen Unterschied beim Vergleich der Texte, sondern läßt es auch geraten erscheinen, die einschlägigen Aussagen Deuterojesajas nicht zu eng auf den Kyroszylinder zu beziehen (201). Gleichwohl wird aus dem Kyroszylinder deutlich, daß auch außerisraelitische Theologen dazu neigten, ihre jeweilige Gottheit mit den aktuellen geschichtlichen Ereignissen in Verbindung zu bringen. Geht man davon aus, daß das Zeugnis des Kyroszylinders diesbezüglich keine Ausnahme darstellt, wird man annehmen können, daß Deuterojesaja mit solchen und ähnlichen Gedankengängen der Umwelt vertraut war und sich durch sie in seiner Verkündigung zur Reaktion herausgefordert sah: Er versucht seinerseits, Jahwe als Gott und als Herrn der Geschichte zu bezeugen. In unserem Abschnitt geschieht dies in V.8f mit Hilfe des Ansagebeweises. Eingeleitet wird V.8 mit der Selbstvorstellungsformel in erweiterter Form (V.8a). An diese betonte Unterstreichung des Jahwenamens und damit des Gottseins Jahwes schließt sich V.8b folgerichtig an: Das, was Jahwe infolge seines Gottseins (V.8a) zusteht, nämlich seine Ehre und sein

Ruhm, soll keine andere Gottheit bekommen. In V.9 folgt der
"Beweis", daß Ehre und Ruhm tatsächlich Jahwe gebühren: Das
Frühere ist gekommen, das Neue wird mitgeteilt, bevor es
sproßt.

Daß mit dem "Neuen" das durch Kyros anhebende Geschehen
gemeint ist, wird kaum zu bestreiten sein, wenn man annimmt,
daß auch V.6f um die Kyrosthematik kreisen. Erheblich schwerer läßt sich bestimmen, was mit dem "Frühere(n)" gemeint
ist. ראשון findet (inkl. der Pluralbildung) bei Deuterojesaja oftmals Verwendung (202). Was ist aber konkret in
unserem Text damit zum Ausdruck gebracht? Laut V.9b ist das
neue Jahwehandeln durch Kyros Gegenstand des Kundtuns und
Hörenlassens; dem heraufziehenden (203) Ereignis läuft ein
Wortgeschehen voraus. Der Hinweis auf das Frühere in V.9a
gibt nur dann einen Sinn, wenn es bei dem, was nun bereits
Wirklichkeit ist, genauso zuging: Das Frühere, das angekündigt war - so muß man gleichsam ergänzen - ist gekommen
(vgl. 48,3). Was aber ist gekommen? Nach McKenzie ist nicht
mehr feststellbar, was gemeint ist. Wenn man den Vers für
nachexilisch hält - was wir ja nicht tun -, kann man auch an
die Heimkehr vom Exil denken (vgl. Fohrer). Andere beziehen
V.9a auf die bisherigen Erfolge des Kyros (Elliger (204),
Whybray). Dann würde aber Deuterojesaja auf seine eigenen
diesbezüglichen(!) Ankündigungen zurückverweisen, von denen
sich kaum mehr Spuren finden lassen (205). Nun hat bereits
Kittel das "Frühere" auf die vorexilischen Weissagungen hin
gedeutet (206). Wir sehen das ähnlich und ziehen hierzu
46,9-11 heran (207).

In 46,9 wird dazu aufgefordert, an die ראשנות zu denken.
Nachdem Jahwe von sich als dem einzigen und unvergleichli-
chen Gott gesprochen hat (V.9b), wird in V.10 auf den Zusammenhang von Ankündigung und Geschehen verwiesen, bevor in
V.11 die Kyrosthematik angeschnitten wird. Der Zusammenhang
von Ankündigung und Geschehen wird in V.10 in einer grund-

sätzlichen Weise bedacht und dabei die vergangene Geschichte Jahwes mit Israel insgesamt in den Blick genommen (208). Erst von diesem breiten Horizont aus wird dann in V.11 auf das Kommen des Kyros verwiesen, dem Jahwes Wort vorangeht.

46,9-11 zeigen also, daß die ראשנות keineswegs auf die Ereignisse der jüngsten Vergangenheit bezogen werden müssen. Der Unterschied zu 42,9 ist nur der, daß hier weniger Grundsatzbetrachtungen angestellt werden (so in 46,10), sondern die Redeweise konkreter ist: Das Wort חדשות , womit das Kommen des Kyros gemeint ist, wird in V.9a.bα mit ראשנות gleichsam in einem Atemzug angeführt. Meint חדשות hier etwas Konkretes, dann wohl auch ראשנות . Auch הנה dürfte auf konkrete Geschehnisse der Vergangenheit verweisen. Daher denken wir im Zusammenhang unserer bisherigen Überlegungen dabei an die Ereignisse, die zum Exil führten und denen das prophetische Wort voranging (209).

Die ausgiebige Analyse des Kontexts, in dem die Schöpfungsaussagen von V.5 stehen, war nötig, um deren Funktion beschreiben zu können. Nach alledem, was bisher erörtert wurde, kann den Schöpfungsaussagen eine in argumentativer(!) Hinsicht tragende Bedeutung schwerlich zukommen. Daß Jahwe es ist, der den Kyros beruft und beauftragt (V.6f) und somit seine Ehre keinen anderen Göttern überläßt (V.8), "beweist" V.9a: Das früher Angekündigte ist eingetroffen. Nur so wird glaubhaft, daß hinter dem kommenden Auftreten des Kyros (V.9b) Jahwe steht. Wenn Jahwes Gottsein sich somit auf dem Feld der Geschichte erweist, was können dann die Schöpfungsaussagen überhaupt zum Aussageduktus beitragen (210)? Vor der Beantwortung dieser entscheidenden Frage muß ein Blick auf die Schöpfungsaussagen selbst geworfen werden. Zwei Probleme scheinen mir dabei wichtig:

Zum einen: Nach Crüsemann kann nur dort, wo die Partizipien nicht suffigiert sind, "mit dem Propheten vorgegebenem hym-

nischen Material gerechnet werden." (211) Neben anderen
Belegen meint er auch hinsichtlich 42,5 "daß keine entscheidenden formalen und inhaltlichen Veränderungen durch den
Propheten vorgenommen worden sind". Diese These läßt sich
m.E. weder bestreiten noch verifizieren, da wir keine direk-
ten(!) vorexilischen Entsprechungen beibringen können. Ausschließen kann man demnach nicht, daß Deuterojesaja zumindest in gewisser Weise auch hier eigenständig formuliert
(212) - freilich so, daß er keine Aussagen macht, die in
ihrem Tenor völlig fremd wären. Daß er sich grundsätzlich
auf die Verkündigungstradition bezieht, haben wir ja bei
40,21.28 gesehen. In 42,5 wird zwar auf diese Verkündigungstradition nicht direkt hingewiesen. Könnten aber die Schöpfungsaussagen dort in einer appositiven Weise an den Jahwenamen angefügt werden, wenn ihr Inhalt als solcher nicht
schon bekannt wäre? Grundsätzlich Neues kann man auf diese
Art und Weise schwerlich vorbringen. Freilich ist mit der
Bekanntheit dieser Aussagen noch nichts über ihre Glaubwürdigkeit in der neuen, d.h. der exilischen Situation ausgesagt.

Zum andern: Elliger meint, daß vor allem die Aussagen über
den Menschen in V.5b deutlich machen würden, "daß Jahwes
fortlaufendes Schöpferhandeln mit im Blickfeld steht." Das
ist m.E. richtig, bedarf aber hier keiner besonderen Hervorhebung, wenn man grundsätzlich davon ausgeht, daß Jahwes
grundlegendes Schöpfungshandeln nicht lediglich als ein Akt
der Vergangenheit verstanden werden kann (213).

Wenn wir nun mit der Frage nach der Funktion der Schöpfungsaussagen innerhalb des Abschnittes 42,5-9 zum Ziel unserer
Überlegungen kommen, gilt es als entscheidenden Gesichtspunkt zunächst festzuhalten: Anders als in der Komposition 40,12-31 wird hier nicht "argumentativ" von der
Schöpfung her auf die Geschichte hin geschlossen, sondern
von der geschichtlichen Vergangenheit auf die geschichtliche

Gegenwart und Zukunft. Erst nachdem die Schöpfungsaussagen
in appositiver Weise dem Jahwenamen beigeordnet wurden, wird
der Wahrheitserweis Jahwes geliefert, der - wie bereits
ausgeführt - in V.9a seinen Dreh- und Angelpunkt hat. Die
Frage wäre dann: Soll V.9a auch die Schöpfungsaussagen
glaubwürdig machen? Das wird so unmittelbar kaum der Fall
sein, wenn man sieht, in welcher Weise die Feststellung in
V.9a in V.9b ihre Fortführung erfährt: Der Hinweis auf das
"Frühere" macht die Ansage des Neuen glaubwürdig und gibt
damit auch der Behauptung, Jahwe habe Kyros gerufen (V.6a),
erst ihre Berechtigung. Nichts deutet darauf hin, daß es um
einen Wahrheitserweis Jahwes als des Schöpfers geht. Ist das
richtig, dann scheinen die Schöpfungsaussagen in V.5 eigentlich recht funktionslos dazustehen. Sie sind weder Grund
noch Ziel des Argumentationsganges; würde man sie weglassen,
wäre der Aussageduktus gleichwohl in sich schlüssig. Dennoch
meine ich, daß die Schöpfungsaussagen einen unverwechselbaren Beitrag liefern. Auch wenn sie weder Grund noch Ziel des
Aussagezusammenhangs bilden, eröffnen sie doch als Einleitung der Texteinheit einen universalen Horizont, innerhalb
dessen Jahwes zwar nicht auf sein Volk eingegrenztes, aber
gleichwohl vornehmlich seinem Volk geltendes Geschichtshandeln gedacht wird. Die in partizipialem Stil vorgetragenen
Schöpfungsaussagen weisen auf Bekanntes hin, ohne daß ihre
Glaubwürdigkeit in Auseinandersetzung mit babylonischer
Religiosität erwiesen oder mit ausdrücklichem Hinweis auf
die Verkündigungstradition erfragt würde (so in 40,12-31).
Sie werden einfach in den Raum gestellt. Dennoch handelt es
sich nicht um eine bloße Rezitation dessen, was sowieso
schon klar ist. Angesichts dessen, was in V.6-9 von Jahwe
und seinem Handeln ausgesagt wird, fällt auch auf die Rede
von Jahwe als dem Schöpfer ein neues Licht: Jahwe, dessen
Schöpfertum hier proklamiert wird, ist ja derjenige, der für
sich reklamieren kann, hinter Kyros zu stehen, weil er schon
in der Vergangenheit durch sein ansagendes Wort sich als der
Herr der Geschichte erwiesen hat. Man muß also den Text

<u>nicht nur</u> von vorne nach hinten, sondern auch in der umge-
kehrten Richtung lesen: Jahwes Schöpfersein, das nicht einfach fraglos behauptet werden kann - das haben bereits
unsere Überlegungen zu 40,12-31 gezeigt -, kann hier deshalb
so ohne Wenn und Aber am Anfang der Texteinheit thematisiert
werden, weil die Glaubwürdigkeit dieses Gottes gerade dort
zu erweisen versucht wird, wo der Zweifel wohl seinen unmittelbaren Anlaß hat. Im politischen Bereich der Auseinandersetzung der Großmächte Babylon und Persien, wo Israel kein
Machtfaktor mehr ist, wird gerade der <u>Gott</u> Israels als
entscheidender Machtfaktor ins Spiel gebracht, indem sein
ankündigendes Wort als die entscheidende Realität erachtet
wird. Wenn man den Geschichtslauf von <u>diesem</u> Dreh- und
Angelpunkt her sieht, <u>dann</u> ist man tatsächlich in der Lage,
Jahwe als Schöpfer in der hier geschehenden Selbstverständlichkeit zu benennen. Gewiß wird hier direkt argumentativ
weder von Schöpfung auf Geschichte noch von Geschichte auf
Schöpfung geschlossen; ein solcher Aussageduktus läßt sich
nicht rekonstruieren. Kann man aber im geschichtlichen Bereich, wo es wirklich nicht mehr selbstverständlich ist, auf
Jahwe als den entscheidenden Machtfaktor argumentativ-bezeu-
gend hinweisen, dann ist auch die Berechtigung gegeben, auf
sein Schöpfertum in appositiver Weise anzuspielen. Um die
Glaubwürdigkeit Jahwes als des <u>Schöpfers</u> geht es dabei nicht
direkt; angesichts der folgenden, auf den geschichtlichen
Bereich abhebenden Aussagen ist sie aber mit <u>einbeschlossen</u>:
Wenn der Gott Jahwe sich in der aktuellen geschichtlichen
Situation als wahrhaftig bewährt, dann ist es angemessen,
auch das anzuführen, was dem Glauben nicht unbekannt ist,
aber nur dann weiterhin (bzw. wieder) als wahr gelten kann,
wenn man eben auch die neue Situation von Jahwe her zu
deuten in der Lage ist. Ohne die nachfolgenden Aussagen
könnte also die Rede von Jahwe als dem Schöpfer nicht so
selbstverständlich erfolgen. <u>Nun aber</u> kommt ihr im Aussageduktus die <u>unverwechselbare</u> Funktion zu, über den aktuellen
Bereich der Geschichte hinaus Jahwes Handeln von der univer-

salen Perspektive der Schöpfung her zu sehen. Eine solche
den Horizont erhellende und erweiternde Perspektive ist
nicht überflüssig, weil es auch bei der Frage, wer hinter
Kyros steht, letztlich um eine Gesamtsicht von Wirklichkeit
geht.


Wir fassen zusammen:

1. Die Schöpfungsaussagen treten in appositiver Weise zum
   Jahwenamen hinzu und stellen als solche weder Grund noch
   Ziel des Aussageduktus dar.

2. Auch wenn sie so eigentlich gar nicht direkt in das
   Argumentationsgefälle einbezogen sind, haben sie doch
   die unverwechselbare Funktion, dieses in einen universa-
   len Horizont zu stellen. Dabei wird - nicht unbedingt dem
   Wortlaut nach, jedenfalls aber in der Sache - auf bereits
   Bekanntes angespielt.

3. Haben so in gewisser Weise die Schöpfungsaussagen gegenüber den nachfolgenden Ausführungen eine dienende Aufgabe, so kann doch nicht davon die Rede sein, daß ihnen per
   se Evidenz eignen würde. Nur im Lichte dessen, was nachher von Jahwes in Wort und Tat sich erweisender Geschichtsmächtigkeit ausgesagt werden kann, ist es möglich, so selbstverständlich von seinem Schöpfertum zu
   reden. Auch wenn die Texteinheit nicht direkt auf die
   Bewahrheitung Jahwes als des Schöpfers hinaus will,
   ist eine solche indirekt doch einbeschlossen.


f) 44,24-28


(24) So spricht Jahwe, dein Erlöser
     und dein Bildner von Mutterleib an:
     Ich bin Jahwe, der alles macht:
     der ausspannt die Himmel allein,
     der ausbreitet die Erde - wer ist mit mir (214)?

(25) der zerbricht die Zeichen der Deuter (215) -
und die Wahrsager macht er zu Toren;
der weichen läßt die Weisen nach hinten -
und ihr Wissen macht er zur Torheit (216);
(26) der aufrichtet das Wort seiner Knechte (217) -
und den Plan seiner Boten führt er aus (218);
der ich (219) spreche zu Jerusalem: Sei bewohnt!
und zu den Städten Judas: Seid gebaut!
und seine Trümmer richte ich auf (220);
(27) der ich spreche zur Tiefe (221): Versiege,
deine Ströme trockne ich aus!
(28) der ich spreche zu Kyros: Mein Hirte! -
all mein Vorhaben führt er aus;
der ich spreche zu Jerusalem: Sei gebaut,
und der Tempel sei gegründet (220)!

Die Abgrenzung nach vorne ist nicht strittig. Erheblich schwerer zu beantworten ist die Frage, ob 44,24-28 eine Einheit für sich bilden oder mit 45,1-7 zusammengesehen werden müssen. Westermann sieht in 44,24-28 nur die Einleitung zum Kyrosorakel 45,1-7 und bestimmt der Form nach den ganzen Abschnitt 44,24-45,7 als Königsorakel. Wenn man aber 44,24-28 entscheidend von dem Nominalsatz אנכי יהוה (V.24) her versteht und die folgenden, zu einem guten Teil partizipial strukturierten Aussagen als eine ausführliche Explikation desselben ansieht, dann kann der Abschnitt durchaus aus sich selbst heraus verstanden werden. Die Botenformel in 45,1 würde dann keine Wiederaufnahme derjenigen von 44,24 darstellen, sondern selbst einen neuen Sinnabschnitt einleiten. Des weiteren ist zu bedenken, daß schon in 44,28a von der Beauftragung des Kyros die Rede ist und damit "der entscheidende Skopus von 45,1ff schon vorausgenommen" wäre (222). Nun verdient allerdings noch ein Gesichtspunkt, der vor allem von Albertz vorgebracht wird (223), Berücksichtigung. Er versteht die Aussagen in 44,24 und 45,7, daß Jahwe "alles" bzw. "all' dieses" mache, als "kompositorische

Klammer" des Kyrosorakels, die sowohl Jahwes Schöpfungshandeln als auch sein Geschichtshandeln zusammenfasse. Diese Auffassung setzt allerdings voraus, daß כל in 44,24 und כל-אלה in 45,7 in ihrer Bedeutung deckungsgleich sind. Das ist nicht unbedingt der Fall: כל-אלה in 45,7 faßt zunächst einmal die im gleichen Vers genannten Gegensatzpaare Licht - Finsternis und Heil - Unheil zusammen. Die polare Ausdrucksweise legt nahe anzunehmen, daß Jahwe mit der Wirklichkeit insgesamt umfassend in Verbindung gebracht werden soll. Die Frage ist freilich, in welcher Weise das geschieht. Es muß beachtet werden, daß von אור und חשך sonst bei Deuterojesaja nie als von grundlegenden Daseinsgegebenheiten als solchen die Rede ist, beide Begriffe vielmehr immer zur Umschreibung spezifischer, vor allem in geschichtlichem Rahmen zu verstehender Sachverhalte herangezogen werden (224). Ähnlich spezifisch ist von שלום die Rede, wo es zumeist um "Heil" für Israel geht (225). Mir scheint hieraus der Schluß naheliegend zu sein, daß die beiden Gegensatzpaare (Licht-Finsternis, Heil-Unheil) schon Umfassendes zum Ausdruck bringen wollen, allerdings keine allgemeinen Gegebenheiten der Schöpfung, sondern den geschichtlichen Erfahrungsraum in seiner ganzen Komplexität (226). Gerade so kann 45,7 als ein sinnvoller, allgemeiner Abschluß von V.1-6 verstanden werden, wo es ja um weltgeschichtliche Dimensionen geht. כל-אלה hinwiederum stellt eine äußerst komprimierte Zusammenfassung der beiden Gegensatzpaare dar, ist also durchaus ein Globalbegriff, allerdings in der eben beschriebenen Ausrichtung (227). Im Unterschied zu כל in 44,24 ist in diese Globalität der Bereich der grundlegenden Gegebenheiten der Schöpfung nicht einbezogen. Stimmt das, dann sollte man beide Ausdrücke nicht direkt zusammensehen. Damit wäre auch das wesentliche Argument für eine Zuordnung von 44,24-28 zu 45,1-7 hinfällig.

Wie läßt sich nun unser Abschnitt 44,24-28 gattungsmäßig bestimmen (228)? Sprecher ist Jahwe, der auf sein Tun und

Reden verweist, um hiermit die am Anfang stehende Selbstvorstellung ("Ich bin Jahwe") zu explizieren. So wird man
zunächst von einem hymnischen Selbstpreis reden können, der
in der mesopotamischen Umwelt Deuterojesajas oft begegnet
(229). Damit ist aber über die Funktion eines solchen
Selbstpreises noch nichts ausgesagt. Wer wird weshalb angeredet? Elliger - der auch gattungskritisch allerdings nicht
von einem Selbstpreis, sondern von einer Jahwerede spricht,
die "nach Art eines Königliches Erlasses gestaltet" sei -
nimmt an, daß es sich um eine Willenskundgabe Jahwes an die
himmlische Staatsversammlung handelt. Erst Deuterojesaja
selbst habe sie durch die Einleitung V.24a zu einem Wort an
die "irdische Gemeinde" umgestaltet. Dieser Deutung stehen
m.E. die Aussagen in V.24b gegenüber, denen zufolge Jahwe
die Himmel allein ausspannt und fragen kann, wer mit ihm
sei. Die im Kontext begegnenden Schöpfungsaussagen werden so
durch den Hinweis glaubwürdig gemacht, daß Jahwe anders als
die babylonischen Götter (dieser "Seitenhieb" scheint mir
hier mit einbeschlossen zu sein) niemand neben sich habe -
ein Hinweis, der in 40,13f breiter ausgeführt ist (vgl.
unsere Exegese hierzu). Ein solcher Hinweis gäbe vor der
himmlischen Staatsversammlung wohl schwerlich einen Sinn,
während er andererseits sehr genau in die Situation der
Exulanten paßt, denen ihr Jahweglaube nicht mehr selbstverständlich ist. Stimmt diese Sicht, dann ergibt sich eine
doppelte Konsequenz: Zum einen ist die Jahwerede auch
ursprünglich als an Israel gerichtet zu verstehen, wie es
V.24a ohnehin nahelegt (230); zum anderen darf man sich
durch den hymnischen Stil der ganzen Einheit nicht dazu
verleiten lassen anzunehmen, in V.24b-28a handele es sich um
eine bloße Aneinanderreihung göttlicher Machterweise. Die
Ausdrücke לבדי und מי אתי bringen in die ganze Einheit ein
bestreitendes Element mit hinein, und wir werden nun zu
sehen haben, wie sich das zum Aussageduktus insgesamt verhält. Wir haben bereits beobachtet, daß stilistisch die
Partizipien in V.25-26a von denen in V.26b-28a abgehoben

sind (V.24b stellen wir zunächst einmal zurück). Diese Differenz ergibt nun auch inhaltlich einen guten Sinn: V.25-26a verweisen darauf, daß sich im bisherigen Geschichtsverlauf das Wort der Jahweboten bewahrheitet hat (V.26a) - im Gegensatz zu den Zeichen der Deuter und zum Wissen der Weisen (V.25) (231). Während V.25-26a somit auf Sachverhalte verweisen, die ihre Bewahrheitung - wie immer man deren Evidenz in concreto verstehen mag - bereits hinter sich haben, richten V.26b-28a ihren Blick auf noch Ausstehendes: Das dreimal vorkommende Partizip האמר zeigt an, daß es um das _Wort_ Jahwes geht, während V.25-26a sein Handeln thematisieren, das in seinem Wahrheitsgehalt bereits "nachprüfbar" ist. Das Wort hingegen steht im Raum, wird in die Gegenwart hineingesagt, ohne daß die damit korrespondierende Tat schon Wirklichkeit geworden wäre. Angesichts dessen machen V.25-26a glaubwürdig, daß auch das, was in V.26b-28a angesagt ist, der Erfüllung entgegengeht. Ist das richtig, dann können wir in unserer Texteinheit ein Argumentationsgefälle annehmen: V.25-26a stützen die Aussagen von V.26b-28a (232). Es geht um die Bewahrheitung des Gottseins Jahwes; darin ist zugleich eine Bestreitung des Gottseins anderer Götter einbeschlossen, indem deren Zeichendeutern und Weisen kein Erfolg beschieden ist (V.25) und außerdem Jahwe darauf verweisen kann, daß er als Schöpfer niemand bei sich habe (V.24b).

Hiermit stellt sich uns nun die Frage nach der Funktion der Schöpfungsaussagen in V.24b. Ihnen voraus (V.24bα) geht die Aussage, er - Jahwe - mache alles. Es erscheint mir hier nur die Deutung möglich, daß mit "alles" wirklich all das gemeint ist, was nachher in der ganzen Einheit angeführt wird (233). D.h.: Die Schöpfungstat Jahwes ist eine unter mehreren Taten, die zusammen das Ganze ausmachen. Stilistisch allerdings ist V.24bß.γ mit den nachfolgenden Partizipien in V.25-26a nicht so eng verbunden wie diese untereinander: Die drei Zeilen von V.25-26a beginnen alle mit dem Part. Hiphil

und damit auch mit dem gleichen Buchstaben, während im
Nachsatz jeweils Imperfekta stehen. In V.24bß.γ hingegen ist
im Vorder- und Nachsatz Part. Qal gesetzt. Diese Unterschiede nötigen dazu, die Schöpfungsthematik von den nachfolgenden Aussagen abzuheben. Gleichwohl kann auch V.24bß.γ zusammen mit V.25-26a die Aussagen in V.26b-28a stützen. Der
Hinweis nämlich, daß er - Jahwe - als Schöpfer niemand bei
sich habe, kann als argumentatives Element gelten. D.h.:
Argument ist nicht schon das Schöpfertum Jahwes als solches.
Erst durch den genannten Hinweis kann Jahwe von sich etwas
aussagen, was für die babylonischen Gottheiten so nicht gilt
(234). Im Unterschied zur Schöpfungsthematik bedürfen die
Aussagen in V.25-26a einer solchen Stütze nicht. Sie scheinen sich vom Geschichtsverlauf her als "evident" erwiesen zu
haben.

Es ist also festzuhalten, daß unser Abschnitt keine bloße
aneinanderreihende Aufzählung von Taten und Worten Jahwes
enthält, sondern daß ein Aussagegefälle mit argumentativem
Charakter erkennbar ist. Trotz der feinen stilistischen,
inhaltlich aber sehr bedeutsamen Unterschiede, die wir
beobachtet haben, muß nun freilich auch gesehen werden, daß
wir es in der ganzen Einheit mit einem partizipialen (in den
Nachsätzen zumeist durch Imperfekta fortgeführten) Stil zu
tun haben, was ja in den Disputationsworten in 40,12-31 so
nicht der Fall war. Wir werden so damit zu rechnen haben,
daß unsere Texteinheit neben dem bereits festgestellten
Aussageduktus auch noch ein anderes Aussageinteresse verfolgt: Die Partizipien, mit denen ab V.24bß.γ jede Zeile
beginnt, heben auch hervor, daß all das, was Jahwe hier von
sich sagt, letztlich eine Einheit darstellt und er dabei
immer derselbe bleibt: sowohl als Schöpfer (V.24bß.γ) als
auch in seinem Handeln im Raum der Geschichte (V.25-28a);
sowohl in dem, was bereits als gegeben angenommen werden
kann (V.24bß.γ-26a), als auch in dem, was noch aussteht
(V.26b-28a).

Die Texteinheit hat also gleichsam zwei Aussageziele: Der partizipiale Stil unterstreicht die Einheit von Jahwes Handeln in seinen unterschiedlichen räumlichen und zeitlichen Dimensionen. Die feinen stilistischen Unterschiede bringen ein Aussagegefälle hinein, das die Adressaten im Blick auf die Zukunft von der Glaubwürdigkeit und Vertrauenswürdigkeit Jahwes überzeugen will (235).

Bezüglich des ersten hier genannten Aussageziels lohnt sich ein Blick auf Ps 136 (vgl. Abschn.IV.7.d). Es wird dort zum Lobpreis Jahwes aufgerufen, des Gottes der Götter und Herrn der Herren (V.2f), des Weltschöpfers (V.5-9), des Retters Israels aus Ägypten (V.10-15), des Führers durch die Wüste (V.16-20), des Gebers des Landes (V.21f; die Verse 23-26 bringen - allerdings mit Ausnahme von V.25 - inhaltlich nichts entscheidend Neues mehr). Ohne hier auf die stilistischen Besonderheiten des Psalms einzugehen - auch er ist zu einem guten Teil partizipial strukturiert -, ist vom Inhalt her bemerkenswert: Gepriesen werden Jahwes Gottsein sowie seine Taten als Schöpfer und sein Handeln in der für Israel besonders bedeutsamen Geschichtsepoche. In dieser Abfolge von Schöpfung und Geschichte ist der Psalm dem Selbstpreis von Jes 44,24-28 ähnlich. Schaut man allerdings darauf, welche Taten Jahwes im einzelnen aufgeführt werden, dann ergibt sich ein charakteristischer Unterschied: Jes 44,24-28 verweist auf das, was in der exilischen Situation zu sagen unbedingt nötig war: daß Jahwe der Schöpfer ist, weil er niemand neben sich hat; daß die Wahrheit der fremdreligiösen Deuter und Weisen sich nicht bewährt hat, sondern das Wort derer, die im Auftrag Jahwes handeln; daß infolge all dessen auch die Rede von dem noch Ausstehenden glaubwürdig sein kann (236). Von einer solchen unmittelbaren Aktualität sind die Aussagen in Ps 136 nicht. Hier erfolgt in nachexilischer Zeit - an dieser Datierung dürfte kaum zu zweifeln sein - eine Aufzählung herausragender Taten Jahwes, die in Neh 9 noch durch die Abraham- und Sinaitradition ergänzt wird. Die Bekenntnisbildung ist in beiden Texten in der Weise vorangeschritten, daß das dort Ausgesagte nicht mehr Zug um Zug aus seiner zeitgeschichtlichen Aktualität heraus erklärt werden kann (so gewiß es natürlich seine eminente Bedeutung für den Glauben hat). Eine in ihrer Glaubenstradition konsolidierte (bzw. sich konsolidierende) Gemeinde versucht, ihrem Bekenntnis ein etwas zeitloseres Gepräge zu geben als das Deuterojesaja zu tun vermochte.

Wir fassen zusammen:

1. Die Schöpfungsaussagen in V.24bß.γ bilden mit
   V.25-26a eine Art Disputationsbasis, sind aber in gewisser Weise auch von V.25-26a abgehoben. Neben den genannten stilistischen Unterschieden ist vor allem eine inhaltliche Besonderheit zu nennen: Während die in V.25-26a
   angesprochenen Sachverhalte anscheinend von sich aus
   evident sind, wird Jahwes Schöpfersein erst dadurch zu
   einem "Argument" innerhalb der Disputationsbasis, daß er
   - worauf betont hingewiesen wird - im Gegensatz zu den
   babylonischen Gottheiten als Schöpfer niemand bei sich
   hat.

2. Die Texteinheit ist nicht nur vom Aussagegefälle eines
   Disputationswortes her zu verstehen. Der vorherrschende
   partizipiale Stil deutet an, daß Jahwes Reden und Handeln
   als Schöpfer und Herr der Geschichte eine Einheit bilden,
   was auch durch das Wort כל (V.24bα), das sich auf alle
   nachfolgenden Aussagen bezieht, hervorgehoben wird.

## g) 45,9-13

(9)  Weh dem, der hadert mit seinem Bildner -
     ein Scherben unter irdenen Scherben!
     Spricht der Lehm zu seinem Bildner: Was machst du?
     und sein (237) Werk: Keine Hände hast du (237)!?
(10) Weh dem, der zum Vater sagt: Was zeugst du?
     und zur Frau: Was hast du Wehen!
(11) So spricht Jahwe,
     der Heilige Israels und sein Bildner:
     Wollt ihr (238) mir Fragen stellen wegen meiner Söhne
     und über das Werk meiner Hände mir Befehl erteilen?
(12) Ich habe die Erde gemacht
     und die Menschen (239) auf ihr geschaffen.
     Ich - meine Hände haben die Himmel ausgespannt
     und über all ihr Heer habe ich Befehl erteilt (240).
(13) Ich habe ihn erweckt in Gerechtigkeit

und all seine Wege werde ich ebnen.

Er wird meine Stadt aufbauen

und meine Gefangenen (241) wird er entlassen,

nicht um Kaufpreis, nicht um Geschenk,

spricht Jahwe Zebaoth (242).

Was die Abgrenzung nach vorne und hinten betrifft, dürfte es kaum Zweifel geben. Erheblich schwieriger aber ist die Verhältnisbestimmung von V.9f zu V.11-13. Elliger (243), dem im wesentlichen auch Westermann folgt, vermutet in V.9f die Hand eines späteren Bearbeiters (Tritojesaja). Die Verbindung mit V.11-13 wäre also dann eine sekundäre. Wir hingegen versuchen, V.9-13 als einen in sich schlüssigen Aussagezusammenhang zu erweisen, der von Anfang an so bestanden haben muß. (Leslie und Fohrer nehmen V.9f zunächst als Einheit für sich, müssen dann aber doch in der Interpretation den Kontext mit heranziehen.)

V.9 und 10 werden mit יוה eingeleitet; darauf folgt jeweils ein Partizip (244). Der Prophet charakterisiert ein in seiner Sicht negatives Verhalten (245). Der Weheruf kann in bestimmten Zusammenhängen dazu dienen, als Schuldfeststellung einer Unheilsansage voranzugehen (vgl. Jes 5,8.11.22; Mi 2,1). Bei Deuterojesaja steht der Weheruf in einem anderen Zusammenhang. Dazu werfen wir unseren Blick auf einen in seiner Form andersartigen Text, der aber dem unsrigen inhaltlich verwandt ist: In 40,27 geht der Prophet auf einen Einwand seiner Gesprächspartner ein, der als Fehlverhalten charakterisiert werden kann. Darauf wird nun allerdings nicht mit einer Gerichtsansage reagiert; in V.28-31 sollen vielmehr die Zweifelnden von dem Zirkel ihres Zweifels dadurch befreit werden, daß sie auf die Sphäre des kraftvollen und heilvollen Handelns Jahwes verwiesen werden. Ihr Zweifel wird also in diesen Horizont gestellt mit dem Ziel, ihn zum Verstummen zu bringen. Genau das wollen nun V.11-13 - von der Intention(!) her; die Aussageinhalte sind mit

denen von 40,28-31 nicht deckungsgleich - im Vergleich zu
V.9f auch leisten. Den zweifelnden Hörern wird eine Auseinandersetzung Jahwes mit den Fremdgottheiten vorgeführt, die
Jahwes Handeln zum Gegenstand hat. Worin besteht dieses?
V.12f bringen es zum Ausdruck: In V.12 verweist Jahwe auf
die Schöpfung der Erde, des Menschen und der Himmel (246),
in V.13 hingegen wird die Kyrosthematik angeschnitten. Dabei
fällt auf, daß V.12a, V.12b und V.13a gleich konstruiert
sind: Am Anfang steht jeweils betont das Ich Jahwes, dem
sich im Verbalstil die Beschreibung von dessen Tun anschließt. Der Nachsatz wird jeweils mit dem Verb abgeschlossen. Während allerdings bis einschließlich V.13aα durchgehend das Perfekt verwendet wird, geht V.13aß in das Imperfekt über, das auch in V.13bα beibehalten wird (247). Der
Wechsel der Tempora ist hier nicht belanglos. Damit wird
deutlich gemacht, daß Jahwes Tun in gleicher Weise auf
Vergangenes (das freilich - vgl. Anm.240 - seine Wirkungen
bis in die Gegenwart hat) wie auf Zukünftiges gerichtet ist.
Der sonst gleiche Satzbau unterstreicht die Einheit des
Handelns in den unterschiedlichen Zeitdimensionen.

Die Kyrosthematik selbst hat einen Vergangenheits- und einen
Zukunftsaspekt. Kyros ist offenkundig bereits auf dem Plan
(Vergangenheitsform in V.13aα). Jahwe hebt hervor, daß er
hinter diesem Ereignis steht. Daß er aber auch weiterhin
damit zu tun hat, unterstreicht die futurische Aussage in
V.13aß, die dann in V.13bα in die für Israel eigentlich
bedeutsame Aussage einmündet: Kyros wird Jahwes Stadt -
sicherlich Jerusalem - aufbauen und die Gefangenschaft been-
den. Damit ist das Aussageziel erreicht.

Von den bisherigen Überlegungen her erschließt sich nun auch
der Sinn von V.11. Von V.9f her ist deutlich, daß das Geschöpf seinem Schöpfer, also Israel seinem Gott, die Macht
bestreitet. Nach dem erweiterten Botespruch V.11a stellt
Jahwe in V.11b die Frage: "Wollt ihr mir Fragen stellen

wegen meiner Söhne und über das Werk meiner Hände mir Befehl
erteilen?" Das Suffix der 3.Pers.sing. in V.11a und die Rede
von meinen Söhnen in V.11b bestätigen unsere bisherige Annahme, daß in V.11-13 nicht Israel, sondern die Fremdgottheiten die Adressaten sind (248). Die in der "irdischen"
Sphäre laut gewordene Frage nach Jahwes Vermögen (V.9f)
wiederholt sich nun in der Auseinandersetzung mit den Göttern. Wenn die Frage nach Jahwes Söhnen - also nach dem
Geschick seines Volkes -, zu der Jahwe selber auffordert,
Jahwes Machtlosigkeit an den Tag bringen würde, dann wäre er
den Göttern unterlegen; dann müßte er sich Befehl erteilen
lassen über das Werk seiner Hände - also über Israel -, dann
wäre das Geschick seines Volkes nicht mehr in seiner Hand.
So ist es nun aber nicht! Während V.12a zunächst allgemein
von der Schöpfung der Erde und des Menschen durch Jahwe
spricht, sucht V.12b den direkten Kontrast zu V.11b: Jahwes-
Hände haben die Himmel ausgespannt, über ihr Heer hat er Befehl erteilt. Deshalb braucht er sich - das ist die in V.12b
einbeschlossene Antwort - über das Werk seiner Hände nicht
Befehl erteilen zu lassen. Es fällt dabei auf, daß in der
kontrastierenden Gegenüberstellung eine Akzentverschiebung
eingetreten ist. Die chiastische Wortstellung in V.11b läßt
m.E. keinen anderen Schluß als den zu, daß mit dem Werk der
Hände Jahwes Söhne (Israel) gemeint sind (249), während
V.12b (zusammen mit V.12a) auf die Weltschöpfung abhebt.
D.h.: Jahwe beantwortet die Frage nach seinem besonderen
Handeln an Israel mit dem Hinweis auf sein weltweites Schöpfungshandeln (und - V.13aα - auf sein an Kyros bereits er-
folgtes Geschichtshandeln). Erst von hier aus erfolgt dann
die Erwähnung seiner durch Kyros künftig zutage tretenden
Geschichtsmächtigkeit (V.13aß) mit ihren unmittelbaren Fol-
gen für Israel (V.13bα). Erst mit V.13bα ist also die eigentliche Frageintention von V.11b aufgenommen und in der
Weise beantwortet, daß Jahwe - nachdem zuvor sein Herrsein
über Schöpfung und Geschichte thematisiert wurde - durch
Kyros für sein Volk sorgt.

Haben wir das Aussagegefälle unserer Texteinheit bisher
richtig rekonstruiert, dann läge es eigentlich nahe, sie
gattungskritisch eindeutig als Disputationswort zu bestimmen
(250). Im Endeffekt sollen ja tatsächlich die Einwände der
Hörer, wie sie sich aus V.9f rekonstruieren lassen, entkräftet werden. Allerdings gilt es auch zu sehen, daß hier das
Disputationswort durch zunächst ihm fremde Elemente angerei-
chert ist. Der Weheruf mit dem nachfolgenden Jahwespruch
erinnert von der Struktur her an die Gerichtsprophetie, wo
nach der Schuldfeststellung als Jahwespruch die Unheilsansage erfolgt. Dieser Struktur bedient sich Deuterojesaja für
seine - wie bereits erläutert - ganz andersartige Aussage.

Daß Deuterojesaja auf das gebrandmarkte Fehlverhalten seiner
Zuhörer hin hier nicht das Gespräch mit ihnen unmittelbar
sucht, sondern auf eine fiktive Rede Jahwes an die Götter
"ausweicht", hat seinen guten Sinn: Wer Jahwes Vermögen
grundsätzlich bestreitet (V.9f), dem kann man nicht wie
selbstverständlich damit entgegnen, daß Jahwe doch der
Schöpfer von Erde, Menschheit und Himmel wäre; gerade dies
müßte implizit dann ja auch Gegenstand solchen Bestreitens
sein. Um hier Zirkelschlüsse zu vermeiden, wechselt mit der
Jahwerede fiktiv auch der Adressat. Was vom menschlichen
Blickwinkel her strittig ist, ist auf dieser anderen -
fiktiv vorgestellten - Beziehungsebene gar nicht strittig:
Vor den Göttern kann Jahwe auf sein weltweites Schaffen
verweisen und auch darauf, daß er Kyros erweckt habe. Das
alles ist bereits von Jahwe her geschehen, was offenkundig
von den Göttern auch nicht geleugnet wird. Deshalb kann
Jahwe - in fiktiver Auseinandersetzung mit den Göttern - am
Anfang seiner Rede dazu auffordern, ihn über das Geschick
seines Volkes zu befragen und ihm über sein Volk Befehl zu
erteilen. Die folgenden Ausführungen zeigen, daß infolge der
Macht Jahwes (V.12.13a ) dies ein ziemlich unmögliches Unterfangen wäre und darüber hinaus völlig überflüssig, da
Jahwe an sein Volk nicht erinnert zu werden braucht (vgl.

V.11b), sondern diesem von sich aus eine neue Zukunft bereitet, es also nicht in seiner gegenwärtigen Not beläßt
(V.13aß.bα) (251).


Wir fassen zusammen:
Zur Funktion der Schöpfungsaussagen in V.12 läßt sich folgendes sagen (252): Sie können nur unter der Einschränkung
eine begründende Rolle spielen, daß sie zunächst nicht den
Exilierten als offenkundige Wahrheit in direkter Weise dargeboten werden, sondern ihre Unstrittigkeit "nur" vor dem
fiktiven Kreis der Götter vorausgesetzt wird. Freilich sind
diejenigen, die Deuterojesaja im Endeffekt überzeugen will,
die Exilierten (bzw. Teile derselben), deren Fehlverhalten
in V.9f thematisiert wird. Nun werden diese aber nicht von
einem für sie unstrittigen Glaubensbereich (Jahwe als Schöpfer) zu einem strittigen geführt (Jahwes Handeln an Israel)
(253); zur Debatte steht vielmehr der Jahweglaube als
ganzer: Jahwes Vermögen wird in V.9f grundsätzlich in Frage
gestellt, und ebenso grundsätzlich setzt die Jahwerede in
V.11-13 die Akzente: Die Exilierten können sich nur dann zu
Jahwe als dem Schöpfer und dem Herrn der Geschichte bekennen, wenn sie in der Lage sind, ihre in grundsätzlicher
Weise zutage tretenden Zweifel an Jahwes Vermögen in der
Weise zu überwinden, daß sie es sich gefallen lassen, mittels der Jahwerede in die "himmlische" Sphäre der Auseinandersetzung Jahwes mit den Göttern hineingenommen zu werden, wo das, was "auf Erden" strittig ist, gar nicht mehr
strittig sein kann (254): eben Jahwes Macht als Schöpfer und
Herr der Geschichte - Jahwes Macht, die im Dienst seines
Heilswillens steht.


## h) 45,18-19(18-25)

(18) Denn so spricht Jahwe, der die Himmel schafft (255)
      - er (256) ist Gott! - (257);
   der die Erde bildet und sie macht

- _er_ hat sie gegründet! -
- nicht als Öde hat er sie geschaffen,
  zum Bewohnen hat er sie gebildet -:
Ich bin Jahwe und sonst ist keiner.
(19) Nicht im Verborgenen habe ich gesprochen,
am Ort dunklen Landes (258).
Nicht habe ich zum Samen Jakobs gesagt:
Sucht mich vergeblich!
Ich bin Jahwe, der Rechtes (259) spricht,
der Rechtsames mitteilt.

Die Abgrenzung der Einheit ist strittig. Duhm und Merendino nehmen V.18-25 zusammen und sehen darüber hinaus einen Zusammenhang mit den vorangehenden Versen. McKenzie nimmt V.14-17 ohnehin mit hinzu. Westermann sieht V.18 als Einleitung zu V.20-25 an und V.19 als Einleitung zu 46,1-13. In letzterem Fall wären Einleitung und Hauptteil also sehr auseinandergezogen. Außerdem wäre zu fragen, ob - so Westermann - zwischen den "beiden ganz verschiedenen Bestreitungen in V.18 und 19" tatsächlich kein Zusammenhang entdeckt werden kann. Die Ausleger, die V.18f als Einheit für sich sehen, vermögen einen solchen Zusammenhang durchaus zu entdecken. Volz sieht in V.18 die "Prämisse" zu V.19. Jahwe habe "Himmel und Erde planvoll und zu heilsamem Zweck geschaffen", wollte "einen Kosmos und nicht ein Chaos haben ..." Das erkenne "jedermann" und liege "vor aller Augen". Der Sinn von V.19 ist für Volz dann der: "Was aber von Jahwes Schaffen gilt, das gilt auch von seinem Wort. Seine Offenbarung ist kein Geheimwissen, sein Dienst kein abergläubischer Wirrwarr, sein Wort ist heilsam und gerade." Diese letzte Aussage hat für Volz grundsätzlichen Charakter und wird weniger auf die spezifische Situation der Verkündigung Deuterojesajas bezogen (260). Whybray hält - ähnlich wie Volz - die Aussagen über Jahwes alleiniges Gott- und Schöpfersein für "undisputed propositions" und sieht zwischen V.18 und V.19 folgende Beziehung: "Yahweh has always

spoken out clearly and openly, with a definite and reliable
purpose no less effective than the purpose which he showed
in creation." In einer ähnlichen Weise sieht schließlich
auch Fohrer den Zusammenhang (261).

Wir gehen nun auch davon aus, daß die beiden Verse eng
zusammengehören, versuchen aber eine etwas andere Verhältnisbestimmung zu gewinnen. Hierzu soll zunächst eine kurze
Analyse der Jahwerede dienen: Sie beginnt in V.18b (262) mit
einem Nominalsatz, der Jahwes Einzigkeit zum Ausdruck
bringt. Dem schließt sich in V.19aα die Aussage an, daß die
Wortverkündigung von Jahwe her öffentlich geschieht. Sind
wir mit unserer bereits dargelegten Annahme im Recht, daß
das in Konfrontation mit den babylonischen Gottheiten ausgesagt wird, dann würde V.19aα der Bewahrheitung von V.18b
dienen. V.19aß könnte die gleiche Aussageabsicht haben.
Jahwes Gottsein würde hier dann dadurch erwiesen, daß Israel, wenn es sich Jahwe zuwendet und bei ihm Hilfe sucht
(263), dies nicht vergeblich tut. Auch hier ist es denkbar,
daß Jahwes Wille und Macht zu helfen im Kontrast zu anderen
Gottheiten hervorgehoben werden sollen. Darauf deutet der
unmittelbare (hierzu s.u.) Kontext in V.20: Bei anderen
Göttern bringt das Flehen keinen Erfolg.

Hebt V.19aß grundsätzlich hervor, daß das Jahwe-Suchen nicht
vergeblich ist, so führt V.19b die Aussage insofern weiter,
als das, was von Jahwe her zukommt, durch die Substantiva
צדק und מישרים eine Präzisierung erfährt: Durch die Rede
von dem heilvoll Neuen wendet sich Jahwe seinem Volk zu
(264). Ist dabei an Kyros gedacht? Die Frage läßt sich dann
bejahen, wenn man V.18f mit V.20-25 zusammensieht. Sind die
"Entronnenen der Völker" diejenigen, die die mit Kyros verbundenen Ereignisse hinter sich gebracht haben (265), dann
kann die Frage in V.21b, wer dieses vorlängst habe hören
lassen, sich nur auf das Auftreten des Kyros beziehen. Sieht
man V.18f in diesem Zusammenhang, dann könnte der Aussagein-

halt von V.19b auf Kyros bezogen werden. Unsere in Anm.265
angestellten Erwägungen lassen hinwiederum vermuten, daß
Kyros nun voll auf dem Plan ist. Daß sein Kommen von Jahwe
vorher angekündigt war, vermerkt V.21b (266).

Bevor wir V.20-25 weiter in unsere Überlegungen einbeziehen,
gilt es zunächst, V.18b.19 dem Aussageinhalt nach mit V.18a
zu vergleichen. Unseren bisherigen Erwägungen zufolge geht
es in V.18b.19 um zwei Aspekte, die freilich zusammengehören:

- Jahwes Gottsein wird im Kontrast zu anderen Göttern
  betont.

- Dieses Gottsein Jahwes äußert sich nicht in einer allgemeinen Mächtigkeit, sondern in heilvoller Zuwendung. Auf
  diese Weise erfährt die mit V.18b beginnende Jahwerede in
  V.19 ihre inhaltliche Entfaltung.

Genau diese beiden Aspekte enthält nun aber auch die erweiterte Botenformel V.18a! Zum einen zeigen die beiden ersten
Parenthesen, daß von Jahwes Gottsein und somit auch von
seinem Schöpfersein nicht wie selbstverständlich ausgegangen
werden kann. Es ist deshalb eine doppelte Unterstreichung
nötig: Er - also Jahwe und niemand anders - ist Gott; er -
also Jahwe und niemand anders - hat die Erde gegründet. Zum
anderen kommt in der dritten Parenthese das Ziel von Jahwes
Schöpfungshandeln zum Ausdruck: Die Erde ist nicht als öde,
sondern als Wohnraum geschaffen. Jahwes schöpferische Mächtigkeit und seine dem Geschöpf zugewandte Güte stellen somit
eine Einheit dar.

Es wird hier klar, wozu die Erweiterungen der Botenformel
dienen sollen; sie deuten auf folgendes hin: So, wie sich
Jahwe für Israel als der allein mächtige und zugleich gütige
Gott zeigt, so erweist er sich auch in seinem weltweiten
Schöpfungshandeln. Insofern besteht in der Aussage zwischen
V.18a und V.18b.19 eine Strukturgleichheit. Die wichtige
Frage ist nur noch: Macht hier Jahwes weltweites Schöpfungs-

handeln sein besonderes Handeln an Israel glaubwürdig - oder
ist das Verhältnis anders zu denken? Zunächst ist zu sehen,
daß die Jahwerede V.18b.19 nach unserem Verständnis einen in
sich geschlossenen Aussagekonnex darstellt, der aus sich
heraus verständlich ist und so auch keiner weiteren Absicherung bedarf. Die programmatische Behauptung von Jahwes Gottsein in V.18b erfährt in V.19 eine hinreichende, auf den
Erfahrungsbereich der Exilierten bezogene Füllung. Außerdem
ist zu sehen: Würde von der Glaubwürdigkeit Jahwes als des
Schöpfers aus auf sein besonderes Geschichtshandeln hin
"argumentiert", dann müßte man die grundlegende Aussage von
V.18b auf V.18a beziehen. Nun beginnt aber mit V.18b die
Jahwerede und wird in V.19 fortgesetzt. Was vorher in Parenthese dargelegt wurde (Jahwes Gottsein), bekommt in V.18b
als programmatischer Beginn der Jahwerede eine ganz heraus-
gehobene Funktion, die den Aussagen von V.19 große Gewichtigkeit verleiht.

Die Aussagen in V.18a dürften also - wie die Schöpfungsaussagen in 42,5 - weniger eine begründende Funktion haben,
sondern dazu dienen, Jahwes besonderes Handeln an Israel in
einen universalen Horizont zu stellen. Allerdings fehlen in
42,5 die besonderen Akzentuierungen, wie sie in 45,18a mit
den Parenthesen in Erscheinung treten. D.h. nun: Anders als
in 42,5 eröffnen die Schöpfungsaussagen in 45,18a nicht nur
einen universalen Horizont; es wird vielmehr dort - wie
bereits angedeutet - auch eine analoge Beziehung zwischen
Jahwes weltweitem Schöpfungshandeln und seiner besonderen
Hinwendung zu Israel, wie sie in V.18b.19 thematisiert wird,
gesehen, indem es beidemal um Jahwes Gottsein und seine
gnädige Zuwendung geht.

Es scheint mir bei alledem nicht zweifelhaft zu sein, daß
man V.18f durchaus als Einheit für sich mit einer abgerundeten Aussage verstehen kann. Gattungskritisch könnte man dann
von einem Selbstpreis Jahwes mit erweiterter Einleitung

sprechen, in welchem auch Elemente der Bestreitung enthalten
sind. Allerdings bleibt hier offen, an wen die Jahwerede
ergeht. Die Exilierten kommen nicht ohne weiteres in Frage,
da vom "Samen Jakobs" in der dritten Person die Rede ist.
Eine neue Verstehensmöglichkeit erschließt sich uns, wenn
wir - wie oben teilweise schon geschehen - V.20-25 mit hinzunehmen (267). Angeredet sind dort - vermutlich fiktiv -
Teile der Völkerwelt (V.20a) und schließlich in einer verallgemeinernden Weise "alle Enden der Erde" (268) (V.22a);
diese letztere Anrede wird auf jeden Fall fiktiv sein. Die
Adressaten sollen sich um ihrer selbst willen Jahwe zuwenden, da er allein Gott ist (V.22), er allein sein Wort dem
geschichtlichen Geschehen hat vorausgehen lassen (V.21),
während andere Götter nicht helfen können (V.20b). Inhaltlich sind V.18f und V.20-25 eng verzahnt. Daß Jahwe allein
Gott ist (V.18b) und nicht im Verborgenen geredet hat
(V.19aα), erfährt eine Explikation in V.21. V.19aß hinwiederum hebt hervor, daß Israel Jahwe nicht umsonst sucht.
Gleiches - nämlich, daß von Jahwe Hilfe zu bekommen ist -
drückt V.22a hinsichtlich der "Enden der Erde" aus, wobei
vorher in V.20b eine negative Abgrenzung hinsichtlich der
Götter vollzogen wird: Diese helfen nicht (269)! Das Element
der Bestreitung, das bereits in V.18f mit enthalten war,
bekommt hier also schärfere, explizitere Konturen. Und
schließlich wird Jahwes צדק - in V.19b im Hinblick auf
Israel ausgesagt - gemäß V.24a, wo das Wort צדקה (pl.)
steht, auch für die Völker relevant.

Es ist somit bei alledem klar, daß Jahwes Heilswillen auch
für die Völker gilt. Am Schluß allerdings (V.25) richtet
sich der Blick wieder auf Israel. Auch wenn die Aussage zum
Vorangehenden nicht im Widerspruch steht - eine Abgrenzung
zu den Völkern wird nicht explizit vollzogen -, kommt sie an
dieser Stelle doch etwas überraschend. Vielleicht hat hier
ein nachexilischer Bearbeiter nochmals betonen wollen, was
für Israel selbst unmittelbar wichtig ist (270). Läßt man so

diesen letzteren Aspekt unberücksichtigt, dann finden wir in
V.20-24 wieder genau die Gesichtspunkte, die schon bei der
Rede von Jahwes Schöpfertum (V.18a) und seinem besonderen
Verhältnis zu Israel (V.18b.19) prägend waren: Auch die
außerisraelitischen Adressaten werden sowohl auf Jahwes
Gottsein im Kontrast zu anderen Göttern als auch auf seine
gnädige Zuwendung verwiesen.

Wir fassen zusammen:

1. Die ersten beiden Parenthesen in 45,18 zeigen, daß Deuterojesaja von Jahwes Gottsein und von seinem weltweiten
   Schöpfertum nicht wie selbstverständlich ausgeht. Wir
   wenden uns damit gegen Positionen, wie sie von Volz,
   Whybray u.a. vertreten werden.

2. Zwischen Jahwes weltweitem Schöpfungshandeln (V.18a) und
   seinem Handeln an Israel (V.18b.19) besteht insofern eine
   direkte Entsprechung, als es beide Male sowohl um Jahwes
   Gottsein als auch um seine gnädige Zuwendung geht, wenngleich letztere in den beiden Bereichen sich - der Sache
   ja auch gemäß - unterschiedlich äußert: Als Weltschöpfer
   ermöglicht Jahwe den Geschöpfen ihren Lebensraum; für
   Israel wird im Zusammenhang des Kyrosgeschehens Heilvolles geäußert.

3. Beide genannte Aspekte - Jahwes Gottsein und seine gnädige Zuwendung - sind auch für Menschen außerhalb Israels
   relevant, wie aus V.20-24 - V.25 ist vermutlich sekundär
   - hervorgeht (271).

4. Ist das bisher Gesagte richtig, dann wird man aus unserem
   Abschnitt den Versuch des Propheten herauslesen dürfen,
   Jahwes Handeln an seiner Schöpfung insgesamt, an Israel
   und schließlich auch an den Menschen außerhalb Israels
   als ein einheitliches zu verstehen: nämlich als das Handeln eines majestätischen Gottes, dessen Majestät im
   Dienst seiner Güte steht.

5. Bezüglich der Art, wie von Jahwes weltweitem Schöpfungshandeln einerseits und seinem Verhältnis zu Israel und

den Menschen außerhalb Israels andererseits geredet wird,
ist gleichwohl auch ein Unterschied zu konstatieren: Im
ersten Bereich wird <u>Jahwes</u> Gottsein und <u>sein</u> Schöpfertum
durch Parenthesen behauptet, ohne daß ein Wahrheitserweis
versucht wird. Das ist in den beiden anderen Bereichen
anders, indem dort zum einen auf die Art der Wortverkündigung (V.19aα), zum andern auf den Ansagebeweis (V.21bα)
verwiesen und somit Jahwes Gottsein im Kontrast zu den
Göttern "plausibel" gemacht wird.

6. Insgesamt ließe sich also sagen: Die Schöpfungsaussagen
in V.18a dienen zum einen dazu, einen universalen Rahmen
für Jahwes Geschichtshandeln zu präsentieren (so auch in
42,5); zum andern - und dazu sind die Parenthesen gesetzt
- soll eine analoge Beziehung zwischen Jahwes weltweitem
Schöpfungshandeln und seinem Handeln an Israel und den
Menschen außerhalb Israels deutlich werden. Eine begründende Funktion für den Erweis von Jahwes Gottsein und
somit auch seiner Geschichtsmächtigkeit haben die Schöpfungsaussagen als solche nicht. Der Wahrheitserweis wird
vielmehr im Bereich der Geschichte gesucht.

## i) 48,12-16a

(12) Höre auf mich, Jakob,
und Israel, mein Berufener:
Ich bin es, ich - der Erste;
ebenso: ich - der Letzte.

(13) Ja, meine Hand hat die Erde gegründet,
und meine Rechte hat die Himmel ausgespannt.
Rufe ich nach ihnen -
zugleich stehen sie da (272).

(14) Versammelt euch, ihr alle, und hört (273):
Wer unter ihnen (273) hat dieses verkündet?
Jahwe - sein Freund tut seinen Willen an Babel,
und sein Arm (tut seinen Willen) an den Chaldäern
(274).

(15) Ich, ich habe geredet, auch habe ich ihn gerufen;
     ich habe ihn kommen lassen, seinen Weg lasse ich ge-
     lingen (275).
(16a)Kommt her zu mir, hört dieses:
     Ich habe von Anfang an nicht im Verborgenen gesprochen;
     seit es geschieht - da bin ich.

Während es in der Abgrenzung nach vorne keine Probleme geben
dürfte, ist die Frage nach dem Ende der Texteinheit umstritten. Vielfach wird V.16b gestrichen (Duhm, Fohrer, Whybray).
Volz muß MT stark abändern, um V.16b beibehalten zu können.
Die Erklärung McKenzies, wir hätten es mit einer "imagined
response of Cyrus to the call of Yahweh" zu tun, ist insofern unwahrscheinlich, als vorher Kyros gar nicht angeredet
ist. Elliger (276) läßt die Einheit mit V.15 enden und
rechnet V.16b-19 Tritojesaja zu. Mit der Einordnung von
V.16a gerät er dann allerdings in Schwierigkeiten (277): Er
muß annehmen, daß zwischen V.16a und V.20 ein Stück wegge-
brochen ist. Merendino zieht V.16b zu V.17-22.

Will man bei V.16b keine Emendationen größeren Ausmaßes
vornehmen, ist es sehr unwahrscheinlich, daß er noch zu
unserer Einheit gehört. Vergegenwärtigen wir uns nun den
Aufbau derselben. Gemäß V.12a ist Israel angeredet (278). In
V.12b redet Jahwe von sich als dem Ersten und Letzten, in
V.13 kommt er auf sein Schöpfertum zu sprechen. Nach der
Aufforderung, sich zu versammeln und zu hören (V.14aα), wird
in V.14aß in Frageform der Ansagebeweis angeführt. Die in
V.14b.15 folgenden Aussagen bauen darauf auf, während V.16a
nochmals mit einer Aufforderung einsetzt und dann in einer
abschließenden Weise Jahwes Reden und sein geschichtliches
Dabeisein thematisiert.

Begrich (279) hat den Abschnitt den Disputationsworten
zugeordnet. Der Sprecher würde in V.12b.13 "mit einer umfassenden Behauptung" beginnen, "die nicht bestritten wird."

Die Antwort auf das "besondere Strittige", nämlich auf die
Frage, wer das getan habe, "soll sich der Angeredete auch
hier selbst geben. Und er kann das nach der Überzeugung des
Sprechers auf Grund der einleitenden unbestreitbaren Behaup-
tung." Einige Exegeten gehen bei ihrer Deutung in ähnliche
Richtung (280). Auch wir gehen davon aus, daß in unserer
Einheit ein Argumentationsgefälle vorliegt und so von einem
Disputationswort gesprochen werden kann. Gleichwohl bedarf
es der besonderen Nachprüfung, in welcher Weise der Argumentationsgang verläuft. Zunächst fällt auf, daß in unserer
Einheit das Argumentationsgefälle erst mit V.14aß einsetzt:
"Wer unter ihnen hat dieses verkündet?" Von V.14b.15 her
gesehen kann mit אלה nur das Kyrosgeschehen gemeint sein,
das - und hierauf zielt die Frage - eben von Jahwe und nicht
von den Fremdgottheiten angekündigt wurde (281). Die Stimmigkeit einer solchen Frage (mit der darin beschlossenen
Antwort) muß in ihr selber liegen; der Prophet erfragt hier
etwas, was tatsächlich "nachprüfbar" ist und somit keiner
zusätzlichen Stütze bedarf. Sollte umgekehrt der Frage die
Stimmigkeit mangeln, dann würden auch die Aussagen von
V.12b.13 daran nicht viel ändern. Ganz im Gegensatz zu
Begrichs Analyse meinen wir also, daß V.12b.13 nicht für die
Richtigkeit der Frageintention einstehen können und auch
nicht müssen. Ist aber solche Richtigkeit in der Frage
selber beschlossen, dann wird von daher glaubwürdig, was
V.14b ausdrückt: daß des Kyros Handeln an Babylon tatsächlich in der Perspektive von Jahwes Ratschluß gesehen werden
kann. So schließt sich dann auch V.15 nahtlos an: Jahwe hat
gesprochen, Kyros gerufen und kommen lassen und läßt (auch
weiterhin) seinen Weg gelingen. V.16a bringt gegenüber dem
Vorangehenden nichts Neues mehr hinzu, schließt aber mit der
nochmaligen Aufforderung, herzukommen und zu hören, und der
hierauf folgenden gebündelten Aussage den Gedankengang in
einer pointierten Weise ab (282).

Die für uns wesentliche Frage ist nun, welche Funktion V.12f

im Kontext von V.14-16a haben können. Begrichs Analyse, daß
V.12b.13 als nicht bestreitbare Behauptung die Stütze für
die nachfolgenden Aussagen abgeben würden, kann nach unseren
bisherigen Erwägungen so nicht stimmen. Immerhin wäre aber
noch zu überlegen, ob Jahwes Selbstvorstellung als Erster
und Letzter und als Schöpfer nicht doch eine zusätzliche
Stütze für die Glaubwürdigkeit seines aktuellen geschichtlichen Dabeiseins abgeben würde. Dem muß entgegengehalten
werden, daß in V.14-16a sehr unmittelbar der Bogen vom
ansagenden Wort zu dem diesem Wort korrespondierenden Ereignis gespannt wird. So gesehen kann schwerlich behauptet
werden, daß V.12f in das Argumentationsgefälle einbezogen
sind. Es legt sich uns vielmehr nahe, die Funktion von
48,12f ähnlich wie die von 42,5 zu bestimmen: Jahwes geschichtliches Dabeisein in Wort und Geschehen (V.14-16a)
wird einleitend in einen universalen Rahmen gestellt. V.12b
thematisiert dabei mit der Rede vom Ersten und Letzten die
zeitliche Komponente (283), während das polare Begriffspaar
Himmel - Erde (V.13a) auf die räumliche Dimension abhebt
(284). V.13b hinwiederum stellt insofern ein Brückenglied zu
V.14-16a dar, als das, was dort (V.15) in bezug auf Kyros
ausgesagt wird - daß Jahwe ihn gerufen und kommen lassen
habe -, hier nun analog auch auf den kosmischen Bereich
bezogen wird: Jahwe ruft - zugleich stehen sie - wahrscheinlich die Himmelskörper - da. In dieser analogen Redeweise
zeigt sich eine gewisse Ähnlichkeit zu dem, was wir in
45,18-25 beobachtet haben.

Wir fassen zusammen:
1. In dem Abschnitt 48,12-16a geht es darum, ob man Jahwe
   tatsächlich die Macht zutrauen kann, Kyros als Vollzugs-
   organ seines Willens zu gebrauchen (285).
2. Der entscheidende Grund, ihm das tatsächlich zuzutrauen,
   ist der Hinweis darauf, daß er das Kyrosgeschehen angesagt hat.
3. Die Rede von Jahwe als dem Ersten und Letzten und von

seinem weltweiten Schöpfungshandeln in V.12f kann als
solche nicht die nachfolgenden, auf den geschichtlichen
Bereich konzentrierten Aussagen begründen. Die Aussagen
von V.12f werden vielmehr zunächst in den Raum gestellt
und bekommen erst von den nachfolgenden Aussagen über
Jahwes Geschichtsmächtigkeit her ihre eigentliche Berechtigung, ohne daß freilich explizit von Jahwes Geschichtsmächtigkeit aus auf sein Schöpfersein hin geschlossen
würde.

4. Die unverwechselbare Funktion von V.12f besteht darin,
Jahwes Handeln durch Kyros, das Israel zugute kommt,
sowohl in zeitlicher als auch in räumlicher Hinsicht in
einen universalen Horizont zu stellen. V.13b stellt
außerdem noch eine Analogie zwischen Jahwes weltweitem
Schöpfungshandeln und seinem Geschichtshandeln her.

## j) Zwischenüberlegung: Schöpfung und Chaoskampf (zu 51,9f)

Bei 51,9f bedarf es einer besonderen Überlegung, ob diese
Verse für unsere Problemstellung überhaupt relevant sind. Es
geht um die Frage, ob und - wenn ja - wieweit Schöpfung und
Chaoskampf zusammengehören. Diese muß zuerst grundsätzlich
erörtert werden. Erst dann können wir zu Jes 51,9f selbst
kommen.

H.Gunkel hat in seinem Buch "Schöpfung und Chaos in Urzeit
und Endzeit" einer weitgehenden Identifikation von Schöpfung
und Chaoskampf das Wort geredet. In jüngerer Zeit hingegen
wird sowohl bezüglich der Umwelt des ATs als auch im Hinblick auf das AT selbst bestritten, daß Schöpfung und Chaoskampf unmittelbar zusammengehören (286). Immerhin läßt sich
aber auch nicht sagen, daß Schöpfung und Chaoskampf nie
etwas miteinander zu tun hätten. Zusammenfügungen beider
Vorstellungskomplexe hat es gegeben, so daß die einschlägigen Texte jeweils für sich geprüft werden müssen. Der atl.
Befund ist eindeutig so beschaffen, daß dort das Chaoskampf-

motiv keineswegs durchgehend mit Jahwes weltweitem, die grundlegenden Daseinsbedingungen schaffendem Handeln auf einer Ebene gesehen wurde. Das Exodusgeschehen kann mit Hilfe des Chaoskampfmotivs in Sprache gefaßt werden (287), aber auch anderweitig weist das Chaoskampfmotiv keineswegs immer auf Jahwes weltweites Schöpfungshandeln hin (288). Angesichts dessen werden wir zunächst ganz grundsätzlich auf religionsgeschichtlicher Basis danach zu fragen haben, was das Chaoskampfmotiv überhaupt zum Ausdruck bringen will. Hierbei helfen uns Beobachtungen und Überlegungen von F.Stolz weiter. Seine Analyse des enūma eliš zeigt, daß die Chaosmacht dort "ganz verschiedene Aspekte" hat: "Sie repräsentiert die ordnungsbedrohenden, lebensfeindlichen Elemente einerseits der Natur, andererseits der Sozietät ..." (289) Im Mythos "Labbu und Tišpak" (ebenfalls babylonischen Ursprungs) werde die Welt als Ganzheit gar nicht thematisiert: "Er umfaßt in erster Linie den menschlich-politisch-sozialen Raum." (290)

Es ist nun nicht unsere Aufgabe, die gesamte Chaoskampfthematik aus der Umwelt Israels zu sichten und zu bewerten (291). Weiterhin scheint eine Fragestellung, die an möglichen historischen Abhängigkeiten der verschiedenen Chaoskampfvorstellungen orientiert wäre, für unsere(!) Thematik nur bedingt etwas auszutragen. Wichtiger in unserem Zusammenhang ist der andere Aspekt: daß nämlich die Ähnlichkeiten zwischen den einzelnen Vorstellungen auf gleichgestaltete Erlebnismuster hinzudeuten scheinen: "Offenbar werden gewisse Phänomene, die in verschiedensten Religionen in analoger Weise gesehen werden, mit großer Regelmäßigkeit in konstanten Bildern ausgedrückt. So ruft das Erlebnis des Chaos nach dem Bild des Wassers." (292) Entscheidend dürften somit für die Chaoskampfvorstellung nicht die Daseins<u>bereiche</u> (Natur, Gesellschaft etc.) als solche sein, sondern die <u>Art</u> des Erlebens in diesen Bereichen: Der Mensch sieht sich in die Ordnungen der Natur, der Gesellschaft etc. eingebunden und

erfährt diese zugleich als nicht fraglos da-seiend, sondern
so, daß sie gegenüber einer chaotischen, ordnungsfeindlichen
Macht (293) etabliert wurden und zugleich nach wie vor der
Bedrohung dieser Macht ausgesetzt sind.

Grundsätzlich ist also festzustellen: Die Chaoskampfvorstellung läßt sich auf verschiedene Daseinsbereiche beziehen, da
ja auch der Mensch die schöpfungsmäßig gegebenen und geschichtlich gewordenen (294) Ordnungen als nicht fraglos
daseiend erlebt. Das bedeutet für das AT (295): Genauso, wie
Schöpfung und Chaoskampf nicht einfach identifiziert werden
können, kann auch nicht von der Chaoskampfvorstellung als
einer einheitlichen Größe die Rede sein. Das ihr zugrunde-
liegende Erleben der Bedrohtheit kann sich auf verschiedene
Bereiche beziehen; das Bezugsfeld muß durch die Beachtung
des Kontextes erst eruiert werden.

Nach diesen Überlegungen grundsätzlicher Art sind wir nun in
der Lage, Jes 51,9f zu untersuchen. Zunächst wird dort der
"Arm Jahwes" (296) aufgefordert, sich zu regen und Kraft
anzuziehen (V.9aα). Diese Aufforderung wird in V.9aß.γ konkretisiert: Er (der Arm Jahwes) soll sich regen - also
handeln - "wie in den Tagen der Vorzeit, der längst vergangenen Geschlechter." Worin dieses frühere Handeln bestanden hat, wird nachfolgend deutlich: nämlich im Kampf mit dem
Meeresungeheuer (297) (V.9b), in der Austrocknung des Meeres
(V.10a) und schließlich darin, daß die "Tiefen des Meeres"
zum Weg für den Durchzug der "Erlösten" gemacht wurden
(V.10b). Explizit ist also von der Auseinandersetzung mit
dem Meeresungeheuer nur in V.9b die Rede. Unseren Grundsatz-
überlegungen gemäß untersuchen wir zunächst den Kontext.

Wichtig ist, daß das in V.9b.10 umschriebene Handeln in
V.9aß.γ mit der Zeitbestimmung כימי קדם דרות עולמים versehen wird. דור kann sich nämlich nur auf eine Zeit beziehen, in der Menschen bereits auf dem Plan sind (298). דרות

עולמים könnte somit weit zurückliegende Generationen meinen, und Jahwe - bzw. der Arm Jahwes - wird an sein Handeln zu deren Zeiten erinnert. Das würde also heißen: V.9aß.γ spielt <u>nicht</u> auf Jahwes grundlegendes, die Daseinsbedingungen erst schaffendes Handeln an! Dasselbe müßte dann für V.9b.10 gelten, da dort das in V.9aß.γ Angesprochene expliziert wird. Weitere Beobachtungen stehen dieser Deutung zumindest nicht im Wege:

- קדם bezeichnet allgemein die "frühere Zeit", die "Vor-zeit". Damit kann auch die Väterzeit (Mi 7,20) und die Frühzeit des Volkes (Ps 44,2; 74,2) gemeint sein (299).

- תהום bekommt "in bestimmten Zusammenhängen die Bedeutung der das Dasein gefährdenden Flut oder Tiefe ..." (300) Das Wort muß also keineswegs nur mit grundlegenden Da-seinsgegebenheiten in Verbindung stehen. In Ex 15,5 findet es - allerdings im Plural - im Rahmen der Schilderung des Schilfmeerereignisses Verwendung. Als für den einzelnen bedrohliche Macht erscheint es z.B. in Jona 2,6 und Ps 42,6.- Wichtig ist nun freilich, die Wortverbindung תהום רבה etwas näher zu untersuchen. Sie begegnet außer in Jes 51,10 noch in Gen 7,11; Am 7,4; Ps 36,7; als Plural - und somit für die Deutung weniger geeignet - in Ps 78,15. Gen 7,11 und Ps 36,7 legen nahe, dabei an eine kosmologi-sche Größe zu denken, nämlich an die unterirdischen Wasser (so Gen 7,11). Nichts anderes meint zunächst auch Am 7,4; allerdings ergibt sich aus diesem Beleg noch eine weitere Perspektive: Feuergüsse "verzehren die Grundflut und damit auch die Äcker." (301) Damit ist Jahwes kommendes Ge-richtshandeln umschrieben, das aber nicht der ganzen Welt, sondern nur Israel gilt. D.h.: Die kosmologische Vorstel-lung kann dazu verwendet werden, ein Handeln auszudrücken, das letztlich keine kosmischen Dimensionen hat. Dann wäre aber auch bei Jes 51,10 die Deutung möglich, daß da von der Austrocknung der Wasser der großen Grundflut im Rahmen eines geschichtlichen und örtlich begrenzten Geschehens die Rede ist. So, wie die Grundflut nach Gen 7,11 zur weltweiten Gefahr werden kann, so war das Schilfmeer – diese Deutung nehme ich vorweg – angesichts der herannahenden Ägypter eine die Existenz bedrohende Gefahr für die Israeliten, so daß die Austrocknung der Wasser des Schilfmeeres als Austrocknung der Wasser der Grundflut interpretiert werden konnte.

- In V.10b wird eindeutig auf den Durchzug der Israeliten durch das Meer angespielt. Will man V.9.10a nicht in dieser Richtung verstehen, dann muß zwischen V.10a und V.10b eine deutliche Zäsur gesehen werden. Wenn man V.10b nicht gleich literarkritisch eliminieren will (302), bleibt gleichwohl noch die Behauptung, daß – so Petersen – es sich in V.10b thematisch um einen anderen Sachverhalt handele als in V.9.10a. Den von Petersen hierbei vorgebrachten stilistischen Argumenten kommt m.E. jedoch keineswegs zwingende Beweiskraft zu (303). Sind tatsächlich die Argumente, die für eine gesonderte Betrachtung von V.10b sprechen, nicht zwingend, dann kann auch mit einem thematischen Zusammenhang von V.10a und V.10b gerechnet werden: Mit der Austrocknung des Meeres ist – wie von uns bereits angedeutet – die Austrocknung des Schilfmeeres gemeint. Diese Austrocknung (V.10a) steht im Zusammenhang mit dem Durchzug durch das Meer (V.10b) (304).

Unsere bisherigen Überlegungen lassen es als wahrscheinlich erscheinen, Jes 51,9f als Anspielung auf das Schilfmeerereignis zu verstehen. V.9b haben wir bisher ausgeklammert. Ist nun aber der Kontext mit einiger Wahrscheinlichkeit so zu deuten, daß er ein Ereignis im Raum der Geschichte thematisiert, dann legt es sich nach den Maßstäben unserer Grundsatzbetrachtung nahe anzunehmen, daß die Chaoskampfvorstellung in V.9b ebenfalls auf den Bereich der Geschichte bezogen ist (305). Insgesamt wäre der Abschnitt Jes 51,9f so zu interpretieren: Angesichts der exilischen Situation, die Israel als eine Bedrohung seiner Existenz empfindet, wird Jahwe an die Rettungstat am Schilfmeer erinnert, also an die

Überwindung einer vergleichbare - im einzelnen natürlich andersartigen - Bedrohung. Diese damalige Bedrohung kann, weil existenzgefährdend, als Bedrohung durch eine chaotische Macht gesehen werden; die Überwindung der Bedrohung wäre somit ein Sieg über chaotische Gefährdungen (306). Insofern hilft die Chaoskampfvorstellung, die eigentliche Bedeutungsschwere des Schilfmeerereignisses zu artikulieren.

Abschließend wäre somit festzustellen: Die Chaoskampfvorstellung innerhalb Jes 51,9f hat nichts mit Jahwes grundlegendem, die Daseinsbedingungen erst schaffendem Handeln zu tun (307). Es sind somit alle Überlegungen zurückzuweisen, die Jes 51,9f mit "Schöpfung" in Verbindung bringen möchten (308). Für die Rekonstruktion der Schöpfungstheologie des Deuterojesaja ist dieser Abschnitt nicht von Belang (309).

## k) Anmerkungen zu 51,12-16

51,12-16 ist der letzte für unsere Fragestellung relevante Abschnitt innerhalb Jes 40-55. Die Zweifel, die gegen seine Echtheit sprechen, sind jedoch durchaus gewichtig, so daß es nicht nötig ist, die Schöpfungsaussagen dieses Abschnitts in ihrem Kontext zu untersuchen (310).

Was spricht nun gegen die Echtheit? Schon Volz war der Meinung, daß bereits V.12-14 "verdächtig" seien, vollends aber "v.15f. einen so zusammengestoppelten und unoriginalen Eindruck (machen), daß sie höchstwahrscheinlich als Zusatz angesehen werden müssen; auch die Mangelhaftigkeit des Textes und des Satzgefüges verstärkt den Verdacht. Die einzelnen Sätze klingen alle wie Zitate ..." (311) Ausgiebig auf seine Echtheit hin hat den Abschnitt Elliger analysiert (312). Seine vor allem stilistischen Untersuchungen bringen ihn dazu, V.12-14 Tritojesaja zuzuschreiben (313), während V.15f einen anderen fremden Zusatz darstellen würden. Ich selbst möchte zwei Gesichtspunkte ins Feld führen:

- Albertz führt drei Belege an, wo es bei Deuterojesaja zu einer Verbindung der sog. Welt- und Menschenschöpfungstradition gekommen sei: 44,24; 45,11f; 51,13 (314). Nun ist die Verbindung in den beiden ersten Belegen nicht allzu eng. In 44,24 ist von der Erschaffung Israels nur im erweiterten Botenspruch, von der Weltschöpfung nur in der Jahwerede die Rede. Außerdem sind beide Aussagen durch V.24bα, dem überschriftartige Funktion zukommt, deutlich getrennt und in ihrer Funktion unterschieden. Etwas anders ist es in 45,11f. Von der Erschaffung Israels ist sowohl im erweiterten Botenspruch (V.11a) als auch in der Jahwerede ("Werk meiner Hände"; V.11b) die Rede. Im Anschluß daran wird innerhalb der Jahwerede die Weltschöpfung thematisiert (V.12). Obwohl V.11b inhaltlich eng mit V.12 (und mit V.13) zusammengehört - vgl. unsere Exegese in Abschn.III.4.g -, so ist doch in gewisser Weise auch eine Zäsur zwischen V.11b und V.12 gegeben: Mit der Frage in V.11b stellt Jahwe seine Macht zur Diskussion, während er in V.12f sein machtvolles Wirken konstatierend darlegt. Die Anspielung auf die Erschaffung Israels in V.11b hat so eine deutlich andere Funktion als die Rede von der Weltschöpfung in V.12. Genau dieses läßt sich bei 51,13 nicht mehr sagen. Hier kommt es zu einer unmittelbaren Nebeneinanderstellung beider Redeweisen, die innerhalb Jes 40-55 singulär ist (315).

- 51,12 redet davon, daß Israel sich vor Menschen gefürchtet habe. Das dabei verwendete Verb ירא kommt im Qal noch an folgenden Stellen vor: 40,9; 41,5.10.13.14; 43,1.5; 44,2; 51,7; 54,4.14. Mit Ausnahme von 41,5 (wo die "Inseln" Subjekt sind) ist damit immer Israel (bzw. "Jakob" etc.) gemeint. Es wird zu ihm gesagt, daß es sich nicht fürchten soll (die Negation wird mit Ausnahme von 54,14 stets mit אל ausgedrückt). D.h.: 51,12 ist die einzige Stelle innerhalb Jes 40-55, wo ירא (Qal) in bezug auf Israel nicht im Zusammenhang einer tröstenden oder ermunternden Negation steht, sondern als ein gewisser Vorwurf gegenüber

Israel laut wird (316).

Sieht man diese beiden Gesichtspunkte zusammen und bedenkt
weiterhin - wenn auch mit gewisser Vorsicht - die Darlegungen von Volz und Elliger, dann scheint es mir zwar nicht
absolut sicher, aber doch wahrscheinlich zu sein, daß 51,12-
16 nicht mehr von Deuterojesaja selber stammen (317).


## 5. Schöpfung und Gotteserkenntnis

Ein ganz wesentlicher Aspekt der Botschaft Deuterojesajas
ist es, Jahwes neues Handeln anzusagen und solche Ansage
glaubwürdig zu machen. Dabei geht es um nicht mehr und nicht
weniger als um Jahwes Gottsein selbst: Kann dies in der
Krisenzeit des Exils glaubwürdig proklamiert werden? Wenn
das, was Deuterojesaja vom Handeln Jahwes sagt, glaubwürdig
ist, dann ist es Jahwe auch in seinem Gottsein; Jahwes
"Sein" läßt sich von seinem Handeln, seinem "Da-Sein" im
wörtlichen Sinn, nicht trennen (318).

Eine wichtige Frage unserer vorangegangenen Untersuchung war
hierbei, auf welche Weise Deuterojesaja Jahwe glaubwürdig zu
machen versucht. Daß in dieser Hinsicht der Rede von Jahwes
weltweitem Schöpfungshandeln nicht die oft postulierte zentrale Funktion zukommt, haben wir anhand der einschlägigen
Texte zu erweisen versucht. Unser Standpunkt wird nun noch
durch eine Begriffsuntersuchung erhärtet. Er ist somit
doppelt abgesichert. Wir gehen von folgender Überlegung aus:
Wenn Jahwes Gottsein erwiesen werden soll, dann muß dem auf
menschlicher Seite ein Erkenntnisvorgang entsprechen. Wir
untersuchen deshalb jetzt, auf welche Bereiche sich die
Verben beziehen, die innerhalb Jes 40-55 ein menschliches
Wahrnehmen und Erkennen umschreiben (319). Selbstverständlich kann diese Methode nicht der alleinige Weg sein, um zu
zuverlässigen Schlußfolgerungen zu gelangen. Wenn aber die

nunmehrigen Ergebnisse unsere bisherigen Beobachtungen stützen, dann haben wir ein zusätzliches Indiz für deren Stimmigkeit und können von da aus zu einer Gesamtdeutung gelangen.

ידע

Das Verb kommt bei Deuterojesaja im Qal 36mal vor. Davon geht es 24mal um die Erkenntnis Jahwes oder der Götter und dessen bzw. deren Handeln (320). Negationen sind dabei mitgezählt. Folgende Erkenntnisrelationen sind zu beobachten:

- Erkenntnis Jahwes in seinem weltweiten Schöpfungshandeln durch Israel:
  Hierum geht es in 40,21. In 40,28, wo von Jahwes Schöpfersein in partizipialer Apposition die Rede ist, dürfte diese Erkenntnisrelation mit einbeschlossen sein.
- Erkenntnis Jahwes in seinem geschichtlichen Handeln durch Israel:
  Diesem Themenfeld sind die meisten Belege zuzuordnen: 41,20; 42,16(bis).25; 43,10.19; 48,6.7.8; 49,23; 52,6. Die Negationen besagen zum einen, daß Jahwes neues Handeln vorher nicht bekannt ist (42,16; 48,6-8), zum anderen, daß Jahwes Gerichtshandeln in der Vergangenheit als solches nicht erkannt wurde (42,25). Auf die zukünftige Erkenntnis, die sich aus Jahwes neuem Handeln ergibt, heben 41,20; 49,23; 52,6 ab.
- Erkenntnis Jahwes außerhalb Israels:
  In positiver Weise kommt dies in 45,3.6; 49,26 zum Ausdruck, als Negation - auf die Vergangenheit bezogen! - in 45,4f.
- Erkenntnis der Fremdgötter:
  Sowohl Israel (41,22.23.26) als auch Nichtisraeliten (44,9.18; 45,20) kommen als Erkenntnissubjekte vor. Immer ist aber der Sachverhalt negativ. In dieser Richtung gibt es nichts zu erkennen; wer sich auf die Götter (bzw. ihre Bilder) hin orientiert, hat keine Erkenntnis (321).

ראה

Im Qal - sonst ist nur noch Niphal in 47,3 belegt - kommt
das Verb 20mal (ohne das Gottesknechtslied 52,13-53,12:
16mal) vor. Für unsere Fragestellung sind zwölf Belege relevant. Auf die Relation zwischen Jahwe als Schöpfer und
Israel deutet nur 40,26 hin, während sich 41,20; 42,18.20;
49,18 auf den geschichtlichen Bereich beziehen. Gemäß 40,5;
41,5; 52,8.10 ist auch hier wiederum das Erkenntnissubjekt
nicht allein Israel. Im Hinblick auf die Fremdgötter werden
abermals nur negative Aussagen gemacht (41,23[Qerē];
44,9.20).

שמע

Im Qal geht es in der Mehrzahl der insgesamt 28 Belege um
ein Wahrnehmen Israels, das auf Jahwes geschichtliches Handeln in Vergangenheit, Gegenwart und Zukunft gerichtet ist
oder gerichtet sein soll (42,18.20.23.24; 44,1; 46,3.12;
48,1.6.7.8.12.14.16; 51,21; 55,2.3; vgl. weiterhin 50,10;
51,1.7). Auf einen von Israel in Richtung Fremdgötter gehenden Hörvorgang heben - wiederum unter negativem Vorzeichen -
41,26 und 43,9 ab. Andererseits sind in positiver Weise auch
wieder Nichtisraeliten in ein Hören auf das von Jahwe ausgehende Geschehen einbezogen (49,1; vgl. auch 52,15). Um das
Aufmerken auf Jahwes weltweites Schöpfungshandeln geht es
(wie bei ידע ) lediglich in 40,21 und in 40,28. In den beiden
noch verbleibenden Belegen sind die Subjekte Babylon (47,8)
und der Gottesknecht (50,4).- Im Hiphil geht es in allen 14
Belegen darum, daß Vorgänge im Raum der Geschichte zum Hören
gebracht werden oder gebracht werden sollen. 41,22.26; 43,9
heben hervor, daß die Fremdgötter das nicht können. Jahwe
hingegen hat hören lassen, was kommen wird (43,12; 44,8;
45,21; 48,3.5.6) und zum Teil auch schon eingetroffen ist
(so etwa 48,3-5); ebenso läßt er in Zukunft Neues hören
(42,9) (322). Gemäß 48,20 sollen die aus Babylon Entflohenen
ihre Erlösung aller Welt mitteilen. Laut 52,7, wo das Verb
zweimal vorkommt, läßt der Bote Zion Frieden und Heil hören.

Als letzter Beleg bleibt V.42,2, der auf den Gottesknecht bezogen ist (er läßt seine Stimme nicht öffentlich hören). Auffallend ist schließlich noch, daß die meisten Belege in enger Nachbarschaft zu נגד (Hiphil) stehen.

## נגד

Im Hiphil ist das Verb 21mal belegt. Um ein Mitteilen (kommender) geschichtlicher Ereignisse durch Jahwe geht es in 42,9; 43,12; 44,8; 45,19.21; 46,10; 48,3.5. Teilweise sind sie inzwischen bereits eingetroffen (vgl. etwa 48,3.5). Im Gegensatz dazu wird den Fremdgöttern die Fähigkeit zu einem solchen Mitteilen abgesprochen (41,22 [bis].23.26 [bis]; 43,9; 44,7 [bis]; 48,14). In der Mehrzahl der Belege wird נגד zusammen mit שמע , gelegentlich auch zusammen mit ידע verwendet. In den noch nicht genannten vier Belegen geht es um ein Kundtun von Jahwes Handeln durch Israel (48,6 [hier als Negation]; 48,20), aber auch durch Nichtisraeliten (42,12; 45,21). Hiervon ist besonders 48,20 bemerkenswert: Der Fall Babylons ist offenkundig bereits im Blick. Die damit einhergehende Erlösungstat Jahwes an seinem Volk soll nun Gegenstand des Verkündens "bis ans Ende der Erde "sein. Eine der wesentlichsten Verkündigungsintentionen Deuterojesajas - nämlich Jahwes neues Handeln an seinem Volk anzusagen und solche Ansage glaubwürdig zu machen - kommt hier am Ende des ersten Teils von Jes 40-55 (323) gewissermaßen zu ihrem Ziel: Die perfektische Heilszusage, die sonst (z.B. 43,1) dem Volk als dem Adressaten nahegebracht wird, soll nun Gegenstand des Mitteilens durch das Volk selber werden, was besagt, daß das, was vorher dem Volk als glaubwürdig vor Augen gemalt wurde, nun seitens des Volkes als glaubwürdig erkannt ist oder wenigstens erkannt sein soll (324).- Außer Hiphil ist nur noch Hophal in 40,21 belegt. Hier allein wird auf Jahwes Schöpfersein hingewiesen!

Unsere terminologische Untersuchung zeigt, daß Deuterojesaja in einer recht breiten Weise Jahwes Handeln im Rahmen

menschlichen Wahrnehmens thematisiert (325). Nicht zu übersehen ist jedoch, daß von Jahwes weltweitem Schöpfungshandeln in diesem Rahmen recht selten die Rede ist, nämlich nur
innerhalb der Komposition 40,12-31 in V.21.26.28. Sonst geht
es vornehmlich um Jahwes geschichtliches Handeln, wobei
vielfach eine abwertende Konfrontation mit den Fremdgöttern
erfolgt, da diese ja - vgl. unsere Beobachtungen zur Schöpfungsterminologie in Abschn.III.1 - Produkte menschlicher
Kreativität sind und ihnen somit keine Wirkmächtigkeit zukommen kann.

Dieser Befund legt für sich gesehen noch keine zwingende
Schlußfolgerung nahe. Man könnte ihn zunächst durchaus auch
in folgender Weise auswerten: Jahwes Schöpfersein stehe
unbezweifelbar fest. Deshalb brauche Deuterojesaja nur in
appositiver Redeform darauf zu verweisen (so in 42,5; 45,18)
oder als quasi selbstverständliche Behauptung davon zu reden
(so in 45,12; 48,13) und könne ebenso anderweitig die Rede
von Jahwe als weltweitem Schöpfer zur unbestrittenen Disputationsbasis erheben (so in den drei Einheiten der Komposition 40,12-31 und in gewisser Weise auch in dem Abschnitt
44,24-28) (326). Es könne dann weitgehend unterbleiben, ausdrücklich auf die Wahrnehmung Jahwes als des Schöpfers Wert
zu legen. Daß das so nicht stimmt, haben wir bereits in
unserem forschungsgeschichtlichen Aufriß (Abschn.III.2) darzulegen und in der Untersuchung der Einzelabschnitte (Absch.
III.4) in extenso nachzuweisen versucht. Es ist nun zu
zeigen, daß sich die soeben zusätzlich gewonnenen Beobachtungen in das bisher vorgezeichnete Bild einfügen.

Ein beachtenswertes Proprium der Komposition 40,12-31 ist in
unserer Sicht darin gegeben, daß dort in den drei Teilein-
heiten (12-17.18-24.25-31) tatsächlich versucht wird, in
argumentativem Stil von Jahwes weltweitem Schöpfungshandeln
zu reden. Diese Rede dient dort - wenn auch nicht, wie
gleichzeitig zu beobachten war, als in sich evidente Dispu-

tationsbasis - dem Ziel, Jahwes Handeln in der Geschichte
glaubwürdig zu machen. Hierzu müssen nun aber drei weitere
Feststellungen treten:
- Zum einen: Genauso, wie nur dort in einem direkt argumentativen Stil von Jahwes weltweitem Schöpfungshandeln geredet wird, wird ebenfalls nur dort dieses Schöpfungshandeln
bewußt zum Gegenstand menschlichen Wahrnehmens.
- Zum anderen: Von Jahwes Geschichtshandeln ist dort - ganz
anders als in den übrigen Abschnitten, wo auch die Schöpfungsthematik vorkommt - nur in einer merkwürdig allgemeinen Weise die Rede. Es wird auf die Kleinheit der Völker
vor Jahwe (V.15.17) und auf die Nichtigkeit der Mächtigen
der Erde (V.23f) abgehoben. Auch die Hoffnungsaussagen in
V.29-31 bleiben bei grundsätzlichen Feststellungen stehen.
Bei alledem fehlt also der Bezug auf konkrete geschichtliche Ereignisse und damit verbundene Erwartungen. In den
übrigen Abschnitten dagegen wird direkt oder indirekt auf
das Kyrosgeschehen und auf das damit anhebende neue Handeln Jahwes Bezug genommen. Das ist in unseren Exegesen
von 42,5-9; 44,24-28; 45,9-13; 45,18-25; 48,12-16a deutlich geworden. Damit geht eine Erwartung einher, die vornehmlich auf Israels (42,6f; 44,26-28; 45,13; 48,14f
(327)), aber auch auf der Völker weiteres Ergehen gerichtet ist (45,22-24; vgl. auch 42,6). Das Bemerkenswerte ist
also, daß dort, wo das geschichtliche Handeln Jahwes durch
Kyros "konkret" wird, zugleich nicht mehr in direkt argumentativem Stil und auch nicht mehr im Rahmen menschlicher
Apperzeption von Schöpfung die Rede ist.
- Und schließlich zum dritten: Während von Schöpfung in
direkt argumentativem Stil nur in 40,12-31 die Rede ist,
wird aufgrund des geschichtlichen Geschehens in einer doch
deutlich intensiveren Weise argumentativ das Gottsein
Jahwes zu erweisen versucht und menschliches Wahrnehmen
vor allem auf den geschichtlichen Bereich gelenkt. Hierbei
spielt der Ansagebeweis eine zentrale Rolle (328), so in
den Abschnitten 41,21-29; 42,5-9; 43,8-13; 44,6-8; 45,18-

25; 46,5-11; 48,1-11 (329) (vgl. auch 44,24-28). Es geht um Jahwes alleiniges Gottsein, das in Abgrenzung zu den Fremdgöttern thematisiert wird (41,24.29; 42,8; 43,10f; 44,6.8; 45,21f; 46,9; 48,5).

Bedenken wir nun alle drei an unsere ausführlichen Überlegungen in Abschn.III.4 anknüpfenden Gesichtspunkte zusammen, dann ist jetzt die entscheidende Frage nach der Funktion der Rede von Jahwes weltweitem Schöpfungshandeln im Hinblick auf die Gotteserkenntnis zu stellen. Vorsichtig läßt sich zunächst einmal abgrenzend sagen: Wesentlich wichtiger ist die Rede von Jahwes Geschichtshandeln im Kontext des Ansagebeweises. Die Schöpfungsaussagen hinwiederum entziehen sich unter dieser Fragestellung einer einheitlichen, für alle Texte geltenden Festlegung; wir müssen differenzieren: Die drei Abschnitte innerhalb 40,12-31 sind uns in ihrer Sonderstellung schon mehrfach aufgefallen:
- Nur dort wird in direkt argumentativem Stil von Schöpfung geredet.
- Nur dort wird Jahwes weltweites Schöpfungshandeln im Rahmen menschlicher Apperzeption bedacht.
- Nur dort steht die Schöpfungsthematik im Kontext von sehr allgemeinen - und nicht, wie sonst, recht konkreten - Aussagen bezüglich des Handelns Jahwes im Raum der Geschichte.

Wenn wir von der letzten Beobachtung ausgehen, wäre zu bedenken, ob die fehlende Konkretheit der den Bereich der Geschichte betreffenden Aussagen (40,15.17.23f.29-31) nicht darauf schließen lassen könnte, daß die Komposition 40,12-31 aus einer Zeit während des Exils stammt, in der für Deuterojesaja Kyros noch außerhalb seines Denkhorizontes war. Hierfür sprechen auch folgende Gesichtspunkte:
- Bereits Elliger (330) ist aufgefallen, daß אל in 40,18 und קדוש (V.25) in absoluter Weise nur hier Verwendung finden, während "der durchgängig appellative Gebrauch von

אֵל und der durchgängige Gebrauch der Konstruktusver-
bindung קְדוֹשׁ יִשְׂרָאֵל einer späteren Zeit angehört, in der
der Sprachgebrauch sich verfestigt hat."
- In V.27b nimmt Deuterojesaja eine Klage seiner Hörer auf.
Hätte er bereits Kyros im Auge, wäre es schwer vorstellbar, daß in der darauf folgenden Entgegnung das mit Kyros
neu anhebende Handeln Jahwes keine Erwähnung fände, was
aber tatsächlich der Fall ist.
- Nach der einleitenden Passage 40,1-11 steht der Abschnitt
40,12-31 ohnehin ganz am Anfang der Deuterojesaja zuge-
schriebenen Worte (331).

Mit guten Gründen können wir also unsere obige Überlegung
als stichhaltig ansehen. Es ließe sich dann anhand von
40,12-31 das Anliegen der Verkündigung Deuterojesajas in
seiner Frühzeit - bevor Kyros in sein Blickfeld trat -
folgendermaßen charakterisieren (332): Deuterojesaja tritt
hier als ein Prophet auf, dessen Ziel es ist, seinen Zuhörern einen anderen Horizont als den naheliegenden (weil
angesichts der exilischen Situation vor Augen stehenden) zu
eröffnen: Nicht die das Feld beherrschenden politischen
Mächte haben das letzte Sagen, sondern Jahwe, auch wenn
dessen Zuwendung gegenwärtig so wenig wahrnehmbar ist (vgl.
V.27b). Gegen den Augenschein wird sein Herrsein proklamiert
- dies aber nun nicht in einer rein konfessorischen Sprache.
Es wird das die Exilierten umgebende religiöse Umfeld in den
Blick genommen und so eine Gegenüberstellung von Jahweglauben und babylonischer Religiosität versucht (vgl. 40,12-
14.18-20). Zugleich geschieht eine Anknüpfung an die Verkündigungstradition von Jahwes Schöpfersein (40,21f.28). Es
wird also sowohl Überkommenes - wenn auch nicht, wie festzustellen war, unbedingt wörtlich - in Erinnerung gerufen als
auch eine aktuelle theologische Konfrontation unternommen,
um die Glaubenszuversicht zu stärken (vgl. 40,15.17.24.29-
31). Auch wenn es über die Zukunft (noch) nichts Konkretes
zu sagen gibt, wird festgehalten, daß es mit Jahwe eine

Zukunft gibt (V.29-31). Schon insofern ist die Erwartung, die sich nachher an Kyros knüpfen wird, kein opportunistischer Heilsglaube; der Erwartungsrahmen ist in einer theologisch durchdachten Weise bereits vorgegeben.

Trotz der hier postulierten grundsätzlichen Kontinuität kann die Art der Verkündigung gleichwohl nicht einfach die gleiche bleiben, sobald Kyros ins Blickfeld tritt, sein Kommen seitens Jahwes angesagt wird und auf solche Ansage schließlich verwiesen werden kann. Das, was vorher gesagt wurde, bleibt wahr; es wird aber eine neue Akzentsetzung vorgenommen, die vor allem auch die Art der Rede von Jahwes weltweitem Schöpfungshandeln betrifft. In der Frühzeit seiner Verkündigung bedenkt Deuterojesaja Jahwes Gottsein und damit auch sein Herrsein in einer allgemeinen Weise; "allgemein" nicht in dem Sinn, daß es dabei um "Gott an sich" ginge, wohl aber so, daß die Relation Jahwes zu den Mächtigen der Erde (40,15.17.23f) und zu denjenigen, die auf ihn hoffen (40,29-31), in einer allgemeinen Weise zur Sprache kommt. Hier haben dann die Schöpfungsaussagen in der von uns festgestellten Weise - also nicht im Sinne einer unanfechtbaren Wahrheit - im Verbund mit der Auseinandersetzung mit babylonischer Mythologie und Religiosität dazu beigetragen, daß glaubwürdig von Jahwe als dem Herrn der Geschichte geredet werden konnte.

Nach dem Auftreten des Kyros - genauer: nachdem dessen Kommen in das Blickfeld Deuterojesajas getreten ist - wird die Schöpfungsthematik nicht mehr so zur Begründung anderer Sachverhalte herangezogen (333). Während jetzt der "Wahrheitserweis Jahwes" (334) mit Hilfe des Ansagebeweises auf dem Feld der Geschichte selbst gesucht wird (335), dienen die Schöpfungsaussagen nur noch dazu, Jahwes besonderes Handeln an seinem Volk in einen universalen Rahmen zu stellen (42,5-9; 45,18-25 (336); 48,12-16a) und Jahwes Handeln in Schöpfung und Geschichte als eine Ganzheit vor Augen zu führen (44,24-28; 45,9-13; 45,18-25; 48,12-16a).

Wir sehen somit, daß die Rede von Jahwes weltweitem Schöpfungshandeln bei Deuterojesaja von Anfang an eine wichtige
Rolle gespielt hat (337). Diese Rede hat zugleich einen
gewissen Funktionswandel erfahren, nachdem für Deuterojesaja
Kyros in das Blickfeld getreten ist. Wie dies im einzelnen
gewesen ist, läßt sich aus unseren einschlägigen Exegesen in
Abschn.III.4 erschließen. In einer thesenartigen Zusammenfassung soll nun eine Bündelung unserer Beobachtungen und
Ergebnisse erfolgen. Da es in unserer Untersuchung darum
geht, die Relation der Rede von Jahwes weltweitem Schöpfungshandeln zu der von seinem besonderen Handeln an Israel
zu bedenken, ist es von der Sache her erforderlich, teilweise noch weiter auszuholen. Es ist zu betonen, daß mit dieser
zusammenfassenden Gesamtinterpretation des bisher Erarbeiteten kein Gesamtbild der Botschaft Deuterojesajas gezeichnet
werden soll.


## 6. Zusammenfassende Gesamtinterpretation

1. Der Zusammenbruch des Staates Juda und die Exilierung
   bedeutender Teile der Bevölkerung markiert nicht nur eine
   äußere Katastrophe, sondern führt auch - jedenfalls bei
   einem Teil der Exilierten - zu einer Krise des Jahweglaubens (338), die nicht nur peripherer Natur ist, sondern
   einem grundsätzlichen Zweifel an Jahwes Macht nahekommt -
   dies vor allem infolge der religiösen Konkurrenz durch
   die Götter der Siegermacht. Ein so beschaffener Zweifel
   stellt eine Herausforderung dar, die eine theologische
   Neubesinnung verlangt. Deuterojesaja nimmt die Herausforderung an.

2. Entgegen der Annahme, Jahwe sei untätig und helfe nicht
   mehr (vgl. 40,27), proklamiert Deuterojesaja Jahwe als

den <u>umfassend schöpferisch Tätigen</u> (vgl. Abschn.III.1) und sagt Israel seelsorgerlich in den Heilsorakeln mit der Autorität Jahwes dessen neue Hinwendung zu seinem Volk zu (vgl. etwa 41,8-13.14-16; 43,1-7; 44,1-5).

3. Diese Zuwendung hat noch keine sichtbare Gestalt - etwa in Form einer Beendigung des Exils - angenommen und muß daher erst glaubwürdig gemacht werden. Aus diesem Grund nimmt bei Deuterojesaja neben dem seelsorgerlichen Zuspruch das argumentative Reden einen breiten Raum ein. Auf welcher Basis kann es erfolgen? Wenn tatsächlich der Zweifel an Jahwes Vermögen ein radikaler ist, dann geht kein Weg daran vorbei, die Argumentation in einer ganz grundsätzlichen Weise zu führen, was bedeutet, daß die Auseinandersetzung auf die babylonischen Götter und die babylonische Religiosität hinzielen muß. Es geht ums Ganze!

4. In der Frühzeit der Verkündigung (40,12-31) wird diese Auseinandersetzung in der Weise geführt, daß entgegen der babylonischen mythologischen Konzeption, die von einem Relationensystem zwischen den verschiedenen göttlichen Gestalten ausgeht, <u>Jahwes alleinige Machtvollkommenheit</u> hervorgehoben wird (vgl. 40,13f) und auch bereits hier die Götzenpolemik erfolgt (40,19f), die dann später noch in anderen Zusammenhängen begegnet (339). Die Schöpfungsaussagen hinwiederum heben hervor, daß Jahwe und niemand anders der Schöpfer der grundlegenden Daseinsgegebenheiten ist. Ihre Bewahrheitung erfahren die Schöpfungsaussagen zum einen im Kontext der grundsätzlichen Auseinandersetzung mit der babylonischen Religion - 40,12 steht im Kontext von 40,13f; 40,21f schließen an 40,19f an; weiterhin ist in 40,26 eine Polemik gegen die Astralreligion mit enthalten -, zum anderen durch den Hinweis auf die Verkündigungstradition (40,21.28), in die sich die Hörer hineinnehmen lassen sollen. Daß diese Art der Bewahrhei-

tung Jahwes auf Voraussetzungen beruht, die nicht unbedingt allseits bejaht werden müssen, liegt auf der Hand.

5. War die Argumentationsart in der Frühzeit mehr allgemeiner und grundsätzlicher Natur (das gilt auch für die
"Schlüsse", die jeweils gezogen wurden; vgl.
40,15.17.24.29-31), so wird dies anders, seitdem Kyros in
das Blickfeld Deuterojesajas tritt, sein Kommen mit der
Autorität Jahwes angesagt wird, auf diese Ansage verwiesen und sie als Argument eingebracht werden kann. Der
Ansagebeweis wird nun zum Dreh- und Angelpunkt der Argumentation (340). Unsere bisherigen Überlegungen zum Ansagebeweis haben ergeben (341), daß dieser sich nicht nur
auf das Kommen des Kyros, sondern auch auf das Eintreffen
der vorexilischen Gerichtsansagen bezieht (342) und daß
darüber hinaus die Relation von ansagendem Wort und dem
diesem Wort korrespondierenden Ereignis in einer grundsätzlichen Weise bedacht wird (343). Die Ansage des
Kyrosgeschehens stellt somit keine von der vorexilischen
Prophetie losgelöste "Heilsprophetie" dar. So, wie Deuterojesaja im Auftrag Jahwes Neues ansagen und auf die
Erfüllung solcher Ansage verweisen kann, ist Jahwe
grundsätzlich der Gott, dessen Wort nicht leer zurück-
kommt (vgl. 55,10f).

6. Die vorexilische Gerichtsprophetie hat angesichts der
Ereignisse, die mit dem Auftreten der Assyrer und später
der Babylonier verbunden waren, Jahwes Herrsein in der
Weise proklamiert, daß sie ihn auch hinter dem Gerichts-
geschehen an seinem eigenen Volk gesehen hat (vgl. etwa
Jes 7,18; 8,7.12f und Jeremias Zeichenhandlung in Jer 27
[der Text ist später sicher erweitert worden]). Es wurde
hier also gewagt, das Zeugnis von Jahwe in der konkret
erlebten und zu erlebenden Geschichte auszurichten. In
dieser Hinsicht tut Deuterojesaja nichts anderes. Es geht
für ihn kein Weg daran vorbei, Jahwes Gottsein im Hin-

blick auf die neuen weltpolitischen Konstellationen zu
bedenken, die sich infolge des Aufstiegs der persischen
Großmacht ergeben. Die zeitlich vorangehenden grundsätzlichen Aussagen (40,12-31) wären wenig tragkräftig, wenn
Jahwes Gottsein nicht gerade auf dem Feld zur Diskussion
gestellt würde, wo der Zweifel seinen Anfang genommen hat
(344): nämlich auf dem Feld der konkret zu erlebenden
Geschichte. In dieses Spannungsfeld begibt sich Deuterojesaja mit seinem Zeugnis hinein!

7. Bemerkenswert ist, daß der Ansagebeweis eng mit der Bestreitung des Gottseins anderer Götter verbunden ist
(41,24.29; 42,8; 43,10f; 44,6.8; 45,21f; 46,9; 48,5 [die-
ser Beleg ist u.U. sekundär; vgl. Westermann]). Wir haben
nun zu fragen, weshalb Deuterojesaja diese Bestreitung
für nötig hält (a) und weshalb sie gerade in diesem
Kontext explizit erfolgt (b; implizit läßt sich das auch
aus 40,12-31 herauslesen).

a. Bereits in der vorexilischen Gerichtsprophetie ist man
(vgl. Punkt 6) im Hinblick auf die Relation Jahwes zu
anderen Göttern faktisch von der Alleinwirksamkeit
Jahwes ausgegangen, ohne freilich zu monotheistischen
Aussagen schlechthin vorzustoßen (345). Daß Deuterojes-
saja nun solches unternimmt, ist in der exilischen
Situation begründet. Wer in seinem eigenen Land die
Macht seines Gottes in Gericht und Gnade proklamiert,
muß nicht unbedingt eine "theoretische" Abgrenzung zu
anderen Göttern vollziehen (346). Die Relation Gott -
Volk - Land ist hier ja grundsätzlich gegeben, auch
wenn Jahwe sich nicht bedingungslos in diese Relation
einbinden läßt (347). Eine andere Situation ergibt
sich, wenn das Volk (also Israel), von dem ein guter
Teil durch die vorexilische Heilsprophetie beeinflußt
gewesen sein dürfte, im fremden Land die Macht fremder
Götter (jedenfalls dem Anschein nach) erfährt. Hier
ist dann - wenn man vor diesen numinosen Mächten nicht

kapitulieren will - ein klares Durchdenken zu Jahwe als dem einzigen Gott hin konsequent.

b. Die Art, wie im Zusammenhang mit dem Reden von Jahwe als dem Schöpfer in 40,12-31 eine Auseinandersetzung mit babylonischer Religiosität erfolgt, läßt mit hoher Wahrscheinlichkeit den Schluß zu, daß Deuterojesaja bereits in der Frühzeit seiner Verkündigung von der Einzigkeit Jahwes ausgegangen ist. Nun gilt es freilich diese Einsicht in concreto zu verifizieren. Dies wird Deuterojesaja dadurch möglich, daß er mit Jahwes Autorität das Kommen des Kyros ansagt, bevor dieser (bzw. die Bedeutung seines Auftretens (348)) in das allgemeine Blickfeld tritt. Von da ab kann Deuterojesaja im Namen Jahwes (349) den Ansagebeweis, der mit der Kyrosthematik eng verknüpft ist, ohne sich allein auf diese zu beziehen, ins Feld führen. Wenn dieser Ansagebeweis nun darauf Bezug nimmt, wo der Zweifel seinen Anfang nahm (nämlich im Raum der Geschichte mit seinen globalpolitischen Konturen), dann ist es angemessen, gerade an diesem strittigen Punkt in herausgehobener Weise von Jahwes Gottsein zu reden (350). Der Bewährung von Jahwes Gottsein durch den Ansagebeweis wird theologisch dadurch das rechte Gewicht verliehen, daß hierin nicht ein Machterweis Jahwes gesehen wird, sondern der Machterweis, der es erlaubt, explizit von Jahwe als einzigem Gott zu reden und ebenso explizit den anderen Göttern ihr Gottsein abzusprechen (351). Jahwe ist also nicht machtlos und unfähig zum Reden und Handeln, er tut auch nicht nur dieses oder jenes; er ist vielmehr allein der, der redet und handelt - er ist Gott und sonst keiner! Speziell diese Ausdeutung des Ansagebeweises macht deutlich, daß die Rationalität, mit der Deuterojesaja hier argumentiert, wie schon in 40,12-31 eine Rationalität des Glaubens ist.

8. Wird also Jahwes Gottsein im Zusammenhang des Kyrosgeschehens in globalpolitischer Perspektive (352) bedacht
und erwiesen, dann kommt den Schöpfungsaussagen, die
außerhalb von 40,12-31 meist im Kontext des Ansagebeweises stehen (42,5-9; 44,24-28; 45,18-25; 48,12-16a; in
45,9-13 kommt der Ansagebeweis direkt nicht vor, wohl
aber die Kyrosthematik), hier zwar keine absolut unverzichtbare, gleichwohl aber eine sehr wesentliche Funktion
zu, wenn diese darin besteht, zum einen (a) Jahwes geschichtliches, nicht nur sein Volk tangierendes, aber
vornehmlich auf das Ergehen seines Volkes ausgerichtetes
Handeln in einen universalen Horizont zu stellen (42,5-9;
45,18-25; 48,12-16a), zum anderen (b) Jahwes Handeln in
Schöpfung und Geschichte in bestimmter Weise (vgl. unsere
Exegesen in Abschn.III.4) als eine Einheit zu sehen
(44,24-28; 45,9-13; 45,18-25; 48,12-16a).

a. Ein globaler Maßstab ist bereits dadurch gegeben, daß
Deuterojesaja das Verhältnis Jahwes zu Israel nicht
isoliert für sich betrachtet, sondern in weltpolitischen Relationen sieht (s.o.). Wird so im geschichtlichen Raum Jahwe als die alles bestimmende Wirklichkeit
(353) angesehen, dann ist es angemessen, den Horizont
noch dadurch zu erweitern, daß man im gleichen Kontext
von Jahwe auch als dem Urheber der grundlegenden Daseinsgegebenheiten spricht und daß er so tatsächlich
als die wirklich alles bestimmende Wirklichkeit in Erscheinung tritt.

b. Ist Jahwe die alles bestimmende Wirklichkeit, dann ist
es seinem Gottsein angemessen, von den verschiedenen
"Daseinsbereichen", über die er der Herr ist, nicht so
zu reden, als ob sie beziehungslos nebeneinanderstehen
würden. Durch den selben Herrn haben sie ihre Beziehung zueinander.

9. Insgesamt läßt sich nach alledem sagen, daß uns mit
Deuterojesaja ein Bote Jahwes vor Augen tritt, der die

Hinwendung Jahwes zu seinem Volk in einem weiten Horizont
sieht und gleichzeitig zeigt, daß dieser weite Horizont
nötig ist, um von Jahwe auch in concreto und in seiner
besonderen Zuwendung glaubwürdig reden zu können. Er
verbindet also den universalen und den partikularen
Aspekt von Jahwes Handeln zu einer unzertrennbaren Einheit.

## IV. Psalmen

Mit dem gleichen Fragehorizont wie bei Deuterojesaja gehen
wir an die Psalmen heran. Auch hier fragen wir nach der
Relation der Rede von Jahwes weltweitem Schöpfungshandeln zu
der von seinem besonderen Handeln an Israel. Schon wegen des
Umfangs des Materials gilt es freilich Schwerpunkte zu setzen (1). Unser Interesse richtet sich dabei in erster Linie
auf die Schöpfungsaussagen, die nach unserer Einsicht vorexilischer Herkunft sind (Abschn.IV.2-4). Dies hat folgenden
Grund: Es ist in letzter Zeit eine gewisse Tendenz zur
Spätdatierung hin erkennbar (2). Bei Deuterojesaja scheint
es mir aber völlig klar zu sein, daß dieser Prophet sich auf
eine vorexilische Verkündigungstradition, die sich auf Jahwe
als Schöpfer bezog, berufen konnte (vgl. Abschn. III.4.b und
III.4.c), ganz gleich, wie es nun mit deren Evidenz in der
exilischen Zeit bestellt gewesen sein mag. Auch die apposi-
tive Redeweise von Jahwe als dem Schöpfer (vgl. vor allem
Abschn.III.4.e) läßt sich m.E. nur so erklären, daß auf
Bekanntes (freilich nicht Selbstverständliches!) angespielt
wird. Nun ist es zwar nicht auszuschließen, wäre aber doch
recht sonderbar, wenn die hier zu vermutenden vorexilischen
Zeugnisse - auf die Deuterojesaja nicht unbedingt dem Wortlaut nach, wohl aber in der Sache fußen mußte - in dem uns
überlieferten Kanon keine Spuren hinterlassen hätten. Daß
sie vollständig erhalten sind, wird man freilich ebensowenig
annehmen können. Um hinsichtlich der vorexilischen Texte zu
einem Gesamturteil zu kommen, muß der Blick über die Psalmen
hinausgehen (Abschn.IV.5), bevor wir uns der nachexilischen
Psalmenliteratur - dies dann in einer sehr gerafften Weise -
zuwenden können (Abschn.IV.7). Über das bisher Dargestellte
hinaus interessiert uns noch zweierlei:
- Ps 74 ist mit dem Zeugnis des Deuterojesaja gleichzeitig
  (dies ist noch zu begründen). Welche Funktion haben die
  Schöpfungsaussagen des Psalms im Vergleich zu den entspre-

chenden Passagen bei Deuterojesaja? (hierzu Abschn.IV.1).
- Ps 19A gilt - zusammen mit Ps 8 und Ps 104 - als ein
reiner "Naturpsalm", der keine Beziehung zur besonderen
Geschichte Israels aufweise. Wir meinen allerdings, hier
noch einige zusätzliche Beobachtungen anbringen zu müssen.
Der nachfolgende Exkurs "Schöpfung und Weisheit" dient
dann der nötigen Ergänzung.

Im einzelnen gehen wir folgendermaßen vor: Wir untersuchen
zunächst das dem Propheten Deuterojesaja gleichzeitige Zeugnis von Ps 74 (IV.1), schlagen den Bogen von da aus in die
vorexilische Zeit, untersuchen hier zunächst die einschlägigen Psalmen (IV.2-4), richten dann aber unseren Blick über
den Bereich der Psalmen hinaus (IV.5). Nach einer zusammenfassenden Zwischenbilanz (IV.6) verfolgen wir summarisch
Entwicklungen in nachexilischer Zeit (IV.7). Abschn. IV.8
dient dann mit dem nachfolgenden Exkurs der Ergänzung und
Abrundung.


## 1. Ps 74

### Gliederung

Nach einer grundsätzlichen Deutung der gegenwärtigen Lage in
Form einer klagenden Frage (V.1) - warum Jahwe (3) die
Schafe seiner Weide verworfen habe und zornig auf sie sei -
wird Jahwe mit dem Hinweis, daß er seine Gemeinde vorzeiten
erworben habe, zum Handeln aufgefordert (V.2-3a). In V.3b-9
folgt eine genauere Situationsschilderung, die sich neben
der Feststellung, daß es keine Propheten mehr gebe (V.9),
vor allem auf die Verwüstung des Heiligtums bezieht. Dann
schließen sich in V.10f nochmals klagende Fragen an, die
Jahwe zum Eingreifen bewegen sollen. In V.12-17 herrscht ein
ganz anderer Ton. Nach einer allgemeinen Einleitung (V.12)
wird Jahwe in hymnischer Redeform an seine weltweiten
"Heilstaten" (vgl. V.12) erinnert. Um was es dabei geht,
wird uns noch zu beschäftigen haben. Danach nehmen V.18-23

die Thematik von V.1-11 wieder auf, wobei die Situationsschilderung zurücktritt und der Akzent auf der Bitte zum
Eingreifen liegt.

Datierung

Wenn man einer Deutung des Psalms nach dem cultic-pattern-
Schema nicht folgen will (4) und auch zu literarkritischen
Operationen keinen Anlaß sieht (5), dann sind für den Psalm
nur zwei Datierungsmöglichkeiten plausibel: Entweder bezieht
er sich auf die Tempelzerstörung des Jahres 587 und wäre so
in exilischer oder früh-nachexilischer Zeit entstanden -
oder er hat als Hintergrund die Entweihung des zweiten
Tempels durch Antiochus IV. Epiphanes und wäre somit in die
Zeit zwischen 168 und 165 (dem Zeitpunkt der Wiedereinwei-
hung) zu datieren (6). Die Kommentare sind geteilter
Meinung. Für die Spätdatierung entscheiden sich z.B. Kittel
und Duhm, für die Frühdatierung H.Schmidt, Kissane, Dahood,
Kraus u.a., wobei die Urteile mitunter mit Vorbehalt gefällt
werden und des öfteren sich auch der Hinweis findet, daß
wir über die Zeit nach Nehemia wenig Bescheid wissen (so
z.B. Gunkel). H.Donner hat in seinem Aufsatz "Argumente zur
Datierung des 74.Psalms" eine Zusammenstellung der Gesichtspunkte unternommen und gelangt nach sorgfältiger Abwägung zu
dem Schluß, daß doch eher mit einer späten Entstehung zu
rechnen sei (7). Den von ihm vorgebrachten Hauptargumenten
kommt aber m.E. keineswegs zwingende Beweiskraft zu:
- Die Feinde haben laut V.4 "Zeichen" im Tempelbezirk aufgestellt. Ob man diese aber von V.9 her als religiöse Zeichen deuten und sie so in Verbindung mit dem Zeus-Olympi-
  os-Kult bringen kann (8), muß zweifelhaft bleiben: Die
  אותת in V.9 dürften vom unmittelbaren Kontext her die
  "Zeichen" im Bereich der Prophetie meinen (vgl. Jes
  7,11.14), während die Zeichen der Feinde in V.4 offensichtlich materielle Gegenstände sind. Es ist dabei
  durchaus nicht klar, ob es sich um militärische oder um
  religiöse Symbole handelt. Eventuell wird man an eine

Symbolhandlung im zerstörten Heiligtum denken können.

- Daß in V.8 mit den אל מועדי "Synagogen oder synagogenähnliche Versammlungsorte" gemeint seien (9), ist eine unbewiesene Annahme, zumal - wie Donner (10) selbst einräumt - dieser Begriff für "Synagogen" nicht geläufig ist.

Auf der anderen Seite sprechen ganz eindeutige Gesichtspunkte für eine Frühdatierung:

- In V.3 wird Jahwe aufgefordert, seine Schritte zu den "ewigen Trümmern" zu erheben. Dies - das wird von den Befürwortern der Frühdatierung wiederholt angeführt - deutet darauf hin, daß das Heiligtum für eine lange Zeit verwüstet war, was - nach allem, was wir wissen - nur für die Zeit zwischen Tempelzerstörung und Errichtung des zweiten Tempels gelten kann (11).
- Auch Donner (12) kann das Argument nicht entkräften, daß laut V.7 der Tempel wirklich verbrannt wurde, was für 587, nicht aber für 168 zutrifft.
- Schließlich wäre auch noch anzuführen, daß der Begriff עדה (V.2) das Jahwevolk bezeichnet und in diesem Sinne vor allem in der Priesterschrift Verwendung findet, die unserem Psalm zeitlich nahestehen würde, setzt man bei diesem eine exilische oder früh-nachexilische Entstehungszeit voraus.

Wir meinen also, daß die Frühdatierung erheblich besser zu begründen ist, und gehen - unter Berücksichtigung der "ewigen Trümmer" (V.3) - von einer spätexilischen Entstehungszeit aus. Die früh-nachexilische Zeit halte ich für weniger wahrscheinlich, da man in dieser wohl nicht mehr von einer dauernden Verstoßung durch Jahwe (V.1) reden konnte. Zu ergänzen ist noch, daß als Entstehungsort des Psalms wohl nur Jerusalem in Frage kommt. Das legt die Konzentration des Blickfeldes auf das zerstörte Heiligtum nahe.

## Gattung und Sitz im Leben

Der Psalm ist gattungsmäßig als ein Klagelied des Volkes zu
bestimmen (13). Unser kurzer Gliederungsaufriß hat gezeigt,
daß sowohl die Not des Volkes geschildert als auch Jahwe zum
Einschreiten aufgefordert wird und diese Aufforderung mit
dem Hinweis auf Jahwes früheres heilvolles Handeln in Verbindung gebracht wird. Ein solcher Hinweis erfolgt zunächst
ganz knapp in V.2a - V.2b klappt formal (vgl. die Zeilen-
länge) und inhaltlich nach und dürfte vermutlich eine ergänzende Glosse sein - und dann ausführlich in dem hymnenartigen, aber voll in die Volksklage integrierten Abschnitt
V.12-17, welcher der Bitte an Jahwe die nötige Untermauerung
gibt und so auf jeden Fall von Anfang an zum Psalm hinzugehört haben muß. Es fällt allerdings auf, daß mit V.12 nicht
nur inhaltlich, sondern auch formal dadurch ein Neueinsatz
gegeben ist, daß das Redesubjekt - im Gegensatz zur pluralen
Ausdrucksweise vorher - nunmehr eine Einzelperson ("mein
König"!) ist. Das läßt auf ein liturgisches Wechselgespräch
schließen: Während Klage und Bitte von einer Mehrzahl von
Personen vorgebracht werden, erfolgt der Rückblick auf Jahwes früheres Handeln durch eine Einzelstimme (14). Grundsätzlich läßt sich also festhalten: Die infolge der geschichtlichen Ereignisse eingetretene Notsituation wird in
liturgischer Form vor Jahwe gebracht. Wie wir uns den Ablauf
einer solchen Liturgie im einzelnen vorzustellen haben, muß
m.E. offenbleiben (15). Nicht auszuschließen ist, daß der
Psalm nicht den ganzen liturgischen Ablauf wiedergibt.

## Das hymnische Stück V.12-17

(12) Doch (16) Jahwe (17) ist mein König von Urzeit her,
   der Heilstaten vollbringt auf Erden (18):
(13) Du hast aufgestört (19) durch deine Kraft das Meer,
   hast zerschmettert die Häupter Tannins (20) über den
   Wassern.
(14) Du hast zerschlagen die Häupter Liwjatans,
   hast ihn gegeben zur Speise den Haifischen (21).

(15) Du hast gespalten Quelle und Bach,
      du hast austrocknen lassen beständige Ströme.
(16) Dein ist der Tag, dein auch die Nacht,
      du hast hingestellt (22) Mond (23) und Sonne.
(17) Du hast festgelegt alle Grenzen (24) der Erde,
      Sommer und Winter hast du geschaffen.

Blickt der Abschnitt auf vergangene Ereignisse der Geschichte Israels zurück - oder ist das Thema Jahwes weltweites
Schöpfungshandeln? Auch an eine Mischung beider Themenberei-
che wäre zu denken. Bei alledem ist wichtig, was die Chaoskampfthematik (V.13f) in dem Kontext besagen soll. In der
Forschung gehen die Meinungen stark auseinander (25). Wir
versuchen nun unsere eigene Sicht der Dinge so zu gewinnen,
wie wir es methodisch bei Jes 51,9f unternommen haben (vgl.
Abschn.III.4.j): Wir gehen von relativ eindeutigen Aussagen
aus und tasten uns dann an die schwierigeren Probleme heran.

Nach den bereits in den Anmerkungen zur Übersetzung vorgenommenen Klärungen dürften V.16f keine Schwierigkeiten mehr
bereiten: Es wird hier eine beständige, lebenskonstitutive
Naturordnung, die sich Jahwe verdankt, beschrieben: Tag und
Nacht mit den sie repräsentierenden Himmelskörpern Sonne und
Mond, die durch die Scheidung von Erde und Meer festgelegten
Grenzen der Erde und schließlich die den Jahresablauf
strukturierenden Jahreszeiten. Jahwes weltweites Schöpfungshandeln wird hier also als ein beständiges, Ordnungen stif-
tendes Wirken verstanden - Ordnungen, von denen der Mensch
als von festen Gegebenheiten ausgehen und auf die er sich
verlassen kann (26).

Diese Ordnungen sind schon insofern keine selbstverständli-
chen Gegebenheiten, als sie ja erst durch Jahwes Schöpfungsakt (vgl. die Schöpfungsterminologie in V.16f) hervorgerufen
worden sind. Es fragt sich aber darüber hinaus, ob sie auch
insofern nicht als fraglos da-seiend angesehen werden kön-

nen, als ihre Etablierung und so auch ihr Bestand vor dem
Hintergrund chaotischer, lebens- und ordnungsfeindlicher
Mächte zu sehen ist (27). So gesehen würde dann zwischen
V.13f und V.16f ein direkter Zusammenhang bestehen. Ob und
wieweit das zutrifft, hängt von der Aussage in V.15 ab.

Es sei hier gleich zu Beginn eine Deutung abgewiesen, die
von J.A.Emerton vorgelegt und von Petersen aufgenommen wurde
(28). Ausgehend von der Beobachtung, daß auch in Gen 7,11 -
also in der Sintfluterzählung - מעין und בקע zusammen
verwendet werden, wo das Aufbrechen der Quellen der großen
Urflut die Überschwemmung bewirkt, wird in Erwägung gezogen,
daß - so Petersen - Ps 74,15 "die Überwindung dieses
Zustands in der Urzeit" beschreiben könnte. Der Vers würde
also besagen, "daß Quellen und Bach gespalten wurden, um das
die Erde bedeckende Wasser zum Abfließen zu bringen." Freilich muß auch Petersen zugeben, daß eine solche Vorstellung
in keinem Schöpfungstext des ATs begegnet (29). Die entscheidende Schwierigkeit dieser Deutung liegt aber darin,
daß in Gen 7,11 von den "Quellen der großen Urflut", in Ps
74,15 jedoch von "Quelle und Bach" die Rede ist (30). Wir
müssen also eine andere Deutung versuchen. Hierzu sind einige semantische Beobachtungen hilfreich:

Für eine geschichtliche Deutung würde zunächst einmal sprechen, daß יבש (Hiphil) auch in solchen Zusammenhängen begegnet. In Jos 2,10 und 4,23 ist von der Austrocknung des
Schilfmeeres ( ים-סוף ), in letzterem Beleg auch noch von der
des Jordan die Rede. Dem steht aber entgegen, daß נהרות
sich gegen eine solche Deutung sperrt. Welche Ströme könnten
denn im Zusammenhang des Exodus- oder Landnahmegeschehens
gemeint sein? Überall dort, wo vom Schilfmeer im Zusammenhang des Exodusereignisses die Rede ist, und auch sonst, wo
ים-סוף als geographische Ortsbezeichnung begegnet, ist im
näheren Kontext nie von נהרות die Rede (31). Ebenso ist an
keiner Stelle, wo נהר im Plural vorkommt, der Jordan ge-

meint. Es ist also ganz unwahrscheinlich, daß in Ps 74,15b
auf das Schilfmeerereignis oder auf den Jordandurchzug angespielt wird. Nicht viel anders steht es mit V.15a: Zwar ist
innerhalb von Ps 114, der die Exodus- und Landnahmetradition
thematisiert, in V.8 von einer Wandlung von Kieselstein zur
Wasserquelle die Rede, jedoch ist diese Vorstellung von der
in V.15a gemeinten weit entfernt. Alle (inkl. Ps 74,15) 22
weiteren Belege von מעין stehen in deutlich anderen Zusammenhängen.


Schließt man eine geschichtliche Deutung von Ps 74,15 mit
hoher Wahrscheinlichkeit aus, dann bleibt die Frage, welches
Handeln im Bereich der Schöpfung (Natur) der Vers umschreiben will.

- מעין bedeutet mit Ausnahme von Gen 7,11 und 8,2 - wo von
den "Quellen der (großen) Urflut" die Rede ist - immer
"Quelle" als Ort lebenspendenden Wassers. In drei Belegen
taucht מעין zusammen mit נחל auf. So will nach 1.Kön 18,5
Ahab zu allen Wasserquellen und Bächen ziehen, um Gras zu
finden (32). Es dürfte also nicht verfehlt sein, V.15a in
dem Sinne zu verstehen, daß Jahwe Quelle und Bach als
lebenspendende Elemente hat hervorbrechen lassen (33).
- V.15b deutet in eine andere Richtung. Geht man alle Belege
durch, in denen נהר im Plural vorkommt, dann ergibt sich
ein buntes Bild. Es können zunächst einmal ganz allgemein
die Flußläufe gemeint sein, die ein Land durchziehen (Ex
7,19; 8,1; Jes 18,1 u.ö.). Hin und wieder werden sie
bewußt als lebensförderndes Element verstanden (34). In Ps
24,2 ist davon die Rede, daß Jahwe die Erde über Strömen
errichtet hat. Daß hier nicht mehr einzelne Wasserläufe,
sondern geballte Wassermächte gemeint sind, dürfte klar
sein. Von hier aus ergibt sich m.E. auch eine Brücke zu
den Belegen, wonach Jahwe gegen die נהרות einschreitet
(Jes 42,15; 50,2; Nah 1,4; Hab 3,8; Ps 93,3). Genau auf
dieser Linie liegt m.E. auch Ps 74,15b, wenn hier von der
Austrocknung beständiger (35) Ströme die Rede ist. Diese

Ströme stellen eine chaotische Macht dar, deren siegrei-
cher Widerpart Jahwe ist.

Sehen wir unsere Beobachtungen zusammen, dann ergibt sich
folgendes Bild: Während V.16f an eine beständige, lebenskonstitutive Naturordnung denken, macht V.15 keine in dieser
Weise einheitliche Aussage. In V.15a erscheint das Wasser
als eine Leben gewährende Größe, in V.15b tritt es als eine
Macht auf, gegen die Jahwe einschreitet. Somit nimmt V.15
eine Brückenfunktion zwischen V.13f und V.16f ein: V.13f
haben die Auseinandersetzung Jahwes mit chaotischen Mächten
zum Inhalt, die in engem Zusammenhang mit dem Wasserelement
zu denken sind (36). Während V.15b noch von diesem Vorstellungskomplex geprägt ist, gehört V.15a inhaltlich mehr zu
V.16f: Quelle und Bach spenden ja das zum Leben nötige
Wasser und sind somit wie das in V.16f Beschriebene Bestandteil der grundlegenden Naturordnung (37).

Ist somit in Ps 74,13-17 zum einen von chaotischen  - allerdings von Jahwe niedergerungenen - Mächten, zum anderen von
Phänomenen beständiger Naturordnung die Rede, so wäre nun
die Frage nach dem Verhältnis beider Vorstellungskomplexe
dahingehend zu stellen, ob hier ein zeitliches Nacheinander
in der Weise anzunehmen ist, daß der Etablierung der Naturordnung die Besiegung chaotischer Mächte vorausging (38).
Hierzu ist es nötig, in Ergänzung zu dem in Abschn.III.4.j
bereits Ausgeführten nochmals eine grundsätzliche Überlegung
anzustellen: Es ist offenkundig, daß sich im AT zwar einzelne Chaoskampfvorstellungen finden (39), diese sich aber
nicht zu einem System der Art verdichten, daß verschiedene
göttliche Wesen zueinander ins Verhältnis gesetzt werden und
sich daraus ein sukzessiver Ereignisablauf ergibt, wie es
aus der Umwelt bekannt ist (40). Es ist hinsichtlich der
Chaoskampfthematik im AT nicht unwichtig, daß die hier handelnde Gottheit - also Jahwe - nicht Glied eines Götterpantheons ist und somit in ihrem Handeln niemand neben,

unter oder über sich hat. Damit entfällt die Notwendigkeit
(oder Möglichkeit), die Chaoskampfthematik in einen sukzessiven Ereignisablauf einzubinden: Wenn die gegenwärtige Welt
in ihrer vorfindlichen Ordnung Gegenstand der Reflexion
wird, ist es nur dann möglich, die "Zeit" vor dem gegenwärtigen Zustand zum Gegenstand ausführlicher Darstellung zu
machen, wenn die gegenwärtige Ordnung als das Resultat eines
Kräftespiels verschiedener göttlicher Mächte angesehen wird.

Wir kommen somit hinsichtlich Ps 74,13-17 zu dem vorläufigen
Schluß: Hier wird kein sukzessiver Ereignisablauf beschrieben; eher ist an eine sachliche Zuordnung von Chaoskampf und
Schöpfung (bzw. von Chaoskampf und Etablierung der Naturordnung) zu denken, und zwar in der Weise, daß die Leben gewährende Ordnung als eine Setzung Jahwes gegen die Mächte des
Chaos - also der lebensfeindlichen Unordnung - verstanden
wird. Daraus ergibt sich die Folgerung: Nicht nachdem in
einem Handlungsablauf vor der Schöpfung chaotische Mächte
besiegt wurden, kann Ordnung etabliert werden, sondern indem
Ordnung etabliert wird, haben die lebensfeindlichen Mächte
der Unordnung ausgespielt. Zwei Beobachtungen sollen diese
Auffassung erhärten:
- Wenn ein sukzessiver Ereignisablauf angenommen werden
  müßte, wäre es schwer verständlich, weshalb V.15a bereits
  eine positive Setzung Jahwes zum Inhalt hat und insofern
  sachlich schon V.16f zuzuordnen ist, während V.15b nochmals auf V.13f zurückverweist.
- Anders als etwa im enūma eliš, wo der Schöpfungsakt die
  Besiegung der Tiamat zur Voraussetzung hat, ist in unserem
  Text eine solche sachliche Notwendigkeit nicht gegeben,
  die Chaoskampfthematik der Schöpfung voranzustellen:
  V.15a.16f könnten direkt an V.12 anschließen und wären
  völlig aus sich heraus verständlich. Auch von den Objektbereichen her läßt sich keineswegs ein sukzessiver Ereignisablauf erkennen. Unser Text macht sich keine Gedanken
  darüber, wie etwa die Etablierung der Jahreszeiten (V.17b)

mit der Niederringung von Wassermächten (V.13f.15b) in Verbindung gebracht werden könnte (41).

Insgesamt ist also zu sagen: Die Besiegung der mit dem Wasserelement in Verbindung gebrachten Chaosmächte ist mit dem Schöpfungsakt selbst auf einer Ebene zu sehen. Die Etablierung der Naturordnung geht mit der Besiegung ordnungsfeindlicher Mächte einher.

Den Versen 13-17 ist als Einleitung V.12 vorangestellt. All das, wovon in V.13-17 die Rede ist, wird hier mit dem Begriff ישׁועות ("Heilstaten") zusammengefaßt. Von unseren bisherigen Überlegungen her kann das nicht überraschen: Das, was von dem Schöpfergott in V.13-17 ausgesagt wird, hat etwas mit beständiger und so dem Leben dienlicher Ordnung zu tun. Auf solche Weise steht Jahwes Macht im Dienst seiner Güte. Dieser Jahwe, der in weltweitem Maßstab "Heilstaten" vollbringt, wird hier angeredet und an sein Tun erinnert. Das geschieht in einer bestimmten Abzweckung, der nun nachzugehen ist.

## Die Funktion von V.12-17 im Kontext des ganzen Psalms

Der Abschnitt V.12-17 steht inmitten einer Volksklage und spricht in die trostlose Situation hinein, wie sie sich im Jerusalem der späten Exilszeit darbietet. Man ist aber nicht gewillt, diese Situation als ein unabänderliches Geschick hinzunehmen. Deshalb wird Jahwe zum Eingreifen aufgefordert (vgl. V.3.22) - zumal das, was hier dem Volk widerfährt, letztlich Jahwe selbst betrifft (V.22f): Das Unglück des Volkes ist Jahwes eigenes Unglück (42). Er hat ja mit diesem Volk seine Geschichte gehabt, an die erinnert wird: Er hat seine Gemeinde "von Urzeit her" erworben (V.2), sie ist seine "Taube" (V.19). Das kann als Begründung dafür angesehen werden, daß sich der gegenwärtige heillose Zustand ändern soll. Damit enthüllt sich aber auch die Funktion von V.12-17: Jahwe ist als der zugleich machtvolle und gütige

Schöpfer derjenige, der die Not der Gegenwart wenden <u>kann</u>.

Es lohnt sich, über das Verhältnis von Jahwes weltweitem Schöpfungshandeln zu seinem besonderen Handeln an Israel noch etwas genauer nachzudenken. Es sind in erster Linie Taten der "Vergangenheit", an die in V.12-17 erinnert wird. Sie haben aber bis in die Gegenwart hinein Bestand (das wird schon bei der "zeitlosen" Aussage in V.16a deutlich, die sich nahtlos in den Kontext einfügt). Von der einmal gesetzten Naturordnung ist nichts außer Kraft gesetzt. Anders ist es mit Jahwes Hinwendung zu Israel. Sie hat in längst vergangenen Zeiten ihren Anfang genommen (V.2), steht aber gegenwärtig in Frage; die jetzige Lage wird als Verwerfung gedeutet (V.1). So zielt dann die Bitte, daß Jahwe einschreiten möge, darauf, daß durch eine Änderung der gegenwärtigen Verhältnisse Jahwes Zuwendung wieder neu faßbar werden kann. Damit läßt sich das Verhältnis zwischen Jahwes weltweitem Schöpfungshandeln und seinem besonderen Handeln an Israel folgendermaßen deuten: Der Vergangenheitsaspekt ist einheitlich. Jahwe hat seine Gemeinde in längst zurückliegender Zeit (קדם) erworben (V.2), ebenso hat er als König "von Urzeit her" (מקדם) weltweit heilvolle Taten vollbracht (V.12), indem er durch die Besiegung chaotischer Mächte eine lebensdienliche Naturordnung gesetzt hat (V.13-17). Vom Gegenwartsaspekt her gesehen ist die Differenz deutlich: Die Naturordnung hat nach wie vor Bestand, während die heilvolle Hinwendung Jahwes zu Israel in Frage gestellt ist. Wenn nun die Klage auf eine Änderung der letzteren Situation hinzielt, dann bedeutet das, daß das Verhältnis Jahwes zu seinem Volk wieder in Ordnung kommen, also wieder ein heilvoller Zustand hergestellt werden soll, wie es im Hinblick auf die Setzungen Jahwes in der Natur nach wie vor der Fall ist. Jahwes Handeln, das in der Vergangenheit in Schöpfung <u>und</u> Geschichte ein gleichermaßen heilvolles war, soll in Zukunft zu dieser Einheitlichkeit zurückgelangen.

Zusammenfassend läßt sich also eine doppelte Funktion des
Abschnittes V.12-17 im Kontext des ganzen Psalms feststellen:

- Indem Jahwe an seine machtvollen, ordnungsstiftenden
  Schöpfertaten erinnert wird, wird deutlich, daß von ihm
  erwartet wird, auch das gegenwärtige Geschick Israels
  wenden zu können. Insofern kommt dem Schöpfungsglauben
  begründende Funktion zu, wobei zu beachten ist, daß diese
  Begründung Jahwe gegenüber erfolgt.
- Indem zugleich Jahwe an seine frühere Hinwendung zu Israel
  erinnert und diese mit der gleichen Zeitbestimmung versehen wird wie sein weltweites Schöpferhandeln (קדם in V.2;
  מקדם in V.12) und darüber hinaus auch letzteres als ein
  heilvolles verstanden wird ( ישועות in V.12), werden Jahwes
  weltweites Schöpfungshandeln und sein besonderes Handeln
  an Israel einander eng zugeordnet. Diese Zuordnung gibt
  der Klage ein ganz deutliches Profil: Da im Bereich der
  Naturordnung nach wie vor alles "in Ordnung" ist, soll
  auch die Beziehung Jahwes zu seinem Volk wieder in Ordnung
  kommen, und zwar dadurch, daß Jahwe den gegenwärtig heil-
  losen Zustand durch sein Einschreiten beendet.

Sind wir mit dieser Interpretation im Recht, dann dürfte der
Unterschied zu Deuterojesaja offenkundig sein: Zwar geht es
auch diesem darum, Jahwes Handeln in Schöpfung und Geschichte ganzheitlich zu sehen (so in Jes 44,24-28; 45,9-13;
45,18-25; 48,12-16a), doch versteht er das besondere Handeln
an Israel, das er ansagt, nicht einfach als eine Restitution
des alten Zustandes. Es wird vielmehr als ein neuartiges,
das Bisherige übersteigendes Handeln verstanden (43), wobei
sich zugleich der Blick erweitert, indem die Völkerwelt mit
einbezogen wird (44). Während die Daheimgebliebenen in Juda
(Jerusalem) auf das sehen, was war und so auch wieder sein
sollte, hat Deuterojesaja sein Ohr offen für neue geschichtliche Konstellationen, die sich am Horizont abzeichnen,
deutet diese von Jahwe her und integriert dahinein die Rede

von Jahwes weltweitem Schöpfungshandeln (45). Es wäre sicher zu gewagt, aus diesem einzelnen Zeugnis des 74.Psalms zu weitreichende Schlüsse in der Richtung zu ziehen, welche Funktion die Rede von Jahwes weltweitem Schöpfungshandeln im Jerusalem der exilischen Zeit gehabt hat. Gleichwohl wird man sagen können, daß die Exilierten in Babylon von ihrer Umwelt her in theologischer Hinsicht auf ganz andere Art herausgefordert waren als die Restgemeinde in Juda. Schon deshalb war Deuterojesaja genötigt, in einer sehr überlegten Weise sein Jahwezeugnis abzugeben, was gerade auch für die Art und Weise gilt, in der er von Jahwe als dem Schöpfer redet.

Konnten wir bisher mit Deuterojesaja und Ps 74 zwei profilierte Zeugen einer exilischen Schöpfungstheologie kennenlernen, so wäre nochmals zu fragen, ob es noch mehr solche Zeugnisse aus dieser Zeit gibt. Daß die Priesterschrift nachexilischen Datums ist, werden wir in Abschn.V nachzuweisen versuchen. Ein Problem stellt allerdings Ps 102 dar. Der Kürze halber stelle ich fest: Es läßt sich im großen Ganzen nichts gegen die Argumentation Petersens (46) vorbringen, der sich mit Recht dagegen wehrt, mit Hilfe der Formkritik über literarkritisch relevante Spannungen hinwegzuschreiten (so Gunkel und Kraus). Auch wenn manches auf die Exilszeit hinzudeuten scheint (z.B. V.17), mag es doch angesichts der Art der Mehrschichtigkeit des Psalmes (vgl. im einzelnen Petersen) schwerlich gelingen, die Schöpfungsaussage in V.26 in die exilische Zeit zu datieren; es ist eher an die nachexilische Zeit zu denken (47).

## 2. Ps 89

Der Psalm gibt uns einige Probleme auf. Die Art ihrer Lösung beeinflußt in ganz erheblichem Maße unsere thematische Fragestellung. Es geht dabei um die literarische Einheitlichkeit, um die Datierung und auch um die Frage nach dem Sitz im Leben. Diese Probleme stehen nicht für sich, sondern berühren sich gegenseitig.

## Zur Frage nach der Einheitlichkeit

Gunkel sieht in V.2f.6-19 einen Hymnus "auf Jahves Gnade und Macht", in V.4f.20-38 ein "Orakel über David", in V.39-46 ein Klagelied und in V.47-52 als Höhepunkt "die leidenschaftliche Bitte: Jahve, denke daran!" Literarkritisch gelangt er zu einer Zweiteilung, indem er den Hymnus als ein älteres Stück ansieht, das aus dem Nordreich und somit aus der Zeit vor 722 stammen müsse (48). Die übrigen Verse (V.4f.20-52) würden von einer weit späteren Hand herrühren, die den Hymnus "als erste(n) Teil einer umfassenden Komposition" verwende. Der Psalm in seiner Endform sei gemäß V.47 "geraume Zeit" nach dem Ende des judäischen Königtums entstanden und etwa in das 5. Jahrhundert zu datieren. Andere Forscher nehmen ebenfalls eine literarkritische Sonderung vor, kommen aber zu etwas anderen Ergebnissen (49). Daneben fehlt es auch nicht an Stimmen, die den Psalm als eine Einheit ansehen (50).

Wir selbst gehen von folgenden Überlegungen aus: Die Erinnerung an die früheren Zusagen Jahwes an das davidische Königshaus (V.20-38), die Klage angesichts der gegenwärtigen Lage (V.39-46) und die daran anschließende Bitte (V.47-52) gehören zusammen: V.39-46 stehen in bewußtem Kontrast zu V.20-38, welche der Klage erst ihr Profil geben, während die Bitte an Jahwe (V.47-52) die vorangegangene Klage zur Voraussetzung hat. Es besteht also kein Anlaß anzunehmen, daß diese drei Teile einmal für sich bestanden hätten. V.20-52 wären so insgesamt aus der Situation der Klage heraus zu verstehen. Genau dies trifft nun für V.2f.6-19 - auf V.4f ist noch einzugehen - nicht zu. Vom Inhalt und von der ganzen "Stimmung" her ist dieses Stück hymnisch geprägt: Nach der begründeten Selbstaufforderung, Jahwes Gnadenerweise zu besingen (V.2f), wird in V.6-9 Jahwes himmlische

Majestät gepriesen - worauf sie beruht, wird uns noch zu beschäftigen haben -, in V.10-13 seine Macht als Schöpfer und Bezwinger chaotischer Mächte. Nach den allgemeiner gehaltenen Aussagen in V.14f, die Jahwes Stärke, Gerechtigkeit und Treue besingen, ist in V.16-19 das Verhältnis Jahwes zu Israel - und da insbesondere zu dessen König (V.18f) - das Thema. Der Abschnitt V.20-38 ist von diesem Hymnus nicht nur durch die bereits erwähnte Verbindung mit den nachfolgenden Teilen abgehoben, sondern auch durch das einleitende אז in V.20. Damit wird der Blick auf die Zusagen der Vergangenheit eröffnet, die (so V.39-46) in Widerspruch zur Gegenwart stehen, während der vorausgehende Hymnus von dieser Problematik gerade nichts merken läßt. Vom Hymnus unterscheidet sich der Abschnitt V.20-38 auch insofern, als er eingehend das Verhältnis Jahwes zum Königtum thematisiert und dabei auch den Fall der Untreue Jahwe gegenüber bedenkt (V.31-35).

Wollte man nun den ganzen Psalm für eine Einheit aus einem Guß halten, also annehmen, daß er in einem Zug - ggf. unter Aufnahme bestimmter Vorstellungsgehalte - entstanden ist, dann müßte man folgenden Einwand entkräften können: Wie kann man es sich vorstellen, daß in einer Situation, die zur Klage Jahwe gegenüber Anlaß gibt (V.39-46), ein Stück entsteht, das einen vollständigen Hymnus (V.2f.6-19) enthält (51)? Statt dessen ist es doch viel wahrscheinlicher anzunehmen, daß man in einer Klagesituation einen bereits bekannten Hymnus aufnimmt und ihn in die Klageliturgie - ganz gleich, welches Profil diese im einzelnen hatte - einbaut (52). V.2f.6-19 dürften also einer früheren Zeit als die anderen Teile des Psalms entstammen. Sie haben einmal als selbständige Einheit existiert und wurden später in den jetzigen Aussagezusammenhang hineingenommen (53).

Haben wir somit bezüglich des Psalms in seiner Endgestalt mit einem Redaktionsprozeß zu rechnen, dann wäre von daher nun zu überlegen, wie V.4f einzuordnen sind. Vom jetzigen

Kontext heben sie sich deutlich ab: In V.3 und V.6 wird Jahwe angeredet, während er in V.4f selber Redesubjekt ist. Auch inhaltlich schließt V.6 an V.3 an: In beiden Versen ist von שמים und אמונתך die Rede. Jahwe wird in beiden Versen in universale Bezüge hineingenommen, während in V.4f das Verhältnis Jahwes zu David und seinen Nachkommen das Thema ist. Sowohl formal (Jahwe redet selbst und wird nicht - wie im Kontext - angeredet) als auch inhaltlich (es geht nicht um Jahwes weltweite Relationen, sondern um seine besondere Beziehung zum israelitischen Königtum) stehen also V.4f in enger Beziehung zu V.20-38 (54). Es legt sich somit die Annahme nahe, daß V.4f nicht zum vorgegebenen Hymnus gehören, sie vielmehr redaktionell eingefügt wurden und diese Einfügung mit der Einbindung des älteren Hymnus in den nun vorliegenden Zusammenhang einherging (55).

## Das Problem der Datierung

Unsere vorangegangenen Erwägungen legen nahe, den Hymnus V.2f.6-19 und den restlichen Psalm gesondert zu datieren und den Hymnus als älter anzusehen. Bezüglich des terminus a quo läßt sich zunächst einmal nur das sagen, daß der Hymnus das davidische Königtum voraussetzt. Die Bestimmung des terminus ante quem hängt davon ab, wie man verschiedene einzelne Aussagen des ganzen Psalms deutet.

H.J.Kraus neigt der Auffassung zu, daß der ganze Psalm vorexilisch sein könnte (für uns würde das heißen, daß der Hymnus das davidische Königtum nicht nur voraussetzt, sondern selbst noch aus der Königszeit herrührt) und führt dabei vor allem folgende Gesichtspunkte an:
- Aufgrund von V.52 müsse angenommen werden, daß ab V.48 der König selber spricht.
- "Auch nicht die Spur von einer geschehenen Exilierung ist wahrzunehmen. Dagegen wird in 44 mitgeteilt, daß der König eine Schlacht verloren habe."

Die hier herangezogenen Verse 44 und 52 sprechen nun keines-

wegs eindeutig für eine vorexilische Datierung. Ob in V.48ff
der König selber spricht, muß offenbleiben; er würde dann in
V.52 von sich in der dritten Person reden. V.44 redet zwar
von der Erfolglosigkeit des Königs im Krieg. Dies könnte
aber durchaus auch bereits während des Exils im Rückblick
auf die vorangegangenen Ereignisse gesprochen worden sein.
Immerhin wäre dann eher an die ersten Exilsjahre zu denken.
Hinzuweisen wäre weiter auf V.40: "Du hast aufgehoben die
Zusage (56) an deinen Knecht, hast entweiht zum Staube seine
Krone." Nun ist gerade in V.35 von der Beständigkeit der
Zusage Jahwes die Rede, was aber - so V.33 - nicht ausschließt, daß Jahwe gegen die Könige auch strafend einschreiten kann. Wenn aber Jahwe laut V.40 seine Zusage
aufgehoben hat, dann muß dies gemäß V.33.35 doch wohl mehr
bedeuten als (vorübergehende) militärische Erfolglosigkeit.
Wahrscheinlich wird man den Psalm in seiner jetzigen Gestalt eher in der Zeit nach dem Ende des Königtums anzuset-
zen haben und von einer frühexilischen Entstehung ausgehen
können. Das aber würde bedeuten, daß der eingearbeitete
Hymnus gleichwohl in die vorexilische Zeit gehört! Eine
genauere Datierung scheint mir nicht möglich, es sei denn,
man folgert aus V.18f, daß zur Entstehungszeit des Hymnus
das Königtum recht stabil gewesen sein muß, was für die Zeit
nach Josias Tod ja kaum mehr zutrifft (57). Damit ist aber
vielleicht doch der stilisierten Art der Rede zu wenig
Rechnung getragen.

## Gattung und Sitz im Leben

Der Hymnus dürfte dem vorexilischen Tempelkult in Jerusalem
zuzurechnen sein. Diese Annahme legt sich schon von V.18f
her nahe, wo das Königtum Gegenstand des Lobpreises ist
(58). Der Psalm in seiner Endgestalt wird von verschiedenen
Sprechern als Klageliturgie vorgetragen worden sein. Das
läßt die Verschiedenartigkeit der einzelnen Teile (Hymnus in
V.2f.6-19; Erinnerung an Jahwes Zusage in V.20-38 [vgl. auch
V.4f]; Klage und Bitte in V.39-52) vermuten.

## Der vorexilische Hymnus (V.2f.6-19)

(2) Jahwes Gnaden (59) will ich immerfort (60) besingen,
von Geschlecht zu Geschlecht will ich kundtun deine
Treue mit meinem Mund.

(3) Denn ich spreche: Für ewig ist Huld erbaut;
die Himmel (61) - du machst deine Treue fest an ihnen.

(6) Und es preisen die Himmel deine Wundermacht, Jahwe,
auch deine Treue in (62) der Versammlung der Heiligen.

(7) Denn wer in den Wolken kommt Jahwe gleich,
ist ähnlich Jahwe unter den Gotteswesen?

(8) Gott ist sehr (63) gefürchtet im Kreis der Heiligen
und furchtgebietend über alle rings um ihn.

(9) Jahwe, Gott der Heerscharen, wer ist wie du?
Deine Huld (64) und deine Treue sind um dich herum.

(10) Du herrschest über des Meeres Aufbegehren;
wenn seine Wellen toben - du besänftigst sie.

(11) Du hast zermalmt wie einen Durchbohrten Rahab,
mit deinem starken Arm hast du deine Feinde zerstreut.

(12) Dein sind die Himmel, dein auch die Erde,
das Festland und was es füllt - du hast sie gegründet.

(13) Nord und Süd - du hast sie geschaffen,
Tabor und Hermon jauchzen deinem Namen.

(14) Du hast einen Arm voll Kraft,
stark ist deine Hand, erhoben deine Rechte.

(15) Gerechtigkeit und Recht sind deines Thrones Stütze,
Huld und Treue gehen vor dir her.

(16) Wohl dem Volk, das den Jubelschrei kennt -
Jahwe: im Lichte deines Angesichts wandeln sie.

(17) Über deinen Namen jauchzen sie Tag für Tag
und durch deine Gerechtigkeit erheben sie sich.

(18) Denn die Zierde ihrer (65) Kraft bis du,
und durch dein Wohlgefallen erhebt sich (66) unser
Horn.

(19) Ja, Jahwe gehört (67) unser Schild
und dem Heiligen Israels unser König.

Die Interpretation muß sich auf das für unsere Fragestellung
Relevante konzentrieren. Wir werfen zunächst den Blick auf
die Schöpfungsaussagen und fragen dann nach deren Verhältnis
zu den übrigen Teilen des Hymnus.

V.12f gleichen in ihrer Aussage in gewisser Weise Ps 74,16f.
Auch hier geht es wesentlich um die Etablierung und um das
Vorhandensein einer beständigen Daseinsordnung, auch wenn im
einzelnen die Verweispunkte nicht deckungsgleich sind. Mit
dem polaren Begriffspaar Himmel - Erde ist in V.12a zunächst
einmal das Ganze der vorfindlichen Wirklichkeit umschrieben
(68), deren Jahwe-Zugehörigkeit herausgestellt wird. V.12b
ist in seiner Aussage ähnlich, auch wenn der Blick nun auf
einen "Teil" des Ganzen - auf das Festland - fällt; es tritt
damit u.a. der Lebensraum des Menschen in seiner Gesamtheit
in das Blickfeld. Wenn weiterhin gemäß V.13a Jahwe Nord und
Süd geschaffen hat, dann ist auch hier ein globaler Sachverhalt angesprochen: Die beiden entgegengesetzten Himmelsrich-
tungen markieren die vorfindliche Wirklichkeit in ihrer
horizontalen Ausdehnung. Geht es somit in V.12a.12b.13a um
umfassende Daseinsgegebenheiten, dann würde V.13b deutlich
aus der Rolle fallen, wenn die konkrete Nennung zweier
Berge nicht doch auch auf Grundsätzliches hinauswollte:
Tabor und Hermon - wenngleich unterschiedlich hoch - sind
zwei herausragende Berge. Die Aussage, daß diese Jahwes
Namen jauchzen, besagt m.E. dies, daß die vorfindliche Wirklichkeit auch in vertikaler Hinsicht zu Jahwes Machtbereich
gehört (69). Auf diese Weise beschreiben also V.12f die
Erschaffung und das Vorhandensein einer grundlegenden, glo-
balen Daseinsordnung.

Den Versen 12f sind V.10f vorangestellt. Hier geht es um die
Relation Jahwes zu feindlichen Mächten (70), wobei die Vorstellung in beiden Versen nicht ganz die gleiche ist: Laut
V.11 sind diese Mächte besiegt, gemäß V.10 aber ist Jahwe
zwar der Herr über das Meer, dennoch ist dessen Macht nicht

gänzlich gebrochen; seine Wellen können sich erheben, auch wenn sie von Jahwe wieder zur Ruhe gebracht werden (71). Es hätte keinen Sinn, diese beiden etwas unterschiedlichen Vorstellungen gegeneinander auszuspielen (72): Es kommt darauf an zu wissen, daß sich die beständige Daseinsordnung Jahwe verdankt, wie dies in V.12f zum Ausdruck kommt. Wenn man gleichzeitig im Blickfeld hat, daß solche Ordnung keine selbstverständliche, sondern den chaotischen Mächten abgerungene ist, dann ist der entscheidende Gesichtspunkt der, daß der Bestand der Daseinsordnung nicht von einem andauernden und letztlich unentschiedenen Kampf zwischen Chaosmacht und Ordnungsmacht abhängt, sondern daß letztere - also Jahwe - die Oberhand über erstere hat. Ob man von dieser Basis aus der Chaosmacht noch eine - wenn auch sehr eingegrenzte und so keineswegs relevante - Mächtigkeit zuerkennt (V.10) oder diese Macht für niedergerungen hält (V.11), stellt dann keine entscheidende Differenz mehr dar (73).

Sehen wir unsere bisherigen Erwägungen zusammen, dann läßt sich das Verhältnis der Chaoskampfaussagen zu der Rede von Jahwe als dem Schöpfer und Herrn der vorfindlichen Wirklichkeit ganz ähnlich bestimmen wie in Ps 74,13-17: Die vorfindliche Daseinsordnung wird als positive Setzung Jahwes verstanden. Sie hebt sich ab von zerstörerischen, chaotischen Mächten. Die Etablierung dieser Ordnung bedeutet, daß damit chaotische, lebens- und jahwefeindliche Mächte außer Gefecht gesetzt (V.11) oder doch zumindest in ihre Schranken gewiesen sind (V.10). Somit stehen auch hier Chaoskampf und Schöpfung nicht im Verhältnis einer zeitlichen Aufeinanderfolge (74).

In welchem Verhältnis stehen nun V.10-13 zu den vorangehenden Aussagen des Hymnus? Wenn gemäß V.2 Jahwes Gnaden besungen und seine Treue kundgetan werden sollen, laut V.3 für ewig Huld erbaut ist und Jahwe seine Treue an den Himmeln festmacht, V.6 zufolge die Himmel Jahwes

Wundermacht und Treue preisen - dann ist zu fragen, worin solch gnädige Zuwendung Jahwes zu sehen ist, die zum Gegenstand menschlichen und kosmischen Preisens wird. M.E. ist die Annahme unausweichlich, daß dies alles mit Jahwes Schöpfermacht zusammenhängt: V.3b besagt, Jahwe mache seine Treue an den Himmeln fest. Es wäre sehr gekünstelt, anzunehmen, daß damit ein Treueerweis gemeint sei, der nicht unmittelbar mit den Himmeln in Verbindung zu bringen wäre. Es ist vielmehr davon auszugehen, daß das Vorhandensein der Himmel als eines wichtigen Bestandteils der Schöpfung selbst der Treueerweis Jahwes ist: Indem es die Himmel "gibt", macht Jahwe seine Treue an ihnen fest, erweist er dadurch seine Treue (V.3b), ist für ewig Huld erbaut (V.3a). Darin besteht das Zeugnis der Treue Jahwes, das der Beter besingen und weitergeben will (V.2) (75).

Besagtes Zeugnis der Treue Jahwes ist nicht nur für den menschlichen Wahrnehmungsbereich von Bedeutung. Es ist auch in der "Versammlung der Heiligen" zu vernehmen (V.6). Weshalb ertönt dieses Zeugnis dort? Laut V.7 haben wir es hier nicht mit einer himmlischen Ratsversammlung zu tun, wo Jahwe - so in Hi 1,6 - ohne Frage der souveräne Gebieter wäre und alle anderen Mitglieder ganz selbstverständlich untergeordnete himmlische Wesen darstellten. Es wird vielmehr betont, daß von den göttlichen Wesen niemand an Jahwe heranreicht (76). Offenkundig schimmert - wie auch in Ps 82 - in unserem Text noch die Vorstellung eines Götterpantheons durch, wie sie vor allem auch in der kanaanäisch-syrischen Umwelt zu Hause gewesen ist (77). Daß in V.8 auf einmal von El die Rede ist, während im ganzen Kontext von Jahwe gesprochen wird, ist ein zusätzliches Indiz für diese Annahme. Gleichwohl ist deutlich: Jahwe ist gefürchtet und furchtgebietend im Kreis der Heiligen (V.8), und die Frage "Wer ist wie du?" in V.9 birgt die Antwort bereits in sich. Es ist nun gar nicht so wichtig, ob mit einem solchen Aussagegefälle einer "monotheistischen" Vorstellung Bahn gebrochen wird - viel bedeutsamer ist der Tenor, daß Jahwe der Mächtige ist und niemand sonst (78).

Wenn wir nun fragen, worauf sich solche Macht und solches Ansehen Jahwes im Kreis der Heiligen stützen, dann kann die Antwort nur die sein, daß der Preis der Himmel als ein Preis von Jahwes mit seiner Treue (Zuverlässigkeit) gegenüber seiner Welt einhergehenden Schöpfermacht zu verstehen ist (V.6), somit Jahwes Schöpfermacht im himmlischen Bereich bekannt ist und seine machtvolle Stellung von daher zu verstehen ist (79). Für diese Deutung spricht nicht zuletzt der weitere, bereits exegesierte Textverlauf: V.9 leitet mit der Frage "Wer ist wie du?" über zu V.10-13, wo es um Jahwes Herrsein über chaotische Mächte und um sein Schöpfersein geht. Wichtig ist also dieses: Jahwe ist als der Schöpfer der Unvergleichliche.

Anknüpfend an bereits Festgestelltes ist nun nochmals auf folgendes Wert zu legen: Jahwe erweist sich in seinem Schöpfersein gegenüber anderen göttlichen Wesen als der Majestätische - gleichwohl wird sein Schöpfungshandeln als ein Akt der Huld (חסד) und der Treue (אמונה) verstanden. Beide Worte kommen zusammengenommen - nimmt man die Konjektur in V.9 mit hinzu - in dem Teilabschnitt V.2f.6-9 siebenmal vor (vgl. V.2f.6.9).

Nach den allgemein gehaltenen Aussagen in V.14f - es sei hier dahingestellt, ob sie mehr zu den vorangegangenen Aussagen oder zu den nachfolgenden gehören oder auch eine Art Bindegliedfunktion einnehmen - thematisieren nun V.16-19 Jahwes besondere Hinwendung zu Israel, die sich hier besonders im Königtum konkretisiert (V.18f). Der König, von dem explizit erst in V.19b die Rede ist, wird "unser Horn" (V.18b) und "unser Schild" (V.19a) genannt. Mit beiden Begriffen sind Ausdrücke der Stärke bezeichnet (zu קרן vgl. Ps 75,6; 92,11; 112,9).

Insgesamt läßt sich sagen, daß in dem Hymnus Jahwes weltweites Schöpfungshandeln (bzw. sein Schöpfersein) und seine besondere Hinwendung zu Israel in einem ganz und gar unproblematischen Verhältnis zueinander stehen (80). So, wie Jahwe Himmel und Erde gehören (V.12a), so gehört ihm auch Israels König (V.19). Eines muß gleichwohl noch beachtet werden: Den solchem Gottsein Jahwes entsprechenden Jubelschrei kennt offensichtlich nur Israel (V.16a), über Jahwes Namen wird nur dort gejauchzt (V.17a) (81). Ganz ähnlich wird die Weitergabe des Zeugnisses von Jahwes Schöpfertreue "von Geschlecht zu Geschlecht" (V.2) als eine Weitergabe innerhalb der Jahwegemeinde zu verstehen sein. D.h.: Das Handeln und Sein Jahwes wird ohne Spannung in universalen und partikularen Horizonten gedacht, beide Horizonte geben Anlaß zum Lobpreis. Dieser Lobpreis aber erschallt nur in Israel (soweit man an die menschliche Sphäre denkt; anders ist es natürlich mit dem Lobpreis der Himmel in der göttlichen "Versammlung der Heiligen" [V.6]). Als ein Problem wird das hier noch nicht angesehen. Erst in späteren Zeiten wird es zum Gegenstand näheren Bedenkens (vgl. z.B. Ps 135,18f und insgesamt Abschn.IV.7).

## Die redaktionelle Einarbeitung des Hymnus

Nach unseren literarkritischen Erwägungen zu Beginn ist hierzu das Nötige schnell gesagt:

- Mitten in die Aussage hinein, in der von Jahwes universalem Treueerweis die Rede ist (V.3.6), wird in V.4f die Jahwerede dazwischengeschaltet, die die Zusage an das Davidhaus zum Gegenstand hat. Damit wird deutlich: Die Zusage an das Davidhaus ist der Treue Jahwes, die durch das Vorhandensein der Himmel als Bestandteil der Schöpfung zum Ausdruck kommt, an Gewichtigkeit gleichzuordnen (82). Schon daraus ergibt sich die Brisanz der Aussage von V.40, daß Jahwe von seiner Zusage (ברית steht in V.4 und V.40!) abgerückt sei.

- Diese letztere Aussage stellt (neben der Bitte einzugrei-

fen) den wesentlichen Aussagegehalt von V.20-52 dar (vor-
ausgesetzt, man versteht V.20-38 von V.39ff her [vgl. die
Einleitung in V.20, die V.20-38 als Retroperspektive
kenntlich macht]). Das bedeutet folgendes: Wenn gemäß der
Aussagen des Hymnus einschließlich des Einschubs V.4f
Jahwes weltweites Schöpfungshandeln und sein besonderes
Handeln insofern eine Einheit bilden sollten, daß Jahwe
wie der Schöpfung (vgl. vor allem V.3.10-13) auch dem
Davidhaus Bestand verleiht (V.4f) und zum König steht
(V.18f) - dann ist diese Einheit der Zuwendung Jahwes
durch die neuen Konstellationen der Exilszeit nachhhaltig
auseinandergebrochen. Dies machen auch V.37-39 klar: In
V.37f wird die Dauerhaftigkeit der davidischen Dynastie
mit der Beständigkeit von Sonne und Mond verglichen. V.39
hingegen stellt die Verwerfung des Gesalbten fest.
- Wie fest der Hymnus in die Gesamtkomposition integriert
ist, zeigt sich nicht nur durch die Einschaltung V.4f,
sondern auch dadurch, daß die Begriffe אמת, חסד und אמונה,
die im Hymnus wiederholt begegnen, auch in den anderen
Teilen des Psalms eine zentrale Rolle spielen (83). Um
Jahwes Huld und Treue geht es sowohl im universalen als
auch im partikularen Bereich.


## Ps 74 und 89 im Vergleich

Es dürfte bisher schon einiges darauf hingedeutet haben, daß
Ps 74 und Ps 89 (letzterer nun in seiner Endgestalt) in
nicht unwesentlichen Punkten vergleichbar sind, ohne daß wir
immer explizit darauf hingewiesen haben. Das soll nun in
einer zusammenfassenden Weise geschehen. Eine gemeinsame
Linie ist im Hinblick auf unsere Fragestellung in der Weise
zu sehen,
- daß beide Psalmen Jahwes weltweites Schöpfungshandeln als
etwas Heilvolles ansehen (84), das nicht willkürlich geschieht, sondern dem Leben dient;
- daß beide Psalmen Jahwes weltweites heilvolles Handeln mit
seiner besonderen Hinwendung zu seinem Volk (bzw. dessen

König) auf einer Ebene sehen und somit
- in der Sicht beider Psalmen Jahwes gegenwärtige Verborgenheit seinem Volk gegenüber nicht Grund zur ausweglosen
Ratlosigkeit wird, sondern die Klage vielmehr weiß, was
sie im Auge behalten darf: die Einheit von Jahwes Handeln
im Universalen wie im Partikularen, deren Auseinanderbre-
chen man nicht als endgültig hinnimmt.


## 3. Ps 95

Wie bei Ps 89 sind auch bei Ps 95 Datierung (85) und
Einheitlichkeit (86) umstritten. Wir meinen Grund zur
Annahme zu haben,
- daß der Psalm aus zwei Teilen unterschiedlicher Herkunft
besteht;
- daß beide Teile der vorexilischen Zeit zuzurechnen sind;
- daß sich darüber hinaus Anhaltspunkte ergeben, die trotz
einiger Unterschiede im einzelnen einen näheren Vergleich
der hymnischen Teile von Ps 89 und 95 zulassen.

### Zur Frage nach der Einheitlichkeit, Gattung und Datierung

Der Psalm in seiner jetzigen Gestalt gliedert sich deutlich
in zwei Abschnitte: V.1-7a stellen einen Hymnus dar, der
vermutlich an den Anfang des Gottesdienstes gehört hat. V.1f
und V.6 fordern zum Lobpreis und zur Anbetung auf; die
Begründung erfolgt jeweils in V.3-5 und V.7a. In V.7b-11
dagegen haben wir es mit einer Mahnrede zu tun, die mit der
Erinnerung an den Ungehorsam des Volkes in der Wüstenzeit
einhergeht. Die Mahnung, die "heute" (V.7b) ertönt, setzt
offenkundig nicht eine völlig intakte Beziehung zwischen
Jahwe und seinem Volk in der Weise problemlos voraus, wie es
beim Hymnus (vgl. V.7a) der Fall ist. Wir müssen daher in
literarkritischer Hinsicht eine ähnliche Frage stellen wie
bei Ps 89: Kann man es sich vorstellen, daß die Kreise, die
offenkundig den Gehorsam des Jahwevolkes nicht als selbst-

verständlich ansehen, zugleich einen Hymnus verfassen, der
in seinem Tenor eine problemlose Beziehung zwischen Jahwe
und seinem Volk voraussetzt (87)? Es scheint mir hingegen
die Annahme viel wahrscheinlicher zu sein, daß Hymnus und
Mahnrede erst nachträglich im Gottesdienst einander zugeordnet wurden.

Als Motiv für die Verbindung beider Teile spielt jedoch m.E.
- ganz anders als bei Ps 89 - die Rede von Jahwes weltweitem
Schöpfungshandeln weniger eine Rolle. Die Mahnrede will ja
darauf hinaus, die Jahwegemeinde mit dem Hinweis auf negative Vorkommnisse während der Wüstenwanderung vom Ungehorsam
abzuhalten, was bedeutet, daß auch heute Jahwes gnädige
Zuwendung vom Verhalten des Volkes abhängt. Hier bekommt
dann die Schlußaussage des Hymnus (V.6.7a) ihre Relevanz:
Ist dort das Verhältnis zwischen Jahwe und Volk Gegenstand
der lobpreisenden Huldigung, so setzt die Mahnrede hierzu
die deutliche Ergänzung, indem sie das Verhältnis zwischen
Jahwe und Volk auch von seiner kritischen Seite her beleuchtet.

Bei der Datierungsfrage ist davon auszugehen, daß die Mahnrede das jüngere Stück ist. Vorausgesetzt, wir haben es
nicht mit einem Fragment zu tun, dürfte sie - wie der
plötzliche Einsatz in V.7b deutlich macht - kaum je für sich
bestanden haben, sondern wäre an den Hymnus angefügt worden,
um der Selbstverständlichkeit der dort sich äußernden
"Heilsgewißheit" eine korrigierende Ergänzung zu geben. Für
welche Zeit im Verlauf der Geschichte Israels kann man sich
das am ehesten vorstellen? J.Jeremias verweist - trotz einiger von ihm auch festgestellter Unterschiede - auf die Nähe
des Psalms zu dtn.-dtr. Gedankengut, was für V.7b-11 tatsächlich zutrifft. Dieser Bezugsrahmen erlaubt jedoch noch
keine eindeutige Situierung (88). Am ehesten vorstellbar
ist, daß die Gesamtkomposition aus einer Zeit herrührt, die
von relativer äußerer und innerer Sicherheit geprägt war

(vgl. die Anknüpfung der Mahnrede an den Hymnus). Zugleich
aber muß - wie festgestellt - dtn.-dtr. Gedankengut wirksam
gewesen sein. Damit ist eine nachexilische Entstehung der
Mahnrede nicht gerade wahrscheinlich (die Exilszeit dürfte
ohnehin kaum in Betracht kommen, wenn man den Duktus der
Mahnrede ansieht und annimmt, daß sie an den Hymnus ange-
hängt wurde). Wohl kann man davon ausgehen, daß die dtr.
Schule "gewiß über Generationen hinweg bestanden (hat)"
(89), man müßte aber - wollte man eine nachexilische Datierung wagen - zugleich annehmen, daß diese Theologenkreise
nach dem Exil ihre Aufgabe auch darin gesehen hätten, in der
Phase der Restauration vor einer falschen Heilssicherheit zu
warnen (90). Nun ist, wenn ich recht sehe, das Anliegen der
dtr. Schule nach 587 doch wohl eher dies, den geschichtlichen Niedergang mit dem Ungehorsam des Volkes und seiner
führenden Kreise zu begründen (91). Wäre es bei alledem
nicht viel wahrscheinlicher, die Mahnrede aus einer Zeit vor
dem Exil heraus zu verstehen, die noch von relativer Stabilität geprägt war (deshalb die Anknüpfung an den Hymnus),
in der zugleich aber die theologische Richtung, wie sie uns
im Deuteronomium entgegentritt, bereits auf dem Plan war?
Man könnte dann am ehesten etwa an die Josiazeit denken.

## Der vorexilische Hymnus (V.1-7a)

Entstammt die Mahnrede - mit aller Vorsicht geäußert - der
Josiazeit, dann ist der Hymnus als das ältere Stück auf
jeden Fall vorexilischer Herkunft (was natürlich selbst dann
nicht auszuschließen ist, wenn die Mahnrede nicht der vorexilischen Zeit zuzurechnen wäre). Eine genaue Datierung des
Hymnus ist schwer möglich. Es kann durchaus sein, daß er
nicht viel früher als die Mahnrede entstanden ist. Jedenfalls aber - und auf diese Beobachtung kam es uns an - wird
man hinter den beiden Teilen des Psalmes jeweils verschiedene Verfasserkreise zu suchen haben. Dtn.-dtr. geprägt ist
nur der zweite Teil. Da - wie bereits ausgeführt - die Rede
von Jahwes weltweitem Schöpfungshandeln im Hymnus wohl weni-

ger der Grund gewesen sein dürfte, hierauf die Mahnrede folgen zu lassen, stellen wir nun bei unseren weiteren Überlegungen redaktionskritische Gesichtspunkte hintan und konzentrieren uns auf den Hymnus.

(1) Kommt, laßt uns Jahwe zujubeln,
    zujauchzen dem Fels unseres Heils!
(2) Laßt uns entgegentreten seinem Angesicht mit Danksagung, mit Liedern ihm jauchzen!
(3) Denn ein großer Gott ist Jahwe
    und ein großer König über alle Götter.
(4) In dessen (92) Hand sind die Tiefen der Erde,
    und die Höhen der Berge sind sein.
(5) Demselben ist das Meer, er hat es gemacht,
    und das Trockene - seine Hände haben (es) gebildet.
(6) Kommt herzu, laßt uns huldigen und uns beugen,
    laßt uns niederknien vor Jahwe, der uns gemacht hat.
(7a) Denn er ist unser Gott,
    und wir sind das Volk seiner Weide und die Schafe seiner Hand (93).

Der Aufforderung zum Lobpreis (V.1f) und zur Huldigung (V.6) folgt jeweils eine mit כי eingeleitete Begründung (V.3-5.7a). Wir betrachten zunächst V.3-5. V.4 und V.5 werden jeweils mit אשר eingeleitet, womit ein enger Anschluß an V.3 erreicht ist. Worum es in V.3 geht, ist offenkundig: Jahwe ist größer als alle Götter (94). Der enge Anschluß von V.4 und V.5 an V.3 besagt dann weiterhin, daß Jahwes Größe mit seinem Herrsein im Bereich der Schöpfung (V.4) und mit seinem weltweiten Schöpfungshandeln (V.5) in Verbindung zu bringen ist.

Die zweite imperativische Aufforderung (V.6) wird in V.7a mit der besonderen Beziehung Jahwes zu seinem Volk begründet. In den Begründungszusammenhang dürfte weiterhin die Aussage am Ende von V.6 gehören, daß Jahwe Israel gemacht hat.

Somit erschließt sich uns der Inhalt des Hymnus folgendermaßen: Jahwe ist zu preisen und ihm ist Huldigung darzu-
bringen,
- weil er über allen Göttern steht als der, der der Herr
  (V.4) und der Schöpfer (V.5) der vorfindlichen Wirklichkeit ist (95);
- weil Israel ihm seine Existenz verdankt und ihm zu eigen
  ist.
Zwischen diesen beiden Aspekten besteht im Hymnus keine
Spannung. Sie beide geben Grund, Jahwe in der gebührenden
Weise zu begegnen (V.1f.6). Beide Aspekte haben auch das
gemeinsam, daß sowohl bezüglich der vorfindlichen Wirklichkeit als ganzer als auch im Hinblick auf Israel Jahwe
zugleich als der Urheber (96) und als der gegenwärtige Herr
erscheint.

Der Hymnus ist somit von einer recht harmonischen Daseinsschau bestimmt: Jahwe ist Schöpfer und Herr der Wirklichkeit
insgesamt und ebenso seines Volkes Israel. Der nochmalige
Aufruf in V.6 trennt beide Aspekte, ohne sie in Spannung
zueinander zu bringen. Diese Art der Zusammenschau hat der
Hymnus innerhalb von Ps 89 mit Ps 95,1-7a gemeinsam. Da wir
nun beide Hymnen als vorexilisch ansehen, lohnt sich ein
näherer Vergleich, der uns Rückschlüsse auf bestimmte Aspekte vorexilischer Schöpfungstheologie geben kann, ohne freilich damit die vorexilische Schöpfungstheologie vor Augen zu
haben (vgl. ergänzend Abschn.IV.5).


4. Ps 89,2f.6-19 und Ps 95,1-7a als gemeinsame Zeugen vorexilischer Schöpfungstheologie

Wir fragen zuerst nach den Gemeinsamkeiten zwischen beiden
Hymnen und kommen danach auf ihr Bezugsfeld zu sprechen.

Bezüglich der Gemeinsamkeiten brauchen wir nur die einschlä-
gigen exegetischen Beobachtungen zusammenzufügen:
- In beiden Hymnen schimmert noch die Vorstellung eines
  Götterpantheons durch (Ps 89,7f; 95,3), dies jedoch so,
  daß allein Jahwes (97) Macht und Erhabenheit im Blickfeld
  der Aussage liegt.
- Die Machtstellung Jahwes im Vergleich zu anderen göttlichen Wesen wird mit seiner Schöpfertätigkeit und seinem
  Herrsein über die Schöpfung in Verbindung gebracht (vgl.
  Ps 89,7-9 im Kontext von V.10-13 und Ps 95,3 im Kontext
  von V.4f).
- Jahwes weltweites Schöpfertum und seine besondere Hinwendung zu seinem Volk werden nicht in Spannung zueinander
  gesehen. Die Aussagen gehen ohne Bruch vom ersten zum
  zweiten Sachverhalt über, wenn auch in Ps 95 durch den
  nochmaligen imperativischen Aufruf in V.6 eine etwas deutlichere Zäsur zwischen den beiden Themenkomplexen gesetzt
  wird, während in Ps 89 der Übergang durch die Aussagen
  allgemeiner Art in V.14f weniger deutlich erfolgt.
- Als Machterweis Jahwes hinsichtlich seiner Stellung im
  Kreis göttlicher Wesen fungiert seine besondere Hinwendung
  zu seinem Volk nicht. Der Kontext der einschlägigen Aussagen läßt derlei nicht vermuten. In dieser Hinsicht nimmt
  die Rede von Jahwes weltweitem Schöpfungshandeln eine
  andere Funktion ein.

Neben den festgestellten Gemeinsamkeiten gibt es auch Unterschiede. Für unsere Fragestellung sind folgende zu konstatieren, ohne daß ihnen größere Relevanz zukäme:
- Ps 89 nimmt im Unterschied zu Ps 95 die Chaoskampfthematik
  auf.
- Ps 95 redet von der Hinwendung Jahwes zu seinem Volk in
  einer nur allgemeinen Weise, während Ps 89 auf das Königtum zu sprechen kommt.

Haben so die beiden Hymnen in für uns entscheidenden Punkten

eine gemeinsame Aussagestruktur, dann wäre zu überlegen, ob
sie nicht auf einen gemeinsamen theologischen Hintergrund
verweisen. Auffallend ist zunächst folgendes: Jahwes Erhabenheit über die anderen Götter wird mit seiner Schöpfertätigkeit in Verbindung gebracht. Weshalb kann Jahwe als
Schöpfer angesehen werden? Daß Deuterojesaja keinen unmit-
telbaren(!) Schluß von Jahwes Schöpfersein hin zu seinem
(Jahwes) Gottsein gezogen hat, haben wir in Abschn.III.4
ausgiebig nachzuweisen versucht. In unseren beiden Hymnen
ist es jedoch tatsächlich so, daß Jahwes Machtstellung
direkt mit seinem Schöpfertum zusammenhängt (98). Nun muß
bei unserem Seitenblick auf Deuterojesaja beachtet werden,
daß dieser aus der Nullpunktsituation des Exils heraus redet, wo überkommene Glaubenswahrheiten nicht mehr fraglos
gelten konnten, er also vor Herausforderungen gestellt war
(vgl. Abschn.III.6), die unseren beiden Hymnen so nicht
bekannt sind. Dennoch wäre es oberflächlich anzunehmen, die
tatsächlichen Probleme hätten sich erst im Exil ergeben
(99). Wenngleich unsere beiden Hymnen - sie wollen ja Lobpreis sein! - Fragestellungen ihrer Zeit nicht direkt thematisieren, lassen diese sich doch indirekt rekonstruieren:
Die beiden Hymnen erkennen (zumindest "theoretisch") an, daß
es andere Gottheiten neben Jahwe gibt, preisen aber dessen
ungeachtet Jahwe in seiner auf seinem Schöpfertum beruhenden
Größe. Nun hat man bekanntlich in der näheren Umwelt die
Schöpfereigenschaft anderen Göttern - vornehmlich El - zugeschrieben. Anders als bei Deuterojesaja, dem "nur" noch die
Macht des Wortes zur Verfügung stand, muß nun für die vorexilische Zeit angenommen werden, daß die Kreise, die Jahwes
Schöpfersein proklamierten, das entsprechende gesellschaft-
liche Durchsetzungsvermögen besaßen, um Jahwe als die ober-
ste (100) und allein bedeutsame Gottheit darzustellen. Es
kann keine Frage sein, daß der Hymnus Ps 89,2f.6-19 seinen
Entstehungsort im Jerusalemer Kult hat (vgl. Anm.80). Schon
die Einbeziehung des Königtums in den Lobpreis (V.18f) läßt
schwerlich eine andere Deutung zu. Ferner spricht nichts

dagegen, Ps 95,1-7a vom gleichen Sitz im Leben her zu verstehen, wenn man die Ähnlichkeit der Aussagestruktur in
beiden Texten bedenkt. Wenn nun die zwei Hymnen tatsächlich
ihren Ort im vorexilischen Jerusalemer Kult haben, ist anzunehmen, daß die Rede von Jahwes Schöpfertum und seinem
obersten Gottsein im staatspolitischen Interesse lag und die
entsprechende Umpolung von El zu Jahwe hin von der machtpolitischen Konstellation her zu sehen ist: Der Gott, den
die Eroberer der alten Jebusiterstadt verehren, wird zum
obersten, allein mächtigen Gott und zum Schöpfer der vorfindlichen Wirklichkeit (101). Diese Vorstellung von Jahwes
alleiniger Souveränität und Schöpfermacht dürfte ein sehr
wesentliches Element der Jerusalemer Kulttradition darstellen (102).

Bezüglich der Art, wie beide Hymnen von Jahwes besonderer
Hinwendung zu seinem Volk reden, fällt die Spärlichkeit der
Aussagen auf (vgl. Ps 89,16-19; 95,6.7a). Es ist deshalb
durchaus zu überlegen, ob auch für unsere Hymnen das gilt,
was Steck hinsichtlich der vorexilischen Kulttradition
Jerusalems insgesamt vermutet: "Die Stämme Israels sind hier
nicht mehr der primäre Bezugspunkt, auf den hin das Wirken
Jahwes auf Zion gesehen wird; an ihre Stelle tritt,
eingebettet in die universalen Dimensionen des göttlichen
Wirkens hier, der Jerusalem be- und umwohnende Verehrerkreis
des Jahwes vom Zion, im wesentlichen erfaßt im
Herrschaftsbereich des Jerusalemer Königs." (103) Diese
Feststellung hat viel für sich, muß aber mit einer
Einschränkung versehen werden: Es darf dabei nicht der
Eindruck entstehen, daß der Kreis der Jahweverehrer in und
um Jerusalem herum streng zu unterscheiden wäre von den
Leuten, die weiter entfernt im Siedlungsgebiet der Stämme
wohnten. Daß die Jerusalemer Kulttradition in einer gewissen
Spannung zu der Tradition der Stämme stand, wird in Gen
14,18-20 deutlich (vgl. Abschn.IV.5.a). Gerade aber dieser
Beleg zeigt, daß man frühzeitig um eine Integration bemüht

war (vgl. wiederum Abschn.IV.5.a). Im einzelnen ist natürlich schwer zu ermitteln, welche Ausstrahlung rein geographisch die Jerusalemer Kulttradition hatte. Einerseits ist zu bedenken, daß eine Art "Hoftheologie" (der Ausdruck ist nicht als Werturteil zu verstehen) vornehmlich auf die Hauptstadt zentriert sein kann; andererseits ist es schwer vorstellbar, daß die mit dem Königtum zusammenhängenden Vorstellungen des Jerusalemer Kults nur auf den näheren Umkreis der Hauptstadt und nicht auf das gesamte von Jerusalem aus kontrollierte Gebiet Einfluß gehabt hätten.

Wie dem im einzelnen auch sei - jedenfalls ist festzuhalten, daß beide Hymnen spannungslos Jahwes Universalität und Partikularität (also sein weltweites Schöpfungshandeln und seine besondere Hinwendung zu seinem Volk) zusammensehen, dem partikularen Aspekt aber keine besondere Aufmerksamkeit widmen. Es lohnt sich, im Vergleich dazu nochmals einen Blick auf Deuterojesaja zu werfen. Unsere Exegesen in Abschn.III.4 - vgl. auch die Gesamtdeutung in Abschn.III.6 - haben ergeben, daß Deuterojesaja durchaus auch Jahwes Schöpfungshandeln und sein Geschichtshandeln als eine Einheit vor Augen bekommen wollte (vgl. 44,24-28; 45,9-13; 45,18-25; 48,12-16a). Er konnte aber weder von der Selbstverständlichkeit des Schöpfungsglaubens ausgehen, noch war es damit getan, Jahwes Handeln im Raum der Israel betreffenden Geschichte lediglich in einigen allgemeinen Sätzen zum Ausdruck zu bringen. Jahwes Wahrheit war nicht mehr ohne weiteres zu proklamieren; um sie mußte _gerungen_ werden. Wenn Deuterojesaja von Jahwe redet, dann geschieht das ohne machtpolitische Absicherung: Jahwe war für die Exilierten kein Staatsgott mehr!

Dieser kurze Blick auf Deuterojesaja darf nun aber nicht dazu verleiten, das Zeugnis der beiden Hymnen abzuwerten und einfach als Staatsideologie abzutun. Zusammen mit anderen vorexilischen Schöpfungszeugnissen (vgl. Abschn.IV.5) denken sie Jahwes Gottsein in universalen, weltweiten Maßstäben. Diese Wahrheit kann dort, wo sie laut wird, ihre machtpolitischen Implikationen haben, ohne daß sie deshalb falsch würde. In einer ganz anderen Situation und somit auf seine Weise ist ja auch Deuterojesaja Zeuge dieser Wahrheit geworden.

## 5. Zwischenüberlegung: Gibt es vorexilische Schöpfungsaussagen außerhalb des Psalters?

Hinsichtlich der vorexilischen Zeit wollen wir zu einem abgerundeten Bild kommen, so daß nun der Blick über den Psalter hinaus zu werfen ist. Ein nicht zu vermeidender Schwachpunkt unserer Untersuchung ist darin gegeben, daß wir nur bei solchen Zeugnissen vorexilische Herkunft annehmen und sie für unsere Deutung vorexilischer Schöpfungstheologie heranziehen können, wo die Argumente - zumindest in unserer Sicht - mit ziemlicher Wahrscheinlichkeit für diese Datierung sprechen. So sind wir bereits bei den Psalmen vorgegangen (wir haben z.B. Ps 24 ausgeklammert, weil hier die vorexilische Datierung von einer bestimmten, nicht gesicherten kultischen Deutung [Ladeumzug] abhängt) und werden auch bei den nun zu untersuchenden Texten so verfahren. Da außerhalb des Psalters überhaupt relativ wenige Schöpfungszeugnisse für eine vorexilische Datierung in Frage kommen, seien alle relevanten Belege durchgegangen, auch wenn sich dann nur bei einem Teil derselben genügend Argumente für eine vorexilische Datierung finden lassen.

## a) Gen 14,18-20

Die Begegnung Abrahams mit Melchisedek stellt innerhalb der Erzväterüberlieferung ein recht eigentümliches Stück dar. Wenn mit Salem (V.18a) tatsächlich Jerusalem gemeint ist (104), liegt uns in dieser Szene eine einmalige Verbindung der Erzvätertradition mit Jerusalem vor; bekanntlich haftet die Erzväterüberlieferung sonst an ganz anderen Orten. Außerdem stellt das Stück innerhalb seines Kontextes einen deutlichen Einschub dar, indem es die Schilderung der Begegnung Abrahams mit dem König von Sodom unterbricht. Darüber hinaus fällt es schwer, die Szene einer der Pentateuchquellen zuzuordnen. Eine redaktionskritische Untersuchung von Gen 14 (105) kann bei unserer(!) Fragestellung unterbleiben; uns hat hier die Szene V.18-20 als solche zu interessieren (106).

Der Name Abraham steht für Jahwes Hinwendung zu einer bestimmten Menschengruppe. Abrahams Begegnung mit dem König von Salem, der ihn im Namen des Schöpfergottes segnet, zeigt andererseits weltweite Perspektiven auf; es geht um die Relation Abrahams zum Schöpfer des Himmels und der Erde. Unsere Frage muß sein: Wann und mit welchem Interesse kann es zu einer derartigen Konstellation der Gedankengänge gekommen sein? Festzustellen ist zunächst zweierlei:

- Die Szene stammt kaum aus der Erzväterzeit selbst, sondern setzt eine spätere Entstehungszeit voraus. Das ergibt sich aus der Abgabe des Zehnten (V.20b) (107) sowie daraus, daß die Haftpunkte der Erzväterüberlieferung sonst ganz andere sind.
- Wir haben es somit keinesfalls mit einer historischen Reminiszenz aus der Erzväterzeit zu tun, sondern mit einer Fiktion aus späterer Zeit. Welches Aussageinteresse steckt dahinter?

Abraham wird - anders als in Gen 12,1-3 - von einem menschlichen Vermittler Segen zugesprochen (in Gen 12,1-3 haben wir es freilich zudem nicht mit einem Segenszuspruch, sondern mit einer Segensverheißung zu tun). Dieser Mittler, der hier Abraham gegenüber eine aktive Rolle spielt, ist hinwiederum der Repräsentant des Jerusalemer Kultes des Schöpfergottes El Eljon (108), was bedeutet, daß die mit dem Namen

Abraham verbundene "heilsgeschichtliche" Tradition - ganz
gleich, wie diese zur Zeit der Entstehung des Textes ausge-
prägt war - der Jerusalemer Kulttheologie untergeordnet wird
(109). Zu welcher Zeit und mit welchem Interesse - wir
nehmen unsere obige Frage wieder auf - kann solches zum
Ausdruck kommen?

Der Text muß aus einer Zeit herrühren, die - wie festgestellt - nicht mehr die der Erzväter ist, aber auch die
Okkupation Jerusalems durch David noch nicht allzu lange
hinter sich hat. Es muß klar sein, daß hinter der Gottesbezeichnung "El Eljon" eigentlich Jahwe steht (ein Integra-
tions- und Identifikationsprozeß ist also vorauszusetzen).
Zugleich muß aber auch der jebusitische Kult des Es Eljon
mit einem Priesterkönig an der Spitze noch in deutlicher
Erinnerung sein (110). Sind beide Annahmen richtig, legt es
sich in der Tat nahe, den Text mit v.Rad, Stolz und Westermann in die Zeit des frühen Königtums zu datieren (111). Wir
hätten dann tatsächlich hier ein deutliches Indiz dafür, daß
der Jerusalemer Kult schon in recht früher Zeit - zumindest
in Ansätzen - an einer Anbindung der Kulttheologie (einschließlich ihres Redens von Schöpfung) an die heilsgeschichtlichen Traditionen interessiert war, um auf diese Art
und Weise auch "weltanschaulich" dem Staatssystem Stabilität
zu verleihen. Dies erfolgte so, daß die Gewichtigkeit des
mit der Hauptstadt verbundenen Kultes - wenn auch behutsam -
betont wurde.

## b) Gen 2,4b (mit Anmerkungen zum Jahwisten insgesamt)

Mit einem Hinweis auf Jahwes weltweites Schöpfungshandeln
("Als Jahwe Gott Erde und Himmel machte ...") leitet der
Jahwist sein Werk ein (112) und zeigt somit zuerst einmal
die über den Menschen hinausgehende universale Perspektive
auf, bevor er auf die Erschaffung des ersten Menschenpaares
zu sprechen kommt, die dann der ganzen jahwistischen Urge-

schichte eine entscheidende Ausrichtung gibt (113). Geht man davon aus, daß der Jahwist der Zeit vor der Reichsteilung zuzuordnen ist (114), dann bedeutet das: In Israel wurde schon in recht früher Zeit von Jahwes weltweitem Schöpfungshandeln in einer gerafften, zusammenfassenden Weise gesprochen (115). So kann man allerdings nur reden, wenn die Aussage schon hinlänglich geläufig ist, und das besagt: Es war in der Zeit des davidisch-salomonischen Großreichs nicht gerade neu, von Jahwe als weltweitem Schöpfer zu sprechen.

In dieser Hinsicht stimmen unsere Beobachtungen mit dem überein, was zu Gen 14,18-20 festzustellen war. Beide Texte verweisen in die gleiche Zeit. Bei beiden Texten besteht Anlaß anzunehmen, daß sie die Rede von Jahwes Schöpfertum bereits als bekannt voraussetzen konnten. Einem weiteren Vergleich von Gen 14,18-20 mit Gen 2,4b ist nun freilich ein Hindernis vorgeschoben, insofern Gen 14,18-20 ein kurzes, in seinem Kontext selbständiges Stück darstellt, während Gen 2,4b ein umfangreiches Geschichtswerk einleitet. Wir versuchen, dieser Disparität in der Weise gerecht zu werden, daß wir zwar über Gen 2,4b hinaus einen Blick in das Geschichtswerk selbst werfen, dabei aber nur auf das achten, was direkt mit Gen 14,18-20 vergleichbar ist. Eine Theologie des Jahwisten insgesamt zu rekonstruieren, ist nicht unsere Absicht.

Daß der Segensverheißung an Abraham in Gen 12,1-3 zentrale Bedeutung für das jahwistische Geschichtswerk zukommt, dürfte schwer zu bestreiten sein; ebenso, daß diese Segensverheißung eine besondere Hinwendung Jahwes zu einer bestimmten Menschengruppe akzentuiert (ob und wieweit dann V.3b noch zusätzliche Perspektiven eröffnet, ist ein Problem, das in unserem Rahmen nicht ausdiskutiert werden kann; vgl. kurz hierzu Anm.114). Gemäß V.3a hängen Fluch und Segen davon ab, wie man sich zu Abraham stellt, der laut V.2 Verheißungsträger ist. Haben diese Aussagen tatsächlich ihren ursprüngli-

chen Ort im davidisch-salomonischen Großreich (vgl.
Anm.114), dann heißt das, daß dieses Reich von der Verheißung an Abraham her verstanden wird (Gen 12,2). Nimmt man
zugleich an, daß die Urgeschichte des Jahwisten in die
Kernaussagen von Gen 12,1-3 in gewisser Weise mündet (unbeschadet dessen, daß der Jahwist in seine Urgeschichte auch
Stoffe aufgenommen hat, die sich nicht unbedingt auf diese
Linie bringen lassen; vgl. nur Gen 4,20-22), dann wird
Jahwes Hinwendung zu Abraham in doppelter Weise Zentralpunkt
der jahwistischen Konzeption: Die Urgeschichte führt auf
diese Hinwendung hin (weil menschliches Verhalten in seiner
Verfehltheit eine neue Setzung Gottes nötig machte), die
gegenwärtigen geschichtlichen Verhältnisse (davidisch-salo-
monisches Großreich) werden von der Segensverheißung her
verstanden (auch wenn es nicht ganz eindeutig ist, in welcher Weise der Jahwist diese Segensverheißung für seine Zeit
kerygmatisch fruchtbar machen will; vgl. Anm.114).

Trotz mancher offenen Fragen bezüglich des Verhältnisses von
Gen 12,1-3 zur Urgeschichte des Jahwisten (wir haben sie nur
angedeutet) dürfte der Unterschied zu Gen 14,18-20 deutlich
markiert sein: In Gen 14,18-20 geht es nicht um eine Zen-
trierung auf die Zusage an Abraham, sondern um eine Integration dieser Gestalt in das Vorstellungsgefüge des Jerusalemer Kultes mit seiner ausgeprägten Schöpfungstheologie. Von
Schöpfung redet gewiß auch der Jahwist. Mit der Erwähnung
der Erschaffung von Erde und Himmel (Gen 2,4b) steckt er
einleitend einen universalen Rahmen ab; die Rede von der
Erschaffung des ersten Menschenpaares dient als Grundlage
für das nachfolgend geschilderte Geschehen (116). So ist der
Gott, der Abraham Segen verheißt (Gen 12,2), zugleich der
Schöpfergott. In seiner Schöpfereigenschaft wird Jahwe freilich in Gen 12,1-3 direkt nicht genannt. Hervorgehoben wird
die besondere Hinwendung zu Abraham. So ließe sich zusammenfassend sagen: Jahwe, der Abraham Segen verheißt, ist (vom
Kontext der Urgeschichte her gesehen) <u>auch der Schöpfer</u>. El

Eljon (und damit Jahwe in der Vorstellung der Jerusalemer Kultkonzeption) segnet Abraham als Schöpfer (117).

## c) Die Amos-Doxologien (Am 4,13; 5,8; 9,5f)

Vielfältig und kontrovers sind in der Forschung die Amos-Doxologien diskutiert worden. F.Crüsemann (118) faßt die Probleme folgendermaßen zusammen: "Umstritten ist, ob Amos selbst diese Sätze aufgriff oder ob eine spätere Redaktion bzw. spätere Leser sie in das Buch brachten ... Umstritten ist weiter das Alter dieser Doxologien, Zeit, Umstände und Absicht der Aufnahme in das Am-Buch, sowie die Frage, ob es sich um Teile eines einzigen, einheitlichen Hymnus handelt oder nicht." Von den Versuchen, einen einheitlichen Hymnus zu rekonstruieren, "vermag keiner bis jetzt voll zu überzeugen."

Einen entscheidenden Schritt hat in forschungsgeschichtlicher Hinsicht F.Horst vollzogen. Er sieht in der Erzählung von Achans Diebstahl (Jos 7) einen "eigentümlichen Brauch in der sakralen Rechtspflege" enthalten (119). Vor der Hinrichtung wird Achan aufgefordert, Lobpreisung an Jahwe zu richten und Josua gegenüber ein Geständnis abzulegen (V.19). Es wird also vom Übeltäter eine Exhomologese, bestehend aus Doxologie und Confessio, verlangt. Ähnliches läßt sich nach Horst auch in der Umwelt beobachten, z.B. in entsprechenden Inschriften aus Lydien und Phrygien. Als weitere atl. Belege führt er Hi 5,8-16; Jer 13,15f; 1.Sam 6,5; Ps 118,17-21; 1.Chr 30,8 an und meint nun, auch die Amos-Doxologien (ich übernehme den Begriff wegen seiner Geläufigkeit) in solchen Zusammenhängen sehen zu können: In 4,6-11 vernehme das Volk die Sünden der Vergangenheit; "das ursprünglich nach 4,12a gebrachte Strafurteil Gottes, das den Tod des alten Volkstums zum Inhalt gehabt haben muß, galt es nun anzuerkennen. Dazu hatte es seine Doxologie auf die Macht der Gottheit zu sprechen. Gleichzeitig wurde damit zum Ausdruck gebracht, daß dies Prozeßverfahren der Gottheit als erledigt zu betrachten ist, die rückschauende Gemeinde bejahte damit die Gültigkeit der Exilkatastrophe als Erweis der strafenden Richtermacht Gottes. Nicht anders ist es der Fall bei 9,5f." (120)

Im wesentlichen in die gleiche Richtung geht H.W.Wolff in seinem Kommentar zu Amos - nur daß er eine andere Datierung annimmt. Er bringt 4,12f mit der Zerstörung des Altars von Bethel durch Josia in Verbindung (vgl. 2.Kön 23,15): "Unser Prediger erkennt in Josias harter Maßnahme gegen den Altar von Bethel die Tat seines Gottes (12) ... Die bisher versäumte Rückkehr zu Jahwe soll nun endlich im rühmend-reuigen Bekenntnis zu ihm (13) Ereignis werden." (121)

Bevor wir selber uns den Fragen nach der Datierung und der theologischen Funktion der Schöpfungsaussagen zuwenden, sind noch einige andere Abklärungen nötig: 5,8b entspricht in seinem Wortlaut genau 9,6b. Nachdem auch 9,5b eine Entsprechung in 8,8b(txt emend) hat, ist die Annahme denkbar, daß 9,6b ein späterer Nachtrag aus 5,8b ist (122). Fällt so 9,6b weg, dann ist in 9,5f keineswegs von einem Handelns Jahwes die Rede, das mit "Schöpfung" in Verbindung gebracht werden könnte (vgl. Abschn.III.3). Auch wenn 9,5f sonst mit den beiden anderen Belegen zusammen betrachtet werden müssen, mag es für unsere Fragestellung genügen, wenn wir uns auf 4,13 und 5,8 konzentrieren (123).

Beiden Versen ist ein Problem insofern gemeinsam, als jeweils eine Halbzeile Schwierigkeiten bereitet: 4,13aαɔ ("der dem Menschen mitteilt, was sein Plan ist") fällt aus dem Aussagezusammenhang heraus, wo von Jahwes Schöpfungshandeln und von seinem Herrsein über die Schöpfung die Rede ist (124). In 5,8 hinwiederum steht die erste Halbzeile isoliert da (125). Horst und Wolff halten sie für sekundär (126). Diese Annahme scheint mir eher ein Notbehelf zu sein. Wir versuchen nun, die Probleme, die 4,13 und 5,8 aufgeben, einem gemeinsamen Ursprung zuzuführen. Zu überlegen wäre tatsächlich, ob 5,8 nicht ursprünglich an 4,13 angeschlossen hat (127). 5,8 unterbricht den Aussagezusammenhang sehr deutlich (zu 5,9 vgl. Anm.123). Ob der Vers nun durch ein Mißgeschick hierher geraten ist oder bewußt von 4,13 abgetrennt und an den Rand von 5,7.10 gestellt wurde und dann später in den Text selber hineingeraten ist, wird sich nicht mehr entscheiden lassen; jedenfalls kann sein jetziger Ort schwerlich der ursprüngliche sein. Nimmt man an, daß 5,8 zu 4,13 gehört, dann wäre folgende Rekonstruktion denkbar: Nach der Abtrennung von 5,8 hat in 4,13 ein Halbvers gefehlt. Diese Lücke wurde durch die Hinzufügung von V.13aα ɔ geschlossen. Ein Grund für diese Hinzufügung läßt sich neben dem formalen Kriterium auch in sachlicher Hinsicht finden: In 4,6-11 schildert Jahwe sein strafendes Handeln, dem gleichwohl keine Umkehr von seiten Israels entsprochen hat. Deshalb kündigt er in V.12a an, daß er weiterhin - das Imperfekt kann hier durativ verstanden werden - so handeln wird; er kündigt also an, was er zu tun gedenkt. Genau das besagt aber auch V.13aαɔ in hymnischer Form. Das würde bedeuten: Der Interpolator hat hier eine Ergänzung vorgenommen, die im Einklang mit der vorangehenden Textaussage steht (128). Eine vergleichbare Ergänzung ist in 5,8 unterblieben; deshalb steht die erste Halbzeile dort isoliert da.

Es wäre nun tatsächlich eine in formaler und inhaltlicher Hinsicht stimmige Aussage gewonnen, wenn wir in 4,13 die eine Halbzeile ausscheiden und 5,8 direkt an 4,13 anschließen:

Der die Berge formt und schafft den Wind,
der Morgenröte und (129) Dunkelheit macht,
der über die Höhen der Erde tritt,
der Siebengestirn und Orion macht,
der zum Morgen die Finsternis verwandelt

und den Tag zur Nacht verfinstert;
derjenige, der die Wasser des Meeres ruft
und sie auf die Erde schüttet:
Jahwe ist sein Name! (130)

Dieses hymnisch geprägte Stück hat ursprünglich die Jahwerede 4,6-12a abgeschlossen, wobei V.12bß als Bindeglied
fungiert (131). In der Jahwerede werden verschiedene Strafen
geschildert, die Jahwe seinem Volk geschickt hat, nämlich
Mangel an Brot (V.6), Dürre (V.7f), Mißernte (V.9), Krankheit, gewaltsamer Tod im Krieg (V.10), Zerstörung von Lebensraum (V.11) (132). Refrainartig ist dieser Schilderung
fünfmal (V.6.8.9.10.11) die Feststellung hinzugefügt: "Doch
ihr seid nicht zu mir umgekehrt, spricht Jahwe." Diese
Jahwerede schließt an das Amoswort 4,4f an, stammt aber
sicher nicht von Amos selbst (133). Ihren Abschluß findet
sie in der Strafankündigung in V.12a: "Deshalb: So werde ich
weiterhin an dir handeln, Israel." (134) Damit ist gesagt,
daß wegen der nicht erfolgten Umkehr Jahwes Gerichtshandeln
wie in der bisherigen Weise weitergehen wird. Zu dieser
Aussage tragen V.12bß und das anschließende hymnische Stück
noch Wichtiges bei (135).

V.12bß zieht zunächst aus der Jahwerede die Konsequenz, daß
Israel gegenüber seinem Gott bereit sein soll. Was ist damit
gemeint? כון (Niphal) begegnet u.a. auch in Ex 19,11.15.
Auch dort soll Israel für ein Handeln Jahwes bereit sein,
nämlich für seine Theophanie am Berg Sinai. Analog dazu wäre
in Am 4,12bß auch ein Bereitsein gefordert, das sich hier
aber (vgl. V.12a) auf Jahwes fortdauerndes Gerichtshandeln
bezieht, auf das sich Israel einzustellen hat. Weshalb ergeht diese Aufforderung? Laut V.6-11 hat das bisherige Gerichtshandeln nicht zur Umkehr geführt. Es wird nicht gesagt, worin die Verfehlung Israels konkret bestand. Sie
könnte "ethischer" Natur gewesen sein (Amos selbst ist ja
seiner Anklage bekanntlich in erster Linie davon ausge-

gangen); eher denkbar wäre freilich, daß die Verfehlung in einer Abkehr von Jahwe und somit in einer Hinwendung zu anderen Göttern bestanden hat (136). Dafür spricht zunächst das Suffix in V.12bß: "Sei bereit gegenüber deinem [!] Gott, Israel!" Die Art, wie wir das Suffix betonen und hieraus den Schluß ziehen, daß sich Israel im Augenblick (auch) an anderen Gottheiten orientiert, läßt sich dadurch verifizieren, daß der anschließende Hymnus mit כי הנה eingeleitet und mit der Formel יהוה שמו abgeschlossen wird. Die Wendung כי הנה macht deutlich, daß nachfolgend eine Aussage gemacht wird, die den Hörern nicht ganz selbstverständlich ist oder doch deutlich in Erinnerung gerufen werden muß. Die hymnischen Aussagen bringen also - wenn man deren Einleitung und Schluß (137) in Erwägung zieht - das zum Ausdruck, was nicht (mehr) selbstverständlich war: daß <u>Jahwe</u> der Schöpfer ist.

Die hymnischen Aussagen erfüllen somit als Abschluß der vorangehenden Jahwerede folgende Funktion: Das zur Umkehr von seinem Götzendienst nicht willige und somit weiteren Strafhandlungen entgegengehende Israel wird auf den Gott Jahwe verwiesen, der nicht nur hinter den Gerichtshandlungen steht, sondern darüber hinaus hinter den Gegebenheiten der vorfindlichen Wirklichkeit insgesamt. Letzteres wird in hymnischer Form ausgesagt, um Israel sein Fehlverhalten in der nötigen umfassenden Relation vor Augen zu führen: Israel hat nicht nur Ereignisse im Erfahrungsraum der Geschichte nicht in der rechten Weise gewürdigt (diese werden zwar in 4,6-11 typisiert dargestellt [vgl. Anm.132], was aber nicht bedeuten kann, daß ihnen keine erfahrbare geschichtliche Realität entspricht; es ist dabei nur Vorsicht geboten, allzu präzise historische Festlegungen zu treffen), indem es geschichtliches Geschehen nicht als von Jahwe herkommend verstanden hat und so auch nicht zur Umkehr gelangt ist - es hat darüber hinaus Jahwes (und somit auch seine eigene) Wirklichkeit insgesamt verfehlt: <u>Jahwe</u> ist der Schöpfer und keine andere Gottheit. Indem gerade das in hymnischer Form

mit prophetischer Vollmacht behauptet wird, tritt sowohl das
Ausmaß von Israels Fehlverhalten hervor als auch der Ernst,
der hinter der Gerichtsansage von V.12a steht.

Aus unseren bisherigen Ausführungen wird schon klar, weshalb
wir die hymnischen Aussagen, wie sie uns in 4,13 und 5,8
begegnen (wir setzen jetzt die von uns vorgenommene
Zuordnung beider Belege voraus), nicht als Gerichtsdoxolo-
gien im Sinne von F.Horst und H.W.Wolff verstehen können. Es
geht hier nicht um die Anerkennung eines bereits geschehenen
Strafhandelns Jahwes; dieses ist vielmehr noch voll im Gange
(vgl. V.12a). Weiterhin erscheint hier nicht das Volk als
Redesubjekt, was ja zu einer in die Exhomologese einbe-
schlossenen Doxologie gehören würde (138). Das Volk spielt
überhaupt keinen aktiven Part, sondern es wird mit Jahwes
Wirklichkeit, die sich in seinem Wirken äußert, in umfassender Weise konfrontiert. Ob diese Konfrontation dann tatsächlich noch zur Umkehr geführt hat, läßt sich unserem Text
nicht mehr entnehmen. In seiner vorliegenden Gestalt ruft er
jedenfalls nicht zur Umkehr auf, sondern kündigt weiteres
Gericht wegen nicht erfolgter Umkehr an.

Eine entscheidende Frage bleibt noch: Auf welchen historischen Ort verweist die Jahwerede mit den anschließenden
hymnischen Aussagen? Eine exilische oder nachexilische Entstehungszeit halte ich für unwahrscheinlich:
- Wenn es um eine Anerkennung der Exilskatastrophe als
  Gottes Gericht gegangen wäre (139), würde man in 4,6-11
  deutlichere Hinweise darauf erwarten dürfen (140). Das
  wäre gegen eine exilische oder früh-nachexilische Datierung zu sagen.
- Einleitung und Abschluß der hymnischen Aussagen deuten -
  wie wir festgestellt haben - darauf hin, daß es keineswegs
  selbstverständlich war, von Jahwe als Schöpfer auszugehen.
  Will man den Text von der nachexilischen Situation her
  verstehen, dann müßte man annehmen, daß es in dieser Zeit

Epochen gegeben hat, in denen deutlich anderen Göttern der
Vorzug gegeben wurde. Nun ist unser Informationsstand über
die nachexilische Zeit angesichts der zur Verfügung stehenden Quellen zwar nicht der beste. Jedenfalls vermag
ich keinen Beleg zu finden (141), aus dem hervorgehen
würde, daß dort der Glaube an Jahwe als den Schöpfer in
grundsätzlicher Weise zur Disposition stand (in Abschn.
IV.7 und Abschn.V versuchen wir darzulegen, vor welchem
Problemhorizont die nachexilische Theologie hinsichtlich
unserer Fragestellung gestanden hat). Hinsichtlich der
Datierungsfrage ist auch die Beobachtung von Bedeutung,
daß in Am 4,6-11 ein etwas längerer Zeitabschnitt überblickt wird (vgl. Anm.132), nämlich eine Geschichte des
Ungehorsams, die letztlich - deshalb die Art der nachfolgenden hymnischen Aussagen - ihre Ursache in der Nicht-
anerkennung Jahwes als des Schöpfers hatte. Es scheint mir
zu hypothetisch, daß in nachexilischer Zeit theologische
Kreise Grund gehabt hätten, die nachexilische Entwicklung
in dieser Weise zu deuten. Daß hinwiederum in nachexilischer Zeit die vorexilische Geschichte (bzw. Ausschnitte
derselben) retroperspektiv betrachtet wird, ist dann nicht
denkbar, wenn - was wir nachzuweisen versucht haben -
Jahwes Gerichtshandeln als noch im Gange befindlich zu
verstehen ist.

Haben wir angesichts dieser Beobachtungen unseren Blick in
die vorexilische Zeit zu richten (142), so ist es gleichwohl
angebracht, dem Datierungsvorschlag von Wolff, der sowohl
4,13 als auch 5,8 in die Zeit nach der Zerstörung des Altars
von Bethel durch Josia datiert (143), nicht zuzustimmen, da
ja auch unter dieser Prämisse ein Ende des Strafhandelns
Jahwes an Bethel und somit an den Bewohnern des ehemaligen
Nordreichs vorausgesetzt werden müßte. Die örtliche Fixierung auf Bethel könnte jedoch durchaus denkbar sein. Unserem
Abschnitt geht in 4,4f eine sicher auf Amos zurückreichende
Jahwerede voraus, wo neben Gilgal Bethel genannt wird. Diese

"Parodie einer Priestertora" (144) dürfte dann auch an einem
dieser Heiligtümer gesprochen worden sein. Nicht mit gleicher Sicherheit, aber mit einer gewissen Berechtigung kann
man auch annehmen, daß die Aktualisierung der Gerichtsbotschaft, die die nachfolgenden Verse in einer veränderten
Zeit vornehmen, ebenfalls an einem dieser Heiligtümer erfolgte (vgl. auch Anm.145). Nun wird im Zusammenhang einer
gewiß tendenziösen Schilderung der religiösen Entwicklung
nach dem Untergang des Nordreichs in 2.Kön 17,28 Bethel
erwähnt (vgl. auch Am 5,6). Dahinter könnte sich eine Erinnerung daran verbergen, daß Bethel nach wie vor ein Ort von
hoher religiöser Bedeutung war. Bei der Lokalisierung
unseres Abschnitts könnte man also Bethel gegenüber Gilgal
den Vorzug geben. Bereits seit den Zeiten Jerobeams I. war
das Heiligtum dort ein Einfallstor für synkretistische Strömungen (vgl. 1.Kön 12,28f). Für die Zeit nach dem Untergang
des Nordreichs wird das noch in erheblich stärkerem Maße
gelten (145).

Zusammenfassend ließe sich sagen: In der Zeit nach dem Ende
des Nordreichs und vor 587 wird - vermutlich am Heiligtum zu
Bethel vor der Zerstörung seines Altars durch Josia - einem
unbußfertigen, auch anderen Göttern nachjagenden Volk (146)
Jahwe als der Schöpfer der grundlegenden Daseinsgegebenheiten und somit als die entscheidende Macht vor Augen gestellt. Damit wird das unmögliche Verhalten des Volkes aufgezeigt und der Gerichtsansage (V.12a) die entscheidende
Bedeutungsschwere gegeben: Die Gerichtsansage kommt von dem
machtvollen Schöpfer Jahwe!

d) Dtn 4,32

Der Vers, in dem neben anderem davon die Rede ist, daß Gott
den Menschen auf der Erde geschaffen hat, steht noch vor der
großen Gesetzesüberschrift 4,44-49. Als Beleg für vorexili-

sche Schöpfungsaussagen dürfte die Stelle nicht in Frage kommen (147).

## e) Die Schöpfungstexte im Jeremiabuch

Wir gehen die einschlägigen Belege der Reihe nach durch. Da keiner von ihnen eindeutig vorexilisch zu datieren ist (das soll anschließend nachgewiesen werden), verzichten wir auf eine Erörterung der Funktion dieser Belege im jetzigen Aussagezusammenhang. Unser Interesse in dem vorliegenden Abschnitt IV.5 ist ja darauf ausgerichtet, im Anschluß an Abschn.IV.2-4 ein etwas vollständigeres Bild hinsichtlich der vorexilischen Schöpfungstheologie zu gewinnen.

### 5,22

Gegen eine eindeutige Herleitung von Jeremia selbst sprechen m.E. folgende Gründe:

- Die Vorstellung, daß Gott dem Meer eine Grenze gesetzt hat, begegnet sonst nur in Texten, deren nachexilische Herkunft mit großer Wahrscheinlichkeit vorausgesetzt werden kann (Ps 104,9; Hi 38,10f; Spr 8,29) (148).
- "20-25 fällt dadurch aus dem Rahmen von Kap.5, daß hier nicht die drohende Kriegsnot, sondern ein bereits eingetretenes Naturereignis (Dürre und Mißwachs) mit dem Verhalten des Volkes begründet wird." (149)
- Das Substantiv חק (V.22) kommt im Singular im Jeremiabuch nur an dieser Stelle vor. Auch das verwandte Wort חקה begegnet nur im Plural (damit allein wäre natürlich noch nichts über die Echtheit dieser entsprechenden Belege ausgesagt).
- Jahwe redet von seinem Schöpfungshandeln in V.22a in der Ich-Form. Es wäre zu fragen, ob diese Redeweise nicht die Form des hymnischen Selbstpreises zur Voraussetzung hat, die Deuterojesaja von seiner mesopotamischen Umwelt übernommen hat und die so schwerlich vor dem Exil in Israel bekannt gewesen sein dürfte (150).

Alles in allem sind die genannten Gründe von der Art, daß
sie eine Verfasserschaft Jeremias zwar nicht gänzlich ausschließen, aber auch nicht gerade wahrscheinlich machen.-
Hinzuzufügen ist noch, daß die Einheit 5,21-25 (V.20 ist
angesichts der Einleitung V.21a sicher sekundär) nicht aus
einer Zeit stammen muß, in der der Jahweglaube grundsätzlich
strittig war. Im Unterschied zu den sog. Amosdoxologien
(vgl. Abschn.IV.5.c) wird nicht in besonderer Weise hervorgehoben, daß Jahwe der Schöpfer ist. Ebenso gibt V.24 keinen
Hinweis dafür, daß man den Regen anderen Göttern zugeschrieben hat. Wohl aber will der Abschnitt auf einen Kontrast
hinweisen: Jahwe, der doch das Meer durch einen Schöpfungsakt (V.22a) unter Kontrolle hat (V.22b), findet bei seinem
Volk keinen Gehorsam. So haben die Sünden des Volkes (V.25)
Dürre und Mißernten zur Folge (vgl. V.24 unter dem Blickwinkel von V.25). Worin diese Sünden bestehen, wird nicht
gesagt.- Eine ähnliche - wenn auch im einzelnen andersartige
- Aussageintention findet sich in Hag 1,2-10, wo ein Fehlverhalten des Volkes - das hier darin besteht, daß der
Tempel nach der Heimkehr aus dem Exil noch nicht gebaut
wurde - abträgliche Naturerscheinungen nach sich zieht
(151).

## 10,11f.16

Diese Verse stehen innerhalb des Abschnitts 10,1-16, wo es
um das Verhältnis Jahwes zu den Fremdgöttern geht. Mit
großer Übereinstimmung wird der Text nicht Jeremia selbst
zugeschrieben (152). Ich sehe keinen Grund, etwas anderes
anzunehmen.

## 27,5

Der Vers ist einer Thematik eingereiht, um die es im ganzen
Kap.27 geht: nämlich um die Rolle Nebukadnezars im Weltge-
schehen und um das rechte Verhalten Judas (und anderer
Staaten) angesichts des Auftretens des babylonischen Königs.
Daß die Zeichenhandlung Jeremias tatsächlich erfolgt ist,

nimmt auch G.Wanke an, obwohl er Kap.27 in literarkritischer
Hinsicht nicht für einheitlich hält. V.5 gehört nach seiner
Sicht einer späteren Schicht (V.4-8) an, die die symbolische
Handlung theologisch neu deutet (153). Wir fügen noch folgenden Gesichtspunkt hinzu: Wie in 5,22 redet Jahwe von sich
als dem Schöpfer in der Ich-Form. Diese Redeweise könnte
auch hier auf der Form des hymnischen Selbstpreises beruhen,
die in der Zeit vor Deuterojesaja nicht begegnet (154).


## 31,35

V.35b hat seine wörtliche Entsprechung innerhalb Jes 51,15.
Wenn wir diese Aussage schwerlich Deuterojesaja zusprechen
konnten (vgl. Abschn.III.4.k), heißt das natürlich noch
lange nicht, daß sie von Jeremia stammen muß. In beiden
Fällen kann aus anderen Quellen stammendes Hymnengut Einlaß
gefunden haben, dessen Datierung schwer möglich ist. So sind
wir hinsichtlich der Verfasserschaft auf andere Kriterien
angewiesen. Diese scheinen mir jedoch gegen eine jeremiani-
sche Herkunft zu sprechen: S.Böhmer (155) weist darauf hin,
daß Jeremia "nie in seinen Heilsworten vom Schöpfungsglauben
aus die Gewißheit (begründet), Israel werde nicht verworfen." Er sieht den Spruch V.35-37 eher der exilisch-nachexi-
lischen Zeit zugehörig. Der Spruch wolle "anscheinend eine
Antwort auf die Zweifel geben, die in der Exilszeit an der
Treue Jahwes wach geworden sind ..." (156). Wir fügen unsererseits hinzu, daß das Gedankengut in V.35a doch sehr an
Gen 1 erinnert.


## 32,17

Wie in 27,5 begegnet auch hier die wohl deuteronomistische
Wendung "mit großer Kraft und ausgestrecktem Arm" (157).
Will man nicht das ganze Gebet V.16-25 für deuteronomistisch
halten (158), sondern bestimmte Teile von Jeremia selbst
herleiten, so dürfte gleichwohl die Schöpfungsaussage in
V.17 kaum zum ursprünglichen Bestand gehören (159).

## 6. Zwischenbilanz

In unserer Zwischenbilanz geht es uns nicht um eine allgemeine Zusammenfassung der bisher in Abschn.IV erzielten
Ergebnisse, sondern lediglich darum, Punkte, die m.E. besonders relevant sind, gebührend hervorzuheben. Dabei interessieren uns jetzt vornehmlich die Texte, deren vorexilische
Entstehung wir nachzuweisen suchten (Abschn.IV.2-5.c), bevor
wir in Abschn. IV.7 auf Tendenzen in der einschlägigen
nachexilischen Psalmenliteratur zu sprechen kommen werden.
Lediglich auf den aus exilischer Zeit stammenden Ps 74
(Abschn.IV.1) wollen wir auch hier nochmals einen kurzen
Blick werfen. Unsere vorangegangenen Exegesen setzen wir
dabei voraus und verzichten daher auf nochmalige Begründungen.

1. Ein guter Teil der vorexilischen Schöpfungsaussagen hat
   seinen Ort in Jerusalem und dem dortigen Kult. Dies gilt
   für die Hymnen innerhalb Ps 89 und 95 ebenso wie für Gen
   14,18-20. Auch der Jahwist, der nicht einfach mit der
   Jerusalemer Kulttheologie auf einer Ebene zu sehen ist,
   war gleichwohl auf das in Jerusalem etablierte Königtum
   hin orientiert und dürfte auch sein Wissen von Jahwe als
   dem Schöpfer von Jerusalem her bezogen haben.

2. Betrachten wir die Hymnen innerhalb Ps 89 und 95, in
   denen Jahwes weltweites Schöpfungshandeln und seine besondere Hinwendung zu Israel ohne Spannung zueinander
   gesehen werden, so ist auffallend, wie ganz anders nun in
   exilischer Zeit Ps 74 die Schöpfungsthematik einbringt.
   Die harmonische Daseinsschau, die die beiden Hymnen
   prägt, ist zwar noch da - aber in der Form der Erwartung.
   Das Reden von Schöpfung dient so nun der Begründung von
   Klage und Bitte, die beide ein nicht mehr intaktes Verhältnis Jahwes zu seinem Volk zur Voraussetzung haben.

3. Die sog. Amosdoxologien weisen darauf hin, daß das Reden
   von Schöpfung in der vorexilischen Zeit seinen Ort nicht
   nur im Jerusalemer Umfeld hatte. Stimmt unsere vorexilische Datierung dieser Texte, dann sind sie ein sehr
   wichtiges Indiz dafür, daß in vorexilischer Zeit Schöpfungsglaube nicht nur in eine bestimmte "Staatsideologie"
   (160) eingebunden war (161), sondern auch der Legitimation prophetischer Gerichtsbotschaft dienen konnte.

Alles in allem sind die mit einiger Sicherheit vorexilisch
zu datierenden Belege zu spärlich, um ein deutliches Profil
vorexilischen Schöpfungsglaubens zeichnen zu können. Immerhin ist ersichtlich, daß das Reden von Schöpfung in vorexilischer Zeit hinsichtlich Gattung, Sitz im Leben und theologischer Ausrichtung kein einheitliches Bild ergibt. Gerade
das wird man als Anhaltspunkt dafür ansehen können, daß das
Thema "Schöpfung" in vorexilischer Zeit kein Randthema war.

7. Tendenzen in der nachexilischen Psalmenliteratur

Es wäre m.E. nicht nur ein schwieriges, sondern auch ein
einigermaßen unmögliches Unterfangen, eine Geschichte des
atl. Schöpfungsglaubens zu schreiben. Vor allem die Datierungsfragen sind m.E. manchmal kaum lösbar, was der Grund
für uns war, uns hinsichtlich der vorexilischen Datierung
eines relativ reduktionistischen Verfahrens zu bedienen.
Häufig müssen zwischen dem terminus a quo und dem terminus
ante quem relativ große Zeiträume in Rechnung gestellt werden (das erweisen die Kommentare zur Genüge).

Werfen wir nun - mit Konzentration auf die einschlägigen
Psalmen - einen Blick in die nachexilische Zeit, ist es
zunächst relativ einfach, eine große Zahl von Texten anzuführen, deren nachexilische Entstehung mit einem breiten
Konsens vorausgesetzt wird. Freilich ist die Prädikation

"nachexilisch" eine recht allgemeine, eine genauere Spezifi-
kation jedoch oft riskant (162). Es scheint mir aus diesem
Grund angebracht, die nun zu besprechenden Psalmen nicht in
eine zeitliche Reihenfolge zu bringen, sondern sie nach
sachlichen Gesichtspunkten zu gliedern. Die Auswahl der
Psalmen geschieht nach folgenden Richtlinien:

- Untersucht werden die Texte, deren Aussagen mir für unsere
  Fragestellung in besonderer Weise relevant zu sein scheinen (163).
- Zugleich sollte die nachexilische Datierung der herangezogenen Psalmen als einigermaßen gesichert gelten.

Natürlich könnten wir auch noch Texte außerhalb des Psalters
heranziehen, die für unsere Fragestellung von Bedeutung
sind, vor allem die wahrscheinlich nachexilischen Belege aus
dem Jeremiabuch, denen wir in Abschn.IV.5.e nur unter dem
Aspekt der Datierung Beachtung geschenkt haben. Eine genauere Untersuchung dieser Texte würde freilich bedeuten, näher
auf die Komposition und Redaktion des Jeremiabuches eingehen
zu müssen. Dies würde aber den Rahmen unserer Untersuchung
erheblich ausdehnen, zumal wir uns vornehmlich auf die vorexilische und exilische Zeit konzentrieren wollen.

## a) Rekapitulation und Anknüpfung

Entgegen gewissen Trends in der Forschung (164), Schöpfungsaussagen erst ab der exilischen Zeit als gesichert anzunehmen, meinten wir erkennen zu können, daß es Belege gibt, die
darauf hindeuten, daß die Schöpfungsthematik bereits in
vorexilischer Zeit fest verankert war; dies auch gerade
deshalb, weil die einschlägigen Texte - trotz ihrer relati-
ven Spärlichkeit - vom Kontext her kein einheitliches theologisches Gepräge aufweisen (vgl. Abschn.IV.2-5.c und die
Zwischenbilanz in Abschn.IV.6). Breiter Konsens allerdings
besteht darüber, daß bei Deuterojesaja - also in exilischer
Zeit - schöpfungstheologische Aussagen eine wichtige

Funktion bekommen. Das Problem ist hierbei "nur", wie diese Funktion genau zu bestimmen ist. In Abschn.III haben wir herauszuarbeiten versucht,

- daß es angebracht ist, bei Deuterojesaja zwischen Jahwes schöpferischem Handeln als solchem und zwischen "Schöpfung" als einer Kategorie desselben zu unterscheiden (vgl. insbes. Abschn.III.1 und III.3);
- daß die Rede von Schöpfung hinsichtlich ihrer Funktion bei Deuterojesaja nicht einheitlich ist, sondern zunächst (bevor Kyros ins Blickfeld des Propheten trat) im Rahmen einer grundsätzlich-"theoretischen" Auseinandersetzung mit babylonischer Religiosität erfolgte und danach dazu dien-te, Jahwes Handeln von einer universalen Perspektive her zu sehen und die Einheit von Jahwes weltweitem Schöpfungs-handeln und seinem besonderen Handeln an Israel zu betonen (vgl. zusammenfassend Abschn.III.6);
- daß große Bedenken gegenüber Vermutungen angebracht sind, die den schöpfungstheologischen Aussagen des Deuterojesaja als solchen die Funktion der Begründung von Jahwes Gott-sein zuschreiben (vgl. die Exegesen in Abschn.III.4 insge-samt, aber auch Abschn.III.2.5.6).

Weiterhin ist festzuhalten:
- Aus der Art und Weise, wie Deuterojesaja darauf insistiert hat, daß Jahwe schöpferisch tätig ist, geht hervor, daß von den Exilierten eben dieses nicht als selbstverständ-lich angesehen wurde (vgl. vor allem Abschn.III.1 und III.6). Anders scheint es bei den Daheimgebliebenen gewe-sen zu sein, wenn man dem Zeugnis von Ps 74 (vgl. Abschn. IV.1) eine gewisse repräsentative Rolle zuschreibt (165).
- Die vorexilischen Schöpfungsaussagen ergeben folgendes Bild: Die Hymnen innerhalb Ps 89 und 95 stellen ein unstrittiges Bekenntnis zu Jahwe als dem Schöpfer dar (vgl. Abschn.IV.2-4). Der Kontext, in den diese Hymnen jetzt gestellt sind, deutet zwar darauf hin, daß der Jahweglaube keineswegs "krisenfest" war - ein grundsätzli-

cher Zweifel an Jahwe als dem Schöpfer wird dabei jedoch
nicht offenbar (das gilt auch für den spätexilischen Ps
74; vgl. Abschn.IV.1). Auch der Jahwist setzt in Gen 2,4b
(vgl. Abschn.IV.5.b) den Glauben an Jahwe als den Weltschöpfer voraus und leitet damit sein Geschichtswerk ein,
während in dem wohl keiner der großen Pentateuchquellen
zugehörigen Beleg Gen 14,18-20 zwar von El Eljon als
Schöpfer die Rede ist, gleichwohl aber angenommen werden
kann, daß damit eigentlich Jahwe gemeint ist (vgl. Abschn.
IV.5.a).- Ist in den bisher angeführten vorexilischen
Belegen der Glaube an Jahwe als den Schöpfer unstrittig
vorausgesetzt, so lassen die Amosdoxologien hinwiederum
den Schluß zu, daß es in vorexilischer Zeit (wahrscheinlich am ehesten im Gebiet des ehemaligen Nordreichs) Strömungen gegeben hat, bei denen das Bekenntnis zu Jahwe als
dem Schöpfer zumindest in den Hintergrund getreten ist und
so die Schöpfungsaussagen im Kontext der prophetischen
Gerichtsbotschaft erscheinen (vgl. Abschn.IV.5.c) (166).
- Die vorexilischen Belege bringen alle - wenn auch in jeweils besonderer Akzentuierung - den Schöpfungsglauben mit
Jahwes besonderer Hinwendung zu Israel in Verbindung. Weit
weniger scheint dagegen - betrachtet man den Kontext der
jeweiligen Schöpfungsaussagen - die Relation Jahwes als
des Schöpfers zur Völkerwelt ins Blickfeld getreten zu
sein. Eigentlich finden sich nur beim Jahwisten deutliche
Anzeichen in dieser Richtung, wenn man seine programmatischen Aussagen in Gen 12,1-3 von seiner Konzeption der
Urgeschichte her versteht, die mit den Weltschöpfungsaussagen in Gen 2,4b eingeleitet wird.- In exilischer Zeit
stehen die Schöpfungsaussagen bei Deuterojesaja und in Ps
74 wie schon vorher deutlich im Horizont von Jahwes besonderer Hinwendung zu Israel. Deuterojesaja freilich läßt
sich hierauf nicht eingrenzen. Abgesehen davon, daß in
seiner Botschaft allgemein die Völkerwelt eine wichtige
Rolle spielt (167), haben wir bei der Exegese von 45,18-25
(vgl. Abschn.III.4.h) gesehen, daß dort eine Strukturana-

logie zwischen der Rede von Jahwes weltweitem Schöpfungshandeln, von seinem besonderen Handeln an Israel und von
seinem Handeln an den Menschen außerhalb Israels hergestellt wird. Hinzuweisen ist aber auch auf 40,12-17 (vgl.
Abschn.III.4.a) und 40,18-24 (vgl. Abschn. III.4.b), wo im
Kontext von Schöpfungsaussagen Feststellungen über die
Völker (40,15.17) und über die Fürsten und Richter der
Erde (40,23f) getroffen werden. Schließlich sei noch daran
erinnert, daß in den Texteinheiten 42,5-9; 44,24-28; 45,9-
13; 45,18-25; 48,12-16a die Kyrosthematik im Zusammenhang
mit Schöpfungsaussagen auftaucht (Näheres hierzu in den
entsprechenden Exegesen in Abschn.III.4 und in der Zusammenfassung Abschn.III.6 [hier vor allem Punkt 8]).

Alles in allem lassen die mit einiger Sicherheit in die
vorexilische und exilische Zeit zu datierenden Belege die
Deutung zu, daß in dem genannten Zeitraum wohl wenig Interesse daran bestanden hat, von Jahwe als dem Schöpfer isoliert zu reden. Die einschlägigen Texte, die wir beizubringen vermochten, stehen immer in Aussagezusammenhängen, in
denen auch noch andere Relationen Jahwes zu seiner Welt zur
Sprache kommen. Die hauptsächliche Relation ist dabei die
Jahwes zu seinem Volk. Diese fehlt eigentlich in keinem der
Belege, auch wenn sie hin und wieder nur indirekt
durchscheint (so in Jes 40,12-17.18-24). Darüber hinaus aber
ist beim Jahwisten und bei Deuterojesaja im engeren (Deuterojesaja) und weiteren Kontext (Jahwist) von Schöpfungsaussagen ein deutliches Interesse an der Völkerwelt zu erkennen.

Blicken wir nun nach dieser die vorexilische und exilische
Zeit betreffenden Rekapitulation in die nachexilische Epoche, so ist in der Hinsicht ein Konsens gegeben, daß nahezu
keiner der in Frage kommenden Belege in und außerhalb des
Psalters einen Hinweis darauf gibt, daß Jahwes Gottsein und
damit auch sein Schöpfertum nochmals in der grundsätzlichen

Weise wie zu Zeiten Deuterojesajas im Exil zur Debatte stand
(168). Zumindest für die sich im Jerusalemer Umfeld konsolidierende Kultgemeinde kann der Glaube an Jahwe als den
Schöpfer für nicht mehr angefochten gelten. Hierfür sind
m.E. in erster Linie drei Gründe maßgebend: Zum einen hat
vermutlich der Schöpfungsglaube schon während der exilischen
Zeit bei den im Lande Verbliebenen (anders als bei den
Exilierten) keine grundlegende(!) Erschütterung erfahren,
wenn man dem in dieser Hinsicht allein zur Verfügung stehenden Zeugnis des 74. Psalms (vgl. Abschn.IV.1) repräsentati-
ven Charakter zukommen läßt. Zum anderen dürfte - durch die
Rückkehr aus dem Exil vermittelt - die Botschaft Deutero jesajas ihre Wirkung gezeigt haben (169). Schließlich wäre
auch noch die politische Situation zu bedenken: Die nun-
mehrige Großmacht Persien verfolgte das Interesse, den Glauben der beherrschten Völker im Interesse der Machtstabili-
sierung zu tolerieren (170).

Dieser hier festzustellende Konsens in nachexilischer Zeit
betrifft nun freilich nur den genannten, wenn auch nicht
unwesentlichen Aspekt. Orientieren wir uns wieder an unserer
Frage nach dem Verhältnis der Rede von Jahwes weltweitem
Schöpfungshandeln zu der von seinem besonderen Handeln an
Israel, dann wird klar, daß hier pluriforme Tendenzen erkennbar sind, die sich nicht unbedingt widersprechen müssen,
gleichwohl aber unterschiedliche Akzente erkennen lassen.
Bei Deuterojesaja war festzustellen, daß im Kontext seiner
Schöpfungsaussagen ganz stark die Hinwendung Jahwes zu Israel betont wurde, dabei aber der Blick auf die Völkerwelt
keineswegs fehlte. Gerade in dieser Hinsicht interessieren
uns nun nachexilische Tendenzen, die anhand einiger Psalmen
beleuchtet werden sollen.

## b) Jahwe der Schöpfer - vornehmlich Israel zugewandt (Ps 115 und 147)

## Ps 115

Der Psalm, der gattungsmäßig schwer einzuordnen ist, muß
schon deshalb in die nachexilische Zeit datiert werden, weil
er mit seiner Götzenpolemik im Horizont der Theologie Deuterojesajas steht (vgl. Anm.169). Zu Beginn geht es um die
Frage der Anerkennung von Jahwes Macht durch die Völkerwelt:
Die Frage der Völker in V.2 ("Wo ist denn ihr Gott?") weist
auf V.1 zurück (Jahwe soll seinem Namen Ehre geben) und
erfährt ihre Antwort in V.3: Nicht die Götzen (vgl. V.4-7),
sondern Jahwe ist in den Himmeln und kann tun, was ihm
gefällt. Nach der Götterbildpolemik (V.4-7) trifft die Göt-
terbildhersteller eine Verwünschung (V.8). V.9-15 sind dann
- im Unterschied zu den vorangehenden Versen - ganz auf das
Verhältnis Jahwes zu Israel konzentriert: Anders als die
Götterbildhersteller (vgl. V.8b) sollen Israel, das Haus
Aaron, die Jahwefürchtigen insgesamt (171) auf Jahwe hoffen
(V.9a.10a.11a), weil er ihre Hilfe und ihr Schild ist
(V.9b.10b.11b). Von ihm wird Segnung und Mehrung erhofft
(V.12-14), wobei dieser Hoffnung am Anfang von V.12 die
Gewißheit vorangestellt ist, daß Jahwe an seine Gemeinde
gedacht hat. Weiterhin werden in V.15a die Gemeindeglieder
als die von Jahwe Gesegneten angeredet; die Jussive in V.12-
14 werden also durch indikativische Aussagen gerahmt (vgl.
aber auch schon V.9b.10b.11b).

V.9-15 werden durch die Schöpfungsaussage in V.15b abgeschlossen. Ging es in V.9-15a ausschließlich um die besondere Hinwendung Jahwes zu Israel, so eröffnet V.15b einen
universalen Horizont: Derjenige, der Israel und den einzelnen Gliedern des Volkes in besonderer Weise zugetan ist und
auf den sich die Hoffnung richtet - er ist zugleich Schöpfer
von Himmel und Erde. Durch diese Aussage am Schluß des
Abschnittes V.9-15 kann der ganze Abschnitt in seiner Aussage als eine Explikation dessen verstanden werden, was
programmatisch bereits in V.3 ausgedrückt wurde: "Unser Gott
ist im Himmel; alles, was ihm gefällt, kann er tun." Er

handelt in seiner Macht hilf- und segensreich an Israel, weshalb sich auf ihn auch die Hoffnung richtet (V.9-15a). Um aber anschaulich zu machen, daß Jahwe tatsächlich alles tun kann, was ihm gefällt, ist es - gerade um der Glaubwürdigkeit seiner besonderen Hinwendung zu Israel willen - auch nötig, nicht nur von seinem partikularen Handeln zu reden, sondern eine universale Perspektive von Jahwes Handeln in den Blick zu bekommen. Dies geschieht mit V.15b, indem mit Hilfe des meristischen Begriffspaares "Himmel und Erde" Jahwes universale Schöpfermacht zum Ausdruck gebracht wird (172).

Freilich ist V.15b nicht nur mit den vorausgehenden Versen, sondern auch mit V.16 verbunden. Stilistisch fällt auf, daß die Stichworte "Himmel" und "Erde" aus V.15b übernommen werden, aber nicht mehr in meristischer Weise Verwendung finden: Der Himmel ist Jahwes Bereich (V.16a; vgl. V.3a), "die Erde hat er den Menschen gegeben" (V.16b). Die Schöpfungsaussage von V.15b wird nun also in der Weise weitergeführt, daß jetzt von dem Verhältnis der Menschen zur Erde die Rede ist: Jahwe hat ihnen die Erde als Lebensraum anvertraut (173). Damit ist deutlich, daß das Thema "Schöpfung" nicht nur im Horizont der besonderen Hinwendung Jahwes zu Israel gesehen wird. Allerdings ist der Blick auf die gesamte Menschheit ein recht kurzer, denn V.17f haben wieder als Inhalt der Aussage die besondere Beziehung der Jahwegemeinde zu ihrem Gott: Nicht die Toten preisen Jahwe (bzw. "Jah"), wohl aber das sich vor ihm versammelnde Volk.

V.17f lassen sich mit dem Aussageduktus des ganzen Psalms gut in Verbindung bringen: Die Gemeinde sieht ihre Beziehung zu Jahwe im Kontrast nach außen. Es sind ja nicht nur die Toten, die Jahwe nicht preisen, sondern auch die Völker, die sich der Jahweerkenntnis entziehen (vgl. V.2b) und statt dessen ihre Götterbilder haben (V.4-7). Die Verwünschung in V.8, die Götterbildhersteller möchten doch ihren Produkten

gleich werden, zielt darauf, daß alle, die Jahwe nicht die
Ehre geben, leblos (also tot!) sein sollen, weil sie eben
das nicht tun, was die Toten sowieso nicht tun können. Mit
aller Vorsicht läßt sich also ein gewisser Zusammenhang
zwischen V.8 und V.17 erkennen.

Wir halten zusammenfassend fest: Die Jahwegemeinde gibt in
Ps 115 dem besonderen Verhältnis zu ihrem Gott Ausdruck, der
zugleich der Schöpfer von Himmel und Erde ist. In deutlichem
Kontrast dazu steht die Völkerwelt, die wegen der Verehrung
ihrer leblosen Götterbilder eine Verwünschung trifft. Ein
offenes Problem bleibt: Was besagt der Wunsch, Jahwe möge
seinem Namen Ehre geben, im Hinblick auf die Völker nun
genau? Eine Antwort hierauf versuchen wir im Vergleich mit
Ps 33 zu finden (Näheres also in Abschn.IV.7.c). Das Ergebnis sei vorweggenommen: Die Exklusivität der Relation zwischen Jahwe und seinem Volk erfährt durch V.1f keine Einschränkung.

## Ps 147

Die Erschaffung grundlegender Daseinsgegebenheiten kommt in
diesem Psalm eigentlich gar nicht zur Sprache (174). Ich
ziehe ihn trotzdem mit heran, weil sich hier immerhin Aussagen über das beständige Wirken Jahwes im Bereich der Natur
finden und diese Aussagen sehr eng mit der Thematik verflochten werden, die um Jahwes besondere Hinwendung zu seinem Volk kreist. Außerdem ist zu sehen, daß die Vorstellung,
Jahwe rufe die Sterne mit Namen (V.4b), fast wortgleich in
Jes 40,26 begegnet und dort in engem Zusammenhang mit eigentlichen Schöpfungsaussagen steht (vgl. Abschn.III.4.c).
Die nachexilische Entstehung des Psalms wird angesichts der
Anspielung auf den Wiederaufbau Jerusalems und die Sammlung
der Zerstreuten in V.2 als gesichert gelten können.

Im einzelnen ergibt sich folgendes Bild: Der Psalm bekommt
nicht nur durch das "Hallelujah" am Anfang und am Schluß

eine hymnische Rahmung, sondern weist auch sonst hymnische Struktur auf. Das "Hallelujah" in V.1 wird durch zwei mit כי eingeleitete Sätze weitergeführt. Versteht man כי beide Male in deiktischer Weise, dann kann V.1 insgesamt als Aufruf zum Lobpreis verstanden werden. Die anschließenden, vorwiegend im partizipialen Stil gehaltenen Aussagen in V.2-6 (V.5 allerdings besteht aus zwei Nominalsätzen, in V.2b und V.4b finden sich Imperfekta, die aber im Anschluß an Partizipien nicht ungewöhnlich sind) haben offenkundig begründende Funktion: Jahwe wird als der gepriesen, der Jerusalem aufbaut und die Zerstreuten Israels sammelt (V.2); der die heilt, deren Herz gebrochen ist, und ihre Wunden verbindet (V.3); der den Sternen die Zahl bestimmt und sie mit Namen ruft (V.4); der groß und reich an Kraft ist und unermeßliche Einsicht hat (V.5); der den Armen aufhilft und die Frevler bis zum Boden erniedrigt (V.6). Neben der allgemeinen Aussage über Jahwe in V.5 wird Jahwes Handeln detailliert zur Darstellung gebracht. Es erstreckt sich auf unterschiedliche Bereiche. V.2.3.6 lassen sich dabei auf einer Linie sehen: Der Wiederaufbau Jerusalems und die Sammlung der Zerstreuten (V.2) bedeuten Heilung für die, denen dieses Handeln gilt (V.3). Sie sind offenkundig machtlos; deshalb hilft ihnen Jahwe auf und erniedrigt ihre Bedränger (V.6) (175).

Paßt in diesen Aussageduktus die allgemeine Formulierung in V.5 recht gut hinein, ist dagegen nicht ohne weiteres klar, welche Funktion V.4 zukommt. Es geht hier um Jahwes Herrsein über die Gestirne; er bestimmt ihre Zahl und ruft sie alle mit Namen. Indem das so gesagt wird, ist deutlich, daß der Gott, dessen Hilfe Israel erfährt, auch mit der Ordnung im kosmischen Bereich in Verbindung zu bringen ist. Vor allem aber tritt die Sternenwelt nicht als eine von Jahwe regierte anonyme Masse ins Blickfeld, sondern so, daß jedes einzelne ihrer Glieder von Jahwe identifiziert wird.

Die Überzeugung, daß auch die Welt der Gestirne kein Bereich ist, der Jahwes Herrschaft und Walten entzogen wäre, ist für die Gemeinde, in die dieser Psalm hineingehört, nicht ohne Belang. Sie erfährt sich selbst als machtlos und völlig auf Jahwes Handeln angewiesen - und weiß zugleich, daß auch die Welt der Gestirne (jeder einzelne Stern!) mit Jahwe verbunden und von ihm abhängig ist. Diese Art des Wissens um die Beziehung Jahwes zum kosmischen Bereich kann - zusammen mit der Gewißheit, daß Jahwe seiner Gemeinde aufhilft - Geborgenheit vermitteln.

Blicken wir nun auf die zweite Strophe (V.7-11). Nach einem Aufruf zum Dank (V.7) wird wiederum Jahwes Handeln thematisiert, wobei nun sein Wirken in der Natur in relativ breiter Weise zur Sprache kommt (V.8f). Dabei ist - ohne daß es direkt so ausgedrückt wird - eine gewisse "logische" Reihenfolge zu erkennen: Der von Jahwe gespendete Regen (V.8a) bewirkt das Wachstum des Grases (V.8b), so daß Tiere ihre Nahrung bekommen können (V.9; vgl. Ps 104,14aα). Die Tierwelt - das Vieh und die jungen Raben sind hier vermutlich als pars pro toto genannt - ist in ihrem Existieren somit ganz auf Jahwes Handeln angewiesen. Von da aus ergibt sich eine Brücke zu V.10f: Nicht an menschlicher Stärke hat Jahwe Gefallen (mit der Stärke des Rosses dürfte speziell militärische Macht gemeint sein; vgl. Ps 33,17), sondern an denen, die ihn fürchten und auf seine Güte hoffen (176). So, wie die Tiere sich nicht selber ihre Speise verschaffen können, so sieht sich auch die Jahwegemeinde ganz auf ihren Gott angewiesen und weiß sich in dieser ihrer Haltung seines Wohlgefallens sicher. Anders ausgedrückt: Wenn Jahwe in der Natur handelt und für die Tierwelt sorgt - dann hat seine Gemeinde guten Grund, auch ihrerseits auf seine Gnade zu hoffen (man sieht sich hier an die Worte der Bergpredigt in Mt 6,25f erinnert!).

Auch in der dritten Strophe (V.12-20) ist von Jahwes Wirken in der Natur und von seinem Handeln an Israel die Rede. Nach dem Aufruf zum Lobpreis (V.12) - anders als in V.1 und V.7 wird hier mit Jerusalem und Zion der Adressat des Aufrufs konkret benannt - folgt in V.13 eine perfektische Begründung ("denn er hat befestigt die Riegel deiner Tore, hat gesegnet deine Söhne in deiner Mitte"), an die sich dann in V.14-19 Partizipien und Imperfekta anschließen. V.14 führt inhaltlich die Aussage von V.13 fort; auch hier geht es um Jahwes hilfreiche Zuwendung zu seinem Volk (er schafft dem Gebiet seines Volkes Gedeihen und sättigt es mit bestem Weizen). V.15 nun redet davon, daß Jahwe seinen Spruch auf die Erde sendet und daß sein Wort schnell läuft. Die in V.16f sich findenden Aussagen ergeben an ihrem jetzigen Ort dann einen guten Sinn, wenn man sie im Licht von V.18 sieht: Wenn Schneeschmelze und Tauwetter mit Jahwes Wort in Verbindung zu bringen sind (V.18), dann wird man das - auch wenn es nicht direkt so gesagt wird - ebenso für die Gabe von Schnee, Reif und Eis annehmen können. Insofern würde V.15 das nachfolgend zur Sprache Kommende einleiten.

Mit Jahwes Wort wird nun aber nicht nur das Naturgeschehen in Verbindung gebracht, sondern auch die Gabe, die nur Israel zuteil wird: "Er teilt sein Wort Jakob mit, seine Satzungen und Rechte Israel." (V.19) Ruft Jahwes Wort einerseits Naturvorgänge hervor, so wird es andererseits für Israel insofern in besonderer Weise wirksam, als sein Inhalt hier die Satzungen und Rechte sind, von denen - so V.20 - andere Völker keine Kenntnis haben. Beide Male - in V.18 und V.19 - geht es um Jahwes Wort (man sollte deshalb auch in V.19 den Singular belassen und nicht dem Qere folgen), das jedoch jeweils unterschiedlicher Art und auf unterschiedliche Bereiche bezogen ist.

Bei der ersten Strophe war zu beobachten, daß von den Sternen nicht um ihrer selbst willen gesprochen wird, sondern im Hinblick darauf, was von Jahwes Handeln an Israel ausgesagt wird (vgl. V.4 im Kontext). Nicht viel anders kann die

Beschreibung von Jahwes Naturhandeln in der zweiten Strophe
(in V.8f) beurteilt werden: Davon, daß die Tiere auf Jahwes
Futter<u>gabe</u> angewiesen sind, ist unter dem Blickwinkel die
Rede, daß Jahwe nicht an menschlicher Selbstmächtigkeit
Gefallen hat (V.10), sondern daran, daß die, die ihn fürchten, alles von ihm erwarten (V.11) (177). Wie verhält es
sich nun mit der dritten Strophe? Ein Bindeglied zwischen
der Rede von Jahwes Naturhandeln (V.16-18) und seinem Handeln an Israel (V.19) ist zunächst dadurch gegeben, daß -
wie bereits ausgeführt - beides mit Jahwes Wort in Verbindung gebracht wird (178): Die Satzungen und Rechte, von
denen allein Israel weiß, stammen nicht von einem Gott,
dessen Wirken partikular begrenzt zu sehen wäre; er ist
vielmehr der, der durch sein Wort auch in der Natur handelt.
Darüber hinaus ist noch ein weiteres Bindeglied gegeben:
Laut V.14b sättigt Jahwe <u>sein Volk</u> mit bestem Weizen. Das
kann er nur tun, wenn er es ist, der die Naturvorgänge in
ihrer jeweiligen Abfolge in Gang setzt (so V.16-18).

Wir fassen zusammen: Die Aussagen, die Jahwes Handeln im
kosmischen Bereich der Sterne (V.4) und in der Natur
(V.8f.16-18) zum Gegenstand haben, stehen im Horizont dessen, was über das besondere Verhältnis Jahwes zu Israel
ausgesagt wird. Von Menschen, die nicht zur Jahwegemeinde
gehören, ist nur in einer abgrenzenden (so V.20) oder auch
negativen Weise die Rede (letzteres unter der Voraussetzung,
daß man V.6 und V.10 in der spezifischen Weise versteht, wie
wir es getan haben).

<u>c) Jahwe der Schöpfer - ein positiver Blick über Israel
    hinaus</u>
(Ps 33 und 96)

Die soeben erörterten Psalmen 115 und 147 zeugen davon, daß
auch dort, wo die besondere Relation Jahwe - Israel das
Hauptthema ist, keineswegs der Blick auf die Menschheit

außerhalb Israels fehlen muß. Dieser Blick ist jedoch beide Male eher negativer und abgrenzender Art. Bei Ps 147 ist das offenkundig. Unsere Exegese von Ps 115 hat kein anderes Bild ergeben. Freilich ist dabei noch eine Frage offengeblieben: Was besagt der Wunsch, Jahwe möge seinem Namen Ehre geben, im Hinblick auf die Völkerwelt nun genau (vgl. V.1f)? Wir haben sie vorwegnehmend beantwortet, dabei aber auf einen nun anzustellenden Vergleich mit Ps 33 verwiesen. Nachdem in Ps 115 und 147 der Blick über Israel hinaus wenig positiv war, ist zu prüfen, wieweit in den nun zu untersuchenden Psalmen auch noch andere Töne im Hinblick auf die Völkerwelt zu vernehmen sind. Wir konzentrieren uns dabei auf Ps 33 und Ps 96, lassen aber andere Psalmen nicht ganz außer Betracht.

## Ps 33

Der Psalm kann gattungsmäßig als Hymnus bestimmt werden (vgl. den imperativischen Aufruf in V.1-3). Im einzelnen ist aber zu beachten, daß "ganz verschieden geprägte Form- und Stilelemente nebeneinander gesetzt werden." (179)

Besonders betont kommt in diesem Psalm Jahwes Allwirksamkeit zur Sprache: Sein Wort ist wahrhaftig, seine Taten sind verläßlich (V.4). Durch sein Wort sind die Himmel gemacht (V.6) (180). Was er spricht, geschieht (V.9). Er macht der Völker Rat zunichte (V.10). Vom Himmel aus schaut er auf alle Erdenbewohner und merkt auf ihre Taten (V.13-15). Ebenso eindeutig gibt der Psalm Zeugnis davon - und steht insofern mit Ps 115 und 147 durchaus auf einer Linie -, daß eine besondere Relation zwischen Jahwe und Israel besteht: Der imperativische Aufruf zum Lobpreis ergeht an die "Gerechten" und "Rechtschaffenen" (V.1). Man wird annehmen können, daß so die vor Jahwe sich versammelnde Gemeinde betitelt wird, da der Aufruf in kultischem Rahmen erfolgt (vgl. V.2f). Deutlich ist die Aussage in V.12: "Glücklich das Volk, dessen Gott Jahwe ist, das Volk, das er sich zum Erbteil erwählt hat!" Weiterhin erfolgt - wie schon in Ps 147,10f -

eine Gegenüberstellung von menschlicher Machtentfaltung und einer Jahwefurcht, die sich im Ausgerichtetsein auf Jahwes Hilfe äußert (V.16-19; V.18b ist fast wortgleich mit Ps 147,11b). Dieses Ausgerichtetsein bekennt die Jahwegemeinde von sich (V.20f). Am Schluß des Psalms gibt sie noch der Bitte Ausdruck, daß Jahwes Huld ihrer Hoffnung entsprechen möge (V.22).

Der bisher ins Auge gefaßte Aussageinhalt bringt gegenüber Ps 115 und Ps 147 nichts Neues: Jahwes Macht ist umfassender Art - und doch ist dieser Gott seinem Volk in besonderer Weise zugewandt und richtet sich die Hoffnung dieses Volkes allein auf ihn. Nun aber verdient V.8 alle Beachtung: "Fürchten möge sich vor Jahwe alle Welt, vor ihm sollen alle Bewohner des Festlandes Ehrfurcht haben!" Was heißt das nun genau? Wir gehen zunächst von dem Verbum גור aus. In der Bedeutung "sich fürchten" kommt es an relativ wenigen Stellen vor (Num 22,3; Dtn 1,17; 18,22; 32,27; 1.Sam 18,15; Hos 10,5; Ps 22,24; 33,8; Hi 19,29; 41,17). Die meisten Belege meinen damit menschliche Furcht im Sinne von "Angst haben", "zurückschrecken" etc. Hos 10,5 deutet in eine etwas andere Richtung, indem hier auf die kultische Verehrung des Kalbes von Beth-Awän angespielt wird ("fürchten" meint hier demnach kultische "Ehrfurcht"). Für uns noch aufschlußreicher ist Ps 22,24: Hier kommen wie in Ps 33,8 ירא und גור zusammen vor. Es geht um den Preis derjenigen, die Jahwe fürchten, und um die Ehrfurcht der Kinder Israel vor Jahwe. Beide Verben (ירא als Verbaladjektiv) erscheinen hier also im Kontext kultischer Preisung und Verehrung, wobei das Subjekt Israel (bzw. die sich vor Jahwe versammelnde Gemeinde) ist. Von diesem Beleg her läßt sich Ps 33,8 folgendermaßen deuten: Die Jahwegemeinde, die durchaus um ihr besonderes Verhältnis zu Jahwe weiß, überschreitet die Grenzen ihrer eigenen Jahweverehrung dadurch, daß sie eine kultische Verehrung Jahwes durch "alle Welt" (bzw. "alle Bewohner des Festlandes") für wünschbar hält (181). Die hier gebrauchten Ausdrücke כל-הארץ

und כל-ישבי תבל weisen darauf hin, wie weitgespannt dieser Wunsch ist, auch wenn vermutlich dabei nicht die gesamte Kreatur, sondern "nur" die Menschenwelt ins Auge gefaßt ist. In letzterem Sinn wird der Ausdruck כל-הארץ eindeutig in Gen 11,1 verwendet. Außerdem erscheinen bei גור in allen anderen Belegen immer Menschen als Subjekte.

Der jussivische Aufruf zur Ehrfurcht vor Jahwe (V.8) erfolgt nicht ohne Begründung. Sie wird zunächst in V.9 gegeben: "Denn _er_ sprach, und es geschah; _er_ befahl, und es stand da." Mit Hinblick auf V.6 wird damit Jahwes grundlegendes Schöpfungshandeln gemeint sein. Zu fragen wäre, ob zur Begründung nicht auch V.10f hinzugehören. Dies kann dann bejaht werden, wenn man den Psalm folgendermaßen gegliedert sieht (182):

V.1-7:     Imperativischer Aufruf (V.1-3) mit Begründung
           (V.4-7).
V.8-11:    Jussivischer Aufruf (V.8) mit Begründung (V.9-11).
V.12-15:   אשרי-Satz (V.12) mit Begründung (V.13-15).
V.16-22:   Kontrastierung von menschlicher Eigenmächtigkeit
           und Jahwefurcht einschließlich der jeweiligen
           Folgen (V.16-19) mit anschließender Vertrauensaus-
           sage (V.20f) und abschließender Bitte (V.22).

Diese Gliederung geht davon aus, daß mit V.8 und V.12 deutliche Neueinsätze gegeben sind. Wenn man die jeweils nachfolgenden Verse von diesen Neueinsätzen her versteht, dann können sie - will man keine lose Aneinanderreihung annehmen - nur begründenden Charakter haben. Der Neueinsatz in V.16 ist nicht so deutlich, jedoch leitet die Negation die nachfolgende Kontrastierung ein. Ist diese Gliederung stichhaltig, dann fällt bei den Begründungen innerhalb der ersten drei Teile auf, daß sie sehr vergleichbare Inhalte haben. Immer geht es um Jahwes umfassende Herrschaft und Macht, als deren Teil seine Schöpfermacht erscheint (V.6f.9; V.15

knüpft an die sog. "Menschenschöpfungstradition" an). Der Grund, weshalb die Jahwegemeinde zum Lobpreis aufgefordert und Jahwes Volk glücklich gepriesen wird, ist also im großen Ganzen mit der Begründung, weshalb auch außerhalb Israels Jahwe Verehrung zuteil werden soll, vergleichbar.

Auf einen Punkt gilt es nun freilich noch besonders zu achten: Laut V.5b ist von Jahwes Huld (חסד) die Erde voll. In der kontrastierenden Gegenüberstellung in V.16-19 wird hinwiederum ausgedrückt, daß menschliche Selbstmächtigkeit nicht weiterhilft (V.16f), daß aber Jahwes Auge auf denen ruht, die ihn fürchten und auf seine Huld (חסד) <u>harren</u> (V.17), was dann Errettung vom Tod und Bewahrung in der Hungersnot zur Folge hat (V.18). Sieht man V.5b in diesem Zusammenhang, scheint mir folgende Deutung möglich: Jahwes Huld ist nicht grundsätzlich auf eine bestimmte Menschengruppe (also Israel) beschränkt, wird aber auch nicht automatisch jedem zuteil. Die Völker, die sich mit ihrem Plan in Gegensatz zu Jahwes Willen stellen - der "Plan der Völker" und der "Plan Jahwes" werden in V.10f einander gegenübergestellt - erfahren Jahwes machtvolle Gegnerschaft: Er zerbricht (183) ihren Plan (V.10). Die kultische Verehrung Jahwes durch Menschen außerhalb Israels, die V.8 ins Auge faßt, würde somit auch bedeuten, die eigene, letztlich gegen Jahwe gerichtete Selbstmächtigkeit aufzugeben und - wie es die Jahwefürchtigen der Kultgemeinde jetzt schon von sich bekennen (V.20a) - das Augenmerk ganz auf Jahwe zu richten. Das, was laut V.19 denen zuteil wird, die (V.18) Jahwe fürchten und auf ihn harren, würde dann ebenso den Menschen außerhalb Israels zuteil - insoweit auch sie tatsächlich Jahwe fürchten und auf ihn harren. So direkt kommt dies in dem Psalm zwar nicht zum Ausdruck; wenn aber laut V.8 eine Jahwefurcht seitens der Menschen außerhalb Israels erwünscht ist, dann würde wohl - sollte der Wunsch Wirklichkeit werden - auch für diese Menschen das gelten, was V.18f in bezug auf die Jahwefürchtigen konkret ausführen.

Wir stellen zusammenfassend fest: Jahwes Macht einschließlich seiner Schöpfermacht gibt nach dem Zeugnis dieses
Psalms Anlaß,
- daß die Kultgemeinde Jahwe lobpreist (V.1-3);
- daß die Jahweverehrung die bisherigen Grenzen überschreiten soll (V.8);
- daß das Volk, dessen Gott Jahwe ist, glücklich gepriesen
  werden kann (V.12).

Weiterhin ist festzuhalten: In der Gegenwart gibt es Jahwefurcht mit ihren "Früchten" nur in Israel (vgl. V.18f im
Zusammenhang mit V.20f). Die Völker stehen im Gegensatz zu
Jahwe (V.10). Nur e i n Volk (Israel) kann glücklich gepriesen werden (V.12). Ist sich demnach die Jahwegemeinde
durchaus der besonderen Relation bewußt, die zwischen ihr
und ihrem Gott besteht, so sieht sie diese im Blick auf die
Zukunft doch nicht als eine exklusive an: Auch außerhalb
Israels soll es Anerkenntnis Jahwes geben (V.8)!

Abschließend soll noch ein Vergleich mit Ps 115 erfolgen.
Während Ps 33 - gemäß unserem Verständnis von V.8 - für die
Zukunft eine kultische Verehrung Jahwes auch außerhalb Israels für wünschbar hält, konstatiert Ps 115 die Götter-
bildverehrung außerhalb Israels (V.4-7) und schließt daran
eine Verwünschung an (V.8). Die Frage (der wir in unserer
Exegese von Ps 115 noch nicht nachgegangen sind) ist nun, ob
der Wunsch, den V.1 im Kontext von V.2f zum Ausdruck bringt,
nicht doch mit Ps 33,8 vergleichbar wäre. Daß dem nicht so
ist, soll nachfolgend begründet werden.

Ps 115,1 hat eine nicht zu verkennende Parallele in Ps
79,9f: "(9) Hilf uns, Gott unseres Heils, um der Ehre deines
Namens willen. Rette uns, vergib unsere Sünden um deines
Namens willen. (10) Warum sollen die Völker sagen: 'Wo ist
ihr Gott?' Kundwerden möge unter den Völkern vor unseren
Augen die Rache für das vergossene Blut deiner Knechte." Wie
in Ps 115,1f geht es um Jahwes Ehre ( כבוד ), die dadurch auf

dem Spiel steht, daß Jahwes Handeln für die Völkerwelt nicht erkennbar deutlich ist, weshalb von deren Seite die wohl triumphierend zu verstehende Frage "Wo ist ihr Gott?" laut wird oder zumindest laut werden kann. Die erwünschte Antwort hierauf ist nach Ps 79 die, daß Jahwe sein Volk rettet, Sünden vergibt und das Blut seiner Knechte rächt. Die Antwort in Ps 115 ist zunächst allgemeinerer Art, indem in V.3 auf Jahwes unbegrenzte Tätigkeit verwiesen wird. Wir hatten in unserer Exegese festgestellt, daß diese Tatmächtigkeit Jahwes sich in seinem hilf- und segensreichen Handeln an Israel (V.9-15a) sowie in seiner universalen Schöpfermacht (V.15b) äußert. Nun sind die diesbezüglichen Äußerungen teilweise indikativischer Art; die Bitte in V.1 und die Frage der Völker (V.2) zielen jedoch - wenn man Ps 79,9f zum Vergleich heranzieht - eher auf ein noch ausstehendes Handeln Jahwes. Die eigentliche Antwort dürfte somit dann erfolgt sein, wenn Jahwe die erhoffte Segnung und Mehrung seines Volkes (V.12-14) auch Wirklichkeit werden läßt (trotz der indikativischen Aussagen in V.9b.10b.11b.15a steht hier also noch etwas aus). Dieses Handeln Jahwes kommt dann zwar seinem Volk zugute, geschieht aber letztlich um Jahwes Ehre willen (V.1), damit die Frage der Völker (V.2) sich erübrigt.

Ist unsere Deutung richtig, dann ist hinsichtlich der Völkerwelt der Unterschied zwischen Ps 115 und Ps 33 beträchtlich: Laut Ps 33 ist eine Partizipation der Völkerwelt an der kultischen Verehrung Jahwes wünschenswert, während es in Ps 115 darum geht, daß Jahwe durch sein Handeln vor der Völkerwelt imponiert (184), also - salopp formuliert - der triumphierenden Frage der Völker ("Wo ist denn ihr Gott?") den Wind aus den Segeln nimmt. An eine kultische Verehrung Jahwes ist hierbei nicht gedacht - das machen vor allem Ps 79,9f deutlich (185) -, die Exklusivität von Jahwes Verhältnis zu Israel wird (anders als in Ps 33) nicht relativiert.

## Ps 96

Die nachexilische Entstehung des Psalms gilt weithin als gesichert. Dafür spricht nicht zuletzt die Abhängigkeit vom Gedankengut Deuterojesajas (vgl. Anm.169). Gattungsmäßig liegt eindeutig ein Hymnus vor, was durch die imperativischen (V.1-3.7-10aα) und jussivischen Aufrufe (V.11f) mit den jeweils nachfolgenden Begründungen deutlich wird.

Betrachten wir den ersten Aufruf (V.1-3), dann ist nicht von vornherein klar, wer hier angeredet wird. Laut V.1b ist "alle Welt" gemeint. Wie schon in Ps 33,8 wird man darunter am ehesten die Menschheit (also die "Menschenwelt") zu verstehen haben. Dies ist schon deshalb wahrscheinlich, weil in V.7f der Aufruf an die Völker ergeht und im Anschluß daran in V.9 wieder von "alle(r) Welt" die Rede ist. Als unwahrscheinlich hingegen muß gelten, daß der Adressat des ganzen Aufrufs V.1-3 "alle Welt" wäre. Daß "alle Welt" (V.1) "unter den Völkern" von Jahwes Herrlichkeit erzählen soll (V.3), ist wohl schlecht vorstellbar. Ähnliches gilt für V.10 im Hinblick auf V.9. Wir haben somit in beiden Aufrufen (V.1-3 und V.7-10aα) mit einem nicht besonders hervorgehobenen Adressatenwechsel zu rechnen. "Alle Welt" soll Jahwe singen (V.1b), vor ihm niederfallen und vor seinem Antlitz beben (V.9), die Völker sollen Jahwe Ehre und Macht und die Ehre seines Namens bringen (V.7.8a), Opfergaben herbeitragen und in seine Vorhöfe kommen (V.8b). An Israel hingegen ergeht der Aufruf, unter den Völkern von Jahwes Herrlichkeit und von seinen Wundern zu erzählen (V.3) (186) und unter den Völkern zu sagen, Jahwe sei König (V.10aα) (187). Es wäre nicht undenkbar, eine logische Reihenfolge dergestalt anzunehmen, daß die Verkündigung Israels unter den Völkern die Voraussetzung von deren Jahweverehrung wäre. Direkt erweisen läßt sich ein solcher Zusammenhang nicht - zumal von der Verkündigung unter den Völkern jeweils erst dann die Rede ist, nachdem diese (bzw. "alle Welt") zur Jahweverehrung aufgerufen wurden (188).

Der erste Aufruf erfährt seine Begründung in V.4-6:

(4) Denn groß ist Jahwe und sehr preisenswert,
    gefürchtet ist er über alle Götter.
(5) Denn alle Götter der Völker sind Nichtse,
    aber Jahwe hat die Himmel gemacht.
(6) Hoheit und Pracht sind vor ihm,
    Macht und Glanz in seinem Heiligtum.

Für uns interessant sind vor allem V.4f. Der Dreh- und Angelpunkt der Aussage ist der Hinweis auf Jahwes Schöpfertum in V.5b. Hierin zeigt sich die Nichtigkeit der Götter der Völker (V.5a) (189). Das, was V.4 zum Ausdruck bringt, erfährt seine Berechtigung durch V.5, wobei V.5a über die Götter eine radikalere Aussage als V.4b macht (190).

Eine solche Polemik gegen die Götter wie in V.5 enthält die Begründung des zweiten Aufrufs nicht. Wiederum wird aber auf Jahwes Schöpfermacht verwiesen (V.10aß; im Unterschied zu V.5b kommt hier stärker der gegenwartsbezogene, stabilisierende Charakter von Jahwes Schöpfungshandeln zum Tragen), dazu auf seine Funktion als Richter der Völker (V.10b) (191).

Für die ersten beiden Abschnitte (V.1-6.7-10) läßt sich also festhalten: Hinsichtlich der Begründung der Aufrufe spielt der Hinweis auf Jahwes Schöpfertum eine herausragende Rolle. Von diesem Gott soll Israel künden und erzählen; diesem Gott soll sich die Völkerwelt in kultischer Verehrung zuwenden. Besonders bemerkenswert ist somit dies: Anders als in Ps 115 und Ps 147 steht hier nicht ein Handeln Jahwes im Mittelpunkt, das nur Israel gilt und niemandem sonst (die einschlägigen Aussagen in beiden Psalmen haben wir vornehmlich unter diesem Blickwinkel stehend gesehen). Sowohl Israel als auch die Menschen außerhalb dieses Volkes werden in gleicher Weise auf das Handeln Jahwes als des Schöpfers und Richters verwiesen, wenngleich der Verkündigungsauftrag nur an Israel

ergeht. Zu fragen wäre freilich, ob das Künden von Jahwes
"Heil" (V.2), das Erzählen von seiner "Herrlichkeit" (V.3a)
und von seinen "Wundern" (V.3b) noch auf etwas anderes als
auf das besonders auf seiner Schöpfermacht beruhende Herrsein Jahwes Bezug nimmt. Das Wort ישועה (V.2b) legt diese
Deutung nicht zwingend nahe: Ps 74,12-17 fassen Jahwes
Schöpfungshandeln als "Heilstaten" ( ישועות ) auf (V.12; vgl.
Abschn.IV.1). Ähnliches gilt für כבוד (V.3a): Ps 19 bringt
Gottes כבוד (V.2) mit seinem Schöpfertum (V.5b-7) in Verbindung (vgl. Abschn.IV.8). Auch das Substantiv נפלאות fügt
sich in dieses Bild. Das Wort bezieht sich zwar oftmals -
wie auch ישועה - auf Jahwes geschichtliches Handeln an Israel (so z.B. in Ps 106,6.22 und in Ps 107,8.15.21); aus Ps
136 läßt sich jedoch entnehmen (vgl. Abschn.IV.7.d), daß das
Bezugsfeld auch Jahwes Schöpfungshandeln sein kann: "Wunder"
werden dort in V.4 all die Taten Jahwes genannt, die nachfolgend aufgezählt werden. Zu ihnen gehören auch die Schöpfungstaten (V.5-9).

Somit läßt sich sagen: Die Rede von Jahwes weltweitem Schöpfungshandeln erscheint in Ps 96 nicht im Kontext einer
Aufzählung von Taten, die nur Israel gelten. Wäre es anders,
könnte man in dieser Richtung deutlichere Hinweise erwarten.
Darüber hinaus ist von Israel gar nicht mehr in herausgehobener Weise die Rede (192). Jahwes Schöpfungshandeln wird
als Heilserweis verstanden, der für "alle Welt" relevant ist
und diese zur Jahweverehrung bringen soll (193). Die besondere Hinwendung Jahwes zu seinem Volk wird in Ps 96 "lediglich" darin deutlich, daß dieses Volk - anders als die
Völker - von Jahwes als des Schöpfers Heilshandeln bereits
weiß und deshalb davon künden soll.

Es lohnt sich an dieser Stelle ein Blick auf die weitere
Psalmenliteratur, in der von Jahwe als dem Schöpfer die Rede
ist. Gibt es neben Ps 33 (vgl. V.8f) und Ps 96 noch weitere
Belege, wo die Rede von Jahwe als dem Schöpfer dazu dient,

Jahwefurcht und Jahweverehrung außerhalb Israels ins Auge zu fassen? Nach meiner Übersicht kommt hier nur noch Ps 65 (V.6-9) in Frage (194):

(6) Durch Ehrfurchtgebietendes antwortest du uns in Treue,
    Gott unseres Heils,
    du Zuversicht aller Enden der Erde
    und der fernen Inseln (195).
(7) Der gründet die Berge mit seiner Kraft,
    sich gürtet mit Stärke,
(8) der besänftigt das Tosen der Meere,
    das Tosen ihrer Wellen (196).
(9) Ehrfurcht haben (197) die Bewohner der Weltenden
    vor deinen Zeichen.
    Morgen- und Abendland (198) läßt du jubeln.

V.7 dürfte ein Schöpfungshandeln umschreiben; ebenso V.8, in dem die Chaoskampfthematik aufgenommen ist (199). Auf diese beiden Verse beziehen sich m.E. V.6 und V.9 (ein Zusammenhang mit den vorausgehenden und nachfolgenden Versen scheint mir vom Sinngehalt her weniger wahrscheinlich). Das bedeutet: Jahwes Schöpfungstaten sind der Grund dafür, daß zu Jahwe alle Menschen Zuversicht haben (V.6b), in Ehrfurcht zu ihm stehen und zum Jubeln kommen (V.9). Daß dabei auch in zukünftigen Dimensionen gedacht wird, ist offenkundig.- Eine nachexilische Entstehung des Psalms erscheint mir wahrscheinlich (200). Nachdem auch Ps 33 und Ps 96 in die nachexilische Zeit gehören, läßt sich - nach nochmaliger Überprüfung der vorexilischen Schöpfungstexte (vgl. Abschn.IV.2-5.c) - sagen: Aus vorexilischer Zeit haben wir kein Zeugnis, in dem es um die Anerkennung und Verehrung Jahwes als des Schöpfers durch Menschen außerhalb der Jahwegemeinde geht (201).

## d) Jahwes Handeln als Schöpfer und in der Geschichte als Einheit (Ps 136 und 148)

Da es in unserer Untersuchung vornehmlich darum geht, die Relation der Rede von Jahwes weltweitem Schöpfungshandeln zu der von seiner besonderen Hinwendung zu Israel zu untersuchen, ist damit auch - wie wiederholt festgestellt - nach dem Verhältnis von Schöpfung und Geschichte gefragt. Daß es hierbei zu engen Zuordnungen kommt, haben wir immer wieder herausgearbeitet. Darüber hinaus aber geben die nun zu betrachtenden Psalmen schon vom Stil und Aufbau her ein eindrucksvolles Zeugnis davon ab, daß Jahwes Handeln als Schöpfer und sein Wirken in der Geschichte als Einheit begriffen werden können. Die Aussagestruktur dieser beiden Psalmen (136 und 148) gilt es nun näher zu untersuchen. Einleitend sei jedoch zunächst an einen bereits exegesierten Text erinnert: In Jes 44,24-28 wird in partizipialem Stil aneinanderreihend von Jahwes Handeln als Schöpfer und in der Geschichte gesprochen (zugleich freilich weist der Text das Gepräge eines Disputationswortes auf und gibt insofern auch ein Aussagegefälle zu erkennen). Dies alles ist bereits in Abschn.III.4.f erörtert worden, wo wir in geraffter Form auch auf Ps 136 zu sprechen gekommen sind (202).

## Ps 136

Der Psalm, an dessen nachexilischer Entstehung kaum gezweifelt wird, stellt einen Hymnus dar. Auffallend ist, daß im Aufruf zum Lobpreis inhaltlich bereits die Begründung mit enthalten ist (die auf den imperativischen Aufruf V.1-3 folgenden Partizipien sind stilistisch von diesem Aufruf abhängig), während die - stereotyp wiederkehrende - Aussage כי לעולם חסדו sehr allgemeiner Art ist (203).

Im einzelnen ergibt sich nun folgender Zusammenhang zwischen Stil und Inhalt (die immer gleichlautenden b-Verse seien dabei außer acht gelassen): Dem Aufruf zum Lobpreis (V.1-3)

folgen im Dativ gehaltene und somit vom Aufruf abhängige
Partizipien (V.4-7.10.13.16f). Am Schluß erfolgt ein nochmaliger Aufruf (V.26). Diese Grundstruktur des Psalms (Aufruf
zum Lobpreis mit davon abhängigen dativischen Partizipien)
wird zwar durch die übrigen Verse etwas aufgelockert, aber
nicht aufgehoben: V.8f sind von V.7 abhängig und entfalten
dessen Aussage. V.11f schließen inhaltlich an V.10 an, ebenso V.14f an V.13 und V.18-22 an V.17. Etwas aus dem Rahmen
fällt die Relativpartikel in V.23, die aber die gleiche
Funktion wie die Dativpartizipien einnimmt. An V.23 ist V.24
angeschlossen (zu V.25 s.u.), während der nochmalige Aufruf
zum Lobpreis (V.26) den Psalm beschließt. Wir können also
insgesamt von der genannten Grundstruktur ausgehen. Ist dies
richtig, dann läßt sich daraus schließen, daß der Psalm
nicht nur eine Zuordnung, sondern eine Gleichordnung von
Aussagen an sich unterschiedlichen Inhalts anstrebt. Daß
manche Dativpartizipien längere Aussagereihen nach sich
ziehen, ist vom Aussageinhalt her verständlich und läßt vor
allem auch keine besonderen Akzentuierungen von der Art
erkennen, daß nun auf Jahwes Schöpfungshandeln oder auf sein
besonderes Handeln an Israel ein verstärktes Gewicht fallen
würde. Es läßt sich also sagen: Nach dem Zeugnis dieses
Psalms ist Jahwe als Schöpfer und in seiner besonderen
Hinwendung zu Israel der Eine: sowohl als Schöpfer der
grundlegenden Daseinsgegebenheiten (V.5-9; V.4 hat über-
schriftartigen Charakter [vgl. Anm.205]) als auch als Retter
aus Ägypten (V.10-15), als Führer durch die Wüste (V.16-20)
und als Geber von Siedlungsraum (V.21f (204); V.23f knüpfen
an bereits Geschildertes an, während V.25 einen neuen Akzent
setzt [hierzu s.u.]).

Können wir so mit gutem Grund davon sprechen, daß es in Ps
136 zu einer eindrucksvollen Zusammenschau von Jahwes
Schöpfungs- und Geschichtshandeln kommt, wäre gleichwohl
noch genauer nach der Aussageintention zu fragen. Eines
dürfte klar sein: Die Gleichordnung der Rede von Jahwes

Schöpfungshandeln und von seinem Geschichtshandeln bedeutet
hier keine Öffnung hin zur Völkerwelt. Wenn von den Völkern
(bzw. ihren Repräsentanten) die Rede ist, erscheinen sie als
Feinde des Jahwevolkes (V.10.15.17-20.24). Der Psalm preist
Jahwe für seine Taten, soweit diese für Israel relevant
sind. Dazu gehört auch das Schöpfungswerk. Das Vorhandensein
grundlegender Daseinsgegebenheiten ist die Voraussetzung
dafür, daß auch Israel existieren kann. Ich sage: "auch".
Grundsätzlich geht Jahwes Walten als Schöpfer ja nicht nur
Israel an. Nun zieht aber der Psalm ohne erkennbare stilistische Zäsur eine direkte Linie von Jahwes Schöpfungshandeln zu seinem Handeln an Israel. Das bedeutet m.E.: Der
Lobpreis bezieht sich auf die Taten Jahwes, ohne die Israel
nicht sein könnte. Hierzu gehören in gleicher Weise die
Erschaffung und somit das Vorhandensein grundlegender Daseinsgegebenheiten und die aufgezählten Geschichtstaten
(205).

Unsere bisherige Interpretation bedarf nun noch einer Ergänzung. Ganz kurz - aber doch nicht übersehbar - legt der
Psalm auch Zeugnis davon ab, daß sein Blick nicht nur auf
das Verhältnis Jahwes zu Israel gerichtet ist. In V.25 wird
davon gesprochen, daß Jahwe "allem Fleisch" Brot gebe. Damit
dürfte die gesamte lebende Kreatur gemeint sein (206). Es
wird hier offenbar auch daran gedacht, daß Jahwe nicht nur
für Israel, sondern für die gesamte Geschöpfwelt da ist.
Dies geschieht ganz am Schluß des Psalms - vor dem abschließenden Aufruf V.26 -, wodurch die Aussage eine gewisse
Betonung erfährt. Auch stilistisch ist eine Besonderheit
wahrnehmbar: Während sonst die Partizipien im Dativ stehen
und so direkt von dem Aufruf zum Lob (V.1-3) abhängen, ist
das bei dem Partizip in V.25 nicht der Fall. So bringt zwar
V.25 durch seine stilistische und inhaltliche Sonderstellung
(207) einen etwas anderen Akzent im Vergleich zu den sonstigen Ausführungen des Psalms ein; dessen Gesamtzielrichtung
wird dadurch m.E. aber nicht entscheidend relativiert. Wäre

dem anders, dann müßte die Aussage von V.25 ausführlicher und inhaltlich von pointierterer Art sein.

## Ps 148

Der mit breitem Konsens in die nachexilische Zeit zu datierende Psalm hat eine klar gegliederte hymnische Struktur. Nach dem "Hallelujah" (das auch den Psalm beschließt und somit rahmende Funktion hat) wird in V.1 zum Lob Jahwes "von den Himmeln her" und "in den Höhen" aufgerufen. Mit Wiederholung des Aufrufs werden in V.2-4 die Subjekte dieses Lobs aufgezählt, wobei kein Unterschied gemacht wird zwischen den himmlischen Wesen (V.2) (208) und "eigentlichen" geschöpflichen Gegebenheiten (Sonne, Mond, Sterne, Himmel der Himmel, Wasser über den Himmeln [V.3f]). V.5a faßt den Aufruf zum Lob zusammen, der dann in V.5b.6 dahingehend begründet wird, daß die Adressaten dieses Aufrufs durch Jahwes Befehl geschaffen wurden (V.5b), Jahwe sie für immer und ewig hingestellt (V.6a) und damit eine unvergängliche Ordnung gesetzt hat (V.6b) (209). Jahwe soll also von seinen Schöpfungswerken dafür gepriesen werden, daß er sie geschaffen hat.

In V.7a wird zum Lob Jahwes "von der Erde her" aufgerufen. V.7b-12 zählen auf, wer hier loben soll (im Gegensatz zu V.1-4 wird der Aufruf nicht jeweils neu wiederholt): Tanninim, Urfluten, Feuer, Hagel, Schnee, Nebel, Sturmwind, Berge, Hügel, Fruchtbäume, Zedern, Wild, Vieh, Kriechtiere, Vögel, Könige, Völker, Fürsten, Richter, Jünglinge, junge Frauen, Alte und Junge. Wie V.5a faßt V.13aα den Aufruf zum Lob zusammen. Hierauf folgt in V.13aß die Begründung, die im Vergleich zu V.5b.6 allgemeiner gehalten ist: Sein (Jahwes) Name ist allein erhaben (210). Anders als in V.5b.6 erfolgt die Begründung also nicht in Gestalt einer Schöpfungsaussage. Wenn aber die Erhabenheit von Jahwes Namen (zum Lobpreis dieses Namens wird bereits in V.5a aufgerufen!) der Grund dafür ist, Urfluten, Berge, Könige etc. zum Lob aufzurufen, dann kann das nur so verstanden werden, daß diese Erhaben-

heit mit den Adressaten des Aufrufs zusammenhängt, daß Jahwe
also deren Herr ist (211). Insofern wäre eine gewisse Ähnlichkeit mit V.5b gegeben, wo der Schöpfungsakt in der Form
eines herrschaftlichen Gebietens vorgestellt wird.

V.1-13 lassen sich folgendermaßen zusammenfassen: Die gesamte vorfindliche Wirklichkeit (212) soll Jahwe als ihren
Herrn preisen (213), wobei Jahwes weltweites Schöpfungshandeln (214) als ein Grund angegeben wird. Daß es neben diesem
Herrn keinen anderen gibt, wird durch הוא in V.5b und durch
לבדו in V.13aß hervorgehoben. Eine deutlich wahrnehmbare
Trennung zwischen den Bereichen der Schöpfung und denen der
Geschichte ist nicht zu erkennen. Sowohl vom Stil als auch
vom Inhalt her sind V.1-13 darauf ausgerichtet, an sich
unterschiedliche Daseinsbereiche einheitlich zum Lob dessen
aufzufordern, dem sie sich verdanken und deren Herr er ist.

Versteht man - wie es uns wahrscheinlich erschien - V.13b
als abschließende Bemerkung, die sich sowohl auf V.1-6 als
auch auf V.7-13a bezieht, dann stellt V.14 einen Neueinsatz
dar (215). Sieht man V.14aα nicht als eine isoliert für sich
stehende Aussage an, sondern bringt sie mit dem Nachfolgenden in Verbindung, dann könnte folgender Aussageduktus in
V.14 angenommen werden: V.14aα thematisiert Jahwes Heilshandeln an Israel ("Er richtete ein Horn auf seinem Volk"), das
nicht genauer umschrieben wird. Jedenfalls ist damit gemeint, daß Jahwe seinem Volk Kraft verliehen hat (216).
Genau dies soll der Grund zum Lobpreis sein (217). V.14
könnte dann so übersetzt werden: "Er richtete ein Horn auf
seinem Volk, zum Lobpreis für alle seine Frommen, für die
Söhne Israels, das Volk seiner Nähe." (218)

Ist unsere Deutung richtig, dann geht es in Ps 148 nicht nur
um einen Lobpreis Gottes von den Himmeln und von der Erde
her, sondern auch um den Lobpreis Israels, das hier nicht
nur in den allgemeinen Lobpreis einstimmt, sondern besonde-

ren Grund zum Loben hat, weil Jahwe das Horn seines(!)
Volkes aufgerichtet hat (219).

Freilich fällt V.14, wo es um diesen Lobpreis geht, stilistisch aus dem Rahmen: Es erfolgt nicht wie vorher eine
direkte Aufforderung zum Lob, auch wird der Grund des Lobs -
anders als in den Abschnitten V.1-6 und V.7-13 - gleich zu
Beginn genannt. Nun braucht das nicht zu überraschen, wenn
wir zum Vergleich nochmals auf Ps 136 sehen. In Ps 136 und
Ps 148 erscheinen vom Stil und Aufbau der Psalmen her Jahwes
Handeln und Herrsein als Schöpfer und in der Geschichte als
eine Einheit. Der ganz gravierende Unterschied ist nun aber
der, daß die Einheit von Jahwes Handeln in Ps 136 in breiter
Weise auf Israel hin expliziert wird, während in Ps 148
diese Einheit zunächst einmal unter Absehung von der besonderen Hinwendung Jahwes zu Israel zur Sprache kommt. In
beiden Psalmen kommt es sodann am Schluß zu einer stilistisch abgehobenen Ergänzung, wo das, was - jeweils gegensätzlich - bisher "vernachlässigt" wurde, auch noch Erwähnung findet: in Ps 136,25 die Fürsorge Jahwes für die
Kreatur insgesamt, in Ps 148,14 Jahwes besondere Hinwendung
zu Israel.

## e) Abschließende Betrachtung

Nachdem wir nun einige, hinsichtlich unseres Themas gewichtige Tendenzen in der nachexilischen Psalmenliteratur herausgearbeitet haben, sehe ich abschließend noch eine Aufgabe: Es wäre danach zu fragen, in welcher Weise sich diese
"Tendenzen" in das Bild nachexilischer theologischer Konstellationen fügen (220). Es ist hier nicht der Ort, die
einschlägigen Untersuchungen genau miteinander zu vergleich-
chen (221), zumal sie für unsere Themenstellung von unterschiedlicher Aussagekraft sind. Außerdem geht es uns auch
nicht darum, nun doch noch eine Art Entwicklungsgeschichte
des Schöpfungsglaubens in nachexilischer Zeit zu schreiben

(vgl. unsere einleitenden Bemerkungen zu Abschn.IV.7); wohl aber soll eine abschließende Orientierung grundsätzlicher Art erfolgen.

O.Plöger nimmt in seinem Buch "Theokratie und Eschatologie" ein "Spannungsverhältnis von Theokratie und Eschatologie" in nachexilischer Zeit an (222) und fragt dann: "Kann eine Theokratie, die sich nicht als besonders hervorgehobene Nation neben anderen Nationen, sondern als göttliche Stiftung, als eine in dieser Welt inkommensurable Größe betrachtet, ja, die überdies ihre Existenz interpretiert als Erfüllung bestimmter Verheißungen, die Jahwe einstmals durch Prophetenmund hat verkündigen lassen, ernsthaft nocht mit einer geschichtlichen Eschatologie rechnen, durch die ihr substantiell mehr gegeben würde als das, was sie jetzt bereits besitzt?" Die "eschatologischen Kreise" (223) hingegen würden gerade damit rechnen. Nach deren Auffassung "war der letzte Schritt zum theokratischen Israel noch nicht getan ...": "So sehr sich deshalb diese Kreise als Glieder des theokratischen Gemeinwesens fühlten, werden sie doch ihre Aufgabe darin gesehen haben, die Hoffnung auf eine umfassendere Wiederherstellung Israels lebendig zu erhalten. Das wird nicht ohne Differenzen mit der Führung der Theokratie möglich gewesen sein."

Plöger stützt seine Ausführungen vornehmlich auf die Jesaja-Apokalypse, auf Tritosacharja und auf Joel (224). Nun hat O.H.Steck festgestellt, "daß die eschatologisch ausgerichtete Strömung in sich sehr komplex" wäre und das "auch von der sogenannten theokratischen Strömung" gelte (225). Wir haben dieses Urteil nicht generell zu überprüfen, wohl aber zu fragen, wie sich die von uns in Abschn.IV.7 untersuchten Psalmen (Plöger hat ja sein Augenmerk auf ganz andere Texte geworfen!) in dieses Deuteschema fügen.

Fünf der von uns untersuchten sechs Psalmen sind hymnisch

geprägt (226). Soweit ich sehe, spricht nichts dagegen, als
Sitz im Leben jeweils den Jerusalemer Tempelkult der nachexilischen Zeit anzunehmen. Angesichts dessen muß es umso
beachtlicher erscheinen, daß dieser Kult Raum für unterschiedliche "Tendenzen" gehabt hat. Der Blick, der im Kontext des Schöpfungsglaubens auf die Relation Jahwes zu
Israel und über Israel hinaus fällt, ist - so das Resultat
unserer Interpretation - nicht von uniformer Art. An und für
sich kann zwar erwogen werden, inwieweit die jeweiligen
unterschiedlichen Horizonte mit theologiegeschichtlichen
Entwicklungen während der nachexilischen Zeit in Verbindung
zu bringen wären (227). Nun kann man aber für diese Epoche
nicht einfach ein in sich konsequentes Entwicklungsschema
postulieren (228). Es muß also jeweils von Text zu Text und
von Thema zu Thema gefragt werden, ob lineargeschichtliche
Rekonstruktionen taugen. Hinsichtlich der von uns untersuchten nachexilischen Psalmen vermag ich hier keine wirklich
griffigen Anhaltspunkte zu finden. Geht man ferner davon
aus, daß die im Kult verankerten Hymnen (229) nicht in
erster Linie als unmittelbarer(!) Reflex auf zeitgeschicht-
lich-aktuale Entwicklungen zu verstehen sind, sondern einem
nicht von heute auf morgen wechselnden Selbstverständnis der
Kultgemeinde in ihrer sub specie Dei gedeuteten Erfahrungs-
welt Ausdruck geben (230), dann scheint es mir angemessen zu
sein, an dem Duktus unserer bisherigen Überlegungen festzuhalten und so die in den von uns untersuchten Hymnen zutage
getretenen unterschiedlichen Horizonte nicht in ein zeitliches Nacheinander zu bringen. Zwar läßt sich mit einiger
Sicherheit infolge unserer Exegesen sagen, daß keiner der
Texte von einer dualistischen Sicht apokalyptischer Art
geprägt ist; das ist aber nur ein - für sich allein noch
nicht hinreichender - Gesichtspunkt gegen eine allzu späte
Datierung der Texte, die einen Blick auf die Völker werfen
und (bzw. oder) stark der Zukunftsperspektive Raum geben.

Stimmen unsere bisherigen Erwägungen, dann wäre hervorzuhe-

ben: Gegensätzliche oder zumindest unterschiedliche Tendenzen aus nachexilischer Zeit, die deutlich wahrnehmbar sind
(231), haben auch im Kult ihren Niederschlag gefunden, sind
aber dort - wenn wir speziell an unsere Fragestellung denken
- in den Lobpreis der Jahwegemeinde insgesamt hineingenommen
worden. Es wäre sicher verfehlt, von dem nachexilischen Kult
als einer völlig uniformen Größe zu sprechen. Könnte es aber
nicht tatsächlich so sein, daß dem offiziellen Kult dieser
Zeit in gewisser Weise eine einheitsstiftende Funktion zukam
(232)? M.W. deutet nichts darauf hin, daß die Exponenten
jeweils unterschiedlicher Strömungen in nachexilischer Zeit
je für sich ihre "Winkelgottesdienste" gefeiert hätten. Die
von Plöger ins Feld geführten Alternativen (die er allerdings selbst differenziert betrachtet sehen möchte; vgl.
Anm.234) erfahren so hinsichtlich der in Abschn.IV.7 ins
Auge gefaßten Psalmen folgende "Relativierung":

- Plöger charakterisiert die theokratische Position so, daß
sie von der Zukunft nichts substantiell Neues mehr erwarte
und die Gegenwart ganz als Erfüllung vergangener Verheißungen verstehe (s.o.). Betrachten wir unter diesem Blickwinkel Ps 115 (vgl. Abschn.IV.7.b und den Vergleich mit Ps
33 in Abschn.IV.7.c), dann ist festzustellen, daß dieser
Psalm durchaus von einer auf die Gegenwart bezogenen Gewißheit der Zuwendung Jahwes ausgeht (vgl.
V.9b.10b.11b.15a), womit eine Nähe zur sog. theokratischen
Position gegeben wäre. Zugleich aber bleibt die Frage der
Völker: "Wo ist nun ihr Gott?" (V.2b). Diese zielt auf
noch Ausstehendes, nämlich auf die - trotz V.15a - noch
zu erhoffende Segnung und Mehrung des Volkes (V.12-14; im
Vergleich zu dem "Schon" von V.15a wird hier also dem
"Noch nicht" Ausdruck gegeben).- Werfen wir in diesem
Zusammenhang einen Blick auf Ps 147, dann ist auch dort
neben der Betonung des gegenwärtigen Heilsverhältnisses
der Zukunftsaspekt nicht ganz ohne Belang. Versteht man
V.6 und V.10f in der spezifischen Weise, wie wir es getan

haben (vgl. in Abschn.IV.7.b insbes. Anm.175 und 176), dann weiß sich die Jahwegemeinde in ihrer Machtlosigkeit zwar ganz unter dem Schutz ihres Gottes. Kann jedoch eine solche Existenz innerhalb einer Welt, deren politisch-militärische Mächtigkeit zwar von Jahwe her ihre Grenzen hat, aber doch nach wie vor noch relevant zu sein scheint, die endgültige Perspektive sein? Nicht umsonst wird in V.11b der Hoffnungsaspekt laut (vgl. auch Ps 33,18b).

- Die sog. eschatologische Position hat nach Plöger die Kontur, "die Hoffnung auf eine umfassendere Wiederherstellung Israels lebendig zu erhalten." (233) Nun ist die Aussage von Ps 96 gerade die (vgl. Abschn.IV.7.c), daß Israel **für sich allein** nichts Neues erwartet, wohl aber im Hinblick auf die Völker - und zwar insofern, als auch diese zur Jahweverehrung kommen sollen (s. vor allem V.7-9). Vgl. auch Ps 33,8.

- Die "Korrekturen", die in Ps 136 durch V.25 und in Ps 148 durch V.14 vorgenommen werden (vgl. Abschn.IV.7.d), zeugen davon, daß man im Kult sehr wohl in der Lage war, dort, wo vornehmlich Israel im Blick ist (Ps 136), auch an die Geschöpfwelt **um ihrer selbst willen** zu denken (hierin unterscheidet sich V.25 von V.5-9!), und dort, wo es in erster Linie um die Relation Jahwes zur gesamten vorfindlichen Wirklichkeit geht (Ps 148), die **besondere** Relation Jahwes zu Israel nicht zu vergessen.

Mit dem allen soll nun keineswegs Plögers Deuteversuch in Bausch und Bogen verworfen werden - zumal er von anderen Texten ausgegangen ist und selbst recht bescheiden von einer "simplification terrible" spricht (234). Außerdem versagen sich m.E. die von uns nun noch besonders hervorgehobenen Punkte einer Korrelation mit Plögers "System" nicht völlig. Stärker als Plöger wollten wir lediglich - von den durch uns exegesierten Texten herkommend (235) - hervorheben,

- daß dort, wo der Gegenwartsaspekt bestimmend ist, auch die Zukunftsdimension zu ihrem Recht kommen kann;
- daß die Kultgemeinde nicht nur an ihre eigene Gegenwart und Zukunft gedacht hat, sondern den Blick über ihre Grenzen (und Interessen) hinaus werfen konnte.


## Exkurs: Anmerkungen zur "Universalität" des Jahweglaubens

Wenn es in unserer Untersuchung um die Relation von Jahwes weltweitem Schöpfungshandeln zu seinem besonderen Handeln an Israel geht, dann ist dabei immer die Frage nach Jahwes "Universalität" mit aufgegeben - nicht zuletzt in dem jetzigen Abschn.IV.7, wo oftmals die Völkerwelt in unser Blickfeld tritt. Dem abstrahierenden Begriff "Universalität" haben wir freilich bisher keine so grundlegende Beachtung gezollt (236), wie wir es beim Schöpfungsbegriff getan haben (hierzu Abschn.III.3). Das soll nun geschehen, wobei wir uns hinsichtlich der Textbelege auf eine Auswahl beschränken (237).

Folgende Auflistungen seien vorgenommen:

1. Jahwes Universalität wird vorausgesetzt, gleichwohl richtet sich das Augenmerk in gnoseologischer Hinsicht auf die Relation Jahwe - Israel. Von den von uns exegesierten Psalmen ist hier besonders Ps 147 zu nennen (vgl. insbes. V.19f). Abgesehen davon scheint uns ein Blick auf einen Text lohnend zu sein, der - mit einzelnen Unterschieden - doppelt überliefert ist: Jes 2,2-5 und Mi 4,1-5. Diese Parallelbelege geben in ihrer nunmehrigen Divergenz Probleme auf. Stellt man Details in den Hintergrund und sieht auch davon ab, daß Mi 4,4 im Jesajatext keine Entsprechung hat, dann bleibt gleichwohl für unsere Fragestellung eine recht wichtige Beobachtung. Es wird hier nämlich in nachexilischer Zeit (238) ein deutlicher Blick auf Jahwes Universalität

geworfen: Die Völker werden von sich aus kommen, um von Jahwe Weisung einzuholen (Jes 2,3; Mi 4,2). Diesen breiten Horizont können jedoch bestimmte Redaktoren nicht teilen - nach Plögers Systematisierung wären sie wohl am ehesten der theokratischen Richtung zuzurechnen -, und so ergeben sich Hinzufügungen in Jes 2,5 ("Ihr vom Hause Jakobs kommt, laßt uns wandeln im Lichte Jahwes!") und Mi 4,5 ("Wenn alle Völker wandeln, jedes im Namen seines Gottes, so wandeln wir im Namen Jahwes, unseres Gottes, für immer und ewig."). Wir haben also mit Jes 2,2-5 und Mi 4,1-5 den Glücksfall einer Doppelüberlieferung, die beide Male - von sonstigen, hier nicht relevanten Unterschieden abgesehen - einen redaktionellen Abschluß erfährt, der nicht wortgleich ist (und somit wohl schwerlich in beiden Texten von einer Hand stammt), aber auf eine gleiche theologische Ausrichtung hinweist: Man läßt den universalen Horizont stehen, ergänzt aber in der Weise, daß man das hervorhebt, was man jetzt - also in der gegenwärtigen, zeitlich m.E. nicht exakt zu bestimmenden nachexilischen Situation - für wichtig hält: das Bekenntnis der Jahwegemeinde zu ihrem Gott.

2. Jahwes Universalität wird in der Weise bedacht, daß die Völker als Zuschauer dessen erscheinen, was der universal mächtige Jahwe an seinem Volk tut. Diese Vorstellung ist uns bei Deuterojesaja begegnet (vgl. Abschn.III,Anm.268), vor allem aber auch in Ps 115 (in unserer vergleichenden Gegenüberstellung mit Ps 33 in Abschn.IV.7.c; weitere Belege in Anm.184).

3. Jahwes Universalität wird in der Weise voll Rechnung getragen, daß die Grenze zwischen Israel und den Völkern nur noch als eine sehr relative erscheint. Neben den von uns ausführlicher exegesierten Psalmen 33 und 96 (Abschn.IV.7.c) ist hier nochmals ein Blick auf die Doppelüberlieferung in Jes 2 und Mi 4 zu werfen, insofern man beide Texte auch unter Absehung der redaktionellen Zusätze (Jes 2,5; Mi 4,5;

von den sonstigen Unterschieden sei wiederum abgesehen)
betrachten kann. Konzentrieren wir uns also nur auf Jes 2,2-
4 und Mi 4,1-3, dann ist der Befund der, daß die Völker aus
eigenem Antrieb von Jahwe zu Zion Weisung suchen, sich also
dem Anspruch Jahwes, universaler Richter zu sein (vgl. z.B.
1.Sam 2,10; Ps 9,9; Jes 51,5), im eigenen Interesse unterwerfen. Diese Zukunftsvision steht in einer gewissen
Spannung zu bestimmten sog. messianischen Weissagungen, wo
die Zukunftsperspektive "nur" im Horizont des besonderen,
aber neuartigen Handelns Jahwes an Israel gesehen wird: Jes
9,1-6; Jer 23,5f (s. auch V.7f); Ez 34,23f (im Kontext des
ganzen Abschnitts V.11-31). Freilich schlagen andere Texte
noch andere Töne an: Sach 9,9 richtet den Blick allein auf
Israel, in V.10 ist aber auch ein heilvolles Handeln des
künftigen Herrschers an der Völkerwelt thematisiert (der
Heilskönig wird den Völkern Schalom zusagen). Ebenfalls an
die Völker wird in Gen 49,10 (dem kommenden Herrscher über
Juda werden [auch] die Völker gehorchen) und in Jes 11,10
(der "Wurzelsproß Isais" wird als "Feldzeichen für die Völker" dastehen, die Völker werden ihn aufsuchen) gedacht.

4. Für diesen Exkurs ist an sich auch der Vorstellungskomplex von Jahwes Kampf gegen die Völker von Bedeutung. Neben
den kurzen Ausführungen in Abschn.III, Anm.288 möchten wir
es hier bei der grundsätzlichen Feststellung belassen, daß
das Völkerkampfmotiv mit der Frage nach Jahwes Universalität
insofern etwas zu tun hat, als hier die Völkerwelt als eine
von Jahwe beherrschte (bzw. zu beherrschende) angesehen
wird. Im einzelnen sei auf H.M.Lutz (Jahwe, Jerusalem und
die Völker) verwiesen, auch wenn vor allem hinsichtlich der
Datierungsfragen die Positionen kontroverser Art sind (239).

## 8. Ps 19 A

Wenn wir es in unserer Untersuchung als wesentliche Aufgabe
ansehen, die atl. Belege zu untersuchen, in denen sowohl von

Jahwes weltweitem Schöpfungshandeln als auch von seiner
besonderen Hinwendung zu Israel die Rede ist, dann mag es
überraschen, weshalb wir nun auch noch auf Ps 19 A zu sprechen kommen. Hier ist ja von einer Relation Jahwes zu Israel
nicht die Rede (240). Unsere Exegese will zeigen, daß es
trotzdem berechtigt ist, Ps 19 A mit unserer Fragestellung
in Verbindung zu bringen.

(2) Die Himmel erzählen von Gottes Herrlichkeit,
    und vom Werk seiner Hände kündet die Feste.
(3) Ein Tag sprudelt dem andern Kunde zu,
    und eine Nacht tut der andern Wissen kund.
(4) Es ist nicht Rede und es sind nicht Worte,
    nicht kann man hören ihre Stimme.
(5) In alle Lande geht hinaus ihr Laut (241),
    an das Ende des Festlandes ihre Sprache.
    Der Sonne hat er bereitet ein Zelt an ihnen (242).
(6) Sie ist wie ein Bräutigam, der aus seiner Kammer kommt;
    sie freut sich wie ein Held, zu laufen die Bahn.
(7) Vom Ende der Himmel ist ihr Ausgang,
    auch ihre Wende an ihren [der Himmel] Enden;
    nichts ist verborgen vor ihrer Glut.

Das grundlegende Problem, das der Psalm aufwirft, ist wohl
dieses, ob seine Aussage dahingehend verstanden werden kann,
daß es eine eigenständige(!) Gotteserkenntnis aus der Natur
gibt (243), also ohne den Zusammenhang mit Jahwes besonderem
Handeln an Israel und - zieht man auch das NT mit heran -
abseits von Gottes Wirken durch und in Christus. Mit dieser
Frage ist die weitere verbunden, ob man den Psalm als ein
Zeugnis weisheitlich geprägter Theologie verstehen kann
(244). Nun kann in der Tat kaum bestritten werden, daß
gewisse Beziehungslinien zum weisheitlichen Schrifttum bestehen: Das aramaisierende Wort חוה (V.3) begegnet nur noch
bei Hiob (15,17; 32,6.10.17; 36,2), das Substantiv מלה (V.5)
ist vorwiegend im Hiobbuch anzutreffen (neben Ps 19,5 sonst

nur noch in 2.Sam 23,2; Ps 139,4; Spr 23,9). Man wird aber
schwerlich sagen können, daß diese Worte schon ein entscheidender Hinweis dafür sind, den Psalm weisheitlich verstehen
zu müssen (245). Ein so oder so zu fällendes Urteil ist ganz
wesentlich noch von anderen Kriterien abhängig.

Theologisch erheblich relevant ist die Verwendung des
Substantivs Kabod (כבוד): Laut V.2 erzählen die Himmel von
Gottes Kabod. B.Stein (246) gibt folgende allgemeine (also
nicht auf Ps 19 beschränkte) Definition: Gemeint sei "die
heilvoll und (oder) unheilvoll sich offenbarende Erhabenheit
(= Heiligkeit) des Gottes Jahweh, sofern sie in seinen
natürlichen und übernatürlichen Grosstaten von den Menschen
geschaut und lobpreisend anerkannt wird." Er unterscheidet
dabei zwischen historischem, natürlichem (oder kosmischem)
und prophetischem Kabod (vgl. die Gliederung des Buches).
Der kosmische Kabod wird als eine Größe sui generis gesehen:
"Die "Werke der Schöpfung" offenbaren "als rein natürliche
Dinge den KJ" (247), was bedeutet: "So steht der kosmische
KJ den beiden anderen ganz selbständig und ohne inneren
Zusammenhang gegenüber." Daß solche Deutung ihre Prämissen
in der neuthomistischen Theologie hat, dürfte offenkundig
sein (248).

Sieht man die Belege, in denen von Kabod in den Psalmen die
Rede ist, durch, dann ergibt sich folgendes Bild: In etlichen Belegen umschreibt Kabod "Ehre" und "Gewichtigkeit" in
bezug auf das menschliche Dasein, wobei die sozialen Beziehungen und auch die Relation zu Gott relevant sein können
(vgl. Ps 3,4; 4,3; 7,6; 16,9; 21,6; 30,13; 49,17f; 57,9;
62,8; 73,24; 84,12; 85,10; 108,2; 112,9). Bei diesen Belegen
läßt sich hin und wieder eine "Bedeutungsverflachung" in der
Richtung erkennen, daß Kabod zu einem allgemeinen Synonym
für das Ich des Redesubjekts wird (so z.B. in Ps 16,9; 57,9;
108,2). Im Gegensatz dazu wird in dem noch nicht genannten
Beleg Ps 8,6 Kabod in einer sehr hervorgehobenen Weise

gebraucht, indem der Begriff dort zur Beschreibung der Herr-
scherstellung des Menschen über die sonstige Kreatur mit
herangezogen wird (vgl. V.7-9).

An folgenden Stellen geht es in den Psalmen um Jahwes Kabod:
Ps 19,2; 24,7-10; 26,8; 29,1-3.9; 57,6.12; 63,3; 66,2;
72,19; 79,9; 96,3.7.8; 97,6; 102,16f; 104,31; 106,20; 108,6;
113,4; 115,1; 138,5; 145,5.11f; 149,5). Hinsichtlich Ps 19 A
sind m.E. folgende Belege besonders signifikant:

Ps 66,2: Besingt den Kabod seines Namens,
      macht zum Kabod sein Lob.
Der weitere Kontext kommt vornehmlich auf geschichtliche
Ereignisse zu sprechen, die wohl am ehesten mit der Heraus-
führung aus Ägypten in Verbindung zu bringen sind (vgl.
V.6.12). Hierin hat sich also der zu besingende Kabod Jahwes
erwiesen.

Ps 145,4f: Ein Geschlecht soll dem andern deine Werke
      preisen,
      von deinen Machttaten sollen sie erzählen.
      Von dem Glanz des Kabods deiner Hoheit sollen sie
      reden (249);
      deine Wunder will ich besingen.
Im Kontext werden Jahwes Taten nur sehr allgemein beschrieben. In erster Linie geht es um Jahwes Fürsorge für seine
Schöpfungswerke (so in V.9 und in V.15f) und für die Menschen, die sich zu ihm halten (V.18-20). Bemerkenswert ist,
daß es um ein Preisen von Geschlecht zu Geschlecht geht:
Während in Ps 19,3 die Aussage die ist, daß ein Tag dem
andern und eine Nacht der andern Kunde und Wissen weiter-
gibt, ist hier ein Verkündigungsgeschehen von einer Menschengeneration zur anderen ins Auge gefaßt, das Jahwes
"Werke" zum Gegenstand hat. Im Vergleich dazu kündet laut Ps
19,2 die Feste "vom Werk seiner Hände".

Einige Belege bringen Jahwes Kabod mit dem Heiligtum in Verbindung und "fixieren" ihn somit in gewisser(!) Weise lokal (250). Andere Stellen heben hingegen sehr deutlich die universale Komponente hervor. Beispielhaft seien angeführt:

Ps 57,6: Sei erhaben über die Himmel, Jahwe (251),
über alle Welt (sei) dein Kabod.
(V.12 ist im Wortlaut identisch.)

Ps 57 ist ein Gebetslied eines Einzelnen, der in seiner Not (vgl. V.5.7) Jahwe um Hilfe bittet (V.4) und dabei die universale Durchsetzung von Jahwes Kabod erfleht. Anscheinend weiß der Beter, daß ihm letztgültig(!) nur dann geholfen ist, wenn die ganze Welt eine Änderung durch Jahwes Kabod erfährt (V.6).

Ps 113,4: Erhaben über alle Völker ist Jahwe,
über den Himmeln ist sein Kabod.

In V.3-6 finden sich Aussagen von universaler Art, während V.7-9 Jahwes Hinwendung zu den Unterprivilegierten (den Geringen, den Armen, der unfruchtbaren Frau) thematisieren. Diese Hinwendung kommt von dem Gott her, dessen Kabod "über den Himmeln" ist!

Ps 138,3-5: Als ich dich anrief, antwortetest du mir,
reich machst du mich an Kraft.
Danken sollen dir, Jahwe, alle Könige der Erde,
wenn sie gehört haben die Worte deines Mundes.
Sie sollen singen von Jahwes Wegen,
denn groß ist der Kabod Jahwes.

Der Beter weiß um Jahwes gnädige Hilfe - und nimmt seine Gottesbeziehung zugleich nicht solipsistisch für sich allein in Anspruch. Er zieht in Betracht, daß Jahwe nicht nur zu ihm, auch nicht nur zu seinem Volk - darauf kommt er direkt nicht zu sprechen -, sondern auch zu allen Königen der Erde reden kann und daß solche Rede dann Grund für Dankbarkeit ist. Dies kann nur deshalb so zum Ausdruck kommen, weil

Jahwes Kabod tatsächlich als "groß" angesehen wird und so
für den einzelnen Beter und für alle Könige der Erde gleichermaßen relevant ist.

Die Gesamtzahl der Belege, auf die wir nur in Auswahl zu
sprechen gekommen sind, ergeben m.E. folgendes Bild:

- Ausgehend von der Grundbedeutung des Verbums כבד (schwer,
  gewichtig, angesehen sein) meint der Kabod Jahwes die
  Macht Jahwes, seine Herrlichkeit und sein Herrsein.
- Der Kabod Jahwes ist für die von Jahwe abhängige Wirklichkeit in ihren jeweiligen "Teilbereichen" relevant: für die
  Einzelperson, die Jahwes Hilfe erwartet und erfährt; für
  das Volk Israel, das an Jahwes Taten denkt; für die Menschen außerhalb Israels; für das vorfindliche Dasein insgesamt.
- Jahwes Kabod ist weniger als eine statische Mächtigkeit zu
  denken, sondern vielmehr als ein sich in partikularer und
  universaler Hinsicht zeigender Machterweis. Partikulare
  Kabod-"Erfahrungen" können eine Ausrichtung aufs Universale hin haben.
- Der vornehmliche Ort der Rede vom Kabod Jahwes in den
  Psalmen ist wohl im Kult zu suchen (vgl. z.B. Ps 24,7-10;
  26,8; 63,3; 66,2; 113,4 in ihrem jeweiligen Kontext).

Angesichts dieser anhand der Psalmen gewonnenen Beobachtungen ist es sicher nicht unerheblich, wenn im Hinblick auf
das im engeren Sinn "weisheitlich" zu nennende atl.
Schrifttum (Hiob, Sprüche, Kohelet) festzustellen ist: Kabod
ist dort immer auf den Menschen bezogen (252). Vor allem ist
das "Ansehen" gemeint, das jemandem zuteil wird oder zuteil
werden sollte (vgl. Hi 19,9; Spr 3,35; 11,16; Pred 6,2
u.ö.). Wenn also die Rede vom Kabod Jahwes in den Psalmen
stark an den Kult gebunden ist und gerade hier auch der
Kabod Jahwes in universaler Perspektive bedacht wird (verwiesen sei nochmals beispielhaft auf Ps 57,6.12; 113,4;
138,3-5; vgl. auch Jes 6,1-3), andererseits das im engeren

Sinn weisheitliche Schrifttum die Rede vom Kabod <u>Jahwes</u> gar
nicht kennt, dann ist das ein Indiz dafür, nicht unbedenk-
lich Ps 19 A mit dem Prädikat "weisheitlich" zu versehen
(vgl. Anm.244).

An dieser Stelle sei noch auf eine andere Deutemöglichkeit
hingewiesen, die von W.H.Schmidt ins Spiel gebracht wurde.
Er weist auf die in ugaritischen Texten bezeugte Proskynese
vor dem Götterkönig El hin und fährt dann fort: "Das Alte
Testament bestätigt diesen Zusammenhang zwischen dem Gott-
königtum Els und der 'Ehre'-Akklamation, indem es selbst
einen Beleg dafür bringt, daß dem Gott El 'Ehre' dargebracht
wird." (253) Dieser Beleg ist für ihn Ps 19 A. Während
seine Rekonstruktion für die von ihm fernerhin beigebrachten
Belege gelten mag (254), ist hinsichtlich Ps 19 A jedoch
festzustellen: Mit einer Ehre-Akklamation hat der Psalm
schlichtweg nichts zu tun. Anders als etwa in Ps 29,1f ist
hier Jahwe (bzw. El) ja nicht der <u>Adressat</u> einer Rühmung
oder Huldigung, vielmehr wird im Raum der Schöpfung <u>von Jahwes (Els) Kabod gekündet</u>. Mußten wir also schon der weisheitlichen Interpretation mit einer gewissen Reserve begegnen, so stoßen wir nun auch hier auf Aporien. Es legt sich
nahe, nach einer anderen Deutung zu suchen.

Wir sind hier wieder - nachdem wir bereits dem Begriff כבוד
eine nähere Aufmerksamkeit gewidmet haben - auf eine Detail-
untersuchung angewiesen. Soeben haben wir festgestellt, daß
der Psalm sich nicht <u>an</u> Jahwe (bzw. El) richtet, sondern <u>von</u>
Els Kabod kündet, hier also ein Mitteilungsgeschehen <u>inner-
halb</u> der geschöpflichen Wirklichkeit vorliegt. Das hier
relevante Verbum in V.2 ist ספר (Piel). In folgenden Belegen
geht es um ein Erzählen von Jahwe und seinem Handeln: Ex
9,16; 10,2; 18,8; 24,3; Ri 6,13; Jes 43,21; Jer 51,10;Ps 2,7;
9,2.15; 19,2; 22,23; 26,7; 40,6; 44,2; 48,14; 66,16; 71,15;
73,28; 75,2; 78,3.4.6; 79,13; 96,3; 102,22; 107,22; 118,17;
119,13; 145,6; Hi 12,8; 15,17; 28,27. Es kann hier keine

vollständige Auswertung des Konkordanzbefundes erfolgen; wir
beschränken uns auf das für uns Wesentliche:

- Subjekt, Gegenstand und Adressat des Erzählens sind in den
  jeweiligen Belegen recht verschiedener Art. Ich nenne
  einige Beispiele: Jahwes Name soll auf der ganzen Erde
  verkündet werden (Ex 9,16). Der Grund hierfür ist Jahwes
  Handeln im Zusammenhang des Exodusgeschehens.- Mose soll
  Kindern und Enkeln von Jahwes Handeln an den Ägyptern
  erzählen (Ex 10,2).- Israel soll Jahwes Ruhm - nämlich
  sein Handeln an seinem Volk - verkündigen (Jes 43,21).-
  Der König gibt Jahwes Festsetzung kund, daß er - der König
  - Jahwes Sohn sei (Ps 2,7).- Eine Einzelperson dankt Jahwe
  und will alle Wunder Jahwes erzählen (Ps 9,2; im näheren
  Kontext [V.4ff] geht es um die Errettung von den Feinden).- Die Väter haben erzählt, was Jahwe in der Vergangenheit getan hat (Ps 44,2). Die Kultgemeinde soll dem
  nachkommenden Geschlecht von dem Gott erzählen, der für
  alle Zeit ist und seine Gemeinde führt (Ps 48,14f).- Jahwe
  befreit die Gefangenen, die dann in Zion seinen Namen
  verkünden, wenn sich die Völker zum Dienst Jahwes versammeln (Ps 102,21-23).

- Eine Sonderstellung gegenüber diesen Beispielen nehmen die
  weisheitlichen Hiobbelege ein: "Hingegen frag das Vieh,
  daß es dich lehre, des Himmels Vögel auch, daß sie's dir
  künden; schick zu der Erde Wild, daß es dich lehre, erzählen [סָפַר] mögen dir des Meeres Fische. Wer wüßte es nicht
  unter diesen allen, daß dies die Hand Jahwes gewirkt hat,
  in dessen Hand der Odem aller Wesen und aller Menschenlei-
  ber Lebensgeist." (Hi 12,7-10; Übersetzung [einschließlich
  der Emendationen] nach Horst, BK XVI/1).- "Darlegen will
  ich dir's, so hör mir zu, und was ich schaute, das will
  ich erzählen ..." (Hi 15,17; Übersetzung wiederum nach
  Horst). Der Gegenstand des Erzählens ist die Stimmigkeit
  des Tun-Ergehen-Zusammenhangs (vgl. V.20).- Im Weisheits-

gedicht Hi 28 wird in V.27 über das Verhältnis Jahwes zur Weisheit folgendes ausgesagt: "Damals sah er [Gott] sie [die Weisheit] und erzählte von ihr; er bereitete sie, auch ergründete er sie."

- Besonders zu beachten sind die Belege, in denen ספר mit Worten verbunden wird, die auch sonst in Ps 19 A begegnen. ספר und כבוד treten außer in Ps 19,2 auch noch in Ps 96,3 zusammen auf: "Erzählt unter den Völkern von seinem Kabod, unter allen Nationen von seinen Wundern." Im näheren Kontext geht es hierbei um Jahwes Schöpfertum (V.5b; vgl. unsere ausführlicheren Darlegungen in Abschn.IV.7.c). ספר und מעשׂה begegnen außer in Ps 19,2 noch an folgenden Stellen zusammen: 1.Kön 13,11: "Ein alter Prophet wohnte in Bethel. Es kam zu ihm sein Sohn [Jünger?] und erzählte ihm alles Tun, das vollbracht hat der Mann Gottes an diesem Tag in Bethel ..." Dieses genannte Tun ist ein zugleich strafendes und helfendes Handeln des Gottesmannes an König Jerobeam (vgl. V.1-10).- Jer 51,10: "Zutagetreten hat lassen Jahwe unsere Gerechtigkeit. Kommt, laßt uns erzählen in Zion vom Werk Jahwes, unseres Gottes." Mit "Werk Jahwes" ist aller Wahrscheinlichkeit nach Jahwes Strafgericht an Babylon gemeint (vgl. V.7-9).- Ps 107,22: "Sie sollen Dankopfer darbringen und erzählen von seinen Taten mit Jubel." Gemeint sind diejenigen, die infolge ihrer Sünde krank waren und durch ihr Flehen zu Jahwe Heilung erfahren haben (vgl. V.17-21).- Ps 118,17: "Nicht werde ich sterben, sondern leben und erzählen von den Werken Jahs." Der Beter hat Jahwes Züchtigung erlebt, weiß sich aber zugleich durch ihn vor dem Tod bewahrt (V.18) und hat auch sonst Jahwes Hilfe erfahren (speziell vor den Feinden; vgl. V.5-14).

- Das Künden von Jahwes Tun kann als ein Vorgang begriffen werden, der nicht nur an einem bestimmten Punkt der Zeitstrecke erfolgt, sondern über Generationen hinweg ge-

schieht (255). Das in dieser Hinsicht deutlichste Zeugnis
sehen wir in Ps 78,3-6 gegeben: "Was wir gehört und erfahren, was unsere Väter uns erzählten [ספר ] , wollen wir
nicht ihren Kindern verhehlen, sondern dem kommenden Geschlecht berichten [Part. ספר ]: Die Ruhmestaten Jahwes und
seine Macht und seine Wunder, die er getan. Er richtete
auf ein Zeugnis in Jakob, eine Weisung setzte fest er in
Israel und befahl unseren Vätern, sie kundzutun ihren
Söhnen, auf daß sie erkenne das kommende Geschlecht, die
künftigen Söhne; daß (auch) sie sich erheben und ihren
Kindern erzählen [ספר] ..." (Übersetzung nach Kraus).

Sehen wir unsere bisherigen Beobachtungen zu ספר zusammen,
dann scheinen mir hinsichtlich Ps 19 A zwei Deutungen erwä-
genswert: Man könnte es mit einer Art weisheitlich orien-
tierter Naturlehre zu tun haben (256): Das Vorhandensein der
Sonne mit ihrer Wirkkraft (V.5b-7) ist ein Erweis des Kabods
(des Kraftvermögens) Jahwes in der Natur, von dem die Himmel
künden (V.2) und ihr Wissen über die Zeitstrecke hinweg
weitertragen (V.3). Der Adressat der Kunde wäre der Mensch.
Die Einschränkung in V.4 hätte lediglich den Sinn, daß die
Kunde der Himmel nicht nach Art gewöhnlichen menschlichen
Redens und Vernehmens erfolgt, nicht aber, daß dieses Zeugnis überhaupt nicht vom Menschen verstanden werden könne. Es
wäre also gleichsam eine Sprache ohne Worte, die der Mensch
als Bezeugung des Schöpfergottes aus der Natur vernehmen
kann. Als Stütze dieser Deutung kann vor allem der von uns
zitierte Beleg Hi 12,7-10 herangezogen werden, wo ja die
nichtmenschliche Geschöpfwelt - auch wenn es dort nicht die
Himmel sind, sondern das Vieh, die Vögel, das Wild und die
Fische - als Zeuge von Jahwes Schöpfertum für den Menschen
angesehen wird.

Als Argumente gegen diese Deutung wären ins Feld zu führen:
- Zumindest explizit ist in Ps 19 A von dem Menschen nicht
  die Rede (257).

- Die Rede vom Kabod Jahwes - das haben wir schon zu bedenken gegeben - ist in dem im engeren Sinn weisheitlich zu
nennenden Schrifttum des ATs (Hiob, Sprüche, Kohelet)
nicht verankert.

Aus unseren Untersuchungen zu כבוד und ספר ergibt sich
weiterhin:
- Der Kabod Jahwes ist für verschiedene Daseinsbereiche
relevant, so auch für den Bereich der Geschichte Israels
und für den einzelnen Beter, der sich an Jahwe wendet.
- ספר kann ein Erzählen über Generationen hinweg bedeuten,
das Jahwes Tun an Israel zum Gegenstand hat (vgl. den von
uns zitierten Beleg Ps 78,3-6). Auch das Reden von Jahwes
Kabod kann als ein Erzählvorgang von Generation zu Generation begriffen werden (wir haben auf Ps 145,4f verwiesen).

Nachdem wir bereits die Deutung ablehnen mußten, wie sie von
W.H.Schmidt dargeboten wurde, und gegen eine weisheitliche
Interpretation ebenfalls gewichtige Gründe bestehen, schlagen wir in Auswertung unserer bisherigen Beobachtungen eine
Deutung vor, die erheblich von den gängigen Interpretationen
abweicht und, obwohl begründet, hypothetischer Art bleiben
muß und so als ein Deuteversuch verstanden sein möchte: Ps
19 A beschreibt ein Verkündigungsgeschehen im Bereich der
nichtmenschlichen Kreatur, das sich an den Maßstäben von
Jahwes besonderer Hinwendung zu Israel orientiert. Somit sei
als Grundthese, die nun noch weiter zu verifizieren ist,
formuliert: Jahwes Tun und die Antwort der nichtmenschlichen
Kreatur hierauf wird in Ps 19 A nach der Art und Weise
gesehen, wie Israel Jahwes Tun erfährt und dann auch zur
Sprache bringt. Die Art von Jahwes besonderer Hinwendung zu
seinem Volk und die Reaktion des Volkes (auch des einzelnen
Beters innerhalb der Volksgemeinde) wird zum Denkmuster für
Jahwes Stellung zu seinen Werken im kosmischen Bereich,
Jahwes partikulares Handeln gibt den "Deuteschlüssel" dafür,
wie man von ihm in universalen Bezügen reden kann. Die

Begründung unseres Deuteversuchs ergibt sich zum großen Teil
aus dem bereits Festgestellten:
- Die Rede vom Kabod Jahwes ist nicht im Bereich der Weisheit zu suchen.
- Eine Generation kann der anderen Kunde von Jahwes Tun
  geben (Ps 78,3-6). Analog hierzu läuft in Ps 19 das Verkündigungsgeschehen von einem Tag zum andern und von einer
  Nacht zur andern (V.3).
- Nicht Jahwe wird Kabod dargebracht; vielmehr wird von
  seinem Kabod im kosmischen Bereich gekündet.

Ergänzend sei noch ausgeführt:
- Ein Erzählen von Jahwes Tun bedarf einer näheren Spezifi-
  kation (vgl. unsere Begriffsuntersuchung von ספר ). Der
  relevante Bezugspunkt innerhalb Ps 19 A ist mit der Aussage V.5b-7 gegeben: Der Grund dafür, daß die Himmel von
  Gottes Kabod erzählen, die Feste das "Werk seiner Hände"
  zum Gegenstand des Mitteilens macht und der Verkündigungs-
  vorgang von einem Tag zum andern und von einer Nacht zur
  andern ergeht, ist Gottes Schöpfungshandeln an der Sonne
  mit dem daraus sich ergebenden Lauf derselben (258).

- Gattungskritisch wäre von einer Sonderform des Hymnus zu
  reden (259). Es fehlt zwar der Aufruf zum Lob von Jahwes
  (Gottes) Tun (vgl. hingegen etwa Ex 15,21; Ps 96,1-3;
  113,1-3; 146,1; 149,1-3); die Partizipien in V.2 jedoch
  können insofern als Äquivalent betrachtet werden, als es
  auch hier - wenngleich nicht in der Form des Aufrufs - um
  ein dankbares Reden von Gottes Tun geht, das - wie festgestellt - seine Konkretion in der Aussage V.5b-7 findet.
  Wenn so V.5b-7 begründenden Charakter haben, dann ist
  damit ein weiterer Anlaß gegeben, Ps 19 A gattungskritisch
  mit dem Hymnus in Verbindung zu bringen (260).

- Wie ist nun die Aussage von V.4 zu verstehen? Nach dem
  bisher Dargelegten ist die Deutung m.E. eine recht ein-

fache. Stimmt unsere Annahme, daß in Ps 19 A das göttliche
Tun und die Antwort der nichtmenschlichen Kreatur hierauf
nach dem Muster gesehen werden, wie Israel Jahwes Tun
erfährt und zur Sprache bringt, dann ist V.4 als eine Art
"Einschränkung" in der Weise zu verstehen, daß das Verkündigungsgeschehen im kosmischen Raum nicht in der Form
menschlicher Rede erfolgt (261). Das würde m.E. bedeuten:
Ps 19 A ist an der Frage, ob es eine Gotteserkenntnis des
Menschen anhand der Schöpfungswerke geben kann, gar nicht
interessiert. Er sagt weder direkt aus, daß das kosmische,
vom menschlichen Mitteilen sich abhebende Verkünden vom
Menschen nicht zu vernehmen sei, noch gibt er einen Hinweis darauf, daß der Mensch in das Mitteilungsgeschehen
einbezogen ist. Dieses läuft - ausgehend von der Feste
(V.2) - von einem Tag zum andern und von einer Nacht zur
andern (V.3) und eben nicht von den Himmeln hin zum Menschen (262). Wohl aber läßt sich in Ps 19 A eine Aussagestruktur von der Art erkennen, daß Gottes Relation zu
seinem kosmischen Werk letztlich keine andere ist als die
zu seinem Volk. Insofern ist das Zeugnis von Ps 19 A
tatsächlich auch für den Menschen relevant, indem der
Psalm kosmisches Erzählen vom menschlichen Erzählen her
deutet und somit Aspekte der Gottesbeziehung Israels hinsichtlich ihrer Struktur in einen weiten Raum stellt
(263).

- G.v.Rad hat festgestellt - die von mir nicht exakt nachge-
prüfte Stimmigkeit seiner Darlegung sei vorausgesetzt -:
"... die Vorstellung von einem von der Schöpfung ausgehenden Zeugnis ist nur in Israel zu belegen." (264) So sehr
wir uns in der Auswertung dieses Diktums von v.Rad unterscheiden - er bringt hier das von uns an dieser Stelle
keineswegs zu billigende und auch sonst mißdeutbare Wort
"Uroffenbarung" mit hinein (vgl. Abschn.II, Anm.28) -, die
Beobachtung als solche kann durchaus für unsere Deutung
von Ps 19 A fruchtbar gemacht werden. Demnach wäre -

ausgehend von unserem Exkurs "Erwägungen zum Mythosbegriff" in Abschn.III - folgendes zu sagen: Das AT sieht
zum einen das Verhältnis Jahwes zu seiner Geschöpfwelt in
personalen Relationen, zum andern bleibt aber Jahwe in
diesem Verhältnis der Freie. Er ist nicht summum ens, vom
ihm darf man sich kein Bild machen, Kosmogonie geht nicht
mit Theogonie einher. Die personale Relation zwischen Gott
und Schöpfung ist die Voraussetzung dafür, daß auch der
nichtmenschliche Schöpfungsbereich in das Lob Jahwes ein-
stimmen (vgl. besonders eindrücklich Ps 148) oder daß
zwischen der "leblosen" Kreatur ein auf das Tun Gottes
bezogener Kommunikationsvorgang stattfinden kann, wie wir
das in Ps 19 A gesehen haben. Dieses Zeugnis-Geben von
einem Handeln Gottes ist in voller Deutlichkeit aber nur
möglich, wenn den Trägern dieses Zeugnisses selbst keine
Göttlichkeit zukommt (265) (zumindest müßte das Zeugnis
dann im Vergleich zu Ps 19 A erheblich anderen Charakter
haben, wenn etwa den Himmeln oder der Sonne göttliche
Dignität zukommen würde). Insofern impliziert das Zeugnis
von Ps 19 A, daß Gott nicht in einen Seinszusammenhang mit
den Himmeln, der Sonne etc. eingebunden ist, sondern als
der an seiner Schöpfung Handelnde zugleich der gegenüber
seiner Schöpfung Freie ist und bleibt.

Wir fassen zusammen: Alle von uns vorgetragenen Beobachtungen und Erwägungen bestätigen unsere als Deuteversuch ver-
standene Grundthese, soweit sie in direktem Zusammenhang mit
ihr stehen. Sie widersprechen ihr nicht, soweit sie nicht
unmittelbar(!) auf sie bezogen sind.

Abschließend sei noch die Frage nach der Relation von Ps 19
A zu Ps 19 B gestellt. Unsere bisherige Deutung von Ps 19 A
läßt zunächst folgende Feststellung zu: Das Zeugnis von Ps
19 A ist in sich suffizient und abgerundet, es bedarf keiner
Ergänzung oder gar Korrektur. Gleichwohl wäre denkbar, daß
es in seiner vorliegenden Art zum Anlaß für m.E. zwar nicht

zwingend nötige, aber doch mögliche zusätzliche Aussagen
werden kann.

Bei Ps 19 B fällt auf, daß Jahwes "Gesetz" (V.8a), "Zeugnis"
(V.8b), "Befehle" (V.9a), "Gebot" (V.9b), "Rechte" (V.10b)
als für den Menschen höchst relevante, hilfreiche und er-
freuliche Phänomene verstanden werden (vgl. V.8-11 insgesamt). Sie werden dankbar als Gaben Jahwes betrachtet, die
zur Orientierung verhelfen (vgl. V.12). Diese Aussagen können mit Ps 19 A folgendermaßen in Verbindung gebracht werden: Dort wird die von Gott herrührende Existenz der Sonne
zum Gegenstand dankbaren Erzählens. Der "Ort" der Sonne -
die Feste (vgl. Gen 1,14) - gibt Kunde vom Sonnenlauf (266),
die von Tag zu Tag und von Nacht zu Nacht (267) weitergetra-
gen wird. Ist die Sonne im kosmischen Bereich der Dreh- und
Angelpunkt in der Weise, daß sie als Manifestation von Els
Kabod und als Garant einer beständigen Daseinsordnung mit
dem regelmäßigen Wechsel von Tag und Nacht angesehen werden
kann (vgl. Gen 8,22), so weiß sich der Mensch in Israel - an
den das Zeugnis (wie wir meinen) in direkter Weise nicht
ergeht - seinerseits auf eine Größe verwiesen, die seinem
Leben Ordnung und Ausrichtung gibt: nämlich das Gesetz
Jahwes.

Somit läßt sich sagen: Die Aussagen von Ps 19 B sind in
einer sehr planvollen Weise an Ps 19 A angeschlossen. Damit
ist aber noch keineswegs anzunehmen, daß der ganze Psalm
eine ursprüngliche(!) Einheit bildet. Eine hymnische
Struktur vermögen wir im Unterschied zu Ps 19 A in Ps 19 B
nicht zu entdecken. Zudem ist die Struktur des Erzählens
(Verkündens), wie sie sich in Ps 19 A beobachten läßt, in Ps
19 B völlig aufgegeben. Hier werden Feststellungen getroffen
(V.8-12), eine rhetorische Frage gestellt (V.13a) und Bitten
geäußert (V.13b-15). Wir neigen daher zu der von der über-
wiegenden Zahl der Forscher vertretenen Meinung, den Psalm
nicht als eine Einheit von Anfang an zu betrachten, sondern

hinsichtlich der Verfasserfrage zwischen V.1-7 und V.8-15 zu unterscheiden. Ps 19 B schließt zwar in seinem Aussage<u>inhalt</u> durchaus sinnvoll an Ps 19 A an, in der Aussage<u>struktur</u> ergeben sich jedoch recht gravierende Differenzen. Trotz des jüngsten Versuchs von H.Gese, Ps 19 als eine ursprüngliche Einheit zu erweisen (268), muß an der Unterscheidung zwischen "Ps 19 A" und "Ps 19 B" festgehalten werden.

<u>Exkurs: Zur hermeneutischen Beurteilung der Weisheits-</u>
<u>theologie</u>

Ein wesentliches Ergebnis unserer Untersuchung von Ps 19 A war, daß dieser Text schwerlich mit einer weisheitlich orientierten Theologie in Verbindung gebracht werden kann. Ferner haben unsere Darlegungen zur Position G.v.Rads in Abschn.II.1 deutlich gemacht, in welcher Weise hinsichtlich der hermeneutischen Beurteilung der Weisheit gegenwärtig Dissens herrscht (269). Daher erscheinen mir einige grundsätzliche Überlegungen zur Weisheitstheologie angebracht, die an das anknüpfen, was bereits in Abschn.II.1 ausgeführt wurde.

W.Zimmerli geht davon aus, daß die Theologie der Weisheit Schöpfungstheologie ist (270). Wir selber haben unter "Schöpfung" die Erschaffung grundlegender Daseinsgegebenheiten verstanden (271). Die Bestimmung Zimmerlis hat m.E. insofern ihr Recht, als es in der Weisheitstheologie zumindest auch darum geht, wie es um unsere Welt in ihrer <u>grundlegenden</u> Beschaffenheit steht. Dabei geht es aber dann nicht nur um eine Beschreibung der Erschaffung und somit des Vorhandenseins grundlegender Daseinsgegebenheiten wie etwa in Gen 1, sondern ganz stark auch um die Annahme eines Daseins"prinzips", das aller Schöpfung voraus und ihr zugleich eingestiftet ist: Laut Spr 8,22ff war die Weisheit vor der Schöpfung da (V.22-26) und bei der Schöpfung dabei

(V.27-31). V.32-36 haben von V.22-31 her folgenden Sinn: Die
Weisheit verkörpert eine Daseinsordnung, an die sich der
Mensch durchaus im eigenen Interesse halten soll. Eine
Nicht-Orientierung an dieser schöpfungsmäßig eingestifteten
Ordnung hat für den Menschen zerstörerische Konsequenzen (so
V.36). Das bedeutet nun: Es kann durchaus ein Verfehlen des
Lebens geben, nämlich dann, wenn sich der Mensch nicht an
die genannte Ordnung hält. Diese ist suffizient, der Mensch
kann ein Abweichen vermeiden (zur letzteren Feststellung
vgl. demgegenüber die jahwistische Aussage in Gen 8,21). Die
Wege der Weisheit können tatsächlich beschritten werden
(vgl. V.32) (272). Auch wenn die von uns in Anm.272 herangezogenen Vergleichstexte (Hi 28 und Sir 24) nicht einfach mit
Spr 8 gleichzusetzen sind und bei ihnen selbst im Verhältnis
zueinander unterschiedliche Akzentsetzungen wahrzunehmen
sind - wir sind dem im einzelnen nicht nachgegangen -: an
dem Befund, daß hier ein protologisches Heilsverständnis
vorliegt (was auch für die Gesetzestheologie von Bedeutung
ist; in Anm.272 haben wir Ps 1 und Ps 19 B angeführt), läßt
sich m.E. kaum rütteln.

Kann man eine solche weisheitstheologische Konzeption ohne
Bedenken hinnehmen, wenn man als christlicher Theologe an
die Schrift Alten und Neuen Testaments herangeht? Ich möchte
letztlich nicht dem mir zwar keineswegs fernliegenden, aber
wohl doch etwas zu apodiktischen Verdikt von H.D.Preuß (vgl.
Abschn.II, Anm.50) folgen. Will man das nicht tun und andererseits die schon angedeuteten Bedenken nicht aufgeben,
dann wäre hier in ganz besonderer Weise nach gesamtbibli-
schen Perspektiven zu fragen, auch wenn dies nun nicht in
der eigentlich nötigen Ausführlichkeit und somit nur para-
digmatisch geschehen kann.

H.J.Hermisson kommt ganz am Schluß seines Aufsatzes "Observations on the Creation Theology in Wisdom" auf den Skepti-
zismus der Weisheit zu sprechen (er denkt wohl an Kohelet),

wo die Ferne des universalen Schöpfergottes zum Problem
wurde, und fährt dann fort: "... the identification of
wisdom and Torah - most clearly in Jesus ben Sira - was one
possible answer to the problem. The other answer ... was the
foolishness of the cross, as God's wisdom (1 Cor 1:17-18),
whereby God came to man. Not that the ancient creation
theology of wisdom became invalid and obsolete; rather it
was only in this way that it could be maintained." In der
Tat scheint auch mir in 1.Kor 1,17f (zusammen mit V.19-25)
gegenüber Sirach - insbes. gegenüber Sir 24 - die "other
answer" gegeben zu sein, und zwar in der pointierten Weise,
daß die hier durch das Kreuz Jesu Christi sich manifestie-
rende Weisheit Gottes (V.23f) nicht als kosmische Urordnung
verstanden wird, sondern als ein Offenbarungsgeschehen, das
tatsächlich neue Maßstäbe setzt. Beachtenswert ist hierbei,
daß Paulus die Weisheit außerhalb des Christusgeschehens
nicht einfach als Irrglauben abtut. In V.21 ist die Frage
nicht, ob der Weisheit an sich die Möglichkeit innewohnt,
Gott zu erkennen; der Aussageduktus ist vielmehr dieser:
Effektiv ist Gott dadurch nicht erkannt worden (273): "Weil
nämlich, von Gottes Weisheit umgeben, die Welt durch die
Weisheit Gott nicht erkannte, gefiel es Gott wohl, durch die
Torheit der Verkündigung [gemeint ist die Kunde vom Kreuz;
vgl. V.18] die Glaubenden zu retten."

Ganz gleich nun, wie stark man Paulus von weisheitlichem
Gedankengut atl. oder frühjüdischer Provenienz beeinflußt
sieht, eines scheint mir jedenfalls klar zu sein: Der
Apostel subsumiert seine Christus-Verkündigung nicht einfach
bestimmten, aus der Tradition gewonnenen Vorstellungen, zu
denen hier speziell weisheitliches Gedankengut zu zählen
wäre, sondern er geht von der umfassenden Bedeutung des
Handelns Gottes in Christus aus und bedient sich in diesem
Zusammenhang aus der Tradition gewonnener Vorstellungskomplexe. Nur so ist es begreiflich, daß die Darlegungen des
Paulus nicht einfach auf einen Nenner zu bringen sind:

Während er in 1.Kor 1,17-25 das Kreuzesgeschehen - in V.24
"Gottes Weisheit" genannt - und die Verkündigung desselben
als Reaktion Gottes auf das Erkenntnisunvermögen der Menschheit beschreibt (vgl. V.21), wird diese gleiche, durch das
Kreuz manifeste Weisheit Gottes in 1.Kor 2,6-9 von einem
protologischen Denkmuster her gedeutet: Gott hat seine der
gegenwärtigen Weltzeit verborgene Weisheit "vor aller
Zeit"(!) zur Verherrlichung der christlichen Gemeinde bestimmt (vgl. V.7).

Sehe ich recht, dann ist es durchaus möglich, die beiden -
jeweils in ihrer Eigenart zu sehenden - Belege (1.Kor 1,17-
25; 2,6-9) als Bestätigung dafür heranzuziehen, daß Paulus
seine Christologie (und Ekklesiologie) auch in Auseinandersetzung mit weisheitlichem und in Anknüpfung an weisheitliches Gedankengut entwickelt hat. Freilich ist m.E. zumindest
im ersten Beleg schwerlich eine Beziehungslinie zum Thema
"Schöpfung" herzustellen. Dies wäre kritisch gegen Hermisson
einzuwenden. Anders verhält es sich mit der in 1.Kor 8,6 von
Paulus aufgegriffenen Formel: "Ein Gott, der Vater, von dem
alles ist und wir auf ihn hin! Und ein Herr Jesus Christus,
durch welchen alles ist, und wir durch ihn!" (274) Die auf
Christus bezogene Aussage, die mit Kol 1,16 vergleichbar ist
(275), erinnert zunächst einmal sehr an das, was auch von
der Weisheit ausgesagt werden kann, nämlich die Schöpfungsmittlerschaft (vgl. vor allem Spr 3,19; ferner Weish 9,2
(276)). Nun ist aber noch ein weiteres zu bedenken: Auch
wenn es möglich ist, traditionsgeschichtliche Beziehungen
zwischen Weisheitstheologie und Christologie aufzuweisen
(und in beiden Fällen auch der Themenkreis "Schöpfung"
tangiert wird), so muß doch schlichtweg die eine und ganz
entscheidende Differenz gesehen werden: "Weisheit" ist und
bleibt eine statische Größe, die - wenn überhaupt - nur in
einer sehr lockeren Beziehung zur Geschichte steht und ganz
vornehmlich protologisch ausgerichtet ist (letzteres begegnet uns auch in der Christologie, aber eben nur als ein

Aspekt derselben). Daran ändern auch die Aussagen nichts,
welche besagen, daß die Weisheit unergründlich ist (Hi 28;
sie ist also da, wenn auch nicht habhaft); daß sie in Israel
in der Gestalt des Gesetzes Wohnung genommen hat (Sir 24;
sie "landet" zwar in der Geschichte, findet einen Ort, ohne
sich in die menschliche Geschichte hinein zu "verwickeln",
wie wir es von Christus wissen); daß sie erst in der Zukunft
(voll) offenbar wird (äthHen 51; die Weisheit, die dann
offenbar wird, ist auch ohne Kreuz mit sich identisch).

Im Gegensatz dazu redet zwar auch das NT davon, daß Christus
vor aller Zeit und bei der Schöpfung dabei war (vgl. nochmals Joh 1,3; 1.Kor 8,6; Kol 1,16), seine Sendung also nicht
einfach nur als eine Art "Notlösung" zu verstehen ist;
zugleich besteht aber an der vollen Geschichtlichkeit Jesu
Christi kein Zweifel. Damit kommt zwar eine gewisse Spannung
in die Christologie hinein, der man aber m.E. nicht entgehen
kann (vgl. nochmals 1.Kor 1,17-25 mit 1.Kor 2,6-9). Abgesehen von der theologischen Notwendigkeit solcher Spannung
wäre auch noch - wir konzentrieren uns wieder auf Paulus -
folgendes zu bedenken: Paulus denkt nicht von der atl.-
jüdischen Tradition auf das Christusgeschehen hin - wie es
etwa heutige jüdische Theologen tun, die sich mit Jesus
beschäftigen und ihn (summarisch gesagt) durchaus positiv in
ihre Glaubenstradition einreihen können -, er geht vielmehr vom Christusgeschehen aus. Von diesem Dreh- und Angelpunkt her unternimmt er eine Anknüpfung an die atl.-jüdische
Tradition und auch eine Auseinandersetzung mit ihr (vgl.
etwa Röm 4; Röm 7; Gal 3). Dabei nimmt er in Kauf, in
Strukturen zu denken, die - wie festgestellt - nicht immer
ohne weiteres auf einen Nenner zu bringen sind.

Wir fassen unsere, vornehmlich an Paulus orientierten Beobachtungen thetisch zusammen: Nicht in der gleichen, aber
doch in einer vergleichbaren Weise, wie sich bei Paulus eine
(notwendige!) Spannung zwischen "Schon" und "Noch nicht"

beobachten läßt (vgl. z.B. 1.Kor 15,1-28; 2.Kor 4,7-15; 5,1-
10), ist bei ihm auch eine Spannung folgender Art zu konstatieren: Es geht ihm sowohl um die Geschichtlichkeit des
Christusgeschehens als auch darum, über den engeren, den
sog. "historischen" Rahmen hinauszudenken. Im Gefolge dieser
Spannung bekommt für Paulus das Christusereignis auch schöpfungstheologische Relevanz: Wenn Gott tatsächlich in
Christus ist, dann ist es schwer möglich, ein Sein Gottes
ohne das Dabeisein des Sohnes zu denken (vgl. hierzu auch
das Nicänum: "aus dem Vater geboren vor [!] aller Zeit"). Mit
solchen Gedankengängen ist die Weisheitstheologie m.E. nicht
einfach erledigt (etwa nach der Art: Christus statt Weisheit), wohl aber entscheidend weitergeführt und neu ausgerichtet (man könnte auch sagen: korrigiert): Die Weisheitstheologie geht von einer Urordnung aus und kann auf dieser
Basis auch eine Relation zur Geschichte suchen (Sir 24). Die
ntl. Zeugen dagegen kommen um die Geschichtlichkeit des
Christusgeschehens von vornherein(!) nicht herum (wir haben
unseren Blick hier vornehmlich auf Paulus gerichtet), an dem
sie - je auf ihre Weise - Anteil gehabt haben (277). Erst
von da aus werden dann die weiteren - also auch die schöpfungstheologischen - Implikationen des Christusereignisses
bedacht. Das Spannungsfeld zwischen Universalität und Partikularität, zwischen "Urordnung" und "Heilsgeschichte", wird
auf die Person, die mit dem Vater eins ist, konzentriert.
Und weil wir es hier mit einer Person, von der Zeugnis
abgelegt wurde und abzulegen ist, zu tun haben (278), kann
diese Spannung auch ausgehalten und ertragen werden. Dies
ist der entscheidende Unterschied zu weisheitstheologischen
Konzeptionen (mitunter auch Spekulationen (279)).

# V. Beobachtungen zur Funktion von Gen 1,1-2,4a im Kontext der Priesterschrift

Wenn wir nun auf Gen 1 zu sprechen kommen (Gen 2,1-4a sind immer darin einbeschlossen), dann gilt es angesichts der Fülle der Fragen, die eine umfangreiche Literatur nach sich gezogen hat (1), sich ganz streng an unserer Fragestellung nach dem Verhältnis der Rede von Jahwes weltweitem Schöpfungshandeln zu der von seinem besonderen Handeln an Israel zu orientieren. Diese Konzentration der Fragestellung hat natürlich zur Folge, daß Gen 1 von uns nicht in einer umfassenden Weise, sondern nur von dem genannten Blickwinkel her analysiert wird. Noch mehr gilt dies für das priesterschriftliche Gesamtwerk. Eine Rekonstruktion der Theologie der Priesterschrift können wir hier nicht liefern, sondern lediglich einige Punkte anführen, die für unser Thema relevant sind.

## 1. Textkritisches und damit verbundene Verständnisfragen

Ein wesentliches Strukturelement in Gen 1 ist die Zusammenschau von Gottes Anordnung ("Und Gott sprach ..."), Ausführungsformel ("Und es geschah so.") und Ausführungsbericht. Die Septuaginta hat dieses Gestaltungsprinzip bei der Beschreibung des zweiten bis siebten Schöpfungswerks konsequent durchgehalten, während sich im masoretischen Text Abweichungen finden: In V.7 steht bei ihm die Ausführungsformel erst nach dem Ausführungsbericht, in V.9 fehlt der Ausführungsbericht, in V.20 die Ausführungsformel (weitere, auf andere Sachverhalte abzielende Differenzen zwischen MT und LXX seien hier übergangen). Während etwa Westermann hier bei der Septuaginta harmonisierende Tendenzen am Werk sieht, nehmen W.H.Schmidt und O.H.Steck diese Übersetzung zur Grundlage (2). Nun kann man Schmidt und Steck uneingeschränkt darin zustimmen, daß die Septuaginta auf jeden Fall den in sich stringenteren Text vorzuweisen hat. Gerade das aber ist m.E. der entscheidende Grund, dieser Übersetzung mit Reserve gegenüberzustehen. Hätte MT nur einmal gegen das betreffende Gestaltungsprinzip verstoßen, könnte man von einem Versehen beim Abschreiben reden. Da nun aber die Differenzen zwischen MT und LXX weitreichender sind, ist es wesentlich wahrscheinlicher anzunehmen, daß LXX sachlich sinnvoll ergänzt und korrigiert, jedoch nicht den ursprünglichen Text wiedergibt.

Daß MT tatsächlich mit gutem Recht als ursprünglich angesehen werden kann, zeigt nicht zuletzt ein Blick auf die Plagengeschichten im Buch Exodus, wo alle drei Elemente (Anordnung Gottes, Ausführungsformel [diese ist nicht einheitlich formuliert] und Ausführungsbericht [im Unterschied zu Gen 1 sind die handelnden Subjekte hier Menschen]) wiederkehren - ohne daß dabei ganz und gar schematisch verfahren wird. Als Beispiele führen wir an:

Ex 7,1ff: "Und Jahwe sprach zu Mose ..." (Anordnung).
    7,6: "Und Mose und Aaron taten, wie ihnen Jahwe befohlen
        hatte - so taten sie." (Ausführungsformel).
Der Ausführungsbericht fehlt.

Ex 7,8f: "Und Jahwe sprach zu Mose und Aaron ..." (Anordnung).
    7,10a: "Und es gingen hinein Mose und Aaron zum Pharao
        und taten so, wie Jahwe befohlen hatte." (Aus-
        führungsformel).
    7,10b: "Und Aaron warf seinen Stab ..." (Ausführungsbe-
        richt).
Hier sind alle drei Elemente vorhanden (vgl. weiterhin Ex 7,19-21, aber auch innerhalb der Flutgeschichte Gen 6,18-22; 7,13-16).

Ex 8,1: "Und Jahwe sprach zu Mose ..." (Anordnung).

8,2: "Und Aaron streckte seine Hand aus ..." (Ausführungsbericht).

Die Ausführungsformel fehlt hier (vgl. auch Ex 9,8-10).

Diese Beispiele zeigen, wie P sich eines fest strukturierten Stils bedienen kann, ohne dabei völlig monoton zu verfahren (3). Auch wenn man letzteres mit in Rechnung stellt (und sich auch aus diesem Grunde bei Gen 1 textkritisch anders entscheidet als W.H.Schmidt und O.H.Steck), ist dessen ungeachtet die Korrespondenz von Anordnung und Ausführung, von Wort und Tat bei P als ein Phänomen festzuhalten, das sich nicht nur in Gen 1, sondern auch sonst beobachten läßt (4).

In der Unterstreichung der Korrelation von Wort und Geschehen steht P nicht allein da. Schon bei Deuterojesaja (vgl. die Exegesen in Abschn.III.4 und zusammenfassend Abschn. III.6) waren wir wiederholt auf das Phänomen des Ansagebeweises gestoßen, wo es ja auch - wenngleich anders als bei P - um die Entsprechung von Wort und Ereignis geht (vgl. auch Jes 55,10f). Zieht man weiterhin Ps 33,4.9; 148,5 und auch vergleichbare Belege bei Ezechiel (z.B. 17,24; 22,14; 24,14; 36,16) mit heran, dann ist die Annahme nicht unberechtigt, daß sich in exilischer und nachexilischer Zeit in verschiedenen Schattierungen - genaue Vergleiche müssen hier jetzt unterbleiben - eine Art "Wort Gottes-Theologie" entwickelt hat, deren Ursprung bei Deuterojesaja auch darin zu sehen ist, daß Jahwes Wort es im Geschichtsverlauf an Bewahrheitung nicht hat fehlen lassen.- Es sei an dieser Stelle angemerkt, daß wir das Wort "Beweis" selbstverständlich nicht in dem von der Naturwissenschaft her geprägten Sinn verstanden wissen möchten, wo es um die jederzeit wiederholbare Nachprüfbarkeit der Stimmigkeit eines unter bestimmten Bedingungen angestellten Experiments geht, sondern vielmehr so, daß Jahwes Wort im Raum der Geschichte auf seine Wirksamkeit hin befragbar ist. Diese Art von Befragung unterliegt den Bedingungen geschichtlicher Unwiederholbarkeit und kann theologisch "nur" in der Weise Relevanz bekommen, daß dabei nicht einfach nach "bruta facta" gefragt wird, sondern - wenn sich man schon auf "bruta facta" bezieht (Zusammenbruch des Staates, Exilierung, Heimkehr) - das vorauslaufende Wort Gottes als eine Größe begreift, die sich in die Geschichte hineingegeben hat, in diesem Raum der Geschichte der Mißdeutbarkeit nicht entnommen ist (zwischen Gegenstand

des Zeugnisses und der Art der Bezeugung ist hier zu unterscheiden, auch wenn man ersteres nicht ohne das letztere
haben kann), theologisch aber als eine Realität anzusehen
ist. Die Wertigkeit der Rede von Gottes Wort und dem diesem
Wort entsprechenden Handeln ist so durchaus auch auf "bruta
facta" bezogen. Gerade diese "bruta facta" bedürfen aber der
Deutung, die im AT sub specie Jahwes vorgenommen wird (wobei
es dann auch zu einem sog. "kerygmatischen" Geschichtsbild
kommen kann, das sich nur noch bedingt in seine "historischen" und "kerygmatischen" Bestandteile zerlegen läßt;
Theologie kann nicht in einer vermeintlichen Objektivität
einfach so tun, als gäbe es Gott nicht und als könne man
ohne weiteres die Verkündigungstradition von ihrer kerygmatischen Ummantelung "befreien" [eine hier u.U. erforderliche
Näherbestimmung des Begriffes "Objektivität" würde zu weit
führen]).

## 2. Die Priesterschrift als Geschichtsdarstellung

Auch wenn die Ausführlichkeit der Darstellung des Sinaige-
schehens bei P (vgl. Anm.4) eine kulttheologische Ausrichtung und damit verbunden ein spezifisches Interesse an der
Relation Jahwes zu Israel erkennen läßt, ist damit natürlich
noch nicht gesagt, daß P allein darum kreist (5). Die Frage
muß nun sein: Ist P dort, wo sie in schöpfungstheologischen
und universalgeschichtlichen Kategorien denkt, ausschließlich an Israel in seiner schöpfungstheologischen und universalgeschichtlichen Einbettung interessiert - oder wird hier
auch ein Blick über das Gottesvolk hinaus geworfen, und
zwar in der Weise, daß die universalen Bezüge nicht nur um
Israels willen hergestellt werden? M.E. muß hier zweierlei
gesehen werden.

## a) Schöpfung und Sabbat

In Gen 2,2f wird der Sabbat schöpfungstheologisch verankert.
Die hiermit gesetzte Ordnung wird für Israel in Ex 16,22-27
relevant: Das Sammeln von Nahrung beschränkt sich auf sechs
Tage (V.26), am siebten Tag bringt die Mühe keinen Ertrag
(V.27). Hiermit erlebt also Jahwes Volk in der Wüste die

Gültigkeit der Sabbatordnung. Diese Ordnung hat nach P ihre
Grundlegung im Schöpfungsgeschehen - wird aber im Raum der
Geschichte von dem Volk erfahren, dem Jahwes besondere Hinwendung gilt. Grundlegende, schöpfungsmäßige Setzung und
"geschichtliche" Erfahrung - wieweit "historisch", sei hier
dahingestellt - kommen so in einen engen Zusammenhang.
Israel erfährt an sich das, was sein Gott seit Anbeginn der
Welt als Ordnung festgelegt hat. Jahwes Universalität und
sein partikulares Handeln werden einander zugeordnet.

## b) Schöpfung und Segen

Der in Gen 1,28 ausgesprochene Segen beinhaltet sowohl die
Mehrung der Menschheit als auch die Herrschaft über die
nichtmenschliche Kreatur (6). Im Gegensatz zur Stiftung des
Sabbats ist dieser Segen und die damit verbundene Mehrung -
das mit dem Stichwort "dominium terrae" gegebene Problemfeld
sei hier wegen seiner Komplexität ausgeklammert - bei P
nicht nur auf Israel konzentriert. Es wird ein Blick auf die
Nachkommen Noahs geworfen (Gen 10,1-7), dazu auf die Nachkommen Sems (Gen 11,10-26), Tharahs (Gen 11,27.31f), Ismaels
(Gen 25,12-17) und Esaus (Gen 36,1-14) (7). Hinsichtlich der
beiden zuletzt genannten Namen - Ismael und Esau - ist zu
sagen: Diese Namen gehören nicht mehr in die Vorgeschichte
des Gottesvolkes, sondern stellen mit ihren Nachkommen gewissermaßen Seitenlinien dar. Weshalb werden ihre
Genealogien dann angeführt? Geht man davon aus, daß hier
bei P nicht nur ein Drang zur Vollständigkeit der Darstellung da ist, dann wäre ein Interesse in der Richtung zu
sehen, daß die Menschheit außerhalb Israels - verkörpert
durch Ismael und Esau; vgl. aber auch die Völkertafel in Gen
10 (soweit P zuzurechnen (8)) -, die am Exodus- und am
Sinaigeschehen keinen Anteil hat, gleichwohl um ihrer selbst
willen Eingang in das priesterschriftliche Werk findet: Gott
der Schöpfer, der sich laut P als Jahwe erst Mose zu erkennen gibt (Ex 6,2), sichert den Daseinsbestand auch derjeni-

gen, die nicht in einer direkten Beziehung zu ihm (Jahwe)
stehen. Daraus ergibt sich die Frage: Welche Rolle spielt
Israel im Hinblick auf die Schöpfungsordnung und auf die
Völkerwelt?

### 3. Jahwes weltweites und besonderes Handeln

Unsere bisherigen Darlegungen haben ergeben, daß P schon vom
Stil der Darstellung her (vgl. Abschn.V.1) Schöpfung und
Geschichte (den Kult einbeschlossen) in enger Zuordnung
sieht (9). Damit sind aber wichtige Probleme noch nicht
gelöst. Von "Jahwes Handeln als Schöpfer und in der Geschichte als Einheit" konnten wir auch schon im Hinblick auf
Ps 136 und Ps 148 reden (vgl. Abschn.IV.7.d), mußten allerdings erkennen, daß die Zeugnisse in ihrer Art dann doch
wieder differieren. Ferner ist aus unserem forschungsgeschichtlichen Überblick festzuhalten, daß man die Urgeschichte (und somit auch das Schöpfungszeugnis von P) nahezu
ausschließlich von der besonderen Geschichte Gottes mit
Israel her interpretieren kann (so G.v.Rad; vgl. Abschn.
II.1), daß es aber auch nicht ausgeschlossen ist, dieser
Urgeschichte stärker eine Dignität sui generis zuzubilligen
(so C.Westermann; vgl. Abschn.II.2).

Nehmen wir unsere eigenen dargelegten Beobachtungen mit
hinzu, dann bleibt es bei dem m.E. grundlegenden Problem:
Was beabsichtigt P, wenn sie im Bereich der Schöpfung,
weiterhin in der Noahgeschichte, nicht zuletzt aber hinsichtlich der besonderen Beziehung Jahwes zu seinem Volk
(wir haben auf die Plagenerzählungen und auf die Sinaiperikope verwiesen) bei der Struktur der Darstellung vergleichbare Muster anwendet? An einer engen Zusammenschau des Genannten (und damit an einer Zusammenschau von Schöpfung und
Geschichte) ist sie - wie schon festgestellt - interessiert
(10). Kann man aber angesichts dessen die Konzeption von P

so verstehen, daß sie auch dort, wo von Jahwes Relation zu Israel die Rede ist, die Kategorie des Allgemeinen nicht aufgibt, es also dann letztlich nicht um Israel als einer unverwechselbar besonderen Größe geht, sondern die Art der Beziehung dieses Volkes zu Jahwe eine paradigmatische und so letzten Endes auch keine unwiederholbare ist (11)?

Unabhängig von den in Abschn.II geschilderten Deuteansätzen G.v.Rads und C.Westermanns hat N.Lohfink eine m.E. sehr eigenständige Interpretation unternommen, die in die soeben angedeutete Richtung geht: Nach seiner Sicht erzählt die Grundschicht von P alles so, "als erzähle sie Mythen. Sie verwandelt gewissermaßen Geschichte in Mythus zurück." (12) Er meint weiterhin, daß bei P die Urzeit "über die ganze erzählte Geschichte hin ausgedehnt" werde (13). Die Erzählungen von P sind nach Lohfink also "mindestens nicht nur Nachricht und Bericht, sondern auch typische Darstellung, urbildlicher Ablauf, Mythos, Ereignis, das immer und überall und für jeden gilt." (14)

Es ist m.E. nicht zweifelhaft, daß biblische Erzählungen viel Raum für eine typisierende Interpretation geben. Auch wenn dabei für Predigt und Unterricht einiges gewonnen ist und eine auf Typisches abzielende Interpretation nicht einfach als falsch abgetan werden kann, ist aber doch zu fragen, ob man damit den biblischen Zeugen - hier also P - rundum gerecht wird. Bedenkenswert ist immerhin, daß P, die das jahwistische Werk mit ziemlicher Sicherheit gekannt hat, jahwistische Erzählungen der Urgeschichte, die sich für ein typisierendes Verständnis besonders eignen - etwa die von Kain und Abel oder die vom Turmbau zu Babel - gerade nicht übernommen hat, sondern nach dem Schöpfungsbericht mit Hilfe der Genealogien und der Völkertafel - es ist nur noch die Noahgeschichte eingeschoben - sehr direkt auf das besondere, mit Abraham beginnende Handeln Jahwes zusteuert und dann später in aller Ausführlichkeit auf die Anweisung zur

Errichtung der sog. "Stiftshütte" (Ex 25ff) und auf die
Errichtung derselben (Ex 35ff) zu sprechen kommt (vgl.
Anm.4).

Ich versuche nun gegenüber Lohfink eine andere Deutung: P
geht es um konstante, dauerhafte Ordnungen und Daseinsbe-
züge. Es wird dabei an die Welt und die Menschheit gedacht,
vornehmlich aber an das Volk Israel in seiner Sonderstellung. Zum ersteren: P schreibt eine Schöpfungsgeschichte, in
deren Zusammenhang eine Segnung ausgesprochen wird (Gen 1,28
(15)), die nicht nur (vgl. Abschn.V.2.b), aber auch für
Jahwes besonderes Handeln an Israel relevant ist (vgl. Gen
17,6; Ex 1,7). Zum letzteren: P sieht Israel in einer Sonderstellung in der Weise, daß Sabbat, Beschneidung und überhaupt die kultische Verehrung mit den dazu nötigen "Gegen-
ständen" ("Stiftshütte"!) zu Merkmalen für Jahwes besonderes
Verhältnis zu seinem Volk werden (16). Die Setzungen dieser
für Jahwes Verhältnis zu seinem Volk grundlegenden Ordnungen
haben keine paradigmatische Funktion (17). Schließlich sei
noch angemerkt: Das priesterschriftliche Gesamtwerk läßt
m.E. keine Deutung in der Richtung zu, daß es eine kultische
Verehrung Jahwes auch außerhalb Israels in Betracht ziehen
wollte (vgl. dagegen die von uns in Abschn.IV.7.c eingehend
besprochenen Psalmen 33 und 96). Es geht vielmehr um die
Intaktheit der Beziehung eines bestimmten Volkes zu seinem
Gott, wobei freilich zugleich klar ist, daß dieser Gott auch
über die Grenzen der Kultgemeinde hinaus für seine Schöpfung
sorgt. Daran ändern auch die nach der Flutgeschichte veränderten Konstellationen nichts (vgl. Gen 9,1ff).

## 4. Zusammenfassung

1. Das Schöpfungszeugnis der Priesterschrift geht von einer Korrespondenz von Wort und Tat aus, die P auch für das geschichtliche und kultische Geschehen voraussetzt. Eine vergleichbare Art von "Wort Gottes-Theologie" ist nicht nur bei P, sondern auch in anderen Zeugnissen aus der exilischen und nachexilischen Zeit zu finden (18).

2. Die genannte Korrespondenz von Wort und Tat in Schöpfung und Geschichte läßt auf eine enge Zuordnung von Schöpfung und Geschichte schließen (19). Freilich ist dabei auch eine besondere Gewichtung unverkennbar: Während der Segen zwar auch auf Israel bezogen, aber keineswegs darauf eingegrenzt wird, sind die besonderen Setzungen Jahwes (Sabbat, Beschneidung, "Stiftshütte") - unbeschadet dessen, daß der Sabbat schöpfungstheologisch verankert ist - partikular zu verstehen. Die Ausführlichkeit der Darstellung vornehmlich in der Sinaiperikope läßt auf ein besonderes kultisches Interesse und damit auch auf eine Betonung des besonderen Verhältnisses Jahwes zu Israel schließen (20).

VI. Hermeneutische Schlußbesinnung

Unsere Überlegungen wollen wir nun in eine Schlußbesinnung münden lassen. Diese versteht sich nicht als Zusammenfassung des insgesamt Erarbeiteten (vgl. unsere Erläuterung in Abschn.I.3), sondern als eine Bündelung, die an Erarbeitetes anknüpft. Dabei soll (nochmals) die Relevanz unseres Themas für die Theologie insgesamt aufgezeigt werden.

1. Der Glaube an Gott den Schöpfer scheint (zunächst einmal wenigstens) den drei großen "monotheistischen" Religionen gemeinsam zu sein (also dem Judentum, dem Christentum und dem Islam) und - spezieller betrachtet - innerhalb der christlich-theologischen Diskussion eine Basis abzugeben, die bei allen sonstigen Differenzen als nicht strittig erachtet werden kann. Das ist dann richtig, wenn man die Aussage, daß Gott die Welt ("Himmel und Erde") geschaffen hat, isoliert für sich betrachtet und das Wort "Gott" in seiner Allgemeinheit unangetastet läßt.

2. Kann man - auch im Zusammenhang der Schöpfungsthematik! - dieses Wort in solcher Allgemeinheit belassen? Deuterojesaja mußte - gerade auch hinsichtlich der Rede vom Schöpfer - klar zwischen dem Gott Israels und den Göttern Babylons unterscheiden (vgl. vor allem Abschn.III.4.a-d). Die damit verbundene Auseinandersetzung war nicht minder gewichtig als die heutige zwischen christlichem Schöpfungsglauben und atheistischer Weltdeutung. Immer geht es dabei um die Wahrheit und die zeugenhafte Bewahrheitung des Einen Gottes.

3. Um solche Wahrheit und Bewahrheitung kann es freilich nur dann gehen, wenn der Glaube an "Gott" den Schöpfer in einer bestimmten, unverwechselbaren Kontextualität steht. Dieser Kontextualität sind wir im AT - wenn auch nicht

unter Berücksichtigung aller relevanter Texte - nachgegangen, indem wir die Relation der Rede von Jahwes weltweitem Schöpfungshandeln zu der von seiner besonderen
Hinwendung zu Israel untersucht haben (1).

4. Allerdings kann, christlich-theologisch betrachtet, die
Art, in der von Jahwes Handeln an Israel im Kontext der
Rede von seinem Schöpfungshandeln (2) gesprochen wird,
nicht immer ganz unangreifbar sein. Die besondere Hinwendung des Schöpfergottes Jahwe zu seinem Volk kann nicht
allein um dieses Volkes willen geschehen sein. D.h.: Die
Geschichte dieser Zuwendung hat ihr Ziel nicht in sich
selbst, sondern muß als nach vorne offen begriffen werden. Es wäre sicher unangemessen, von den atl. Zeugnissen
in ihrer Zeitgebundenheit zu verlangen, daß sie solche
Offenheit auch immer expressis verbis zum Ausdruck bringen. Die Hinwendung Jahwes hier und heute (3) einschließlich des oftmals damit einhergehenden Blickes in die
Vergangenheit ist als solche ernstzunehmen, solange die
Konzentration darauf die Zukunftsperspektive nicht ver-
sperrt (4). Wenn wir - in Auswahl - auf die von uns
exegesierten Texte blicken, dann ist - was die
Zukunftsperspektive anbelangt - beides da: Deuterojesaja
denkt von der exilischen Situation her sicher zunächst an
sein Volk, vergißt aber die Völker nicht und will gerade
auch deren Hinwendung zu Jahwe (vgl. Abschn.III.4.h).
Eine solche Offenheit läßt sich bei der Priesterschrift
nicht erkennen. Sie bezieht in ihr Denken zwar die gesamte vorfindliche Wirklichkeit und somit auch die Menschheit außerhalb Israels mit ein, legt aber besonderes
Gewicht auf die Setzungen, die (laut P m.E. endgültig)
nur für Israel gelten (vgl. zusammenfassend Abschn.V.4).
Vgl. weiterhin die unterschiedlichen "Tendenzen in der
nachexilischen Psalmenliteratur" (Abschn.IV.7).

5. Sind die von uns in den Blick genommenen atl. Zeugnisse -

christlich-theologisch betrachtet - auch nicht immer
unangreifbar, so ist ihnen doch (für alle atl. Texte
möchte ich das allerdings nicht behaupten) der Zeugnischarakter nicht abzusprechen. Der Zeuge kann mitunter -
retroperspektiv betrachtet - mit dem zu Bezeugenden nicht
immer ganz konform gehen (das trifft ja auch bei Paulus
hinsichtlich seiner Naherwartung zu). Das Zeugnis bleibt,
solange man es als Hinweis auf den Gott verstehen kann,
der als weltweiter Schöpfer sich in den Raum der Partikularität begeben hat.

6. Diese Partikularität von Gottes Handeln wird nicht
zuletzt im Christusgeschehen offenbar (5), wo nach ntl.
Zeugnis Gott wirklich an einem bestimmten Ort und zu
einer bestimmten Zeit in einer bestimmten Person "da"
ist. Zugleich mündet aber diese Partikularität in eine
Universalität ein: mit der eschatologischen Perspektive
und nicht zuletzt in den Aussagen von der Schöpfungsmittlerschaft Christi (1.Kor 8,6; Kol 1,16f). Universalität
und Partikularität kommen so in Christus ebenso zusammen
wie "Urordnung" und "heilsgeschichtliches Fortschreiten".
Auf diese Weise werden die von uns untersuchten atl.
Zeugnisse nicht außer Kraft gesetzt, sie erfahren aber
eine Ausrichtung, eine Bündelung, mitunter auch eine
Korrektur. Gott als der Schöpfer war mit Israel, er war
mit Christus, er war aber auch - und ist es noch heute -
in Christus.

Anmerkungen

Abschnitt 1

1 Vgl. hierzu im AT das Begriffspaar "Himmel und Erde"
in Gen 1,1; 2,1.4; 14,19.22; Ps 121,2; 124,8 u.ö.

2 Aus den ersten beiden Jahrhunderten sind uns bekanntlich
nur ganz wenige und zudem nur sehr dürftige Nachrichten
über Jesus überliefert. Mit Recht wird man mit L.Goppelt
sagen können: "... für das Imperium war das Auftreten
Jesu und seiner Jünger zu dieser Zeit eine Winkelange-
legenheit." (Theologie des Neuen Testaments, S.70).

3 Gleich zu Beginn des zweiten Glaubensartikels findet
diese Überzeugung durch die Bezeichnung Christi als
Gottes eingeborenen Sohn Erwähnung. Weit ausführlicher
als das Apostolicum thematisiert dann das Nicaenum das
Verhältnis Christi zu Gott dem Vater und gibt darüber
hinaus der Überzeugung von der Schöpfungsmittlerschaft
des Sohnes Ausdruck ("durch ihn ist alles geschaffen").

4 Vgl. neben vielen anderen ntl. Belegen nur 2.Kor 5,19
oder auch 1.Kor 15,20.

5 Die hier ins Auge gefaßte Relation wird in der Forschung
weithin als Frage nach dem Verhältnis von Schöpfung
und Geschichte verstanden. Das ist sicher nicht falsch,
jedoch ist m.E. der Begriff "Geschichte" in der Theologie wiederholt überstrapaziert worden - zumal er gar
nicht so eindeutig in seiner Verwendung ist (vgl. den
Exkurs S.64ff). Auch wenn der Geschichtsbegriff sicher
nicht grundsätzlich zu umgehen ist, scheint mir doch
eine etwas größere Zurückhaltung ihm gegenüber angemessen
zu sein.

6 M.E. ist die Geschichte Gottes mit seinem Volk Israel
nicht nur als Vorgeschichte zum Christusereignis zu
verstehen, sondern gehört in die Christologie selber
mit hinein, wenn diese nicht doketisch sein soll. So
gesehen läßt sich von unserer Themenstellung sagen,
daß sie als ganze gesamtbiblische Relevanz hat. Es geht
also nicht nur darum, daß das NT grundsätzlich den atl.
Schöpfungsglauben voraussetzt, vielmehr ist auch die
Frage nach der Funktion der Schöpfungsaussagen im atl.
Kontext für die Theologie insgesamt von Bedeutung. Das
dürfte im weiteren Verlauf dieser Untersuchung immer
wieder deutlich werden.

7 Ich habe bewußt meine Untersuchung im Untertitel eine
"exegetisch-hermeneutische Studie" genannt. Das geschah

in der Erkenntnis, daß auch bei dem hier zu verhandelnden Problem der Funktion atl. Schöpfungsaussagen die m.E. bewährte Methodik der historisch-kritischen Exegese zwar das entscheidende Instrument ist und bleibt, der Exeget selber freilich gerade an diese wichtige Frage atl. Theologie zwangsläufig nicht ohne Vor-Meinung herangeht (man könnte auch Vor-Urteil sagen, wenn dieser Begriff nicht zu negativ besetzt wäre). Dieses Eingeständnis halte ich für ein Gebot der Ehrlichkeit. Meine eigene Vor-Meinung ist dogmatisch durch Karl Barth und ihm verwandter Theologen geprägt worden - ohne daß ich mich freilich als "Barthianer" bezeichnen möchte. - Kann es also nicht darum gehen, eine Vor-Meinung abzustreiten, dann bedeutet dies zugleich das Zugeständnis, daß eine solche Vor-Meinung auch die exegetische Arbeit selber beeinflußt. Dabei muß jedoch gewährleistet bleiben, daß bei der exegetischen Durchführung die eigene Vor-Meinung die Ergebnisse nicht schlichtweg diktiert. So mußte ich selber wiederholt hinnehmen, daß der Weg exegetisch so nicht begehbar war wie ich ihn - durch meine genannte dogmatische Prägung und auch aus anderen Gründen - eigentlich hätte gehen wollen. Gerne hätte ich z.B. wahrgenommen, daß die Schöpfungstexte im Jeremiabuch von Jeremia selber stammen, mußte mich aber eines anderen belehren lassen (vgl. Abschn.IV.5.e). Auch die atl. Weisheit hätte ich gerne etwas harmonischer in den Fragehorizont einbezogen als es nunmehr der Fall sein konnte (vgl. S.36ff und den Exkurs S.291ff). - Insgesamt sei festgehalten: Die Benennung der Untersuchung als "exegetisch-hermeneutische Studie" bezeichnet keine Einbahnstraße von der Exegese hin zur Hermeneutik und selbstverständlich auch nicht den umgekehrten Weg. Vielmehr möchte ich von einem exegetisch-hermeneutischen Zirkel reden.

8 Zur Weisheitstheologie vgl. den Exkurs S.291ff, zu Ps 8 und Ps 104 S.448, Anm.1. Ein Problem ganz eigener Art stellt sodann Ps 19 A dar (hierzu Abschn.IV.8). - Hinsichtlich der beiden Schöpfungsberichte in Gen 1 und 2 hängt es sehr vom Urteil des Exegeten ab, wie die Tatsache zu werten ist, daß diese Berichte jeweils Bestandteil eines Geschichtswerks (des priesterschriftlichen und des jahwistischen)sind, und welche Gewichtigkeit man somit dem weiteren Kontext zugesteht (also den Erzählungen von Gottes Handeln an Israel einschließlich dessen Vorvätern ab Gen 12ff), in dem sie nunmehr stehen (vgl. Abschn.II.1 und II.2, wo ich die durch G.v.Rad und C.Westermann vorgegebenen Denkalternativen diskutiere).

9 Vgl. im einzelnen Abschn.II.1. sowie nochmals den Exkurs S.291ff.

10 Diese Feststellung steht nicht im Widerspruch zu dem in Anm.6 Ausgeführten. Ich gehe tatsächlich von einem besonderen Handeln Gottes an Israel aus (vgl. hierzu auch die Exkurse S.64ff , 68ff , 105ff). Die Christusgeschichte steht in Zusammenhang mit diesem Handeln - geht aber darin nicht auf. Von Jesus Christus kann gesagt werden, daß Gott selbst mit seinem versöhnenden Handeln in ihm gewesen ist (vgl. 2.Kor 5,19), daß Gott in ihm sich selbst entspreche (so sehr prägnant F.Mildenberger, Gotteslehre, S.100). Vom atl. Gottesvolk läßt sich das nicht in analoger Weise sagen. Christus ist nicht nur der wahre Mensch, der aus diesem Volk hervorgegangen ist, seine Sendung bezieht sich vielmehr auch auf dieses Volk (vgl. Röm 10,9-12). Israel kann zwar zum Zeugen Jahwes für die Völker werden (Jes 55, 3-5), es bleibt aber auch im AT das Volk, das selber der Erlösung bedarf (vgl. nur Ps 130,8). - Eine andere, hier nicht zu diskutierende Frage ist freilich, in welchem Verhältnis Jesus Christus zu atl. Mittlergestalten wie Mose und dem Gottesknecht bei Deuterojesaja zu sehen ist.

11 Anders als bei der Frage der natürlichen Theologie geht es m.E. bei einer Theologie der Natur nicht um das gnoseologische Problem der Bedingungen der Gotteserkenntnis, sondern darum, wie vom Glauben her angemessen über die "Natur"geredet werden kann, also über die gesamte geschöpfliche Wirklichkeit in ihrer gegenwärtigen Wahrnehmung. Die Begriffe "Theologie der Natur" und "natürliche Theologie" sind somit auch nicht gegensätzlich zu verstehen, sondern verweisen auf unterschiedliche Sachverhalte. Eine Theologie der Natur kann sich zwar Denkstrukturen der natürlichen Theologie bedienen, muß es aber keineswegs. - In meinen eigenen Exegesen in Abschn. III-V werden wiederholt Aspekte einer Theologie der Natur hervortreten, ohne daß ich dabei den Erkenntnisweg der natürlichen Theologie beschreite (vgl. weiterhin die grundsätzlichen Ausführungen in den Exkursen S.68ff und S.105ff).

12 Vgl. vor allem a.a.O., S. 142. Freilich erwähnt v.Rad auch die eigenständige Bezeugung des Schöpfungsglaubens in der Weisheit (S.146), kommt aber diesbezüglich sehr schnell zu einer Relativierung: Die Voraussetzung solcher selbständigen Bezeugung wäre gewesen, "daß der Heilsglaube absolut gesichert sein mußte, so daß der Glaube, daß auch die Natur eine Offenbarung Gottes sei, keine Beeinträchtigung oder Entstellung, sondern zu einer wirklichen Bereicherung des Heilsglaubens wurde." (S.147). Wie sehr v.Rad das Problem der Weisheitstheologie später noch eingehender beschäftigt hat, wird in seinem kurz vor seinem Tod erschienenen Buch "Weisheit in Israel" offenkundig, wo er ausführlich

auch über die "Selbstoffenbarung der Schöpfung" (S. 189-228) reflektiert. Vgl. hierzu Abschn.II.1.

13 Weltschöpfung, S.174.

14 A.a.O., S.173.

15 Ich passe mich hier - wie auch im folgenden - in der Verwendung des Heilsbegriffs der Terminologie v.Rads an, auch wenn ich selber lieber von Jahwes besonderem Handeln an Israel (das freilich auch den Aspekt des Gerichtes mit enthalten kann) reden würde.

16 Albertz (a.a.O., S.174) kleidet seine diesbezügliche Aussage in die Form einer Frage, welche aber vom gedanklichen Duktus her doch wohl eher rhetorisch gemeint ist.

17 Albertz setzt "peripher" in Anführungs- und Schlußzeichen, so daß nicht ganz klar wird, ob die "peripheren" Gotteserfahrungen für ihn tatsächlich nur peripherer Natur sind.

18 A.a.O., S.174.

19 Zu dieser Differenzierung vgl. ausführlicher Abschn. III.2 und Abschn.III.3.

20 Die Literatur hierzu ist sehr umfangreich. Ich nenne nur: U.Duchrow, Christenheit und Weltverantwortung. Dort wird in ausführlicher Weise die Gesamtproblematik erörtert. Im Rahmen unserer Untersuchung muß auf ein genaueres Eingehen hierauf verzichtet werden.

Abschnitt II

1  G.v.Rad bezieht sich bei Lütgert vor allem auf
   S.52.56.358 (vgl. Das theologische Problem, S.136 inkl.
   Anm.1).

2  Dieses Zitat und die folgenden Verweise stammen alle aus
   Theol.I, S.150-152.

3  Theol.I, S.163f.

4  Theol.I, S.151f.

5  Die Verwendung des Chaoskampfmotivs an sich präjudiziert
   ja noch keineswegs eine bestimmte Zuordnung von Jahwes
   weltweitem Schöpfungshandeln und seinem besonderen Handeln an Israel. So kann v.Rad unter dem Stichwort
   "soteriologisches Schöpfungsverständnis" Ps 74 und 89
   mit P und J zusammensehen (Theol.I, S.151f), während die
   gleichen Psalmen unter dem Stichwort "Chaoskampf" in die
   Nähe ganz anderer Texte treten (S.164). Allerdings wird
   man fragen dürfen, ob man die festgestellte Klarheit der
   theologischen Konzeption bei P und J so sehr zu der
   Verwendung der Chaoskampfvorstellung in anderen Texten
   in Kontrast bringen darf, wie v.Rad (ebd.) dies tut.
   Auch wenn diese "viel populärer" gewesen sein mag, entscheidend bleibt doch, wie und in welchem Kontext sie
   aufgenommen und theologisch fruchtbar gemacht wird.

6  Es erscheint mir hier etwas mißverständlich, von einem
   "reinen" Schöpfungsglauben zu reden.

7  Das theologische Problem, S.147.

8  Theol.I, S.165.

9  Theol.I, S.430.

10 Theol.I, S.463. Es ist bemerkenswert, daß hier Geschichte und Offenbarung auseinandergehalten werden.

11 Aspekte, S.311.

12 Aspekte, S.312.

13 Aspekte, S.313. G.v.Rad wendet sich in diesem Zusammenhang (S.312) gegen eine Trennung von Glaube und Welter-
   kenntnis und bringt dabei Gen 1 ins Spiel: "Ist der
   'Schöpfungsglaube' wirklich nur die äußere Klammer, die
   sich um einen neutralen Wissensstoff herumlegt?" So
   gesehen ist die Darstellung der Schöpfung in Gen 1 nicht
   mehr nur zur Legitimation des Heilsverhältnisses zwischen Jahwe und Israel da (so Theol.I, S.152), sondern

wird _aus sich selbst heraus_ für den Jahweglauben relevant.

14  Aspekte, S.313.

15  Aspekte, S.315.

16  Aspekte, S.316.

17  Aspekte, S.317. Mit dieser Sicht kommt v.Rad wieder in
    Konflikt mit den Chaoskampfmotiven, denen er ja schon im
    Vergleich mit den Schöpfungsdarstellungen von J und P
    wenig abgewinnen konnte (vgl. Theol.I, S.164). Ihre
    Verwendung zeige, "daß auch Israel eine konsequente
    Vermeidung und Bestreitung eines metaphysischen Dualis-
    mus nicht erreicht hat ..." (Aspekte, S.318). Nicht
    gerade überzeugend schiebt er diese hier doch nicht
    unwesentliche Problematik beiseite: "Die Frage, ob es
    sich dabei mehr um unkontrollierte [sic!] Reste einer
    dem Jahweglauben im Prinzip fremden Anschauung handelt
    oder um eine notwendige Grenze, vor der auch der Jahwe-
    glaube haltmachen mußte, mag hier unerörtert bleiben."
    (Aspekte, S.318f). Zum Verhältnis von Schöpfung und
    Chaoskampf vgl. Abschn.III.4.j.

18  Aspekte, S.321.

19  Aspekte, S.322, ebenso das folgende Zitat.

20  Herangezogen werden in erster Linie P; J; Ps 19; Hi 28;
    Spr 8; Sir 24 (Aspekte, S.324-331). Letzteren drei Tex-
    ten kommt dann auch in dem Buch "Weisheit in Israel"
    entscheidende Bedeutung zu.

21  Es ist ja auch inzwischen keineswegs mehr unbestritten,
    daß die Erfahrung Gottes in der Geschichte Israel von
    seiner Umwelt unterscheide (vgl. hier insbesondere das
    Buch von B.Albrektson, History and the Gods; dazu Nähe-
    res in unserem Exkurs am Ende von Abschn.II). Mir selber
    erscheint es angemessen, den Geschichtsbegriff zwar
    nicht zu umgehen, ihn aber auch nicht zum Zentralwort
    schlechthin zu machen, wenn es um die Relation Jahwe -
    Israel geht. Ich rede deshalb lieber von der besonderen
    Hinwendung Jahwes zu Israel (Näheres hierzu wieder in
    dem bereits genannten Exkurs).

22  Die Grundsatzfrage nach dem Verhältnis von universalem
    Weltverständnis und partikularem Geschichtsverständnis
    bezieht er ja nicht nur auf P und J. So bemerkt er z.B.
    zu Spr 8: "Es ist Israel ... kein zweites Mal mehr
    gelungen, die Spannung zwischen dem universalen Welthan-
    deln Gottes und seiner geschichtlichen [sic!] Offen-
    barung gedanklich so ausgewogen darzulegen." (Aspekte,
    S.328).

23  Aspekte, S.330; ebenso die folgenden Zitate.

24  Weisheit in Israel, S.213; ebenso das folgende Zitat.

25  A.a.O., S.213f.

26  A.a.O., S.227.

27  Ganz ähnlich stellt es auch Crenshaw, Gerhard von Rad, S.137 fest: Für v.Rad wäre die Weisheit "eine andere Form des Jahwismus".

28  A.a.O., S.227. Ähnliches hat v.Rad ja auch schon vom Bilderverbot behauptet (Aspekte, S.315). Seine Beobachtungen gehen konform mit H. und H.A.Frankfort (vgl. Alter Orient - Mythos und Wirklichkeit, S.242: "Wenn wir im 19. Psalm lesen: 'Die Himmel erzählen die Ehre Gottes und die Feste verkündiget seiner Hände Werk', so hören wir eine Stimme, die aller ägyptischen und babylonischen Glaubensvorstellungen spottet.").- Es ist übrigens nicht klar auszumachen, ob v.Rad mit der Verwendung des Begriffes "Uroffenbarung" bewußt Anleihen bei P.Althaus macht. Wie dem nun auch sei - jedenfalls versteht Althaus darunter insofern etwas anderes, als er Uroffenbarung in enger Relation zu dem sieht, was er unter Heilsoffenbarung versteht (vgl. Die christliche Wahrheit, S.41f). Die Uroffenbarung ist nach Althaus also nicht in sich suffizient.- Eine Nebenbemerkung: Offenbar zeigt sich mitunter die Skepsis v.Rads gegenüber "massive(n) Chiffern" (Aspekte, S.321) in der Weise, daß er sie zwar nicht vermeidet, dafür aber in freier Weise als Ausdruckshilfen gebraucht, um exegetische Beobachtungen zu formulieren. Daß es bei dieser Freiheit des Ausdrucks zu Unklarheiten kommen kann, zeigt die mißverständliche Verwendung des Begriffs "Uroffenbarung" in ähnlicher Weise wie das Reden von "Geschichte".

29  Weisheit in Israel, S.395.

30  A.a.O., S.399. Bei all diesen Aussagen ist zu beachten, daß sich v.Rad vornehmlich auf die jüngere Weisheit konzentriert (Hi 28; Spr 8; Sir 24). Zum Verhältnis ältere - jüngere Weisheit vgl. S.402f. Zu erwähnen ist weiterhin, daß nach v.Rad "Weisheit" - und damit auch die der Schöpfung innewohnende Urordnung - sowohl geschöpflich zu verstehen ist als auch "ein Teil des Waltens Jahwes zu sein scheint" (so zusammenfassend S.205).

31  A.a.O., S.399.

32  Ebd.

33  A.a.O., S.395f.

34  A.a.O., S.396. Könnten solche Beobachtungen nicht auch
    mit dem Bilderverbot in Zusammenhang gebracht werden,
    auch wenn die diesbezüglichen Ausführungen (S.229-239)
    nicht eindeutig in diese Richtung weisen? Die Freiheit
    Gottes wäre so gesehen dann ein Implikat des Bilderver-
    botes.

35  Als in diese Richtung weisend verstehe ich die Vorsicht
    v.Rads, von einem "Vergeltungsglauben" zu reden (a.a.O.,
    S.172).

36  A.a.O., S.404; ebenso das folgende Zitat.

37  Vgl. hierzu unsere Analyse des Schöpfungsbegriffs in
    Abschn.III.3.

38  Bezeichnend ist hier die Zitation von Bar 3,22f, mit der
    v.Rad sein Weisheitsbuch beschließt!

39  Vgl. vor allem a.a.O., S.227: Nur Israel stelle sich
    vor, daß von der Schöpfung ein Zeugnis ausgeht.

40  A.a.O., S.404.

41  A.a.O., S.399.

42  Weisheit und Geschichte im Alten Testament, S.216.

43  A.a.O., S.218; ebenso die folgenden Ausführungen.

44  Weisheit in Israel, S.395.

45  Ausführlicher als in dem soeben angeführten Aufsatz
    stellt Rendtorff dies in seinem Beitrag "Geschichtliches
    und weisheitliches Denken im Alten Testament" dar, in
    welchem er sich ebenfalls mit v.Rad auseinandersetzt.

46  Weisheit und Geschichte im Alten Testament, S.218; eben-
    so die folgenden Ausführungen.

47  Eine Antwort hierauf wird entscheidend dadurch er-
    schwert, daß die Frage nach dem Sitz im Leben der Weis-
    heitstradition weithin offen ist (vgl. W.Zimmerli, Theo-
    logie, S.137).

48  Wenn in Sir 24 die Tora in das weisheitliche Denken
    einbezogen wird, so ist doch aufschlußreich, wie nach
    v.Rad das geschieht: "Nicht die Weisheit gerät in den
    Schatten der Großmacht der Tora, sondern umgekehrt sehen
    wir Sirach damit beschäftigt, die Tora von dem Verste-
    henshorizont der Weisheit her zu legitimieren und zu
    interpretieren." (Weisheit in Israel, S.316). Die Tora
    "ist die in eine neue Gestalt getretene Urordnung aller
    Welt." (ebd.).

49 Glaube und Wirklichkeit im Denken Gerhard von Rads, S.53f. Zustimmend hierzu Ch.Link, Die Welt als Gleichnis, S.283.

50 Selbstverständlich bezieht sich diese kritische Anfrage nur auf die - allerdings schon zentralen - Phänomene der Weisheitstheologie, die von unserer Fragestellung her von Bedeutung sind. Zu einer generell kritischen Einschätzung der Weisheit kommt z.B. H.D.Preuß: "Israel wollte hier der Welt gleich sein, aber dieser Versuch, diese Literatur, dieses Ordnungsdenken scheiterten am lebendigen Gott Israels wie an der Empirie." (Erwägungen zum theologischen Ort atl. Weisheitsliteratur, S.415; vgl. auch seinen Aufsatz "Alttestamentliche Weisheit in christlicher Theologie?"). - Gerade wenn man zur Weisheit nicht kritiklos steht, ist es angebracht, zwischen der Weisheitstheologie als ganzer (damit soll freilich nicht gesagt werden, daß sie eine uniforme Größe wäre!) und weisheitlichen Elementen zu unterscheiden. Letztere lassen sich ja auch außerhalb der eigentlichen Weisheitsliteratur finden, ohne daß damit schon alle Implikate weisheitlicher Theologie mit übernommen wären.

51 Diese Feststellung, die ich im folgenden zu belegen versuche, muß eine Einschränkung insofern erfahren, als sich bei Westermann eine Wandlung seiner theologischen Position beobachten läßt: In seiner 1954 erschienenen Dissertation "Das Loben Gottes in den Psalmen" (5., erweiterte Auflage 1977 unter dem Titel "Lob und Klage in den Psalmen") hat er im wesentlichen v.Rads Position einer soteriologischen Zuordnung der Schöpfungsaussagen unterstützt (vgl. vor allem Lob und Klage in den Psalmen, S.94f, Anm.78 und des weiteren die knappe Zusammenfassung von Liedke, Schöpfung und Erfahrung, S.12f). Hierauf gehe ich im folgenden nicht mehr ein und konzentriere mich statt dessen auf die späteren Darlegungen Westermanns. Von grundlegender Bedeutung ist hier sicher seine intensive Beschäftigung mit der Genesis.

52 Theologie, S.7f; ebenso die folgenden Zitate.

53 Die Differenzierung zwischen systematischem und geschichtlichem Aspekt halte ich insofern für etwas problematisch, als nicht ganz klar wird, in welchem Verhältnis beides zueinander steht. M.E. scheint es so zu sein, daß der systematische Aspekt einen phänomenologischen Raster impliziert und damit mehr darstellt als eine systematisierende Zusammenfassung des auf der historischen Ebene Eruierten. Nur so ist es mir erklärlich, daß Westermann vom geschichtlichen Standort aus dem Verhältnis Gottes zu Israel eine größere Gewichtigkeit zumißt als unter systematischen Gesichtspunkten.

54  v.Rad, Theol.I, S.152. Freilich sah er sich angesichts
der Tatsache, daß von Schöpfung alle Religionen reden,
in seinem Aufsatz "Aspekte alttestamentlichen Weltverständnisses" genötigt, Israels Schöpfungsglauben im
Lichte des Bilderverbotes zu interpretieren (vgl. S.313
und 317). Dadurch soll offenkundig das Proprium des atl.
Schöpfungszeugnisses eine zusätzliche Stütze erfahren.

55  BK I/1, S.90.

56  BK I/1, S.91; ebenso die folgenden Zitate. Vgl. auch:
Das Verhältnis des Jahweglaubens zu den außerisraelitischen Religionen, S.207.

57  BK I/1, S.91. Vgl. weiterhin EdF 7, S.108: "Es muß ...
gesehen werden, daß sowohl J wie P in diesen Texten die
Umgestaltenden und die Bewahrenden sind."

58  BK I/1, S.90.

59  Der Mensch im Urgeschehen, S.231; ebenso die folgenden
Ausführungen.

60  Westermann, ebd.: "Es handelt sich dabei nicht um literarische Abhängigkeit, sondern um das Herkommen aus
Traditionen, deren Wege uns zumeist nicht bekannt sind."

61  Vgl. z.B. Der Mensch im Urgeschehen, ebd.

62  Die Selbstoffenbarung der Schöpfung, S.400. Vgl. auch:
Im Bauch des Fisches, S.94f. Dort führt Liedke Wester-
manns Äußerungen zu Gen 2f (BK I/1, S.263), Gen 6,1-4
(BK I/1, S.515) und Gen 11,1-9 (BK I/1, S.712) an.

63  Im Bauch des Fisches, S.95.

64  Diese Sicht ist der Interpretation v.Rads nicht fern,
soweit diese besagt, der Jahwist biete eine "große
Hamartiologie" dar (Theol.I, S.167). Allerdings ist mir
fraglich, ob man von einem "lawinenartigen Anwachsen"
der Sünde in Gen 3-11 reden kann (so v.Rad, ebd.).
Demgemäß müßte der Turmbau zu Babel tatsächlich der
Gipfel menschlicher Sündhaftigkeit sein. Die Folgen
dieses menschlichen Fehlverhaltens sind jedoch weit
erträglicher als die Strafe Gottes durch die Flut. Zudem
scheint mir die menschliche Hybris in Gen 3 viel
grundsätzlicher beleuchtet zu sein als etwa in Gen 11.
Wenn man gewichten will, dann dürfte Gen 3 eine heraus-
gehobene Stellung zukommen. Ich schließe mich hier der
Deutung von E.Kutsch an: "Daß alle Menschen sich versün-
digt haben, 'Sünder' waren, erklärt der Jahwist damit,
daß die Ureltern, von denen alle Menschen abstammen,
sich bereits als ungehorsam gegenüber Jahwe erwiesen
haben: Was allen gemeinsam ist, wird auf den gemeinsamen

Ursprung zurückgeführt." (Die Paradieserzählung Gen 2-3 und ihr Verfasser, S.23f; vgl. hierzu auch unsere Ausführungen in Abschn.III, Anm.75).

65 Im Bauch des Fisches, S.96.

66 Deshalb stellt er seine nachfolgenden Überlegungen (a.a.O., S.96-101) unter die Überschrift "Grundgeschehen und Naturwissenschaft". Ähnlich wie bei den Naturgesetzen gehe es im Grundgeschehen um die "Bedingungen aller Erfahrung" (S.97). - Vergleicht man die Weiterführung des Westermannschen Ansatzes durch Liedke damit, wie Rendtorff (s. Abschn.II.1) das v.Radsche Verständnis der Weisheit aufnimmt und zugleich die Akzente neu setzt, dann wird bei beiden deutlich, wie ein zeitgeschichtliches Interesse - nämlich der Dialog zwischen Theologie und Naturwissenschaft - exegetische Konsequenzen zeitigt.

67 Westermann, BK I/1, S.91. - Zu erinnern ist hier vor allem auch an die Genealogien, die nach Westermann aus der Sippentradition herkommen (BK I/1,S.9); eine ihrer wesentlichen Funktionen im jetzigen Aufbau der Urgeschichte ist aber wohl die, eine "geschichtliche" Linie von Adam bis Abraham auszuziehen (so vor allem Gen 5 und Gen 11,10-26).

68 Es ist anzuerkennen, daß Liedke in seinen Überlegungen auch noch andere Gesichtspunkte einbringt, nämlich dort, wo er auf K.Barth, KD IV/3, §69 zu sprechen kommt (Im Bauch des Fisches, S.103-106), wo dieser (a.a.O., S.162-170) tatsächlich eine Art Ontologie der Geschöpfwelt geliefert hat. Er nennt sechs Phänomene, die der Geschöpfwelt zueigen wären, z.B. dies, "daß der Kosmos sich ... beharrlich unter dem Aspekt einer bestimmten inneren Gegensätzlichkeit darstellt." (S.164). Nun sieht auch Liedke, daß Barth diese Feststellungen nicht als solche, sondern von einem bestimmten Denkhorizont aus trifft: "Die Versöhnung streicht alle diese Eigenschaften der Schöpfung nicht aus. Allerdings relativiert die Verbindlichkeit der Versöhnung die Verbindlichkeiten in der Kreatur ..." (Im Bauch des Fisches, S.105; vgl. Barth, a.a.O., S.175f). Obwohl Liedke das sieht, findet es in seinem Schlußkommentar zu Barth wenig Beachtung: "Es bleibt die bemerkenswerte Beobachtung, daß selbst Karl Barth, der am konsequentesten christologisch orientierte Theologe unserer Zeit, die Eigenständigkeit der Schöpfung und das Eingebettetsein des Menschen in sie betonen kann." (Im Bauch des Fisches, S.106). Hier ist zuwenig berücksichtigt, daß es Barth - soweit ich sehe - in §69 seiner KD ganz wesentlich darum geht, vom christologischen Ansatz her die Welt in ihrer Fülle in den Blick und ernst zu nehmen. Gerade von daher aber erscheint die Eigenständigkeit der Schöpfung wirklich

nur als eine relative. - Wenn Liedke Gen 1-11 stärker im Lichte der nachfolgenden "Heilsgeschichte" sehen würde, könnte auch er stärker die Relativität dessen herausarbeiten, was er als "Grundgeschehen" bezeichnet.

69  BK I/1, S.59; Hervorhebung von mir. - Unsere bisherigen Überlegungen zu Westermann konzentrierten sich auf seine Deutung der Urgeschichte insgesamt, also nicht nur auf "Schöpfung" im engeren Sinn. Seine Auffassung von Gen 1-11 als Ganzheit hätte eine Herauslösung der Schöpfungsthematik als Teil der Urgeschichte nicht zugelassen. Die nun folgenden Erwägungen können sich wieder stärker auf die Schöpfungsthematik im engeren Sinn konzentrieren und dabei Westermanns generelle Einschätzung des Redens von Schöpfung im AT ins Auge fassen, die zwar infolge seines Forschungsschwerpunktes sehr stark von seiner Sicht der Anfangskapitel der Genesis geprägt ist, sich aber nicht allein darauf bezieht.

70  BK I/1, S.59; ebenso die folgenden Zitate. Vgl. auch Theologie, S.61. - Ganz im Gegensatz dazu versteht v.Rad den Schöpfungsgedanken bewußt als Glaubensaussage (Theol.II, S.361).

71  BK I/1, S.240f.

72  Vgl. M.Eliade, Mythen und Mythologien, S.13.

73  Wir werden sehen, wie es bei Deuterojesaja in der Art der Verwendung von Schöpfungsterminologie zu einer deutlichen Gegenüberstellung Jahwes und der Fremdgötter (bzw. deren Bilder)kommt (s. Abschn.III.1) und er auch sonst die Rede von Schöpfung in die Alternative Jahwe - Götter einbezieht (vgl. 40,12-17; hierzu Abschn.III.4.a) oder pointiert von Jahwes Schöpfertum redet (vgl. 45,18; hierzu Abschn.III.4.h), wenn auch die Rede von Schöpfung als solche bei Deuterojesaja weniger den Wahrheitserweis Jahwes zu liefern hat, dieser vielmehr anderweitig erbracht wird (vgl. zusammenfassend Abschn.III.6). - Über das Problem des Schöpfungsglaubens hinaus wäre m.E. ganz grundsätzlich auch das zu bedenken, daß dort, wo es zu einer Berührung des Jahweglaubens mit anderen Glaubensformen gekommen ist, entweder ein Integrationsvorgang (vor allem hinsichtlich der sog. Vätergötter oder des El-Kultes) oder ein Abgrenzungsvorgang stattgefunden hat (vor allem gegenüber dem Baalskult). Ein Miteinander in der Form eines - wie auch immer gearteten - Nebeneinanders konnte es da auf die Dauer(!) nicht geben, auch wenn man hinsichtlich der vorexilischen Zeit noch nicht unbedingt von einem durchreflektierten, "theoretischen" Monotheismus ausgehen kann. Im Hinblick auf die vorexilische Zeit gehen freilich bei der Frage der Deutung des Befundes die Ansichten weit auseinander (vgl. B.Lang, Die Jahwe-allein-Bewegung und F.Stolz, Monotheismus).

Wir können hier auf die insgesamt diffizilen Probleme
nicht näher eingehen, meinen jedoch, in der Alternative
Integrationsvorgang - Abgrenzungsvorgang ein wesentliches Merkmal des Jahweglaubens im Unterschied zu den
Pantheons der Umwelt sehen zu sollen. Bringt man verschiedene Götter in ein Kräfteverhältnis zueinander,
dann stellt sich eine solche Alternative wohl schwerlich
oder zumindest nicht in dieser Schärfe.

74 Ich sage: nicht unbedingt. Wieweit dogmatische Denkfor-
men den Intentionen biblischer Texte entsprechen, läßt
sich nicht grundsätzlich, sondern nur in concreto klären: "Die Texte dürfen dann ja entscheiden, ob sie sich
solcher Fragestellung erschließen wollen, oder ob sie
stumm bleiben, wenn wir danach fragen." (F.Mildenberger,
Gotteslehre, S.99). Wie solches Fragen methodisch zu
geschehen hat, ist freilich noch ein Problem für sich.

75 BK I/1, S.59.

76 Theologie, S.88. - Es überrascht etwas, daß hier ganz
unbefangen der Begriff "Heilsgeschichte" Verwendung
findet, dem Westermann sonst recht reserviert gegenübersteht (vgl. S.97f).

77 In gewisser Weise umfaßt Westermanns Rede vom segnenden
Handeln Gottes das, was die altprotestantische Dogmatik
innerhalb der Vorsehungslehre als "conservatio"
umschreibt (zu dem Begriff vgl. O.Weber, Grundlagen der
Dogmatik I, S.568f und F.Mildenberger, Grundwissen der
Dogmatik, S.114).

78 Theologie, S.90-93; ausführlicher in: Der Segen in der
Bibel, S.48-61.

79 Theologie, S.89: "... in den beschreibenden Lobpsalmen
wird Gottes rettendes und segnendes Handeln im Gotteslob
zusammengefaßt ...".

80 Theologie, S.99.

81 Der Segen in der Bibel, S.13.

82 Theologie, S.32.

83 Vgl. hierzu Theologie, S.96.

84 Theologie, S.25.

85 Bei Albertz, Weltschöpfung, S.173-175 scheint mir diese
Gefahr bereits gegeben zu sein, falls er auf diesen
anfechtbaren Äußerungen beharren sollte.

86 Schöpfung, Gerechtigkeit und Heil, S.1.

87 A.a.O., S.3; ebenso die folgenden Ausführungen. Zum Verhältnis Schöpfung - Chaoskampf vgl. Abschn.III.4.j.

88 A.a.O., S.4; ebenso das folgende Zitat.

89 Im Unterschied zu Schmid wollen wir den Schöpfungsbegriff erheblich stärker eingrenzen (vgl. Abschn.III.3).

90 A.a.O., S.5.

91 A.a.O., S.6; ebenso das folgende Zitat.

92 "Sobald die gestörte Ordnung durch die Strafe (hier: des Exils) wiederhergestellt ist, kommt die Welt wieder zu ihrer Ordnung, wird sie wieder heil." (S.6f).

93 Bei ihr stehe durch ihre Konzentration auf das erste Gebot "zwar unzweifelhaft ein Spezifikum israelitischen Glaubens im Zentrum der Argumentation, es ist jedoch konsequent im Horizont des schöpfungsmäßigen Tat-Ergehen-Zusammenhangs zur Konkretion und Verbindlichkeit gebracht." (S.7).

94 Es gehe "hier nicht um partielle Gerechtigkeiten, sondern um Aspekte der einen, heilen Ordnung der Welt." (S.7).

95 Auch diese gingen "vom weisheitlich-rechtlich-schöpfungsmäßigen Tat-Ergehen-Zusammenhang" aus. (S.7).

96 A.a.O., S.7f. Man beachte, daß Schmid vom Schöpfungsglauben "im weiteren Sinne" spricht. Nur so kann der Schöpfungstheologie die Rolle zukommen, die Schmid ihr zuschreibt!

97 Im Gegensatz zu Westermann behält Schmid den Begriff "Schöpfungsglaube" bei, ohne damit jedoch ein Proprium Israels zu meinen. Ganz im Gegenteil redet Schmid von einem "Schöpfungsglaube(n) ... im Alten Orient" (S.3).

98 A.a.O., S.10.

99 A.a.O., S.10. Man würde sich hier noch eine genauere Erläuterung des Gemeinten wünschen.

100 A.a.O., S.11. Die Magie hier zu bemühen, scheint mir doch etwas weit herbeigeholt.

101 A.a.O., S.15.

102 A.a.O., S.16.

103 A.a.O., S.11f.

104  A.a.O., S.8, Anm.21.

105  Altorientalische Welt in der alttestamentlichen Theo-
     gie, S. 147.

106  Das alttestamentliche Verständnis von Geschichte, S.12.
     S. 12f geht Schmid auch kurz auf Mesopotamien ein.

107  A.a.O., S.13.

108  A.a.O., S.16.

109  A.a.O., S.19.

110  A.a.O., S.20. Von solchen Beobachtungen ausgehend zieht
     Schmid auch Konsequenzen für die Aufgabe der Theologie
     heute: Sie habe in besonderem Maße "die Bedeutung des-
     sen zu bedenken, daß im Laufe der biblischen Glau-
     bensgeschichte die Gerechtigkeit immer konsequenter
     eschatologisch gefaßt ... wurde ... Sie könnte Mut
     machen zum Fragment - in allem Bewußtsein des Schuldig-
     bleibens." (Schöpfung, Gerechtigkeit und Heil, S.18).

111  Der sogenannte Jahwist, S.174f. Schon diese zeitliche
     Einordnung des atl. Geschichtsdenkens macht es unum-
     gänglich, die Prophetie vom geschichtstheologischen
     Denken abzuheben: "Die prophetische Verkündigung ist
     nicht die Konsequenz alttestamentlicher Geschichtstheo-
     logie, sondern deren Vorläufer und Voraussetzung."
     (S.175. Vgl. hierzu nochmals den Aufsatz "Schöpfung,
     Gerechtigkeit und Heil", S.6, wo die vorexilische Pro-
     phetie vom Denkschema des Tat-Ergehen-Zusammenhangs und
     somit vom Schöpfungsordnungsdenken her interpretiert
     wird).

112  Theologie, S.8.

113  Theol.I, S.124.

114  Der sogenannte Jahwist, S.182f.

115  Es ist mir zweifelhaft, ob man in dieser unbefangenen
     Weise den Offenbarungsbegriff hier einführen kann.

116  Zur Begründung dieser Feststellung verweise ich noch-
     mals auf "Schöpfung, Gerechtigkeit und Heil", S.11 und
     18, wo die eschatologische Perspektive in besonderer
     Weise betont wird.

117  A.a.O., S.127.

118  A.a.O., S.128.
119  A.a.O., S.129.

120 Diesen Begriff hat Gese selbst geprägt (vgl. S.131).

121 A.a.O., S.134.

122 A.a.O., S.135.

123 A.a.O., S.141; die folgenden Ausführungen S.141f.

124 A.a.O., S.144f.

125 Explizit sagt er das nicht, ich meine es aber indirekt
    aus seinen Äußerungen erschließen zu können (vgl. vor
    allem S.141).

126 Zu nennen wäre insbesondere J.Barr, Alt und Neu in der
    biblischen Überlieferung, Kap. III (besonders pointiert
    S.66f). - Freilich hat zunächst einmal bei bestimmten
    Vertretern der systematischen Theologie unter ausdrück-
    licher Berufung auf das AT das Reden von "Geschichte"
    einen ganz herausgehobenen Platz bekommen. So bemerkt
    dann L.Perlitt vor allem im Hinblick auf J.Moltmann und
    W.Pannenberg: "Gegen eine auf die Geschichte reduzierte
    Auslegung der Welt haben Alttestamentler im letzten
    Jahrzehnt tatsächlich volle Breitseiten abgefeuert -
    ohne erkennbaren Schaden an systematischen Gebäuden
    anzurichten." (Auslegung der Schrift - Auslegung der
    Welt, S.43; Belege zu Pannenberg und Moltmann im glei-
    chen Aufsatz).

127 Diese Grundaussage läßt sich nicht nur diesem Kapitel,
    sondern dem ganzen Buch allenthalben entnehmen.

128 Vgl. z.B. a.a.O., S.25.

129 Vgl. z.B. a.a.O., S.27f.

130 Vgl. z.B. a.a.O., S.37.

131 In letzter Konsequenz will das auch Albrektson nicht.
    In seinen Ausführungen am Schluß (S.122) unterscheidet
    er zwischen Form und Inhalt der Offenbarung. Ob diese
    Unterscheidung - zumindest in der Weise, wie sie
    Albrektson einbringt - überhaupt nicht etwas problema-
    tisch ist, sei einmal dahingestellt. Hinsichtlich
    seines Fragehorizontes wäre das AT von seiner Umwelt
    nicht unterschieden, soweit es die Form anbelangt, wohl
    aber dem Inhalt nach. Wenn aber tatsächlich der Inhalt
    der atl. Gottesoffenbarung "in several respects unique"
    wäre, könnte man erwarten, daß dies nicht erst am
    Schluß in allgemeinen Andeutungen umrissen wird, son-
    dern in die Untersuchung selbst hätte stärker eingehen
    müssen, wo ja immer wieder atl. Vergleichsmaterial
    beigebracht wird (so insbesondere S.22.38-
    41.51.59f.64.66f.68-97.100f.105-108) - dies aber nahezu

durchwegs mit der Intention, atl. Aussagen mit entsprechenden Vorstellungen aus der Umwelt auf eine Stufe zu
stellen (etwas vorsichtiger, aber in der Tendenz nicht
abweichend S.116). Dieses Unterfangen gelingt in der
Tat, wenn man - wie es Albrektson zumeist tut - einzelne Texte nebeneinanderstellt und sie weniger als Teil
eines größeren Ganzen betrachtet. Somit wird auf weiten
Strecken der exegetische Blickwinkel verkürzt und der
hermeneutische fast ganz ausgeblendet.

132  L.Dürr, Die Wertung des göttlichen Wortes im Alten
Testament und im antiken Orient.

133  O.Grether, Name und Wort Gottes im Alten Testament.

134  Albrektson, a.a.O., S.54f und 66f.

135  Ich weiß mich hier einig mit W.Zimmerli, wenn er zu
Albrektson bemerkt: "... es bleibt doch unbestreitbar,
daß Israel durch die Rückbeziehung seines Glaubens auf
jene frühe Befreiungstat, in der es einen einzigen
Herrn und nicht eine Mehrzahl von Mächten am Werke
wußte, eine besonders intensive Beziehung seines Glaubens auf die geschichtlichen Erfahrungen mit auf den
Weg bekam." (Theologie, S.18). Es muß m.E. in der Tat
auffallen, in welch breiter Weise die Themen Exodus,
Wüstenwanderung und Landgabe nicht nur innerhalb des
Pentateuch, sondern auch in der Prophetie (z.B. Ez
20,5-17; Hos 2,16f; 12,10; Am 9,7) und der Psalmenliteratur (z.B. Ps 105,24-45; 106,6-33; 136,10-24) Eingang
gefunden haben und so für Israels Daseinsverständnis zu
ganz verschiedenen Zeiten prägend waren: angefangen von
dem m.E. doch frühen (vgl. Abschn.IV.5.b) Zeugnis des
Jahwisten bis hin zu den nachexilischen Bezeugungen
(vgl. die angeführten Psalmen). Daß es dabei auch zu
recht unterschiedlichen Sichtweisen kam (man vergleiche
nur die Belege aus der prophetischen Literatur!), kann
m.E. nur für die Gewichtigkeit und Lebendigkeit solcher
Traditionen innerhalb des israelitischen Glaubens sprechen. So wird man dann auch dem grundsätzlichen Urteil
G.v.Rads beipflichten können, das er in seinem Weis-
heitsbuch(!) über Albrektsons Ausführungen abgibt: "Daß
man auch in den Israel benachbarten Völkern Eingriffe
der Götter in die Geschichte wahrnahm, hat niemand
bestritten. Aber gab es dort auch jenes hartnäckige
Bedürfnis, zur Erkenntnis großräumiger geschichtlicher
Kontinuitäten vorzustoßen? Niemand kann behaupten, daß
auch diese Völker sich gezwungen sahen, ihre Existenz
und ihr Gottesverhältnis in immer neuen und immer an-
spruchsvolleren Geschichtsentwürfen zu legitimieren.
Diese doch wohl wichtigste Seite des israelitischen
Geschichtsdenkens kommt bei B.Albrektson ... überhaupt
nicht zur Sprache." (Weisheit in Israel, S.368, Anm.3).
Einen grundsätzlichen Deuterahmen versucht R.Smend

abzustecken: "Nicht die formale Struktur seines Geschichtsdenkens ist Israels Proprium. Dies ist vielmehr
das Zeugnis von dem einen Gott Jahwe, das sich die
Denkstrukturen dienstbar macht [sic!], es seien die des
Kultus oder des Rechts oder der Weisheit oder eben der
Geschichte. Unter ihnen nehmen freilich die der Geschichte einen besonderen Platz ein. Denn sie sind vor
den anderen geeignet, das Wesen des alttestamentlichen
Gottes auszusagen, das Tat und Geschehen ist und so
erfahren wird und dem darum vor allem die Form der
Erzählung entsprechen muß." (Elemente alttestamentlichen Geschichtsdenkens, S.36f). Wir stimmen dem zu,
freilich unter dem Vorbehalt, daß uns mit der Weisheit
doch Probleme besonderer Art aufgegeben sind (vgl.
Abschn.II.1) und weiterhin uns der Ausdruck "formale
Struktur" nicht ganz glücklich erscheint - zumal in
diesem Zusammenhang. Wenn G.v.Rad mit seinen oben zitierten Ausführungen im Recht ist, dann müßte das
israelitische Geschichtsdenken sich auch in formaler
und struktureller Hinsicht von dem seiner Umgebung
unterscheiden.

# Abschnitt III

1 Auf eine Anführung der hinlänglich bekannten Argumente sei verzichtet. Sie sind z.B. bei R.Smend, Entstehung, S.151f knapp zusammengefaßt.

2 An vereinzelten anderen Stimmen fehlt es nicht. Vgl. dazu R.Smend, Entstehung, S.152, der selbst eine Wirksamkeit des Propheten in Palästina "nicht ausschließen" möchte. Vor allem unsere Exegesen in Abschn.III.4 werden zeigen, daß die Worte Deuterojesajas doch am besten vom babylonischen Hintergrund her verstehbar sind.

Probleme ganz anderen Gewichts tun sich bei der Frage auf, welche Passagen innerhalb Jes 40-55 man nicht mehr Deuterojesaja zusprechen kann. Wie sehr darüber hinaus in der Deuterojesajaforschung etliches umstritten ist, zeigen eindrücklich die neueren Forschungsüberblicke (vgl. A.Richter, Hauptlinien, und D.Michel, Art. Deuterojesaja). Auf die dort verhandelten Probleme können wir nur eingehen, sofern unsere Fragestellung davon im engeren Sinn tangiert ist. - Ein Problem allerdings bedarf schon jetzt einer kurzen Erörterung: Michel (S.520f) wirft mit anderen (Belege ebd.) die Frage auf, ob man sich unter "Deuterojesaja" tatsächlich eine Einzelperson vorstellen könne. Er selber rechnet eher mit einer Prophetenschule. Das Argument dagegen, daß man es hier mit einer theologisch einheitlichen Konzeption zu tun habe, läßt er nicht gelten, da solches auch bei einer Prophetenschule denkbar wäre. Da wir in Jes 40-55 keine Hinweise mit eindeutig(!) biographischen Zügen finden - wie es hier mit 40,1-11 und mit den Gottesknechtsliedern steht, ist bekanntlich umstritten -, kann die Vermutung Michels nicht zwingend entkräftet werden. Wir selbst reden im folgenden von Deuterojesaja wie von einer Einzelgestalt, tun dies aber so, daß unsere Annahmen auch dann noch stimmig wären, wenn sich tatsächlich hinter dem Kunstnamen eine Mehrzahl von Personen verbergen sollte. Vor allem bei psychologisierenden Betrachtungsweisen wäre somit Vorsicht geboten.

3 Im folgenden geht es um einen summarischen Überblick, der vor allem auch zu einer Klärung des Schöpfungsbegriffs (vgl.Abschn.III.3) beitragen und eine Hilfestellung bei der Auswahl der eingehend zu betrachtenden Texte (Abschn.III.4) geben soll.

4 Da das AT keine unserem Substantiv "Schöpfung" vergleichbare Wortbildung kennt, haben wir im folgenden unser Augenmerk auf Verben zu richten, die ein Schaffen (Jahwes) zum Ausdruck bringen.

5   So nach W.H.Schmidt, Art. ברא , Sp.337. - Eine ausführli-
    che Untersuchung dieses Verbums hat A.Angerstorfer,
    Schöpfergott, vorgenommen (zu Deuterojesaja vgl. S.119-
    171).

6   Natürlich gerät dabei die Erschaffung der grundlegenden
    Daseinsgegebenheiten nicht ganz aus dem Blickfeld: 40,26
    hebt offensichtlich auf die Gestirne ab, in 40,28 sind
    die "Enden der Erde" das Objekt, in 42,5 die Himmel, in
    45,12 der Mensch (hier sicher als Kollektivbegriff ver-
    standen) und in 45,18 wo ברא zweimal vorkommt, zum einen
    die Himmel und zum anderen die Erde.

7   So mit Recht Elliger, S.170.

8   48,7 ist der einzige Beleg bei Deuterojesaja, wo ברא
    nicht im Qal, sondern im Niphal steht. Der Vers gehört
    zu dem Abschnitt 48,1-11, dessen Verfasserschaft um-
    stritten ist; dies vor allem deshalb, weil es sich nicht
    um eine an die Völker bzw. ihre Götter, sondern um eine
    - was für Deuterojesaja ungewöhnlich ist - an Israel
    adressierte Gerichtsrede handelt. Während z.B. Volz und
    McKenzie für die Verfasserschaft Deuterojesajas eintre-
    ten, sprechen sich Duhm, Fohrer u.a. dagegen aus.
    Westermann wiederum hält Teile des Textes für sekundäre
    Zusätze (ähnlich H.-Ch.Schmitt, Prophetie und Schultheo-
    logie, S.51f).

9   Zum weiteren Verständnis von 45,7 vgl. unsere Überlegun-
    gen innerhalb der Exegese von 44,24-28 (Abschn.III.4.f).

10  Gegen die Echtheit spricht sich z.B. Duhm aus, während
    Volz, North, Westermann u.a. den Beleg für deuterojesa-
    janisch halten.

11  In gewisser Weise schwingt hier auch die Menschenschöp-
    fungsvorstellung mit, allerdings auf ganz andere Art als
    sonst bei Deuterojesaja (vgl. hierzu Abschn.III.2).

12  Übersetzung nach Westermann.

13  Elliger (S.88, Anm.4) nennt "Schöpfung" und "Geschichte"
    als die beiden Objektbereiche, auf die sich ברא beziehe.
    Wir versuchen demgegenüber eine etwas genauere Differen-
    zierung.

14  Zum Verständnis des Abschnittes 40,12-17 s. Abschn.III.
    4.a.

15  Ganz auf Jahwes Handeln an Israel bezogen ist עשה in
    46,4. Allerdings ist die Stelle textkritisch umstritten.
    Fohrer, Westermann u.a. nehmen eine Angleichung an das
    nachfolgende Imperf. von נשא vor und lesen Perf. נשא
    ("Ich habe getragen ...."). Auf diese Art und Weise wird

der Textsinn eindeutiger: Jahwe trägt Israel in Vergangenheit und Zukunft. Zu fragen bleibt, ob mit dieser Textänderung nicht doch etwas geglättet wird und man deshalb bei der lectio difficilior bleiben sollte.

16 Sonst steht עשה bei Deuterojesaja durchwegs im Qal.

17 Zum Verständnis von ראשנות vgl. unsere diesbezüglichen Überlegungen innerhalb Abschn.III.4.e und in Anm.266.

18 Die genannten Stellen gehören zu den Texten, in denen die Auseinandersetzung mit den Göttern in der Weise geführt wird, daß nun auf die Götterbilder polemisch Bezug genommen wird: 40,19f; 41,6f; 42,17; 44,9-20; 45,16f; 46,1f.5-7.

Daß bereits Deuterojesaja eine solche Polemik geführt hat, wird von 46,1-4 her deutlich. V.1f ist eng mit V.3f verbunden: Die Götterbilder werden von Tieren getragen (V.1f) - Jahwe hingegen trägt Israel (V.3f). Auch Autoren, die bei den anderen Texten hinsichtlich der Echtheit skeptisch sind (Westermann, Merendino u.a.) sprechen diesen Abschnitt Deuterojesaja nicht ab. Westermann sieht ihn von den übrigen Texten insofern unterschieden, als sich 46,1f im Zusammenhang mit V.3f "unmittelbar auf die Situation (bezieht), in die hinein Deuterojesaja seine Botschaft verkündet." (S.120). Bei der Frage nach der Echtheit der anderen Belege wird man aber (gegen Westermann, S.119) die Entscheidung von Fall zu Fall zu treffen haben. Inhaltliche Übereinstimmungen könnten ja auch davon herrühren, daß ein Text sekundär einem anderen nachgebildet wurde. Wir können also die für uns relevanten Texteinheiten 44,9-20 und 46,5-7 durchaus einmal für sich betrachten.

Daß 44,9-20 den Zusammenhang von V.6-8 und V.21f unterbrechen (so im Anschluß an Duhm Westermann, S.113f), vermag ich so nicht zu sehen (vgl. hierzu auch die Kritik Elligers, S.444). Sowohl V.6-8 als auch V.21f geben für sich einen Sinn. Allerdings versucht auch Elliger in einer ausführlichen Argumentation seinerseits den Nachweis zu erbringen, daß V.9-20 nicht von Deuterojesaja herrühren. Mit Recht weist er darauf hin, daß in V.9-20 Bezugnahmen auf V.6-8 stattfinden (S.415f). Deutet aber die Art der Bezugnahmen tatsächlich auf einen anderen Verfasser hin? Könnte z.B. die Aufnahme der Rede von den "Zeugen" aus V.8 in V.9 nicht als eine Kontrastierung begriffen werden, die aus einem Guß ist? Weiterhin führt Elliger (S.422) an, daß der Verfasser von V.9-20 aus V.6-8 nicht die Mahnung an Israel heraushöre, sondern nur die Ausgangsthese (Jahwe ist der alleinige Gott) aufnehme, sie zu einer Polemik gegen die Götter ausbaue und dabei Israel nicht mehr anrede oder erwähne. Die direkte Anrede fehlt hier gewiß. Kann aber nicht doch das exilierte Israel als der Adressat begriffen werden, indem man das, was V.9-20 ausdrücken wollen, als eine ausführliche Untermauerung von V.6-8 versteht, die - wenn auch nicht unbedingt in allen Teilen; hierzu s.u. - von Deuterojesaja selber stammt? In V.6-8 wird bereits eine Polemik gegen die Götter in der Weise geführt, daß nur Jahwe - und eben kein anderer! - das Künftige kundgetan habe. <u>Weshalb</u> dies niemand anders kann, belegt in einer breiten Schilderung V.9-20. Es wäre gut denkbar, daß man damit jemand von seinem Zweifel an Jahwe befreien will. Dies könnte aber doch gerade die angefochtene Exilsgemeinde sein! H.D.Preuß (Verspottung, S.214; vgl. insgesamt seine Argumentation zu 44,9-20, S.208-215) bemerkt m.E. ganz zu Recht: "In Israel wird es kaum dergleichen Bilderwerkstätten gegeben haben; aber bei konkretem babylonischen Gegenüber ..., das depotenzierend verspottet werden soll, um seinen vielleicht vorhandenen Anreiz zu verlieren, wäre der Anlaß einsichtig, zumal Deuterojesaja auch an anderen Stellen mit Abfallserscheinungen oder zumindest dergleichen Versuchen zu tun hatte (40,27; 41,10; 49,14-16a; 54,7.10)."

Von der Aussageintention her gesehen ließe es sich also durchaus denken, 44,9-20 mit Deuterojesaja selbst in Verbindung zu bringen. Dies muß nun allerdings nicht für den Text in seiner Ganzheit gelten. Selbst Preuß (ebd., S.214) hält es für möglich, daß V.12-17 spätere Erweiterung sind. Das gleiche müßte dann allerdings auch bei V.19f der Fall sein. In beiden Fällen wird im Gegensatz zu V.9-11.18 singularisch geredet und eine Beschreibung im Detail geliefert. Eine letzte Entscheidung bezüglich der Verfasserschaft von V.12-17.19f kann schwerlich getroffen werden; mit größerer Wahrscheinlichkeit werden sie als Zusätze anzusehen sein, was bedeuten würde, daß gerade die Verse, in denen עשה vorkommt, nicht von Deuterojesaja selber stammen. Auch wenn dem so sein sollte, würde der Interpolator mit dem Gedanken, daß die Götter menschliche Machwerke sind, nur auf Deuterojesaja selbst zurückgreifen. In V.10 wird ja ganz Ähnliches ausgesprochen, wenn auch mit Hilfe der Verba יצר und נסך. -

Wie steht es nun mit 46,5-7? V.5 erinnert vom Stil her an 40,18.25 und kann somit durchaus von Deuterojesaja stammen. Schwieriger ist die Entscheidung bei V.6f. Man vermißt zunächst eine direkte Antwort auf die in V.5 aufgeworfene Frage. Statt dessen wird das Tun der Götterbildverehrer beschrieben. So läge zunächst einmal der Schluß nahe, V.6f als eine Interpolation anzusehen und den Abschnitt V.8-11 direkt auf V.5 zu beziehen: V.8.9a würden dann die Antwort einleiten, deren eigentlicher Inhalt in V.9b-11 (u.U. auch noch in V.12f) gegeben wäre. Diese Möglichkeit der Deutung - die im Endergebnis

z.T. der Merendinos (S.472-474) entsprechen würde - ist
nicht ganz undenkbar. Gleichwohl meine ich, man kann
durchaus begründet an der Einheitlichkeit von V.5-11
festhalten: Deuterojesaja unternimmt kein einfaches
Frage- und Antwortspiel, sondern holt nach der von ihm
aufgeworfenen Frage zu einem etwas breiteren Argumentationsgang aus. In V.6.7a wird beschrieben, was die Götterbildverehrer tun. Der Aufwand ist ein beträchtlicher,
der "Erfolg" jedoch nicht, wie V.7b zum Ausdruck bringt.
Die Diskrepanz zwischen Aufwand und "Erfolg" kommt auch
in der Ausführlichkeit der Darstellung von ersterem
(V.6-7a) und in der Knappheit der Negation von letzterem
(V.7b) zum Ausdruck, wobei aber schon die Darstellung
des Aufwandes seine Vergeblichkeit durchschimmern läßt:
Ein Gott, den man machen und an einem Ort aufstellen muß
- kann der helfen?

Dem stehen nun die Aussagen in V.8-11 gegenüber, die
eine vergleichbare Abfolge aufweisen -jedoch mit einer
völlig anderen Akzentsetzung. Wieder geht es zunächst um
eine menschliche Haltung: Die Exilierten, bzw. ein Teil
derselben, sind die Adressaten. Ihr Verhältnis zu Jahwe
ist nicht in Ordnung; die Wortwahl in V.8 zeigt dies
deutlich. Vermutlich hat auf sie die babylonische Religiosität ihren Eindruck nicht verfehlt. Man konnte sich
von ihr als Angehöriger eines geschlagenen Volkes mit
einem - scheinbar! - geschlagenen Gott durchaus beeindrucken lassen. Sicher hat Deuterojesaja nicht ohne
Grund dagegen polemisiert.Nun werden diese Exilierten zu
einem Verhalten aufgefordert, das dem der Götterbildverehrer völlig konträr ist. Sie müssen sich nicht ihren
Gott erst machen. Es ist überhaupt kein religiöses
Schaffen gefordert, sondern es geht um ein schlichtes
Bedenken des Zusammenhanges von Jahwes Reden und Tun,
worin sich auch dessen Einzigkeit erweist. So mündet die
Aufforderung, des Tuns Jahwes zu gedenken (V.8.9a), sehr
schnell in eine geraffte, aber sehr betonte Beschreibung
des Seins und Handelns Jahwes. Damit wird zugleich der
Zusammenhang und der Kontrast zwischen V.6f und V.8-11
deutlich: Das eine Mal steht die menschliche Aktivität
im Vordergrund, während die Götter untätig sind. Das
andere Mal geht es beim Menschen um ein passives Vernehmen dessen, was Jahwe als der einzige Gott redet und
wirkt. Die in V.5 aufgeworfenen Fragen sind somit einer
Beantwortung zugeführt.

Es ist nicht mit Sicherheit auszuschließen, daß ein so
folgerichtiger und beeindruckender Aussageduktus das
Ergebnis eines redaktionellen Prozesses ist. Ich vermag
aber keine ernsthaften Gründe gegen den Versuch zu finden, ein solches Gedankengefälle von Deuterojesaja
selbst herzuleiten (mit McKenzie; Preuß, Verspottung,
S.220 u.a.; gegen Volz, Westermann u.a.).

19 Zur Frage der Echtheit von 48,1-11 vgl. Anm.8.

20 ברא kommt im AT insgesamt 48mal vor, davon allein 16mal bei Deuterojesaja.

21 Vgl. W.H.Schmidt, Art. יצר passim.

22 Gut paßt dann auch יצר in Gen 2,7.8.19, wo das handwerkliche Tun Jahwes sehr plastisch geschildert wird.

23 Zur Frage der Verfasserschaft des Abschnitts 44,9-20 vgl. Anm.18. Wenigstens zwei der Belege (V.9 und V.10) könnten demnach mit einer gewissen Wahrscheinlichkeit von Deuterojesaja selbst stammen.

24 Wenn Merendino (S.383) meint, in V.9a.10a.12a werde יצר "nicht theologisch verwendet", so ist das zumindest mißverständlich ausgedrückt. Ist es nicht eine dezidiert theologische Redeweise, wenn in V.9a.10a - bei V.12a ist der Sachverhalt etwas anders - die Fremdgottheit bzw. ihre bildhafte Darstellung zum Objekt von יצר wird, während anderweitig Jahwe als Subjekt von יצר erscheint (vgl. die oben festgestellten Objektbereiche von Jahwes Handeln)? - Darüber hinaus muß Merendino widersprochen werden, wenn er (S.389) die Einheit 44,9-20 "als eine weisheitliche Überlegung nach Art eines Spottliedes über die Herstellung von Götzenbildern" ansieht. Ganz anders mit Recht Preuß (Deuterojesaja, S.63): Die Weisheitsliteratur enthalte im ganzen AT "nirgends(!) Götzenpolemik oder Götzenspott". (Den nicht mehr kanonischen Text Sap Sal 13-15 sieht Preuß von Jes 44 und Jer 10 abhängig.)

25 Übersetzung nach Duhm.

26 Eine derartige Anspielung vermuten Kissane und North.

27 So Westermann, Elliger und Whybray.

28 Zur Auseinandersetzung mit den einschlägigen Ergebnissen von R.Albertz s. Abschn.III.2.

29 Diesen Beleg haben wir bereits in unseren obigen Erwägungen zu ברא (54,16) mitbedacht.

30 Herkömmlicherweise redet man von "Weissagungsbeweis". Nach einer Anregung von E.Kutsch halte ich aber "Ansagebeweis" für den besseren Ausdruck, weil damit m.E. die Intention Deuterojesajas, den Zusammenhang von Wort und Geschehen aufzuweisen, besser umschrieben ist.

31 Relevant sind hier nur die Qal-Belege. Die Hiphil-Belege (44,20; 54,2; 55,3) verweisen auf ganz andere Zusammenhänge.

32 Zu erwägen wäre auch, ob man in 51,16, wo abermals die Himmel Objekt sind, nicht auch נטה (statt נטע ) lesen sollte.

33 Vgl. Anm.18.

34 Vom Ausspannen eines Zeltes ist z.B. in Gen 12,8; 26,25; Ex 33,7; 2.Sam 6,17 die Rede.

35 Vgl. außerhalb Deuterojesajas etwa Jer 10,12; 51,15; Sach 12,1; Ps 104,2; Hi 9,8.

36 Darüber hinaus begegnet einmal Niphal in 44,28b, wo es um die Gründung des Tempels geht. Zum Verständnis der literarkritisch umstrittenen Stelle s. Abschn.III.4.f.

37 Ein genauerer Vergleich der Belege hält davon ab, von vornherein ein weltbildhaft festes Vorstellungsgepräge anzunehmen (mit W.H.Schmidt, Art.יסד , Sp.737); dies auch deshalb, weil bei יסד in Am 9,6 als Objekt das "Himmels- gewölbe" - die Übersetzung ist nicht ganz sicher - er- scheint.

38 Zur Wortbedeutung s. Elliger, S.75.

39 Bemerkenswert erscheint, daß die Substantivbildung רקיע das (festgehämmerte) Himmelsgewölbe bezeichnet und somit auf etwas anderes hinweist als das Objekt von רקע (vgl. Gen 1,6.7(ter).8.14.15.17.20; Ez 1,22.23.25.26; 10,1; Ps 19,2; 150,1; Dan 12,3).

40 Es sei hier am Schluß unserer Untersuchung noch auf weitere Autoren verwiesen, die sich ebenfalls mit der Schöpfungsterminologie bei Deuterojesaja etwas näher befaßt haben: Angerstorfer, Schöpfergott, S.138-171 (vornehmlich auf ברא konzentriert); Albertz, Weltschöp- fung, S.44-51; Eitz, Studien, S.53-55; Stuhlmueller, Creative Redemption, S.209-229.

41 Einen deutlichen Hinweis dafür, daß Deuterojesaja keinen zu großen Wert darauf legt, die verschiedenen "Schöp- fungsverben" in ihrem Bedeutungsgehalt voneinander zu scheiden, haben wir in 45,7, wo יצר, ברא und עשה zusam- men gebraucht werden, ohne daß erhebliche Bedeutungsun- terschiede zu erkennen wären.

42 Über die "Stimmung" der Exulanten erfahren wir bei Deuterojesaja in direkter Weise nichts Genaues. Daß aber der Jahweglaube sich in einer Krise größeren Ausmaßes befunden haben muß, kann man - noch deutlicher als bei 40,27 - aus 44,1-5 ersehen, wenn man der Deutung folgt, die E.Kutsch hierzu vorgelegt hat (vgl. den ganzen Auf- satz "Ich will meinen Geist ausgießen auf deine Kin- der"). Zumindest die jüngere Generation wäre demnach von

der Gefahr des Abfalls bedroht gewesen. "Der Geist Jahwes aber bewirkt, daß sich eben diese Generation, der 'Same', an Jahwe halten, sich - zu neuem Tun befähigt - wieder an Jahwe halten und damit auch wieder zu Israel rechnen wird." (S.129).

43  Daß Deuterojesaja keineswegs nur Schöpfungsterminologie gebraucht, um Jahwes besonderes Handeln zu umschreiben, wird uns in dem nun folgenden Abschn.III.2 noch Anlaß zu weiterer Reflexion geben.

44  S.139. - Als Beispiele führt v.Rad hierfür 40,27ff und 42,5 an. Bei anderen Texten, die aber nur noch zum Teil etwas mit "Weltschöpfung" zu tun haben, betont er etwas stärker den Zusammenklang und die Einheit von Schöpfung und Erlösung (S.140f).

45  Studien, S.120. - Hinzuzufügen ist, daß Begrich zwischen zwei Perioden der Verkündigung Deuterojesajas unterscheidet: einer "eschatologische(n) Periode" (Kap.IV) und seiner "Botschaft in der Zeit des aufkommenden Perserreiches" (Kap.V). Erst in der zweiten Periode - nachdem die eschatologische Erwartung unerfüllt geblieben sei - bekommt nach Begrich der Schöpfungsglaube die soeben beschriebene Funktion. Unser eigenes Ergebnis (s. Abschn.III.6) wird sich von dem Begrichs deutlich unterscheiden.

46  Anlaß und Hintergrund, S.28-32. - Wenn ich hier v.Waldow von Begrich her verstehe, dann gilt das nur für unsere Fragestellung und nicht für andere Problembereiche, denen beide Forscher in ihren genannten Untersuchungen auch nachgegangen sind.

47  A.a.O., S.151.

48  A.a.O., S.151f.

49  Der Text ist in AOT, S.108-129 und in ANET, S.60-72 wiedergegeben. Zur Rezitation beim Neujahrsfest vgl. AOT, S.299, Z.279-284.

50  In meinen Überlegungen zu v.Waldow weiß ich mich insoweit mit H.J.Hermisson einig, als auch er für die Exilszeit die Selbstverständlichkeit des Glaubens an Jahwe als Weltschöpfer in Zweifel zieht (Diskussionsworte, insbes. S.677). Dahinter steht die grundsätzliche Annahme - die ich teile -, daß die Disputationsbasis nicht einfach als selbstverständliche Wahrheit angesehen werden kann (vgl. S.671 und S. 676f).

51  Schöpfungsglaube, S.8f.

52  A.a.O., S.9-13. Hierbei werden in erster Linie Texte

herangezogen, die die Erschaffung Israels zum Gegenstand haben. - Die Einheit von Schöpfung und Erlösung hat - neben der dienenden Funktion des Schöpfungsglaubens - allerdings auch schon v.Rad nicht außer Betracht gelassen (s. Anm.44).

53 Vgl. insbes. Creative Redemption, S.56: "The creation is happening now in the moment of redemption." In deutlichem Kontrast steht seine Sicht etwa zu der v.Waldows: "It is our conclusion, then, that the idea of cosmic first creation developed out of Dt-Is' appreciation of Yahweh's cosmic-creative redemption of Israel." (S.208).

54 Vgl. Deuterojesaja, S.58f und außerdem S.40.43.55.82f. Weiterhin sieht Preuß eine Verbindung von Schöpfung und Eschatologie (S.59.85), was wohl damit zusammenhängen mag, daß nach seiner Auffassung Deuterojesaja mit dem "Neuen" das Endheil ansage (vgl. S.27.31.47.107).

55 Harner meint zunächst, gegenüber der Betonung der dienenden Funktion des Schöpfungsglaubens stärker seine Selbständigkeit ins Feld führen zu müssen (Creation Faith in Deutero-Isaiah, S.299). Wenn dieser nun aber in seiner Sicht "as a fulcrum in balancing the Exodus tradition with the expectation of imminent restoration" dient (S.305), dann ist allerdings - wie Harner selbst zugibt (ebd.) - wiederum die dienende Funktion des Schöpfungsglaubens postuliert. Andererseits hebt er wieder die ganzheitliche Art des israelitischen Denkens hervor und zieht daraus Konsequenzen für die Verhältnisbestimmung von Schöpfung und Heil (ebd.).

56 Zum Befund außerhalb des ATs vgl. Weltschöpfung S.88f, zu den Psalmen S.117 und zum Gesamtergebnis S.173. Freilich wird diese grundsätzliche Zuordnung im einzelnen modifiziert, vor allem, was die nachexilische Zeit anbelangt (hierzu vor allem S.167-170). - Uns interessiert natürlich in erster Linie, was Albertz über Deuterojesaja schreibt. Gleichwohl ist ein kurzes weiteres Ausholen unerläßlich.

57 Zum religionsgeschichtlichen Befund vgl. S.89, zu den Psalmen S.127 und zum Gesamtergebnis S.173. Vor allem die Menschenschöpfungstradition ist nach Albertz in nachexilischer Zeit erheblichen Wandlungen ausgesetzt (hierzu S.165-167.170-172).

58 A.a.O., S.88f.

59 In der abschließenden Zusammenfassung ist nicht von ungefähr von der "Erschaffung der Menschen insgesamt" nicht mehr die Rede (s. S.173).

Viel pointierter unterscheidet C.Petersen zwischen
"urzeitlicher Menschenschöpfung" und "Menschenschöpfung
in geschichtlicher Zeit" (Mythos, S.41-45; Zitat S.41).
In ähnliche Richtung geht H.Vorländer: "Die Erschaffung
des Individuums gehört in die Vorstellung vom 'persönlichen Gott' und hat zunächst mit der Erschaffung der
Menschheit und der Welt nichts zu tun." (Entstehungszeit, S.29; vgl. weiterhin Mein Gott, S.15f.124f.274f).
- Mir ist kein Beleg bekannt, wo die Vorstellung von der
"Erschaffung der Menschen insgesamt" unmittelbar zusammen mit derjenigen von der Erschaffung eines einzelnen
Menschen auftritt (so auch Petersen, Mythos, S.43);
vorausgesetzt, man subsumiert die Rede von der Erschaffung Israels nicht so ohne weiteres der Menschenschöpfungsvorstellung (das wird uns in der weiteren Auseinandersetzung mit Albertz noch beschäftigen). Ebenso stehen
m.W. die Vorstellung von der Weltschöpfung und diejenige
von der Erschaffung eines einzelnen Menschen nie auf
einer Ebene, während Weltschöpfung und Erschaffung der
Menschheit oftmals in engem Zusammenhang gesehen werden,
so in Gen 1,26f; 2,7; Jes 42,5; 45,12; Jer 27,5; Sach
12,1; Ps 8,4-9. (Mit Ausnahme des letzten Belegs werden
die Stellen auch bei Petersen, Mythos, S.41f angeführt.
Ob man mit Petersen, S.42f auch noch Ex 20,11; Ps 89,12;
146,6; Neh 9,6 hinzunehmen soll, erscheint mir fraglich.
In der summarischen Redeform dieser Belege ist der
Mensch sicher inbegriffen, wird aber nicht direkt genannt. - Gen 2,7 paßt zu der Aufzählung nur dann, wenn
man die Stelle von V.4b her versteht.)

60  Vgl. etwa a.a.O., S.90-99, zusammenfassend S.94. Albertz
    bewegt sich hier ganz auf den Bahnen von Westermann (s.
    Lob und Klage in den Psalmen, S.91-102, insbes. S.98 und
    100). Nicht uninteressant scheint mir, daß sich R.Paret
    in seiner Koraninterpretation einer ganz ähnlichen Aus-
    drucksweise bedient: "Zwei Grundtatsachen sind es, die
    den Menschen durch den Hinweis auf das Wirken des Schöp-
    fergottes ins Gedächtnis zurückgerufen werden sollen:
    zum einen die Allmacht Gottes, zum anderen seine Güte."
    (Mohammed und der Koran, S.85f). - Bei alledem ist es
    nicht unwichtig, wie man solche Pole einander zuordnet.
    Im Zusammenhang seiner Überlegungen zur göttlichen Er-
    haltung schreibt K.Barth: "Gerade die Majestät Gottes
    ist also in dieser seiner Güte wirksam. ... Aber da ist
    keine finstere, keine willkürliche Allmacht, das ist
    keine andere Majestät als die seiner Güte." (KD III/3,
    S.81). Alles kommt also darauf an zu überlegen, was das
    Ziel des majestätischen Handelns Gottes ist.

61  A.a.O., S.106f.

62  A.a.O., S.20. Die einzelnen Belege (S.14-20) werden
    allerdings in einer differenzierten Weise beurteilt, was
    das Gesamtergebnis aber nicht in Frage stellt.

63  A.a.O., S.161. Die folgenden Zitate stammen alle aus S.161-163.

64  Solche Einwände vermag ich allerdings in den herangezogenen Belegen 44,24-45,7 und 48,12-17 (S.249, Anm.69) nicht zu entdecken. Der Akzent liegt dort m.E. nicht darauf, daß Jahwe den Kyros ruft, sondern darauf, daß Jahwe den Kyros ruft (vgl. nur 45,5f und 48,15). Wie könnten auch solche Einwände - falls es sie gegeben haben sollte - mit dem Hinweis auf die Weltschöpfung durch Jahwe entkräftet werden? Nicht Jahwes Können als solches stünde ja dann zur Debatte, sondern vielmehr dies, ob man von seinem Können, Wollen und Tun angemessen rede, wenn man es mit dem Auftreten des Kyros in Verbindung bringt. Allenfalls könnte man hinter der Rede von Weltschöpfung innerhalb 45,11-13 derartige Einwände vermuten (so Volz). Daß aber die Argumentation dort dann nicht mehr stimmig wäre, betont mit Recht Westermann.

65  Man beachte, wie sehr Albertz hier nun doch die dienende Funktion auch der Weltschöpfungsaussagen hervorkehrt!

66  Die Ausführungen von O.H.Steck in seinem Aufsatz "Deuterojesaja als theologischer Denker", die darauf hinauslaufen, daß der Prophet explizit theologische Gedankengänge darbiete und so über die ihm aufgetragene Botschaft reflektiere (vgl. z.B. S.281f), halte ich - zumindest in ihrem Grundanliegen - für überzeugend.

67  A.a.O., S.55-90. Einen ganz und gar eindeutigen Befund ergibt allerdings auch das religionsgeschichtliche Material nicht. Vor allem die Menschenschöpfungsaussagen in der ägyptischen Königsideologie bereiten Schwierigkeiten (vgl. S.89).

68  Hierzu a.a.O., S.27. Albertz ist um den Nachweis bemüht, daß die Einleitung zum Heilsorakel und das Orakel selbst in formaler wie inhaltlicher Hinsicht eng zusammengehören (vgl. S.28-30).

69  A.a.O., S.31. - Unter Vorbehalt könnte man m.E. noch zwei weitere Belege nennen: 43,7 (falls, was ich für wahrscheinlich halte - vgl. auch Elliger -, mit den Objekten in V.6b.7 auf das Volk Israel angespielt wird) und 43,15 (falls man mit Elliger und gegen Westermann V.14f als eine Einheit für sich versteht).

70  49,5 hat als Objekt den Gottesknecht und kann daher unberücksichtigt bleiben.

71  Albertz (S.52f) meint, in 44,24; 45,11f; 51,13 läge eine Verbindung von Welt- und Menschenschöpfungstradition vor. Bei 44,24 ist jedoch zu berücksichtigen, daß von der Erschaffung Israels nur in der Einleitung zur Jahwe-

rede und von der Weltschöpfung nur in der Jahwerede selbst die Rede ist.

72 Dtn 32,6.15.18; Jes 29,23; 64,7; Hos 8,14; Mal 2,10; Ps 95,6; 100,3; 149,2. Eventuell könnte man auch Jes 29,16 mit heranziehen. Jes 29,23 kann nur unter starkem Vorbehalt angeführt werden. Vgl. hierzu Anm.88.

73 Die beiden in Frage kommenden Belege sind allerdings keineswegs sichere Zeugen. Ob es sich bei Jes 29,22-24 um ein Heilsorakel handelt, scheint mir nicht ganz klar. Immerhin könnte man V.22b als Zusage auffassen, der in V.23 die Begründung folgt. Zu Jes 29,23 s. außerdem Anm.88. Weiterhin ist Jes 64,7 anzuführen. Zwar steht der Vers innerhalb einer Klage (63,15-64,11) - allerdings einer Volksklage.

74 Daß Petersen an der Unterscheidung zwischen der Schöpfung der Menschheit insgesamt und der Erschaffung eines einzelnen Menschen stärker interessiert ist als Albertz - Petersen kommt es bei ersterer sehr stark auf den urzeitlichen Aspekt an -, haben wir bereits vermerkt (s. Anm.59). Auch wenn bei Albertz die Unterscheidung im Verlauf seiner Untersuchung etwas in den Hintergrund tritt - während sie bei der Sichtung des religionsgeschichtlichen Materials (S.55-90) größere Beachtung fand -, ist sie gleichwohl grundsätzlich vorhanden (vgl. z.B. S.118 und 129).

75 Auf eine weitere Differenzierung muß in diesem Zusammenhang noch aufmerksam gemacht werden. Sie ist zwar nicht für Deuterojesaja relevant, verdient aber im Hinblick auf das atl. Gesamtzeugnis unbedingt Beachtung: E.Kutsch hat aufgezeigt, daß der Jahwist in seinem Schöpfungsbericht insofern eine im Vergleich zur Umwelt einmalige Konzeption darbietet, als es bei ihm nicht einfach - wie in der Religionsgeschichte breit belegt - um die urzeitliche Erschaffung der Menschheit bzw. der ersten Menschengeneration geht, sondern um die Erschaffung des ersten Menschenpaares (Die Paradieserzählung Gen 2-3 und ihr Verfasser, s. vor allem S.20). Zwar weiß auch C.Westermann in seinem Genesiskommentar (BK I/1) den Sachverhalt, daß der Jahwist von der Erschaffung von Mann und Frau redet, durchaus zu würdigen (vgl. S.262.308.316), die Bedeutung dessen für die jahwistische Konzeption der Urgeschichte insgesamt hat er dabei gleichwohl noch nicht genügend ins Auge gefaßt. Vgl. hingegen Kutsch, S.23f.

76 In unserem heutigen Sprachgebrauch hat der Begriff "Subreligion" m.E. einen überwiegend negativen Beiklang und wird weniger für die Frömmigkeit im privaten Kreis als für alle möglichen (neuen) religiösen Strömungen angewandt. So ist gewiß zu fragen, ob Albertz mit seiner

Wortwahl gut beraten war.

77   Vgl. Stamm, Art. גאל , Sp.390. - Von 51,10 (Part.pass.
     Qal) und 52,3 (Imperf.Niphal) abgesehen, begegnet das
     Wort nur im Perf.Qal (43,1; 44,22.23; 48,20; 51,10;
     52,9) oder als Part.akt.Qal (41,14; 43,14; 44,6.24;
     47,4; 48,17; 49,7.26; 54,5.8). Bei den Partizipien be-
     gegnet häufig das Suffix der 2.Pers.sing. (41,14; 44,24;
     48,17; 49,26; 54,5.8). Ähnliches kann man bei den Stel-
     len beobachten, die von der Erschaffung Israels handeln.
     Partizip mit Suffix der 2.Pers.sing. begegnet dort in
     43,1; 44,2.24; 51,13; 54,5.

78   Von den 18 Belegen scheinen mir die einzigen Stellen,
     bei denen sich solche Bezüge nicht beobachten lassen,
     44,23; 51,10; 52,3 zu sein.

79   Vom קדוש ישראל ist bei Deuterojesaja außer im direkten
     Zusammenhang mit גאל noch in 41,16.20; 43,3; 45,11;
     49,7b (anders V.7a); 55,5 die Rede. Auch hier geht es
     durchweg um Jahwes heilvolle Hinwendung zu Israel. Bei
     Tritojesaja begegnet die Wendung in 60,9.14. - Innerhalb
     Jes 1-39 findet sich der Begriff in 1,4; 5,19.24; 10,20;
     12,6; 17,7; 29,19; 30,11.12.15; 31,1; 37,23 (berücksich-
     tigt sind - wie auch sonst außerhalb Deuterojesajas -
     nur die Belege, wo direkt vom קדוש ישראל die Rede ist,
     nicht also lediglich vom קדוש oder vom קדוש mit Suffix).
     Im Rahmen der Gerichtsbotschaft stehen 1,4; 5,19.24;
     30,11.12.15; 31,1. H.-P.Müller (Art. קדוש , Sp.599f)
     weist summarisch die Belege im Kontext der Gerichtsbot-
     schaft Jesaja selbst zu (vgl. auch Zimmerli, Theologie,
     S.169) und hält die übrigen für sekundär. Zu einem ganz
     ähnlichen Urteil kommt Wildberger in BK X/1-3 (vgl.
     jeweils z.St.; zusammenfassend BK X/1, S.23). Ob Kaiser
     (ATD 17 und 18) mit seinen Spätdatierungen - alle Belege
     wären demnach sekundär (etwas unklar drückt er sich bei
     31,1 aus) - nicht doch etwas zu weit geht, wird man
     fragen müssen (anders hat er übrigens noch in der 4.Auf-
     lage von ATD 17 geurteilt!).

80   Neben 44,6 wird noch in 41,21; 43,15 und 52,7 auf Jahwes
     Königtum angespielt. E.Haag sieht in der "Verkündigung
     von Jahwes Königtum" den entscheidenden Schlüssel für
     die Welt- und Menschenschöpfungsaussagen bei Deuteroje-
     saja (Gott als Schöpfer, S.205). Dem dürfte schon dies
     entgegenstehen, daß nur einer der vier Belege (52,7)
     pointiert auf Jahwes Königtum hinweist. - Auffallend ist
     allerdings, wie im Unterschied zu Jahwe als dem König
     von den "irdischen" Königen geredet wird: Entweder es
     wird ihre Machtlosigkeit hervorgehoben (41,2; 45,1;
     52,15; Kyros wird bezeichnenderweise nicht "König" ge-
     nannt!) oder ihre dienende Funktion betont (49,7.23).

81  אביר als Gottesprädikation taucht neben Gen 49,24; Jes 60,16; Ps 132,2.5 auch in Jes 1,24 auf. Dieser Beleg dürfte wiederum von Jesaja selbst stammen und steht im Kontext seiner Gerichtsbotschaft. Inwieweit hier bei Deuterojesaja eine bewußte Anknüpfung an Protojesaja vorliegt, läßt sich aufgrund eines einzigen Beleges jedoch nicht entscheiden.

82  Einen zwingenden Grund, den Vers Deuterojesaja abzusprechen, sehe ich nicht (mit Duhm, Volz, Westermann).

83  Auch die Belege, die von der Erschaffung Israels handeln, ohne in näherem Zusammenhang mit גאל zu stehen, haben die Aufgabe, Jahwes Zuwendung in einen weiteren Horizont zu stellen: 43,7 schließt direkt an V.5b.6 an, wo es um Jahwes heilvolle Zuwendung geht. In ähnlichen Zusammenhängen stehen 44,2 und 45,11, wo aber der Rede von der Erschaffung Israels - wie anderweitig jetzt schon wiederholt beobachtet - nicht allein die Aufgabe der Horizonterhellung von Jahwes Zuwendung zufällt: Während in 44,2a in der Einleitung zum Heilsorakel auf die Erschaffung Israels angespielt wird, steht am Beginn der Heilszusage (V.2b) - neben der Bezeichnung Israels als Knecht Jakob - die Erinnerung an die Erwählung (בחר Perf.Qal). Die Erwählung ist insofern mit der Erschaffung Israels vergleichbar, als auch hier die Dimension der Vergangenheit zum Verständnis des gegenwärtigen Jahwehandelns beiträgt. In 41,8 wird die Erwählung mit Abraham in Verbindung gebracht (vgl. hierzu H.Wildberger, Art. בחר, Sp.290). Einander nebengeordnet wird in 45,11 vom Heiligen Israels und dessen Schöpfer geredet. In dieser Weise wird der Botenspruch (V.11a) erweitert. Die darauf folgende Jahwerede mündet in V.13 in die Aussage, daß Jahwe Kyros erwählt habe, dessen Auftrag vor allem zugunsten Israels gesehen wird (Wiederaufbau Jerusalems, Loslassung der Gefangenen). In 51,13 steht der Hinweis auf die Erschaffung Israels mit V.12 in einem Aussagezusammenhang, der mit der Zusage "Ich, ich bin der, der euch tröstet!" eingeleitet wird. (Zur Frage nach der Echtheit von 51,12-16 vgl. Abschn.III.4.k.)

84  Dieser Sachverhalt kann hier und auch in unseren weiteren Überlegungen zu Deuterojesaja aufgrund unserer thematischen Begrenzung nicht in hinreichender Weise gewürdigt werden. Vor allem ist die Exodustradition bei Deuterojesaja, die ja auch nicht gerade subreligiöser Herkunft ist, nicht Gegenstand unserer Untersuchung. In den Exegesen in Abschn.III.4 wird uns allerdings wiederholt der Ansagebeweis zu beschäftigen haben.

85  Albertz ist es - wie wir gesehen haben - selbstverständlich nicht entgangen, daß die "Menschenschöpfungstradition" bei Deuterojesaja nicht mehr nur im Heilsorakel begegnet (vgl. Weltschöpfung, S.26-33); er mißt dem nur

weniger Gewicht bei. Seine These, Deuterojesaja knüpfe
mit der "Menschenschöpfungstradition" an Elemente der
Subreligion an (a.a.O., S.161f), bedarf geradezu des
Postulats, daß die gattungsgeschichtlich aufgewiesene
Einbindung dieser Tradition auch bei Deuterojesaja noch
nachgewiesen werden kann. Ich bin - das sei nochmals
herausgestellt - zu einem doch anderen Ergebnis gekommen,
- indem ich dem objektiven Befund, daß bei Deuterojesaja
  nur noch sehr vereinzelt das Thema "Menschenschöpfung"
  an das Heilsorakel gebunden ist, eine größere Bedeutung beigemessen habe;
- indem ich stärker zwischen der Erschaffung eines einzelnen Menschen und der Erschaffung Israels differenziert habe;
- indem ich großen Wert auf die Heranziehung des terminologischen Umfeldes gelegt habe.

86  Ich variiere hier den Titel des Aufsatzes von
    H.H.Schmid: Schöpfung, Gerechtigkeit und Heil. "Schöp-
    fungstheologie" als Gesamthorizont biblischer Theologie.

87  Dies geschah zunächst in der Untersuchung von ברא. Die
    zusätzlichen Objektfelder, wie wir sie vornehmlich bei
    עשה und יצר beobachtet haben, sind so beschaffen, daß
    sie hier keiner zusätzlichen Berücksichtigung bedürfen.

88  Diese Deutung geschieht unter der Einschränkung, daß es
    nicht als sicher angesehen werden kann, ob mit "Werk
    meiner Hände" tatsächlich die Erschaffung Israels
    umschrieben ist (s. aber Jes 64,7). Der Vers wirft
    insgesamt manche Probleme auf (vgl. Wildberger). Durch
    die Hinzufügung von ילדיו hat ein Interpolator dem Text
    eine eindeutigere Aussage verleihen wollen.

89  H.W.Wolff(BK XIV/1, S. 174f) meint zunächst, V.14 zeige
    "Nachtragscharakter", sieht aber dann doch die Möglich-
    keit, daß der Vers in den auf Hosea selbst zurückzufüh-
    renden Aussagezusammenhang hineingehört haben könnte
    (vgl. auch S.188f, wo vor allem die für uns relevante
    Aussage auf Hosea zurückgeführt wird).

90  Zur Wiedergabe von ברית mit "Zusage" s. E.Kutsch, Ver-
    heißung und Gesetz, S.26 (inkl. Anm.133).

91  Vgl. auch die Auflistung bei van der Merwe, Pentateuch-
    tradisies, S.1-4, die sich von der unseren geringfügig
    unterscheidet. - Warum ich 51,9f nicht nenne, wird in
    Abschn.III.4.j begründet. Wieweit 51,16 hinzuzuzählen
    wäre, bedürfte einer gesonderten Überprüfung. Nachdem
    ich aber 51,12-16 insgesamt nicht mehr von Deuterojesaja
    herleiten möchte, sei hierauf verzichtet (vgl. Abschn.
    III.4.k).

92 Wenn E.Heßler feststellt, daß Deuterojesaja Erlösung als Schöpfung verstehe (Gott der Schöpfer, S.366), können wir dies nicht in der gleichen Weise nachsprechen. Wir würden vielmehr sagen: Jahwes neues Handeln an Israel - das ja auch ganz anders, z.B. mit אבל umschrieben werden kann - hat seine schöpferische Komponente. - Ein kurzer Blick sei nun auf Objektbereich 3 geworfen. Wenn unter "alles" die grundlegenden Daseinsgegebenheiten in ihrer Gesamtheit gemeint sind (so z.B. in Jes 66,2), dann ist eine enge Beziehung zum Objektbereich 1 gegeben und ist es angebracht, von "Schöpfung" zu sprechen. Anders verhält es sich, wenn damit nicht nur oder nicht in erster Linie die grundlegenden Daseinsgegebenheiten in den Blick treten. Dies scheint mir bei den drei Belegen bei Deuterojesaja der Fall zu sein. Hinsichtlich 54,16 - wo von der Wirklichkeit als ganzer ohnehin nicht direkt, sondern nur in der Aussageintention (wie wir sie verstanden haben) die Rede ist - dürfte der Sachverhalt klar sein. Zu 44,24 und 45,7 s. Abschn.III.4.f.

93 So meint es wohl auch Luther, wenn er sagt, Gott sei "semper actuosus" (zit. nach Löfgren, Die Theologie der Schöpfung bei Luther, S.45).

94 Die deutsche Ideologie, S.21.

95 So haben wir sinngemäß bereits den Objektbereich 1 umschrieben (s. Abschn.III.1). Gemäß den inzwischen erfolgten Überlegungen sind wir nun in der Lage, den Begriff "Schöpfung" hierauf einzugrenzen.

96 Die in der Dogmatik im Rahmen der Vorsehungslehre zu behandelnde Frage, wie göttliches und menschliches Handeln einander zuzuordnen sind, sei hier nicht weiter verfolgt (vgl. statt dessen O.Weber, Grundlagen der Dogmatik I, S.564-576).

97 Dieser Aspekt wird stilistisch schon durch die häufige Verwendung von Partizipien deutlich (z.B. Jes 40,28; 44,24 u.ö.). Hierzu hat F.Crüsemann das Nötige gesagt: "Rein grammatisch können Partizipien in alle 'drei subjektiven Zeitsphären' fallen ... Doch ist es geboten, alle Partizipien gleichartig zu übersetzen, um auch im Deutschen den durchgängigen Stil anzudeuten. Dies ist besonders wichtig, wo ... Aussagen über die Vergangenheit mit solcher zeitloser Gültigkeit untrennbar zusammengehören ..." Crüsemann fährt fort, "daß auch die Taten der Vergangenheit als gegenwartsbestimmende Machterweise fungieren ... So ist die präsentische Wiedergabe die einzig mögliche." (Studien, S.91, Anm.2).

98 Vgl. F.Mildenberger, Grundwissen der Dogmatik, S.105: "Schöpfung bedeutet ja in unserem Sprachgebrauch nicht nur die Wirksamkeit Gottes, in der er den Anfang der

nichtgöttlichen Wirklichkeit setzt. Sie bedeutet auch den Inbegriff dieser nichtgöttlichen Wirklichkeit überhaupt." Wir stimmen dem unter der Voraussetzung zu, daß unter "nichtgöttliche(r) Wirklichkeit" nicht generell all das verstanden wird, was mit unseren Sinnen wahrgenommen werden kann. Soweit "Schöpfung" die Wirklichkeit als solche umschreibt, sind damit die grundlegenden Daseinsgegebenheiten - man könnte auch sagen: die natürlichen Lebensgrundlagen - unserer Welt gemeint. Wenn etwa davon geredet wird, daß die Schöpfung nicht zerstört werden dürfe, dann bezieht sich das auf die natürlichen Ausstattungen unserer Welt (Gewässer, Pflanzen, Tierarten etc.), die zwar durch menschliche Kultur (Technik) beeinflußt und verändert werden können, gleichwohl aber dem Menschen zunächst einmal vorgegeben sind (wobei er selber Teil der Schöpfung ist!). Weniger einbezogen sind nach meinem Sprachverständnis die Produkte menschlichen Schaffens im engeren Sinn (Häuser, Straßen etc.), die erst im Verlauf menschlicher "Geschichte" entstehen. "Schöpfung" ist dann also nicht in der Weise ein Globalbegriff, daß er auch die Phänomene menschlicher Geschichte mit umfaßt. - Die zuletzt getroffene Feststellung darf nicht dahingehend mißverstanden werden, daß vom Menschen als Teil der Schöpfung nur unter Absehung seiner Fähigkeiten und Möglichkeiten (also abstrakt) gesprochen werden kann. Die beiden Schöpfungsberichte in Gen 1f beziehen solches gerade in den Schöpfungsvorgang mit ein: nämlich das Angelegtsein des Menschen auf Gemeinschaft (1,27; 2,18) und sein Vermögen, als Teil der Schöpfung zugleich dieser Schöpfung dadurch gegenübertreten zu können, daß er sie sich untertan macht (1,28) und seiner Schöpfungsumwelt Namen gibt (2,20). Damit ist aber "nur" das grundsätzliche, vom Schöpfer gewollte Angelegtsein des Menschen fixiert. Noch nicht im Blick ist, wie er es dann realisiert. Dies muß umso mehr hervorgehoben werden, als nach dem durchgängigen Zeugnis der jahwistischen Urgeschichte der Mensch seine Fähigkeiten in die falsche Richtung lenkt (vgl. aber auch Gen 6,12f P).

99 Etwas komplizierter wird der Sachverhalt, wenn wir uns pluraler Ausdrucksformen bedienen, also etwa von den Tieren, den Pflanzen, den Menschen reden. Der Plural kann sowohl eine kollektive Bedeutung bekommen als auch eine bestimmte Anzahl von Einzelwesen meinen. Im ersten Fall wäre der Begriff "Schöpfung" angemessen, im zweiten wird man eher von "Geschöpfen" sprechen.

100 Vgl. hierzu ausführlicher Anm.59.

101 Erst in nachalttestamentlicher Zeit kommt es zu entsprechenden Substantivbildungen ( בְּרִיאָה,בְּרָיָה ), wobei aber nur in einigen Belegen, so z.B. 4.Esr 7,75, die globale Bedeutung "Schöpfung" gegeben ist. Häufig werden die

Menschen damit gemeint (nach W.Foerster, Art. κτίζω, S.1015f). Bei der Übersetzung wäre dann im Einzelfall zu prüfen, ob man das Gemeinte mit "Schöpfung" oder mit "Geschöpf" wiedergeben soll. Im NT ist vor allem das Wort κτίσις relevant, das sowohl das aktuale Schaffen als auch das Geschöpf und schließlich auch die Schöpfung insgesamt bezeichnet (nach W.Foerster, ebd., S.1027). Es scheint also auch hier keine absolute Deckungsgleichheit mit unserem Begriff "Schöpfung" zu bestehen. - Freilich wird die Differenz manchmal verwischt; z.B. dann, wenn die Einheitsübersetzung 2.Kor 5,17 folgendermaßen wiedergibt: "Wenn also jemand in Christus ist, dann ist er eine neue Schöpfung ..." Der Ausdruck "Geschöpf" schiene mir hier sachgemäßer.

102 Wenn wir hier eine gewisse Entsprechung zwischen unserer Sprachtradition und der atl. Redeweise feststellen, dann tun wir dies in der Absicht, hier nicht <u>zu</u> schnell einen Hiatus hervorzukehren (so macht es z.B. Stuhlmueller, Creative Redemption, S.9).

103 Dargestellt bei C.H.Ratschow, Lutherische Dogmatik zwischen Reformation und Aufklärung, Teil II, S.163.

104 Schöpfung als offenes System, S.126. Vgl. auch J.Moltmann, Gott in der Schöpfung, S.68.

105 A.a.O., ebd.

106 Dies konzediert im Grunde auch O.Weber, Grundlagen der Dogmatik I, S.556, der sonst dem Begriff mit guten Gründen - wie sogleich deutlich werden wird - reserviert gegenübersteht.

107 Die christliche Wahrheit, S.307f.

108 Vgl. vor allem auch Anm. 97.

109 Wenn wir von Gottes uranfänglichem Handeln reden und
. davon sein weiteres Dabeisein bei seiner Schöpfung unterscheiden, so stellt sich die Frage, wie solche Unterscheidung sich etwa mit der naturwissenschaftlichen Erkenntnis der evolutiven Entstehung der Arten verträgt. Vor allem läßt sich das weitere Dabeisein Gottes von unserem Zeitbegriff her schwerlich seinem uranfänglichen Handeln nachordnen. So war Gott bei der Tier- und Pflanzenwelt längst weiter dabei, bevor die Menschheit uranfänglich ins Dasein getreten ist. Unsere Unterscheidung soll also nicht im Sinne eines zeitlichen Vor- und Nachher verstanden werden. Vielmehr geht es darum, die Kategorie des <u>Anfangs</u> zu betonen. "Schöpfung" haben wir in Abschn.III.3 als Globalbegriff aufgefaßt, bei dem es um grundlegende Daseinsgegebenheiten und nicht um individuelle Erscheinungen geht.

Auf solche grundlegende Daseinsgegebenheiten (Pflanzen, Tierwelt, Mensch etc.) wäre das Wort "uranfänglich" zu beziehen; unbeschadet dessen, daß man aus naturwissenschaftlicher Perspektive mit Entstehungsvorgängen innerhalb langer Zeiträume zu rechnen hat. Vgl. zu diesem Problemfeld auch Anm.116.

110 Hiervon zu unterscheiden ist der Begriff "continuata creatio", wie er in der altprotestantischen Dogmatik etwa bei Calov begegnet, der die conservatio als continuata creatio versteht (nach Ratschow, Lutherische Dogmatik zwischen Reformation und Aufklärung, Teil II, S.177). Die Bedenken, die wir nun gegen die Rede von creatio continua geltend machen, können für den abgewandelten Begriff eventuell ebenso gelten (vgl. auch O.Weber, Grundlagen der Dogmatik I, S.555f). Freilich wäre bei jedem einzelnen Theologen gesondert zu prüfen, was er mit solcher, m.E. nicht unproblematischer Begrifflichkeit _eigentlich_ aussagen will.

111 Vgl. z.B. Ps 104,29. Hierzu L.Perlitt, Die Verborgenheit Gottes, S.372f.

112 In dieser Schärfe sieht es O.Weber, a.a.O., S.557 (seine Begründung ist freilich etwas anders). Er schlägt vor, den intendierten Sachverhalt mit "creator opus suum continuans" zu umschreiben (S.556). Sieht man davon ab, daß solche Umschreibung nicht besonders griffig ist, so hat sie doch das für sich, daß hier das Gewicht der Aussage stärker auf das handelnde Subjekt gelegt wird, nämlich auf Gott den Schöpfer, der so zugleich von seiner Schöpfung abgehoben und doch auf sie bezogen gedacht wird - auch und gerade dann, wenn es um das weitere Dabeisein Gottes bei seiner Schöpfung geht. Außerdem kann "opus suum" das grundlegende Schöpfungshandeln umschreiben, so daß dann das darauf folgende "continuans" nicht mehr dazu verleitet, Schöpfung und Erhaltung zu identifizieren. Solche Klarheit mangelt der Rede von creatio continua (continuata). - Gegenüber unseren, im wesentlichen mit O.Weber konform gehenden Erwägungen gehen die Bedenken K.Barths gegen den Begriff creatio continua deutlich in eine andere Richtung: Wenn göttliche Erhaltung als eine Folge von Schöpfungsakten zu verstehen sei, dann werde in Dunkel gehüllt, worauf es bei der Lehre von der Erhaltung ankomme: auf "die _Identität_ des Geschöpfes in seiner _Kontinuität_." (KD III/3, S.79). Das würde ich im Anschluß an bereits getroffene Feststellungen anders sehen: Ist die Rede von creatio continua nicht auch gerade dafür offen, die Identität des Geschöpfes hervorzukehren - und zwar auch auf die Gefahr hin, daß man den Schöpfer ontologisch in die Schöpfung einbindet? M.E. könnte man das, was Schleiermacher - auf den wir sogleich zu sprechen kommen werden - über das Verhält-

nis von Schöpfer und Schöpfung und Schöpfung und Erhaltung auszusagen weiß, gerade auch mit "creatio continua" umschreiben.

113 Der christliche Glaube, §32.2; ebenso das folgende Zitat.

114 Nur so läßt sich wohl Schöpfung mit Erhaltung identifizieren. Wenn man - wie wir es tun - auch von grundlegenden Daseinsgegebenheiten spricht, wäre dies nicht mehr möglich.

115 Der Begriff "Freiheit" ist hier natürlich nicht im Sinn von "Willkür" zu verstehen. Daß solche Freiheit ganz im Gegenteil mit Liebe und Selbstbindung gepaart ist, zeigt sich darin, daß Gott in seiner Freiheit nicht nur ein außerhalb seiner Existierendes will und schafft, sondern auch dieser Schöpfung in der Weise treu bleibt, daß er sie nicht in ihrer Selbstverfehlung allein läßt. Ist dies richtig, dann muß sogleich noch ergänzt werden: Die ganze Vorsehungslehre kann nicht nur im Licht des ersten Glaubensartikels gesehen werden, sondern ist mit der Soteriologie und der Eschatologie in Verbindung zu bringen (ähnlich K.Barth, KD III/3, S.30 und O.Weber, a.a.O., S.558).

116 An dieser Stelle scheint es mir nötig, ein bereits in Anm.109 verhandeltes Problem neu aufzugreifen. Wenn wir "Schöpfung" auf grundlegende Daseinsgegebenheiten beziehen, ist m.E. eine hohe Übereinstimmung mit K.Barth gegeben, der Schöpfung als "Setzung der von Gott verschiedenen Wirklichkeit" versteht und dann fortfährt: "Daß das Geschöpf ist, das setzt in allen zeitlichen Entfaltungen, Weiterungen und Zusammenhängen dieses Seins ... diesen geschehenen Akt voraus." (KD III/3, S.4). Wo Schleiermacher ein "successives Entstehen" ins Feld führt (a.a.O., §38.1), redet Barth von einem "geschehenen Akt". Selbstverständlich muß man sich nach heutiger wissenschaftlicher Einsicht die grundlegenden Phänomene unseres Daseins als sukzessiv entstanden vorstellen; insofern besteht kein Dissens mit Schleiermacher. Der theologische Schluß hieraus, Schöpfung und Erhaltung zu identifizieren, kann aber keineswegs als zwingend angesehen werden. Auch wenn man das sukzessive Entstehen der Daseinsgegebenheiten ernst nimmt, ist es m.E. keineswegs illegitim, von einem "geschehenen Akt" zu sprechen. Was sich der Naturwissenschaft als ein kompliziertes Geflecht von Entstehungsbezügen dartut, kann theologisch zusammenfassend m.E. durchaus als ein Akt göttlicher Setzung verstanden werden, weil sich dem heutigen Betrachter die Geschöpfwelt als ein Ganzes darstellt und somit der diachronische Aspekt der unterschiedlichen Entstehungszeiten nicht der alleinige sein kann, so sehr er natürlich nicht zu leugnen ist (be-

reits in Gen 1 ist er schon in bestimmter Weise mitbedacht).

117 Mythos, S.31.

118 A.a.O., S.26-31.49-55.

119 Freilich ist es uns hierbei - im Unterschied zu
Petersen - nicht nur auf den Vergangenheitsaspekt
angekommen (s. Abschn.III.3).

120 Die Seitenzahlen in den Klammern markieren in der
Mehrzahl den Beginn der einschlägigen Ausführungen.

121 Bei den meisten von Petersen untersuchten Texten ist
dies offenkundig. Eine genauere Untersuchung, die hier
unterbleiben muß, würde in Einzelfällen u.U. noch zu
einer gewissen Modifikation führen. Vor allem Ps 65,8
und Ps 103,19 sind m.E. nicht unbedingt hier einzurei-
hen. Dies dürfte aber am Gesamtbefund wenig ändern.
Über das Verhältnis von Schöpfung und Chaoskampf ist
freilich noch gesondert nachzudenken (s. Abschn.III.4.j
und die Exegesen zu Ps 74 und 89 in Abschn.IV).

122 A.a.O., S.262.

123 A.a.O., S.263.

124 Wenn auch nicht mit der gleichen Heftigkeit wie im ntl.
Bereich, so hat es doch in der atl. Forschung ebenfalls
eine Diskussion über das Verständnis von "Mythos" gegeben. Eine entsprechende Aufarbeitung hat J.W.Rogerson
mit seinem Buch "Myth in Old Testament Interpretation"
unternommen. Es würde zu weit führen, Petersens Position auch forschungsgeschichtlich zu beleuchten. In
geraffter Weise versucht er selbst eine Aufarbeitung
der Forschungslage (a.a.O., S.1-19).

125 U.Neuenschwander, mit dessen Denkansatz ich eigentlich
wenig übereinstimme, hebt m.E. durchaus berechtigt den
futurischen Aspekt mythischen Denkens hervor und redet
so auch von "Endmythen" (Protestantische Dogmatik der
Gegenwart und das Problem der biblischen Mythologie,
S.14-20).

126 Ein sehr weitgefaßtes Verständnis von Mythos tritt in
W.Hollenwegers Buch "Umgang mit Mythen" zutage. Er
selbst liefert keine Definition von "Mythos". Dies ist
ihm nicht vorzuwerfen; auch wir versuchen weniger eine
Definition, sondern eher eine Umschreibung dessen, was
man "mythisch" oder "Mythos" nennen kann. Gleichwohl
sind bei ihm bestimmte Prämissen offenkundig. Sieht man
das an, was er als "Mythen" - meist in der Form der
Erzählung - anführt, dann versteht er darunter offenbar

solche Geschichten, die der Identifikation mit bestimmten Idealen oder Werten dienen und so ganz allgemein zu einer Daseinsorientierung beitragen. So kann er z.B. vom "Mythos von Wilhelm Tell" (S.77) oder vom "englische(n) Mythos: We are on the Lord's Side" (S.78) sprechen. Er nimmt also all das, was ich eher im Rahmen der Ideologiediskussion angesiedelt sehen würde (vgl. hierzu den knappen Überblick bei J.Israel, Der Begriff Entfremdung, S.118-125), in das Umfeld von "Mythos" mit herein. Nähme man die Art, wie Hollenweger von Mythos redet, für die atl. Diskussion ernst - er selbst ist kein Alttestamentler -, dann wäre im AT all das als Mythos zu bezeichnen, was dort der Legitimierung von bestimmten Gegebenheiten und Verhaltensweisen dient (z.B. das Chronistische Geschichtswerk mit seiner Fixierung auf den Jerusalemer Kult). Dies scheint in der Tat W.Beltz in seinem Buch "Gott und die Götter. Biblische Mythologie" zu tun. So interpretiert er z.B. den priesterschriftlichen Schöpfungsbericht folgendermaßen: "Die vorliegende Gestalt des Mythos von der Entstehung der Welt, wie sie der Priester geformt hat, verlangt, daß der Mensch einen Tag der Woche den Priestern widmet. Darin offenbart sich einmal der Machtanspruch der Jerusalemer Tempelpriesterschaft. Zugleich opponiert sie mit diesem Mythos gegen die politische Abhängigkeit von Babylon und Persien." (S.46). Daß zwischen solchen Ansätzen und dem Mythosverständnis Petersens kaum Brücken zu schlagen sind, liegt m.E. auf der Hand.

127 Gott erfahren, S.59. Sunden bezieht dieses personale Erleben ganz auf Christus (vgl. S.63).

128 Krummes Holz - aufrechter Gang, S.61.

129 H.Braun hat innerhalb der Entmythologisierungsdebatte das Problem insofern in seiner letzten Schärfe gesehen, als er die Entmythologisierungsfrage über ihre vornehmliche Konzentration auf das Problem des antiken Weltbildes hinausgeführt hat und weit stärker als andere dabei zur Gottesfrage selber vorgestoßen ist. Zwar hatte schon Bultmann von der Annahme aus, daß Gott "die Alles bestimmende Wirklichkeit" sei (Welchen Sinn hat es, von Gott zu reden?, S.26), den Schluß gezogen, daß Gott, indem er ja alles bestimme, nicht Objekt unseres Denkens sein könne (ebd.). Dies war aber von einem offenbarungstheologischen Ansatz im Gefolge der dialektischen Theologie her geschehen - von Gott reden hieße, aus Gott reden, was nur Gott selber geben könne; so S.28 - und ermöglichte es in Zukunft (die eigentliche Entmythologisierungsdiskussion setzte ja erst Jahre nach Erscheinen des Aufsatzes ein), die Rede von Gott selber nicht der Entmythologisierung zu unterwerfen. Bei Braun ist dies nun erheblich anders, da nach seiner

Sicht von Gott nur noch anthropologisch, also dort, wo
vom Menschen gesprochen werde, geredet werden könne und
der Mensch in seiner Mitmenschlichkeit Gott impliziere
(Die Problematik einer Theologie des Neuen Testaments,
S.341). Wir versuchen im folgenden - wie schon
Bultmann, aber in der Entfaltung anders als er -, die
Mythosproblematik von einem offenbarungstheologischen
Ansatz her anzugehen.

130 Es handelt sich um §17 in KD I/2, der die bezeichnende
Überschrift "Gottes Offenbarung als Aufhebung der Religion" trägt. - Dieser Paragraph muß m.E. unbedingt mit
dem verglichen werden, was Barth in §69 (KD IV/3) im
Rahmen seiner "Lichterlehre" entwickelt. Was in §17 auf
christologischer Basis eher in abgrenzender Weise ausgedrückt wird - nämlich die Wahrheit Jesu Christi -,
findet in §69 eine erheblich andere Akzentuierung,
indem nun deutlich die Frage in das Blickfeld tritt,
wie sich die Wahrheit Jesu Christi zu Wahrheiten außerhalb des kirchlichen Verkündigungsbereiches verhält
(vgl. weiterhin Anm.132), ohne daß unter dem neuen
Blickwinkel die christologische Konzentration aufgegeben würde.

131 KD I/2, S.307. - Wenn wir uns hier auf Barth berufen,
dann muß das mit dem Vorbehalt geschehen, daß wir uns
zwar im Grundansatz hier mit ihm einig wissen, keineswegs aber in allen Stücken unserer nun folgenden Ausführungen. In KD III/1, S.91-103 hat Barth sich eingehend mit dem Mythosbegriff auseinandergesetzt und ihn
für die Bibel - speziell auch für die Schöpfungsgeschichte - abgelehnt. Er hebt dabei vor allem das Statische, Ungeschichtliche am Mythus hervor: "Der wirkli-
che Gegenstand und Inhalt des Mythos sind die wesentlichen Prinzipien der (im Gegensatz zur konkreten Geschichte) allgemeinen, an bestimmte Zeiten und Orte
nicht gebundenen Wirklichkeiten und Verhältnisse des
natürlichen und geistigen Kosmos. Die Verkleidung ihrer
Dialektik und ihres zyklischen Wandels in Göttterge-
schichte ist die Form des Mythus." (S.91). M.E. hat
hier Barth bestimmte Erscheinungsformen mythischen
Denkens durchaus scharf analysiert, ohne dem Problem in
seiner ganzen Komplexität gerecht geworden zu sein. Von
unserem Denkansatz her empfiehlt es sich gerade nicht,
zwischen Mythos und Geschichte von vornherein in der
Weise zu trennen, wie es bei Barth doch recht deutlich
geschieht.

132 Das heißt nun freilich nicht, um an Anm.130 anzuknüp-
fen, daß die Wahrheit des biblischen Gottes und somit
auch die Wahrheit Jesu Christi auf den Inhalt der
christlichen Verkündigung beschränkt werden kann, sondern daß es auch außerhalb derselben Zeugen dieser
Wahrheit gibt (vgl. Barth, KD IV/3, S.128-153) - frei-

lich Zeugen der Wahrheit <u>Jesu Christi</u> und nicht einer allgemeinen Wahrheit, an der die Wahrheit Jesu Christi dann lediglich Anteil hätte.

133 Von unseren Verstehensprämissen her legt es sich nahe, bei den angeführten Belegen - die eine Auswahl darstellen - eine übertragene Redeweise dergestalt anzunehmen, daß hier menschliches Empfinden und Vermögen in den außermenschlichen Bereich hineinprojiziert werde. Kann aber solche Rede nicht auch für uns Anstoß sein, die außermenschliche Kreatur nicht nur als Objekt, als "res extensa" zu begreifen?

134 M.E. läßt sich hier eine Verbindung zu der Untersuchung des "Bundes"begriffes herstellen, wie sie E.Kutsch unternommen hat. Das Ergebnis seiner Untersuchung zeigt, daß im theologischen Bereich ברית sowohl die "Selbstverpflichtung Gottes" als auch die "Verpflichtung der Menschen durch Gott" zum Ausdruck bringen kann (Verheißung und Gesetz, S.205). Im ntl. Bereich verweist in der Sicht von E.Kutsch der Sprachgebrauch von διαθήκη in die gleiche Richtung (vgl. Neues Testament - Neuer Bund?, zusammenfassend S.159).

135 L.Köhler, Deuterojesaja (Jesaja 40-55) stilkritisch untersucht.

136 Y.Gitay, Prophecy and Persuasion.

137 Vgl. hier die Diskussion bei Preuß, Deuterojesaja, S.23f mit den entsprechenden Literaturverweisen. Mir selber erscheint es angemessen, doch auch mit einer mündlichen Verkündigungsphase zu rechnen. Besonders aufschlußreich ist hier 43,1-7. Der zweiteilige Aufbau dieses Abschnittes (vgl. Westermann z.St.) läßt sich m.E. am besten dadurch erklären, daß hier in den Aussageduktus das Element der Redundanz hineinkommt (vgl. vor allem V.1b und V.5a), was doch eher auf ein mündliches Wortgeschehen hindeutet.

138 Melugins Urteil ist zwar nicht gerade ermutigend, aber vielleicht doch sachgemäß, wenn er meint, es wäre unmöglich, verschiedene Wachstumsstadien zu rekonstruieren (The Formation of Isaiah 40-55, S.175). Vgl. auch den diesbezüglichen Forschungsüberblick bei A.Richter, Hauptlinien, S.116-122.

139 Die meisten Ausleger übersetzen die Perfekta in V.12 präsentisch (Duhm, Volz, Fohrer, Westermann, Merendino u.a.; anders Elliger). Vgl. GesK, §106g: Das Perfekt könne auch dienen zur "Darstellung von Handlungen, Ereignissen oder Zuständen, die, obschon in der Vergangenheit vollendet, doch irgendwie auch in die Gegenwart noch hereinreichen (im Deutschen meist durch das Prä-

sens wiedergegeben) ...". Vgl. auch V.13, wo in einem synonymen Parallelismus im Vordersatz Perfekt, im Nachsatz Imperfekt steht.

140  Im masoretischen Text (MT) steht etwas ungewöhnlich "Wasser" als Parallele zu "Himmel". Qa liest statt dessen מי ים . Es scheint mir wahrscheinlich zu sein, daß bei MT ein י ausgefallen ist.

141  תכן dürfte in V.12 und 13 den gleichen Sinn haben. Sonst kommt das Verb im Piel nur noch in Ps 75,4 und Hi 28,25 vor. In Ps 75 sind das Objekt die Säulen der Erde, in Hi 28 die Wasser. Beide Belege weisen auf Schöpfungsvorgänge hin. Allen vier Belegen ist gemeinsam, daß es bei ihnen um ein herrschaftliches Bestimmen eines untergeordneten "Objekts" geht, sei es seine Ausdehnung (Himmel), seine Wirkkraft (Geist Jahwes, Wasser) oder sein Ort (Säulen der Erde).

142  שליש bezeichnet das Drittel einer bestimmten Maßeinheit; um welches Maß es geht, ist nicht klar. Die Frage, auf was hingewiesen werden soll, hängt entscheidend davon ab, ob man ב instrumental ("mit") oder lokal ("in") übersetzt. In letzterem Fall braucht entgegen den griechischen Übersetzungen עפר nicht getilgt zu werden. Für die Bedeutung "in" spricht zunächst einmal die Verwendung des Verbums כול . Im Qal kommt es zwar nur hier vor, die Hiphil-Bedeutung dürfte aber ähnlich sein. So heißt es dann in 1.Kön 7,26, daß das Meer des Tempels 2000 Eimer erfasse, oder in Jer 2,13, daß das Volk sich rissige Zisternen mache, die kein Wasser fassen. Berücksichtigt man noch den einzigen weiteren Beleg von שליש in Ps 80,6, wo von den Tränen eines Dreimaßes die Rede ist, dann könnte es bei unserer Stelle darum gehen, den Staub der Erde in ein Gefäß mit dem Maß eines Dritteils zu fassen. Gegen Elliger und Fohrer wäre dann עפר beizubehalten.

143  Der Singular bei MT entspricht nicht dem Plural des Subjekts. Da aber das nachfolgende Wort mit ו beginnt, wird man eine Haplographie annehmen und יטלו lesen können.

144  Solche Gegenüberstellung findet sich in der Weisheitsliteratur, man denke nur an die Gottesreden bei Hiob. Ein bezeichnender Beleg, der zunächst sehr an Jes 40,14b erinnert, findet sich in Hi 21,22: "Kann man Gott Erkenntnis lehren? Er ist es, der die Hochmütigen richtet!" Trotz dieser zunächst sehr eng anmutenden Berührung in der Aussage halte ich es für angemessener, vom Aussageduktus der sonstigen "Wer-Fragen" bei Deuterojesaja auszugehen, wo der Gedankenhorizont keineswegs auf weisheitliche Erkenntnisbemühung hinweist, sondern wo in argumentativ-polemischem Ton eine Standortbe-

stimmung des Jahweglaubens inmitten der babylonischen
Umwelt versucht wird, wie aus den nachfolgenden Ausführungen ersichtlich ist. Es zeigt sich hier ein grundsätzlicher Unterschied zu weisheitlichem Denken. Für
dieses ist Jahwes Gottsein an sich keineswegs das
Problem, auch wenn der Jahwename relativ selten auftaucht. (Vielleicht stellt sich der Weisheit dieses
Problem auch deshalb nicht, weil sie sich nicht an den
Geschichtserfahrungen Israels mit Jahwe orientiert.)
Auch in der Krise weisheitlicher Theologie (Hiob, Kohelet) geht es nicht um den Jahweglauben als solchen,
sondern "lediglich" darum, in welcher Weise das Verhältnis zwischen Jahwe (bzw. Gott allgemein) und seiner
Kreatur zu denken ist. Man muß nicht unbedingt jegliche
Beziehung Deuterojesajas zur weisheitlichen Gedanken-
welt ausschließen; gleichwohl gilt es festzuhalten, daß
der Ort und somit auch das Ziel theologischer Fragestellung bei beiden jeweils recht unterschiedlich sind.

145 Einige keilschriftliche Parallelen zu Jes.40-66, S.174.

146 So die Umschreibung von Preuß, Deuterojesaja, S.88f.
Der Text lautet: "Thou art holding the ends of the
earth suspended from the midst of heaven." (ANET,
S.387, Z.23f).

147 AOT, S.298, Z.240f.

148 רוח kommt bei Deuterojesaja noch in 40,7; 41,16.29;
42,1.5; 44,3; 48,16; 54,6 vor. In der Mehrzahl der
Belege geht es dabei um eine Kraft, die etwas bewirkt.
V.13a könnte man infolgedessen so umschreiben: Wer
bestimmt die Wirkkraft Jahwes? Wer bestimmt, was Jahwe
zu wirken habe (bzw. wirken kann)?

149 Ich zitiere aus dem enūma eliš nach der Übersetzung in
AOT, S.108-129. - Ähnliche Beobachtungen macht Stummer,
a.a.O., S.175f. Auch Whybray (The heavenly counsellor
in Isaiah xl 13-14) nimmt an, daß Deuterojesaja sich
auf Vorstellungen babylonischer Mythologie bezieht. Ob
darüber hinaus die israelitische Vorstellung von der
himmlischen Ratsversammlung eine Rolle gespielt hat (so
Whybray), erscheint mir doch fraglich (bei Whybray vgl.
zusammenfassend S.80f).

150 Zeile 34 gibt ANET (S.66) etwas anders wieder: "Caused
him to go the way of success and attainment." - Diese
Aussagen stehen im Zusammenhang des Kampfes Marduks mit
Tiamat, zu dem er von anderen Göttern aufgefordert wird
(Zeile 31). Nun ist die Frage, ob die Wendung "Weg des
Heils" (bzw. "way of success") zu ארח משפט in Jes 40,14
in Beziehung gebracht werden kann. Laut Elliger (BK
XI/1, S.97) ist משפט bei Deuterojesaja "Gottes von ihm
selbst jemandem zugesprochener Willensentscheid, wie es

weitergehen soll." Die Geschichte könne ganz allgemein der ארח משפט sein. Ähnlich sieht es Preuß: "'Gerechtigkeit Jahwes' sind für Dtjes Jahwes Heilswillen, Heilsmittel, Heilstat(en) und der dadurch entstehende Heilszustand insgesamt ..." (Deuterojesaja, S.87). So gesehen könnte man in V.14aß einen Bezug zu dem erkennen, was im obigen Beleg von Marduk ausgesagt wurde. Die Frage würde darauf hinzielen, daß Jahwe nicht auf den "Weg des Heils" von anderen Göttern eingewiesen werden muß. An dieses Aussagegefälle schließt V.14b direkt an: "Was der Weltenlenker will ..., das stammt natürlich aus einer alles überragenden Einsicht in die Zusammenhänge der Dinge ..." (Elliger z.St.; zu V.13f vgl. auch ders., Der Begriff "Geschichte" bei Deuterojesaja, S.207-210).

151  Diese Formulierung setzt voraus, daß in V.12 tatsächlich Schöpfungsvorgänge geschildert werden. Darauf weist die Verwendung von תכן im Zusammenhang mit Schöpfungsaussagen in Ps 75,4 und Hi 28,25 hin (vgl. Anm.141). In diesem Sinn darf man dann auch מדד verstehen: Es steht in Jes 40,12 zu תכן in einem chiastischen Verhältnis. Anzuführen wäre auch nochmals Hi 28,25, wo die Substantivbildung מִדָּה dem Verb תכן zugeordnet ist. Wird tatsächlich mit מדד ("messen") ein Schöpfungsvorgang umschrieben, dann braucht man hinsichtlich des Verbs שקל ("wägen") wohl nichts anderes zu vermuten. Wie steht es nun mit der Vorstellung, Jahwe erfasse im Dreimaß den Staub der Erde? Wenn in einem bereits zitierten babylonischen Beleg (AOT, S.298, Z.240f) davon die Rede ist, daß Marduk die Erde aufschütte, das Wasser des Meeres messe und Pflanzungen schaffe, dann dürfte auch das Erfassen der Erde im Dreimaß einen Schöpfungsvorgang meinen: Jahwe erfaßt den Staub der Erde im Dreimaß, um ihn aufschütten zu können. Direkt sagt dies unser Text nicht; gleichwohl könnte er diese Vorstellung beinhalten.

152  Anders sieht es v.Waldow, Anlaß und Hintergrund, S.28f: Der "Punkt gemeinsamer Übereinstimmung kann geschaffen werden durch rhetorische Fragen, die eigentlich nichts als Binsenwahrheiten enthalten, denen aber gerade deshalb die Hörer zustimmen müssen, Jes. 40,12-14." Ähnlich äußert sich Gitay, Prophecy and Persuasion, S.81.

153  Von "Monotheismus" kann nur dann geredet werden, wenn es um die Einzigkeit eines Gottes (hier also Jahwes) geht. Zu unterscheiden sind davon Aussagen, die "lediglich" Jahwes Unvergleichlichkeit und Einzigartigkeit ausdrücken wollen (vgl. hierzu H.Wildberger, Der Monotheismus Deuterojesajas, S.507; zu den Aussagen von der Unvergleichlichkeit Jahwes oder einer anderen Gottheit vgl. C.J.Labuschagne, The incomparability of Yahweh). Daß sich erst seit Deuterojesaja durchreflektierte(!)

monotheistische Aussagen finden lassen (vgl. Wildbergers Untersuchung, insbes. S.520), ist anzunehmen. Eine andere Frage ist jedoch, ob es nicht schon vor dem Exil deutliche Ansätze in dieser Richtung gegeben hat (s. hierzu auch Abschn.II, Anm.73). Während Vorländer hier skeptisch ist, "weithin einen polytheistischen Charakter" der vorexilischen Religion Israels annimmt und lediglich einen "deutliche(n) Trend hin zur Monolatrie" gegen Ende der Königszeit zu erkennen meint (Der Monotheismus Israels als Antwort auf die Krise des Exils, S.111), geht Stolz (Monotheismus in Israel, S.177) m.E. von einem etwas weiter reichenden Blickwinkel aus, indem er sich nicht allein auf monotheistische oder monolatrische Aussagen als solche konzentriert. So hätte sich die Unheilsprophetie des 8. Jahrhunderts "an der Differenz zwischen Gott und Welt" orientiert; "... der Gott, welcher dieser Welt gegenübersteht, ist etwas ganz anderes als die sich im Kosmos der Lebenswelt sich manifestierenden Götter des Polytheismus." Unabhängig von dem schwierigen Problem, ob man schon in der nomadischen Zeit oder in Israels Frühzeit monotheistische Tendenzen ausmachen kann (vgl. die Diskussion bei Stolz, S.154-174), wird man doch bei der vorexilischen Prophetie mit derlei Ansätzen zu rechnen haben, auf denen Deuterojesaja fußen konnte. Wie anders als so wollte man etwa die jesajanische Geschichtsschau verstehen, daß Jahwe die Fäden des gesamten geschichtlichen Geschehens in der Hand hat und so z.B. auch hinter der Großmacht Assur steht? Freilich könnte man bei Belegen wie Jes 7,18; 8,4; 10,15 einwenden, daß es außerisraelitische Belege im polytheistischen Zusammenhang gibt, denen zufolge Götter sich gegen ihr eigenes Territorium wenden können oder auch Fremdvölker dazu dienen, daß eine Gottheit ihr Vorhaben verwirklichen kann. Der diesbezüglich m.E. deutlichste Beleg ist der sog. "Fluch über Akkad" (zusammenfassend dargestellt bei Albrektson, History and the Gods, S.24-26). Hier wird aber sofort deutlich, daß die polytheistischen Prämissen in der Weise zum Tragen kommen, daß die Handlung einer einzelnen Gottheit in Korrelation zu den Verhaltensweisen anderer Götter gebracht wird, was eben bei Jesaja nicht der Fall ist.

154 Das Substantiv אִיִּים (Elliger: "die fernen Inseln und Gestade"; so auch KBL) wird wohl deshalb neben גּוֹיִם gebraucht, um "den Kreis der Völker in lückenloser Vollständigkeit bis in die weiteste Ferne vor Augen zu führen." (Elliger).

155 Einige keilschriftliche Parallelen zu Jes 40-66, S.176.

156 Insgesamt kommen die Kommentare zu den unterschiedlichsten Lösungen. Duhm kann an der Echtheit von V.16 deshalb festhalten, weil er mit V.17 einen neuen Sinn-

abschnitt beginnen läßt. Keine eindeutige Entscheidung
wagen Volz und Westermann. Whybray hält den Vers auch
im jetzigen Zusammenhang V.12-17 für echt, Fohrer klam-
mert ihn als Zusatz aus.

157 Elliger weist mit Recht darauf hin, daß דמות nie
"Gottesbild" bedeute. In Jes 13,4 kann das Wort sogar
die Funktion eines Vergleichspartikels einnehmen (vgl.
auch כדמות in Ps 58,5).

158 צורף am Schluß von V.19 ergibt schwerlich einen Sinn.
Alternativvorschläge müssen hypothetisch bleiben. M.E.
kann man am ehesten ירצף lesen. Die Textverderbnis wäre
mit einer Umstellung zweier Konsonanten und der Erset-
zung von י durch ו zu erklären. Nachdem kurz vorher im
gleichen Vers tatsächlich צרף im Partizip vorkommt, hat
ein Abschreiber wohl noch dieses Wort im Ohr gehabt.

159 Vollends unklar sind die Worte המסכן תרומה , die z.T.
von den Übersetzungen nicht wiedergegeben werden. Es
scheint mir angemessen, mit Elliger auf eine Übersetzung ganz zu verzichten. Eines scheint jedoch wahrscheinlich: V.19 sagt aus, daß das Götterbild gegossen
wird, das Material in V.20 aber ist Holz. Somit dürfte
in beiden Versen eine je unterschiedliche Fertigungs-
technik beschrieben sein.

160 Die meisten Kommentare lesen statt מיסדת מוסדות oder
auch מיסדות , während neuerdings Merendino wieder beim
vorliegenden Text bleibt. Gewiß könnte man sich
grundsätzlich einen Austausch von י durch ו vorstellen;
dennoch kann solche Emendation wenig überzeugen. Als
Angeredete sind ja die Exulanten zu denken. Können
diese etwas "von der Gründung der Erde an", also in
dieser zeitlichen Erstreckung nach rückwärts, wissen?
Elliger postuliert, daß der Erkenntnisvorgang und sein
Inhalt "zu allen Zeiten" der gleiche wäre. Das würde
aber heißen, daß Deuterojesaja hier Elemente einer -
wie wir heute sagen würden - "natürlichen Theologie"
aufnimmt (vgl. in dieser Hinsicht Duhm und Volz). Solche Denkstrukturen sind aber - wie wir insgesamt zu
zeigen versuchen - in der ganzen Komposition V.12-31
nicht zu finden. Auch die Wendung מראש in V.21 will
nicht auf derlei hinaus. H.P.Müller (Art.ראש , Sp.712)
meint zwar, daß der Ausdruck hier - wie in 41,4 - "im
Blick auf den Anfang der Zeit überhaupt verwendet"
werde und sich hier somit für Deuterojesaja "die Geschichte Israels mit der Geschichte schlechthin" decke.
In 41,26 und 48,16 dürfte die Wendung aber auf keinen
Fall diesen Sinn haben. Sie scheint vielmehr in allen
vier Belegen einen zunächst nicht näher umrissenen
Anfang zu meinen. Um welchen Anfang es sich genau
handelt, kann nur der Kontext klären. Dieser deutet in
V.21 darauf hin, daß es sich hier um den Anfang der

Geschichte Gottes mit Israel handeln kann, die in diesem Beleg als eine Geschichte der Wortmitteilung begriffen wird. - Unsere Übersetzung ist folgendermaßen zu erläutern: Es geht um die Grundfesten der Erde. Sie stellen gleichsam Fundamente dar, die im Meer aufruhen (vgl. 2.Sam 22,16 und Ps 18,16; von den "Grundfesten der Erde" ist außer in Jes 40,21 in Jes 24,18; Jer 31,37; Mi 6,2; Ps 82,5; Spr 8,29 die Rede). Durch die Grundfesten wird die Erde vor dem Versinken im Meer bewahrt. ארץ ist hier also nicht als Gegensatzwort zu "Himmel", sondern zu "Wasser" zu verstehen (vgl. H.H.Schmid, Art. ארץ , Sp.229-231). - Wenn nun Deuterojesaja ein Wissen über die Grundfesten der Erde erfragt, dann ruft er hier weniger ein kosmologisches Wissen in Erinnerung. Vielmehr will er auf den verweisen, der der Erde ihre Grundfesten gegeben hat. Deshalb wird auch sogleich in V.22 von der Majestät des Schöpfers gesprochen.

161 Die Übersetzung von חוג mit "Kreis" läßt noch offen, was damit eigentlich gemeint ist. Hilfreich ist zunächst Elligers Erklärung, es wäre "der Horizont gemeint als die Linie, innerhalb derer die Erde sich ausbreitet und die zugleich der Rand des Himmelsgewölbes ist, das sich über der Erde spannt." Umfassender ist allerdings Keels im Anschluß an altorientalische Vorstellungsgehalte gewonnene Darlegung: "Auch das AT stellt neben den Erdkreis die Inseln (97,1; vgl. 72,10). Diese Inseln bilden die 'Enden der Erde' (Jes 41,5), den äußersten kreisrunden Horizont (Hi 26,10), der aus riesigen Bergen besteht, die das Himmelsgewölbe tragen. Wenn Gott im Kampf mit den Mächten des Chaos das Meer bis auf den Grund aufwühlt, dann werden die Fundamente der Berge, resp. der Erde sichtbar (18,8.16)." (Die Welt der altorientalischen Bildsymbolik, S.18; die Bibelbelege, die nur Kapitel- und Verszahl nennen, beziehen sich auf die Psalmen.) Diese Deutung erlaubt es, Deuterojesajas Rede von den "Inseln" (40,15; 41,1.5; 42,4.10.12.15; 49,1; 51,5), von den "Enden der Erde" (40,28; 41,9; 42,10; 43,6; 48,20; 49,6), von den "Grundfesten" (40,21) und dem "Kreis der Erde" (40,22) auf einer Linie zu sehen. Es handelt sich hier um geschöpfliche Gegebenheiten, deren Vorhandensein für den Bestand vorfindlicher Wirklichkeit unabdingbar ist, jenseits derer zugleich nichts "Seiendes" mehr gedacht werden kann. Somit legt es sich auch nahe, die Rede von den "Grundfesten der Erde" (V.21) und die vom "Kreis der Erde" (V.22) in einen direkten Zusammenhang zu bringen. - Ein Blick auf Spr 8,27.29 kann unsere Sicht nur weiter untermauern. In V.27 ist vom Abmessen des Kreises (חוג) über den Wassertiefen die Rede, in V.29 vom Abmessen der Grundfesten (מוסדי) der Erde. Das Verbum חקק in Spr 8,27.29 habe ich im Anschluß an Ringgren (ATD 16/1 z.St.) mit

"abmessen" wiedergegeben. Man könnte auch von "ab-
stecken" oder "feststecken" (Gesenius) reden. In ihrem
Kontext unterstützen diese Belege nochmals unsere Annahme, daß auch Jes 40,12 einen Schöpfungsvorgang
umschreiben will. Daß in Spr 8 im weisheitlichen Kontext davon die Rede ist, nötigt uns allerdings nicht zu
dem Schluß, daß Deuterojesaja in 40,12 auf diesem Boden
stünde. Vielmehr wird man angesichts der zu 40,12 von
uns angeführten babylonischen Belege annehmen können,
daß im alten Orient das Abmessen eines Objektes als
Schöpfungsvorgang begriffen worden ist und so in ganz
unterschiedlichen Traditionsströmungen Eingang finden
konnte; auch das Vergleichsmaterial zu 40,13f macht es
wahrscheinlich, solche religionsgeschichtlichen Bezüge
zu vermuten und weniger weisheitlichen Einfluß. - Nun
ist allerdings vom "Kreis der Erde" nicht für sich die
Rede, sondern es wird gesagt, daß Jahwe über (על) ihm
throne. Markiert der "Kreis der Erde" die Grenze dessen, was man sich als geschöpflich gegeben vorstellen
kann (vgl. Hi.26,10: "Der auf den Wassern einen Kreis
abmißt, bis hin, wo Licht samt Finsternis enden."; mit
dem Apparat der BHK lesen wir statt חק חקק [allerdings
Partizip und nicht Perfekt] und leiten חן von חנן ab),
dann entzieht sich das Thronen Jahwes über diesem Kreis
der raumhaften Vorstellung (anders Elliger: "Jedenfal-
les thront Jahwe nicht im leeren Luftraum, sondern über
dem Himmelsgewölbe."). Es wird ein Vorstellungshorizont
eröffnet, den wir in unserer Begrifflichkeit "Transzendenz" nennen würden.

162 Die Ergebnisse in seinem Kommentar sind durch seine
    Untersuchung "Sprache und Struktur der Prophetie Deute-
    rojesajas" untermauert (S.127ff).

163 Deuterojesaja, S.51f.

164 Prophecy and Persuasion, S.81-83.

165 ATD 19, S.53.

166 Es seien nur einige Möglichkeiten der Unterteilung von
    40,12-31 genannt:
    - 12-17/18-24/25-26/27-31 (Westermann);
    - 12-17/18-20/21-26/27-31 (Merendino);
    - 12-17/18-26/27-31 (Elliger, Whybray);
    - 12-17/18-20/21-24/25-27/28-31 (Leslie).
    Die Masoreten haben nochmals anders unterteilt:
    12-16/17-24/25-26/27-31.

167 Unsere nun folgenden Ausführungen berühren sich eng
    mit der Analyse von 46,5-7(5-11) in Anm.18.

168 Wenn man V.19f von V.18 her versteht, dann läßt sich
    feststellen, daß Deuterojesaja offenkundig eine Identi-

358

fikation von Gottheit und Bild vornimmt. Ist das eine polemische Übertreibung? Daß "auch einem antiken Menschen der Unterschied durchaus bewußt ist", bemerkt Elliger (BK XI/1, S.73). M.E. muß man da differenzieren. Institutioneller Theologie ist solche Differenz wohl bewußt. Trifft dies aber auch für die "einfachen" Gläubigen zu? Vgl. auch die ganz ähnliche Beobachtung von Preuß, Deuterojesaja, S.55. Insofern kann man der Götterbildpolemik Deuterojesajas ihre Berechtigung nicht abstreiten. Wieweit sie überzeugt hat, ist eine andere Frage. Gerade die Repräsentation der Gottheit im Bild wird auch ihre Verlockungen gehabt haben.

169 In Abschn.IV werden wir auf vorexilische Schöpfungsaussagen zu sprechen kommen. Der Hinweis auf die Verkündigungstradition scheint mir ein(!) sicheres Indiz dafür zu sein, daß Deuterojesaja mit seiner Schöpfungstheologie nicht in der Weise Neuland betreten hat, wie es Vorländer (Der Monotheismus Israels als Antwort auf die Krise des Exils, S.107f) annimmt.

170 In den Psalmen wird oft vom Thronen Jahwes gesprochen. Es kann davon die Rede sein, daß Jahwe auf dem Thron sitzt (9,5; 47,9), auf dem Zion (9,12; 132,14), auf dem Berg (68,17), über (auf?) den Cherubim (80,2; 99,1). Diese Belege deuten darauf hin, daß die Vorstellung im Jerusalemer Kult beheimatet ist. Die übrigen Stellen weiten das Vorstellungsfeld aus; es dürfte aber nichts dagegen sprechen - auch der Kontext der Aussage ist vielfach aufschlußreich -, da ebenso Jerusalemer Kulttradition anzunehmen: Jahwe thront auf der Flut, als König in Ewigkeit (29,10), als Heiliger (22,4), er thront ewig (102,13), seit alters (55,20), in den Himmeln (2,4; 123,1), in der Höhe (113,5). In 33,14 heißt es schließlich, daß Jahwe vom Ort seines Thronens (den Himmeln, s. V.13) auf alle Bewohner der Erde schaut. - Zu diesem Vorstellungskreis dürfte nun auch Jes 40,22aα gehören. Ist dies richtig, dann fußt Deuterojesaja hier auf Jerusalemer Kulttradition, die so Teil der Verkündigungstradition wäre, die der Prophet bei seinen Zuhörern voraussetzen kann. Auch wenn ein guter Teil der Psalmbelege erst aus nachexilischer Zeit stammen dürfte - vorexilisch sind höchstwahrscheinlich Ps 2; 29; 132 -, ist doch anzunehmen, daß sich über längere Zeiträume hinweg vergleichbare Vorstellungen in jeweils spezifischer Ausprägung durchgehalten haben. - Auf einen weiteren Sachverhalt muß noch aufmerksam gemacht werden: Einige Psalmen bringen Jahwes Thronen zu irdischer Macht dadurch antithetisch in Beziehung, daß der thronende Jahwe diese begrenzt oder auch zunichte macht (z.B. Ps 2; 9,5-13; 33,13-17). Genauso ist Jes 40,22aα.23 zu verstehen! Wie beim vorexilischen Ps 2 ist in Jes 40,23 zudem von den רוזנים (Ps 2,2) und den שפטי ארץ (Ps 2,10) die Rede. Wir können also annehmen,

daß auch die Vorstellung von der Begrenztheit irdischer
Macht im Vergleich zu Jahwes Thronen bereits Bestandteil der Verkündigungstradition war, auf die der Prophet verweist. Bei alledem wäre es unwahrscheinlich,
daß die restlichen Aussagen in V.22f einschließlich der
Schöpfungsthematik etwas völlig Neues gesagt hätten.

171 N.C.Habel hat die Formel "He Who stretches out the
Heavens" (so auch der Titel seines Aufsatzes) traditionsgeschichtlich untersucht und dabei ein besonderes
Augenmerk auf Deuterojesaja gerichtet. Sein Ergebnis
ist folgendes: "The formula ... does not seem to be
pointing to the creation of the heavens as a structural
component of the cosmos ..., but rather to the prepara-
tion of a unique domain of Yahweh for his heavenly
theophanies." (S.430). Außerhalb Deuterojesajas werden
Hi 26,7-10; Ps 18,10-12; 104,2-4; 144,5-7 in erster
Linie angeführt (S.421-425). Es sei hier dahingestellt,
wie es sich bei diesen Belegen verhält und ob man sie
so einander zuordnen kann. Bei Deuterojesaja geht es
jedenfalls in 40,22bα um Schöpfung und nichts anderes.
Der eindeutige Beweis sind die sonstigen Belege, wo
innerhalb Jes 40-55 vom Ausspannen der Himmel die Rede
ist: 42,5; 44,24; 45,12; 48,13; 51,13. Bei diesen ist
es vom Kontext her völlig klar, daß ein Schöpfungsvorgang gemeint ist.

172 Elliger weist darauf hin, daß die רוזנים sonst (Ri 5,3;
Hab 1,10;Ps 2,2; Spr 8,15; 31,4) "immer in der Parallele zu den Königen (erscheinen)", somit wie diese "Wür-
denträger" und "Machthaber" wären. Nachdem in unserem
Beleg im synonymen Parallelismus die "Richter der Erde"
erwähnt werden, wird man hier davon ausgehen können,
daß es sich nicht um "Richter" im engeren Sinn handelt,
sondern um Männer, "die ganz allgemein Herrschaft aus-
üben, regieren." (so Elliger unter Verweis auf Ps 2,10;
148,11; Spr 8,16).

173 Als Beispiel sei hier das Loblied der Hanna angeführt
(1.Sam 2,1-10), das für uns auch noch aus einem anderen
Grund interessant ist: Das die Machtverhältnisse umkeh-
rende Handeln Jahwes (V.7.8a) wird in 8b - eingeleitet
durch ein begründendes כי - mit der Aussage in Verbindung gebracht, daß Jahwe die Säulen (מצוק Pl.) der
Erde gehören und er den Erdkreis darauf gesetzt hat.
Das ist m.E. ein weiterer Grund dafür, am Text in V.21b
nichts zu ändern.

174 Auch V.21b hat noch Fragecharakter; nur zielt die Frage
hier auf die Grundfesten der Erde, während die Fragen
in V.21a allgemeiner ausgerichtet sind und noch nicht
deutlich machen, auf was sie hinauswollen. Das wird
erst durch die speziellere Frage in V.21b und die
konstatierenden Aussagen in V.22f klar.

175 Die Frage in V.18 leitet das Disputationswort ein und gehört als solche noch nicht zur Disputationsbasis. Daß V.23 auch überleitenden Charakter hat, wurde bereits vermerkt.

176 Erst die nachfolgende Zeile macht deutlich, was mit "diese" gemeint ist: das Heer der Himmel, das hier aus den Gestirnen besteht (vgl. etwa auch Dtn 4,19; 17,3). Daß mit dem Suffix der 3.Pers.pl. tatsächlich die Himmel gemeint sind, legt sich auch von 45,12b her nahe. - Bemerkenswert ist, daß das "Heer der Himmel" anderweitig als (möglicher) Gegenstand göttlicher Verehrung angeführt werden kann, was natürlich durchweg in kritischem Licht gesehen wird (vgl. Dtn 4,19; 17,3; 2.Kön 17,16; 21,3.5; 23,4f; Jer 8,2; 19,13; Zeph 1,5; 2.Chr 33,3.5). Die Mehrzahl der Belege weist in den dtn.-dtr. Bereich. Offenkundig ist nicht nur im Nordreich (so 2.Kön 17,16), sondern auch in Juda dem Heer der Himmel göttliche Verehrung gezollt worden: Nach 2.Kön 23,4f hat Josia zusammen mit dem Baals- und Ascherakult auch die Gestirnsverehrung in Juda wieder abgeschafft.

177 במספר kann sowohl "abgezählt" als auch "vollzählig" bedeuten (Elliger). In der hier vorgenommenen Übersetzung sollen beide Bedeutungsnuancen Berücksichtigung finden.

178 Zum Begriff משפט bei Deuterojesaja vgl. Anm.150. Die Aussage "... vor meinem Gott entschwindet mein Recht" ließe sich also in dem Sinn verstehen, daß von Jahwe her keine heilvolle Zuwendung mehr erfahren wird.

179 Zur Rede von den Enden der Erde vgl. Anm.161.

180 "Zwischen Jahwe und den Gestirnen steht ... die Schöpfung. Nicht Gleichheit oder auch nur Vergleichbarkeit besteht, sondern der klare Unterschied zwischen Schöpfer und Geschöpf." (Elliger; vgl. auch Whybray, The heavenly counsellor in Isaiah xl 13-14, S.81).

181 Elliger, der vor allem den Aspekt gestrengen Befehlens betont, zieht bei der Aussage, daß Jahwe alle Gestirne beim Namen ruft, als Vergleichstext bei Deuterojesaja die textkritisch unsichere Stelle 41,25 heran, während wir uns auf 43,1 und 45,3f berufen.

182 Ganz ähnlich auch E.Jenni, Art. עולם, Sp.239.

183 Weitere Belege bei Jenni, a.a.O., Sp.240. Jenni sieht z.B. dort, wo von Jahwe als in Ewigkeit thronendem König geredet wird, "Nachwirkungen älterer Tradition".

184 Vgl. Anm.161. Dort haben wir beobachtet, daß die Rede von den Enden der Erde in einen umfassenderen Vorstellungszusammenhang gehört, der nicht nur Deuterojesaja

zu eigen ist, wenngleich für die Formulierung, Jahwe schaffe die Enden der Erde, kein Beleg beizubringen ist, auf den sich der Prophet direkt hätte stützen können. Insofern halten wir unsere doppelte Betrachtungsweise für angemessen, einerseits Deuterojesaja auf bekannten Vorstellungen fußen zu sehen, andererseits ihm in der Art des Ausdrucks und den damit verbundenen Nuancierungen Neues zuzutrauen.

185 Elliger vermutet vornehmlich einen "Seitenblick auf die übrigen an der Geschichte beteiligten Mächte, etwa die Babylonier, die alle schließlich müde werden." V.30 scheint mir aber darauf hinzudeuten, daß als Kontrast eher menschliche Begrenztheit als solche zu denken ist.

186 V.28 gebraucht יעף und יגע im Hinblick auf Jahwe verneinend, ebenso V.31 hinsichtlich derjenigen, die auf Jahwe hoffen. In V.30 ist die Verneinung aufgehoben.

187 Das Disputationswort V.25-31 unterscheidet sich von den beiden vorangehenden dadurch, daß der Einwand, dem Deuterojesaja entgegnen will, direkt genannt wird (V.27) und die Schlußfolgerung V.29-31 insofern persönlicher ausfällt, als statt der die Exulanten bedrängenden Mächte die Gola - wie schon in V.27 - direkt(!) ins Blickfeld tritt und somit auch der Ton ein persönlicherer ist. So gesehen hat es seinen guten Sinn, daß dieses Disputationswort am Schluß der Komposition steht, ohne daß damit die ursprüngliche Selbständigkeit der beiden vorangehenden Einheiten in Zweifel gezogen werden müßte.

188 Zit. nach AOT, S.120f.

189 Vgl. aber ergänzend Anm.42.

190 Es ist in diesem Zusammenhang nochmals ein Blick auf V.26aα zu werfen. Daß hier die Aufforderung, die Augen zu den Gestirnen emporzuheben und die daran anschließende Frage, wer diese geschaffen hat, keine selbstverständliche Antwort in sich bergen kann (so z.B. Duhm), macht Jes 49,18 klar. Dort wird aufgefordert, mit den Augen umherzublicken. Was zu sehen ist bzw. wäre, ist eine (künftige) Sammlung des Volkes - aber: "Es ist ja gar nichts zu sehen!" (Westermann). Geht es so in 49,18 eindeutig nicht um eine Schau offenkundig vorliegender Sachverhalte, sondern um ein "nur" den Augen des Glaubens zugängliches Sehen, dann ist es nicht unangemessen, die stilistisch sehr ähnliche Aufforderung in 40,26 dahingehend zu bewerten, daß auch sie nicht einfach auf Selbstverständlichkeiten hinauswill.

191 Zur präsentischen Wiedergabe der Partizipien vgl. Anm.97.

192 Wenn man ואצרך von יצר herleitet (Westermann, McKenzie, Elliger u.a.), dann würde das bedeuten, daß an dieser Stelle die sog. Menschenschöpfungstradition auf Kyros übertragen wurde (daß Kyros der Angeredete ist, werden wir im folgenden noch nachzuweisen versuchen). Dies wäre bei Deuterojesaja singulär. Außerdem müßte man dann in Imperf.cons. umvokalisieren. Es scheint mir so die Herleitung von נצר die wahrscheinlichere zu sein, wie sie auch von North, Fohrer u.a. vorgenommen wird.

193 ברית meint hier eine Selbstverpflichtung Jahwes, die man an dieser Stelle mit "Zusage" wiedergeben kann (vgl. E.Kutsch, Verheißung und Gesetz, S.133f [speziell zu dieser Stelle] und [grundsätzlich] ders., Art. ברית , Sp.342).

194 Das hat bereits Elliger beobachtet. Dieser hat weiterhin auf die Nähe der Berufungsterminologie unseres Abschnittes zu den Kyrosliedern hingewiesen (S.228).

195 Dieser Gesichtspunkt wiegt für mich stärker als die gegenläufige Beobachtung, daß sowohl in 42,6 als auch in dem Gottesknechtslied 49,1-6 (V.6) der Angeredete zum "Licht für die Völker" gemacht werden soll. Kann dies nicht sowohl für Kyros als auch für den Gottesknecht gelten?

196 Ein solcher plötzlicher - wenn auch formaler - Wechsel der Anrede weist m.E. darauf hin, daß die Einheit ursprünglich mündlich vorgetragen wurde, und zwar für sich allein, weil ja der Kontext (V.1-4.10ff) ganz andere Aussageinhalte hat.

197 Studien zu Deuterojesaja, S.55.

198 Studien, S.46f.

199 Ich bin Jahwe, S.31f. Bereits in der Berufungsthematik ist also das Element der Bestreitung enthalten, ohne freilich ausschließlich davon geprägt zu sein. Die Ausführlichkeit, mit der auf die Beauftragung des Kyros in V.6b.7 eingegangen wird, läßt sich nämlich von hier aus schwerlich erklären. - In späteren Aufsätzen führt Zimmerli auch den Begriff "Erkenntnisformel" ein und faßt damit die Redefiguren zusammen, in denen es um die Erkenntnis des Gottseins Jahwes geht. Vgl. die Arbeiten "Erkenntnis Gottes nach dem Buche Ezechiel" (zu Deuterojesaja S.69-71) und "Das Wort des göttlichen Selbsterweises (Erweiswort)" (zu Deuterojesaja [wenn auch ganz kurz] S.132). Hat Zimmerli in letzterem Aufsatz die Erkenntnisformel auf Gattung und Sitz im Leben hin befragt und dabei das "Erweiswort" als Gattung herausgearbeitet, so wird in einem weiteren Aufsatz untersucht, welche Funktion zusammen mit anderen Gat-

tungen das Erweiswort für die Jahweerkenntnis hat: Vgl.
"Der Wahrheitserweis Jahwes nach der Botschaft der
beiden Exilspropheten". S.210f kommt Zimmerli in einer
für uns nicht uninteressanten Weise, aber leider nur
recht kurz auf die Funktion der Schöpfungsaussagen bei
Deuterojesaja zu sprechen: "Im Beweisverfahren gegen
die Götter wird nirgends unverhüllt auf die Schöpfung
zurückgewiesen. Der Hinweis auf die Schöpfung spielt in
den an Israel gerichteten Disputationsworten eine wichtige Rolle." (Zitat S.210). Bei dieser Differenzierung
kommt freilich der Sachverhalt zu kurz, daß auch in den
Disputationsworten 40,12-31 eine Auseinandersetzung mit
den Göttern mit enthalten ist (vgl. Abschn.III.4.a-d).
- Zu nennen ist schließlich noch Zimmerlis Aufsatz
"Jahwes Wort bei Deuterojesaja", wo u.a. eine Zuordnung
von "Schöpferwort" und "Geschichtswort" vorgenommen
wird (S.117; ähnlich S.124) und somit die Bereiche der
Schöpfung und der Geschichte noch enger als in früheren
Arbeiten miteinander in Verbindung gebracht werden.

200 Abgedruckt in ANET, S.315f. Vgl. hierzu auch E.Vogt,
Einige hebräische Wortbedeutungen, S.57f.

201 Dies hat m.E. Vogt etwas zu wenig beachtet (a.a.O.,
ebd.).

202 41,4.22.27; 42,9; 43,9.18.27; 44,6; 46,9; 48,3.12;
52,4.

203 בטרם תצמחנה wird man sicher nicht so verstehen dürfen,
als wäre Kyros noch ganz und gar außer Sicht. Eher wird
wohl gemeint sein, daß die Tragweite dessen, was da am
Horizont heraufzieht, der allgemeinen Einsicht noch
entzogen ist. In den beiden weiteren Belegen von צמח
bei Deuterojesaja (43,19; 44,4) meint das Verb ein
wahrnehmbares Sprossen. "Bevor es sproßt" könnte dann
in unserem Zusammenhang bedeuten: bevor es in seiner
vollen Bedeutung wahrnehmbar und erkennbar ist. Genau
diese volle Bedeutung des Kyrosgeschehens sub specie
Jahwes umschreiben V.6f!

204 Elliger (S.230) legt sich ziemlich genau fest: Es wären
"spätestens die Erfolge des lydischen Feldzuges 546
gemeint".

205 Elliger (S.238) konzediert dies auch, meint aber, in
Jes 40-55 wären nicht alle Worte Deuterojesajas überliefert. Das kann stimmen, gleichwohl scheint es mir
problematisch, hierauf die Argumentation zu stützen.

206 Vgl. auch die grundsätzlichen Überlegungen v.Waldows
(Anlaß und Hintergrund, S.147f).

207 Zu 46,5-11 vgl. Anm.18.

208 מראשית dürfte in der gleichen Weise gebraucht sein wie מראש in 40,21 (vgl. Anm.160). Auch מקדם könnte hier die Zeitspanne zurück in die Vergangenheit bis hin zum Anfang der Geschichte Gottes mit seinem Volk meinen (vgl. קדם in Ps 44,2; 74,2).

209 Unser Vergleich von 46,9-11 mit 42,9 hat also gezeigt, daß von den ראשות teils mehr global, teils mehr konkret die Rede sein kann. Diese Differenzierung nimmt auch Whybray (Kommentar zu 48,3) vor, der allerdings die konkrete Redeweise (42,9; 43,9) auf die eben zurückliegenden Geschehnisse im Zusammenhang mit dem Auftreten des Kyros bezieht, während es in 41,22; 43,18; 46,9; 48,3 um "Yahweh's past deeds in general" gehe. - Vgl. auch Anm.266.

210 Merendino will im Zuge seiner insgesamt stark literarkritisch orientierten Auslegung die Schöpfungsaussagen als eine spätere Hinzufügung betrachten. Er führt wortstatistische und stilistische Gesichtspunkte an. Als Hauptargument bringt er vor, daß die Verwendung von mehr als zwei partizipialen Appositionen zum Jahwenamen bei Deuterojesaja ungebräuchlich sei (S.241). M.E. ist es problematisch, in solchen engen Rastern zu denken. Wenn man nicht zu stark literarkritischen Hypothesenbildungen das Wort reden will, müßte man m.E. in klaren Konturen das Aussageinteresse des Redaktors herausarbeiten können. Das vermisse ich hier bei Merendino. - Nebenbei: Der Nachweis, den er sonst bei seinen literarkritischen Operationen zu 42,5-9 tatsächlich versucht, kann kaum überzeugen. Ist es wirklich das Interesse des Redaktors, "Jahwe als Gott schlechthin zu bezeugen." (S.255)? Ist es so völlig abwegig, eine solche Intention Deuterojesaja selber zuzusprechen?

211 Studien, S.88; das folgende Zitat S.90.

212 Auch dort, wo Deuterojesaja unverwechselbar eigenes, wenn auch nicht auf die Schöpfung bezogenes Gedankengut ins Spiel bringt, bedient er sich der nicht suffigierten partizipialen Redeweise (vgl. 46,10.11a).

213 Vgl. unsere Erwägungen zum Schöpfungsbegriff in Abschn. III.3 und insbes. Anm.97.

214 Nach einer recht sicheren Textbezeugung (s. BHS und BHK) wäre מִי אֵפִי zu lesen (vgl. auch Westermann, Elliger, Merendino u.a.). Dem wird man folgen können, da so eine sinnvolle Entsprechung zu לבדי hergestellt wird.

215 Es ist nicht ganz sicher, ob בד auch personal ("Schwätzer") oder nur sachlich ("Geschwätz") übersetzt werden kann (vgl. die Diskussion bei Elliger). Im Kontext ist von den Wahrsagern und den Weisen die Rede. Dies em-

pfiehlt eine personale Deutung und weiterhin eine Emendation von בדים hin auf ברים. Auch die anderen Perso-
nenbezeichnungen enthalten ja von sich aus keine Abwer-
tung; diese ergibt sich erst vom Handeln Jahwes her.

216   שכל Piel ist hier mit סכל Piel identisch zu sehen.

217   Der Singular von עבד ist relativ gut bezeugt (auch Qa
und Qb lesen so). Der Parallelismus spricht jedoch
dafür, Plural zu lesen (V.26aß redet von den "Boten").
Würde man den Singular beibehalten, dann wäre nicht
auszuschließen, daß V.26aα sich auf die Verkündigung
Deuterojesajas bezieht. Dies hätte dann wiederum Konsequenzen für das Verständnis von 42,9 (vgl. unsere Diskussion im vorangehenden Abschnitt). Liest man Plural,
dann kann man den gesamten V.26a auf die prophetische
Verkündigung bis hin zum Exil beziehen und hätte somit
eine einheitliche Aussage vorliegen.

218   Der Wortlaut ist sicher nicht so zu verstehen, daß
Jahwe Ausführungsorgan eines Planes wäre, der von seinen Boten stammt. Gemeint ist wohl der Plan Jahwes
(sein geschichtliches Vorhaben), der von seinen Boten
bekanntgemacht und von Jahwe seinerseits ausgeführt
wird (mit Elliger).

219   Daß ab V.26b die Partizipien mit dem Artikel versehen
sind, muß auch in der Übersetzung deutlich werden, was
häufig nicht geschieht. Merendino trägt dem Artikel mit
der Wiedergabe "Dieser ist es, der sagt ..." Rechnung
und akzentuiert m.E. dabei doch etwas zu stark. Angemessener scheint mir die Einführung des Personalprono-
mens durch Elliger zu sein (" Der ich sage ..."), der
sie wie folgt begründet: Im Nominalsatz würde beim
Prädikat die Setzung des Artikels unterbleiben, so daß
die Partizipien ohne Artikel in V.24b-26a als zum Prädikat des Nominalsatzes אנכי יהוה gehörig zu denken
wären, während das dreimalige האמר zum Subjekt gehöre.
Die mit dieser Deutung verbundene Übersetzung hat zudem
den Vorteil, daß in V.26b-28 der partizipiale Vordersatz mit der Ich-Form des Nachsatzes zusammenstimmt.

220   V.26b fällt wegen seiner Länge auf. Duhm, Fohrer und
Westermann behelfen sich damit, daß sie V.28bß an
V.26baα× anschließen, so daß dann mit V.26bα ב eine neue
Verszeile beginnt. Das würde vom hebräischen Schrift-
bild her gesehen bedeuten, daß der dreimalige einheitliche Zeilenanfang (האמר) eine Unterbrechung erfährt,
was gegen diese Lösung spricht. Elliger hält V.26bα ב
für einen Zusatz (ebenso BHK und BHS). Das ist nicht
unwahrscheinlich (vgl. das in V.26bß vorkommende und
sich eindeutig auf Jerusalem beziehende Suffix). Bei
V.28b, der ja seltsam nachklappt (und von Elliger auch
für sekundär angesehen wird), erschiene mir folgende

Lösung denkbar, die freilich hypothetisch bleiben muß:
Es könnte sich um eine Randglosse zu V.26b handeln. Der
Glossator hat vermißt, daß vom Wiederaufbau Jerusalems
direkt nicht die Rede ist. Außerdem wollte er den
Tempel - היכל kommt innerhalb Jes 40-55 nur hier vor -
erwähnen. Später könnte diese Randglosse in den Text
selbst hineingekommen und dabei an den Schluß geraten
sein. Ein besonderes Problem stellt noch der Infinitiv
am Beginn von V.28b dar. Vielleicht hat hier ursprünglich auch האמר gestanden (vgl. LXX und Vulgata). Die
Verschreibung wäre damit zu erklären, daß auch das
nachfolgende Wort mit ל beginnt. Mit dieser Verschreibung müßte dann die Setzung der Kopula, mit der V.28b
eingeleitet wird, einhergegangen sein.

221 Hinsichtlich des Bedeutungsgehalts von צולה im vorliegenden Kontext kommen die Kommentare zu recht unterschiedlichen (vgl. etwa Westermann mit Elliger) und
teilweise auch etwas schillernden Interpretationen (so
z.B. Volz). Es ist nötig, die verwandten Begriffe
מְצוֹלָה und מְצוּלָה - צולה selbst ist hapax legomenon -
mit zu berücksichtigen. Wenn man von der untypischen
Stelle Sach 1,8 absieht, wo vermutlich eine Ortsbezeichnung gemeint ist, kann damit zunächst einmal ganz
konkret eine Wassertiefe (vor allem eine Meerestiefe)
umschrieben werden (Ex 15,5,; Sach 10,11; Ps 107,24; Hi
41,23; Neh 9,11); etliche Belege lassen aber eine übertragene Redeweise vermuten (Jona 2,4; Mi 7,19; Ps
69,3.16; 88,7). Vor allem die Not und die Gottferne des
Beters kommen durch sie zum Ausdruck. Eine für unseren
Text besonders aufschlußreiche Stellung - darauf weist
Elliger hin - nimmt Ps 68,23 ein: "Gesagt hat der Herr:
Aus Basan werde ich sie zurückbringen, ich werde sie
zurückbringen aus den Tiefen des Meeres." So, wie die
"Tiefe" die persönliche Not des Beters umschreiben kann
(z.B. Ps 69,3.16), so hier eine politische Notlage, die
gewendet werden soll. - In Anbetracht der Parallelbelege läßt sich Jes 44,27 m.E. am ehesten so deuten: Es
liegt keine konkrete, sondern eine übertragene Redeweise vor, wie schon die personale Anrede zeigt. Weiterhin wird man die Tiefe - wie in Ps 68,23 - politisch
verstehen dürfen. Allerdings geht es nun nicht nur um
eine Rettung vor den Mächten der Tiefe, sondern um
deren Beseitigung überhaupt. Der Schluß liegt nahe, daß
hier an das (zusammenbrechende) babylonische Reich
gedacht ist (neben Elliger hebt dies vor allem auch
Fohrer nachdrücklich hervor). Die Nennung des Kyros im
hierauf folgenden Vers würde gerade so einen guten Sinn
ergeben. Das Vorhaben, das er auszuführen hat (V.28aß),
könnte gerade in dem bestehen, was V.27 bildhaft ausdrückt. - Nach Elliger kann in V.27 "die Wahl des
Bildes für die babylonische Weltmacht durchaus durch
den Umstand mitveranlaßt sein, daß die Hauptstadt am
Euphrat lag und das Kernland obendrein von einer Menge

von Kanälen durchzogen war." Das ist m.E. eine sinnvolle Erklärung dafür, daß in V.27b von Strömen die Rede ist. Eine übertragene Redeweise kann ja durchaus von einer konkreten Anschauung her gewonnen werden.

222 So mit Recht Crüsemann, Studien, S.88, Anm.1.

223 Weltschöpfung, S.23.

224 חשך begegnet bei Deuterojesaja sonst noch in 42,7; 45, 3.19; 47,5; 49,9. In 42,7 und 49,9 wird damit die Lage des exilierten Israel umschrieben. אור kommt außer in 45,7 noch in 42,6.16 und 49,6 vor. In allen drei Belegen wird von "Licht" im Zusammenhang mit kommenden Geschichtsereignissen geredet.

225 So in 48,18; 52,7; 53,5; 54,10.13; 55,12. Etwas aus dem Rahmen fällt die Negation in 48,22, ebenso 41,3, wo vom unversehrten Einherziehen des Kyros die Rede ist. - רע kommt nur in 45,7 vor.

226 Wir sehen also keinen Anlaß, in 45,7 die Beschreibung eines allgemeinen Schöpfungswirkens Jahwes zu vermuten, wie dies z.B. Elliger für V.7aα annimmt. Unsere Deutung ließe allerdings grundsätzlich noch die Möglichkeit offen, in der Anführung der Gegensatzpaare eine Anspielung auf den persischen Dualismus zu vermuten. Eine solche Annahme müßte jedoch weitgehend hypothetisch bleiben (vgl. die Bedenken Elligers z.St.; anders Fohrer und - allerdings sehr zurückhaltend - Angerstorfer, Schöpfergott, S. 154-156).

227 In unseren Beobachtungen zur Schöpfungsterminologie (Abschn.III.1) haben wir 45,7 dem Objektbereich 3 zugeordnet, in welchem es um die Wirklichkeit als ganze geht, und zwar in dem Sinne, daß Jahwes Schaffen keine Grenzen kennt. Das muß freilich nicht heißen, daß grundlegende Gegebenheiten der Schöpfung ausdrücklich thematisiert sind. Wäre es anders, dann müßte man zwischen V.7aα und V.7aβ eine m.E. zu strikte Trennungslinie ziehen; V.7aβ läßt sich ja wohl kaum auf "Schöpfung" hin interpretieren.

228 Auf eine ausführliche Referierung der Forschungslage verzichte ich, nachdem das bereits Elliger unternommen hat.

229 "Typisch mesopotamisch, dagegen innerhalb des Alten Testaments abgesehen von Dtjes nirgends belegt, ist der hymnische Selbstpreis der Gottheit ..." (Preuß, Deuterojesaja, S.89; dort auch Hinweis auf mesopotamische Belege).

230 Zur Deutung der Rede von der Erschaffung Israels, wie

sie in V.24a begegnet, vgl. unsere Auseinandersetzung
mit Albertz in Abschn.III.2. Zu 44,24 speziell s.
Anm.71.

231 Mit den "Zeichen der Deuter" dürfte wohl auf das babylonische Wahrsagewesen angespielt sein. Ebenso läßt
sich die Rede von den Weisen und ihrem Wissen von
diesem Horizont her verstehen (vgl. ausführlicher Elliger).

232 Insofern ist es tatsächlich angemessen, in unserem
Abschnitt Strukturen eines Disputationswortes zu sehen
(so auch - freilich im Detail nicht immer auf einer
Linie - Begrich, Studien, S.45f; v.Waldow, Anlaß und
Hintergrund, S.30f; Hermisson, Diskussionsworte, S.674-
676).

233 Sinnvollerweise hat man in BHS gegenüber BHK den Druck
geändert, indem man nun V.24bα als eine Zeile für sich
nimmt und dafür V.24bß und V.24bγ in Parallelismus
zueinander setzt.

234 In welcher Weise das Handeln der babylonischen Götter
aufeinander bezogen ist, wurde in Abschn.III.4.a erörtert und belegt.

235 Diese Überlegungen berühren sich mit den gattungskritischen Darlegungen Fohrers: "Das Wort ... ist seiner
Form nach eine Mischung aus dem Hymnus, dem Lobpreis
Gottes wegen seiner Taten, erkennbar am Partizipialstil, und dem Diskussionswort, das von unbestreitbaren
Behauptungen zu der bestrittenen übergeht." Allerdings
können wir Fohrers Stropheneinteilung so nicht folgen
(er teilt ein: V.24-25/V.26-28a) und meinen außerdem,
nicht von einem "Lobpreis Gottes", sondern von einem
Selbstpreis reden zu sollen. Redesubjekt ist ja Jahwe
selbst.

236 Wir meinen also, daß Jes 44,24-28 sehr genau in die
Situation hineinpaßt, der sich Deuterojesaja im Exil
konfrontiert sieht. So sehe ich keinen entscheidenden
Grund, mit Crüsemann (Studien, S.88, Anm.1) oder Merendino den Text für sekundär zu halten. Die von beiden -
übrigens unterschiedlich! - vorgebrachten stilistischen, wortstatistischen und formkritischen Gesichtspunkte sind m.E. für ihren Schluß nicht zwingend.

237 Die Wiedergabe von V.9bß ist strittig. Die Kommentare
kommen zu unterschiedlichen Lösungen (vgl. auch C.F.
Whitley, Textual Notes to Deutero-Isaiah, S.457-459,
der in 45,9bß erheblich in den Konsonantenbestand ein-
greift). MT behalten Volz, McKenzie, Whybray, Merendino
u.a. bei. Duhm streicht פעלו und ändert - dies in

Übereinstimmung mit LXX - לו in לך . MT geht anscheinend
davon aus, daß in V.9bß die vorausgehende direkte Rede
eine unmittelbare Fortsetzung erfährt. Der Blick wäre
so auf das mißlungene Werk gerichtet, das selbst Redesubjekt wäre. Die Frage ist, wie sich solcher Textsinn
in den Kontext einfügen könnte. Unsere nun zu begründende Sicht ist die, daß hier eine Umstellung der
Suffixe angebracht ist (mit BHK und BHS). In unserer
Deutung gehen wir zunächst einmal von V.10 aus: Die
Frage an den Vater, was er zeuge, ließe sich an sich
sowohl so verstehen, welche Qualität das von ihm Ge-
zeugte habe, als auch so, ob er überhaupt etwas zeugen
könne. Die Fortführung der Aussage deutet m.E. eindeutig auf letzteren Textsinn: Mit der Frage nach den
Wehen wird die Gebärfähigkeit der Frau (Mutter) insgesamt in Frage gestellt. Es scheint mir naheliegend, daß
auch V.9b nichts anderes ausdrücken will. Der Bildner
würde vom Lehm also nicht nach der Qualität seines
Schaffens befragt, sondern daraufhin, ob er überhaupt
etwas mache (V.9bα; vgl. ganz ähnlich Jes 29,16bα).
Stimmt dies, dann kann die Aussage von V.9bß nicht mehr
den Sinn haben, daß das Werk infolge der fehlenden
Hände unvollkommen wäre; es wird vielmehr ausgedrückt,
daß der Bildner keine Hände hat und somit auch nichts
tun kann. Die drei mit מה eingeleiteten Fragen würden
also die Antwort "Nichts!" implizieren (vgl. Ex 15,24;
1.Kön 12,16; Hi 16,6). Somit wäre die postulierte
Suffixumstellung m.E. mit gutem Grund erfolgt, zumal da
sich auch noch ein stilistisches Argument anfügen läßt:
In V.10 ist die direkte Rede durch ולאשה unterbrochen.
Dies wäre auch in V.9b der Fall, wenn man בעלו liest. -
Wir kommen damit zu einer recht paradoxen Aussage: Der
Lehm bestreitet seinem Bildner, daß er Hände habe; der
Sohn dem Vater die Zeugungs- und der Mutter die Gebärfähigkeit. Genau darum geht es dem Propheten: Der Hader
Israels gegenüber seinem Gott soll als eine unmögliche
Möglichkeit dargestellt werden! Zur Debatte steht also
dann weniger Gottes Freiheit gegenüber seinem Geschöpf
(so A.Schoors, I am God Your Saviour, S.263), sondern
seine Fähigkeit zum Handeln. Ebenso geht es nicht darum
- was z.B. Volz annimmt -, daß der Prophet sich in V.9f
gegen ein Murren der Exilierten wenden würde, die Anstoß an der Botschaft nehmen, daß der Fremdkönig Kyros
Jahwes Heilswerkzeug sein soll. Zumindest wenn man V.9-
13 als eine Einheit versteht - und dies tut Volz -,
stößt man dabei auf eine Schwierigkeit, auf die Westermann mit Recht verweist: "... das Argument, das Jahwe
gegen diesen Einwand in V.13 vorbringt, ist mit diesem
Einwand selbst identisch ...".

238 Wir folgen dem Emendierungsvorschlag der BHK. MT ließe
sich u.U. so erklären, daß infolge einer schadhaften
Textvorlage ם nicht mehr genau lesbar war und somit לו
gelesen wurde.

239 אדם ist hier sicher als Kollektivum zu verstehen.

240 In V.12 steht durchgehend Perfekt. Gleichwohl wird man
sich vorzustellen haben, daß es sich bei dem Geschilderten um keinen einmalig abgeschlossenen Akt handelt,
sondern um ein Geschehen, das von der Vergangenheit in
die Gegenwart herüberreicht ("Perfectum praesens" [so
O.Grether, Hebräische Grammatik, §79.f]; vgl. auch
Anm.139). Unsere perfektische Wiedergabe von V.12 will
so keine grundsätzliche zeitliche Differenz zu der
präsentischen Übersetzung der Partizipien (vgl. Anm.97)
markieren.

241 Das Possessivpronomen drückt die besondere Nähe Jahwes
zu seinem gefangenen Volk aus. Eine Textänderung im
Anschluß an LXX (so Fohrer und Westermann) halte ich
für nicht nötig.

242 Ob man mit Elliger (Deuterojesaja in seinem Verhältnis
zu Tritojesaja, S.182f), Duhm u.a. V.13bß.γ, der in der
Tat etwas nachklappt, für sekundär hält oder nicht,
spielt für unsere Fragestellung weiter keine Rolle. Der
Sinn ist wohl der, daß Kyros nicht erst bestochen
werden muß, um das zu tun, was ihm aufgetragen ist
(vgl. die Verwendung von שחד und מחיר in Mi 3,11).

243 Deuterojesaja in seinem Verhältnis zu Tritojesaja,
S.179-182.

244 Wenn הוי "ohne jegliche Partikel unmittelbar mit einem
Partizip verbunden" ist, gehe es darum, "das negative
Verhalten einer nicht näher bestimmten Gruppe von Men-
schen" zu beschreiben (so G.Wanke, אוי und הוי , S.217).

245 Elliger, a.a.O., S.181 bemerkt: "Das Scheltwort hat
eine Schärfe, die bei Dtjes. ebenso singulär ist wie
das hier zweimal gebrauchte הוי ." Im Gegensatz zu Elliger meine ich, daß auch diese Worte Deuterojesaja zugeschrieben werden können. Das wortstatistische Argument
allein reicht als Gegenargument nicht aus. Entscheidend
ist, welche Funktion die Weherufe, mit denen natürlich
eine bestimmte Schärfe in die Aussage hineinkommt,
innerhalb der Einheit 45,9-13 haben und ob sich dann
die so rekonstruierte Gesamtaussage von Deuterojesaja
herleiten läßt oder nicht.

246 V.12bß hat in seiner Aussage Ähnlichkeit mit 40,26aß.bα
(vgl. unsere einschlägige Exegese). Allerdings wird
hier nun durch צוה der Aspekt des herrscherlichen Gebietens stärker betont.

247 הוא am Beginn von V.13b ist enttont. Es findet hier
somit nicht die gleiche Akzentuierung statt wie bei dem
herausgehobenen Ich Jahwes in V.12a.12b.13a.

248 Daß im Zusammenhang der <u>Auseinandersetzung mit den Fremdgöttern</u> in V.11 die <u>Botenspruchformel</u> Verwendung findet, mag zunächst befremden. Vgl. aber hierzu die - wenn auch etwas andersartigen - Formulierungen in 41,21. - Die Götzenbildpolemiken (vgl. hierzu Anm.18) machen deutlich, daß Deuterojesaja den babylonischen Gottheiten ihre reale Existenz abspricht. Dem steht nicht entgegen, daß der Prophet sie als fiktive Gesprächspartner Jahwes einbringen kann, und zwar mit der Absicht, im Gegensatz zu ihnen Jahwes Gottsein zu erweisen (so auch in 41,21-29). N.B.: Sollte man mit Elliger annehmen - wir sind ihm darin nicht gefolgt -, bei dem Abschnitt 44,24-28 handele es sich ursprünglich(!) um eine Willenskundgabe Jahwes an die himmlische "Staatsversammlung", dann wäre dies natürlich etwas anderes als die fiktive Auseinandersetzung Jahwes mit den Fremdgöttern in unserem Abschnitt. - Ich sehe keinen Anlaß, mit Merendino V.11b aus folgendem Grund für sekundär zu halten: "Deuterojesaja unterstreicht in besonderer Weise, daß die Götter und Götzen nichts sind; es ist also nicht denkbar, daß er sie Jahwe befragen und ihm gebieten läßt." Die Frage in V.11b zielt ja gar nicht darauf, den Göttern positiv eine solche Fähigkeit zuzusprechen. Vom Nachfolgenden her soll ihnen vielmehr die Kompetenz zu solchem Fragen und Gebieten abgesprochen werden. - An dieser Stelle lohnt sich auch noch ein Hinweis auf unsere Exegese von 40,12-17, (Abschn.III.4.a), wo (jeweils in Frageform gekleidet) die Rede von Jahwes Schöpfertum (V.12) einhergeht mit Aussagen, daß er (Jahwe) - anders als die babylonischen Gottheiten - keines Rates, keiner Belehrung etc. bedarf (V.13f). Beide Vorstellungsinhalte tauchen - wenn auch in ganz anderen Zusammenhängen - in 45,11f wieder gemeinsam auf.

249 Im Gegensatz zu J.Vollmer (Art. פעל , Sp.465) meine ich also nicht, daß die Wendung ידי פעל auf die Erschaffung der Welt und die Berufung des Kyros bezogen wäre.

250 Begrich (Studien, S.42-45) bestimmt die ganze Einheit 45,9-13 als Disputationswort. Schoors (I am God Your Saviour, S.266) geht zwar auch von V.9-13 als einer Einheit aus, das Disputationswort sieht er aber vorwiegend in V.11-13 verankert. Den Hinweis auf Jahwes universale Schöpfermacht sieht er im Anschluß an v.Waldow als Disputationsbasis an. Letzterer (Anlaß und Hintergrund, S.36) redet ebenfalls bei V.11-13 von einem Disputationswort. Unverständlich erscheint mir die Gattungsbestimmung von Preuß (Deuterojesaja, S.21): Er sieht den ganzen(!) Abschnitt V.9-13 als "Scheltrede" an.

251 Gerade in Anbetracht dessen, daß Deuterojesaja - natürlich nicht nur hier - die neue Zukunft Israels vom

Handeln <u>Jahwes</u> her versteht, ist es auch nötig, die vergangene Unheilsgeschichte als von <u>Jahwe</u> her geschehen zu deuten (vgl. etwa den Ansagebeweis in 42,9 und unsere diesbezügliche Exegese). Jahwes Macht zeigt sich sowohl im Gericht als auch in der Rettung.

252 Zur Deutung der Rede von der Erschaffung Israels (hier begegnet sie in V.11) vgl. Abschn.III.2.

253 So sehr prägnant G.Fohrer: "Das Diskussionswort nennt zunächst den Streitpunkt (V.11b), stellt dann eine unbestreitbare Behauptung auf, die mit allgemeiner Zustimmung rechnen kann (V.12) und geht schließlich zu der bestrittenen Behauptung über, deren Berechtigung sich aus der vorhergehenden ergibt (V.13)."

254 Deuterojesaja kommt es also ganz entscheidend darauf an, die Differenz zwischen "ontologischer" und "gnoseologischer" Ebene aufzuheben.

255 Das Nebeneinander von Vergangenheits- und Gegenwartsform in V.18 braucht nicht besonders zu stören, da Schöpfung sowohl einen Vergangenheits- als auch einen Gegenwartsaspekt hat. Vgl. hierzu Abschn.III.3; zur Übersetzung vgl. Anm.97 und 240.

256 Sowohl durch das vorangestellte Personalpronomen als auch durch den Artikel vor der Gottesbezeichnung - dieser ist in der Übersetzung schwer wiederzugeben - soll wohl in besonderer Weise Jahwes Gottsein herausgestellt werden. Gleichermaßen erfährt <u>Jahwes</u> Schöpfersein durch das Personalpronomen in der zweiten Parenthese eine besondere Betonung.

257 Der ganze V.18a stellt eine stark erweiterte Botenformel dar, die zu der mit V.18b beginnenden Jahwerede hinführt. Diesen hinführenden Charakter behält V.18a nur dann, wenn man ihn mit einem einzigen Satz wiedergibt und somit mit Parenthesen rechnet. Will man zugleich den bereits beobachteten Akzentuierungen gerecht werden, dann sollte man auch nicht wie die LXX V.18a ab הוא האלהים in einer einzigen Parenthese zusammenfassen.

258 Der Parallelismus in V.19aα läßt vermuten, daß V.19aβ Gleiches meint wie in V.19aαα בסתר. Es geht dann also darum, daß Jahwe nicht im Verborgenen, sondern öffentlich gesprochen hat. Es kann somit die Wahrheit seines Wortes - vermutlich im Hinblick auf das nachfolgende Geschehen - nachgeprüft werden. Dieses Verständnis wird durch בסתר in 48,16 erhärtet. Im dortigen Abschnitt wird die Aussage von V.16 explizit in Konfrontation mit den babylonischen Göttern getroffen (vgl. V.14). In 45,19aα sehen viele Kommentare (Duhm, Volz, Fohrer

u.a.) eine Polemik gegen das (babylonische) Orakelwesen
enthalten: Gott "offenbart sich nicht in geheimnisvollen Mysterien und verborgenem Symbolismus, in zweideu-
tigen Orakelsprüchen und esoterischem Wissen, wie es
die in fremde Kulte Eingeweihten und die Wahrsager
behaupten mögen." (Fohrer). Anders als Westermann sehe
ich keinen Grund, an einer solchen Deutung zu zweifeln:
Deuterojesaja gebraucht ארץ - wie ja auch in V.18 -
zwar meist als Globalbegriff. Neben unserem Beleg zeigt
aber auch noch 41,18, daß dies nicht immer so sein muß.
- חשך steht in 45,3a in Parallelismus zu einem von סתר
abgeleiteten Nomen (מסתרים), ist also auch dort vom
Aspekt der Verborgenheit her zu deuten. Insgesamt dürfte so der Nachsatz von V.19aα eine Örtlichkeit meinen,
die von Dunkel umhüllt und nicht unmittelbar zugänglich
ist. Damit könnte der Ort der Orakelerteilung umschrieben sein.

259  צדק bedeutet bei Deuterojesaja nicht das Rechte, Richtige oder die Gerechtigkeit nach allgemein juristischen
oder moralischen Maßstäben, sondern ein heilvoll Rechtes, das von Jahwe her zukommt (vgl. Elliger, BK XI/1,
S.120; Preuß, Deuterojesaja, S.83-87; Koch, Art. צדק ,
Sp.527f).

260  Die ganze Interpretation von V.19 geschieht bei Volz
durch Aussagen sehr grundsätzlicher Art, so z.B.: "...
die alttestamentliche Religion ist grandios und doch
einfach, sie ist Laienreligion." Es ist hier nicht der
Ort, solche Ausführungen auf ihre theologiegeschichtlichen Voraussetzungen hin zu untersuchen.

261  Mit Fohrer V.18f insgesamt für sekundär zu halten, sehe
ich keinen Anlaß. Merendino versucht - wie auch anderweitig sehr häufig - einzelne Teile als sekundär abzusondern. Während er V.18b.19 für "echt deuterojesaja-
nisch" hält (S.450), läßt er dies bei V.18a nur für die
Botenformel selbst gelten. Ansonsten stellt er "eine
gewisse Diskrepanz zwischen den Aussagen von V.18a und
den Aussagen von V.19" fest. Ich kann diese Sicht nicht
teilen und meine vielmehr, daß literarkritische Operationen solcher Art aus einer wohlüberlegten Aussage
einen Torso machen. Gewiß macht die Erweiterung der
Botenformel einen überladenen Eindruck. Diese syntakti-
sche Komplexität ist aber m.E. dadurch erklärbar, daß
der Form nach V.18a den Charakter einer Hinführung zur
Jahwerede hat, gleichzeitig aber eine Bezugnahme zu
dieser hergestellt werden soll.

262  Genau genommen geht es also nicht - wie in manchen
Kommentaren etwas oberflächlich ausgeführt - um das
Verhältnis von V.18 zu V.19, sondern um die Relation
von V.18a zu V.18b.19.

263 בקש findet im AT häufig dann Verwendung, wenn es darum geht, Jahwe (bzw. sein Angesicht) in einer Notlage zum Zweck der Hilfe zu suchen (vgl. z.B. Dtn 4,29; 2.Sam 21,1; Jer 29,13; Hos 5,15; Ps 27,8).

264 Wenn mit צדק Jahwes heilvolle Zuwendung gemeint ist (vgl. Anm.259), dann dürfte das im Parallelismus dazu stehende Wort מישרים grundsätzlich nichts anderes meinen. In den Psalmen tritt es im Zusammenhang mit Jahwes Recht-Schaffen auf (z.B. Ps 9,9; 96,10; 98,9; 99,4). Hier bei Deuterojesaja könnte noch etwas stärker das Moment des Heilvollen damit verbunden sein.

265 Die Anrede ergeht nicht an die Völker, sondern an Personen (Gruppen) unter ihnen, die bewegte Ereignisse hinter sich haben und somit פליטים ("Entronnene") genannt werden (im Unterschied zu V.20 wird in V.22 die Anrede generalisiert ["alle Enden der Erde"]). Ob es sich bei den Entkommenen um "die aus dem Fall Babylons Entronnenen" handelt (Westermann), kann man erwägen. Vielleicht wird man aber doch etwas allgemeiner an Menschen zu denken haben, die in Ereignisse hineingezogen worden sind, die mit dem Auftreten des Kyros in Verbindung standen. Es müßte dann also noch nicht unbedingt der Fall Babylons erfolgt sein. - Eine Frage für sich wäre, wie sich in V.20-25 Gegenwartsdeutung und Zukunftserwartung zueinander verhalten.

266 Dies bedarf einer Erläuterung. Bei unserer Exegese von 42,9 hatten wir Anlaß, V.9a nicht auf die Frühzeit des Auftretens des Kyros zu beziehen, sondern auf die Ereignisse, die zum Exil führten. Demgegenüber scheint es mir angemessen, bei 45,21b eine andere zeitliche Relation anzunehmen. Verweist 42,9 vom anhebenden Kyrosgeschehen aus zurück auf die vorexilische Ansage kommender Gerichtsereignisse, so hat nach 45,21b - im Kontext von V.20-25 betrachtet - das Auftreten des Kyros bereits seine deutlichen Folgen gezeigt, und von da aus wird der Anfang der sich auf Kyros beziehenden Verkündigung in Blick genommen. D.h.: Die Relation Ansage - Ereignis hat bei Deuterojesaja verschiedene Verweispunkte. Verweist etwa מקדם in 45,21 auf einen relativ genau fixierbaren und nicht besonders lange zurückliegenden Zeitraum, so kann man das bei der grundsätzlichen Betrachtung in 46,10, wo der nämliche Ausdruck Verwendung findet, in der gleichen Weise sicher nicht sagen. - Grundsätzlich läßt sich bei Deuterojesaja beobachten, daß Wendungen, die in die Vergangenheit verweisen, keinesfalls immer gleiche Fixpunkte der Vergangenheit meinen. Neben מקדם zeigen das Ausdrücke wie מראש (hierzu Anm.160) oder מעולם (vgl. die völlig andersartige Verwendung in den beiden vorhandenen Belegen 42,14 und 46,9). Ein sehr kompliziertes Feld betreten wir bei der Frage, was die ראשנות jeweils meinen

(vgl. bereits Anm.209). Die Deutungen gehen hier ziemlich auseinander. Am wahrscheinlichsten scheint mir, in
43,9 das Wort auf bereits zurückliegende Kyrosereignis-
se zu beziehen, die laut 43,12a als eine Rettungstat
Jahwes begriffen werden. In 42,9 und 48,3 sind m.E. die
zum Exil führenden Ereignisse gemeint: Die Gegenüberstellung von ראשנות und חדשות in 42,9 und 48,3.6
scheint mir hier aufschlußreich zu sein; ebenso die Art
der Verwendung von מאז in 48,3.7. (Zur Frage der Verfasserschaft von 48,1-11 vgl. schon Anm.8. Ob der ganze
Abschnitt von Deuterojesaja stammt, ist unsicher; ihn
insgesamt für sekundär zu halten, scheint mir kaum
zureichend begründbar. Folgt man der literarkritischen
Lösung Westermanns, dann wäre es jedenfalls so, daß die
für uns interessanten Verse 3.6.7 neben etlichen anderen von Deuterojesaja selber stammen.) 43,18 dürfte auf
den ersten Exodus anspielen, während in 41,22 und 46,9
das Wort in einer mehr allgemein auf die Vergangenheit
bezogenen Weise verwendet wird.

267 Ob V.18-25 schon ursprünglich eine Einheit waren oder
V.18f und V.20-25 erst redaktionell verknüpft wurden,
läßt sich eindeutig nicht entscheiden. M.E. sind aber
beide Teile so eng miteinander verbunden - wir werden
es gleich sehen -, daß man sich V.18-25 durchaus als
Einheit aus einem Guß vorstellen kann.

268 Wenn Deuterojesaja von dem Ende oder den Enden der Erde
redet, verwendet er zumeist קצה (40,28; 41,9; 42,10;
43,6; 48,20; 49,6; zum näheren Verständnis s.Anm.161).
אפס in der Bedeutung "Ende" kommt außer in 52,10 nur
hier vor (in der Bedeutung "Nichtigkeit" findet sich
das Wort öfters). Diese etwas ungewöhnliche Wortwahl
hat jedoch ihren guten Sinn: קצה steht immer dann, wenn
von dem Ende oder den Enden der Erde in einem geogra-
phischen Sinn die Rede ist. Sowohl in 52,10 als auch in
45,22 sind die "Enden der Erde" aber als personale
Größen verstanden: Sie sollen sich zu Jahwe wenden und
sich retten lassen (45,22); sie werden das Heil sehen,
das Jahwe für Israel bereitet hat (52,10). Das eine Mal
sind sie also Zeugen des Heils für Israel (52,10), das
andere Mal sind sie selbst das heilvollen Zuwendung
nicht ausgenommen (45,22). Das sind natürlich unterschiedliche Aspekte, die jedoch nicht in einen Gegensatz zueinander gebracht werden sollten (so wohl Merendino, S.448). Der Schwerpunkt der Verkündigung Deuterojesajas liegt sicher darauf, seinem Volk "Heil" anzusagen und solche Ansage glaubwürdig zu machen. Damit kann
aber durchaus ein Blick auf die anderen Völker einhergehen. Wenn man Jahwe als alleinigen Gott proklamiert,
ist das ja auch konsequent. Der Blick über Israel
hinaus hat nun zwei Seiten: Die "Enden der Erde" werden
als Zeugen für Jahwes Handeln an Israel vorgestellt.
Jahwes besonderes Handeln wird so gnoseologisch in

einer universalen Perspektive gesehen; nicht nur der
nähere Umkreis, sondern die "Enden der Erde" sehen das
Heil für Israel - laut Kontext von 52,10 besteht es in
der Rückkehr aus dem Exil -, das ihnen selbst nicht
gilt. Gleichwohl - und das ist die andere Seite, die
45,22 sichtbar macht - sind auch sie von Jahwes Heilswillen nicht ausgeschlossen. Es wäre eine Frage für
sich, wie das dann konkret zu sehen ist.

269 V.20b wird vielfach als nachträglicher Einschub angesehen (so Volz, Fohrer, Westermann u.a.; anders Preuß,
Verspottung, S.216f). Nun kann ich aber nicht feststellen, daß V.20b aus dem Aussageduktus der Einheit irgendwie herausfallen würde. Im ganzen Abschnitt V.18-25
geht es in Abgrenzung zu den Göttern um Jahwes Gottsein
und sein Handeln; daß Jahwe allein Gott ist, wird stark
unterstrichen (V.18b.21b.22b). Genau diesem Aussageziel
dient die Götzenbildpolemik in V.20b: Aus Holz gefer-
tigte Götterbilder können nicht helfen. Einem möglichen
Einwand, der als Hintergrund die sicher beeindruckende
babylonische Religiosität haben könnte, wird dadurch
der Boden entzogen, daß zwischen menschlicher Frömmigkeit und Gottes Handeln ein Trennungsstrich gezogen
wird. - Ein Argument gegen die Echtheit von V.20b könnte noch darauf gründen, daß hier in der 3.Pers. geredet
wird, während im unmittelbaren Kontext direkte Anrede
vorliegt. Allerdings wird auch in V.21aß die Anredeform
von V.21aα nicht fortgeführt (die syrische Übersetzung
versucht zu glätten). Solcher Personenwechsel ist m.E.
eine Bestätigung dafür, daß die Adressaten der Jahwerede fiktiver Natur sind. - Merendino schreibt bei
V.20-25 nur V.20a.21 Deuterojesaja selbst zu. Wie ich
meine, werden hier wieder aus stilistischen Beobachtungen heraus zu weitreichende Schlüsse gezogen. Es wird
zu sehr mit einer Uniformität der Aussagen Deuterojesajas gerechnet. Dies gilt auch in theologischer Hinsicht. Merendino bemerkt z.B. zu V.22, daß "die Ermah-
nung, sich retten zu lassen", nicht "dem theologischen
Denken des Propheten" entspreche, das Partizip מושׁיע in
V.21 besage, "daß das Heil auf die bedingungslose Ini-
tiative Jahwes zurückgeht." (S.448). Es scheint mir
recht problematisch zu sein, in dieser Weise dem Handeln Jahwes das menschliche Verhalten entgegenzustellen
(vgl. dagegen nur 44,22!).

270 Einen ähnlichen nachträglichen Abschluß von Aussagen
universaler Art findet man etwa in Jes 2,1-5 (V.5) und
- etwas anders - in dem Paralleltext Mi 4,1-5 (V.5).

271 Im vorangehenden Abschnitt V.14-17 wird die Relation
Jahwes zu den Völkern in einer deutlich anderen Weise
thematisiert. Anders als in V.18-25 nimmt hier Israel
eine - mit unseren Augen gesehen - nicht unproblemati-
sche Mittlerrolle ein, die der deutlich in nachexili-

sche Zeit weisenden Aussage von Sach 8,23 nicht ganz unähnlich ist. Die hier recht diffizile Frage nach der Verfasserschaft soll nicht weiter erörtert werden. Jedenfalls scheint es mir nicht geraten, V.14-17 zu V.18-25 hinzuzunehmen (gegen McKenzie). Die Botenformel V.18a markiert zudem deutlich einen Neuanfang - vorausgesetzt, man sieht das einleitende כי als redaktionelle Verknüpfung an.

272   Ähnlich wie in 40,26 und 45,12 geht hier Jahwes Schöpfersein mit souveränem Gebieten einher. אליהם kann sich sowohl auf die Himmel als auch auf Erde und Himmel zusammen beziehen. Noch wahrscheinlicher erscheint mir, daß - wie in 40,26 und 45,12 - das Himmelsheer, also die Gestirne, gemeint sind. Direkt erwähnt werden sie zwar nicht, die Vorstellung vom gebieterischen Herbeirufen würde jedoch gut dazu passen. Jedenfalls ist - entgegen der Annahme Duhms - V.13b von V.13a her zu verstehen und somit auf Jahwes Schöpfungshandeln zu beziehen.

273   Qa und LXX setzen bei V.14aα die 3.Pers.pl. Dies wird man als Angleichung an V.14aß verstehen dürfen. Eine umgekehrte Angleichung nehmen u.a. etliche Handschriften der hebräischen Textüberlieferung sowie die syrische Übersetzung vor, indem sie in V.14aß בכם statt בהם lesen. Tatsächlich aber ergibt der vorliegende Text einen guten Sinn: Angeredet ist in V.14aα - wie in V.12a - Israel. Sein Augenmerk soll es gemäß V.14aß darauf richten, ob sie - die Fremdgötter; daher בהם - das mit Kyros verbundene Geschehen angesagt haben.

274   V.14b bereitet erhebliche Schwierigkeiten, wie schon die gegenüber MT abweichende Wiedergabe der LXX zeigt. Jede Lösung muß hypothetisch bleiben. Dies gilt auch für die unsrige, die sich eng an Merendino anschließt: Demnach wird auf die Frage V.14aß in V.14b zunächst mit "Jahwe" geantwortet und erst dann zu weiteren Aussagen fortgeschritten. Weiterhin betrachtet Merendino זרעו in Parallelität zu אהבו . Unsererseits wäre noch hinzuzufügen: אֹהֵב müßte dann in אֹהֲבוֹ umvokalisiert werden (vgl. BHS) und parallel zu בבבל auch כשדים mit der Präposition ב versehen werden (der Wegfall von ב wäre mit der Ähnlichkeit zum nachfolgenden כ zu erklären). Daß innerhalb einer Jahwerede von Jahwe in der 3.Pers. die Rede ist, begegnet auch sonst (vgl. z.B. 41,16b). - Der Sinn wäre also dann der: Kyros vollführt als Werkzeug Jahwes dessen Ratschluß; Kyros ist Jahwes Freund und sein Arm. (Mit Ausnahme von 44,12 ist in Jes 40-55 mit זרוע immer Jahwes Arm gemeint [40,10.11; 51,5.9; 52,10; 53,1]. Außer in 40,11 steht dabei immer die Vorstellung von Jahwes Mächtigkeit dahinter. Dies ist auch hier der Fall: Kyros ist als "Arm" Jahwes in seiner Macht von Jahwe abhängig.)

275 Mit LXX ist hier 1.Pers. zu lesen ( א und ה waren sich in der althebräischen Schrift ziemlich ähnlich).

276 Deuterojesaja in seinem Verhältnis zu Tritojesaja, S.213-215.

277 Vgl. a.a.O., S.254-257.

278 Wir haben bereits (vgl. Anm.273) vorausgesetzt, daß im ganzen Abschnitt Israel angeredet ist (so auch Duhm, Westermann, Merendino u.a.). Die Aufforderung zum Hören ergeht somit dreimal an den gleichen Adressaten und erhält dadurch eine besondere Gewichtigkeit (V.12a.14a.16a). Es wäre dann auch bei der Aufforderung, sich zu versammeln, um sich mit dem Ansagebeweis konfrontieren zu lassen (V.14a), Israel gemeint, obwohl Gleiches auch in Richtung auf nichtisraelitische Adressaten gesagt sein kann (vgl. 43,9; 45,20; freilich sind die Aufforderungen dort wohl eher fiktiver Art). Würde man ab V.14 einen anderen Adressaten als Israel annehmen, stünden V.12f recht isoliert da.

279 Studien, S.44f. V.16a rechnet er nicht mehr zur Einheit.

280 So Fohrer; weiterhin Schoors, I am God Your Saviour, S.279-281; v.Waldow, Anlaß und Hintergrund, S.29f. Schoors schenkt allerdings auch dem Ansagebeweis stärkere Beachtung. - Westermann sieht mit Recht V.12f als Einleitung an und betont die wichtige Rolle des Ansagebeweises.

281 Vgl. hierzu unsere Erwägungen zu 45,21b in Anm.266.

282 Die Aussage, daß Jahwe nicht im Verborgenen gesprochen hat, teilt 48,16a mit 45,19a.

283 Freilich geht es dabei nicht nur um Anfang und Ende des Weltenlaufs und Jahwes Sein in Relation hierzu, sondern generell um die Gesamtheit des Geschehens, die von Jahwe umgriffen ist (vgl. Elliger, BK XI/1, S.402; H.-P.Müller, Art. ראש , Sp.712).

284 Umschrieben ist mit dem Begriffspaar das "Weltganze", der "Kosmos" (so H.H.Schmid, Art. ארץ , Sp.229). - Zur zeitlichen und räumlichen Komponente von Jahwes Universalität vgl. auch 40,28 und unsere Exegese hierzu.

285 Es geht also - so Duhm - keinesfalls darum, daß hier gegen diejenigen unter den Exilierten Front gemacht wird, für die die Befreiung durch einen Fremdkönig als Werkzeug Jahwes ein unerträglicher Gedanke wäre. Nicht die Art von Jahwes Handeln steht zur Debatte, sondern

dessen _Fähigkeit_ zum Handeln überhaupt.

286  Ich führe einige, jeweils einschlägige Zeugnisse zusammenfassende Äußerungen an: "Der Kampf zwischen Marduk und Tiamat erfolgt vor der Schöpfung der Welt. Der Kampf zwischen Baal und Jam setzt offensichtlich die Welt selbst bereits voraus. Der Sieg begründet das Königtum Baal's über die Erde, aber er schafft die Erde nicht." (O.Kaiser, Die mythische Bedeutung des Meeres, S.168). - "Die Einsicht, daß in Kanaan (Ugarit) Schöpfung und Meeres- bzw. Drachenkampf nicht demselben Gott zugeschrieben werden, vielmehr El als Schöpfer gilt und Baal den Streit mit dem Meeresdrachen zu bestehen hat, wird insofern durch das Alte Testament bestätigt, als etliche Hinweise auf den Drachenkampf keine Anspielung auf die Schöpfung enthalten." (W.H.Schmidt, Königtum Gottes in Ugarit und Israel, S.49). - "Das Drachenkampf- oder Chaos-Kampf-Motiv gehörte ursprünglich nicht mit dem der Schöpfung zusammen. Das ergibt sich mit Sicherheit daraus, daß keine der sumerischen Schöpfungsdarstellungen die aus einem Kampf entstandene oder die durch einen Kampf begründete Schöpfung kennt. Die Zusammenfügung von Götterkampf (Chaoskampf) und Schöpfung ist erst in Babylon erfolgt. Auch in Ugarit ist ein eindeutiger Zusammenhang zwischen dem Drachen- oder Chaoskampf und der Schöpfung nicht zu erkennen." (C.Westermann, BK I/1, S.43). Für das AT bedeute dies: "Es ist dann nicht mehr möglich, aus dem Begegnen dieses Motivs zu schließen, daß damit eo ipso die Schöpfung gemeint sei." (ebd.). - Vgl. ferner: W.H.Schmidt, Alttestamentlicher Glaube in seiner Geschichte, S.166-170; R.Albertz, Weltschöpfung, S.112-114; L.Vosberg, Studien, S.10f.46-50. Im Hinblick auf die Jerusalemer Kulttradition geht O.H.Steck (Zwanzig Thesen, S.286, Anm.19) im Vergleich zu den bisher genannten Arbeiten in eine etwas gegenläufige Richtung.

287  Bei Ps 77,15-21 scheint mir dies eindeutig zu sein. Vgl. hierzu W.H.Schmidt, Königtum Gottes in Ugarit und Israel, S.47.

288  Vgl. z.B. Jes 27,1; Am 9,3; Nah 1,4; Hab 3,8; Ps 93,3; 46,2-4. - Hinzuweisen ist in diesem Zusammenhang auf die Untersuchung des Völkerkampfmotivs durch G.Wanke (Die Zionstheologie der Korachiten, S.74-93, insbes. S.92f). Er wendet sich zwar dagegen, das Völkerkampfmotiv aus dem Chaoskampfmotiv abzuleiten (S.77), sieht eine Verbindung zwischen beiden Motiven dann aber doch insofern, als das Völkerkampfmotiv Züge des Chaoskampfmotivs angezogen habe, so in Ps 46 (S.92). Auch diese Analyse zeigt somit, daß Schöpfung und Chaoskampf nicht identifiziert werden dürfen. "Elemente des Chaoskampfmotivs" können "als Bilder in die verschiedensten Zusammenhänge eingetragen (werden)." (S.69; Belege ebd.).

289 Strukturen und Figuren, S.21. Die Begründungen für seine Sicht, die er m.E. überzeugend vorträgt, sollen hier nicht wiederholt werden.

290 A.a.O., S.39. Stolz führt weiter aus, daß im mesopotamischen Raum zwar bereits die Zeit der "Naturreligion" Erfahrungen des Chaos gekannt habe, die Chaoskampfthematik aber "erst in einer Zeit in den Vordergrund getreten zu sein (scheint), als anti-kosmische Kräfte nicht nur und nicht einmal mehr in erster Linie in der Natur empfunden wurden - sondern im Feld von Geschichte und Politik." (S.40).

291 Vgl. statt dessen Stolz, a.a.O., S.12-71.

292 Stolz, a.a.O., S.67f (daß das Wasserelement auch ganz andere Vorstellungen hervorrufen kann, bedarf wohl keiner ausführlichen Erläuterung; vgl. nur Ps 1,3; 23,2). - Ob man solche Erlebnismuster - wie das "Erlebnis des Chaos" - mit den Archetypen C.G.Jungs in Verbindung bringen kann, wage ich nicht zu entscheiden (Stolz unternimmt diesen Versuch; vgl. S.68). Es müßte hier nämlich die Frage nach dem Verhältnis von innerer seelischer (religiöser?) Disponiertheit und äußerem Erleben gestellt werden. Vgl. Jung, Von den Wurzeln des Bewußtseins, S.72: "Wie man mit größter Wahrscheinlichkeit annehmen kann, daß jeder Mensch alle durchschnittlichen menschlichen Funktionen und Qualitäten besitzt, so darf man auch das Vorhandensein der normalen religiösen Faktoren bzw. Archetypen erwarten ..." Mit solchen Äußerungen ist ein sowohl unter Psychologen als auch Theologen sehr strittiges Gebiet betreten. Wir bleiben bei der vorsichtigeren Feststellung, daß vergleichbare Erlebnismuster in vergleichbaren Vorstellungen objektiviert werden können.

293 Dies gilt nicht unbedingt für den Baal-Mot-Zyklus in Ugarit, falls die Interpretation von Stolz (a.a.O., S.47) zutrifft, daß Mot nicht nur eine negative Macht sei, sondern "die Wirksamkeit Mots im Ablauf des Jahres ebenso notwendig für die Erhaltung des Lebens (ist) wie diejenige Baals." Freilich repräsentiert Mot auch nicht die Chaoswasser, sondern die Sommerdürre. - Zum "Jahreszeitwechsel-Mythus" im mesopotamischen Raum vgl. Stolz, S.25-29.

294 Sowohl in bezug auf die babylonischen als auch auf die ugaritischen Chaoskampfvorstellungen wendet sich Stolz (a.a.O., S.39.46) dagegen, Distinktionen dieser oder ähnlicher Art vorzunehmen, da solche, von unserem Denken ausgehende Überlegungen den Vorstellungen nicht gerecht würden. Es muß nicht bestritten werden, daß der Alte Orient ein ganzheitliches Ordnungsgefüge als Grundlage seiner "Weltanschauung" angesehen hat, wäh-

rend wir relativ(!) stetig Bleibendes und geschichtlich
sich Veränderndes zu unterscheiden gewohnt sind. Nun
unternimmt es aber Stolz selbst - vornehmlich in seiner
Interpretation des enūma eliš -, geschichtlichen Elementen im Mythos nachzuspüren (S.21-25). Er findet sie
im enūma eliš "in der Tradition von den Göttergenera-
tionen, die den großen Göttern vorausgingen" und in der
"Tatsache, daß Marduk in einer gewissen Weise an die
Stelle der großen Götter tritt." (S.24). Seine Schlußfolgerung, "daß diese Beziehungen zur Geschichte sich
mit dem Selbstverständnis des Mythus stoßen, nach welchem absolute, zeitlose Wahrheit gesetzt werden soll"
(ebd.), halte ich für bemerkenswert, wird doch der
Mythus hier nicht in seinem - zumindest so gedeuteten -
"Selbstverständnis" belassen, sondern gleichsam auch
gegen den Strich gelesen und nach den Maßstäben heutigen geschichtlichen Verstehens interpretiert. Ich
meine, anders kann es auch gar nicht gehen; wir können
nicht einfach unsere eigenen Verstehensvoraussetzungen
aufgeben. Solange wir uns unserer eigenen Prämissen
bewußt sind, können wir daher m.E. in der gebotenen
Vorsicht und Behutsamkeit entsprechende Differenzierungen - etwa zwischen Schöpfung und Geschichte oder
Natur und Sozietät - vornehmen.

295 Bekanntermaßen kennt das AT im Gegensatz zur Umwelt
keinen ausgeführten Chaoskampfmythos, sondern "nur"
verschiedene Anspielungen auf den Chaoskampf (Texte bei
Stolz, a.a.O., S.61-63). Für die nun folgende Überlegung ist dies allerdings ohne Belang.

296 Vgl. Anm.274.

297 Mit Petersen (Mythos, S.139) wird davon auszugehen
sein, daß mit "Rahab" und "Tannin" keine unterschiedlichen Wesen gemeint sind.

298 Gesenius umschreibt: "Geschlecht, Menschenalter, Generation, sowohl auch der Zeitraum als die darin lebenden
Menschen". Vgl. weiterhin G.Gerleman, Art. דור , Sp.444:
"Die Zeitstrecke, die mit dōr bezeichnet wird, ist nur
als Dauer der in ihr lebenden Menschen faßbar." Genau
der gleiche Befund ergibt sich, wenn wir die drei
weiteren Stellen innerhalb Jes 40-55 ansehen, die דור
verwenden. Sowohl in 41,4 als auch in 51,8 sind Men-
schengenerationen gemeint, ebenso in 53,8 (hier speziell die Zeitgenossen des Gottesknechts; so E.Kutsch,
Sein Leiden und Tod - unser Heil, S.27).

299 Vgl. E.Jenni, Art. קדם , Sp.588. - Besonders aufschlußreich ist Ps 44,2: Es findet sich dort der gleiche
Ausdruck wie in Jes 51,9 (בימי קדם ; es ist also nur die
Präposition anders). Mit dieser Zeitbestimmung wird an
die Landnahme erinnert (vgl. V.3f)!

300  So C.Westermann, Art. חהום , Sp.1029.

301  So die Umschreibung von H.W.Wolff, BK XIV/2, S.344.

302  So Duhm; Elliger, Deuterojesaja in seinem Verhältnis zu
     Tritojesaja, S.205f (Elliger schreibt V.10b Tritojesaja
     zu).

303  Petersen (Mythos, S.38-40) rechnet damit, "daß Deutero-
     jesaja eine urzeitliche und eine geschichtliche Tat
     Jahwes aneinandergereiht" habe und führt hier vor allem
     auch stilistische Beobachtungen ins Feld, indem er
     nachzuweisen versucht, daß V.9.10a stilistisch einheit-
     lich konstruiert seien und V.10b sich davon abhebe. Vor
     allem verweist er auf die gleichen Zeilenanfänge in
     V.9a und V.9b.10a und auf die synonyme Ausdrucksweise
     in V.9aß.γ.9b.10a. Da letzteres bei V.9aα offensicht-
     lich nicht der Fall ist, ist dieses Argument bereits
     weniger beweiskräftig, so daß eigentlich nur noch die
     jeweils gleichen Zeilenanfänge in V.9a einerseits und
     V.9b.10a andererseits als Kriterium bleiben. Nun kann
     m.E. dieser Gesichtspunkt allein nicht hinreichen,
     V.10b einen Sonderstatus zu geben. Dies zeigt auch ein
     Blick auf Ps 74,13-17. V.13-15.17 beginnen jeweils mit
     dem gleichen Wort und nachfolgendem Perfekt, während
     V.16 in beiderlei Hinsicht hier eine Ausnahme macht.
     Aus diesem Sachverhalt größere Konsequenzen zu ziehen
     wäre sicher verfehlt, was auch Petersen nicht tut, der
     den Psalm eingehend analysiert (a.a.O., S.124-150).
     Wenn man nun bei Jes 51,9f vom Inhalt her keinen Grund
     sieht, V.10b gesondert zu behandeln, dann kann auch das
     stilistische Argument für sich nicht mehr überzeugen.
     V.10a und V.10b bilden somit mit größerer Wahrschein-
     lichkeit eine eng verzahnte Einheit: Durch das Partizip
     am Anfang und die nochmalige Erwähnung des Meeres
     schließt V.10b an V.10a an und führt dessen Aussage
     weiter.

304  Zu einem ähnlichen Ergebnis kommt A.Ohler, Mythologi-
     sche Elemente, S.105.

305  Mit "Rahab" wird in Jes 30,7 und Ps 87,4 Ägypten be-
     zeichnet. Das heißt nicht, daß in unserem Abschnitt die
     Ägypter gemeint wären (vgl. Anm.306). Jedenfalls läßt
     sich feststellen, daß von "Rahab" grundsätzlich auch im
     geschichtlichen Kontext geredet werden kann.

306  Es wäre m.E. eine Fehlinterpretation des Textes, wollte
     man annehmen, daß hier ein sukzessiver Ereignisablauf
     geschildert wird. Jahwe macht nicht nach der Austrock-
     nung des Meeres (V.10a) den Weg für die Israeliten frei
     (V.10b), sondern durch die Austrocknung des Meeres
     (V.10a) wird der Weg durch das Meer frei (V.10b) und
     somit die existenzbedrohende Gefährdung überwunden

(V.9b). D.h.: V.9b.10a.10b sind in ihrem Bedeutungsgehalt eigentlich kaum unterschiedlicher Natur. V.9b
spielt allerdings insofern noch eine Sonderrolle, als
mit ihm die generelle ("mythische") Deutung an den
Anfang gesetzt wird. Damit ist auch gesagt, daß es
keinen Sinn ergibt, das mythische Wesen "Rahab" hier
mit den Ägyptern zu identifizieren, wie es E.Hertlein
(Rahab, S.116ff) tut. Dann müßte man nämlich in der Tat
eine Ereigniskette postulieren (Niederringung der Ägypter - Zug durch das Meer), die in ihrer Abfolge freilich nicht stimmen würde. Die Vernichtung der Ägypter
hat ja nach dem Durchzug durch das Meer stattgefunden
(dies wendet auch Petersen, Mythos, S.39f, gegen Hertlein ein).

307   Ganz anders ist dies in Ps 74 und 89, wie in Abschn.IV
zu zeigen sein wird.

308   So etwa G.v.Rad: "In Jes. 51,9f. kommt es fast zu einer
Koinzidenz beider Schöpfungswerke. Der Prophet apostro-
phiert die Weltschöpfung; aber er redet zugleich von
der Erlösung Israels aus Ägypten ..." (Theol.I, S.151;
vgl. auch: Das theologische Problem, S.140). Weiterhin
wären zu nennen: R.Rendtorff, Schöpfungsglaube, S.5,
Anm.6; J.Kühlewein, Geschichte in den Psalmen, S.103.

309   Es erübrigt sich hiermit, der Verfasserfrage noch eine
große Aufmerksamkeit zu schenken und auf die vor allem
in dieser Hinsicht relevanten Äußerungen von J.M.Vin-
cent (Studien zur literarischen Eigenart, S.108-123)
einzugehen. - Ich habe Bedenken, hier Deuterojesaja als
Verfasser anzusehen. Wenn er seinen Mitexilierten Jahwes neues Handeln ansagen und glaubhaft machen will,
dann ist diese Intention von der Überzeugung getragen,
daß Jahwe am Handeln ist. In Jes 51,9f geht es jedoch
darum, Jahwe zum Handeln zu bewegen. Zu beobachten ist
auch, wie ganz anders in 43,16-21 (vgl. vor allem
V.18!) auf das Exodusgeschehen Bezug genommen wird. Am
wahrscheinlichsten scheint mir, die Verfasser (bzw. den
Verfasser) in den Kreisen zu suchen, die an Jahwes
Macht nicht grundsätzlich zweifeln - wie es bei den
Adressaten Deuterojesajas m.E. doch der Fall gewesen zu
sein scheint -, sondern von Jahwe erwarten, daß er
seine Macht nun zum Wohl seines Volkes einsetzt.

310   Ein in literarkritischer Hinsicht sekundärer Text ist
natürlich nicht von sich aus ein minderwertiger; zu
entscheiden haben hier theologische und nicht historische Gesichtspunkte. Allerdings geht es uns um eine
Rekonstruktion der Schöpfungstheologie des Deuterojesaja in seiner unverwechselbaren, theologisch von ihm
gedeuteten Situation. Insofern können dann tatsächlich
die Aussagen hintangestellt werden, die nach unserem
Urteilsvermögen nicht von ihm selber stammen.

311 Ähnlich argumentiert Fohrer. Bei den von Volz angeführten Belegen läßt sich eine <u>wörtliche</u> Übereinstimmung nur in Jer 31,35b feststellen. Nach Crüsemann (Studien, S.107) könnte die Aussage aus der gleichen Hymnentradition stammen.

312 Deuterojesaja in seinem Verhältnis zu Tritojesaja, S.207-213.

313 Elliger geht von der Voraussetzung aus, daß auch andere Abschnitte innerhalb Jes 40-55 von Tritojesaja stammen. Wenn man seinen Argumenten folgen will, ist also auch seine Prämisse zu sehen, die freilich hier im einzelnen nicht überprüft werden kann.

314 Weltschöpfung, S.52f.

315 Vgl. auch Elligers stilistisches Argument (a.a.O., S.208): "Dtjes. gebraucht zwar עשה und נטה nebeneinander (44,24), aber mit artgleichem Objekt ..."

316 Insofern ist eine gewisse Ähnlichkeit zum nachexilischen Text Jes 57,11 gegeben; der dortige Aussagezusammenhang ist allerdings ein anderer. Elliger (a.a.O., S.209) bemerkt: "Der Vorwurf, daß das Volk Jahwe vergessen habe, fügt sich in die Reihe der von Trtjes. erhobenen Anklagen ein ..."

317 Es ist deshalb auch nicht nötig, auf die Probleme einzugehen, die der Text - vor allem V.16b - als solcher aufgibt. Westermann, für den sich Schwierigkeiten nur bei V.16a ergeben, meint, daß auf die Volksklage in V.9f ab V.12 - V.11 gehört nach seiner Sicht nicht an diese Stelle - die "Heilsantwort" erfolge. Unabhängig von der Verfasserfrage - Westermann nimmt sowohl bei V.9f als auch bei V.12ff Deuterojesaja als Verfasser an - wäre dagegen zu sagen: V12f thematisieren, daß Israel sich in falscher Weise gefürchtet und dabei Jahwe vergessen habe. Von einem solchen Vergessen zeugen aber V.9f keineswegs; es wird im Gegenteil an Jahwes Handeln in der Vergangenheit gedacht und Jahwe im Hinblick darauf zum Einschreiten aufgefordert. Klage und Antwort stimmen also keineswegs zusammen.

318 Vgl. bei Deuterojesaja etwa 42,8; 44,6; 45,5.18.21f; 46,9 in ihren jeweiligen Aussagezusammenhängen. - In systematisch-theologischer Hinsicht entspricht unserer exegetischen Beobachtung das Bemühen, Gott nur im Zusammenhang seines Handelns an seiner Welt zu denken. Vgl. F.Mildenberger, Gotteslehre, S.65-73 (insbes. S.72), der infolgedessen zu einer Ablehnung der Unterscheidung zwischen immanenter und ökonomischer Trinität kommt.

319 In einer gewissen Weise berührt sich unsere
Untersuchung mit der von E.Heßler (Gott der Schöpfer,
S.126-138), die - ganz abgesehen von Details - freilich
in einem anderen Kontext erfolgt. - Wenn ich recht
sehe, kommt Heßler - dies sei hier nachgetragen - auch
unseren Erwägungen in Abschn.III.3 insofern nahe, als
sie von der "schöpferische(n) Kraft" Jahwes redet und
die "creatio prima" von daher versteht (S.344). Heßler
unterscheidet sich freilich von uns dahingehend, daß
der Sachverhalt, den wir mit dem Wort "Schöpfung" allein wiedergeben möchten, von ihr mit "creatio prima"
(Hervorhebung von mir) umschrieben wird und so der
Schöpfungsbegriff eine recht breite Dehnung erfährt:
"... Erwählung und Schöpfung fallen in einem Akt zusammen ..." (S.347).

320 Die drei Hiphil-Belege (40,13f; 47,13) verweisen auf
andere Zusammenhänge.

321 Es tritt hier also in einer ähnlichen Weise der Kontrast zwischen Jahwe und den Göttern hervor, wie wir es
schon bei der Untersuchung der Schöpfungsterminologie
(Abschn.III.1) beobachtet haben.

322 Wir reden hier von "Vergangenheit" und "Zukunft" in
einer pauschalen Weise. Vgl. aber ergänzend Anm.266.

323 Die häufig getroffene Feststellung einer Zäsur zwischen
Kap. 48 und 49 - Merendino kommt jüngst in modifizier-
ter Weise zu einem vergleichbaren Ergebnis (vgl. S.560)
- geht insofern mit unseren Beobachtungen konform, als
wir sowohl bei unseren Begriffsuntersuchungen in Ab-
schn.III.1 und III.5 als auch bei den Exegesen in Ab-
schn.III.4 ganz überwiegend auf Texte und Belege innerhalb Kap. 40-48 angewiesen waren.

324 Daß der Fall Babylons hier bereits vorausgesetzt ist,
wird man nicht ohne weiteres annehmen können, da solches direkt nicht gesagt wird. Westermann meint, daß
das geschichtliche Ereignis vorausgenommen wäre (ähnlich Volz und Fohrer).

325 Wir haben nur die diesbezüglich relevantesten, weil am
häufigsten vorkommenden Verben untersucht. Eine
Untersuchung weiterer Verben würde unsere nun folgende
Auswertung nur bestätigen. Ich nenne: אזן (Hiphil) in
42,23; 51,4; אמן (Hiphil) in 43,10; 53,1 (Niphal [49,7;
55,3] ist hier nicht relevant); בין (Qal, Hiphil, Hit-
palel) in 40,14.21; 43,10.18; 44,18; 52,15; נבט (Hiphil) in 42,18; 51,1.2.6; קשב (Hiphil) in 42,23; 48,18;
49,1; 51,4; שכל (Hiphil; in 52,13 in anderer Bedeutung)
in 41,20; 44,18; זכר (Qal, Hiphil) in 43,18.25.26;
44,21; 46,8.9; 47,7; 48,1; 49,1; 54,4. Da jeweils sämtliche Belege angeführt wurden, ist es nicht zu vermei-

den, daß einige wenige davon sich unserer Fragestellung entziehen.

326 So würden wohl etwa Begrich und v.Waldow die Sache sehen (vgl. Abschn.III.2).

327 In 48,14f ist zwar lediglich von der Niederringung Babylons die Rede. Gerade das aber hat seine Folgen für Israel.

328 Der Ansagebeweis hat seine entscheidende Funktion im Zusammenhang des Kyrosgeschehens, ohne daß er sich freilich immer auf die Ansage desselben beziehen muß (vgl. Anm.266). Deuterojesaja hat hier einen breiteren geschichtlichen Horizont.

329 Angesichts der großen Anzahl der Belege erübrigt es sich, die Frage nach der Verfasserschaft Punkt für Punkt durchzugehen. Zu 42,5-9 vgl. Abschn.III.4.e, zu 45,18-25 vgl. Abschn.III.4.h, zu 46,5-11 vgl. Anm.18, zu 48,1-11 vgl. Anm.266.

330 BK XI/1, S.68.70. Die Rede vom "Heiligen Israels" dürfte m.E. eine Verfestigung des Sprachgebrauchs in der Weise bedeuten, daß hier auf vorexilische Sprachtradition zurückgegriffen wird (vgl. Anm.79).

331 Es versteht sich von selbst, daß diesem Gesichtspunkt nur im Zusammenhang mit den anderen Argumenten Bedeutung zukommen kann.

332 Diese Rekonstruktion bezieht sich natürlich nur auf unsere Fragestellung. Alle anderen Texte, in denen außerhalb der Komposition 40,12-31 von Jahwes weltweitem Schöpfungshandeln die Rede ist, haben bereits Kyros im Blick. Die Frage, ob es über 40,12-31 hinaus noch weitere Texte gibt, die in eine frühe Phase der Verkündigung Deuterojesajas weisen, kann von uns hier nicht entschieden werden.

333 Die Schöpfungsaussage innerhalb 44,24-28 hat zwar in gewisser Weise noch begründende Funktion, dies aber doch nur in recht eingeschränktem Sinn (vgl. Abschn. III.4.f). Bei 45,9-13 hinwiederum ist die besondere Gesprächsebene zu beachten (vgl. Abschn.III.4.g), so daß hier - wenn auch infolge anderer Gesichtspunkte - ähnliches gilt wie für 44,24-28. Bei den übrigen Abschnitten (42,5-9; 45,18-25; 48,12-16a) kommt den Schöpfungsaussagen nach unserer Sicht keine begründende Funktion zu.

334 Ich nehme hier die Formulierung eines Aufsatztitels von W.Zimmerli auf: "Der Wahrheitserweis Jahwes nach der Botschaft der beiden Exilspropheten" (vgl. Anm.199).

335 Vgl. ergänzend Anm.328.

336 In 45,18-25 ist zudem Jahwes Handeln an der Völkerwelt mit im Blick (V.20-25).

337 Stuhlmueller sieht dies anders: "It is our conclusion, then, that the idea of cosmic first creation developed out of Dt-Is' appreciation of Yahweh's cosmic-creative redemption of Israel." (Creative Redemption, S.208; vgl. auch S.228 und S.236f).

338 Vgl. Anm.42 (zu 44,1-5) und weiterhin unsere Interpretation von 45,9f in Abschn.III.4.g.

339 Vgl. Anm.18.

340 Steck (Deuterojesaja als theologischer Denker, S.287) nennt neben der Schöpfungsthematik und dem Ansage- bzw. Weissagungsbeweis als weiteres argumentatives Bezugsfeld die "Aussage, daß Jahwe Israel erwählt hat ...". Er gibt aber selbst zu, daß wir es formgeschichtlich hier nicht mit einem Argumentationsgang zu tun haben (vgl. S.288). Wenn die Erwählungsaussagen "vorwiegend innerhalb der Heilsworte" stehen (S.287; in Anm.9 nennt Steck in dieser Hinsicht 41,8f; 43,20; 44,1f; 49,7) und so die Heilszusage stützen sollen, dann ist doch bemerkenswert, daß hier - anders als bei der Schöpfungsthematik innerhalb 40,12-31 und beim Ansagebeweis - keine Auseinandersetzung mit den Göttern stattfindet. Gerade darauf kommt es aber bei der argumentativen Bewahrheitung Jahwes an (vgl. Punkt 3 unserer Zusammenfassung). Die Erwählungsaussagen wären somit eher einer seelsorgerlichen, tröstenden Redeweise zuzuordnen (vgl. Punkt 2), womit natürlich nicht gesagt sein soll, daß argumentatives Reden keine seelsorgerlichen Implikationen habe (vgl. die "Schlußfolgerungen" in 40,15.17.24.29-31). Andererseits führt Steck die grundsätzliche Auseinandersetzung mit babylonischer Religiosität innerhalb 40,12-31 nicht an, wobei diese Auseinandersetzung doch zweifellos argumentativen Charakter hat und für die dortigen Schöpfungsaussagen zu einem guten Teil unentbehrlich ist. Statt dessen setzt Steck noch die unangefochtene Stellung des Redens von Jahwe als dem Schöpfer voraus (vgl. S.288f). - An einer anderen Stelle ist Steck allerdings unbedingt beizupflichten: dort nämlich, wo er für eine Zuordnung von prophetischer Audition und Reflexion eintritt (S.280-282). In unseren Exegesen der Jahwereden ist das stets geschehen.

341 Vgl. neben Abschn.III.5 vor allem Abschn.III.4.e sowie Anm.217 und 266. - Es hätte im Rahmen unserer Fragestellung zu weit geführt, alle relevanten Texte einer ausführlichen Analyse zu unterziehen.

342 Dies ist gerade bei 42,9 wichtig. In V.6f wird die Kyrosbeauftragung geschildert. Hierauf folgt nach der grundsätzlichen Aussage in V.8 die Konkretion in V.9 in Gestalt des Ansagebeweises. Das Kyrosgeschehen nimmt hier erst seinen Anfang (vgl. Anm.203); die Ansage desselben hat also noch keine deutlich sichtbare Bewahrheitung erfahren. Deshalb braucht die Ansage hier zur Beglaubigung den Rückgriff auf die vorexilischen, inzwischen eingetroffenen Ansagen.

343 Insofern ist Steck (Deuterojesaja als theologischer Denker, S.290) im Recht, wenn er meint, daß Deuterojesaja "zu einer abstrakten Zeitvorstellung vordringt ..." Nur meine ich, daß dies nicht generell gilt, wenn von Früherem und Kommendem die Rede ist (so Steck), sondern daß bei Deuterojesaja Abstraktheit und Konkretheit in gleicher Weise vorhanden sind (vgl. Anm.266). Es wäre mir kaum vorstellbar, daß z.B. nach der Beauftragung des Kyros in 42,6f in V.9 von Früherem und Neuem rein abstrakt geredet werden könnte (vgl. auch 48,3.6f).

344 Man wird - wenn auch mehr hypothetisch - annehmen können, daß die grundsätzlichen Zweifler, denen Deuterojesaja auf eine so grundsätzliche Weise entgegnen mußte wie in den drei Abschnitten innerhalb 40,12-31, in der Tradition der vorexilischen Heilsprophetie standen und gerade deshalb nach der Katastrophe in ihrem Glauben fundamental erschüttert wurden. (Wenn ich hier von vorexilischer Heilsprophetie rede, dann sind mit der eher negativ gemeinten Qualifikation nicht sämtliche Heilsworte aus vorexilischer Zeit gemeint; ich denke vielmehr an die Art von Heilspropheten, mit denen sich etwa Jeremia auseinanderzusetzen hatte.)

345 Zum Problemfeld "Monotheismus" vgl. auch Anm. 153 und Abschn.II, Anm.73.

346 Dort, wo der Jahweglaube mit anderen Glaubensformen in Berührung gekommen ist, hat entweder ein Identifikations- bzw. Integrationsprozeß oder aber ein Abgrenzungsvorgang stattgefunden (vgl. Abschn.II, Anm.73). Wo letzteres der Fall war - etwa bei Hosea -, ist es freilich nicht zu explizit monotheistischen Äußerungen gekommen (vgl. z.B. Hos 2,10).

347 Bereits die vorexilische Gerichtsprophetie zeigt, daß das Herrsein Jahwes und die Macht seines Volkes nicht zu identifizieren sind. Die Intention Deuterojesajas, das Herrsein Jahwes trotz der Machtlosigkeit seines Volkes (die ja auch nach dem Auftreten des Kyros fortbestanden hat!) zu proklamieren, wäre ohne diese schon vorher erfolgte Unterscheidung nicht denkbar.

348 Vgl. Anm.203 (zu 42,9).

349 Der Ansagebeweis wird überwiegend innerhalb einer Jahwerede angeführt (so in 41,21-29; 42,5-9; 43,8-13; 44,6-8; 45,18-25; 46,5-11; 48,1-11; 48,12-16a). Zum Verhältnis von prophetischer Audition und Reflexion vgl. Anm.340.

350 Ähnlich sieht dies Steck (Deuterojesaja als theologischer Denker, S.289). Allerdings würde ich in solchen Zusammenhängen nicht andererseits von "theologisch intakt gebliebenen Bereichen" (ebd.) sprechen. Die grundsätzliche Auseinandersetzung mit babylonischer Religiosität, wie sie vor allem in 40,12-31 zu beobachten ist, deutet doch wohl eher darauf hin, daß der Jahweglaube in bestimmten Kreisen (vgl. Anm.344) als ganzer strittig war. Wir reden deshalb vorsichtiger davon, daß im Raum der konkret zu erlebenden Geschichte der Zweifel seinen Anfang nahm.

351 Innerhalb von Abschn. 42,5-9, der nach unserer Erkenntnis aus der Zeit stammt, wo Kyros noch nicht voll auf dem Plan war, heißt es: "Meine Ehre gebe ich keinem andern, noch meinen Ruhm den Götzen." Diese Aussage ist eindeutig. Vergleicht man sie allerdings mit den "monotheistischen" Aussagen in 41,24.29; 43,10f; 44,6.8; 45,21f; 46,9, dann läßt sich sagen, daß Deuterojesajas Sprache im Lauf der Zeit hier an Prägnanz noch zugenommen hat.

352 Gerade diese ist nötig, wenn es Deuterojesaja um das besondere Verhältnis Jahwes zu seinem Volk geht. Jahwe muß mit den "großen" politischen Ereignissen etwas zu tun haben, wenn seine neue Hinwendung zu seinem Volk aussagekräftig sein soll. Die Exilierten sind ja - "profanhistorisch" betrachtet - ein Spielball der Mächte. Sollen sie das sub specie Jahwes nicht sein, dann muß Jahwe über bzw. hinter diesen Mächten stehen.

353 Ich nehme hier eine Formulierung R.Bultmanns auf. In seinem Aufsatz "Welchen Sinn hat es, von Gott zu reden?" spricht er davon, daß Gott "die Alles bestimmende Wirklichkeit" sei (S.26).

Abschnitt IV

1 Außerdem ist darauf hinzuweisen, daß eine umfassende Bearbeitung des einschlägigen Materials bereits Petersen, Mythos, unternommen hat. Vgl. auch L.Vosberg, Studien.

2 So konnte Petersen (a.a.O.) keinen der von ihm untersuchten Psalmen in die vorexilische Zeit datieren. Gleiches gilt für Vosberg (a.a.O.). Vorländer (Der Monotheismus Israels als Antwort auf die Krise des Exils, S.107) stellt lapidar fest: "Vorexilische Belege für den Glauben an Jahwe als den Schöpfer gibt es m.E. nicht."

3 Der Psalm ist elohistisch redigiert. Mit Kraus lesen wir "Jahwe" statt "Elohim". Dies gilt auch für die weiteren Passagen des Psalms.

4 Eine solche Interpretation hat F.Willesen, The Cultic Situation of Psalm LXXIV, vorgelegt: Der Psalm beziehe sich nicht auf historische Ereignisse, sondern sei vom "cult drama of the New Year Festival" her zu verstehen (S.289). Zur Kritik an solchen Deutungen, die eine Uniformität altorientalischen Kultes (cultic-pattern-Schema) voraussetzen und damit auch zwangsläufig den Gottesdienst Israels enthistorisieren, vgl. neben vielen anderen H.J.Kraus, BK XV/3, S.134f.

5 Vgl. hierzu die nicht ganz durchsichtigen Erwägungen Vosbergs (Studien, S.34.36f).

6 Recht singulär - weil auch zu hypothetisch - sind vereinzelte andere Deutungen. So denkt etwa Buttenwieser an den Einfall des Oropherles im Jahr 334.

7 A.a.O., S.47.

8 So Donner, a.a.O., S.43.

9 A.a.O., S.44.

10 A.a.O., S.45.

11 Wir möchten unsererseits das bekannte Argument durch einen Hinweis auf Jes 61,4 untermauern. In dem frühnachexilischen Text ist vom Wiederaufbau "uralter Trümmer" ( חרבות עולם ) die Rede. - Donner (S.43) versucht das Argument dadurch zu entkräften, daß der Begriff נצח in V.1 die "Endgültigkeit der Verstoßung" meine und in diesem Sinne in V.3 ebenfalls Verwendung finde. Nicht die Trümmer seien ewig, sondern die "angenommene Endgültigkeit der Verstoßung durch Jahwe". Die Frage ist hier, ob Donner V.1a nicht zu wörtlich nimmt. V.2f zeigen

doch, daß man von Jahwe ein Einschreiten erwartet. Wenn gerade in diesem Zusammenhang davon die Rede ist, daß Jahwe seine Schritte zu den "ewigen Trümmern" erheben soll, dann scheint es mir als recht problematisch, wenn man dies nicht so versteht, daß Jahwe sich zu seinem schon lange zerstörten Heiligtum hinwenden soll.

12  A.a.O., S.43f.

13  Vgl. hierzu vor allem Westermann, Lob und Klage in den Psalmen, S.39-48 (insbes. S.40-42) und Kühlewein, Geschichte in den Psalmen, S.101f. Kühlewein meint, daß das Gattungselement "Rückblick auf Jahwes früheres Heilshandeln" in Ps 74,12-17 insofern eine Abwandlung erfahren habe, als hier Elemente des beschreibenden Lobpsalms mit hereinkämen. Diese Beobachtung veranlaßt allerdings auch Kühlewein nicht zu größeren gattungskritischen Konsequenzen.

14  Von der Redeform her wird nicht klar, ob auch in V.18-23 die Einzelstimme spricht oder der Redepart wieder an die zurückfällt, die bereits V.1-11 gesprochen haben. Infolge der nahezu gleichen Thematik in V.1-11 und in V.18-23 ist wohl letzteres wahrscheinlicher.

15  L.Vosberg (Studien, S.31) sieht Ps 74, Ps 89 und Ps 102 auf einer Ebene und meint, "daß die drei exilischen Psalmen Fürbitten von Einzelnen sind, die im Bittgottesdienst auf den Ruinen des Tempels vom jeweiligen Dichter selbst gebetet wurden." Wir können weder diese drei Psalmen in solcher Weise einander zuordnen (zu Ps 89 vgl. Abschn. IV.2, zu Ps 102 s. unsere Ausführungen am Ende dieses Abschnitts), noch meinen wir, daß die jeweiligen Aussagen eine derart konkrete Ortsbestimmung zulassen.

16  Gegenüber V.1-11 ist der Neueinsatz in V.12 deutlich adversativer Art.

17  Wir gehen hinter die elohistische Redaktion zurück und lesen "Jahwe".

18  בקרב הארץ ist ein feststehender, im AT nach meiner Zählung noch zehnmal vorkommender Ausdruck (Gen 45,6; 48,16; Ex 8,18; Dtn 4,5; Jes 5,8; 6,12; 7,22; 10,23; 19,24; 24,13). בקרב ist nicht zu wörtlich zu übersetzen, sondern in der Bedeutung der Präposition ב ähnlich. Je nachdem, ob mit ארץ ein bestimmtes Gebiet (z.B. Dtn. 4,5) oder die Erde als umfassende Größe gemeint ist (z.B. Jes 24,13), empfiehlt sich die Übersetzung "im Lande" oder "auf Erden". In Ps 74,12 dürfte im Hinblick auf V.13-17 letzteres angebracht sein.

19  Zugrunde liegt hier die selbständige Wurzel פרר II (vgl. E.Kutsch, Art. פרר , Sp.487).

20 Im Hinblick auf die singularische Ausdrucksweise in V.
14a (Liwjatan) lesen wir auch hier Singular (mit BHK).
Vgl. auch Jes 51,9b.

21 MT dürfte eine falsche Worttrennung beinhalten. Mit BHK,
BHS, Kraus, Petersen (Mythos, S.126) u.a. lese ich
לְעַמְלְצִי יָם.

22 "Wörter des Stammes kūn bezeichnen in fast allen sem.
Sprachen ... das Fest-, Wahr-, Richtig-Sein und Existieren ..." (E.Gerstenberger, Art. כון, Sp.812). Auch wenn
das Hiphil "weit und blaß in seiner Bedeutung" (a.a.O.,
Sp.815) sein mag, so trifft die oben umschriebene Bedeutung genau unseren Textsinn: Jahwe hat Mond und Sonne in
einer beständigen, sinnvollen Weise hingestellt.

23 Mit Petersen (Mythos, S.145f), der auf die chiastische
Struktur von V.16 hinweist, gebe ich מאור mit "Mond"
wieder (vgl. auch Kraus).

24 Der Sinn von V.17a ist nicht leicht zu bestimmen. Nachdem in V.16 von Tag und Nacht, Mond und Sonne und in
V.17b von Sommer und Winter die Rede ist und es bei
alledem um die polare Gegenüberstellung konstitutiver
Lebensbedingungen geht, empfiehlt es sich, V.17a ähnlich
zu deuten. Gunkel meint, daß hier auf die Klimazonen
Bezug genommen werde. Diese Deutung geht von dem Parallelismus zu V.17b aus, wo Sommer und Winter erwähnt
werden, und versteht גבולות als "die Gebiete der Erde,
wo es heiß und kalt ist, also die 'Zonen'." Dieser
möglichen Deutung steht die Tatsache entgegen, daß bei
dem so verstandenen Parallelismus doch recht unterschiedliche Sachverhalte einander zugeordnet werden:
nämlich der Wechsel der Jahreszeiten und der geographisch bedingte Unterschied der Klimazonen. Auch wenn in
einem synonymen Parallelismus sich nicht beide Teile
deckungsgleich zueinander verhalten müssen, scheint mir
die Inkongruenz doch etwas zu groß zu sein. Vielleicht
ist es angemessener, hier nicht zu sehr von einem wie
auch immer gearteten Parallelismus aus zu denken, sondern den Textsinn von V.17a mit Hilfe ähnlicher Aussagen
zu erschließen. Petersen (Mythos, S.146f) führt Jer 5,22
und Ps 104,9 an, wo von der Grenze ( גבול ) des Meeres die
Rede ist, die es nicht überschreiten darf. Man könnte
dann umgekehrt die גבולות ארץ in Ps 74,17 als die Grenzen des Festlandes zum Meer verstehen und so die Vorstellung einer Sonderung des Festlandes vom Wasser dahinter sehen (vgl. auch Gen 1,9f). Die Schwäche dieser
Deutung liegt darin, daß in Jer 5,22 und Ps 104,9 eben
von einer Begrenzung des Meeres zum Festland hin die
Rede ist und nicht umgekehrt. Wenn man diesen Unterschied als nicht zu gravierend ansieht, kann man - mit
Vorbehalt - Petersen folgen (vgl. auch schon Duhm, der

freilich darüber hinaus auch an die "natürlichen Völker-
scheiden" denkt).

25 Die Meinung, daß der ganze Abschnitt geschichtliche
Ereignisse thematisiere, wird heute kaum mehr vertreten
und hat sich uns in unseren Überlegungen zur Übersetzung
nicht nahegelegt. Ein typischer Vertreter dieser Position war E.König, der den ganzen Abschnitt auf das
Exodusgeschehen und auf den Wüstenzug hin interpretiert
hat. Mit dem Sieg über die Chaosmächte sei die Niederringung der Ägypter gemeint; die Erwähnung von Tag und
Nacht in V.16 wird auf die Wolkensäule am Tag und die
Feuersäule in der Nacht hin gedeutet. Kittel, Gunkel,
Duhm, H.Schmidt, Dahood u.a. verstehen den ganzen Abschnitt von der urzeitlichen Schöpfung her, während
Kissane und Kraus davon ausgehen, daß in dem Abschnitt
sowohl Schöpfungs- als auch Geschichtsmotive enthalten
sind.

26 Die Ordnungsvorstellung ist dadurch, daß sie vornehmlich
mit Hilfe polarer Begriffsbildungen zum Ausdruck kommt,
durchaus derjenigen von Gen 8,22 ähnlich.

27 Ich knüpfe hier und im folgenden an die grundsätzlichen
Erwägungen zur Chaoskampfthematik in Abschn.III.4.j an.

28 J.A.Emerton, "Spring and Torrent" in Psalm LXXIV 15,
insbes. S.127-130; Petersen, Mythos, S.144f.

29 Emerton (a.a.O., S.128) führt 1.Hen 89,7f und Jub 5,29;
6,26 an, wonach die Wasser durch Schlunde ("abysses")
abflossen.

30 Emerton (a.a.O., S.129) deutet נחל als "stream or wady".
Ein Teil der Wasser sei durch die Quellen zur großen
Tiefe gelangt, ein anderer Teil durch die Flüsse zum
Meer geflossen. Diese Deutung dürfte sich schwer mit der
Aussage unseres Textes vertragen, daß Jahwe den Bach
gespalten habe.

31 Ex 10,19; 13,18; 15,4.22; 23,31; Num 14,25; 21,4;
33,10f; Dtn 1,40; 2,1; 11,4; Jos 2,10; 4,23; 24,6; Ri
11,16; 1.Kön 9,26; Jer 49,21; Ps 106,7.9.22; 136,13.15;
Neh 9,9.

32 Die beiden anderen Belege finden sich in Ps 104,10 (dort
hat נחל allerdings die Bedeutung "Tal") und in 2.Chr
32,4.

33 Vgl. auch Gesenius unter בקע .

34 Dies gilt für Jes 41,18a (das dortige Verbum פתח dürfte
wohl sehr Ähnliches ausdrücken wie בקע in Ps 74,15) und
43,19f. In Ps 78,16 heißt es im Zusammenhang des Exodusgeschehens, daß Jahwe Bäche aus dem Gestein und Wasser

wie Ströme habe fließen lassen. (Da hier von keiner Austrocknung der Ströme die Rede ist, kann dieser Beleg natürlich nicht für eine geschichtliche Deutung von Ps 74,15 herangezogen werden.)

35 אתן meint zunächst einmal, daß ein Wasserlauf nicht versiegt (vgl. Am 5,24). Allgemeiner aber kann mit dem Wort eine Ausdauer an Kraft umschrieben werden (vgl. z.B. Gen 49,24; Jer 5,15). Hiermit könnte so auch in Ps 74,15b die Mächtigkeit des Wasserelements zum Ausdruck kommen.

36 Daß dem so ist, macht schon das Wort ים in V.13a deutlich. Es muß keineswegs einen Eigennamen darstellen, da es auch dort, wo eindeutig das Meer gemeint ist, nicht immer determiniert ist (Petersen, Mythos S.132, führt an: Ex 15,8; 2.Sam 22,16; Jes 16,8; 23,2). Wenn nun V.13a den Sinn hat, daß Jahwe sich gegen das Meer wendet, es "aufstört", dann liegt es nahe, sein Handeln gegen Tannin (V.13b) und Liwjatan (V.14) ähnlich zu verstehen, indem man beide hier(!) als mit dem Meer zusammenhängende Wesen deutet. Auch Jes 27,1; 51,9f; Hi 7,12 bringen Tannin mit dem Meer in Verbindung (in Jes 27,1 wird auch Liwjatan erwähnt). Zum sonstigen Vorkommen beider Namensbezeichnungen vgl. die ausführliche Untersuchung von Petersen, Mythos, S.133-135.

37 Das Verhältnis von V.15a und V.15b kann also nur als ein gegensätzliches bestimmt werden: In V.15a erscheint das Wasser als ein lebensfreundliches, in V.15b als ein jahwefeindliches und somit auch lebensfeindliches Element.

38 Während viele Kommentare auf dieses Problem gar nicht eingehen, bemerkt Dahood zu V.13: "... the psalmist appeals to Yahweh's victory over the forces of chaos and evil before he created the universe." (Hervorhebung von mir).

39 Vgl. etwa die von Stolz (Strukturen und Figuren, S.61-63) angeführten Texte.

40 Als typisches Beispiel sei hier das enūma eliš angeführt (AOT, S.108-129; ANET, S.60-72): Der ganze Mythos enthüllt ein Zusammen- und Gegeneinanderwirken göttlicher Mächte, wobei die verschiedenen Handlungsabläufe aufeinander aufbauen. So könnte es ohne den vorangehenden Götterkampf keine Schöpfung geben, da ja der Leib der Tiamat als "Material" hierfür benötigt wird. Ganz gleich, was der Mythos "an sich" aussagen will, die Art der Darstellung ist jedenfalls eine sukzessive, bedingt durch das Handeln der Götter mit- und gegeneinander.

41 Vgl. hingegen den sukzessiven Ereignisablauf in mytholo-

gischen Systemen der Umwelt (s. Anm.40).

42  Diese Feststellung steht nicht im Widerspruch dazu, daß
    die gegenwärtige Lage mit Jahwes Zorn in Verbindung
    gebracht wird (V.1): Die ganze Klage zielt darauf, Jahwe
    die Auswirkungen seines Zürnens vor Augen zu malen, die
    doch nicht in seinem Sinne sein können.

43  Nach Ps 74,2 soll Jahwe seiner Gemeinde gedenken, die er
    von Urzeit her erworben hat. In Jes 43,16-19 hingegen
    wird zwar zunächst auch auf die heilvolle Zuwendung
    Jahwes in der Vergangenheit - nämlich auf den Exodus aus
    Ägypten; V.16f - angespielt, zugleich aber dann (V.18f)
    die Aussage dahingehend weitergeführt, daß man des Frü-
    heren nicht mehr gedenken soll, da Jahwe Neues schafft.

44  Vgl. hierzu nochmals vor allem Jes 45,18-25 (Abschn.
    III.4.h).

45  Es sei hier nochmals besonders an 42,5-9; 45,18-25;
    48,12-16a erinnert (vgl. Abschn.III.4.e.h.i), wo es
    (auch) darum ging, Jahwes besonderes Handeln mittels der
    Schöpfungsaussagen in einen universalen Horizont zu
    stellen.

46  Mythos, S.189-191.194f.

47  Mit Petersen, a.a.O., S.195.

48  Gunkel begründet die zeitliche und örtliche Ansetzung
    hauptsächlich damit, daß in V.13 mit Tabor und Hermon
    die "Haupt-Kultusstätten Israels" erwähnt würden, wäh-
    rend von Jerusalem nicht die Rede sei.

49  H.Schmidt sieht in V.2-19 und V.20-52 zwei verschiedene
    literarische Schichten. Nach R.Kittel könnten V.6-19 ein
    selbständiger Schöpfungshymnus gewesen sein, der - wie
    der Anfang des Psalms - sich nur lose an den übrigen
    Text anfüge. Oesterley trennt folgendermaßen: V.5-18 -
    V.3.4.19-37 - V.38-51.

50  So z.B. Kissane, Weiser, J.M.Ward (The Literary Form and
    Liturgical Background of Psalm LXXXIX, S.321). Bei den
    beiden letzteren Forschern hängt die Behauptung der Ein-
    heitlichkeit mit einer genaueren Angabe des Sitzes im
    Leben zusammen. Nach Weiser hat der Psalm im Bundesfest
    seinen Platz, wo "die Thronbesteigung des himmlischen
    und irdischen Königs zusammen gefeiert wurde ..." Hier-
    bei habe er in nationalen Notzeiten Verwendung gefunden.
    Ward (S.339) zieht in Erwägung, daß der Psalm mit der
    Krönung eines neues Königs und auch - falls es so etwas
    gegeben habe - mit der jährlichen Erneuerung des König-
    tums in Verbindung gestanden haben könnte.

51  Dieser Hymnus ist hier nicht mit dem hymnenartigen Zwischenstück Ps 74,12-17 vergleichbar. Dieses könnte für sich allein nicht bestehen. Auch geht ihm die (Selbst-) Aufforderung zum Lobpreis ab (vgl. hingegen Ps 89,2).

52  Um Mißverständnissen vorzubeugen, sei noch folgendes angemerkt: Unser Kirchengesangbuch enthält nicht wenige Loblieder, die in schwerer Zeit entstanden sind; ich nenne nur: "Nun danket alle Gott ..." (EKG 228; 1636 von Martin Rinckart gedichtet); "Du meine Seele, singe ..." (EKG 197; 1653 von Paul Gerhardt gedichtet). Christliche Liedtradition bezeugt, daß Not und Gotteslob sich nicht auszuschließen brauchen. Das wird man grundsätzlich auch den atl. Zeugen nicht absprechen dürfen. Bei Ps 89 scheinen mir die Dinge jedoch anders zu liegen. In V.39-46 ertönt eine Klage von der Art, die es nicht zuläßt anzunehmen, daß die entsprechende Klagesituation zur gleichen(!) Zeit und unter der Verfasserschaft des gleichen(!) Personenkreises im gleichen(!) Psalm einen in sich selbständigen Lobpreis hervorbringt. So gesehen scheint es mir viel eher denkbar, daß hier in einer Notsituation ein bereits vorhandener und so gewissermaßen zum "Glaubensgut" gehörender Lobpreis aufgenommen und integriert wird. Weshalb dies geschieht, wird noch zu bedenken sein.

53  Unser literarkritisches Ergebnis geht also mit dem von Gunkel konform (vgl. auch Petersen, Mythos, S.166), während anderweitig wir uns von ihm absetzen müssen (vgl. Anm.58).

54  Nimmt man V.39-52 hinzu, die - wie wir gesehen haben - in enger Verbindung zu V.20-38 stehen, dann ist auch eine Beobachtung zum Wortschatz interessant: Das Substantiv ברית begegnet nicht nur in V.4, sondern auch in V.29.35.40. Das Verbum שבע (Niphal) findet außer in V.4 auch in V.36.50 Verwendung.

55  Evtl. könnte man fragen, ob es nicht denkbar wäre, auch die Zusage Jahwes an das davidische Königshaus (V.20-38) als ein ehedem selbständiges Stück anzusehen (die einleitende Passage in V.20, wodurch die Zusage erst zum Gegenstand der Erinnerung wird, natürlich ausgenommen). Nun sind aber die Anklänge an 2.Sam 7,14-16 ab V.27 unverkennbar, wo das, was 2.Sam 7,14-16 thematisieren, in einer weit breiteren und auch etwas abgewandelten Weise ausgeführt wird (vgl. etwa 2.Sam 7,14b mit Ps 89,31-33). So halte ich es für wahrscheinlicher, daß infolge der Klagesituation (vgl. V.39ff) die Erinnerung an Jahwes vergangene Zusagen in dieser Situation zum Zweck der Kontrastierung und der Begründung der Klage in einer breiten Weise ausformuliert wird. Es dürfte also hier keine ältere selbständige Einheit aufgenommen worden sein, sondern eine Neuformulierung von Traditionsgut

stattgefunden haben (wieweit neben 2.Sam 7,14-16 auch noch anderes Traditionsgut herangezogen wurde, ist für unsere Fragestellung nicht von Belang). Da V.20-38 keinen Lobpreis darstellen, steht diese unsere Annahme nicht im Widerspruch zu dem, was wir zum Hymnus angemerkt haben (vgl. Anm.52).

56 Zum Sinngehalt von ברית an dieser Stelle vgl. E.Kutsch, Verheißung und Gesetz, S.66.

57 Die Datierungsvorschläge der verschiedenen Forscher gehen ganz erheblich auseinander; ich nenne nur zwei Extrempositionen (vgl. im übrigen G.W.Ahlström, Psalm 89, S.20, Anm.4): Duhm datiert V.20-47.50-52 in die Zeit um 88 v.Chr. und meint auch, daß der Abschnitt V.2-19 "nicht so sehr viel früher sein (kann)." W.F.Albright stellt in V.2-23 kanaanäische Archaismen fest - ohne sie im einzelnen zu benennen - und datiert das Stück in das 10. Jahrhundert (Die Religion Israels im Lichte der archäologischen Ausgrabungen, S.146). - Wenn wir den Psalm in seiner Endgestalt von einer bestimmten historischen Situation her verstehen (frühe Exilszeit), dann bedeutet dies natürlich zugleich, daß wir die "kultisch-mythische Deutung" (diese Wendung findet sich bei Kraus, BK XV/2, S.785), wie sie von Ahlström vertreten wird, nicht teilen können. Dieser versteht Ps 89 als "einen Jahresfestpsalm, der zu den Riten der Lebenserneuerung gehörte" (a.a.O., S.26).

58 Wenn Gunkel meint, der Hymnus sei im Nordreich entstanden, weil in V.13 mit Tabor und Hermon die Hauptkultstätten Israels erwähnt würden, Jerusalem jedoch nicht, dann läßt sich dazu sagen:
- Von Kultstätten ist hier gar nicht die Rede. Der Kontext (das ist noch zu zeigen) deutet vielmehr darauf hin, daß Tabor und Hermon deshalb genannt werden, weil sie hohe Berge sind.
- Im Hymnus wird auch das Königtum gepriesen (V.18f). Folgt man Gunkels Lokalisierung, wäre damit das Königtum des Nordreichs gemeint. Der Psalm in seiner Endgestalt denkt eindeutig an das davidische Königtum (V.4f.20ff).

59 Gemäß LXX und Theodotion wäre חסד mit dem Suffix der 2. Pers.sing. zu versehen. Dies wäre dann eine Angleichung an V.2b, die aber nicht sein muß (anders freilich Kraus u.a.), wenn man sieht, wie den ganzen Hymnus hindurch von Jahwe teils in der 2., teils in der 3.Pers. die Rede ist (vgl. z.B. V.6 mit V.7f und V.7f mit V.9).

60 עולם kann - wie auch in V.3 - als adverbieller Akkusativ aufgefaßt werden (vgl. E.Jenni, Art. עולם , Sp.234f). Es ist also nicht nötig, ein ל voranzustellen (vgl. BHS).

61 Nicht nur Kommentatoren (Duhm, Gunkel, Kissane, Kraus;
anders allerdings Kittel), sondern bereits die LXX versuchen einen flüssigeren Text zu bekommen (Petersen,
Mythos, S.167 verzichtet auf eine Übersetzung von V.3).
In der vorliegenden Fassung steht שמים syntaktisch etwas
isoliert. Dies braucht freilich nicht zu stören, wenn
man auch in V.10b.12b.13a in der syntaktischen Struktur
eine Art "Gedankenpause" erkennt.

62 ב braucht man dann nicht - wie Duhm, Kraus, Petersen
(Mythos, S.167) - zu streichen, wenn man in V.6b das
Subjekt von V.6a (שמים) sieht. Der Sinn wäre dann der,
daß der Preis der Himmel in der "Versammlung der Heiligen" wahrnehmbar ist.

63 רבה kann adverbielle Bedeutung haben und so dem Vordersatz zugeordnet werden, wie es auch der masoretischen
Verstrennung entspricht. Zieht man das Wort zum Nachsatz
(so Gunkel, Kraus, Petersen [Mythos, S.167] u.a.), dann
muß die maskuline Form angenommen und רב gelesen werden.
Diese Emendation kann sich jedoch nur auf metrische
Gründe stützen und sollte lieber unterbleiben.

64 יה חסין stört ganz deutlich den Zusammenhang, so daß
eine Textverderbnis anzunehmen ist. Da in V.2 und V.3
חסד und אמונה jeweils zusammen begegnen, folgen wir dem
Emendationsvorschlag Petersens (Mythos, S.168) und lesen
חסדיך ( חסנך mit BHS zu lesen empfiehlt sich deshalb
nicht, weil חסין - darauf weist Petersen hin - im AT
dann nur hier vorkommen würde).

65 Die syrische Übersetzung gleicht V.18a an V.18b an.
Petersen (Mythos, S.169) schließt sich dem an. Nun hatten wir bereits beobachtet, daß von Jahwe teils in der
2., teils in der 3.Pers. die Rede ist (vgl. Anm.59).
Ähnliches zeigt sich auch anderweitig: Das Redesubjekt
ist gemäß V.2 ein einzelner. Dieser sieht sich sowohl
mit dem Volk auf einer Stufe (1.Pers.pl. in V.18b.19)
als auch ihm gegenüber (deshalb die 3.Pers. in
V.16.17.18a). Dieser Wechsel in der Redeform durchzieht
also den ganzen Hymnus, so daß sich Emendationen im
einzelnen erübrigen.

66 Daß statt תרים mit vielen Textzeugen (vgl. BHS) תרום
(Qere) zu lesen ist, bedarf keiner weiteren Begründung.

67 Wenn man wie Petersen (Mythos, S.169) im Anschluß an die
Peschitta nicht zwischen Jahwe und dem König differen-
ziert, kommt natürlich ein ganz anderer Textsinn heraus.
Es wäre dann nicht mehr vom "irdischen" König die Rede
und somit ein wichtiges Kriterium für die vorexilische
Datierung des Hymnus dahingefallen. Da diese alternative
Lesart nun wirklich nicht sehr breit bezeugt ist (vgl.
BHS), sehe ich keinen Grund, ihr zu folgen (zudem hat

sich bereits in V.18a die Peschitta nicht gerade als zuverlässig erwiesen; vgl. Anm.65).

68  Vgl. H.H.Schmid, Art. ארץ , Sp.229.

69  So gesehen sind V.13a und V.13b in ihrer Aussage zwar nicht deckungsgleich, stehen aber doch - entgegen Petersens Annahme (Mythos, S.173) - in einer engen Relation zueinander. Zu den vielfältigen Deutungen, die V.13 anderweitig erfahren hat, vgl. Petersen, a.a.O., S.172f.

70  Ähnlich wie Tannin und Liwjatan in Ps 74,13f (vgl. Anm.36) wird man auch Rahab in Ps 89,11 als ein mit dem Meer zusammenhängendes Wesen verstehen können, welches den lebens- und jahwefeindlichen Aspekt des Wassers verkörpert (zur Bedeutung des Wasserelements vgl. Abschn.III.4.j). Aus der einschlägigen Untersuchung Petersens (Mythos, S.135-138) geht hervor, daß Rahab in erster Linie ein Meeresungeheuer verkörpert. Von Rahab ist in folgenden Stellen die Rede: Jes 30,7; 51,9; Ps 40,5 (Plural); 87,4; 89,11; Hi 9,13; 26,12.

71  Neben der Vorstellung, daß Jahwe die Wellen des Meeres besänftigt, gibt es noch die ganz andere, daß er das Meer erregt (vgl. Jes 51,15; Jer 31,35). Vgl. hierzu A.Ohler, Mythologische Elemente, S.101-104 (zur Chaoskampfthematik insgesamt vgl. S.101-116).

72  Vgl. Petersen, Mythos, S.141, der die einschlägigen Belege durchgegangen ist: "Das Ergebnis der Auseinandersetzung hat man sich unterschiedlich vorgestellt. Einerseits ist das Ungeheuer von Jahwe vernichtet worden ... Andererseits dachte man es sich offenbar als weiterhin lebendig ..."

73  Diese Feststellung bedarf einer Einschränkung: Die Vision in Apk 21,1, daß unter dem neuen Himmel und auf der neuen Erde das Meer nicht mehr sein wird, deutet darauf hin, daß man in erheblich späterer Zeit das Nichtvorhandensein des chaotischen Wasserelements in eschatologischen Perspektiven (im Rahmen der Neuschöpfung) gesehen hat. Dies ist freilich nicht der Blickwinkel von Ps 89,11. Hier geht es um die vorfindliche, dem Leben zugewandte Ordnung Jahwes, so daß V.10 und V.11 in ihrer Aussage sich tatsächlich nicht erheblich unterscheiden.

74  Unsere bisherigen Überlegungen führen uns weiter zu der Frage, ob die Chaoskampfvorstellungen - einmal unabhängig von der Schöpfungsthematik betrachtet - von einem sukzessiven Ereignisablauf ausgehen. Bei Ps 89,10f scheint mir dies jedenfalls nicht der Fall zu sein. Es geht hier nicht um einen sukzessiven Ereignisablauf, sondern um die Betrachtung des gleichen Sachverhalts (Jahwe ist stärker als die chaotischen Mächte) von einer

etwas unterschiedlichen Perspektive aus. Zur Begründung
dieser Sicht verweisen wir auf unsere Überlegungen innerhalb Abschn.IV.1. - Anders beurteilt den Sachverhalt
Petersen (Mythos, S.171): "Beide Verse gehören zusammen: Der Sieg Jahwes über die Ungeheuer in der Urzeit
(v.11) begründet seine Herrschaft über das Meer (v.10).
Sein wohl wegen der einstigen Bezwingung durch Jahwe
noch immer empörtes Tosen bezeugt Jahwes überlegene
Macht, der es immer wieder beschwichtigt, nachdem Rahab
tot und ihre Helfer zerstreut sind."

75 Daß V.2 wirklich nicht nur allgemein Jahwes Gnaden besingen und dessen Treue kundmachen will, sondern daß
hier eine bestimmte Zielrichtung anzunehmen ist, zeigt
die enge Verbindung von V.2 und V.3 durch das begründende כי am Beginn von V.3. Wenn man כי hier deiktisch
verstehen wollte, wäre der Sachverhalt nicht viel anders, soweit es um den Zusammenhang von V.2 und V.3
geht.

76 Wie wichtig dieser Beleg ist, zeigt Labuschagne auf (The
incomparability of Yahweh, S. 79): "In Ps.89:7-8 Yahweh
is explicitly compared to the heavenly beings. This is
the only instance in the Old Testament where the compa-
rative 'material' is clearly and unquestionably the
heavenly host."

77 Vgl. Kraus, BK XV/1, S.96.

78 Vgl. Whybray, The heavenly counsellor in Isaiah xl 13-
14, S.76.

79 Wenn unsere Interpretation stimmt, dann sei nochmals
darauf hingewiesen, daß es ganz entscheidend ist, in V.6
ב vor קהל nicht zu streichen, wie es Duhm, Kraus und
Petersen (Mythos, S.167) tun. Die Glieder der himmlischen Versammlung bringen dann nicht selbst den Lobpreis
dar, sondern haben ihn sich anzuhören. (Es ergibt sich
hier ein Anknüpfungspunkt an Jes 45,9-13 [vgl. Abschn.
III.4.g]. Hier geht es zwar nicht um einen geschöpflichen Lobpreis, der in die himmlische Versammlung hinein
ertönt, wohl aber darum, daß Jahwes Schöpfermacht in das
Blickfeld der himmlischen Versammlung tritt und als
solche nicht bestritten wird.) Wollte man es anders
sehen, wäre der Lobpreis der Himmel und der der Versammlung der Heiligen auf einer Ebene zu sehen. Es ginge
dann insgesamt um den "Lobpreis der himmlischen Welt"
(Kraus). Diese Sicht hätte aber zur Folge, daß שמים im
Hymnus an verschiedenen Stellen mit unterschiedlichen
Vorstellungsgehalten verbunden wäre: Laut V.12 sind die
Himmel eine schöpfungsmäßige Gegebenheit wie die Erde
und das Festland auch, in V.6 hingegen würden sie mit
der Götterversammlung auf einer Stufe stehen. - Crüsemann (Studien, S.185), der ebenfalls die erwähnte Text-

änderung vornimmt, sieht hinter V.6 die hymnische Form
des Lobwunsches und führt dazu einige weitere Belege an
(S.184-186): Ps 66,3b.4; 99,3; 68,30b; Jes 25,3; Ps
67,4-6; 145,4.5cj.6cj.7.10.11(f); 138,4f. Ps 89,6 nimmt
innerhalb dieser Belege insofern eine Sonderstellung
ein, als nur hier der "Lobwunsch" - inwieweit dieser
Ausdruck für alle genannten Belege passend ist, sei
dahingestellt - in unmittelbarem Kontext mit Unver-
gleichlichkeitsaussagen bezüglich des Gottseins Jahwes
steht. Allerdings geht Ps 138,4f eine Aussage voran, die
in ihrer Intention derjenigen von Ps 89,6 etwas näher
vergleichbar ist: "Ich preise dich von ganzem Herzen,
gegenüber (נגד) den Göttern will ich dir lobsingen."
(V.1). Der Grund solchen Preisens wird in V.3 genannt:
Jahwe hat das Schreien des Beters erhört. Nimmt man an,
daß נגד hier die Bedeutung des "trotzigen Gegenübers"
(Kraus) hat, dann könnte V.1b das meinen, was auch Kraus
in Erwägung zieht: "Jahwe hat sich durch den heilvollen
Eingriff in das Leben des Psalmisten als allein mächti-
ger, 'höchster Gott' erwiesen." Ist diese Deutung richtig, dann ist ein Vergleich mit Ps 89,6-8 angebracht:
Jahwes Tun - wenn es auch in beiden Belegen unterschiedlicher Art ist - wird zum Anlaß des Lobpreises vor
anderen göttlichen Wesen. Ziel dieses Lobpreises ist es,
Jahwe vor anderen göttlichen Wesen herauszuheben.

80  Der Hymnus dürfte der Jerusalemer Kulttheologie zuzuord-
    nen sein, zu deren Eigenart es gehört, den Lebensbereich
    der Jahweverehrer und weltweite Implikationen des Jahwe-
    glaubens eng zu verbinden (vgl. grundsätzlich O.H.
    Steck, Friedensvorstellungen im alten Jerusalem, S.23).

81  Eine polemische Abgrenzung hin zu anderen Völkern findet
    nicht statt (vgl. demgegenüber Ps 135,18f), der Sachkon-
    text (V.18f) zeigt aber eindeutig, daß V.16f exklusiv
    auf Israel bezogen zu verstehen sind.

82  Zu beachten ist auch, wie eng V.4f durch die Wiederauf-
    nahme bestimmter Worte in den Kontext eingebunden werden
    (vgl. עולם in V.3 und V.5; לדר ודר in V.2 und V.5; בנה
    in V.3 und V.5).

83  Im Hymnus begegnet חסד in V.2.3.9(txt emend).15, אמונה
    in V.2.3.6.9, אמת in V.15. In den anderen Teilen des
    Psalms findet sich חסד in V.25.29.34.50, אמונה in
    V.25.34.50 (vgl. auch Part.Niphal von אמן in V.29 und
    38).

84  Ein etwas anderer Ton klingt freilich in Ps 89,48f an.
    Die dort getroffene Aussage muß jedoch genau bedacht
    werden. Der Beter macht ja die Kürze seines Lebens und
    menschlichen Seins zum Tode Jahwe gegenüber eigentlich
    gar nicht zum Gegenstand des Vorwurfs, sondern er be-
    drängt Jahwe nur, aus der - hingenommenen - Tatsache die

Konsequenz in der Weise zu ziehen, daß er (Jahwe) sich nicht allzu lange verberge (vgl. V.47), da sonst der Beter die erhoffte neue Zuwendung nicht mehr erleben würde. - Ob V.48f als Interpolation ("als Zitat oder als Stoßseufzer eines Lesers"; so Duhm) angesehen werden können, mag man überlegen. Immerhin könnte V.50 ohne Bruch an V.47 anschließen. Eine letzte Entscheidung ist hier kaum zu treffen.

85 Kraus zieht die Zeit "zwischen der Edition des Deuteronomiums und der Entstehung des chronistischen Geschichtswerkes" in Betracht. Nötscher denkt an die späte Königszeit, König hält den Psalm für noch älter. Für nachexilische Entstehung plädieren Duhm, Gunkel, Oesterley, Petersen (Mythos, S.182), Vosberg (Studien, S.103) u.a.

86 Hupfeld und Olshausen rechnen damit, daß der hymnische erste Teil (V.1-7a) einmal für sich bestanden hat. Ohne sich literarkritisch eindeutig zu entscheiden, redet Petersen (Mythos, S.177) von "Psalm 95 A". Vielfach wird die literarkritische Frage von der nach dem kultischen Sitz im Leben verdrängt (vgl. etwa Kraus im Anschluß an Gunkel). Gewiß steht hinter dem Psalm in seiner jetzigen Form ein bestimmtes gottesdienstliches Geschehen. Die inhaltlichen Unterschiede (hierzu s.u.) zwischen beiden Teilen lassen jedoch fragen, ob der Hymnus früher nicht in anderer Weise gottesdienstlich verwendet wurde. Über dieses Problem ist auch J.Jeremias (Kultprophetie und Gerichtsverkündigung, S.125-127) hinweggegangen. Er redet von dem Psalm immer als ganzem, muß sich aber beim Nachweis dtn.-dtr. Gedankengutes ganz und gar auf V.7b-11 stützen. (Ob die von Jeremias vorgenommene enge Zuordnung von Ps 95 zu Ps 50 und 81 mit Recht geschieht, sei hier nicht näher erörtert.)

87 Etwas anderes wäre es, wenn der Psalm lediglich hymnische _Elemente_ enthalten würde. Dann stünden wir vor einem traditionskritischen und nicht vor einem literarkritischen Problem.

88 Merkmale dtn.-dtr. Sprache sieht Jeremias in folgender Weise gegeben (a.a.O., S.126): Es ist in V.7 von einem Hören auf die Stimme Jahwes die Rede (mit vorangestelltem אם findet sich diese Redefigur nach meinem Überblick noch in Ex 19,5; Dtn 15,5; 28,1.15; 1.Sam 12,15; Sach 6,15), von der Verhärtung des Herzens (V.8), von der Versuchung Gottes in Massa (V.9), vom "Heute" des Gehorsams (V.7). Von Gottes "Ruhe" (V.11) wird - so Jeremias - freilich ganz anders als im Dtn gesprochen. - Wollte man untersuchen, welchen Schichten des dtn.-dtr. Bereichs diese Vorstellungen zugehören und _von da aus_ Schlüsse für die zeitliche Ansetzung der Mahnrede V.7b-11 ziehen, dann stößt man auf gewisse Schwierigkeiten.

Dies sei an einem Themenkomplex veranschaulicht, den wir bisher noch nicht genannt haben: nämlich der 40jährige Wüstenaufenthalt (V.10). Davon ist im Dtn in 1,3; 2,7; 8,2.4; 29,4 die Rede (vgl. weiterhin Ex 16,35; Num 14,33f; 32,13; Jos 5,6; die Belege aus Ex und Num stammen nach H.W.Wolff [BK XIV/2 S.206] aus der Priesterschrift oder sind noch später zu datieren). Preuß (Deuteronomium, S.46ff) ordnet keinen der Belege aus Dtn der Grundschicht zu. Ich möchte an dieser Sicht nicht zweifeln, kann aber allerdings deshalb die Rede von den 40 Jahren in der Wüste nicht grundsätzlich relativ spät ansetzen. Dem widerspricht m.E. Am 5,25, wo außer in Am 2,10 auch von den 40 Jahren die Rede ist. Der Beleg steht innerhalb des Abschnitts V.21-27 und ist (gegen Weiser, ATD 24, z.St.) schwerlich von Amos selber herzuleiten. Folgt man der m.E. überzeugenden Darlegung von H.W.Wolff (BK XIV/2 z.St.), dann wäre 5,25 zusammen mit V.26 als ein redaktioneller Einschub dtr. Herkunft anzusehen (in V.26 finden sich nochmals zusätzliche, für uns nicht relevante Erweiterungen). Sehen wir nun (mit Wolff) V.25f als redaktionellen Einschub aus einem Guß an (von den Erweiterungen in V.26 abgesehen), dann ist folgendes interessant: V.25 redet von den 40 Jahren in der Wüste, V.26 spielt auf die Verehrung akkadischer Gottheiten an. Daß solche Verehrung noch in nachexilischer Zeit vorhanden gewesen ist, scheint mir (zumindest für den judäischen Bereich) unwahrscheinlich. Die Problematisierung der Opfer in V.25 spricht m.E. auch gegen eine exilische Entstehung. Könnten wir also den redaktionellen Einschub in die vorexilische Zeit datieren (dies nun freilich gegen Wolff, a.a.O., S.137), dann wäre auch die Rede von den 40 Jahren in der Wüste als relativ früh belegt anzunehmen. Haben diese Überlegungen etwas für sich, dann ist es angebracht, Bedenken dagegen anzumelden, dtr. Formulierungen grundsätzlich als relativ spät entstanden anzusehen. Ist das Dtn das "Endstadium einer längeren theologischen Arbeit", dann bedeutet dies, "daß nicht alle 'deuteronomistischen' Formulierungen (d.h. Formulierungen außerhalb des Deuteronomiums, die in Sprache und Theologie mit ihm verwandt sind) jünger als das Deuteronomium und im literarischen Sinne von ihm abhängig sein müssen." (R.Rendtorff, Das Alte Testament, S.196). Abgesehen von unseren Erwägungen zu Am 5,25 wird diese Grundsatzausführung Rendtorffs auch dadurch bestätigt, daß - anders als in den Belegen im Dtn und auch in Am 5,25 - in Ps 95,10 von den 40 Jahren in einer deutlich negativen Weise geredet wird. Ist nun die Mahnrede sonst unverkennbar von dtn.-dtr. Sprache geprägt, dann wäre es unwahrscheinlich, hier ganz andere Traditionsströme am Werk zu sehen; vielmehr wird man annehmen können, daß die dtn.-dtr. Schule ihr Zeugnis nicht nur in ganz verschiedenen Texten des ATs äußert, sondern auch theologisch pluriforme Züge aufweist, die einlinige Herleitungen und damit verbundene zeitliche Fixierungen nur in einem begrenzten Umfang möglich machen.

89 So Smend, Entstehung, S.124.

90 Vgl. Vosberg, Studien, S.103: "Die Mahnrede zeigt, daß der Psalm in einer Zeit entstand, als die persische Provinz Juda in ihrem Bestand nach außen und innen gesichert war (Restauration)."

91 Vgl. Smend, Entstehung, S.123 und 159.

92 Mit dieser Übersetzung soll deutlich werden, daß mit אשר in V.4 eine enge Anbindung an V.3 erstrebt wird. Die gleiche Intention zeigt die Verwendung von אשר in V.5 an. Wir versuchen mit unserer Übersetzung einen entsprechenden Rückbezug zu V.3.

93 Den vorliegenden Textbestand hält man häufig für verderbt (z.B. Gunkel, Kraus, Petersen (Mythos, S.178)), und BHS zieht ידו auch schon in die nächste Zeile (anders noch BHK). Eine sichere Entscheidung scheint mir nicht möglich, jedoch spricht folgendes Argument m.E. für den vorliegenden Textbestand: Laut V.4a sind die "Tiefen der Erde" in Jahwes Hand; gemäß V.5b haben seine Hände das Trockene gebildet. Werden hiermit auf diese Weise weltweite Gegebenheiten der Schöpfung mit Jahwe in Verbindung gebracht, so ist gut denkbar, daß auch die besondere Beziehung Jahwes zu seinem Volk ähnlich ausgedrückt werden kann (V.6b: Jahwe hat Israel gemacht; V.7a: das Volk ist in Jahwes Hand).

94 Diejenigen, die den Psalm in spätere Zeit datieren, können die Aussage von V.3 nicht wörtlich nehmen. Petersen (Mythos, S.182) meint, es würde sich um eine "formelhafte Ausdrucksweise" handeln (ähnlich Gunkel, Kissane u.a.).

95 Die polaren Gegenüberstellungen in V.4 (Tiefen der Erde - Höhen der Berge) und in V.5 (das Meer - das Trockene) haben sicher - ähnlich dem Begriffspaar "Himmel und Erde" - globale Sachverhalte im Blick.

96 In Abschn.III.3 haben wir - von Deuterojesaja ausgehend, aber nicht nur auf ihn beschränkt - den Nachweis zu erbringen versucht, daß bei der Aussage, Jahwe habe Israel geschaffen, übertragene Redeweise vorliegt, die es nicht erlaubt, von "Schöpfung" im eigentlichen Sinn zu reden. Dies schließt nicht aus, daß solche übertragene Rede - vom Kontext her gesehen - in engem Zusammenhang mit der eigentlichen Rede von "Schöpfung" stehen kann.

97 Daß beide Hymnen nicht nur den Eigennamen "Jahwe" ver-

wenden, sondern gerade auch dort die allgemeine Bezeichnung "El", wo es um die Relation Jahwes zu den Göttern
geht (Ps 89,8; 95,3), dürfte noch in dieser - wenn auch
verblaßten - Vorstellung eines Götterpantheons begründet
sein.

98 Es ist gewiß offenkundig, daß in beiden Hymnen im Gegensatz zu Deuterojesaja nicht in direkter Weise argumentiert wird. Das ist schon von der Gattung (Hymnus!) her
zu erklären. Gleichwohl ist auch diesen Hymnen ein Aussagegefälle eigen, das bewußte theologische Akzentsetzungen verrät. Diese sind nicht selbstverständlich.
Das zeigt die Vorstellung, die sich noch in Dtn 32,8f
durchgehalten hat (vorausgesetzt, man interpretiert den
Text in der nun folgenden Weise): Eljon verteilt die
Völker an die Götter. Einer von ihnen ist Jahwe, der
Israel (Jakob) als Erbteil empfängt (vgl. hierzu G.
Wanke, Art. נחלה , Sp.58 sowie R.Rendtorff, El, Baʿal und
Jahwe, insbes. S.280).

99 Daß schon vorher immer neu um den Jahweglauben zu ringen
war, wird etwa durch den Baalskult (vgl. Hosea) oder
durch synkretistische Erscheinungen im Gefolge fremdpo-
litischer Einflüsse deutlich (vgl. etwa 2.Kön 16). Vor
solche Probleme sind unsere beiden Hymnen nicht gestellt. Die Frage muß hier vielmehr die sein, wie es zu
der Proklamation von Jahwes Schöpfersein in der Art kam,
wie es die beiden Hymnen tun.

100 Die Vorstellung des Pantheons ist eigentlich nur noch
dazu da, um von Jahwes Größe zu reden (vgl. Ps 89,7-9).

101 Hinlänglich geläufig ist die Meinung, daß der Jahweglaube zu einem guten Stück die Vorstellungen in sich integrieren konnte, die man mit der El-Gottheit verband. Die
religionsgeschichtliche Entwicklung beschreibt W.H.
Schmidt folgendermaßen: "Setzten die siedelnden Nomaden
in Palästina ihre Vätergötter mit El gleich, so stellt
die Identifikation der Vätergöter mit Jahwe ... eine
dritte Stufe im Gang der Religionsgeschichte dar." (Alttestamentlicher Glaube in seiner Geschichte, S.27). Das
deutet auf einen Prozeß allmählicher Angleichung und
Identifikation hin (vgl. auch Abschn.II, Anm.73), zu
welchem die verschiedenen Heiligtümer mit ihren jeweiligen Traditionen Wesentliches beigetragen haben dürften
(vgl. Schmidt, a.a.O., S.29-34). Es sei dahingestellt,
ob dieser Prozeß im einzelnen nicht recht verwickelt
verlaufen ist und so die Vorstellung einer dreistufigen
Entwicklung eher eine Hilfskonstruktion wäre. Für unseren Zusammenhang ist wichtig: Ein allmählicher An-
gleichungs- und Identifikationsprozeß vergleichbarer
Gottesvorstellungen andernorts in der Zeit vor der Ein-
nahme Jerusalems ist die Voraussetzung dafür, daß es
nach der davidischen Okkupation (u.U. relativ schnell)

dazu kommen konnte, daß Jahwe zentrale Funktionen Els
übernahm (zur Bedeutung Els in der Jerusalemer Tradition vgl. ausführlich F.Stolz, Strukturen und Figuren,
S.149-180).

102 "Unter der Jerusalemer Kulttradition wird die weltum-
fassende, reflektiert-geschlossene, theologische Konzeption verstanden, die den meisten Psalmen zugrunde-
liegt und sich in wechselseitiger Ergänzung und Bezugnahme vor allem in Zions-Psalmen, Schöpfungs-Psalmen,
Jahwe-König- und Königs-Psalmen in wesentlichen Elementen liturgisch artikuliert." (O.H.Steck, Friedensvorstellungen im alten Jerusalem, S.9). Freilich muß gesagt werden, daß diese Konzeption aus verschiedenen
Texten bruchstückhaft rekonstruiert werden muß und
somit Homogenität nicht ohne weiteres vorausgesetzt
werden kann.

103 Steck, a.a.O., S.20.

104 Andere Deutungen wurden versucht, haben sich aber nicht
durchgesetzt; vgl. Westermann, z.St. - Wir sprechen der
Geläufigkeit halber trotz der hier verwendeten Kurzform
"Abram" von "Abraham".

105 Zur Forschungsgeschichte vgl. Westermann, S.219-223.

106 Ähnlich Stolz, Strukturen und Figuren, S.149: "Das
Stück muß also ganz aus sich selbst heraus interpretiert werden."

107 Vgl. Westermann, z.St. Nach E.Kutsch dient die Melchi-
sedek-Tradition neben ihrem Interesse an der Verbindung
eines Erzvaters mit Jerusalem der Legitimation des
Zehntrechts der Jerusalemer Priesterschaft (Art. Melchisedek, Sp.844). Zum Zehntrecht an Heiligtümern vgl.
weiter Am 4,4 und Gen 28,22b. Freilich fällt bei letzterem Beleg vom Kontext her gesehen "der Übergang in
der Form der Anrede auf." (Westermann, z.St.). Ähnlich
ist in Gen 14,20b zu beobachten, daß hier Abraham
plötzlich Handlungssubjekt wird, ohne daß sein Name
ausdrücklich genannt wird. Wenn man jedoch Gen 14,20b
als Teil "eines kultisch bestimmten Wechselgeschehens"
(Westermann) versteht, dann ist eine gewisse Vorsicht
angebracht, literarkritische Operationen zu vollziehen.

108 Eine genauere Charakterisierung dieses jebusitischen
Kultes versucht Stolz im Rahmen seiner Exegese von Gen
14,18-20 (Strukturen und Figuren, S.149-152). Er sieht
den Text als ein "Kompendium jebusitischer Religiosität" an (S.151).

109 Die Darstellung, daß Abraham nicht von Jahwe als der
Gottheit des Jerusalemer Kultes in der Zeit nach der

Eroberung Jerusalems durch David, sondern vom jebusitischen El Eljon gesegnet wird, ist nötig, um bei der
Vorstellung bleiben zu können, daß die Szene in der
Erzväterzeit - also vor der Okkupation Jerusalems durch
David - spielt. Freilich kann dies nur dann so geschildert werden, wenn tatsächlich die Glaubensinhalte, die
man in Jerusalem mit Jahwe verband, dem vormaligen Kult
des El Eljon nicht unähnlich waren. Vor allem die
Schöpferprädikation, auf die ja unser Text hier Wert
legt, müßte dann nach der Okkupation Jerusalems auf
Jahwe übergegangen sein. - In diesem Zusammenhang
stellt sich noch ein Problem besonderer Art. R.Rend-
torff (El, Baᶜal und Jahwe, insbes. S.282) hat die
These aufgestellt, daß Eljon eine eigenständige Gottesbezeichnung darstelle und nicht einfach als Epitheton
von El begriffen werden könne. Dies ergäbe bei der
Analyse von Gen 14,18-20 zusätzliche Probleme. Nun ist
aber dieser Sicht Stolz (Strukturen und Figuren, S.150,
Anm.8) mit Recht entgegengetreten: In den einschlägigen
atl. (zit. bei Rendtorff, S.280f), aber auch ugaritischen und mesopotamischen Texten würden sehr häufig
Eigenname und Epitheton im Parallelismus einander
zugeordnet. - Weiterhin läßt sich beobachten, daß die
Formel "El, Schöpfer [קן bzw. קנה] der Erde" in der
Umwelt recht breit belegt ist (vgl. Rendtorff, S.283-
285), u.a. in einem hethitischen Text aus der Zeit vor
1200. Die Frage ist dann nur, ob die Erweiterung
"Schöpfer der Himmel und der Erde" jebusitischen oder
israelitischen Ursprungs ist (vgl. hierzu auch Stolz,
Strukturen und Figuren, S.150). Da uns jebusitische
Texte originaliter nicht vorliegen (vgl. Stolz, a.a.O.,
S.3), können hier nur Vermutungen angestellt werden.
Die wahrscheinlichere Lösung scheint mir die zu sein,
daß die erweiterte Formel bereits jebusitischen
Ursprungs ist. Bei der Integration jebusitischer Schöp-
fungsaussagen in den Jahweglauben dürfte es wohl eher
um grundlegende Verhältnisbestimmungen als um einzelne
Objektbereiche göttlichen Schaffens gegangen sein.

110 Wenn wir letzteres Argument für eine relativ frühe
Datierung anführen, dann könnte dem entgegengehalten
werden, daß sich noch in Dtn 32,8f (vgl. Anm.98) eine
mit Eljon verbundene und in ihrem Inhalt sicher in
frühere Zeiten zurückreichende Vorstellung durchgehalten hat, was bedeutet, daß man auch in späteren Zeiten
ältere Vorstellungen nicht einfach eleminiert hat. Nun
haben wir es aber in Gen 14,18-20 nicht nur mit gewissen Vorstellungsgehalten zu tun, sondern tatsächlich
mit der Erinnerung an den Kult des vordavidischen Jerusalems, in den die Abrahamsgestalt hineinverwoben wird.

111 Westermann sieht den Sachverhalt folgendermaßen: "Geht
man davon aus, daß die Szene ätiologischen Charakter
hat, dann ist sie in der Ziellinie der Kreise im frühen

Königtum zu sehen, die die neue Form des Gottesdienstes in den alten Traditionen aus der Vorzeit Israels verankern wollten." G.v.Rad hebt weniger den kultischen, sondern den politischen Aspekt hervor (wobei zwischen Kult und Politik in diesem Fall schwer zu trennen sein dürfte): "So ist es wahrscheinlich, daß sich die Erzählung an observante Kreise der freiheitlich eingestellten Bevölkerung Judas wendet, denen es schwer wurde, sich dem König in dem ehemals heidnischen Jerusalem zu unterstellen ..." Vgl. weiterhin F.Stolz, Strukturen und Figuren, S.152: Der Sinn der Erzählung sei der, "daß sie die israelitische Tradition in die Jerusalemer Stadtreligion zu integrieren sucht." - Bemerkenswert scheint mir auch, wie behutsam in der Szene mit der Abrahamsgestalt umgegangen wird. Melchisedek kommt Abraham mit Brot und Wein entgegen; diesem wird also alle Ehre zuteil. Wenn die oben zitierten Interpretationen stimmen, dann kann das auch gar nicht verwundern: Die mit der Abrahamsgestalt verbundenen Kreise werden sich leichter Jerusalems Königtum und Kult zuwenden, wenn man die zentrale Figur ihrer eigenen Tradition nicht herabmindert.

112 Verschiedene Forscher, z.B. W.H.Schmidt (Die Schöpfungsgeschichte der Priesterschrift, S.196, Anm.1) und Westermann (BK I/1, S.269-271), halten V.4b für eine redaktionelle Überleitung von der Darstellung der Priesterschrift zu der des Jahwisten. Dagegen hat sich mit Recht O.H.Steck (Die Paradieserzählung, S.28, Anm.33) gewandt. Er verweist auf "die seltsame Abfolge Erde - Himmel" (so seltsam ist sie allerdings auch wieder nicht; vgl. Ez 8,3; Sach 5,9; Ps 148,13; 1.Chr 21,16) und bemerkt weiterhin, "daß die Konstruktion V.4b-7 syntaktisch keinerlei Schwierigkeiten bietet ..." Sachlich würde gelten: "Vordersatz und Nachsatz verhalten sich nicht wie Zustand vor der Schöpfung und Schöpfung zueinander, sondern V.4b-6 handeln vom Zustand vor und bei der Erschaffung des Menschen, V.7 von dieser selbst." Vgl. auch a.a.O., S.78: "V.5 und 6 führen ja die temporale Bestimmung V.4b ... fort und setzen sie sachlich offensichtlich voraus." - Neben Steck geht auch Kutsch davon aus, daß Gen 2,4b nicht als redaktionelle Überleitung anzusehen ist (Die Paradieserzählung Gen 2-3 und ihr Verfasser, S.19). - Mir scheint vor allem folgender Gesichtspunkt wichtig zu sein: Wäre tatsächlich ein Redaktor mit der Absicht am Werk gewesen, beide Schöpfungsberichte zu verbinden, dann wäre es schon seltsam, wenn er nicht die Abfolge "Himmel und Erde" von Gen 1,1 her übernommen haben sollte.

113 Der "Schöpfungsbericht" in Gen 2 ist auf das erste Menschenpaar konzentriert, dessen Verfehlung (Gen 3) dann entscheidendes Gewicht für die Konzeption der

jahwistischen Urgeschichte insgesamt bekommt (vgl. Abschn.II, Anm.64).

114 Angesichts dessen, wie die Diskussion um den Pentateuch gegenwärtig in Fluß ist, kann die Datierungsfrage nicht ausdiskutiert werden. Von welchen, von uns nicht geteilten Prämissen aus H.H.Schmid zu einer Spätdatierung des Jahwisten gelangt, haben wir in Abschn.II.3 gesehen. Einen ausführlichen Nachweis der Frühdatierung hat L.Schmidt (Überlegungen zum Jahwisten) unternommen. Vor allem die Analyse von Gen 12,1-3 (S.236-241), aber auch der jahwistischen Väterüberlieferungen (S.241-244) bringt ihn zu dem Ergebnis, daß der Jahwist in die Zeit des salomonischen Reiches gehört: "Der Jahwist will dieses Reich als Erfüllung der göttlichen Verheißung an Abraham verstehen lehren und damit deutlich machen, daß dieses Reich seine Existenz ausschließlich Jahwe verdankt." (S.247). In der Datierung ist sich L.Schmidt mit H.W.Wolff (Das Kerygma des Jahwisten) einig, während in der Rekonstruktion der Verkündigungsabsicht des Jahwisten deutliche Unterschiede bestehen. Bei Wolff vgl. vor allem S.357.361-370: "Segen" wird als Schlüsselwort in bezug auf die Völkerwelt verstanden: "Hat Abrahams Volk für sie [die unterworfenen Völker] bisher schon zum Segen gewirkt?" (S.357). Hierzu vgl. neben dem bereits genannten Aufsatz von L.Schmidt dessen direkt auf Wolffs Rekonstruktion bezogene Abhandlung "Israel ein Segen für die Völker?" - Konzentriert Schmidt die Segensverheißung in erster Linie auf das salomonische Großreich selbst - es werde "keine Steigerung des Bestehenden erwartet" (Überlegungen zum Jahwisten, S.244) -, so ist diese Konzentration auch bei Wolff zu beobachten, freilich mit anderem Akzent: "Segen" wird in politisch-ethische Perspektiven eingebunden, indem im Großreich auch die unterworfenen Völker Segen erlangen sollen, was - so Wolff - dem Jetztzustand noch nicht entspricht (vgl. a.a.O., S. 369f). Diesen Deuteansatz Wolffs hat O.H.Steck in einer verallgemeinernden Weise weitergeführt. Auch er datiert den Jahwisten in die davidisch-salomonische Zeit (Genesis 12,1-3 und die Urgeschichte des Jahwisten, z.B. S.549f), wagt aber dabei im Vergleich zu Wolff wesentlich stärker Aussagen grundsätzlichler, wenn auch gleichwohl auf den (postulierten) historischen Ort bezogener Art. "... was Israel jetzt ist, ist es zur Wahrnehmung einer einzigen Aufgabe: es soll Zeichen des Segens Jahwes sein, das die Völker zu überwinden vermag, auf daß alle aus dem urgeschichtlichen Raum der Daseinsminderung hinübergelangen in den Raum des Segens." (a.a.O., S.553f). - Es ist aufschlußreich zu sehen, wie Autoren (Wolff, Steck, Schmidt), die in der Datierungsfrage immerhin einhelliger Meinung sind, in der theologischen Interpretation des jahwistischen Zeugnisses durchaus divergieren. Immerhin wird gerade

in dieser Vielfalt der Interpretation deutlich, daß
eine Frühdatierung des Jahwisten nicht nur möglich ist,
sondern sogar divergierende Gesichtspunkte für diese
Datierung sprechen. - Unsererseits sei nur noch folgender Gesichtspunkt genannt: Die Art, in der der Jahwist
den Jakob-Esau-Zyklus gestaltet, kann nur so erklärt
werden, daß die Edomiter, die sich nicht allzu lange
nach der Reichsteilung wieder selbständig machten (vgl.
2.Kön 8,20), sich zur Zeit des Jahwisten in einem
Untertanenverhältnis zu Israel befanden.

115 Sollte Gen 24,3 vom Jahwisten stammen (viele nehmen es
an; vgl. die Diskussion der Forschungslage bei Westermann), dann wäre auch eine Formel innerhalb dieses
Verses bemerkenswert: "Jahwe, Gott der Himmel und Gott
der Erde".

116 Vgl. nochmals Abschn.II, Anm.64 und Abschn.III, Anm.75.

117 Interessant ist in diesem Zusammenhang die nicht un-
wahrscheinliche Vermutung Stecks (Genesis 12,1-3 und
die Urgeschichte des Jahwisten, S.551f; vgl. auch Welt
und Umwelt, S.63), daß der Jahwist weniger von der
Jerusalemer Hoftheologie als vom königstreuen Landjudä-
ertum her geprägt sei. Genau dies würde erklären, weshalb der Jahwist so entscheidend von der Segensverheißung an Abraham her denkt und das davidisch-salomonische Großreich mit dieser in Verbindung bringt. Dies
würde weiterhin erklären, weshalb der Jahwist zwar auch
von Schöpfung redet (als königstreuem Landjudäer sind
ihm die entsprechenden Traditionen des Jerusalemer
Hofes, der sicher zudem durch seine internationalen
Beziehungen über fremdländische Schöpfungskonzeptionen
im Bilde gewesen sein dürfte, gewiß nicht fremd) - aber
eben auf seine Weise (vgl. Gen 2 im Kontext der jahwistischen Urgeschichte; hierzu die Rückverweise in
Anm.116). In dem Jahwisten würde sich also eine Stimme
verkörpern, die von außen her sich Jerusalem und der
von ihm ausgehenden politischen Macht kritisch-solida-
risch verpflichtet fühlt, während in Gen 14,18-20
Kreise zu Wort kommen, die auf der Basis der Jerusalemer Hoftheologie den Blick nach außen auf die heilsgeschichtlichen Traditionen richten und diese ihrer Konzeption integrieren wollen.

118 Studien, S.97f. In den Fußnoten werden die verschiedenen Deutungen angeführt.

119 Die Doxologien im Amosbuch, S.50. Im folgenden gebe ich
die Argumentation S.50-54 wieder.

120 Zitat S.53f. - Am 5,8 wird deshalb nicht angeführt,
weil der Vers nach Horst von 4,13 durch einen "bösen
Zufall" abgebröckelt ist (S.48). Auch ich meine - wenn

auch infolge etwas anderer Überlegungen -, daß eine
Zuordnung beider Verse angebracht ist (s.u.). - Inwieweit neben Jos 7 - wo der Sachverhalt in der Tat eindeutig zu sein scheint - auch die anderen atl.
Belege außerhalb Amos die von Horst gelieferte Deutung zulassen, bedürfte einer gesonderten Überprüfung. Uns kommt
es jetzt allein auf die Amostexte an. Bemerkenswert ist
gleichwohl, daß nach Jos 7 die Doxologie <u>vor</u> der Hinrichtung Achans erfolgt.

121 BK XIV/2, S.265.

122 Mit Wolff, a.a.O., S.255; anders Crüsemann, Studien,
S.100.

123 5,9 dürfte nicht mehr dazugehören; nicht nur wegen der
andersartigen Thematik, sondern vor allem deshalb, weil
bereits 5,8 mit der Formel שמו יהוה abschließt. - Da
wir auf 9,5f nachfolgend nicht mehr näher eingehen, sei
hier noch festgestellt: Anders als 5,8 fügen sich in
der jetzigen Komposition 9,5f gut in den Kontext ein.
Im Anschluß an 9,1-4 beschließen sie die Rede von
Jahwes strafendem Handeln. In dieser Hinsicht sind 9,5f
durchaus mit 4,13 und 5,8 vergleichbar (wenn man 5,8 so
plaziert, wie wir es nun tun).

124 Um letzteres geht es in V.13aγ. Die Vermutung Wolffs,
daß die Aussage "der auf den Höhen der Erde tritt" auf
das Höhenheiligtum vom Bethel zu beziehen wäre (a.a.O.,
S.264), scheint mir doch in eine falsche Richtung zu
gehen (vgl. auch die Kritik von Albertz, Weltschöpfung,
S.100f). Der Ausdruck kehrt fast wörtlich im Rahmen
einer Theophanieschilderung in Mi 1,3 wieder, wo sicher
keine bestimmten "Höhen der Erde" gemeint sind. Vgl.
weiter דרך in Verbindung mit על und במה in Dtn 33,29
und Hi 9,8. Sehr wahrscheinlich scheint mir die Aussage
in unserem Kontext daraufhin zu zielen, Jahwes Herr-
scherstellung als Schöpfer zu betonen.

125 Dem Druck der BHS dürfte hier der Vorzug gegenüber BHK
zu geben sein.

126 Horst, a.a.O., S.48; Wolff, a.a.O., S.255.

127 Vgl. Anm.120 und ergänzend Anm.130.

128 Der Wortlaut selbst kann also beibehalten werden; Emen-
dierungsvorschläge (vgl. z.B. Horst, a.a.O., S.49;
Albertz, Weltschöpfung, S.101) erübrigen sich.

129 Vgl. den Apparat von BHS.

130 Es ist vorauszusetzen, daß die Formel "Jahwe ist sein
Name" nur hier am Schluß ihren Platz hat. Nach der

Abtrennung von 5,8 wurde sie in einer erweiterten Form an 4,13a angefügt (ähnlich Horst, a.a.O., S.48).

131  V.12bα klingt wie eine präzisierende Ergänzung von 12a. Daß sie von späterer Hand herrührt, kann nicht ausgeschlossen werden.

132  Diese Plagenreihe hat vom Inhalt her wesentliche Entsprechungen vor allem in Lev 26, Dtn 28 und 1.Kön 8. Die tabellarische Auflistung bei Wolff (a.a.O., S.252) weist freilich bei den genannten Belegen auch deutliche Unterschiede in der Abfolge der Plagen und der sonstigen Darstellung auf; man wird also kaum literarische Abhängigkeiten welcher Art auch immer annehmen können. Es kommen mit der Aufzählung der Plagen typische Existenzgefährdungen zur Sprache, die in Am 4,6-11 als konkrete Ereignisse der Vergangenheit geschildert werden, wobei es nach jeder Plage - so die theologische Deutung - nicht zur erhofften Umkehr gekommen ist. Damit ist ausgedrückt, daß die Plagen nicht auf einmal hereingebrochen, sondern sukzessiv eingetreten sind, was bedeutet, daß unser Text einen etwas längeren geschichtlichen Zeitabschnitt überblickt und theologisch interpretiert. Die recht allgemeine Art der Darstellung läßt es freilich nicht zu, genauere historische Festlegungen zu treffen. Somit hängt auch die Datierung des Abschnitts von anderweitigen Kriterien ab, die wir noch zu bedenken haben.

133  Dies legt Wolff (a.a.O., S.253) überzeugend dar.

134  Das Imperfekt interpretiere ich hier im durativischen Sinn. Die Annahme, daß nach V.12a ursprünglich eine Strafankündigung stand (vgl. Horst, a.a.O., S.53), erübrigt sich dann, wenn es gelingt, 4,12f; 5,8 (in ihrer ursprünglichen Aufeinanderfolge und ihrem ursprünglichen Textbestand) als eine stimmige Aussageabfolge zu erweisen.

135  Die Tatsache, daß nunmehr der Stil der Jahwerede verlassen und vom Gott Israels in der dritten Person geredet wird, läßt sich am ehesten so erklären: Das hymnische Stück thematisiert Jahwes Schöpfungshandeln. Würde Jahwe selbst in der Weise sein Handeln "anpreisen", dann wäre das ein Selbstpreis der Gottheit. Solcher Selbstpreis ist allerdings erst bei Deuterojesaja zu finden (vgl. z.B. Jes 44,24-28), der hier eine Redeform seiner mesopotamischen Umwelt für seine Verkündigungsabsicht übernommen hat (vgl. Preuß, Deuterojesaja, S.89). Das würde erklären, weshalb in vorexilischer Zeit - diese Datierung sei hier vorausgeschickt - so gar nicht geredet werden konnte.

136  שוב mit der Präposition עד (Am 4,6.8.9.10.11) begegnet

im Zusammenhang mit der Verehrung anderer Götter in Dtn 4,30. Vgl. auch Hos 7,16 (hierzu Wolff, BK XIV/1 z.St.; er schlägt statt עֵל als alternative Lesart אֵלַי oder עֵדִי vor).

137 Im Hymnus selbst begegnet der Jahwename nicht. Der Annahme Crüsemanns (Studien, S.104f), daß im Hymnus Aussagen der Umwelt übernommen und durch die Formel "Jahwe ist sein Name" für Jahwe reklamiert wurden, kann nicht widersprochen werden (vgl. hierzu die von Crüsemann angeführten und auch in dieser Hinsicht aufschlußreichen Belege, a.a.O., S.135-150).

138 Vgl. hingegen Horst, a.a.O., S.53: Israel hatte "seine Doxologie auf die Macht der Gottheit zu sprechen." Zu fragen wäre: Was deutet darauf hin, daß hier Israel tatsächlich eine solche spricht? Wolff (BK XIV/2, S.254) führt 1.Kön 8,33ff an: "Nach 33 und 35 vollendet sich die reuige Umkehr eben im Bekenntnis zum Namen Jahwes ..." Nichts deutet m.E. darauf hin, daß unser Text von solcher Umkehr ausgeht.

139 So Horst, a.a.O., S.54.

140 4,10 redet von Kriegstod und von Gefangennahme der Pferde - dies aber in keiner hervorgehobenen Weise, sondern im Kontext der Aufzählung vieler anderer Plagen. Anhalt für eine genauere historische Fixierung ist hiermit wohl schwerlich gegeben.

141 Vgl. die Zusammenstellung der atl. Schöpfungsaussagen bei Vorländer (Entstehungszeit, S.29-44). Diese Zusammenstellung hat als solche ihren Wert, ohne daß man in der Datierungsfrage immer mit Vorländer übereinstimmen muß (vgl. Anm.2).

142 Die Tatsache, daß in 4,13 mit בּרא ein Verb begegnet, das vornehmlich in exilische (zu Deuterojesaja vgl. Abschn.III.1) und nachexilische Zeit weist, kann kein Gegenargument sein. Der mit hoher Wahrscheinlichkeit vorexilisch zu datierende Beleg Ps 89,13 (vgl. Abschn.IV.2) enthält ebenfalls dieses Wort.

143 Wolff, a.a.O., S.257f und S.276.

144 Vgl. Wolff, a.a.O., S.250.

145 Wenn die assyrische Oberhoheit sogar für Jerusalem die religiös-politische Konsequenz nach sich zog, daß dort Jahwe zum "Nebengott" wurde (so pointiert Gunneweg, Geschichte Israels, S.114 unter Berufung auf 2.Kön 16,10-18), dann ist dies noch viel mehr im Hinblick auf die Heiligtümer des ehemaligen Nordreichs anzunehmen. Der Jahweglaube ist dort nicht einfach verschwunden,

wohl aber - wie im einzelnen auch immer - Bestandteil
recht pluriformer religiöser Erscheinungen geworden:
"An Stelle der nach Medien deportierten Oberschicht
trat eine Oberschicht, die Sargon aus Hamat, Babylon
und anderen Orten hierher verpflanzte. Die Angehörigen
dieser neuen Oberschicht brachten ihre eigenen Kulte
mit, nahmen daneben aber auch den Jahwekult an. Im
Laufe der Zeit gingen die fremden Bevölkerungselemente
in der ansässigen Bevölkerung auf (2Kön 17)." (Metzger,
Grundriß der Geschichte Israels, S.123). Stellt man
weiter in Rechnung, daß in der Zeit nach der Okkupation
des Nordreichs die assyrische Großmacht durchaus Probleme dabei hatte, ihre Herrschaft im syrisch-palästi-
nensischen Raum zu sichern und es nach Assarhaddons Tod
(669) zum recht raschen Verfall der assyrischen Machtstellung kam (vgl. Gunneweg, a.a.O., S.116-119), dann
ist es angesichts solcher politisch instabiler Verhältnisse durchaus denkbar, daß in der Zeit nach dem Untergang des Nordreichs theologische Strömungen, die sich
vom Jahweglauben her gegen synkretistische Tendenzen
wandten, die Möglichkeit zur Artikulation an den Heiligtümern des ehemaligen Nordreichs hatten.

146   Zur synkretistischen Situation im Gebiet des ehemaligen
      Nordreichs vgl. Anm.145. - Die Art des Rückblicks in Am
      4,6-11 läßt darauf schließen, daß nicht alle angespro-
      chen sind, die das Heiligtum zu Bethel aufsuchen, son-
      dern "nur" diejenigen, die eine Geschichte mit Jahwe
      hinter sich haben: also die Bevölkerung des ehemaligen
      Nordreichs, die nicht erst nach der assyrischen Okkupa-
      tion hinzukam, sondern schon immer im Land war und von
      der Deportation verschont geblieben ist.

147   Preuß (Deuteronomium, S.23) sieht hier mit anderen
      Stellen eine Nähe zu $P^G$ gegeben (vgl. auch die Tabelle
      S.47, wo er 4,32-40 insgesamt als eine Bearbeitungs-
      schicht betrachtet; V.34b fällt dann noch unter
      "sonstige Zusätze").

148   Diese Belege führt auch Vorländer (Entstehungszeit,
      S.30) an. Er leitet 5,22 nicht von Jeremia her ab
      (a.a.O., S.31). Eingehend vergleicht H.Weippert (Schöp-
      fer des Himmels und der Erde, S.17-21) Jer 5,21-25 mit
      Ps 104. Sie hält freilich an der jeremianischen Verfas-
      serschaft fest.

149   W.Rudolph z.St., der dennoch nur V.20 Jeremia absprec-
      hen möchte, wohl aber an der jetzigen Plazierung des
      Abschnitts Zweifel anmeldet.

150   Vgl. Anm.135.

151   Vgl. auch die Anführung weiterer Texte bei Zimmerli
      (Theologie, S.57f). Es würde hier zu weit führen darzu-

legen, wieweit wir ihm im einzelnen folgen können. Wir merken nur an, daß er anders als wir Jer 5,24 dem Propheten selbst zuschreibt.

152 Vgl. W.Rudolph z.St. mit einem knappen Forschungsüberblick sowie H.Weippert (Schöpfer des Himmels und der Erde, S.28-36). Die Götzenpolemik erinnert an die des Deuterojesaja (vgl. hierzu Abschn.III., Anm.18).

153 Vgl. G.Wanke (Untersuchungen zur sogenannten Baruchschrift, S.26f). Als "wohl ursprünglichen Bericht über die symbolische Handlung" sieht er V.2f.12b an. Nach W.Thiel (Die deuteronomistische Redaktion von Jeremia 26-45, S.7) ist ab V.5 die dtr. Redaktion am Werk. Er weist dabei vor allem auf die Wendung "mit großer Kraft und ausgestrecktem Arm" hin.

154 Vgl. Anm.135.

155 Heimkehr und neuer Bund, S.79.

156 H.Weippert (Schöpfer des Himmels und der Erde, S.41f.90) läßt die Verfasserfrage offen, W.Thiel (Die deuteronomistische Redaktion von Jeremia 26-45, S.28) hält bei V.35-37 eine "post-dtr. Herkunft" für "sehr wahrscheinlich". Volz, Rudolph und Weiser hingegen gehen in ihren Kommentaren von einer jeremianischen Verfasserschaft aus.

157 Vgl. Anm.153.

158 So Thiel, a.a.O., S.33.

159 Rudolph (z.St.) sieht es so: "Das ursprüngliche Gebet ist kurz, es umfaßt nur die Anrede 'ach, Herr Jahwe' 17 und v.24f. ... Einer späteren Zeit erschien dieses Gebet zu kurz und unfeierlich, deshalb wurde 17-23 vorangestellt."

160 Das etwas vieldeutige Wort "Ideologie" gebrauche ich hier nicht in abwertender Weise, sondern in dem Sinn, daß jede Gemeinschaft und so auch jedes Staatswesen einer geistigen Legitimation bedarf. Ob diese dann auf brüchigen Grundlagen fußt (also "falsche" Ideologie ist), ist eine Frage für sich.

161 Für die Hymnen innerhalb Ps 89 und 95 läßt sich dieses - unter Berücksichtigung des in Anm.160 Ausgeführten - schon sagen, wenn man sieht, wie hier die Rede von Jahwes weltweitem Schöpfungshandeln und die von seiner besonderen Hinwendung zu Israel in einer spannungslosen Weise einander zugeordnet werden. Weiterhin dürfte unsere Sicht von Gen 14,18-20 wenig Zweifel daran lassen, daß hier Konzeptionen Jerusalemer Kult- und Hof-

theologie ihre Artikulation finden. Auch dies sei wieder ohne Wertung gesagt. Schwieriger ist der Sachverhalt beim Jahwisten. Unter Bezugnahme auf das in Anm.114 Ausgeführte läßt sich sagen, daß seine Konzeption - in die das Reden von Schöpfung ja einbeschlossen ist - unterschiedlich verstanden werden kann und das letzte Wort darüber noch nicht gesprochen ist, ob er "ideologiekritisch" denkt oder nicht (ob er vor allem seine Aussage in Gen 12,1-3 hinsichtlich seiner zeitgenössischen Verhältnisse als Anfrage oder als Legitimation verstanden wissen möchte; unsere Ausführungen in Anm.117 wollen diesbezüglich zeigen, wie wir gegenwärtig an die Fragestellung herangehen, sie können aber keineswegs als Problemlösung verstanden werden).

162  L.Vosberg (Studien, S.58ff ["Studie II"]) hat versucht, die von ihm untersuchten und in die nachexilische Zeit datierten Psalmen in nähere Korrelation mit dem nachexilischen Geschichtsablauf zu bringen. Formgeschichtliche Rekonstruktionen bringt er mit der historischen Entwicklung und deren theologischen Implikationen in Verbindung, indem er zwischen "Vertrauensliturgie" und "Bekenntnisliturgie" unterscheidet und dabei zu unterschiedlichen Ortsbestimmungen kommt (vgl. insbes. S.77-80.113-116). Dieses Unternehmen ist insgesamt nicht überzeugend gelungen (vgl. die ausführliche, mitunter etwas zu scharfe Kritik von R.Albertz in ThLZ 103, Sp.645-647). Meine Anfragen wären vor allem folgende: Interpretiert Vosberg in die von ihm exegesierten Texte nicht etwas zu viel hinein, um sie so erst für die Art seiner historischen Deutung fruchtbar machen zu können? Kann man - um nur ein Beispiel zu nennen, das auch Albertz anführt - die imperativischen Aufforderungen zum Lob in Ps 148 (die ja feste Bestandteile der Gattung "Hymnus" sind!) als "Aufforderungen zur Abrenuntiatio" deuten (so S.110)? Ist, wenn Vosberg von einer "Entwicklung von der Vertrauens- zur Bekenntnisliturgie" (S.113) redet, nicht eine geradlinige Entwicklung in nachexilischer Zeit postuliert und damit ein etwas zu einfaches Deutemuster entworfen (ganz abgesehen davon, ob diese Begriffe tatsächlich den Texten angemessen sind)? Läßt sich die für die Untersuchung nicht unwichtige These, daß das "Festhalten am Monotheismus" im Juda der Exilszeit "die Ausnahme" gewesen sei (S.113), in dieser Weise halten? Waren dann etwa deuteronomistische Strömungen oder die Kreise, die hinter den sog. Klageliedern Jeremias standen, Randerscheinungen? (vgl. auch Anm.168.)

163  Grundlage unserer Auswahl sind die Psalmen, die Petersen in seiner Arbeit "Mythos im Alten Testament" berücksichtigt hat. Die Ausführungen innerhalb dieser Psalmen, die Petersen mit dem Prädikat "mythisch" versieht, sind nach unserem Verständnis nahezu durchgehend

als Schöpfungsaussagen zu verstehen (vgl. unseren Exkurs "Erwägungen zum Mythosbegriff" in Abschn.III, wo wir auch die von Petersen angeführten Belege aufgelistet haben). Wir wissen uns hier mit Vorländer (Entstehungszeit, S.35-43) einig, der bei den Psalmen mit nur geringfügigen Abweichungen im wesentlichen zur gleichen Textauswahl wie Petersen kommt, dabei aber von "Schöpfung" redet.

164   Vgl. Anm.2.

165   Es ist nicht auszuschließen, daß es während der Exilszeit in Juda synkretistische Erscheinungen gegeben hat (wenn auch nicht in dem Ausmaß, wie es Vosberg annimmt; vgl. Anm.162). Laut Jer 44,17-19 nimmt die nach Ägypten ausgewanderte Gruppe den schon vorher geübten Kult der Himmelskönigin (vgl. Jer 7,18) wieder auf. Ähnliches könnte auch bei Teilen der in Juda Verbliebenen geschehen sein. Nur dürften solche Tendenzen (die ja nicht gerade neu waren!) qualitativ schwerlich mit der Herausforderung zu vergleichen sein, vor die sich die Exilierten im fremden(!) Land durch die Konfrontation mit der dortigen Religiosität gestellt sahen. Abgesehen davon fällt auf, daß in den sog. Klageliedern Jeremias, wo doch eindringlich die trostlose Situation Jerusalems nach 587 beschrieben wird, nirgends sich ein Hinweis auf synkretistische Erscheinungen findet (ebensowenig in Ps 74). So ist es doch recht fraglich, ob eventuelle synkretistische Erscheinungen einen großen Einfluß ausgeübt haben. Das Bild, das wir aus Ps 74 und aus den Klageliedern gewinnen (trotz oder gerade wegen der zu beklagenden Situation wird an Jahwe festgehalten), könnte insgesamt repräsentativer sein.

166   In diesem Zusammenhang kann auch auf Hosea verwiesen werden. Bei ihm finden sich zwar keine Schöpfungsaussagen, wohl aber wird die Rede von <u>Jahwes</u> Wirken in der Natur, welches das Volk als solches nicht erkennt, in den Horizont der Gerichtsbotschaft gestellt (vgl. 2,10-15).

167   Wir weisen auf unsere Begriffsuntersuchung in Abschn. III.5 hin, weiterhin auf die unterschiedlichen Vorstellungen in 52,10 (vgl. auch 40,5) einerseits, in 45,22 andererseits (Näheres hierzu in Abschn.III, Anm.268). Auch sei an 42,6 erinnert (vgl. Abschn.III.4.e), wonach Kyros "Licht für die Völker" sein soll (Gleiches wird in 49,6 vom Gottesknecht ausgesagt). - Daß der Jahwist und Deuterojesaja zu ganz unterschiedlichen Zeiten es unternommen haben, den Blick intensiv auf die Völkerwelt zu werfen, braucht nicht zu überraschen: Beide stehen vor einer jeweils neuen geschichtlichen Situation. Der Jahwist muß dem Tatbestand Rechnung tragen und ihn theologisch interpretieren, daß im davidisch-

salomonischen Großreich Israel nunmehr eine Herrscher-
stellung gegenüber anderen Völkern einnimmt (zum Problem, wie nun der Jahwist die Rolle Israels interpretiert, vgl. Anm.114). Deuterojesaja hinwiederum steht
auch vor einer neuen, wenn auch im Vergleich zum Jahwisten ganz anderen Situation. Bei ihm tritt im Exil die
Völkerwelt unabweislich ins Blickfeld, woraus sich das
Problem ergibt, wie die Relation Jahwes zur Völkerwelt
zu sehen ist. Der Absolutheitsanspruch Jahwes, den er
proklamiert (vgl. Abschn.III.6), kann nur zur Folge
haben, daß Jahwes Macht als über die ganze Völkerwelt
sich erstreckend angesehen wird - eine Vorstellung, die
im Ansatz bereits bei Jesaja begegnet (vgl. 7,18) und
auch Jeremia nicht ganz fremd ist (vgl. 1,4.13-15).

168 Als Grundlage dieser Feststellung dient wiederum der
Gesamtüberblick bei Vorländer, Entstehungszeit, S.29-44
(abzüglich der Texte, die wir bereits in die vorexilische Zeit datiert haben). Eine Ausnahme bildet der
sekundäre Abschnitt Jer 10,1-16 (vgl. Abschn.IV.5.e),
wenn man V.10.12 im Licht von V.2 sieht (Rudolph scheidet V.1.6.7.11 als spätere Zusätze aus und setzt V.9
hinter V.4a; an der Gegenüberstellung der Götzen mit
Jahwes Macht ändert sich im wesentlichen auch dann
nichts, wenn man mit Volz noch weitere literarkritische
Eingriffe vornimmt). Einleuchtend scheint mit die Erklärung Rudolphs zu sein, derzufolge "hier eine Warnung
an das (allem nach in heidnischer Umgebung lebende)
Volk, sich vom Bilderdienst der Heiden nicht beeindruk-
ken zu lassen", vorläge. Als örtlicher Hintergrund des
Textes wäre also die Diaspora anzusehen, die intensiv
mit Fremdkulten in Berührung kam. Somit wäre dieser
Text kein Beleg dafür, daß in nachexilischer Zeit im
judäischen(!) Gebiet der Glaube an Jahwe als den
Schöpfer einem grundsätzlichen Zweifel unterlag (vgl.
ergänzend Anm.170). - Mit diesen soeben getroffenen
Feststellungen ist noch nicht gesagt, daß es während
der Perserzeit in Juda Probleme synkretistischer Art
nicht gegeben hätte. In Esr 9,1f ist zu lesen, daß sich
das Volk Israel samt den Priestern und Leviten nicht
von den Völkern des Landes und deren "Abscheulichkei-
ten" abgesondert habe (in V.4 werden ausdrücklich die
Rückkehrer aus dem Exil genannt!). Nichts deutet jedoch
darauf hin, daß solche Tendenzen nochmals zu einer
grundsätzlichen Erschütterung des Jahweglaubens geführt
hätten. Auch zeigt die recht rigorose Art, mit der man
die Mischehenfrage gelöst hat (vgl. den sicher etwas
stilisierten Bericht in Esr 10), daß die Kräfte, die um
die Reinheit des Jahweglaubens besorgt waren, stark
genug gewesen sind. Probleme ganz anderer Art waren
hingegen dadurch gegeben, daß man sich innerhalb der
Jahwegemeinde offenkundig nicht darüber einig war, wie
man die nachexilische Situation theologisch deuten soll
(vgl. O.H.Steck, Das Problem theologischer Strömungen

in nachexilischer Zeit).

169 In Ps 96 kommt es zu einer direkten Gegenüberstellung von Jahwe als dem Schöpfer mit den Göttern der Völker, denen ihr Gottsein abgesprochen wird (V.5). Weiterhin sei auf Ps 115 verwiesen (vgl. V.4-7 mit V.3 und V.15). Deuterojesaja selbst redet von Jahwe als dem umfassend schöpferisch Tätigen und von den Göttern als menschlichen Machwerken (vgl. unsere Begriffsuntersuchung in Abschn.III.1), auch wenn er den Wahrheitserweis Jahwes selbst in erster Linie durch eine auf den Bereich der Geschichte bezogene Argumentation zu erbringen versucht (vgl. zusammenfassend Abschn.III.6).

170 Vgl. A.H.J.Gunneweg, Geschichte Israels, S.137. Eine Frage für sich wäre, wieweit Veränderungen in der durchaus wechselvollen Geschichte des persischen Reiches Rückwirkungen auf die nachexilische Gemeinde gehabt haben (vgl. Gunneweg, a.a.O., S.144f.148f). Deutlich neue Konstellationen ergaben sich dann freilich in hellenistischer Zeit, vor allem in der Epoche seleukidischer Herrschaft (vgl. Gunneweg, a.a.O., S.153-166; M.Metzger, Grundriß der Geschichte Israels, S.167-174).

171 Der Ausdruck יראי יהוה (V.11a.13a) wird häufig auf die Proselyten bezogen (vgl. z.B. Gunkel; Kraus; Petersen, Mythos, S.220, Anm.3). Nun begegnet aber diese Wortverbindung in der Psalmensprache häufig, und in der Mehrzahl der Belege sind eindeutig nicht die Proselyten gemeint (vgl. die Auflistung bei H.-P.Stähli, Art. ירא , Sp.775, der zudem darauf hinweist, daß der "gängige terminus technicus" für "Proselyten" גרים wäre). Neben Ps 115,11.13 kann eigentlich nur noch für Ps 118,4 und 135,20 die Deutung "Proselyten" in Erwägung gezogen werden. In allen drei Psalmen werden im Kontext zugleich Israel (bzw. das "Haus Israel") und das "Haus Aaron" angeführt (in Ps 135 kommt noch das "Haus Levi" hinzu). Nun läßt sich bei diesen Psalmen gut denken, daß sie ursprünglich einen liturgischen Wechselgesang darstellen (bei Ps 118 ist dies weitgehend anerkannt; zu Ps 115 vgl. Gunkel, H.Schmidt, Kraus, Vosberg [Studien, S.59f] u.a.; zu Ps 135 vgl. R.Kittel, H.Schmidt, Vosberg [Studien, S.68] u.a.). Es scheint mir so bei Ps 115 wahrscheinlich, daß mit der Nennung von "Israel" (bzw. "Haus Israel") und "Haus Aaron" eine Differenzierung innerhalb der Kultteilnehmer vorgenommen wird (nämlich zwischen Priestern und Laien), während mit den "Jahwefürchtigen" zusammenfassend alle Beteiligten gemeint sein könnten (vgl. Nötscher, Vosberg [Studien, S.60]). Dafür spricht auch, daß in V.13b dieser Zusammenfassung eine neue Auflistung folgt: Die "Jahwefürchtigen" (V.13a) sind offenkundig die ganze Jahwegemeinde, nämlich "die Kleinen samt den Großen"

(V.13b).

172 Es lohnt sich zum Vergleich ein Blick darauf, in welchem Zusammenhang in den sog. Wallfahrtspsalmen die
Formel עשה שמים וארץ Verwendung findet. In allen drei
Belegen (Ps 121,2; 124,8; 134,3) steht der Hinweis auf
Jahwes universale Schöpfermacht in einem Kontext, der
eine besondere Hinwendung Jahwes zum Gegenstand hat:
nämlich seine Hinwendung zu einem einzelnen Kultteilnehmer (so in Ps 121 und 134) oder zu Israel insgesamt
(so in Ps 124). In Ps 121 und 134 steht - wie in Ps 115
- die Formel im Kontext des Segens.

173 Petersen (Mythos, S.223) sieht in V.16b eine enge
Parallele zu Gen 1,28. Er muß dabei annehmen, daß "die
Gabe der Erde mit dem Segenswort in V.15a in Verbindung
steht". Dies halte ich für ganz unwahrscheinlich: Von
Jahwes Segnen wird in V.12-15 eindeutig und ausschließlich im Kontext seiner besonderen Hinwendung zu Israel
geredet. Insofern ist es dann auch falsch, wenn Petersen (S.224) meint, die Angeredeten hätten "Anteil"(!)
an der "Segnung aller [!] Menschen".

174 Aus diesem Grunde findet der Psalm bei Petersen
(a.a.O.) keine Berücksichtigung. Vorländer allerdings
versteht V.4.8f als Schöpfungsaussagen (Entstehungszeit, S.43). M.E. könnte allenfalls V.4a eine Schöpfungsaussage darstellen. Es ist nicht ganz klar, ob mit
der Bestimmung der Zahl der Sterne auch deren Erschaffung gemeint ist, zumal die Übersetzung "Er zählt die
Sterne" (Lutherbibel) nicht falsch ist.

175 Wir verstehen V.6 also in einem spezifischen Sinn und
nicht als allgemeine, zeitlose Aussage. V.13 könnte
darauf hindeuten, daß der Psalm etwa in die Zeit des
Mauerbaus zu datieren ist (vgl. H.Schmidt, Kraus u.a.)
und somit in die zweite Hälfte des fünften Jahrhunderts
gehören würde. Dieser Mauerbau ist von außen her auf
Schwierigkeiten gestoßen (vgl. Esr 4,7-22). Versteht
man V.6 von dieser Zeit her (d.h.: nicht unbedingt
direkt auf den Mauerbau bezogen, wohl aber ein gewisses
Selbstverständnis aus dieser Zeit spiegelnd), dann
wären die "Armen" die ganz auf ihren Gott angewiesene
Jahwegemeinde und die "Frevler" deren Feinde. Termino-
logisch steht solcher Deutung nichts im Wege: "Die
Armen des AT sind so nicht einfach nur arm, sondern
werden mehr und mehr ... zu den 'Armen Gottes' ..."
(R.Martin-Achard, Art. ענה , Sp.346). Die "Frevler"
hinwiederum können auch Feinde des Volkes sein (vgl.
C.van Leeuwen, Art. רשע , Sp.815).

176 Ähnlich wie in Ps 115,11.13 (vgl. Anm.171) könnte mit
den "Jahwefürchtigen" die sich vor Jahwe versammelnde
Kultgemeinde gemeint sein. Es wäre dann denkbar, daß

V.10f nicht einfach nur einen allgemeingültigen Kontrast thematisieren wollen, sondern einen Gegensatz
zwischen der Haltung der Jahwegemeinde, die alles von
ihrem Gott her erwartet, und der politisch-militäri-
schen (Eigen-)Mächtigkeit der Umwelt. Stimmt unsere
Annahme, daß der Psalm am ehesten in die zweite Hälfte
des fünften Jahrhunderts zu datieren ist, dann könnte
man V.10 mit kriegerischen Auseinandersetzungen in
dieser Zeit in Verbindung bringen (so ist es z.B. zu
Aufständen der Satrapien gegen die persische Vormacht
gekommen). Damit ist natürlich nicht gesagt, daß der
Vorstellungsgehalt von V.10 als solcher seinen
Ursprung(!) in der hier angenommenen zeitgeschichtlichen Situation hat. Bereits in dem m.E. vorexilischen
Psalm 20 heißt es: "Diese (vertrauen) auf Wagen und
jene auf Rosse, doch wir denken an den Namen Jahwes,
unseres Gottes." (V.8). Es ist aber durchaus denkbar,
daß geprägte Vorstellungsgehalte herangezogen(!) werden, um sie für die Gegenwart fruchtbar zu machen.
Ähnliches wäre auch bei V.6 (vgl. Anm.175) zu bedenken.

177  Anders ist es in Ps 104, an dessen Aussagen V.8f teilweise erinnern (vgl. Ps 104,14.21). Dort ist von einem
von Jahwe gewährten Ordnungsgefüge der Natur für sich
die Rede.

178  Etwas anders ist die Aussage in Jes 55,10f, wo die
Wirksamkeit des Wortes Jahwes mit Naturvorgängen ver-
glichen(!) wird.

179  So Crüsemann, Studien, S.130. Unser Gliederungsversuch
(s.u.) bestätigt dies.

180  Schon durch die hiermit gegebene Nähe zu Gen 1 kommt
für die Entstehung des Psalms am ehesten die nachexilische Zeit in Frage.

181  Anders als Kraus und Koch (Wort und Einheit des Schöpfergottes in Memphis und Jerusalem, S.274.277) gehen
wir also bei V.8 nicht von einem indikativischen Verständnis aus. Wenn hier tatsächlich eine visionäre
Schilderung (so Kraus) vorläge, dann würde sich diese
deutlich von der bereits beobachteten Kontrastierung in
V.16-19 abheben, derzufolge die Jahwefurcht keineswegs
als universales Phänomen geschaut wird. Vielmehr treten
gleichsam vom Boden der Realität aus menschliche
Selbstmächtigkeit und Jahwefurcht einander entgegen
(ähnlich argumentiert Petersen, Mythos, S.104f, Anm.3).

182  Wir folgen hier dem m.E. sinnvollen Druck von BHK und
BHS. Petersen (Mythos, S.103-106) gliedert deutlich
anders.

183  Das hebräische Perfekt drückt hier eine wiederholte

Handlung aus, die im Deutschen präsentisch wiederzugeben ist (mit Kraus; anders Weiser und K.Koch [Wort und Einheit des Schöpfergottes in Memphis und Jerusalem, S.274]).

184 Die Vorstellung, daß Jahwe um seiner selbst willen an seinem Volk handeln soll, begegnet im AT noch öfters. Neben Ps 79,9f vgl. Ps 74,18; Jer 14,21. Eine besondere Zuspitzung erfährt dieses Motiv bei Ezechiel: Nur damit sein Name vor den Völkern nicht entheiligt würde, habe Jahwe seinen Zorn gegenüber seinem Volk zurückgehalten und es trotz allen Ungehorsams aus Ägypten herausgeführt (Ez 20,9.22). Von einem solchen Gegensatz zwischen Jahwe und seinem Volk ist in Ps 115 freilich wenig zu merken.

185 Weiterhin kann noch auf Joel 2,17 verwiesen werden: "Sie [die Priester] sollen sagen: Hab Mitleid, Jahwe, mit deinem Volk! Übergib nicht dein Eigentum der Schande, daß Fremdvölker über sie herrschen. Warum soll man sagen unter den Völkern: 'Wo ist ihr Gott?'" (Übersetzung nach Wolff, BK XIV/2).

186 Ob der Aufruf in V.2 an Israel oder an "alle Welt" ergeht, ist nicht ganz deutlich. Da es laut V.2b darum geht, Jahwes Heil zu verkündigen, scheint mir inhaltlich eine Affinität zu V.3 gegeben und somit ersteres wahrscheinlicher zu sein. Unklar ist auch, wer in V.1a angeredet ist. Sieht man in V.1 einen klimaktischen Parallelismus, dann müssen V.1a und V.1b nicht die gleichen Adressaten haben. Das würde bedeuten, daß der Aufruf in V.1a durchaus an Israel gerichtet sein kann; sicher ist es aber nicht (auch die weiteren Belege, in denen von einem "neue(n) Lied" die Rede ist [Jes 42,10; Ps 33,3; 40,4; 98,1; 144,9; 149,1], verhelfen nicht zu einem eindeutigen Bild).

187 V.10aß hat m.E. zusammen mit V.10b begründende Funktion. Jahwes Königtum (V.10aα) zeigt sich sowohl darin, daß das Festland fest gegründet ist (V.10aß), als auch darin, daß er die Völker gerecht richtet (V.10b). - V.10aß wegen der Parallele in Ps 93,1 auszuscheiden (so BHK, BHS und Petersen [Mythos, S.183f]), halte ich mit Kraus nicht für angemessen. Wörtliche oder nahezu wörtliche Parallelen finden sich im Psalter ja auch sonst (wir haben dies z.B. bei Ps 33,18b im Vergleich mit Ps 147,11b gesehen).

188 Der von uns postulierte Adressatenwechsel wird von Petersen (Mythos, S.184f) nicht gesehen. Er meint vielmehr, daß in V.1-3 und in V.7-10 alle Länder (bzw. alle Völker) zum Lob, zur Verehrung und(!) zur Weiterverkündigung aufgerufen wären. Kraus hingegen stellt fest (zu V.1-3): "Unter dem weltumfassenden Aufruf zum Lob Jah-

wes fällt dem Gottesvolk die Aufgabe zu, Jahwes Herrlichkeit und Wunder allen Völkern zu erzählen ..."
Wenig hilfreich dürfte Weisers Deutung von V.1 sein. Er
sieht als Sitz im Leben des Psalmes das Neujahrsfest
mit der Bundeserneuerung und fährt dann fort: "Die
Gemeinde, die in der kultischen Verlesung die Geschichte von der Schöpfung vernommen und miterlebt hat, verkörpert in diesem feierlichen Augenblick, wo sie Gott
gegenübersteht, 'die ganze Welt'."

189   So argumentiert auch Petersen (Mythos, S.187).

190   Hier lohnt sich ein kurzer Vergleich mit dem Hymnus
      innerhalb Ps 89 (vgl. Abschn.IV.2). V.4b hat seine
      Entsprechung in Ps 89,8b. Hier wie dort schimmern noch
      Vorstellungen eines Götterpantheons durch. Hier wie
      dort beruht Jahwes Überlegenheit über die Götter auf
      seiner Schöpfermacht. Während nun aber in Ps 89 der
      polytheistische Hintergrund zwar entscheidend relati-
      viert, aber nicht gänzlich verlassen wird (zur Frage
      "Wer ist wie du?" in Ps 89,9 vgl. Anm.76), ist letzte-
      res in Ps 96 sehr wohl der Fall. V.4b nimmt zunächst
      noch den aus der Tradition geläufigen Vorstellungsge-
      halt auf (der Hymnus innerhalb Ps 89 ist vorexilischer
      Herkunft!) und spricht so von den Göttern gleichsam als
      wie von "real" existierenden Wesen. V.5a hingegen hebt
      diese Vorstellung letztlich auf. Mit אלילים wird ein
      Begriff gebraucht, der insgesamt recht selten, inner-
      halb Jes 1-39 jedoch gehäuft auftritt (Jes 2,8.18.20;
      10,10f; 19,1.3; 31,7; vgl. hierzu Wildberger, BK X/1,
      S.102). V.5a dürfte somit am ehesten von dieser prophe-
      tischen Tradition her zu verstehen sein, während die
      Konfrontation der nichtigen Götter mit dem allein
      schöpferisch tätigen Jahwe auf Deuterojesaja verweist
      (vgl. Anm.169). Insgesamt kann man also sagen, daß
      unter dem Einfluß der Prophetie in Ps 96 ein Vorstel-
      lungsgehalt der Jerusalemer Kulttradition aus vorexili-
      scher Zeit (Ps 89,7-9) weiterentwickelt wurde.

191   Die Vorstellungen von Jahwe als König, Schöpfer und
      Richter weisen in der Zuordnung, wie sie in V.10 begeg-
      net, deutlich auf den Jerusalemer Kult (vgl. Steck,
      Friedensvorstellungen im alten Jerusalem, S.15-19).
      Jahwes weltweites Richten erfährt im dritten Abschnitt
      des Psalms (V.11-13) eine besondere Hervorhebung. Mit
      dem Hinweis darauf werden in V.13 die jussivischen, an
      die ganze Geschöpfwelt ergehenden Aufrufe (V.11f) be-
      gründet. בא (V.13) dürfte wohl eschatologisch zu ver-
      stehen sein (so auch Kraus), da der ganze dritte Ab-
      schnitt von einer solchen Perspektive getragen ist. Für
      den übrigen Psalm kann man dies m.E. nicht durchwegs
      annehmen (Kraus hingegen scheint dies offensichtlich zu
      tun). So weist der erste Aufruf (V.1-3) zwar in die
      Zukunft, als Begründung (V.4-6) aber werden Sachverhal-

te genannt, die als gegenwärtig geglaubt werden können.

192 Hierin unterscheidet sich Ps 96 nicht nur von Ps 115 und Ps 147, sondern auch von Ps 33 (vgl. dort V.12.20-22).

193 Hinzuweisen ist weiterhin darauf, daß V.13 Jahwes weltweites Richten nicht als Zorngericht versteht (vgl. z.B. Ps 9,18-21), sondern mit den Substantiven צדק und אמונה näher qualifiziert.

194 Nicht hierher gehören die Belege, in denen Jahwe durch die Himmel und sonstige "unbelebte" Gegebenheiten oder auch durch himmlische Wesen als Schöpfer gepriesen werden soll, wie es etwa in Ps 89,6 im Zusammenhang mit V.3 (hierzu Abschn.IV.2) oder in Ps 148,1-6 (vgl. Abschn.IV.7.d) der Fall ist. In solchen Belegen geht es nicht darum, daß der Preis Jahwes als Schöpfer mensch-licherseits außerhalb der Jahwegemeinde ertönt oder ertönen sollte.

195 Statt ים ist אים zu lesen (mit Gunkel, Weiser, Kraus u.a.).

196 Der Rest von V.8 ("und das Lärmen der Völker") ist höchstwahrscheinlich sekundäre Zufügung (so auch Gunkel, Kissane, Kraus, Petersen [Mythos, S.117] u.a.) und sei deshalb weggelassen.

197 Mit Hinblick auf V.9b scheint mir hier eine präsentische Übersetzung des Imperf. cons. angemessen (auch die Lutherbibel, Petersen [Mythos, S.117] u.a. übersetzen so). Eventuell wurde hier falsch vokalisiert. Wiederum von V.9b her scheint mir die Übersetzung "Ehrfurcht haben" (statt: "sich fürchten") sinnvoller zu sein. - Zur präsentischen Wiedergabe der Partizipien (V.7f) vgl. Abschn.III, Anm.97.

198 Begründung der Übersetzung bei Kraus: Es wäre an die Bereiche gedacht, "in denen der Morgen und der Abend 'hervortritt': die Ränder der Erde."

199 Zum Verhältnis von Schöpfung und Chaoskampf vgl. ausführlich Abschn.III.4.j. - Die nun folgenden Darlegungen über den Sinngehalt von V.6 und V.9 und deren Relation zu V.7f stimmen weitgehend mit den Ausführungen Petersens (Mythos, S.122f) überein.

200 Kraus meint, eine Datierung des Psalms wäre "kaum möglich" und schließt so auch eine vorexilische Entstehung nicht aus. Nun findet sich aber in V.3 der Ausdruck כל-בשר. Dieser stellt eine "Sinnerweiterung ins Abstrakte hin" dar (G.Gerleman, Art. בשר , Sp.378) und tritt nirgends so gehäuft wie in der priesterschriftli-

chen Fluterzählung auf (Gen 6,12.13.17.19; 7,15.16a.21; 8,17; 9,11.15-17). Zu Ps 136,25 vgl. Anm.206.

201 Es ist an dieser Stelle ein mögliches Mißverständnis abzuwehren. Kraus (BK XV/1, S.96) hat unter Bezugnahme auf vorliegende Forschungsergebnisse dargelegt, daß es im alten Orient und besonders auch im kanaanäisch-syrischen Bereich die Vorstellung vom höchsten Gott gegeben hat. Daß mit dieser Vorstellung zugleich ein universaler Anspruch eben dieser höchsten Gottheit gegeben ist, dürfte nicht zu leugnen sein. An diesem Vorstellungsgeflecht hat der Jahweglaube insofern Anteil, als er vorisraelitische Kulttraditionen Jerusalems in sich aufgenommen hat, auch wenn es dabei zu wichtigen Weiterentwicklungen und Umpolungen gekommen ist - vor allem hinsichtlich der Vorstellung vom Götterpantheon (vgl. Kraus, ebd.). Bezüglich des Stichwortes "Universalität" sei beispielhaft der sicher vorexilische Psalm 2 angeführt, der sowohl in ontologischer (vgl. insbes. V.4) als auch in gnoseologischer Hinsicht (vgl. V.10-12) Jahwes Universalität betont. Gleichwohl müssen wir feststellen: Unsere bisherigen Untersuchungen geben keinen Anhalt dafür, daß man bereits in vorexilischer Zeit explizit(!) das Bekenntnis zu Jahwe als dem Schöpfer in gnoseologischer Hinsicht universal in der Weise ausgeformt hat, daß eine allseitige Anerkennung Jahwes als des Schöpfers in das Blickfeld gekommen wäre.

202 Die zeitgeschichtlich bedingte Unterschiedlichkeit zwischen Jes 44,24-28 und Ps 136 war dort auch zu konstatieren. Darauf sei nochmals verwiesen. - Erinnert sei auch daran, daß weitere Texte bei Deuterojesaja (wenn auch stilistisch nicht so auffällig!) Jahwes Handeln in Schöpfung und Geschichte in bestimmter Weise als Einheit vor Augen haben (vgl. zusammenfassend Abschn.III. 6, Punkt 8). Gleiches läßt sich von Ps 74 (vgl. Abschn.IV.1) sowie von den Hymnen innerhalb Ps 89 und Ps 95 sagen (vgl. Abschn.IV.2-4). Bei Ps 89 verdient auch noch die Art der redaktionellen Einarbeitung des Hymnus Beachtung (vgl. Abschn.IV.2). Im einzelnen sind die genannten Texte natürlich nicht völlig vergleichbar.

203 Vosberg unterscheidet zwischen "a-Vers" und der "Responsion" ("b-Vers"), wobei letztere die "Antwort der Gemeinde" darstelle (Studien, S.103f, Anm.117). Daß diese sekundärer Herkunft ist, zeigen nach Vosberg (ebd.) vor allem V.7-9, wo die "Satzkonstruktion zerbrochen" sei: "Der strenge Aufbau des Psalms läßt nur zu, daß die Responsion hinter V.26a steht." Dagegen wäre zu sagen: Wenn die Responsion ursprünglich nur hinter V.26a gestanden hätte, dann wäre die Hinführung zu ihr doch recht lang. Nimmt man weiterhin an, daß der Psalm von Anfang an für den kultischen Gebrauch be-

stimmt war (vgl. die Aufrufe zum Lobpreis!) und ein
Wechselgespräch (bzw. einen Wechselgesang) darstellt,
dann ist hinsichtlich der Länge zwischen "a-Vers" und
Responsion ("b-Vers") ein gewisses Gleichmaß erforderlich. Dabei dürfte im kultischen Vortrag weniger stören, daß die Satzkonstruktionen der a-Verse durch die
Responsionen eine Unterbrechung erfahren.

204 Die Gliederung, die wir bereits in Abschn.III.4.f vorgenommen haben, ist nicht ganz einfach und kann u.U.
auch anders erfolgen. Der Sieg über Sihon und Og (vgl.
Num 21,21-35) erfolgt am Ende der Wüstenwanderung und
könnte als ein Thema für sich betrachtet werden. Weiterhin ist die Landgabe in Ps 136,21f auf das Land
dieser Könige bezogen, so daß man V.17-22 zusammen-
schließen könnte. Unsere Gliederung läßt sich damit
begründen, daß die Konfrontation mit den Königen teils
noch eng an die Wüstenwanderung anschließt (vgl. Num
21,22), der Ausgang dieser Konfrontation aber auf das
Thema "Landgabe" zielt (vgl. Num 21,24f). - Eine andere
Frage ist noch, ob man - wie wir es tun - V.23f von den
vorausgehenden Aussagen des Psalms her verstehen soll
(vgl. vor allem V.10-15) oder sie als Anspielung auf
weitere Ereignisse (etwa die der Richterzeit; so Kraus)
zu verstehen hat. Ob man sich nun so oder so entscheidet - am Aussageduktus des Psalms ändert sich dadurch
nicht viel.

205 Diese Feststellung wird durch V.4 noch erhärtet. Die
dortige allgemeine Aussage ("Der große Wunder tut allein") mit dem prägenden Substantiv נפלאות kann als
eine vorwegnehmende Zusammenfassung der nachfolgenden
Aussagen insgesamt angesehen werden. Petersen (Mythos,
S.244f) will anders als wir hier deutlicher zwischen
Schöpfungs- und Geschichtswerken unterscheiden. Dazu
ist es nötig, V.4 ausschließlich auf V.5-9 zu beziehen.
Dagegen wäre zu sagen: Wenn schon in den Responsionen
Jahwes Schöpfungs- und Geschichtshandeln einheitlich
mit dem Wort חסד qualifiziert wird - was spricht dann
dagegen, daß auch dem Substantiv נפלאות eine einheits-
stiftende Funktion zukommt? - Zum Vergleich lohnt sich
hier nochmals ein kurzer Blick auf Ps 74. In unserer
Exegese hierzu (Abschn.IV.1) hatten wir beobachtet, daß
das hymnische Zwischenstück V.12-17 auf eine intakte,
durch die Schöpfung begründete Naturordnung verweist.
Die Volksklage zielt darauf, daß Jahwe auch in seiner
Beziehung zu Israel solche Intaktheit wiederherstellt.
Das, was Ps 136 im hymnischen Lobpreis voraussetzt,
wird also in der Klage in Ps 74 gleichsam eingefordert.
- Es sei an dieser Stelle angemerkt, daß sich unsere
Interpretation von Ps 136 doch ganz erheblich von der
unterscheidet, wie sie von Vosberg (Studien, S.103-110)
dargebracht wird. Vor allem vermag ich als Hintergrund
des Psalms keine synkretistische Situation zu entdecken

(so Vosberg, S.106). Man kann den Hymnus als eine Art Glaubensbekenntnis auffassen - er stellt aber ein <u>lobpreisendes</u> Bekenntnis dar, das Jahwe wegen seiner <u>nicht angezweifelten</u> Taten als Gott über die Götter und Herrn über die Herren (V.2f) besingt. Es scheint mir so nicht angemessen, etwa in V. 1a eine "Abrenuntiatio" (so Vosberg, ebd.) zu entdecken. Hier wird der hymnischen Struktur des Psalms zu wenig Beachtung geschenkt. Zu Vosberg vgl. auch Anm.162.

206 Nach Gerleman (Art. בשר , Sp.378) kann der Ausdruck כל-בשר sich sowohl auf die Menschheit als auch auf die "ganze Kreatur" beziehen (vgl. auch Anm.200). Letzteres scheint mir bei Ps 136,25 wahrscheinlicher zu sein: Es ist die gesamte Kreatur gemeint, deren Lebensfristung von Jahwe abhängt (vgl. Ps 104,27f).

207 Es wäre m.E. eine zu bequeme Lösung, hieraus literarkritische Konsequenzen zu ziehen.

208 " מלאכים sind die zu Boten und Dienern Jahwes depotenzierten Wesen der Überwelt ... Die himmlischen Mächte werden im Bild des 'Heeres' ( צבא ) geschaut (vgl. Jos 5,14f.; 1Kö 22,19; Ps 103,21; Lk 2,13)." (Kraus z.St.).

209 Petersen (Mythos, S.258f) bezieht in V.6b m.E. zu Recht עבר auf חק als Subjekt und kommt somit ohne Emendation aus (anders Gunkel, Weiser, Kraus u.a.).

210 Zu überlegen wäre, ob V.13b zur Begründung mit hinzugehört (so Petersen, Mythos, S.256, Anm.6). Dies ist nicht auszuschließen, jedoch spricht die Erwähnung der Himmel neben der der Erde dafür, daß hier abschließend sowohl auf V.1-6 (Lob von den Himmeln her) als auch auf V.7-13a (Lob von der Erde her) Bezug genommen wird. Ist dem tatsächlich so, dann wäre die Zäsur zwischen V.13 und V.14 sehr deutlich.

211 In V.8b kommt dies auch direkt zum Ausdruck: Der Sturmwind vollzieht Jahwes Wort!

212 "Himmel" und "Erde" sind hier als meristische Begriffe zu verstehen (mit Petersen, Mythos, S.255f).

213 Wiederholt wird die Aufzählung der Adressaten mit der ägyptischen Listenwissenschaft in Verbindung gebracht. Vgl. vor allem G.v.Rad, Hiob XXXVIII und die altägyptische Weisheit (insbes. S.295), wo ein Vergleich zwischen dem Onomastikon des Amenope, Hi 38, Sir 43, Ps 148 und dem "Hymnus der drei Männer" vorgenommen wird. Unbeschadet der Richtigkeit dieser Beobachtung als solcher ist gattungskritisch eindeutig von einem Hymnus zu reden und nicht von einer "Mischform zwischen Hymnus

und Naturweisheit" (so H.Richter, Die Naturweisheit des Alten Testaments im Buche Hiob, S.17). Die listenartige Aufzählung steht ganz im Dienst des Lobes Jahwes (dies ist auch Richter [ebd.] nicht entgangen), die Struktur des Psalms (Aufruf zum Lobpreis und Begründung desselben) weist eindeutig auf einen Hymnus hin (vgl. auch Crüsemann, Studien, S.72).

214 So V.5b.6 im Hinblick auf V.2-4. In V.7-13a sind die Adressaten hingegen sowohl Phänomene, die der Schöpfungssphäre zugehören (Urfluten, Berge etc.), als auch Handlungssubjekte der menschlichen Geschichte (Könige, Völker etc.). Letztere sind gewiß der Grund dafür, daß die Begründung des Aufrufs zum Lob in V.13aß nicht mehr auf Jahwes grundlegendes Schöpfungshandeln hinweist, da dieses sich nur zu einem Teil auf die vorangehenden Adressaten beziehen würde. Insofern können wir mit Petersen (Mythos, S.260) konform gehen. Wenn aber in V.7-13aα eine klare Distinktion zwischen "Schöpfung" und "Geschichte" nicht zu erkennen ist, dann wäre zu fragen, ob dem Psalm überhaupt eine Tendenz innewohnt, die "Besonderheit der urzeitlichen Schöpfung" deutlich werden zu lassen (so Petersen, ebd.). Daß in V.2-4 nicht von geschichtlichen Phänomenen die Rede ist, hat seinen Grund nicht darin, den Bereich der Schöpfung als einen gesonderten hervortreten zu lassen; es kann vielmehr schlecht "von den Himmeln her" ein Lob aus der geschichtlichen Sphäre ertönen. Somit läßt sich sagen, daß V.1-13 an einer Differenzierung zwischen "Schöpfung" und "Geschichte" oder zwischen "urzeitlich" und "geschichtlich" nicht interessiert sind. Die Art der Zuordnung der Adressaten in V.2-4 einerseits und in V.7b-12 andererseits ergibt sich allein aus der Differenzierung zwischen dem Lob "von den Himmeln her" und dem Lob "von der Erde her". Versteht man weiterhin "Himmel" und "Erde" in meristischer Weise (vgl. Anm.212), dann will diese Differenzierung ihrerseits gerade dazu dienen, dem Aufruf zum Lob den Charakter der Vollständigkeit und Ganzheit zu geben.

215 Kraus sieht erst nach למעו eine Zäsur und betrachtet die anschließende Aussage als "Unterschrift" (ebenso Gunkel und Albertz [Weltschöpfung, S.218, Anm.28]). Damit würde aber der erste Teil von V.14 sehr isoliert dastehen. Gleiches gilt, wenn man anschließend bereits Ps 149 beginnen läßt, was zugleich bedeutet, das abschließende "Hallelujah" mit der Septuaginta und der syrischen Übersetzung wegzulassen (vgl. R.A.F.McKenzie, Psalm 148,14bc: Conclusion or Title?), da sich sonst eine Doppelung mit dem jetzigen Anfang von Ps 149 ergeben würde.

216 Die Belege, in denen das Substantiv קרן und das Verb רום zusammen begegnen, umschreiben stets eine bestimmte

Mächtigkeit oder ein Kraftvermögen: 1.Sam 2,1.10; Ps 75,5.6.11; 89,18.25; 92,11; 112,9; Thr 2,17; 1.Chr.25,5.

217 Ähnlich sieht es Kissane; vgl. auch Kittel.

218 Ich meine also, daß hier רום einen doppelten Akkusativ nach sich zieht ( קרן und תהלה ). Vgl. hierzu Jes 62,7, wo תהלה ebenfalls in einem doppelten Akkusativ steht.

219 Hier lohnt sich ein Vergleich mit Ps 103. In V.20-22 wird in folgender Reihenfolge zum Lob Jahwes aufgefordert: Lob durch die himmlischen Mächte (V.20f); Lob durch alle Werke Jahwes (V.22a); Lob durch die Einzelperson ("meine Seele"; V.22b). Während der Grund des Lobs durch die himmlischen Mächte und durch alle Werke Jahwes wohl in der Aussage in V.19 zu suchen ist ("Jahwe hat in den Himmeln seinen Thron errichtet, und sein Königtum herrscht über alles."), hat die Einzelstimme noch besonderen Grund zum Lob: V.22b wiederholt die Selbstaufforderung zum Lob in V.1a und V.2a. Ihre Begründung findet sie dort in V.3-5. Diese Einzelstimme, die Grund zum Loben hat, versteht sich als Glied der Jahwegemeinde; das, was sie für sich sagen kann, gilt nicht nur für sie selbst (vgl. V.3-5 mit V.17f). Auch für Ps 103 läßt sich also sagen: Über die sonst vorfindliche Wirklichkeit hinaus hat Jahwes Volk noch besonderen Grund zum Lob: nämlich für Jahwes besondere Hinwendung, wobei diese - anders als in Ps 148 - wesentlich breiter thematisiert wird.

220 Beispielhaft seien einige Arbeiten genannt, die sich auch oder ausschließlich mit der theologischen Situation in nachexilischer Zeit befassen: P.R.Ackroyd, Exile and Restoration, S.138-256; P.Altmann, Erwählungstheologie und Universalismus im Alten Testament; G.Fohrer, Die Struktur der alttestamentlichen Eschatologie; U.Kellermann, Messias und Gesetz; O.Plöger, Theokratie und Eschatologie; O.H.Steck, Israel und das gewaltsame Geschick der Propheten, S.202-205; ders., Das Problem theologischer Strömungen in nachexilischer Zeit; ders., Strömungen theologischer Tradition im Alten Israel, S.49-54; L.Vosberg, Studien, S.113-123. Vgl. weiterhin die einschlägigen Ausführungen in den Theologien des Alten Testaments.

221 Zwei Positionen, die von sehr unterschiedlichen hermeneutischen Prämissen geprägt sind, seien angeführt: G.Fohrer meint, die "eschatologische Prophetie" wäre "das Ergebnis der epigonalen Entartung [sic!] der vorexilischen Prophetie." (Die Struktur der alttestamentlichen Eschatologie, S.180). Auch wenn sehr genau zu beachten ist, daß Fohrer mit diesem Verdikt sich nicht auf die prophetische Heilserwartung insgesamt bezieht,

sondern deren national-religiöse Variante meint (vgl. a.a.O., S.179), so ist die Diskrepanz zu G.v.Rad doch sehr deutlich, wenn dieser schreibt. "Nein, das Alte Testament kann nicht anders denn als das Buch einer ins Ungeheure anwachsenden Erwartung gelesen werden." (Theol.II, S.341). G.v.Rad läßt keinen Zweifel daran, daß er in diesen Erwartungshorizont gerade auch(!) die auf Israel bezogene Heilserwartung eingebettet sieht und diese keineswegs abwerten will (vgl. S.339-341, wo es zu einer grundsätzlichen und so nicht nur auf die nachexilische Zeit bezogenen Erörterung kommt).

222 A.a.O., S.132; folgendes Zitat ebd. - O.H.Steck versucht eine diffizilere Analyse. Er unterscheidet zwischen "vier Hauptströmungen": "der priesterlich-theokratischen, der weisheitlichen, der prophetisch-eschatologischen und der levitisch-dtr Position ..." (Israel und das gewaltsame Geschick der Propheten, S.205; vgl. ders., Strömungen theologischer Tradition im Alten Israel, S.49-54). Für unsere untersuchten nachexilischen Texte ist die von Plöger herausgearbeitete Alternative in erster Linie relevant.

223 Nachfolgende Ausführungen S.134f. Plöger zieht dann noch eine Linie hin zur Apokalyptik (vgl. S.136f).

224 Vgl. die Analyse S.69-128.

225 Das Problem theologischer Strömungen in nachexilischer Zeit, S.457. Grundsätzlich ist dies auch Plöger nicht entgangen, wie seine Darstellung (S.129-142) zeigt.

226 Eine Ausnahme bildet Ps 115. Weiterhin weist Ps 33 auch noch andere Formelemente auf.

227 Vosberg hat dies auf seine Weise getan. Der Art seines Vorgehens konnten wir jedoch nicht zustimmen (vgl. Anm.162).

228 Dies läßt sich unschwer auch aus Plögers Rekonstruktion der nachexilischen Zeit entnehmen (Theokratie und Eschatologie, S.129-142).

229 Alle sechs von uns in Abschn.IV.7 analysierten Psalmen deuten m.E. darauf hin, daß sie nicht nur im Kult verwendet wurden, sondern von Anfang an für den Kult bestimmt waren. Dies gilt auch für den nicht hymnisch geprägten Ps 115.

230 Bei Ps 147 läßt sich zwar ein zeitgeschichtlicher Bezug (Mauerbau) annehmen, ohne daß dadurch der umfassendere Denkhorizont (vgl. V.19f) aufgegeben würde.

231 Es sei nochmals Plöger angeführt: "Wir meinen, in den

letzten Kapiteln des Sacharjabuches den Protest der
eschatologischen Kreise gegen die enteschatologisierte
Auffassung des Chronisten - und das heißt wohl: der
offiziellen Linie innerhalb der Theokratie - erkennen
zu können." (Theokratie und Eschatologie, S.135).

232 Ein Blick auf unsere Gottesdienste kann hier (natürlich
mit aller Vorsicht) erhellend sein. Hier finden sich
Gemeindeglieder an sich ganz unterschiedlicher theologischer und politischer Färbung zusammen. Der Pfarrer,
der den Gottesdienst zu leiten hat, ist relativ fest an
agendarische Formulare gebunden und wird immer gut
daran tun, auch dort, wo er eigene Akzente setzen kann,
dem integrativen Charakter des Gottesdienstes Rechnung
zu tragen (hin und wieder nötige Ausnahmen bestätigen
die Regel!), während außerhalb des gottesdienstlichen
Rahmens eine deutlichere Profilierung unterschiedlicher
Positionen möglich und m.E. auch wünschbar ist.

233 A.a.O., S.135.

234 A.a.O., S.132. Darüber hinaus kommt er selber auch zu
Differenzierungen; etwa, wenn er bestimmte eschatologische Vorstellungen als "Ergänzung der Theokratie" auf-
faßt (S.136) oder auch von einem "Nebeneinander ver-
schiedenartiger Hoffnungen" (S.137) reden kann.

235 Wir haben uns dabei auf Texte von m.E. eindeutig kultischer Herkunft beschränkt. Eine Frage für sich wäre, ob
oder inwieweit die Texte, auf welche sich Plöger
stützt, eine Beziehung zum Kult haben.

236 Vgl. aber unsere kurzen Ausführungen in Anm.201. Wei-
terhin sei auf Abschn.II, Anm.73 und auf Abschn.III,
Anm.153 verwiesen, wo sich kurze Ausführungen zum
Stichwort "Monotheismus" finden. Auch ist natürlich
hier unsere gesamte Interpretation Deuterojesajas von
Bedeutung.

237 Verwiesen sei grundsätzlich auf P.Altmann, Erwählungstheologie und Universalismus im Alten Testament, wo
einschlägiges Material recht umfassend aufbereitet ist.
Diskussionsbedürftig scheint mir allerdings die hermeneutische Schlußbemerkung zu sein: Die "Bedeutung der
Erwählungsgedankens" habe ihre Grenzen dort, "wo religiöser Universalismus die Erwählungstheologie vollständig überwunden [!] hat. Dort ist die Religion des Alten
Testaments zur wahren [!] Weltreligion geworden." So
gesehen ist die Rede von Israels Erwählung eine zeitbe-
dingte, menschliche Vorstellung und nicht mehr eine
Antwort auf Jahwes Handeln an seinem Volk.

238 Zur Datierungsfrage vgl. die kontroversen Positionen
von Wolff (BK XIV/4 z.St.) und Wildberger (BK X/1

z.St.). Mir erscheint es sehr wahrscheinlich, daß die von Wolff für eine Spätdatierung ins Feld geführten Argumente das größere Gewicht haben.

239 Im Anhang der Untersuchung (S.213-216) wird G.Wankes Position (Die Zionstheologie der Korachiten) als Gegenentwurf diskutiert.

240 Auf das Verhältnis von Ps 19 A zu Ps 19 B kommen wir noch gesondert zu sprechen (s.u.).

241 Gese (Die Einheit von Ps 19, S.3f und Anm.13) möchte den Konsonantenbestand beibehalten und deutet dann קו als "Meßschnur", übertragen als "Logos-Maß". Ich verstehe nicht, wie Gese den Sinn in der Weise rekonstruieren kann, "daß die gesamte Erde bis zu ihrem Ende von diesem geheimnisvollen Logos-Maß durchwaltet werde." (a.a.O., S.3f). Es scheint mir hier eine zu statische Deutung vorzuliegen, der schon die Verwendung des Verbums יצא widerspricht. Ganz grundsätzlich sehe ich keinen Anhalt am Text, hier das bedeutungsschwere Substantiv "Logos" ins Spiel zu bringen. - Kraus beruft sich auf Jes 28,10.13, wo קו als "Schallwort" zu verstehen wäre. Aber dort ist diese Bedeutung keineswegs gesichert (vgl. Wildberger, BK X/3). So ist es doch die m.E. bessere Lösung, mit Petersen (Mythos, S.86) und vielen anderen קלם zu lesen. Vor allem sei - mit Petersen - auf das parallele מליהם in V.5aß verwiesen; weiterhin darauf, daß V.4 אמר von V.3 aufnimmt, was dann auch für קלם in V.5 (Aufnahme aus V.4) gelten würde.

242 Petersen (Mythos, S.85) übersetzt instrumental ("durch sie"), versteht "Zelt" als das "Himmelszelt" (S.89) und deutet dann schließlich folgendermaßen: "_Mit_ der bzw. _durch_ die Errichtung der Himmelsfeste hat Jahwe der Sonne ein Zelt errichtet." (S.91). Damit wird u.a. die Deutung abgewiesen, Jahwe habe der Sonne _an_ den Himmeln ein Zelt errichtet (S.90). Steck jedoch meint (Zur thematischen Einheit von Ps 19,2-7, S.321), daß mit "Zelt" die Stätte gemeint sei, aus der die Sonne morgens herausgehe und nachts zurückkehre, "also das im Osten auflagernde Ende der Himmelsfeste". Wenn Petersen hierzu kritisch fragt: "... wann hat die Sonne ihr Zelt nach ihrem unterirdischen Rückweg erreicht? wie lange hält sie sich in ihm auf? ..." (S.90), dann wird damit gleichsam nach technischen Details gefragt, an denen der Text wohl kaum interessiert ist. Weiterhin ist die Behauptung Petersens, die Vorstellung, Jahwe habe der Sonne an den Himmeln ein Zelt gebaut, komme sonst nirgends vor (S.90), einzuschränken. In ägyptischen Papyri des Neuen Reiches ist die Vorstellung eines Sonnentores belegt, durch das die Sonne hindurchgeht (Abbildung bei Keel, Die Welt der altorientalischen Bildsymbolik, S.19). Diese Vorstellung ist zwar nicht

ganz identisch mit der von Ps 19, aber doch vergleichbar. - Eine Emendation von בהם in בים ("im Meer"; so
Gunkel, Weiser u.a.) ist dann unnötig, wenn man בהם auf
die Himmel (V.2) rückbezieht (mit Petersen, a.a.O.,
S.91 und Steck, a.a.O., S.321f). Ebenso unnötig und vor
allem auch zu spekulativ ist es, mit Kraus zwischen
V.5a und V.5b einen Textausfall in Erwägung zu ziehen.

243 In der dogmatischen Tradition wurde dies bekanntlich
von den Vertretern der theologia naturalis - wenn auch
mit gelegentlichen Einschränkungen und Variationen -
bejaht. Als eine der Hauptbelegstellen wurde dabei Ps
19 (vor allem V.2) angeführt (vgl. Link, Die Welt als
Gleichnis, S.13).

244 Vgl. u.a. G.v.Rad, Weisheit in Israel, S.211; H.Gese,
Die Einheit von Ps 19, insbes. S.2; O.H.Steck, Zur
thematischen Einheit von Ps 19,2-7, S.324. Nicht unwichtig ist die Frage, ob das Erzählen der Himmel (V.2)
menschlicherseits vernehmbar ist oder nicht (vgl. das
in Anm.243 angeschnittene Problem). Entscheidend ist
hierbei das Verständnis von V.4. Welche Unsicherheiten
hier herrschen, läßt sich mit aller Deutlichkeit bei
H.J.Kraus verfolgen. In seinem systematisch-theologischen Entwurf (Reich Gottes: Reich der Freiheit) kann
er schreiben (unter ausdrücklicher Anführung auch von
Ps 19): "Die Selbstaussage der Schöpfung ist zu vernehmen." (S.130; Hervorhebung vom Vf. selbst!). In BK XV/1
(S.302) heißt es hingegen zu V.4: "Die Negationen in 4a
deuten also auf ein einzigartiges, analogieloses Verkündigen der fernen Schöpfungsräume, das hoch über dem
Menschen steht und nicht aufgenommen werden kann."
(Hervorhebung von mir).

245 Wesentlich relevanter sind die genannten Worte in der
Hinsicht, daß sie eine relativ späte - jedenfalls nachexilische - Datierung wahrscheinlich machen. Zwar meint
Kraus (BK XV/1, S.299), Ps 19 A trage "alle Kennzeichen
eines hohen Alters". Hier sind jedoch traditionskriti-
sche Gesichtspunkte (vgl. S.300.302-304) zu wenig für
die Datierung des Psalms in seiner vorliegenden Gestalt
in Anschlag gebracht worden. So läßt sich etwa - darauf
kommt Kraus selbst nicht zu sprechen - die Vorstellung,
Gott habe der Sonne ein Zelt errichtet, aus dem sie
herausgeht, durchaus mit ägyptischem Gedankengut aus
der Zeit des Neuen Reiches in Verbindung bringen (vgl.
Anm.242). Dies besagt aber nur, daß bestimmte Vorstellungsgehalte aus älterer Zeit aufgenommen und wohl auch
variiert wurden. - Einen ausführlichen Nachweis der
Spätdatierung liefert A.Deissler (Zur Datierung und
Situierung der "kosmischen Hymnen" Pss 8 19 29, S.49-
52), der freilich auch damit rechnet, "daß 19 I und 19
II von vornherein [sic!] füreinander bestimmt waren."
(S.51).

434

246 Der Begriff Kebod Jahweh, S.299.

247 A.a.O., S.301; folgendes Zitat ebd.

248 Stein ist sich dessen nicht ganz unbewußt: "Es soll keineswegs behauptet werden, dass das AT bereits die Begriffe 'natürlich' und 'übernatürlich' kennt, sondern nur, daß sie sich zur objektiven [sic!] Darstellung atl Tatbestände eignen." (S.301, Anm.10). - Von Interesse ist auch die Darlegung Westermanns (Art. כבד , Sp.804f), wenn er die Rede vom כבוד Jahwes in der Schöpfung als eine Aussagefigur für sich betrachtet und ihre Spezifität mit kanaanäischem Ursprung in Verbindung bringt (er beruft sich dabei vor allem auf Ps 29, zieht aber auch noch andere Texte heran, u.a. Ps 19,2). Setzt man diese Herleitung einmal voraus, dann bleibt doch die Frage, ob sich die - von Stein und Westermann auf je ihre Art vorgenommene - Differenzierung zwischen Schöpfung (Natur) und Geschichte hinsichtlich des Begriffes כבוד an den atl. Texten in ihrer jetzigen Gestalt tatsächlich bewährt. Nicht umsonst redet Westermann (Sp.805) von einer Verschmelzung der von ihm herausgearbeiteten Linien.

249 Lies statt ודברי ידברו (mit BHS, Weiser, Kraus u.a.).

250 Vgl. Ps 63,3: "So schaue ich dich im Heiligtum, um zu sehen deine Kraft und deinen Kabod." Vgl. auch Ps 26,8. Aus Jes 6,1-3 wird freilich deutlich, daß die Präsenz Jahwes im Tempel sich nicht auf diesen Raum eingrenzen läßt.

251 Da wir es mit einem elohistisch redigierten Psalm zu tun haben, ist statt "Gott" "Jahwe" zu lesen (vgl. Kraus).

252 Als eine wohl kaum aussagekräftige Ausnahme wäre lediglich Spr 25,2 anzuführen: "Es ist Gottes Kabod, eine Sache zu verbergen, und der Kabod der Könige, eine Sache zu erforschen."

253 Königtum Gottes in Ugarit und Israel, S.25.

254 A.a.O., S.25f. Er führt an: Ps 97,7; 22,29f; 29,2b; 95,6; 96,9; 99,5.9; Sach 14,16f. Weiterhin werden genannt: Ps 24,7-10; 29,9; Jes 6,3; Ps 29,1f; 96,7f; 145,5.11 (ich bringe die Aufzählung in der von Schmidt gewählten Reihenfolge). Nebenbei: Auch Schmidt leitet die in Jerusalem ansässige Vorstellung von Gottes כבוד von der kanaanäischen Religion ab (S.26; vgl. unsere Anm.248).

255 Wir konzentrieren uns hierbei auf den Wortlaut selbst und stellen das Phänomen hintan, daß die Psalmen als

Bestandteil des Liedgutes Israels so und so der kerygmatischen Weitergabe von Jahwes Tun gedient haben (vgl. auch die Art der Verwendung der Psalmen im Raum der christlichen Kirche, etwa in der Liturgie).

256 Von unserer schon geäußerten Reserve gegenüber einer weisheitlichen Deutung sehen wir also zunächst einmal ab. Diejenigen, die meinen, die Sprache der Natur wäre laut Ps 19 A vom Menschen in keiner Weise verstehbar, können sich auf einen ugaritischen Text stützen, den A.Jirku anführt (Die Sprache der Gottheit in der Natur, ThLZ 1951, Sp.631). Baal spricht dort zu Anat:
"Siehe, ein Wort habe ich und ich will es dir kundtun;
Eine Kunde, und ich will sie dir wiederholen:
Das Wort des Baumes und das Lispeln des Steines;
Das Seufzen des Himmels mit der Erde,
Der Ozeane mit den Sternen.
Ich erschuf den Blitz, damit ihn erkenne der Himmel.
Ein Wort, das nicht kennen die Menschen,
Und das nicht verstehen die Bewohner der Erde.
Komm, und ich will es dir zeigen auf meinem göttlichen
    Berge Sapon,
Auf meinem Heiligtum, dem Hügel meines Besitztums."
        (Hervorhebungen Jirkus gestrichen.)
Petersen (Mythos, S.94) geht davon aus, daß laut Ps 19 A die Sprache der Himmel für den Menschen vernehmbar ist. Schon deshalb muß er eine Verwandtschaft zwischen dem ugaritischen Text und Ps 19 A ausschließen. Allerdings wird auch unsere eigene Deutung (s.u.) dagegen sprechen, dem ugaritischen Text - der übrigens in ziemlichem Gegensatz zu Hi 12,7-10 steht - für die Interpretation von Ps 19 A hervorgehobene Beachtung zu schenken.

257 Dies ist der entscheidende Unterschied zu drei Belegen, die man auf den ersten Blick in enge Nachbarschaft zu Ps 19 A (insbes. V.2) bringen könnte: Zunächst sei auf den bereits zitierten Beleg Ps 96,3 verwiesen: "Erzählt unter den Völkern von seinem Kabod, unter allen Nationen von seinen Wundern." Weiterhin sei Ps 50,6 genannt: "Verkündigen (נגד Hi.) sollen die Himmel seine Gerechtigkeit, daß Gott Richter ist." Gottes Richtersein bezieht sich auf sein Volk (vgl. V.7ff). Die Himmel werden hier wohl deshalb angeführt, um die Durchsetzungskraft von Jahwes צדק zum Ausdruck zu bringen. Der dritte relevante Beleg wäre Ps 97,6, wo die Völker ins Blickfeld treten: "Es verkünden ( נגד Hi.) die Himmel seine Gerechtigkeit, und es sehen alle Völker seinen Kabod." Hinsichtlich Ps 50,6 und Ps 97,6 könnten Dtn 31,28 und Jer 51,9 von Interesse sein: "Versammelt zu mir alle Ältesten eurer Stämme und eure Amtleute, daß ich diese Worte vor ihren Ohren verkündige und gegen sie die Himmel und die Erde zu Zeugen anrufe." (Dtn 31,28; übersetzung nahezu identisch mit G.v.Rad, ATD

8). - "Denn bis zu den Himmeln reicht sein Gericht und erhebt sich bis zu den Wolken." (Jer 51,9b).

258 Petersen (Mythos, S.92) sieht dies etwas anders: "Gemäß v.2 stehen Gottes Herrlichkeit und Werk im Mittelpunkt des Psalms. Von ihnen kündet die Himmelsfeste, die von der Herrlichkeit Gottes deshalb zu erzählen vermag, weil und indem sie beständig an ihren Ursprung, ihre Erschaffung durch Gott, erinnert ..." Ich hingegen meine: Das Künden der Himmelsfeste bezieht sich nicht auf ihr eigenes, Gott sich verdankendes Dasein, sondern allein auf die Sonne. Von der Erschaffung der Sonne selbst redet V.5b zwar nicht direkt. Jedoch kann die Sonne ihre "Funktion" gleichsam nur dann erfüllen, wenn ihr das in V.5b genannte "Zelt" zur Verfügung steht (vgl. Anm.242), da dieses Zelt als Ausgangspunkt des Sonnenlaufes gedacht wird. Dies ergibt sich m.E. eindeutig aus der Art des Vergleichs von V.6a, der an V.5b anschließt.

259 Crüsemann (Studien, S.306, Anm.1) betrachtet Ps 19 A als eine "völlig singuläre" Form des Hymnus.

260 Der begründende Charakter von V.5b-7 ergibt sich nicht unbedingt vom Wortlaut, sehr wohl aber vom Aussageduktus des Psalms her.

261 Insofern wäre dann zwischen אמר in V.3 und אמר in V.4 ein Bedeutungsunterschied in der Weise gegeben, daß in V.3 ein Mitteilungsgeschehen als solches gemeint ist, in V.4 hingegen in spezieller Weise ein (negierter) Redevorgang im menschlichen Bereich.

262 Eine eindeutig andere Ausrichtung hat der bereits zitierte Beleg Hi 12,7-10. Weiterhin wäre aber auch an Ps 8,4f zu denken: "Wenn ich sehe deine Himmel, das Werk deiner Finger, den Mond und die Sterne, die du hingesetzt - was ist der Mensch, daß du an ihn denkst, und das Menschenkind, daß du dich seiner annimmst?" (Der Psalm ist - das wird aus V.6-9 klar - mit Gen 1 in Verbindung zu bringen. Freilich kommt in V.4f auch die Kleinheit des Menschen im Gefüge der Schöpfung zur Sprache. Hierin wäre eine gewisse Nähe zu den Gottesreden des Hiobbuches gegeben; im Unterschied zu Ps 8 muß der Mensch - Hiob - allerdings erst auf seine Kleinheit hingewiesen werden.) Durch V.4 ist aber nicht gesagt, daß die Himmel, der Mond und die Sterne schon wegen ihrer vom Menschen zu bestaunenden Existenz auf Jahwe als den Schöpfer hinweisen. Der Psalmist steht hier in einer Verkündigungstradition (vgl. schon die Nähe des Psalms zu Gen 1), die die genannten kosmischen Größen als Jahwes Werk deklariert. Vgl. hierzu auch unsere Exegesen von Jes 40,18-24 (Abschn.III.4.b) und Jes 40,25-31 (Abschn.III.4.c).

263 Auf eine jeweils andere und auch direktere Weise ist
dies auch anderweitig geschehen, so etwa in Jes 40,25-
31 (vgl. Abschn.III.4.c), in Ps 74 (vgl. Abschn.IV.1),
in Ps 89 (durch die redaktionelle Einordnung des Hymnus
V.2f.6-19; vgl. Abschn.IV.2) und in Ps 147 (vgl. Ab-
schn.IV.7.b). Relevant ist hier weiterhin unsere Beobachtung, daß etliche Schöpfungsaussagen bei Deuterojesaja dazu dienen, Jahwes Handeln in Schöpfung und
Geschichte als eine Einheit vor Augen zu bekommen (vgl.
zusammenfassend Abschn.III.6, Punkt 8). Ferner wäre
noch auf die - freilich keineswegs gleichartigen -
Zeugnisse von Ps 136 und 148 zu verweisen (vgl. Abschn.
IV.7.d).

264 Weisheit in Israel, S.227 (nicht unmittelbar auf Ps 19
A bezogen; zu Ps 19 A selbst vgl. S.211). H. und H.A.
Frankfort (Juden und Griechen, S.242) bemerken zu Ps
19: "Die Himmel, die für den Psalmisten nur Zeugen der
Größe Gottes sind, waren für die Mesopotamier die
eigentliche Majestät der Gottheit, des höchsten Herrschers Anu. Den Ägyptern bedeutete der Himmel das
Mysterium der göttlichen Mutter, durch die der Mensch
wiedergeboren wurde. Man faßte in Ägypten und Mesopotamien das Göttliche als Immanenz auf ..."

265 Etwas anderes ist es, wenn in Ps 29,1 "Gottessöhne" zur
Huldigung Jahwes aufgefordert werden. Da sind - anders
als in Ps 19 A (wo es ja auch nicht um eine Huldigung
geht) - polytheistische Vorstellungen aus der Umwelt
zumindest in Spuren noch vorhanden (vgl. Kraus z.St.).
Erinnert sei an dieser Stelle auch nochmals an Ps 89,6
(Näheres hierzu in Abschn.IV.2).

266 Insofern ist es tatsächlich berechtigt, wenn Steck (Zur
thematischen Einheit von Ps 19,2-7, S.323) Ps 19 A
einen "Sonnentext" nennt. Er stellt weiterhin fest
(ebd.): "Zielaussage des Textes ist nicht die Sonne,
schon gar nicht als göttliches Wesen, sondern der Kabod
Els." Von unserer Sicht her halten wir diese Aussage -
die m.E. in einem gewissen Widerspruch zur Prädikation
"Sonnentext" steht - zwar nicht für falsch, wohl aber
für etwas mißverständlich: Der Kabod Els manifestiert
sich laut Ps 19 A in dem, was V.5b-7 zum Ausdruck
bringen. So wären - gerade wenn man die (freilich ei-
genartige) hymnische Struktur von Ps 19 A in Rechnung
stellt - V.5b-7 durchaus als Zielaussage zu verstehen,
die allerdings ihrerseits auf den Kabod Els (V.2) rück-
verweist.

267 Daß in V.3 Tag und Nacht je für sich genannt werden,
hat seinen guten Sinn; die Unterscheidung zwischen Tag
und Nacht hat ja im Sonnenlauf ihre Ursache (V.7a).
Vgl. hierzu die ausführlichere und auch etwas anders
geprägte Darstellung in Gen 1,14-18.

268 Die Einheit von Psalm 19, passim. Die Entsprechungen, die Gese zwischen V.1-7 und V.8-15 findet, können m.E. durchaus auch von zweiter Hand bewußt gewollt sein. Ganz abgesehen davon aber scheinen mir einige dieser angenommenen Entsprechungen so nicht gegeben zu sein. Ein Beispiel sei genannt: "Der vierteilige Aufbau der dritten Strophe [gemeint sind V.8-11] (Allgemeinaussage, Konkretion, besondere Formen, menschlicher Wert) erinnert an den der ersten Strophe [gemeint sind V.2-5a] (Allgemeinaussage, Konkretion im Einzelnen, Merkwürdigkeit, Bedeutung für die Erde), obwohl man hier im Detail keine Übereinstimmung erwarten dürfte." (S.6). Ich stelle hierzu nur zwei Fragen: Geht es in V.8-11 nicht durchweg um den "menschliche(n) Wert" von Gottes Weisungen, Befehlen etc. (vgl. vor allem die Nachsätze in V.8f)? Geht es in V.5a tatsächlich in erster Linie um die Bedeutung des vorher Geschilderten für die Erde und nicht vielmehr darum, die Reichweite des Verkündigungsgeschehens zum Ausdruck zu bringen?

269 Gegenüber dem Versuch G.v.Rads, die Weisheitstheologie in Israel als ureigene Ausprägung des Jahweglaubens zu verstehen - womit er allerdings die Spannung zwischen "geschichtlichem" und "weisheitlichem" Denken nicht aufheben konnte (vgl. hierzu die Ausgleichsversuche von R.Rendtorff und W.Pannenberg) - sei an das Verdikt von H.D.Preuß gegen die Weisheitstheologie erinnert (alle Belege in Abschn.II.1). Darüber hinaus ist auf den Forschungsüberblick von P.Doll zu verweisen (Menschenschöpfung und Weltschöpfung in der alttestamentlichen Weisheit, S.1-41), aus dem u.a. sehr klar die unterschiedliche Bestimmung des eigentlichen Ortes weisheitlichen Schrifttums - als Schlagworte seien genannt: "Volksweisheit" und/oder "Schulweisheit" - in der gegenwärtigen Forschung zutage tritt. Wir können hier im einzelnen nicht darauf eingehen (vgl. neben Doll die kurze Darstellung von R.E.Murphy, Wisdom - Theses and Hypotheses). Wir beschränken uns auf folgende Bemerkungen, die freilich z.T. schon auf das hinauslaufen, was uns noch etwas ausführlicher beschäftigen wird: M.E. ist es schwer vorstellbar, daß weisheitliche Lebensregeln keine Verankerung im Volksleben gehabt haben. Dem widerspricht nicht, daß gewisse Regeln keineswegs mehr als "Volksweisheit" zu interpretieren sind, sondern auf spezifische Anforderungen gehobener Schichten verweisen (vgl. etwa Spr 14,35; 16,19; 22,22), vielmehr wäre zu sagen: Daseinsorientierung bedeutet ganz wesentlich, sich in seinem jeweiligen Lebensbereich zurechtzufinden. Hierzu sind die Sprichwörter und Mahnsprüche da, die über schichten- und zeitbezogene Erfordernisse und Erfahrungen Aufschluß geben. (Das ist auch heute noch so; Beispiele ließen sich in großer Zahl anführen.) Ganz unabhängig davon ist m.E. das Phänomen zu sehen, daß über ein situa-

tionsbezogenes Zurechtfinden in der Welt hinaus - also
jenseits der erfahrenen, in richtiger oder auch falscher Weise gedeuteten Erlebniswelt - sich eine Weisheitstheologie von der Art entwickelt hat, die nicht
mehr nur als (richtige oder falsche) Widerspiegelung
von Lebenserfahrungen zu verstehen ist, sondern als
Gesamtdeutung von Wirklichkeit im Sinne eines protologischen Heilsverständnisses (vgl. etwa Spr. 8,22ff,
wo die Weisheit als eine Größe vor aller Schöpfung sich
vorstellt und das gegenüber ihr geforderte Verhalten
[V.32ff] in seinen Konsequenzen dem nicht unähnlich
ist, was Ps 1 über das Verhältnis des Frommen zum
Gesetz zum Ausdruck bringt). Diese Art von weisheitlichem Denken interessiert uns nun in erster Linie. Ob
und wieweit dabei eine (etwa entwicklungsgeschicht-
liche) Relation zum "einfachen" Sprich- und Mahnwort zu
denken ist, muß hier offenbleiben. Die entsprechenden
Denkalternativen hat P.Doll (a.a.O.) aufgezeigt.

270  Ort und Grenze der Weisheit im Rahmen der alttestament-
     lichen Theologie, S.302.

271  Vgl. Abschn.III.3, wo wir Jahwes Schöpfungshandeln als
     einen "Teilbereich" seines schöpferischen Handelns
     aufgefaßt haben.

272  Dem widerspricht auch nicht Hi 28. Wenn hier die Weis-
     heit als eine nicht habhafte Größe beschrieben wird
     (vgl. V.13f.21f), so heißt dies keineswegs, daß sie für
     den Menschen nicht relevant ist (vgl. V.18b.28), son-
     dern vielmehr, daß von ihr, die von Urbeginn an da ist
     (so V.25-27), der Mensch quasi das zur Kenntnis nehmen
     soll, was für sein Leben relevant ist (so jedenfalls
     der m.E. ursprüngliche V.28; V.18b würde ich im Lichte
     dessen sehen). Und das kann er anscheinend auch zur
     Kenntnis nehmen. - Wenn wir von da aus auf Sir 24
     blicken, dann ergibt sich hier kein völlig(!) neues
     Bild. Wie schon in Spr 8,22-31 und in Hi 28,25-27 wird
     die Anwesenheit der Weisheit vor bzw. beim Anbeginn der
     Welt zur Sprache gebracht (V.9; Versangabe nach LXX).
     Die Relevanz der Weisheit für den Menschen kommt in
     V.19-22 zum Ausdruck. Der Aspekt der Unerforschlich-
     keit, den Hi 28 sehr stark hervorhebt, findet in Sir 24
     in V.28f seinen Ausdruck (dort allerdings hinsichtlich
     der Weisheit in der Gestalt des Gesetzes). - In ihren
     jeweiligen Besonderheiten ist Spr. 8, Hi 28 und Sir 24
     dies gemeinsam, daß sie auf eine verläßliche Ordnung
     verweisen, die für den Menschen suffizient ist. Mit
     dieser protologisch orientierten Weisheitstheologie
     geht eine ebenfalls protologisch orientierte Gesetzes-
     theologie einher, die an der von Gott einmal gestifte-
     ten Ordnung ihr Genüge findet. Auf die Parallelität
     zwischen Spr 8,32ff und Ps 1 haben wir in Anm.269
     verwiesen. Weiterhin wäre an das zu denken, was Sir

24,20 von der Weisheit und Ps 19,11 von den Rechts-
satzungen Jahwes aussagen (in beiden Belegen findet
sich der Vergleich mit dem genußreichen Honig). Mit
diesen Hinweisen ist keineswegs beabsichtigt, die Rede
vom Gesetz im AT generell protologisch zu verstehen.
Beziehungslinien zwischen Weisheits- und Gesetzestheologie sind freilich unverkennbar. Zu diesem Themenkomplex vgl. wesentlich ausführlicher J.Blenkinsopp,
Wisdom and Law in the Old Testament.

273 Die Art, in der Paulus in 1.Kor 1,17-25 von Weisheit
redet, läßt keinen Zweifel zu, daß er als geschulter
jüdischer Theologe mit der Weisheitstheologie vertraut
war, keineswegs aber einfach in ihren Bahnen läuft. -
Es ist an dieser Stelle auf die instruktive
Untersuchung von M.Küchler einzugehen (Titel: Frühjüdische Weisheitstraditionen). Neben einer sehr dankens-
werten Auflistung von weisheitlichem Textmaterial
(passim) ist seine Untersuchung hermeneutisch dadurch
geprägt, möglichst viele Texte dem Stichwort "Weisheit"
zu subsumieren. Auf folgende, für uns in näherer Weise
relevante Punkte sei hingewiesen: Daß von "Weisheit" im
apokalyptischen Schrifttum - was ihre Erkennbarkeit
anbelangt - in eschatologischer und auch esoterischer
Weise die Rede sein kann, wird vor allem aus äthHen
klar, so z.B. in 51,3: "Der Auserwählte wird in jenen
Tagen auf meinem Thron sitzen und alle Geheimnisse der
Weisheit werden aus den Gedanken seines Mundes hervor-
kommen ..." (zit. nach Küchler, S.79; Hervorhebung
gestrichen). Im Hinblick auf die von uns bisher herangezogenen Belege wird hier klar, daß von "Weisheit"
durchaus in recht pluriformer Weise geredet werden kann
(das tritt bei Küchler ausführlich allenthalben zutage,
auch wenn man selbst einige Texte als nicht weisheitlich geprägt verstehen möchte). Nun bemerkt Küchler zu
1.Kor 1,18-25: "In 1,18-25 zieht Paulus die prophetische Tradition von der Verkehrung der Weisheit und die
alte, weisheitliche von der Unauffindbarkeit der 'Weisheit' mit menschlichen Erkenntniskräften bei ..."
(S.561). Daß die "prophetische Tradition" (vgl. etwa
Jes 29,14 oder Jer 8,8f), die hier angesprochen wird,
nicht weisheitstheologisch zu verstehen ist, geht aus
Küchlers Ausführungen hervor. Kann aber die Vorstellung
von der Unauffindbarkeit der Weisheit, wie sie uns
besonders deutlich in Hi 28 begegnet (vgl. Anm.272),
für das Verständnis von 1.Kor 1,17-25 (bzw. 18-25)
herangezogen werden? Wenn überhaupt, dann hätte hier
Paulus eine sehr starke Abwandlung vollzogen: Laut V.20
hat Gott durch das Kreuz Jesu Christi die Weisheit der
Welt zur Torheit gemacht. (Ein Problem sei übergangen:
In V.21 und V.24 redet Paulus von Gottes Weisheit, in
V.21 - ganz anders als in V.24 - ohne christologische
Ausrichtung. Die Frage ist, wie sich in diese Spannung
die Rede von der Weisheit der Welt einfügt.) Zu dem

hier genannten Problemkreis vgl. vor allem die Untersuchung von U.Wilckens (Titel: Weisheit und Torheit). Auch angesichts der hier nicht näher untersuchten Fragen ist gegenüber Küchler noch einzuwenden: In V.21 geht es nicht um die Unauffindbarkeit der Weisheit, sondern um das Nichterkennen Gottes mittels der Weisheit. - Eine Nachbemerkung: Der kritische Umgang mit der Weisheit, wie wir es bei Paulus soeben verfolgt haben, schließt nicht aus, daß der Apostel andernorts auch wieder stärkere Anknüpfungen an weisheitliche Vorstellungen unternehmen kann (vgl. etwa 1.Kor 2,6f; Küchler [S.561] bringt den ganzen Abschnitt V.6-16 mit einer apokalyptischen Weisheitstradition in Verbindung).

274 Übersetzung nach L.Goppelt, Theologie des Neuen Testaments, S.403. Goppelt sieht diese Formel im Kontext einer hellenistischen "kyrios-Vorstellung", verweist dabei auf die "hellenistischen heis-theos-Formeln", zieht aber darüber hinaus Dtn 6,4 mit heran (S.409f). Dabei sind freilich die Relationsaussagen noch nicht berücksichtigt ("von dem alles ist und wir auf ihn hin"; "durch welchen alles ist, und wir durch ihn").

275 Vgl. aber auch den Johannesprolog (insbes. Joh 1,3). H.Gese hat versucht, diesen streng von der atl.-jüdischen Tradition her zu deuten (Der Johannesprolog, passim; vgl. weiterhin: ders., Die Weisheit, der Menschensohn und die Ursprünge der Christologie, S.108-113). Ich halte diese Untersuchungen für sehr aufschlußreich, auch wenn m.E. vor allem in der zuletzt genannten Arbeit mit dem Begriff "Weisheit" etwas zu weitschweifig umgegangen wird( dies haben wir auch gegenüber Küchler geltend gemacht; vgl. Anm.273).

276 Zu den Texten, wo es um das Sein der Weisheit vor der Erschaffung der Welt geht, vgl. Küchler, a.a.O., S.47-51.

277 Es sei an dieser Stelle K.Barth erhellend zitiert: "Sie [gemeint sind die Zeugen des Christusgeschehens] wußten und redeten also weder von einem 'historischen Jesus', noch von einem 'Christus des Glaubens' ..., sondern konkret von dem einen Jesus Christus, der ihnen, auch als sie noch nicht an ihn glaubten, als der Eine, der er war - eben als der, der er sich ihnen dann zu erkennen gab - begegnet war." (Einführung in die evangelische Theologie, S.29). Indirekt wird die Bedeutung dieser Zeugenschaft auch dadurch unterstrichen, wenn Barth die Bedeutung theologischen Nachdenkens in folgender Weise einschränkt: "Sie [also die Theologie] war dort, wo es darauf ankam, dabei zu sein, nicht dabei." (S.31).

278  Daß die Personhaftigkeit der nun wirklich sich in den Raum der Geschichte hineinbegeben habenden Gestalt Jesu Christi - er ist wahrer Mensch - und die personhaft vorgestellte Weisheit (Spr 8; Sir 24) nicht einfach kompatibel sind, braucht wohl nicht weiter begründet zu werden.

279  Eine andere Frage ist es natürlich, wieweit theologische Konzeptionen, deren Aufgabe es ist, das Christusgeschehen nachzudenken, nicht doch einem zu weit gehenden Spekulieren verfallen sind.

Abschnitt V

1  Zur Priesterschrift insgesamt vgl. die Literaturangaben
   bei N.Lohfink, Die Priesterschrift und die Geschichte,
   und neuerdings P.Weimar, Struktur und Komposition der
   priesterschriftlichen Geschichtsdarstellung. Zu Gen 1
   vgl. C.Westermann, BK I/1; W.H.Schmidt, Die Schöpfungsgeschichte der Priesterschrift; O.H.Steck, Der Schöpfungsbericht der Priesterschrift.

2  Westermann, a.a.O., S.109f; Schmidt, a.a.O., S.49-
   53.56f; Steck, a.a.O., S.40-44.256-258.

3  Das von uns herangezogene Textmaterial ist von begrenz-
   ter Art. Weiterführend sei auf die aufschlußreiche
   Untersuchung R.Borcherts verwiesen (Stil und Aufbau der
   priesterschriftlichen Erzählung; zu den Plagenerzählungen vgl. vor allem S.37f; weiterhin S.116f. 123f). M.E.
   erübrigt bereits die stilistische Untersuchung
   Borcherts, mit W.H.Schmidt in Gen 1 auf überlieferungs-
   kritischem Weg zwischen einem "Wortbericht" und einem
   "Tatbericht" zu unterscheiden (vgl. zusammenfassend
   a.a.O., S.160-173). Insofern ist Steck im Recht, wenn er
   nicht unter überlieferungsgeschichtlichem, sondern unter
   traditionsgeschichtlichem Blickwinkel an Gen 1 herangeht
   (vgl. z.B. S.57f und die Zusammenfassung S.244-255).
   Freilich ist gegen Steck dies einzuwenden, daß für seine
   Interpretation die wörtliche Wiederkehr der Ausführungsformel von Gen 1 ("Und es geschah so.") außerhalb der
   Priesterschrift (S.32 führt er an: Ri 6,38; 2.Kön 7,20;
   15,12, weiterhin die Abwandlung in Ri 6,40) eine wesentlich wichtigere Rolle spielt als die in unterschiedlichen Variationen gebrauchte Ausführungsformel innerhalb
   der Priesterschrift, obwohl er durchaus den priesterschriftlichen Kontext mit im Blick hat: "Der Verdacht
   einer Lädierung des masoretischen Textes [gemeint ist
   der Text von Gen 1] könnte zunächst dadurch abgewehrt
   werden, daß P in der Darstellung auch außerhalb von Gen
   1 die intendierte Stereotypik der Gestaltung nicht konsequent durchführt, ohne daß freilich ein entsprechender
   Eindruck von Willkür entstünde wie angesichts der masoretischen Überlieferung eines so konsequent durchgestal-
   teten Textes wie Gen 1." (a.a.O., S.41; in Anm.136 kommt
   Steck auf den Plagenabschnitt zu sprechen!). Das aber
   ist m.E. gerade die Frage: Will P tatsächlich in Gen 1
   eine ganz und gar konsequente Durchgestaltung vornehmen,
   wenn es in diesem Geschichtswerk anderweitig eben nicht
   geschieht? Der Eindruck einer konsequenten Durchgestaltung könnte vielleicht durch die prägnante Kürze der
   Darstellung innerhalb von Gen 1 entstehen. Diese ist
   aber m.E. darauf zurückzuführen, daß P hinsichtlich der
   Zeit des Urbeginns sich nicht in großen Beschreibungen
   ergehen und sich auch auf diese Weise von mythopoeti-

schen Darstellungen der Umwelt absetzen will. - Zur Struktur von Gen 1 im Kontext des priesterschriftlichen Werkes vgl. auch R.Borchert, a.a.O., S.38-41.

4 Hinzuweisen wäre auf die Sintflutgeschichte (Analyse bei Borchert, a.a.O., S.24-26), aber auch auf die Sinaiperikope, wo nach Gottes Anordnung (Ex 25ff) in Ex 35ff (Borchert, a.a.O., S.28, nimmt hier Teile aus Lev 8 noch mit hinzu) der Ausführungsbericht erfolgt. Zwar mag dieser Ausführungsbericht in literarkritischer Hinsicht nicht einheitlich sein, mit Borchert (a.a.O., S.28) möchte ich jedoch festhalten: "Aber die oft übliche starke Beschneidung, die kaum einen geringen Grundbestand von Ex 35-40; Lev 8 dem priesterschriftlichen Werk beläßt, wird von der Untersuchung des Aufbaus der priesterschriftlichen Erzählungen hier in Frage gestellt." (S.7f liefert Borchert eine Auflistung des von ihm als priesterschriftlich angesehenen Textbestandes; hinsichtlich Ex 35-40 werden angeführt: 35,1a.4b.5-10.20-27.29-31a.32.33; 36,2-7; 37,1-24; 36,8-38; 38,1-7.9-22.24-31; 39,1-32.43; 40,1.2.9.17-25.28.29a.33.) Auch wenn man im Detail noch andere Zuweisungen vornehmen kann, so scheint mir die grundlegende Prämisse, diesen Ausführungsbericht in seinen wesentlichen Teilen P zuzuschreiben, stichhaltig zu sein. Ist dem tatsächlich so, dann hat dies die nicht unerhebliche theologische Konsequenz, ein wesentliches Interesse von P tatsächlich im Bereich des Kultes zu sehen. Die Sinaiperikope ist schon von ihrem Umfang her ein wichtiges Indiz in dieser Richtung. Freilich ist damit noch nicht gesagt, daß P allein auf den Kult hin zu fixieren ist. Vor allem K.Elliger hat nachdrücklich P (zumindest auch) als Geschichts<u>erzählung</u> verstehen wollen (vgl. ders., Sinn und Ursprung der priesterlichen Geschichtserzählung). Nach dem Verhältnis von P zur Geschichte wollen wir in den nachfolgenden Abschnitten V.2 und V.3 fragen.

5 Bereits Gen 1 zeigt natürlich, daß dem nicht so ist. Die Etablierung einer Naturordnung durch den Schöpfungsvorgang, weiterhin die Genealogien, die sog. "Völkertafel" und schließlich der Sintflutbericht (soweit P jeweils Anteil daran gehabt hat; hinsichtlich der hier doch relativ weitgehend geklärten Frage der Quellenscheidung vgl. Westermann, BK I/1), wie sie von P geschildert werden, zeugen davon, daß P auch dann, wenn das Aussageinteresse vornehmlich auf Israel konzentriert sein sollte, zumindest <u>auch</u> die Welt um Israel herum ernstzunehmen hat. Freilich ist dieses "auch" in unserem Zusammenhang ein recht schillerndes Wort und bedarf so weiterer Klärung.

6 Beides ist uns zum Problem geworden. Zu dem teilweise doch recht einseitigen Verständnis des sog. "dominium terrae" vgl. G.Liedke, Im Bauch des Fisches, S.63-70.

Angesichts der gegenwärtig herrschenden Probleme kann
ich meine eigene Betroffenheit nicht verbergen. Auch
wenn die gegenwärtig vorgenommene Exegese von Gen 1,28
(hierzu ausführlich C.Westermann, BK I/1) direkt oder
indirekt deutlich machen kann, daß die Auslegungsgeschichte von Gen 1,28 nicht zwingend so hätte verlaufen
müssen, wie sie jedenfalls teilweise geschehen ist, so
kann sich die Theologie m.E. nicht einfach von dieser
Auslegungsgeschichte und der damit verbundenen Wirkungs-
geschichte befreien. Erst wenn dies hingenommen ist, ist
es auch möglich, neue Perspektiven einzubringen und Gen
1,28 als eine Gestaltungsanweisung zum Leben und nicht
als eine zum Tode führende Gesetzmäßigkeit zu verstehen.
Dem widersprechen m.E. auch die Aussagen von Gen 9,1-7
nicht, wenn man sieht, wie skrupulös hier P an die
Problematik herangeht.

7    Zur Funktion der Toledot-Formel bei P vgl. ausführlich
     P.Weimar, Die Toledot-Formel in der priesterschriftli-
     chen Geschichtsdarstellung.

8    Zur Quellenscheidung vgl. Westermann, BK I/1.

9    Unsere stilistischen Beobachtungen haben wir also in
     dieser Weise theologisch fruchtbar zu machen versucht,
     so daß sie alles andere als nur formaler Art sind -
     zumal sich von der Art der Darstellung her (wie gezeigt)
     auf eine ausgeprägte, Schöpfung und Geschichte umgrei-
     fende "Wort-Gottes-Theologie" schließen läßt.

10   Darüber geben m.E. auch die Toledot-Formeln bei P Auf-
     schluß, auch wenn deren Verwendung nicht ganz einheit-
     lich ist. Näheres hierzu bei P.Weimar, a.a.O. (vgl.
     Anm.7).

11   Nachfolgend geht es - wie schon bisher - um eine Rekon-
     struktion von m.E. wesentlichen Aussagen der Priester-
     schrift. Wenn wir dabei zu dem Schluß kommen, daß P ganz
     vornehmlich (freilich - wie festgestellt - nicht nur) an
     Israel interessiert ist, dann ist, von gesamtbiblischer
     Perspektive her gesehen, die Frage durchaus noch offen,
     ob und wieweit von Jahwes Handeln an Israel angemessen
     zu reden ist. Auf die tiefschürfenden und auch irgendwie
     selbstquälerischen Aussagen des Apostels Paulus in Röm
     9-11 sei hier hingewiesen, weiterhin aber auch auf die
     mit Paulus natürlich nicht direkt zu vergleichende Aus-
     führung in Am 9,7: "Seid ihr nicht für mich wie die
     Kuschiten, ihr Söhne Israels? spricht Jahwe." Die deut-
     liche Spannung zu Am 3,2 ist unverkennbar ("Nur euch
     habe ich erkannt aus allen Geschlechtern der Erde. Darum
     will ich an euch heimsuchen alle eure Sünden."), aber
     sachlich notwendig: Ein Volk, das sich offenkundig auf
     sein Erwählungsbewußtsein beruft, muß zum einen mit
     diesem "Bewußtsein" in der Situation, in die Amos hinein

redet, hinterfragt werden (da es Erwählung als Besitz versteht und nicht mehr von dem frei erwählenden Gott ausgeht), zum anderen muß es, wenn es schon um das Erwählen ("Erkennen") geht, auch auf die vollen Konsequenzen solchen Erwählens hingewiesen werden. - Es dürfte klar sein, daß hier die genannten biblischen Zeugen (Amos, Priesterschrift und Paulus) nicht einfach auf einen Nenner zu bringen sind. Wir berühren somit das Problem der theologischen Sachkritik, der sich biblische Zeugnisse nicht entziehen können und die mit der historisch-kritischen Rekonstruktion nicht einfach auf einer Ebene zu sehen ist. Historische Kritik kann für die theologische Sachkritik von Hilfe sein, ohne daß letztere allein(!) auf erstere angewiesen ist.

12  Die Priesterschrift und die Geschichte, S.215. Hier taucht auch das nicht uninteressante Stichwort "Bildersammlung" auf.

13  A.a.O., S.215. Freilich weiß auch Lohfink, daß P eine fortschreitende Geschichte schildert. So kann er hinsichtlich der Genealogien und der Chronologie von einem "Ereignisfaden" (S.215) reden. Trotzdem ist ihm aber in erster Linie daran gelegen, bei P Idealtypisches zu finden. Dies zeigt auch sein Aufsatz "Die Ursünden in der priesterlichen Geschichtserzählung". Er versteht darunter die "Sünde aller Menschen vor Gott: Gewalttat" (S.48; nachfolgend wird vor allem auf Gen 6,12f Bezug genommen), die "Sünde der politischen Führer Israels und des ganzen Volkes: Verleumdung des Landes" (S.52; angeführt wird u.a. [S.53] Num 13,32), die "Sünde der religiösen Führer Israels: mangelndes Vertrauen" (S.54; Lohfink verweist auf Num 20). Die Gesamtdeutung Lohfinks hierzu ist: "Die drei Sünden scheinen in eine ganz bestimmte Situation Israels hineinformuliert zu sein, und doch stehen sie zugleich so abgehoben und systematisch aufeinander bezogen in der Geschichtsdarstellung, daß man annehmen muß, sie sollten 'Ursünden' andeuten, an denen sich Grundsätzliches einer Sündenlehre ablesen lasse."(S.57).

14  Die Sabbatruhe und die Freizeit, S.400. Meine Anfrage ist: Kann man, wenn man sich die Ausführlichkeit der Darstellung bei der Schilderung der Plagen ansieht, das Exodusgeschehen nach dem Zeugnis der Priesterschrift als ein "Zwischenspiel [sic!] auf dem Weg zur Stabilisierung der Welt" verstehen (Die Priesterschrift und die Grenzen des Wachstums, S.446)?

15  Die an Noah ergehende Segnung in Gen 9,1ff "korrigiert" Gen 1,28f in bezug auf das Verhältnis zwischen Mensch und Tier, ändert aber an dem Mehrungsauftrag nichts.

16 Daß laut Gen 17,23 alles Männliche in Abrahams Haus beschnitten wird (also auch Ismael, dem nicht die Funktion eines Verheißungsträgers zukommt), bedeutet keine generelle Ausweitung des Beschneidungsgebotes, sondern hat eher den Sinn, daß von Abrahams Haus (also von den Leuten, die zur Zeit der Ergehung des Beschneidungsgebotes um ihn herum sind) niemand unbeschnitten sein soll.

17 Wir reden von Jahwes Volk oder von Israel als von einer einheitlichen Größe. Grundsätzlich zu berücksichtigen ist natürlich, daß P in Ex 6,3 zwischen der Väterzeit und der Zeit ab Mose eine Trennungslinie zieht (die freilich m.E. durch Ex 6,4 eine gewisse Relativierung [durch die Landverheißung] erfährt). Diese Differenzierung halte ich im Duktus unserer gegenwärtigen Überlegungen für nicht entscheidend relevant.

18 Die Frage, in welche Zeit das priesterschriftliche Werk zu datieren ist, kann hier nicht ausdiskutiert werden. Unter der Voraussetzung, daß man den Befehl zur Errichtung der sog. "Stiftshütte" und die Ausführung dieses Befehles (Ex 25ff; 35ff) als Schilderung von P selbst begreift (vgl. Anm.4), halte ich eine nachexilische Entstehung für wahrscheinlich.

19 Hinsichtlich solcher Zuordnung vgl. zu Deuterojesaja zusammenfassend Abschn.III.6 und bei den Psalmen Abschn. IV.7.d.

20 Wenn P sich auf das Verhältnis Jahwes zu Israel konzentriert, ohne dabei den Blick nach "außen" zu verlieren, dann ist dieses Zeugnis mit dem von Ps 136 (vgl. Abschn. IV.7.d) zu vergleichen. Die Unterschiede jedoch sind - von Details abgesehen - darin zu sehen, daß Ps 136, obwohl im Jerusalemer Kultus verankert, auf kultische Setzungen nicht zu sprechen kommt, sondern ausschließlich eine Zusammenschau von Schöpfungsgeschehen und geschichtlichen Ereignissen vornimmt; weiterhin darin, daß Ps 136 sehr direkt Jahwes Schöpfungshandeln und sein besonderes Handeln an Israel einander zuordnet (erst ganz am Schluß [V.25] wird nach unserem Verständnis der Blick nach "außen" unternommen), während P in Gen 1 von vornherein durch das Stichwort "Segen", der nicht nur Israel gilt, einen breiteren Horizont eröffnet, der erst im weiteren Verlauf der Darstellung seine "Einengung" auf Israel hin erfährt.

## Abschnitt VI

1 Zur theologischen Einschätzung der hier u.U. "sperrigen"
   Weisheitstheologie vgl. unseren Exkurs am Ende von Ab-
   schn.IV. Zu Ps 19 A vgl. Abschn.IV.8. Es mag auffallen,
   daß wir auf zwei wichtige Psalmen, in denen anscheinend
   Jahwes weltweites Schöpfungshandeln nicht im Kontext
   seiner besonderen Hinwendung zu Israel gesehen wird -
   nämlich Ps 8 und Ps 104 - nicht ausführlich eingegangen
   sind (vgl. jedoch Abschn.IV, Anm.177 und 262). Es schien
   mir in der Tat nicht möglich, diesen Psalmen ein Deutemuster von der Art zugrunde zu legen, wie wir es bei Ps
   19 A versucht haben. Grundsätzlich wäre aber auch dies zu
   sehen: Die Tatsache, daß in diesen beiden Psalmen Jahwes
   weltweites Schöpfungshandeln nicht explizit mit seinem
   besonderen Handeln in Verbindung gebracht wird, besagt
   m.E. noch nicht, daß hier gegenläufige Zeugnisse vorlä-
   gen. Abgesehen davon, daß bei Ps 8 die Abhängigkeit von
   Gen 1 gesehen werden muß (zur Deutung dieses Sachverhalts
   vgl. Abschn. IV, Anm.262) und bei Ps 104 V.35 nicht
   übersehen werden darf, wäre zu fragen, ob die Zeugnisse
   dieser Psalmen der Rede von Jahwes besonderer Hinwendung
   zu seinem Volk widerstreiten. Solches vermag ich nicht zu
   entdecken. Auch wir können ja hin und wieder von Gott als
   dem Schöpfer reden und dabei sein rettendes und erlösendes Handeln unerwähnt lassen - obwohl oder gerade weil
   wir davon auch wissen.

2 Die Tatsache, daß die Art der Rede von Jahwes Schöpfungshandeln im AT mit unserem heutigen "Weltbild" (falls es
   dieses als geschlossene Größe überhaupt gibt) nicht ganz
   übereinstimmt, sei angesichts unserer Fragestellung hier
   als weniger relevant übergangen.

3 Sie hat keineswegs nur Heilscharakter. Daß die Rede von
   Jahwe als dem Schöpfer mit der von seinem richtenden
   Handeln an seinem Volk verbunden sein kann, haben wir
   anhand der sog. "Amos-Doxologien" nachzuweisen versucht
   (vgl. Abschn.IV.5.c).

4 Wir betrachten also die atl. Texte unter dem Blickwinkel,
   ob sie - zumindest in nuce - für ein "heilsgeschichtliches" Fortschreiten des Handelns Jahwes offen sind oder
   nicht. Zu dieser Prämisse muß m.E. ein zweites Kriterium
   hinzutreten: nämlich das der Strukturanalogie. Der Begriff ist nicht neu (vgl. z.B. F.Mildenberger, Gottes Tat
   im Wort, S.78 [inkl. Anm.35]). Eine solche Strukturanalogie ist z.B. dann gegeben, wenn die Rede von Jahwes צדק
   (צדקה) bei Deuterojesaja dem paulinischen Gerechtigkeits-
   begriff vergleichbar ist (vgl. H.D.Preuß, Deuterojesaja,
   S.83-87). - M.E. sind grundsätzlich hinsichtlich des ATs
   die Koordinaten "heilsgeschichtliches Fortschreiten" (als
   Handeln Jahwes begriffen einschließlich des Gerichtsho-

rizontes und nicht als Gedankenentwicklung) und "Strukturanalogie" die entscheidenden Größen, wenn es um ein christliches Verstehen des ATs geht.

5 Zum Verhältnis von Universalität und Partikularität der Gottesgeschichte vgl. auch F.Mildenberger, Gotteslehre, S.164f.

# Literaturverzeichnis

ACKROYD,P.R.: Exile and Restoration. A Study of Hebrew Thought of the Sixth Century BC, London 1968

AHLSTRÖM,G.W.: Psalm 89. Eine Liturgie aus dem Ritual des leidenden Königs, Lund 1959

ALBERTZ,R.: Rezension zu L.Vosberg, Studien zum Reden vom Schöpfer in den Psalmen (BEvTh 69), München 1975, in: ThLZ 103 (1978), Sp.645-647

ALBERTZ,R.: Weltschöpfung und Menschenschöpfung. Untersucht bei Deuterojesaja, Hiob und in den Psalmen (CThM A/3), Stuttgart 1974

ALBREKTSON,B.: History and the Gods. An Essay on the Idea of Historical Events as Divine Manifestations in the Ancient Near East and in Israel, Lund 1967

ALBRIGHT,W.F.: Die Religion Israels im Lichte der archäologischen Ausgrabungen, München 1956

ALTHAUS,P.: Die christliche Wahrheit. Lehrbuch der Dogmatik, Gütersloh [7]1966

ALTMANN,P.: Erwählungstheologie und Universalismus im Alten Testament (BZAW 92), Berlin 1964

Altorientalische Texte zum alten Testament (Hg. H.Greßmann), Berlin u.a. [2]1926 (Nachdruck 1970)

Ancient Near Eastern Texts. Relating to the Old Testament (Hg. J.B.Pritchard), Princeton [2]1955

ANGERSTORFER,A.: Der Schöpfergott des Alten Testaments. Herkunft und Bedeutungsentwicklung des hebräischen Terminus ברא (bara) "schaffen" (Regensburger Studien zur Theologie 20), Frankfurt u.a. 1979

BARR,J.: Alt und Neu in der biblischen Überlieferung. Eine Studie zu den beiden Testamenten, München 1967

BARTH,K.: Einführung in die evangelische Theologie (GTB 191), Gütersloh [2]1977 (zit.) = Zürich 1962

BARTH,K.: Die Kirchliche Dogmatik, Bände I/2; III/1; III/3; IV/3, Zollikon-Zürich 1938ff

BEGRICH,J.: Studien zu Deuterojesaja (BWANT 77), Stuttgart 1938 (zit.) = TB 20, München 1963

BELTZ,W.: Gott und die Götter. Biblische Mythologie (dtv 1523), München 1980

Biblia Hebraica (Hg. R.Kittel), Stuttgart $^{14}$1966

Biblia Hebraica Stuttgartensia (Hg. K.Elliger und W. Rudolph), Stuttgart 1967ff

BLENKINSOPP,J.: Wisdom and Law in the Old Testament. The Ordering of Life in Israel and Early Judaism (The Oxford Bible Series), Oxford 1983

BÖHMER,S.: Heimkehr und neuer Bund. Studien zu Jeremia 30-31 (Göttinger Theologische Arbeiten 5), Göttingen 1976

BORCHERT,R.: Stil und Aufbau der priesterschriftlichen Erzählung, diss. theol. Heidelberg 1957

BRAUN,H.: Die Problematik einer Theologie des Neuen Testaments, in: Gesammelte Studien zum Neuen Testament und seiner Umwelt, Tübingen 1962, S.325-341 (zit.) = ZThK.B2 (1961), S.3-18

BULTMANN,R.: Welchen Sinn hat es, von Gott zu reden?, in: GuV I, Tübingen $^2$1954, S.26-37 (zit.) = ThBl 4 (1925), S.129-135

BUTTENWIESER,M.: The Psalms. Chronologically Treated with a New Translation (LBS), New York 1938 (Nachdruck 1969)

CRENSHAW,J.L.: Gerhard von Rad. Grundlinien seines theologischen Denkens, München 1979

CRÜSEMANN,F.: Studien zur Formgeschichte von Hymnus und Danklied in Israel (WMANT 32), Neukirchen-Vluyn 1969

DAHOOD,M. : Psalms I: 1-50 (AncB 16), New York 1966; Psalms II: 51-100 (AncB 17), New York 1968; Psalms III: 101-150, (AncB 18 A), New York 1970

DEISSLER,A.: Zur Datierung und Situierung der "kosmischen Hymnen" Pss 8 19 29, in: FS H.Junker, Trier 1961, S.47-58

DOLL,P.: Menschenschöpfung und Weltschöpfung in der alttestamentlichen Weisheit, diss. theol. Heidelberg 1980

DONNER,H.: Argumente zur Datierung des 74.Psalms, in: FS J.Ziegler II, Würzburg 1972, S.41-50

DUCHROW,U.: Christenheit und Weltverantwortung. Traditionsgeschichte und systematische Struktur der Zwei-Reiche-Lehre, Stuttgart $^2$1982

DÜRR,L.: Die Wertung des göttlichen Wortes im Alten Testament und im antiken Orient. Zugleich ein Beitrag zur Vorgeschichte des neutestamentlichen Logosbegriffes (MVÄG 42/1), Leipzig 1938

DUHM,B.: Das Buch Jesaja (HK III/1), Göttingen [4]1922 = [5]1968

DUHM,B.: Die Psalmen (KHC XIV), Tübingen [2]1922

EITZ,A.: Studien zum Verhältnis von Priesterschrift und Deuterojesaja, diss. theol. Heidelberg 1969

ELIADE,M.: Mythen und Mythologien, in: Mythen der Welt (Hg. A.Eliot), Luzern u.a. 1976

ELLIGER,K.: Der Begriff "Geschichte" bei Deuterojesaja, in: Kleine Schriften zum Alten Testament (TB 32), München 1966, S.199-210 (zit.) = FS O.Schmitz, Witten 1953, S.26-37

ELLIGER,K.: Deuterojesaja 40,1-45,7 (BK XI/1), Neukirchen-Vluyn 1978

ELLIGER,K.: Deuterojesaja in seinem Verhältnis zu Tritojesaja (BWANT 63), Stuttgart 1933

ELLIGER,K.: Sinn und Ursprung der priesterlichen Geschichtserzählung, in: ZThK 49 (1952), S.121-143 (zit.) = Kleine Schriften zum Alten Testament (TB 32), München 1966, S.174-198

EMERTON,J.A.: "Spring and Torrent" in Psalm LXXIV 15, in: VT.S 15 (1966), S.122-133

Evangelisches Kirchengesangbuch. Ausgabe für die Evangelisch-Lutherische Kirche in Bayern, München 1957

FOERSTER,W.: Art. κτίζω, in: ThWNT III, 1938, S.999-1034

FOHRER,G.: Das Buch Jesaja. 3.Band. Kapitel 40-66 (ZBK) Zürich u.a. 1964

FOHRER,G.: Die Struktur der alttestamentlichen Eschatologie, in: H.D.Preuß (Hg.), Eschatologie im Alten Testament (WdF 480), Darmstadt 1978, S.147-180 (zit.) = ThLZ 85 (1960), Sp.401-420 = Studien zur alttestamentlichen Prophetie (BZAW 99), Berlin 1967, S.32-58

FRANKFORT,H. und H.A.: Juden und Griechen, in: Frankfort u.a., Alter Orient - Mythos und Wirklichkeit, Stuttgart u.a. [2]1981, S.242-270 (die erste Auflage von 1954 trägt den Titel "Frühlicht des Geistes")

FREY,Ch.: Dogmatik (Studienbücher Theologie: Systematische Theologie), Gütersloh 1977

GERLEMAN,G.: Art. בשר , in: THAT I, ³1978, Sp.376-379

GERLEMAN,G.: Art. דור , in: THAT I, ³1978, Sp.443-445

GERSTENBERGER,E.: Art. כון , in: THAT I, ³1978, Sp.812-817

GESE,H.: Die Einheit von Psalm 19, in: FS G.Ebeling, Tübingen 1982, S.1-10

GESE,H.: Geschichtliches Denken im Alten Orient und im Alten Testament, in: ZThK 55 (1958), S.127-145 (zit.) = Vom Sinai zum Zion. Alttestamentliche Beiträge zur biblischen Theologie (BEvTh 64), München 1974, S.81-98

GESE,H.: Der Johannesprolog, in: Zur biblischen Theologie. Alttestamentliche Vorträge (BEvTh 78), München 1977, S.152-201

GESE,H.: Die Weisheit, der Menschensohn und die Ursprünge der Christologie als konsequente Entfaltung der biblischen Theologie, in: SEÅ 44 (1979), S.77-114

GESENIUS,W./KAUTZSCH,E.: Hebräische Grammatik, Leipzig ²⁸1909 (Neudruck 1962); Abkürzung: "GesK"

GESENIUS,W./BUHL,F.: Hebräisches und aramäisches Handwörterbuch über das Alte Testament, Berlin u.a. 1962 (Neudruck der 17.Auflage von 1915); Abkürzung: "Gesenius"

GITAY,Y.: Prophecy amd Persuasion. A Study of Isaiah 40-48 (Forum Theologiae Linguisticae 14), Bonn 1971

GOLLWITZER,H.: Krummes Holz - aufrechter Gang. Zur Frage nach dem Sinn des Lebens, München ⁵1972 (⁹1982)

GOPPELT,L.: Theologie des Neuen Testaments (Hg.J.Roloff) (UTB 850), Göttingen ³1978

GRETHER,O.: Hebräische Grammatik für den akademischen Unterricht, München ⁴1967

GRETHER,O.: Name und Wort Gottes im Alten Testament (BZAW 64), Gießen 1934

GUNKEL,H.: Die Psalmen (HK⁴ II/2), Göttingen ⁴1929 = ⁵1968

GUNKEL,H.: Schöpfung und Chaos in Urzeit und Endzeit. Eine religionsgeschichtliche Untersuchung über Gen 1 und ApJoh 12, Göttingen 1895 (²1921)

GUNNEWEG,A.H.J.: Geschichte Israels bis Bar Kochba (ThW 2),
    Stuttgart u.a. ³1979

HAAG,E.: Gott als Schöpfer und Erlöser in der Prophetie des
    Deuterojesaja, in: TThZ 85 (1976), S.193-213

HABEL,N.C.: "He Who stretches out the Heavens", in: CBQ 34
    (1972), S.417-430

HARNER,Ph.B.: Creation Faith in Deutero-Isaiah, in: VT 17
    (1967), S.298-306

HERMISSON,H.J.: Diskussionsworte bei Deuterojesaja. Zur
    theologischen Argumentation des Propheten, in: EvTh 31
    (1971), S.665-680

HERMISSON,H.J.: Observations on the Creation Theology in
    Wisdom, in: FS S.Terrien, New York 1978, S.43-57

HERTLEIN,E.: Rahab, in: ZAW 38 (1919/20), S.113-154

HESSLER,E.: Gott der Schöpfer. Ein Beitrag zur Komposition
    und Theologie Deuterojesajas, diss. theol. Greifswald
    1961

HOLLENWEGER,W.J.: Umgang mit Mythen. Interkulturelle Theolo-
    gie 2, München 1982

HORST,F.: Die Doxologien im Amosbuch, in: ZAW 47 (1929), S.
    45-54 (zit.) = Gottes Recht. Gesammelte Studien zum
    Recht im Alten Testament (TB 12), München 1961, S.155-
    166

HORST,F.: Hiob. 1.Teilband. Hiob 1-19 (BK XVI/1),
    Neukirchen-Vluyn ³1974

HUPFELD,H.: Die Psalmen I/II, Gotha ³1888 (für die dritte
    Auflage bearbeitet von W.Nowack)

ISRAEL,J.: Der Begriff Entfremdung. Makrosoziologische
    Untersuchung von Marx bis zur Soziologie der Gegenwart
    (rde 359), Hamburg 1972

JENNI,E.: Art. עולם, in: THAT II, ²1979, Sp.228-243

JENNI,E.: Art. קדם, in: THAT II, ²1979, Sp.587-589

JEREMIAS,J.: Kultprophetie und Gerichtsverkündigung in der
    späten Königszeit Israels (WMANT 35), Neukirchen-Vluyn
    1970

JIRKU,A.: Die Sprache der Gottheit in der Natur, in: ThLZ 10
    (1951), Sp.631

JUNG,C.G.: Von den Wurzeln des Bewußtseins, Zürich 1954

KAISER,O.: Die mythische Bedeutung des Meeres in Ägypten, Ugarit und Israel (BZAW 78), Berlin 1959

KAISER,O.: Das Buch des Propheten Jesaja. Kapitel 1-12 (ATD 17), Göttingen [5]1981

KAISER,O.: Das Buch des Propheten Jesaja. Kapitel 13-39 (ATD 18), Göttingen [2]1976

KEEL,O.: Die Welt der altorientalischen Bildsymbolik und das Alte Testament. Am Beispiel der Psalmen, Zürich u.a. [3]1980

KELLERMANN,U.: Messias und Gesetz. Grundlinien einer alttestamentlichen Heilserwartung. Eine traditionsgeschichtliche Einführung (BSt 61), Neukirchen-Vluyn 1971

KISSANE,E.J.: The Book of Isaiah, Dublin 1943

KISSANE,E.J.: The Book of Psalms. Translated from a Critically Revised Hebrew Text, Dublin I 1953; II 1954

KITTEL,R.: Der Prophet Jesaja. Erklärt von A.Dillmann (6.Auflage herausgegeben und umgearbeitet von R.Kittel) (KEH 5), Leipzig [6]1898 (wir zitieren den Namen "Kittel")

KITTEL,R.: Die Psalmen (KAT 13), Leipzig [5.6]1929

KOCH,K.: Art. צדק , in: THAT II, [2]1979, Sp.507-530

KOCH,K.: Wort und Einheit des Schöpfergottes in Memphis und Jerusalem. Zur Einzigartigkeit Israels, in: ZThK 62 (1965), S.251-293

KÖHLER,L.: Deuterojesaja (Jesaja 40-55) stilkritisch untersucht (BZAW 37), Gießen 1923

KÖNIG,E.: Die Psalmen, Gütersloh 1927

KRAUS,H.J.: Psalmen. 1.Teilband: Psalmen 1-59 (BK XV/1); 2.Teilband: Psalmen 60-150 (BK XV/2), Neukirchen-Vluyn [5]1978

KRAUS,H.J.: Theologie der Psalmen (BK XV/3), Neukirchen-Vluyn 1979

KRAUS,H.J.: Reich Gottes - Reich der Freiheit. Grundriß Systematischer Theologie, Neukirchen-Vluyn 1975

456

KÜCHLER,M.: Frühjüdische Weisheitstraditionen. Zum Fortgang weisheitlichen Denkens im Bereich des frühjüdischen Jahweglaubens (Orbis Biblicus et Orientalis 26), Freiburg u.a. 1979

KÜHLEWEIN,J.: Geschichte in den Psalmen (CThM A/2), Stuttgart 1973

KUTSCH,E.: Art. ברית , in: THAT I, [3]1978, Sp.339-352

KUTSCH,E.: Art. Melchisedek 1, in: [3]RGG IV, 1960, Sp.843f

KUTSCH,E.: Art. פרר , in: THAT II, [2]1979, Sp.486-488

KUTSCH,E.: "Ich will meinen Geist ausgießen auf deine Kinder". Jes 44,1-5: Zu Auslegung und Predigt, in: Das Wort, das weiterwirkt. Aufsätze zur Praktischen Theologie in memoriam Kurt Frör, München 1981, S.122-133

KUTSCH,E.: Sein Leiden und Tod - unser Heil. Eine Exegese von Jesaja 52,13-53,12 (BSt 52), Neukirchen-Vluyn 1967

KUTSCH,E.: Neues Testament - Neuer Bund? Eine Fehlübersetzung wird korrigiert, Neukirchen-Vluyn 1978

KUTSCH,E.: Die Paradieserzählung Gen 2-3 und ihr Verfasser, in: FS W.Kornfeld, Wien 1977, S.9-24

KUTSCH,E.: Verheißung und Gesetz. Untersuchungen zum sogenannten "Bund" im Alten Testament (BZAW 131), Berlin u.a. 1973

LABUSCHAGNE,C.J.: The Incomparability of Yahweh in the Old Testament (POS 5), Leiden 1966

LANG,B.: Die Jahwe-allein-Bewegung, in: ders. (Hg.), Der einzige Gott. Die Geburt des biblischen Monotheismus, München 1981, S.47-83

LEEUWEN,C.van: Art. רשע , in: THAT II, [2]1979, Sp.813-818

LESLIE,E.A.: Isaiah, New York u.a. 1963

LIEDKE,G.: Im Bauch des Fisches. Ökologische Theologie, Stuttgart 1979

LIEDKE,G.: Schöpfung und Erfahrung. Zum interdisziplinären Beitrag der neueren Arbeit am Alten Testament, in: epd Dokumentation 31/1975, S.8-22

LIEDKE,G.: Die Selbstoffenbarung der Schöpfung. Neue Möglichkeiten für das Gespräch zwischen Theologie und Naturwissenschaften, in: EK 8/1975, S.398-400

LINK,Ch.: Die Welt als Gleichnis. Studien zum Problem der natürlichen Theologie (BEvTh 73), München 1976 ($^2$1982)

LÖFGREN,D.: Die Theologie der Schöpfung bei Luther (FKDG 10), Göttingen 1960

LOHFINK,N.: Die Priesterschrift und die Geschichte, in: VT.S XXIX (1978), S.189-225

LOHFINK,N.: Die Sabbatruhe und die Freizeit, in: StZ 194/1976, S.395-407

LOHFINK,N.: Die Ursünden in der priesterlichen Geschichtserzählung, in: FS H.Schlier, Freiburg 1970, S.38-57

LÜTGERT,W.: Schöpfung und Offenbarung. Eine Theologie des ersten Artikels, Gütersloh 1934

LUTZ,H.-M.: Jahwe, Jerusalem und die Völker. Zur Vorgeschichte von Sach 12,1-8 und 14,1-5 (WMANT 27), Neukirchen-Vluyn 1968

McKENZIE,J.L.: Second Isaiah (AncB), New York 1968

McKENZIE,R.A.F.: Psalm 148,14bc: Conclusion or Title?, in: Bib 51 (1970), S.221-224

MARTIN-ACHARD,R.: Art. ענה II, in: THAT II, $^2$1979, Sp.341-350

MARX,K./ENGELS,F.: Die deutsche Ideologie, 1845/46, in: MEW 3, Berlin (Ost) 1969, S.9-530

MELUGIN,R.F.: The Formation of Isaiah 40-55 (BZAW 141), Berlin u.a. 1966

MERENDINO,R.P.: Der Erste und der Letzte. Eine Untersuchung von Jesaja 40-48 (VT.S 31), Leiden 1981

MERWE,B.J. van der: Pentateuchtradisies in die Prediking van Deuterojesaja, Groningen u.a. 1955

METZGER,M.: Grundriß der Geschichte Israels (NStB 2), Neukirchen-Vluyn $^5$1979

MICHEL,D.: Art. Deuterojesaja, in: TRE 8 (1981), S.510-530

MILDENBERGER,F.: Gotteslehre. Eine dogmatische Untersuchung, Tübingen 1975

MILDENBERGER,F.: Gottes Tat im Wort. Erwägungen zur alttestamentlichen Hermeneutik als Frage nach der Einheit der Testamente, Gütersloh 1964

MILDENBERGER,F.: Grundwissen der Dogmatik. Ein Arbeitsbuch, Stuttgart u.a. 1982 ([2]1983)

MOLTMANN,J.: Gott in der Schöpfung. Ökologische Schöpfungs- lehre, München 1985

MOLTMANN,J.: Schöpfung als offenes System, in: Zukunft der Schöpfung. Gesammelte Aufsätze, München 1977, S.123-139 (zit.) = FS T.F.Torrance, Edinburgh 1976, S.119-134

MÜLLER,A.M.K.: Wende der Wahrnehmung. Erwägungen zur Grundlagenkrise in Physik, Medizin, Pädagogik und Theo- logie, München 1978

MÜLLER,H.-P.: Art. קדש , in: THAT II, [2]1979, Sp.589-609

MÜLLER,H.-P.: Art. ראש , in: THAT II, [2]1979, Sp.701-715

MURPHY,R.E.: Wisdom - Theses and Hypotheses, in: FS S.Terrien, New York 1978, S.35-42

NEUENSCHWANDER,U.: Protestantische Dogmatik der Gegenwart und das Problem der biblischen Mythologie, Bern 1949

NÖTSCHER,F.: Die Psalmen (EB 1), Würzburg [4]1953

NORTH,C.R.: The Second Isaiah, Oxford 1964

OESTERLEY,W.O.E.: The Psalms. Translated with Text-Critical and Exegetical Notes, London 1955

OHLER,A.: Mythologische Elemente im Alten Testament. Eine motivgeschichtliche Untersuchung, Düsseldorf 1969

OLSHAUSEN,J.: Die Psalmen (KEH 14), Leipzig 1853

PANNENBERG,W.: Glaube und Wirklichkeit im Denken Gerhard von Rads, in: Gerhard von Rad. Seine Bedeutung für die Theologie. Drei Reden von H.W.Wolff, R.Rendtorff, W.Pannenberg, München 1973, S.37-54

PANNENBERG,W.: Wissenschaftstheorie und Theologie, Frankfurt 1973

PARET,R.: Mohammed und der Koran. Geschichte und Verkündigung des arabischen Propheten (UTB 32), Stuttgart [5]1980

PERLITT,L.: Auslegung der Schrift - Auslegung der Welt, in: T.Rendtorff (Hg.), Europäische Theologie. Versuche einer Ortsbestimmung, Gütersloh 1980, S.27-71

PERLITT,L.: Die Verborgenheit Gottes, in: FS G.v.Rad, München 1971, S.367-382

PETERSEN,C.: Mythos im Alten Testament. Bestimmung des Mythosbegriffs und Untersuchung der mythischen Elemente in den Psalmen (BZAW 157), Berlin u.a. 1982

PLÖGER,O.: Theokratie und Eschatologie (WMANT 2), Neukirchen-Vluyn 1959

PREUSS,H.D.: Deuterojesaja. Eine Einführung in seine Botschaft, Neukirchen-Vluyn 1976

PREUSS,H.D.: Deuteronomium (EdF 164), Darmstadt 1982

PREUSS,H.D.: Erwägungen zum theologischen Ort alttestamentlicher Weisheitsliteratur, in: EvTh 30 (1970), S.393-417

PREUSS,H.D.: Verspottung fremder Religionen im Alten Tetament (BWANT 92), Stuttgart 1971

PREUSS,H.D.: Alttestamentliche Weisheit in christlicher Theologie?, in: C.Brekelmans (Hg.), Questions disputées d' Ancien Testament (Bibl. Ephem. Theol. Lovan. XXXIII), 1974, S.165-181

RAD,G.v.: Aspekte alttestamentlichen Weltverständnisses, in: Gesammelte Studien zum Alten Testament (TB 8), München [3]1965, S.311-331 (zit.) = EvTh 24 (1964), S.57-73

RAD,G.v.: Das erste Buch Mose. Genesis (ATD 2-4), Göttingen [10]1976

RAD,G.v.: Das fünfte Buch Mose. Deuteronomium (ATD 8), Göttingen [3]1978

RAD,G.v.: Hiob XXXVIII und die altägyptische Weisheit, in: VT.S 3 (1955), S.293-301 (zit.) = Gesammelte Studien zum Alten Testament (TB 8), München [3]1965, S.262-271

RAD,G.v.: Das theologische Problem des alttestamentlichen Schöpfungsglaubens, in: Gesammelte Studien zum Alten Testament (TB 8), München [3]1965, S.136-147 (zit.) = BZAW 66 (1936), S.138-147

RAD,G.v.: Theologie des Alten Testaments I, München [6]1969 ([8]1982); II München [5]1968 ([7]1980)

RAD,G.v.: Weisheit in Israel, Neukirchen-Vluyn 1970 ([2]1982)

RATSCHOW,C.H.: Lutherische Dogmatik zwischen Reformation und Aufklärung, Teil II, Gütersloh 1966

Religionsgeschichtliches Textbuch zum Alten Testament (Hg. W.Beyerlin) (ATD Ergänzungsreihe 1), Göttingen 1975 (Abkürzung: "RTAT")

RENDTORFF,R.: Geschichtliches und weisheitliches Denken im Alten Testament, in: FS W.Zimmerli, Göttingen 1977, S.344-353

RENDTORFF,R.: El, Baᶜal und Jahwe. Erwägungen zum Verhältnis von kanaanäischer und israelitischer Religion, in: ZAW 78 (1966), S.277-292 (zit.) = Gesammelte Studien zum Alten Testament (TB 57), München 1975, S.172-187

RENDTORFF,R.: Die theologische Stellung des Schöpfungsglaubens bei Deuterojesaja, in: ZThK 51 (1954), S.3-13 (zit.) = Gesammelte Studien zum Alten Testament (TB 57), München 1975, S.209-219

RENDTORFF,R.: Das Alte Testament. Eine Einführung, Neukirchen-Vluyn 1983

RENDTORFF,R.: Weisheit und Geschichte im Alten Testament. Zu einer offenen Frage im Werk Gerhard von Rads, in: EK 9/ 1976, S.216-218

RICHTER,A.: Hauptlinien der Deuterojesaja-Forschung von 1964-1979, in: C.Westermann, Sprache und Struktur der Prophetie Deuterojesajas (CThM A/11), Stuttgart 1981, S.89-123

RICHTER,H.: Die Naturweisheit des Alten Testaments im Buche Hiob, in: ZAW 70 (1958), S.1-20

RINGGREN,H./ZIMMERLI,W.: Sprüche/Prediger (ATD 16/1), Göttingen ³1980 (neubearbeitete Auflage)

ROGERSON,J.W.: Myth in Old Testament Interpretation (BZAW 134), Berlin u.a. 1974

RUDOLPH,W.: Jeremia (HAT 12), Tübingen ³1968

SCHLEIERMACHER,F.: Der christliche Glaube, Berlin ²1830/31 (Nachdruck Halle o.J.)

SCHMID,H.H.: Art. ארץ, in: THAT I, ³1978, Sp.228-236

SCHMID,H.H.: Der sogenannte Jahwist. Beobachtungen und Fragen zur Pentateuchforschung, Zürich 1976

SCHMID,H.H.: Schöpfung, Gerechtigkeit und Heil. "Schöpfungstheologie" als Gesamthorizont biblischer Theologie, in: ZThK 70 (1973), S.1-19 (zit.) = Altorientalische Welt in der alttestamentlichen Theologie, Zürich 1974, S.9-30

SCHMID,H.H.: Das alttestamentliche Verständnis von Geschichte in seinem Verhältnis zum gemeinorientalischen Denken, in: WuD NF 13 (1975), S.9-21

SCHMID,H.H.: Altorientalische Welt in der alttestamentlichen Theologie, in: Altorientalische Welt in der alttestamentlichen Theologie, Zürich 1974, S.145-164

SCHMIDT,H.: Die Psalmen (HAT 15), Tübingen 1934

SCHMIDT,L.: Israel ein Segen für die Völker? Das Ziel des jahwistischen Werkes - eine Auseinandersetzung mit H.W. Wolff, in: ThViat 12 (1975), S.135-151

SCHMIDT,L.: Überlegungen zum Jahwisten, in: EvTh 37 (1977), S.230-247

SCHMIDT,W.H.: Art. ברא , in: THAT I, [3]1978, Sp.336-339

SCHMIDT,W.H.: Alttestamentlicher Glaube in seiner Geschichte (NStB 6), Neukirchen-Vluyn [3]1979

SCHMIDT,W.H.: Art. יסד , in: THAT I, [3]1978, Sp.736-738

SCHMIDT,W.H.: Art. יצר , in: THAT I, [3]1978, Sp.761-765

SCHMIDT,W.H.: Königtum Gottes in Ugarit und Israel. Zur Herkunft der Königsprädikation Jahwes (BZAW 80), Berlin [2]1966

SCHMIDT,W.H.: Die Schöpfungsgeschichte der Priesterschrift. Zur Überlieferungsgeschichte von Genesis 1,1-2,4a und 2,4b-3,24 (WMANT 17), Neukirchen-Vluyn [3]1973

SCHMITT,H.-Ch.: Prophetie und Schultheologie im Deuterojesajabuch. Beobachtungen zur Redaktionsgeschichte von Jes 40-55, in: ZAW 91 (1979), S.43-61

SCHOORS,A.: I am God Your Saviour. A form-critical study of the main genres in Is. XL-LV (VT.S 24), Leiden 1973

Septuaginta. Id est Vetus Testamentum graece iuxta LXX interpretes (Hg. A.Rahlfs), Stuttgart I/II [8]1965

SMEND,R.: Elemente alttestamentlichen Geschichtsdenkens (ThSt(B) 95), Zürich 1968

SMEND,R.: Die Entstehung des Alten Testaments (ThW 1), Stuttgart [2]1981

STÄHLI,H.-P.: Art. ירא , in: THAT I, [3]1978, Sp.765-778

STAMM,J.J.: Art. גאל , in: THAT I, [3]1978, Sp.383-394

STECK,O.H.: Bemerkungen zur thematischen Einheit von Psalm 19,2-7, in: FS C.Westermann, Göttingen u.a. 1980, S.318-324

STECK,O.H.: Deuterojesaja als theologischer Denker, in: KuD 15 (1969), S.280-293

STECK,O.H.: Friedensvorstellungen im alten Jerusalem. Psalmen, Jesaja, Deuterojesaja (ThSt 111), Zürich 1972

STECK,O.H.: Genesis 12,1-3 und die Urgeschichte des Jahwisten, in: FS G.v.Rad, München 1971, S.525-554

STECK,O.H.: Israel und das gewaltsame Geschick der Propheten. Untersuchungen zur Überlieferung des deuteronomistischen Geschichtsbildes im Alten Testament, Spätjudentum und Urchristentum (WMANT 23), Neukirchen-Vluyn 1967

STECK,O.H.: Die Paradieserzählung. Eine Auslegung von Genesis 2,4b-3,24 (BSt 60), Neukirchen-Vluyn 1970 (zit.) = Gesammelte Studien (TB 70), München 1982, S.9-116

STECK,O.H.: Das Problem theologischer Strömungen in nachexilischen Zeit, in: EvTh 28 (1968), S.445-458

STECK,O.H.: Der Schöpfungsbericht der Priesterschrift. Studien zur literarkritischen und überlieferungsgeschichtlichen Problematik von Genesis 1,1-2,4a (FRLANT 115), Göttingen $^2$1981

STECK,O.H.: Strömungen theologischer Tradition im Alten Israel, in: ders. (Hg.), Zu Tradition und Theologie im Alten Testament (Biblisch-Theologische Studien 2), Neukirchen-Vluyn 1978, S.27-56

STECK,O.H.: Zwanzig Thesen als alttestamentlicher Beitrag zum Thema: "Die jüdisch-christliche Lehre von der Schöpfung in Beziehung zu Wissenschaft und Technik", in: KuD 23 (1977), S.277-299

STECK,O.H.: Welt und Umwelt (Biblische Konfrontationen), Stuttgart u.a. 1978

STEIN,B.: Der Begriff Kebod Jahweh und seine Bedeutung für die alttestamentliche Gotteserkenntnis, Emsdetten 1939

STOLZ,F.: Monotheismus in Israel, in: O.Keel (Hg.), Monotheismus im Alten Israel und seiner Umwelt (Biblische Beiträge 14), Fribourg 1980, S.143-184

STOLZ,F.: Strukturen und Figuren im Kult von Jerusalem. Studien zur altorientalischen, vor- und frühisraelitischen Religion (BZAW 118), Berlin 1970

STUHLMUELLER,C.: Creative Redemption in Deutero-Isaiah (AnBib 43), Rom 1970

STUMMER,F.: Einige keilschriftliche Parallelen zu Jes.40-66, in: JBL 45 (1926), S.171-189

SUNDÉN,H.: Gott erfahren. Das Rollenangebot der Religionen (GTB 98), Gütersloh 1975

THIEL,W.: Die deuteronomistische Redaktion von Jeremia 26-45 (WMANT 52), Neukirchen-Vluyn 1981

VINCENT,J.M.: Studien zur literarischen Eigenart und zur geistigen Heimat von Jesaja, Kap. 40-55 (BET 5), Frankfurt 1977

VOGT,E.: Einige hebräische Wortbedeutungen. I. "Voraussagen" in Js 40-48, in: Bib.48 (1967), S.57-63

VOLZ,P.: Jesaja II (KAT IX/2), Leipzig 1932

VOLZ,P.: Der Prophet Jeremia (KAT X), Leipzig [2]1928

VORLÄNDER,H.: Die Entstehungszeit des jehowistischen Geschichtswerkes (EHS.T 109), Frankfurt a.M. u.a. 1978

VORLÄNDER,H.: Mein Gott. Die Vorstellung vom persönlichen Gott im Alten Orient und im Alten Testament (AOAT), Kevelaer u.a. 1975

VORLÄNDER,H.: Der Monotheismus Israels als Antwort auf die Krise des Exils, in: B.Lang (Hg.), Der einzige Gott. Die Geburt des biblischen Monotheismus, München 1981, S.84-113

VOSBERG,L.: Studien zum Reden vom Schöpfer in den Psalmen (BEvTh 69), München 1975

WALDOW,H.E.v.: Anlaß und Hintergrund der Verkündigung des Deuterojesaja, diss. theol. Bonn 1953

WANKE,G.: אוי und הוי , in: ZAW 78 (1966), S.215-218

WANKE,G.: Art. נחלה, in: THAT II, [2]1979, Sp.55-59

WANKE,G.: Untersuchungen zur sogenannten Baruchschrift (BZAW 122), Berlin 1971

WANKE,G.: Die Zionstheologie der Korachiten in ihrem traditionsgeschichtlichen Zusammenhang (BZAW 97), Berlin 1966

WARD,J.M.: The Literary Form and Liturgical Background of Psalm LXXXIX, in: VT 11 (1961), S.321-339

WEBER,O.: Grundlagen der Dogmatik I, Neukirchen-Vluyn [5]1977

464

WEIMAR,P.: Struktur und Komposition der priesterschriftlichen Geschichtsdarstellung, in: BN 23 (1984), S.81-134

WEIMAR,P.: Die Toledot-Formel in der priesterschriftlichen Geschichtsdarstellung, in: BZ NF 18 (1974), S.65-93

WEIPPERT,H.: Schöpfer des Himmels und der Erde. Ein Beitrag zur Theologie des Jeremiabuches (SBS 102), Stuttgart 1981

WEISER,A.: Das Buch Jeremia. Kapitel 25,15-52,34 (ATD 21), Göttingen [6]1977

WEISER,A.: Das Buch der zwölf Kleinen Propheten I: Die Propheten Hosea, Joel, Amos, Obadja, Jona, Micha (ATD 24), Göttingen [6]1974

WEISER,A.: Die Psalmen (ATD 14/15), Göttingen [8]1973

WESTERMANN,C.: Art. כבד , in: THAT I, [3]1978, Sp.794-812

WESTERMANN,C.: Art. תהום , in: THAT II, [2]1979, Sp.1026-1031

WESTERMANN,C.: Das Buch Jesaja. Kapitel 40-66 (ATD 19), Göttingen [4]1981

WESTERMANN,C.: Genesis 1-11 (BK I/1), Neukirchen-Vluyn [2]1976

WESTERMANN,C.: Genesis 1-11 (EdF 7), Darmstadt [2]1976

WESTERMANN,C.: Genesis 12-36 (BK I/2), Neukirchen-Vluyn 1981

WESTERMANN,C.: Lob und Klage in den Psalmen (5., erweiterte Auflage von: Das Loben Gottes in den Psalmen), Göttingen 1977

WESTERMANN,C.: Der Mensch im Urgeschehen, in: KuD 13 (1967), S.231-246

WESTERMANN,C.: Der Segen in der Bibel und im Handeln der Kirche, München 1968

WESTERMANN,C.: Sprache und Struktur der Prophetie Deuterojesajas, in: Forschung am Alten Testament. Gesammelte Studien (TB 24), München 1964, S.92-170 (zit.) (gesonderter Nachdruck mit einer Literaturübersicht von A. Richter (CThM A/11), Stuttgart 1981)

WESTERMANN,C.: Theologie des Alten Testaments in Grundzügen (ATD Ergänzungsreihe 6), Göttingen 1978

WESTERMANN,C.: Das Verhältnis des Jahweglaubens zu den
    außerisraelitischen Religionen, in: Forschung am Alten
    Testament. Gesammelte Studien (TB 24), München 1964,
    S.189-218

WHITLEY,C.F.: Textual Notes on Deutero-Isaiah, in: VT 11
    (1961), S.457-461

WHYBRAY,R.N.: The heavenly counsellor in Isaiah xl 13-14. A
    study of the sources of the theology of Deutero-Isaiah,
    Cambridge 1971

WHYBRAY,R.N.: Isaiah 40-66 (New Century Bible), London 1975

WILCKENS,U.: Weisheit und Torheit. Eine exegetisch-
    religionsgeschichtliche Untersuchung zu 1.Kor.1 und 2
    (BHTh 26), Tübingen 1959

WILDBERGER,H.: Art. בחר , in: THAT I, [3]1978, Sp.275-300

WILDBERGER,H.: Jesaja 1-12 (BK X/1), Neukirchen-Vluyn [2]1980

WILDBERGER,H.: Jesaja 13-27 (BK X/2), Neukirchen-Vluyn 1978

WILDBERGER,H.: Jesaja 28-39 (BK X/3), Neukirchen-Vluyn 1982

WILDBERGER,H.: Der Monotheismus Deuterojesajas, in: FS
    W.Zimmerli, Göttingen 1977, S.506-530

WILLESEN,F.: The Cultic Situation of Psalm LXXIV, in: VT 2
    (1952), S.289-306

WOLFF,H.W.: Hosea (BK XIV/1), Neukirchen-Vluyn [3]1976

WOLFF,H.W.: Joel und Amos (BK XIV/2), Neukirchen-Vluyn [2]1975

WOLFF,H.W.: Das Kerygma des Jahwisten, in: Gesammelte
    Studien zum Alten Testament (TB 22), München 1964,
    S.345-373 (zit.) = EvTh 24 (1964), S.73-98

WOLFF,H.W.: Micha (BK XIV/4), Neukirchen-Vluyn 1982

ZIMMERLI,W.: Erkenntnis Gottes nach dem Buche Ezechiel, in:
    Gottes Offenbarung. Gesammelte Aufsätze zum Alten
    Testament (TB 19), München 1963, S.41-119 (zit.) (als
    Einzeldruck Zürich 1954 erschienen (AThANT 27))

ZIMMERLI,W.: Grundriß der alttestamentlichen Theologie
    (ThW 3), Stuttgart [3]1978

ZIMMERLI,W.: Ich bin Jahwe, in: Gottes Offenbarung.
    Gesammelte Aufsätze zum Alten Testament (TB 19),
    München 1963, S.11-40 (zit.) = FS A.Alt, Tübingen 1953,
    S.179-209

ZIMMERLI,W.: Jahwes Wort bei Deuterojesaja, in: VT 32 (1982), S.104-124

ZIMMERLI,W.: Ort und Grenze der Weisheit im Rahmen der alttestamentlichen Theologie, in: Gottes Offenbarung. Gesammelte Aufsätze zum Alten Testament (TB 19), München 1963, S.300-315 (zit.) = Les Sagesses du Proche Orient-ancien. Colloque de Strasbourg, mai 1962, Paris 1963 (Herausgeber und Seitenzahlen waren aus TB 19 nicht zu ermitteln)

ZIMMERLI,W.: Der Wahrheitserweis Jahwes nach der Botschaft der beiden Exilspropheten, in: Studien zur alttestamentlichen Theologie und Prophetie. Gesammelte Aufsätze II (TB 51), München 1974, S.192-212 (zit.) = FS A. Weiser, Göttingen 1963, S.133-151

ZIMMERLI,W.: Das Wort des göttlichen Selbsterweises (Erweiswort), eine prophetische Gattung, in: Gottes Offenbarung. Gesammelte Aufsätze zum Alten Testament (TB 19), München 1963, S.120-132 (zit.) = Mélanges Bibliques rédigés en l'honneur de André Robert. Travaux de l'institut catholique de Paris 4. Bloud et Gay 1957, S.154-164

# Bibelstellenverzeichnis in Auswahl

Einzelne Verse und Versgruppen innerhalb von ausführlicher exegesierten Abschnitten (vgl. das Inhaltsverzeichnis) werden nur noch dann aufgeführt, wenn sie außerhalb dieser Abschnitte herangezogen werden. Des weiteren sind einige Bibelstellen weggelassen, auf die nur beiläufig hingewiesen wurde.

## Genesis

| | | | |
|---|---|---|---|
| 1-11 | 24ff.44ff | 10,2 | 283 |
| 1 | 312 A13.420 A180 | 16,22-27 | 300f. |
| 1,1-2,4a | 297ff | 19,11ff | 232 |
| 1,1 | 407 A112 | 25ff | 304.443 A4.446 |
| 1,14-18 | 436 A267 | | A18 |
| 1,28 | 419 A173 | 35ff | 304 |
| 2f | 317 A62 | | |
| 2,4 | 226ff | | |

## Leviticus

| | | | |
|---|---|---|---|
| 2,7ff | 331 A22 | | |
| 2,7 | 335 A59 | 8 | 443 A4 |
| | | 26 | 411 A132 |
| 3-11 | 317 A64 | | |
| 5 | 318 A67 | | |

## Deuteronomium

| | | | |
|---|---|---|---|
| 6,1-4 | 317 A62 | | |
| 7,11 | 170f.196f | 4,30 | 412 A136 |
| 8,21 | 292 | 4,32 | 236f |
| 8,22 | 290.392 A26 | 28 | 411 A132 |
| 9,1-7 | 444 A6.445 A15 | 31,28 | 434 A257 |
| 10 | 301 | 32,8f | 404 A98.406 A110 |
| 10,1-7 | 301 | 32,15 | 95 |
| 11,1-9 | 317 A62 | 33,29 | 410 A124 |
| 11,10ff | 301.318 A67 | | |
| 12,1-3 | 41.51.225.227f. | | |

## Josua

| | | | |
|---|---|---|---|
| | 244.415 A161 | 2,10 | 196 |
| 14,18-20 | 227f.224f.409 | 4,23 | 196 |
| | A117.414 A161 | 7 | 229.410 A120 |
| 17,6 | 304 | | |
| 17,23 | 446 A16 | | |

## 1.Samuel

| | | | |
|---|---|---|---|
| 24,3 | 409 A115 | | |
| 25,12-17 | 301 | 2,1-10 | 358 A173 |
| 36,1-14 | 301 | | |
| 49,10 | 276 | | |

## 2.Samuel

| | | | |
|---|---|---|---|
| | | 7,14-16 | 395 A55 |

## Exodus

| | |
|---|---|
| 1,7 | 304 |
| 6,2 | 301 |
| 6,3f | 446 A17 |
| 7,1ff | 298 |
| 8,1f | 299 |
| 9,16 | 283 |

Nachtrag zur zweiten Auflage

Eine exegetisch-dogmatische Reflexion im Hinblick auf
Jürgen Moltmanns Schöpfungslehre

In meiner exegetisch orientierten Untersuchung habe ich
wiederholt auch systematisch-theologische Perspektiven
eingeblendet. Exegetische Detailbeobachtungen mußten
mit hermeneutischen Grundentscheidungen einhergehen,
die wiederum nicht ohne Kriterien systematisch-theologischer Art zu gewinnen waren. Freilich habe ich die systematisch-theologische Fachdiskussion immer nur dann berück-
tigt, wenn es mir von meiner alttestamentlich ausgerichte-
ten Fragestellung her wirklich geboten erschien. Ich
darf hierzu nochmals auf meine "Hinführung zum Thema"
(Abschn.I) verweisen.

Wenn ich nun in einem Nachtrag zur zweiten Auflage in
einer verstärkten Weise das Gespräch mit der systematischen
Theologie anhand der Schöpfungslehre von Jürgen Moltmann
suche, dann tue ich das aus folgenden Gründen:

1. In meiner Untersuchung ging es mir auch um eine Klärung
des Schöpfungsbegriffs (vgl. Abschn.III.3). Bereits hierbei
habe ich mich kurz mit Jürgen Moltmanns Aufsatz "Schöpfung
als offenes System" auseinandergesetzt (vgl. den auf
Abschn.III.3 folgenden Exkurs, insbes. S.101f). Moltmanns
bedeutsames Buch "Gott in der Schöpfung" konnte ich hingegen nur noch ganz am Rande berücksichtigen, da es erst
kurz vor meiner eigenen Veröffentlichung erschien. Deshalb
soll ergänzend hierauf eingegangen werden.

2. Während ich in meiner Untersuchung selber den Weg
von einer ausführlichen Exegese hin zu systematisch-
theologischen Andeutungen gegangen bin, erscheint es
mir nunmehr zur Abrundung sinnvoll, in der gebotenen
Kürze eines Nachtrags den umgekehrten Weg zu wählen,
nämlich in die Diskussion eines systematisch-theologischen
Entwurfs exegetische (und zwar alt- und neutestamentliche)
Perspektiven einzublenden. Damit soll zugleich nochmals

deutlich werden, wie sehr ich eine Zusammenschau alttestamentlicher, neutestamentlicher und dogmatischer Fragestellungen für nötig erachte.

Nachfolgend orientiere ich mich an folgenden Werken Jürgen Moltmanns:

- Gott in der Schöpfung. Ökologische Schöpfungslehre,
  München 1985 (die Seitenangaben beziehen sich hierauf,
  wenn aus dem Kontext nicht deutlich anders ersichtlich)
- Schöpfung als offenes System, in: Zukunft der Schöp-
  fung. Gesammelte Aufsätze, München 1977, S. 123-139
- Zum Gespräch mit Christian Link, in: EvTh 47(1987),
  S.93-95
- Schöpfung, Bund und Herrlichkeit. Zur Diskussion über
  Karl Barths Schöpfungslehre, in: EvTh 48(1988), S.108-
  127

Von anderen Autoren ziehe ich folgende Werke heran:

- Altner,G.: Die Überlebenskrise in der Gegenwart. Ansätze
  zum Dialog mit der Natur in Naturwissenschaft und Theologie, Darmstadt 1987
- Hafstad,K.: Gott in der Natur. Zur Schöpfungslehre
  Jürgen Moltmanns, in: EvTh 47(1987), S.460-466
- Link,Ch.: Schöpfung im messianischen Licht, in: EvTh
  47(1987), S.83-92
- Mortensen,V.: Schöpfungstheologie und Anthropologie.
  Reflexionen eines dänischen Theologen über Jürgen Moltmann: Gott in der Schöpfung, in: EvTh 47(1987), S.466-
  472
- Wilckens,U.: Der Brief an die Römer. Teilband 2. Röm
  6-11 (EKK VI/2), Neukirchen-Vluyn u.a. 1980

## 1. Die Art des Redens von Schöpfung bei Moltmann

In dem zu begrüßenden Bestreben, der Einheit Gottes und
somit der Einheit seines Handelns gerecht zu werden, geht

Moltmann in seiner Schöpfungslehre folgenden Weg:"'Schöpfung' bezeichnet das anfängliche Schaffen Gottes, sein
geschichtliches Schaffen und die vollendete Schöpfung.
Der Gedanke der Einheit Gottes wird nur in der Vorstellung
eines in sich sinnvoll zusammenhängenden Schöpfungsprozesses festgehalten. Dieser Prozeß bekommt seinen Sinn
von seinem eschatologischen Ziel." (S.68).
Der Einheit Gottes trägt Moltmann also bereits termino-
logisch in der Weise Rechnung, daß er das göttliche Handeln insgesamt unter den Oberbegriff "Schöpfung" zusammenfaßt. Dabei ist nun zu fragen, was Moltmann unter einem
"in sich sinnvoll zusammenhängenden" Schöpfungsprozeß
versteht. Er sieht "Schöpfung als offenes System" an
(so ja schon der Titel eines seiner Aufsätze) und nimmt
damit auf Ansätze der Evolutionstheorie Bezug (zur Wir-
kungsgeschichte dieser Theorie vgl. Altner, S.91ff). Moltmann —möchte damit nicht nur zum Ausdruck bringen, daß
die Gegebenheiten unserer Schöpfung (die ich selber als
"grundlegende Gegebenheiten des Daseins" bezeichnet habe;
s.o., S.97) nach wie vor für Entwicklungen offen sind.
Damit würde er - von fundamentalistischen Positionen abgesehen - auf weitgehende Zustimmung stoßen. Für ihn ist
vielmehr die Zukunftsoffenheit der Schöpfung von soterio-
logischer Relevanz: "Das offene System der Schöpfung ist
auf das geschichtliche Schaffen Gottes angelegt. In ihm
realisiert sich die Anlage und die Zukunft der Schöpfung."
(S.217). Einer Lehre von der creatio continua wird dabei
folgende Funktion zugewiesen: Sie müsse "das geschichtliche
Wirken Gottes unter beiden Perspektiven sehen: die Bewahrung der geschaffenen Welt und die Vorbereitung ihrer
Vollendung." (ebd.; zur Problematik der Lehre von der
creatio continua vgl. meine Ausführungen S.103).

In diesem Zusammenhang erscheint mir allerdings die Unterscheidung zwischen "Schöpfung" und "Natur" bei Moltmann
wichtig: "In der Geschichte sprechen wir von 'Natur' im

Unterschied zur Schöpfung, um die Bedingungen der Sünde und der Korruption einzuschließen..." (S.72). Schöpfung in ihrer Jetztgestalt ist also keineswegs durchgängig als ein für zukünftige Möglichkeiten in einer positiven Weise offenes System erfahrbar. Vielmehr gibt es "geschlossene Systeme", die "sich selber zum Tod verurteilen" (S.218). "Das geschichtliche Wirken Gottes besteht wesentlich in der Öffnung sich abschließender Lebenssysteme durch leidende Kommunikation." (ebd.).

So betrachtet überrascht es, wenn Moltmann dem "Evolutionskosmos" als einem "irreversible(n), kommunizierende(n) und zukunftsoffene(n) System", als einem "sich selbst transzendierende(n) System" (S.212) in folgender Weise eine Gottoffenheit zuerkennt: "Diese permanente Transzendenz weist auf den Vorraum einer einladenden und leitenden Transzendenz hin und ist nur in ihm möglich." (S.213). Und weiter: "Nennen wir diese Transzendenz der Welt 'Gott', dann können wir versuchsweise sagen: Die Welt ist in ihren Einzelheiten und im ganzen ein gottoffenes System. Gott ist ihre außerweltliche Umgebung, von der und in der sie lebt. Gott ist ihr außerweltlicher Vorraum, in den hinein sie sich entwickelt." (ebd.). Es geht also für Moltmann irgendwie ein direkter Weg von den jetzigen Strukturen der Schöpfung hin zu der eschatologischen Vollendung derselben. Das "Reich der Herrlichkeit" wird als "die Offenheit der endlichen Lebenssysteme für die Fülle des Lebens" begriffen, das Sein Gottes als "die transzendente Ermöglichung aller möglichen Wirklichkeiten" (S.221).

Wie kann man von Sünde reden, wenn man zugleich die Welt als ein "gottoffenes System" betrachtet? Moltmann versucht einen Ausgleich dieser Spannung auf folgende Weise: "Ist nun Haß in Wahrheit verunglückte Liebe, ist Aberglaube verkehrter Glaube und ist die Sünde eine pervertierte Gottesbeziehung, dann muß, so merkwürdig das klingt, nicht nur der Mensch von der Sünde, es müssen auch die Energien der Sünde erlöst werden: Der Haß muß zur Liebe, der Aberglaube zum Glauben und die Täuschung zur Hoffnung transformiert werden." Es werden also "auch die Sünden erlöst und zurechtgebracht" (S.239). Erlösung wäre in dieser Sicht eine Art Transformationsprozeß, der das Negative nicht einfach beseitigt, sondern es zum Positiven wandelt. Die Energien, die sich in der Sünde auswirken, wären somit nicht per se schlecht, sondern eher fehlgeleitet.

Mit solcher Deutung kommen m.E. wesentliche biblische Aspekte zu kurz, denen zufolge von einer Wegnahme und von einer Beseitigung der Sünde die Rede ist: Gott kann Sünde wegnehmen (2.Sam 12,13) oder hinter sich werfen (Jes 38,17). Jesus Christus rettet (Mt 1,21) und reinigt (Hebr 1,3) von Sünden. Moltmann hätte m.E. stärker den Aspekt des ausschließlich Negativen und nicht Verrechenbaren berücksichtigen sollen, wenn er von Sünde spricht. Es müßte gerade auch in diesem Zusammenhang das gelten, was er bei Hegels Entwurf wahrgenommen hat: "Schon für Hegel gab es ein Negatives, das in keiner Dialektik 'zum Besten dienen' konnte." (S.104).

Genau besehen ist freilich diese Art von hamartiologischen Ausführungen bei Moltmann ein notwendiger Bestandteil seiner Schöpfungslehre, die wiederum in engem Zusammenhang mit seiner Gotteslehre zu sehen ist. Hierzu berücksichtige ich ergänzend seinen Aufsatz "Schöpfung, Bund und Herrlichkeit". Mit Anspielung auf die Aussagen über die Kreatur in Röm 8,19ff bezeichnet Moltmann die anfängliche Schöpfung als ein "Weltexperiment": "Es liegt auch jenseits menschlicher Sünde und Gewalttat eine Traurigkeit auf der ganzen irdischen Schöpfung... Diese Traurigkeit geht m.E. auf die erste, offene und unfertige Schöpfung zurück. Der Tod des Lebendigen ist weder natürlich noch sündig, sondern Zeichen einer Tragödie, wenn ich es einmal so nennen darf, die mit dem Weltexperiment der anfänglichen

Schöpfung Gottes verbunden ist." (Schöpfung, Bund und Herrlichkeit, S.123f). Es sei hier angemerkt, daß sich diese Deutung m.E. schwerlich auf Röm 8 berufen kann. Paulus redet in V. 20 von einer Unterwerfung (!) der Schöpfung und sieht diese wahrscheinlich in Zusammenhang mit dem Sündenfall des Menschen (mit Wilckens, S. 154f; ich komme auf Röm 8 noch ausführlicher zurück).

Eine wesentliche Voraussetzung, um von einem "in sich sinnvoll zusammenhängenden Schöpfungsprozeß" (Gott in der Schöpfung, S.68) reden zu können, scheint mir bei Moltmann eben darin gegeben zu sein, daß er Gottes anfängliches Schaffen als ein "Weltexperiment" begreift. In diesem "Weltexperiment" hat dann all das Unfertige Platz, also das Seufzen der Kreatur und die Selbstabschließung der Lebenssysteme. Weiterhin ist dann Gottes erlösendes Handeln kein eigentlicher Neueinsatz, sondern ureigenster Bestandteil des Schöpfungshandelns selbst. M.a.W.: Die Widersprüchlichkeiten unserer Welt können in den Schöpfungsgedanken selbst hineingenommen werden.

Schon auf diese Art und Weise können Gott und Welt eng zusammengedacht werden: Zum einen erscheint da Gottes anfängliches Handeln nicht wie in Gen 1 als "sehr gut", zum anderen sind die in der Welt sich zeigenden Energien des Negativen auch wieder nicht so schlecht, daß sie sich nicht zum Positiven hin transformieren ließen.

Diese Annäherung von Gott und Welt versucht Moltmann dann freilich vor allem trinitätstheologisch zu erfassen. Er geht von einer "ewige(n) Perichorese der Dreieinigkeit" aus (Schöpfung, Bund und Herrlichkeit, S.110), die als eine "offene, einladende Einheit" (ebd., S.115) in der Weise gedacht wird, daß die auf Zukunft hin offene Welt "von Gott und durch Gott und - in Gott existiert" (ebd., S.117).

## 2. Die Begründung des Redens von Schöpfung bei Moltmann

Die Art, in der Moltmann das Schöpfungsbekenntnis zur
Entfaltung bringt, nötigt zu der Frage: Auf welcher Basis beruht sein Reden von Schöpfung? Er gibt m.E. durchaus Anlaß zu der Vermutung, daß er sich Denkmuster der
natürlichen Theologie bedient. Besonders in diese Richtung weisen die (von mir oben z.T. schon angeführten)
Darlegungen über "Evolutionsprozesse der Natur" (S.205-
214). Er trägt hier Beobachtungen über die "Evolution
des Kosmos" (S.206ff) und über die "Evolution des Lebens"
(S.208ff) zusammen und deutet diese dahingehend, daß das
Weltall insgesamt als ein "offenes System" aufzufassen
ist, bestehend aus ebenfalls offenen Teilsystemen (S.212).
Diese Deutung ist empirisch keineswegs zwingend. V.Mortensen
fragt, "ob Moltmann nicht allzu weitgehende Schlüsse auf
allzu schmaler Grundlage zieht" (S.469; vgl. auch K.Hafstad,
S.464). Ich komme hierauf noch zurück und beachte zunächst
einmal die theologischen Folgerungen aus dieser Deutung.
Das Weltall als offenes System ist für Moltmann zugleich
ein "sich selbst transzendierendes System", dessen
"permanente Selbsttranszendenz" auf den "Vorraum einer
einladenden und leitenden Transzendenz" hinweise, die
Moltmann "Gott" nennt (S.212f).

Betrachtet man dieses Argumentationsgefälle für sich, dann
wäre der Schluß unvermeidlich, daß Moltmann den Erkenntnisweg der theologia naturalis beschreitet, sofern man
darunter eine Erkenntnismöglichkeit Gottes unabhängig
von seiner biblischen Offenbarung versteht. Es könnte
dann sogar weiter der Verdacht aufkommen, daß die trini-
tarische Einbettung der Schöpfungslehre bei Moltmann nichts
anderes ist als die christlich-theologische Überdachung
eines Gebäudes, das auf den Fundamenten natürlicher
Theologie ruht. Es scheint mir in diesem Zusammenhang
schon aufschlußreich zu sein, wie Moltmann von der
Einwohnung des Geistes in der Schöpfungsgemeinschaft

spricht. Er interpretiert diese Einwohnung dahingehend, "daß die Präsenz des Unendlichen im Endlichen jedes Endliche und die Gemeinschaft aller endlichen Wesen mit Selbsttranszendenz erfüllt." (S.112). Eine solche Redeweise kann m.E. durchaus dahingehend verstanden werden, daß hiermit einer Ontologie der Selbsttranzendenz nachträglich eine pneumatologische Würde verliehen werden soll.

Solchen Deutungen stehen nun freilich Ausführungen Moltmanns gegenüber, die dagegen sprechen und die nicht von vornherein einfach abgetan werden sollten: "Jede christliche theologia naturalis ist ein sekundäres Wieder-erkennen Gottes in der Natur und setzt die Offenbarung Gottes in Christus voraus. Ich habe mich an diese theologische Regel gehalten, als ich aus den offenbaren Erfahrungen des Heiligen Geistes in der Christusgemeinschaft der Glaubenden auf das Wiedererkennen des Wirkens des schöpferischen Geistes in der Natur zurückgeschlossen habe." (Schöpfung, Bund und Herrlichkeit, S. 118; vgl. weiterhin Gott in der Schöpfung, S.69: "Die Erkenntnis der Welt als Schöpfung wird durch die geschichtliche Offenbarung Gottes des Herrn erschlossen.")

Meine Frage ist: Hat sich Moltmann stets "an diese theologische Regel gehalten"? Grundsätzlich wäre die Annahme schon möglich, daß Moltmanns Argumentation dort, wo sie Erkenntnisstrukturen natürlicher Theologie ähnelt, eine Argumentation a posteriori ist, eine Argumentation also, die von der biblischen Offenbarung herkommt und von da aus "vestigia Dei in der Natur", "vestigia trinitatis" oder "vestigia regni Dei" (S.77; vgl. auch S. 75) findet. Dieser grundsätzlich möglichen Annahme stehen m.E. zwei gewichtige Einwände entgegen, die ich erheben möchte und die auf Aporien in Moltmanns Denken hineinweisen.

Mein erster Einwand ist folgender: Wenn tatsächlich die Welt offen für "vestigia regni Dei" (S.77) bzw. "gleich-

nisfähig... für ihre eigene Zukunft" (S.75) ist, dann
müßte Moltmanns theologische Deutung der "Evolutionsprozesse
der Natur" (S.205-214, insbes. S. 212-214) wohl als eine
gleichnishafte Rede zu verstehen sein (vgl. hierzu auch
Hafstad , S.464). Hier aber wählt Moltmann eine Argumen-
tationsstruktur a minori ad maiorem, die ich in der Art
ihrer Durchführung nicht als gleichnishaft ansehen kann.
Weshalb redet hier Moltmann nicht gleichnishaft, wo er
es in der Konsequenz seines Ansatzes eigentlich tun müßte?
Ich sehe den Grund darin, daß wohl immer nur einzelne
Aspekte unserer Weltwirklichkeit (und auch diese nur andeutungsweise) gleichnisfähig sein können - nicht jedoch
globale Zusammenhänge, wenn man den Unterschied zwischen
Gott und Welt im Auge behalten will. So meine ich es den
neutestamentlichen Gleichnissen entnehmen zu können, denen
jede Systematisierung des Gleichnisfähigen fremd ist und
die somit auch keine ontologischen Festlegungen vollziehen. Es wird somit - anders als bei Moltmann - der völligen
Andersartigkeit des kommenden Reiches Rechnung getragen.

Gewichtiger noch scheint mir der zweite Einwand zu sein:
Bei der Deutung der Evolutionsprozesse gelangt Moltmann
theologisch (!) zu andersartigen Aussagen als dort, wo
er stärker den Anhalt bei biblischen Vorgaben sucht.

In seiner Schöpfungslehre bezieht Moltmann die Vorstellung
der creatio ex nihilo, die m.E. biblische Sachverhalte
angemessen zusammenfaßt, ausführlich mit ein, und zwar
nicht nur hinsichtlich der Schöpfung am Anfang. Er interpretiert "im Blick auf das Kreuz Christi" die creatio
ex nihilo folgendermaßen: "Schafft Gott seine Schöpfung
aus dem Nichts, hält er an seiner Schöpfung trotz der
Sünde fest und will er das Heil seiner Schöpfung, dann
setzt er sich in der Sendung und der Hingabe seines eigenen Sohnes selbst dem vernichtenden Nichts aus, um es
in sich und durch sich selbst zu überwinden..." (S.103;
Moltmann unterscheidet zwischen dem nihil am Anfang der

Schöpfung und dem bedrohenden nihil im Gefolge der Sünde, vgl. S.99f). Von da aus wird dann die Auferstehung als ein Akt der creatio ex nihilo begriffen: "Auferstehungsglaube richtet sich auf Gott genau dort, wo menschlich weder etwas zu hoffen noch zu machen ist." (S.104). Und weiter: "Auch die Auferstehung des hingerichteten Christus war für die Christen keine seinem Nicht-Sein noch innewohnende Potenz zum Sein, sondern das Wunder der Neuschöpfung Gottes. Auferstehungshoffnung bringt darum auch das weltgeschichtliche Nichts in das Licht der neuen Schöpfung." (ebd.).

Moltmann trägt hier m.E. in einer wesentlich klareren Weise der Diastase zwischen der gegenwärtigen Welt und der zukünftigen Schöpfung Rechnung als dort, wo er von Gottes Zukunft in Zusammenhang mit der Theorie der offenen Systeme redet und in der theologischen Ausdeutung derselben die Gottoffenheit der Schöpfung postuliert (S.212f), so daß dann das "Reich der Herrlichkeit" als die Vollendung des Schöpfungsprozesses durch die "Einwohnung Gottes", als die "Offenheit der endlichen Lebenssysteme für die Fülle des Lebens" begriffen werden kann (S.221). So gesehen ist es der jetzt wahrnehmbare Schöpfungsprozeß, der im Reich der Herrlichkeit zur Vollendung kommt.

Der "Systemaufbau der Natur" mit der Evolution immer komplexerer Systeme ("größere Zeitoffenheit", "wachsende Möglichkeitsfülle") weist laut Moltmann "in diese Richtung" (ebd.). Das Reich Gottes wäre also dann die Verwirklichung von Möglichkeiten, die an den jetzigen Strukturen unserer Welt ablesbar sind.

Die theologische Ermöglichung, Gegenwart und Zukunft in einer solchen harmonischen Weise zusammenzubringen, ergibt sich aus Moltmanns spezifischer Rede vom Geist Gottes: "Die ganze Schöpfung ist geistgewirkt... Es gibt in der Schöpfung weder geistlose Materie noch immateriellen Geist, denn es gibt nur informierte Materie. Die Informationen aber, die alle Materie- und Lebenssysteme bestimmen, sind Geist zu nennen. Im Menschen kommen sie auf geschöpfliche Weise zum Bewußtsein. In diesem Sinn ist der gesamte Kosmos gottensprechend zu nennen..." (S.219). Nicht zu Unrecht bemerkt Link (S.89), daß bei Moltmann der Geist Gottes als ein "naturwissenschaftlich beschreibbares Weltprinzip" erscheint.

Zusammenfassend darf also festgehalten werden: In seiner ganz spezifischen pneumatologischen Perspektive sieht Moltmann eine weit größere Kontinuität zwischen Gegenwart und eschatologischer Zukunft als bei seinen stärker christologisch bestimmten Ausführungen. Trinitätstheologisch wäre angesichts dessen zu fragen, ob bei Moltmann nicht der Aspekt zu kurz kommt, daß der Geist vom Vater und vom Sohn ausgeht.

## 3. Schöpfung und Erlösung

Die bisherigen Darlegungen haben gezeigt: Moltmann will durch die "Vorstellung eines in sich sinnvoll zusammenhängenden Schöpfungsprozesses" den Gedanken von der Einheit Gottes wahren (S.68). Die Rede von dem, was wir herkömmlich als "Versöhnung" und "Vollendung" bezeichnen, gehört für ihn in diese Vorstellung in der Weise mit hinein, daß er Schöpfung als ein "gottoffenes System" begreift (S.213). In einem gewissen Widerspruch dazu steht die Rede von der creatio ex nihilo im Blick auf Kreuz und Auferstehung (vgl. S.103f).

Meine bisher geäußerten Bedenken möchte ich in folgender Frage zusammenfassen: Ist es angemessen, den Zusammenhang von anfänglicher Schöpfung, Versöhnung und Vollendung in der Weise zu sehen, daß man die Zukunftsoffenheit der Schöpfung als Gottoffenheit interpretiert und somit die Vorstellung von der Schöpfung als einem offenen System zu einer verbindenden Klammer wird,die es erlaubt, Gottes anfängliches Schaffen zusammen mit seinem versöhnenden und erlösenden Wirken unter den einheitlichen Oberbegriff "Schöpfung" zusammenzufassen? Ist _diese_ Klammer stark genug? Wird man mit _dieser_ Klammer dem biblischen Zeugnis von Gottes Einheit gerecht?

In Abschn.III.3 meiner Untersuchung habe ich in Zusammenhang mit meinen exegetischen Beobachtungen vorgeschlagen, Gottes uranfängliches Tun mit seinem versöhnenden und vollendenden Wirken so zusammenzusehen, daß man hier einheitlich von einem _schöpferischen_ Handeln redet, weil bei alledem etwas hervorgerufen wird, was vorher nicht da war. Der Begriff "Schöpfung" selbst (so mein Vorschlag weiter) sollte sich hingegen nur auf bestimmte Aspekte des schöpferischen Handelns Gottes beziehen, nämlich auf die grundlegenden Daseinsgegebenheiten (vgl. insbes. meine Darlegungen S.96-98).

Diese meine Begriffsbestimmung setzt (mit Moltmann) voraus, daß das Wort "Schöpfung" sich nicht nur auf den kosmologischen Akt der Weltentstehung als einem vergangenen Geschehen bezieht, sondern auch die Entwicklungen und Weiterungen mit umgreift, die sich im Lauf der Evolutionsgeschichte ergeben haben und evtl. noch ergeben werden (vgl. hierzu meine Ausführungen in Abschn.III, Anm. 97, S.342; Anm. 109, S.344f; Anm. 116, S.346f). Nicht einbezogen ist in diesen Begriff (anders als bei Moltmann) dann freilich das, was als "Versöhnung" und "Vollendung" zu verstehen ist.

Im Hinblick auf Moltmanns Entwurf gewinnt für mich diese Differenzierung folgende Relevanz: Es scheint mir nicht möglich zu sein (auch wenn wir es gerne möchten), anhand von wahrnehmbaren Strukturen und Entwicklungen unserer Schöpfungswirklichkeit theologisch einen Zusammenhang zwischen Gegenwart und eschatologischer Zukunft so aufzu-

weisen, wie es Moltmann tut. Somit scheint es mir weiterhin nicht möglich zu sein, die Einheit Gottes als des
Schöpfers und Erlösers durch eine theologische Deutung
des Evolutionsprozesses plausibel zu machen.

Daß die Geschichte unserer Schöpfung grundsätzlich für
Rettung und Verderben offen ist, konzediert auch Moltmann:
"Verstehen wir die Schöpfung im Anfang als offenes System,
dann wird damit gesagt, daß mit diesem Anfang die
Möglichkeitsbedingungen für ihre Geschichte von Verderben
und Rettung sowie für ihre Vollendung gesetzt sind." (S.215).
Rein empirisch muß wohl offen bleiben, was am Schluß der
Schöpfungsgeschichte steht: das Verderben oder eine in
die Vollendung einmündende Rettung. Dieser Zweideutigkeit
verleiht Moltmann freilich kurz vor dem soeben Zitierten
eine theologische Eindeutigkeit: "Hat Gott die Schöpfung
zum Reich seiner Herrlichkeit geschaffen, dann hat er
sie in eine Bewegung versetzt und ihr eine irreversible
Richtung mitgegeben. Er begleitet sie in dieser Bewegung
durch die Eröffnung neuer Möglichkeiten und lockt sie
in diese Richtung durch die Gemeinschaft seines
schöpferischen Geistes." (S.214f). Gewiß ist auch für
Moltmann diese Ausführung eine Glaubensaussage - die für
ihn freilich der empirischen Verifikation nicht entzogen
ist. (Ich habe bereits auf sein Argumentationsgefälle
S.205ff verwiesen, wonach der Evolutionsprozeß - theologisch
gedeutet - in die Gottoffenheit der Schöpfung einmündet.
Vgl. auch nochmals seine Argumentation anhand der
"Materiestrukturen", S.219, und des "Systemaufbau(s) der
Natur", S.221.)

Meine Frage hierzu ist: Kann man einer empirischen Zweideu-
tigkeit durch selektive Auswahl dieses empirisch
Wahrnehmbaren theologische Eindeutigkeit verleihen?
Unternimmt Moltmann nicht auf seine Weise eine
Ideologisierung der Evolutionstheorie, obwohl er selber
(vornehmlich im Hinblick auf den seinen Deutungen völlig

entgegengesetzten Sozialdarwinismus) davor warnt (S.202f)?

Ich persönlich halte es jedenfalls nicht für möglich, von der Offenbarung Gottes in Christus aus ein "sekundäres Wieder-erkennen Gottes in der Natur" (Schöpfung, Bund und Herrlichkeit, S.118) so zu betreiben, daß dabei in einer Zusammenschau von Vergangenheit, Gegenwart und eschatologischer Zukunft unter selektiver Auswertung empirischen Materials die Einheit Gottes glaubwürdig gemacht werden kann. Ich möchte somit (besser gesagt: ich muß) die wahrnehmbare Weltwirklichkeit mit ihrer Zukunftsoffenheit und Zukunftsverschlossenheit, mit ihrem Hoffen und mit ihrem Bangen, mit ihrer Freude und mit ihrem Leid voll und ganz als etwas Vorletztes ansehen. Die Zukunft des Reiches Gottes ist qualitativ etwas ganz anderes als die Zukunft, auf die hin unsere Schöpfung in ihrer Jetztgestalt offen ist. Die Rede von der eschatologischen Zukunft darf somit auch nicht in den Verdacht geraten, daß sie theologisch chiffriert nur das zum Ausdruck bringen will, was unserer Immanenz an schöpferischen Möglichkeiten eingestiftet ist.

Es muß im strengen Sinn Sache des nicht aufweisbaren Glaubens bleiben, daß der Gott, der die Welt geschaffen hat, seiner Welt so treu bleibt, daß er sie auf eine von uns nicht zu verrechnende Weise von dieser Widersprüchlichkeit befreit.

Wesentlich verheißungsvoller als Moltmanns spezifisch pneumatologischer Ansatz scheint mir somit dessen anderer Weg zu sein, von der Einheit Gottes als des Schöpfers und Erlösers zu sprechen. Wenn man mit Moltmann die Rede von der creatio ex nihilo für die Deutung von Kreuz und Auferstehung fruchtbar macht (S.103f), dann könnte die Präsenz des zukünftigen Gottes in der jetzigen Schöpfungswirklichkeit am besten kreuzestheologisch zum Ausdruck kommen.

Moltmann hat inzwischen in seiner Antwort auf Ch.Links fundierte Kritik eine "Vorentscheidung für das nächste Buch" angedeutet: "Ich muß in der 'Christologie' die durch Sünde und Tod markierten Diskontinuitäten im Blick auf ihren Überwinder darstellen und diesen Überwinder auch in den Horizont der bedrohten Schöpfung stellen." (Zum Gespräch mit Christian Link, S.94; vgl. auch Schöpfung, Bund und Herrlichkeit, S.124. Ähnlich G.Altner, S.151: Dieser hält eine Kreuzestheologie für nötig, "die das Leiden der Welt im Blick auf das Kreuz als das aktuelle Hoffnungspotential für die Zukunft auszulegen wagt.")

Nachfolgend sei nun anhand von Röm 8 deutlich gemacht, wie ich selber die Möglichkeiten sehe, die theologia crucis mit dem Reden von Schöpfung in Verbindung zu bringen.

## 4. Leiden und Zukunft der Schöpfung (zu Röm 8)

Paulus redet in Röm 8 von einem Stöhnen der Schöpfung (V.22) - einem Stöhnen, das auch den Christen nicht fremd ist (V.23). Die für mich wichtige Frage ist, in welcher Weise diese Ausführungen in ihrem Kontext etwas über die Präsenz des zukünftigen Gottes unter den Christen und in der ganzen jetzigen Schöpfungswirklichkeit aussagen.

Moltmann (S.112f) sieht in Röm 8 das Sein der Christen und die Befindlichkeit der Schöpfung nicht nur hinsichtlich ihres gemeinsamen Stöhnens in einem engen Zusammenhang (was unbestreitbar der Fall ist), sondern auch im Hinblick auf das Wirken des Geistes. Er zitiert V.16. 19ff als biblische Belege für eine "Übertragung der Erkenntnis des Heiligen Geistes im Glauben auf den Geist der Schöpfung". Die Erfahrung des Heiligen Geistes seitens der Glaubenden offenbare "die Struktur des Schöpfungsgeistes, des menschlichen Geistes und des Geistes in der ganzen nichtmenschlichen Kreatur" (so im Hinblick auf das "unaussprechliche Stöhnen" des Geistes, wie es V.26 beschreibt).

Es ist mir sehr die Frage, ob die paulinischen Aussagen es gestatten, die Präsenz Gottes in seiner Schöpfung in dieser Weise pneumatologisch zu begründen. Das gegenwärtige Wirken des Geistes ist hier nämlich durchwegs nur auf die Christen und nie auf die ganze Schöpfung bezogen (das hat auch Ch.Link, S.90, moniert). Besonders deutlich wird das in V.22f, wonach die Glaubenden zusammen mit der ganzen Schöpfung stöhnen, vom "Geist als Anfangsgabe" jedoch nur im Hinblick auf die Christen gesprochen wird. Aber auch in V.26 läßt sich hinter dem "unaussprechlichen Stöhnen" des Geistes nicht mit Moltmann eine "Struktur des Schöpfungsgeistes, des menschlichen Geistes und des Geistes in der ganzen nichtmenschlichen Kreatur" erkennen, wenn man den Aspekt der Unaussprechlichkeit so deutet, daß allein der Geist zu Gott in Gottes Sprache spricht (so U.Wilckens, S.160f, unter Verweis auf 2.Kor 12,4). So betrachtet wäre sogar ein gewisser Gegensatz zwischen dem Stöhnen der Schöpfung und der Gläubigen einerseits und dem stöhnenden Eintreten des Geistes gegeben: Allein der Geist kann dem Stöhnen eine Sprache verleihen, wie es der Hoffnung auf das,was nicht zu sehen ist (V.25), entspricht.

Die Christen sind also in dieser Perspektive mit der ganzen Schöpfung in einem großen "Noch nicht" zusammengeschlossen. Man wird deshalb fragen müssen, wie sich die Anfangsgabe des Geistes (V.23), die die Christen im Gegensatz zur Schöpfung haben, bei ihnen auswirkt, was also die Folge der Präsenz des Geistes in der Gegenwart ist (zur Zukunft vgl. V.11). Hierfür scheinen mir V.16f aufschlußreich zu sein: "Der Geist selbst bezeugt unserem Geist, daß wir Kinder Gottes sind. Wenn aber Kinder, so auch Erben, und zwar Erben Gottes als Miterben Christi, wenn wir denn (mit ihm) mitleiden, um auch (mit ihm) mitverherrlicht zu werden." (Übersetzung nach U.Wilckens z.St.).

Ich verstehe den Sinn dieser Verse so: Der Geist veranlaßt die Christen, ihr Leiden in der Gegenwart als ein Mit-Leiden mit Christus zu deuten und von da aus kraft der Auferstehung Christi, die in V.11 ebenfalls als ein Werk des Geistes verstanden wird, die eschatologische Hoffnung zu gewinnen - eine Hoffnung also, die die Christen durch den Geist haben, die sie aber trotz dieser Anfangsgabe des Geistes (V.23) nicht fähig macht, ihrem Stöhnen die Worte zu verleihen, die dieser Hoffnung entsprechen würden (V.26f). Es wäre also zu unterscheiden zwischen dem, was der Geist in den Gläubigen wirkt, und dem, wo er für sie eintritt.

Von da aus ist zu fragen: Wenn der Geist die Christen veranlaßt, ihr Leiden unter der Perspektive des Leidens Christi zu sehen - könnte dann auch das Leiden der Kreatur eine neue Würde im Horizont des Kreuzes Christi bekommen? Gewiß ist das Leiden der Christen für Paulus in erster Linie ein spezifisches Leiden in der Nachfolge. Das zeigen die Belege, wo er Leidenserfahrungen inhaltlich konkretisiert und nicht nur allgemein davon spricht (vgl. 2.Kor 1,4-10; 6,3-10). Wenn aber andererseits in Röm 8 in gleicher Weise vom Stöhnen der Schöpfung und vom Stöhnen der Christen (V.22f) die Rede ist (in dieser und nicht in pneumatologischer Hinsicht stehen demgemäß die Christen und die übrige Schöpfung wirklich auf einer Stufe), dann ist m.E. die Deutung erlaubt, nicht nur das Leiden der Christen, sondern auch das Leiden der Schöpfung im Horizont des Kreuzes Christi zu sehen. Ebenso ist dann auch die künftige Befreiung der Schöpfung "hinein in die Freiheit der Herrlichkeit der Kinder Gottes" (V.21) als eine Teilhabe der gesamten Schöpfung an der Auferstehungswirklichkeit Jesu Christi zu begreifen.

Zusammenfassend könnte also im Gefolge von Röm 8 von der

Präsenz Gottes bei seiner leidenden Schöpfung folgendermaßen geredet werden: Im Leiden der Schöpfung zeigt sich
die Präsenz Gottes sub contrario, also in der Gestalt
seiner Abwesenheit. Der Schmerz als eine Folge der Abwesenheit Gottes ist also gleichsam eine Form seiner Anwesenheit. Diese Abwesenheit Gottes kann zunächst protologisch begründet werden (laut V.20 ist die Schöpfung "der
Nichtigkeit unterworfen"), bekommt aber zugleich im Horizont
von Christi Leiden eine christologische Qualität: Die
Schöpfung ist "auf Hoffnung hin" unterworfen (V.20).

Dies besagt freilich nicht, daß diese Hoffnung dem Stöhnen
der Schöpfung als solchem eingestiftet ist. Auch das Stöhnen
der Christen gebiert nicht die Hoffnung pneumatologisch
aus sich heraus. Sehr wohl aber ist es umfangen von der
Erwartung der Sohnschaft (V.23). Diese Erwartung ruft
der "Geist als Anfangsgabe" hervor (davon ist in V.23
unmittelbar vorher die Rede) - eine Anfangsgabe, die nur
die Christen haben. Somit haben auch nur sie diese
Erwartung, so sehr diese andererseits nicht nur auf sie
allein bezogen ist. Auch die Schöpfung wird befreit werden
(V.21). Von ihrem eigenen Warten aus (V.25) erscheint
den Christen auch der gegenwärtige Zustand der Schöpfung
als ein Harren und Warten (V.19).

Der Realgrund solcher Erwartung ist in dem Leiden Christi gegeben (vgl. V.16f). Von da aus bekommen das Stöhnen
der Christen und das Stöhnen der Schöpfung ihre Perspektive
der Hoffnung. Zugleich ist festzuhalten, daß es bei dieser
Erwartung tatsächlich um ein Warten geht. Es ist ein Warten
in Geduld im Hinblick auf die unsichtbare Hoffnung (V.24f).
Im Gefolge der paulinischen Aussagen von Röm 8 wäre es
somit angemessen, in den Strukturen der Schöpfung nicht
nach Vorboten der Verherrlichung zu suchen. Die Hoffnung,
die die Schöpfung mit einschließt, kann demnach nur so
vermittelt werden, daß die kosmologischen Konsequenzen
von Kreuz und Auferstehung Christi bezeugt werden.

So betrachtet ist eine deutliche Grenze für den Dialog zwischen Theologie und Naturwissenschaft gegeben, falls es diesem Dialog in erster Linie darum gehen sollte, naturwissenschaftliche Aussagen in theologische zu transformieren und umgekehrt. Ich meine nicht, daß das ein völlig illegitimes Unterfangen wäre, denke aber, daß Theologie der Naturwissenschaft (und vor allem auch dem Naturwissenschaftler als Person) dann am besten dient, wenn sie auch und vornehmlich die Hoffnung zur Sprache bringt, zu der naturwissenschaftliches Erkennen unter den Bedingungen des Vorletzten nicht den nötigen Zugang haben kann - eine Hoffnung mithin, die wirklich Neues bezeugend in Worte faßt.

Gerade diese von Paulus beschriebene Haltung des Wartens kann nun ethische Konsequenzen nach sich ziehen, die als eine Frucht der Anfangsgabe des Geistes aufgefaßt werden können. Denn wenn diese Anfangsgabe die Erkenntnis beinhaltet, daß das Stöhnen der Schöpfung im Horizont von Kreuz und Auferstehung Christi zu sehen ist, dann ist hiermit eine christologische Basis für eine Solidargemeinschaft von Mensch und Schöpfungs-Mitwelt gegeben. Dabei möchte ich voraussetzen, daß die Anfangsgabe des Geistes nicht nur bei den Gliedern der verfaßten Kirchen zu suchen ist. Vom Wirken des Geistes als einer neuschaffenden Kraft kann m.E. in bezug auf die Schöpfung der Jetztzeit so geredet werden, daß dabei all die Menschen ins Blickfeld treten, bei denen die Anfangsgabe des Geistes eine neue Sichtweise der außermenschlichen Schöpfung und somit einen neuen Umgang mit ihr hervorbringt. Insofern ist dann tatsächlich diese Anfangsgabe auch für die Schöpfung der Jetztzeit von Bedeutung. Es wäre dann weiterhin die eschatologische Dialektik von "Schon" und "Noch nicht" (also nicht allein das "Noch nicht") für die Schöpfung in der Gegenwart in der Weise relevant, daß Menschen neu mit dieser Schöpfung umgehen.

## 5. Röm 8 im Vergleich mit alttestamentlichen Schöpfungs- zeugnissen

Von Röm 8 aus sei nun nochmals ein Blick zurück auf meine alttestamentlichen Untersuchungen geworfen. Ich sehe an einigen Stellen wesentliche Anknüpfungspunkte.

1. Bei Deuterojesaja war zu beobachten, daß Jahwes schöpferisches Handeln nicht nur auf die Erschaffung der grundlegenden Daseinsgegebenheiten bezogen wird, sondern auch auf seine besondere Hinwendung zu seinem Volk Israel: Gott hat Israel geschaffen und schafft für sein Volk das heilvolle Neue (vgl. vor allem Abschn.III.1). Ich sehe hierbei Ähnlichkeiten zum Verständnis der christlichen Gemeinde bei Paulus, wenn er Gottes lebensstiftenden Geist (Röm 8,11) als "Anfangsgabe" (V.23) in ihr wirken sieht. Hier wird die besondere Hinwendung Gottes zu seiner Gemeinde deutlich. Zugleich sind mit dieser Hinwendung Perspektiven für die Zukunft eröffnet (vgl.V.11 und V.24f). Beide, Deuterojesaja wie Paulus, sehen also Gottes besondere Hinwendung als gegeben an erhoffen sich aber von dieser besonderen Hinwendung noch entscheidend Neues.

Obwohl Deuterojesaja die besondere Hinwendung Jahwes zu seinem Volk sehr stark betont, ist für ihn eine gnädige Hinwendung Jahwes über die Grenzen Israels hinaus nicht aus dem Blickfeld, wie man aus Jes 45,18-25 hinsichtlich der Völker entnehmen kann (vgl. Abschn.III.4.h; zu diesbezüglichen Aussagen außerhalb Deuterojesajas s. S.275f). Auch Paulus denkt in Röm 8 über die Grenzen der christlichen Gemeinde hinaus - er hier nun freilich mit Blick auf die außermenschliche Schöpfung, die "hinein in die Freiheit der Kinder Gottes" befreit werden wird (V.21).

Bei dieser paulinischen Zuordnung von Gemeinde und außermenschlicher Schöpfung mag man fragen, wie es sich dann mit den Menschen außerhalb der Gemeinde verhält. Auch wenn die paulinische Rede von Schöpfung hier wohl tatsächlich nur den außermenschlichen Bereich meint (vgl. Wilckens,

S.153, mit ausführlicher Begründung), so dürfte der Grund
für die Nichterwähnung der Menschen außerhalb der Gemeinde gleichwohl kaum prinzipieller Natur sein. Anderweitig
bedenkt Paulus ja durchaus die Konsequenz des Christusgeschehens für die Menschheit als ganze (vgl. Röm 5,18;
1.Kor 15,20ff).

2. Bei alttestamentlichen Texten war immer wieder zu beobachten, daß Jahwes Handeln in Schöpfung und Geschichte als eine Einheit begriffen werden kann (zu Deuterojesaja vgl. zusammenfassend S.188; zu den Psalmen s. vor allem
Abschn.IV.1-3 sowie 7d). In einer hierin (also unter dem
Gesichtspunkt der Zusammenschau unterschiedlicher Bereiche)
vergleichbaren Weise geht Paulus in Röm 8 von einer Einheit
des göttlichen Handelns an der Schöpfung und an der Gemeinde
aus - freilich erst im Hinblick auf die Zukunft, wenn
sich das in Christus verbürgte Heil universal durchgesetzt
haben wird.

3. Besonders interessant scheint mir ein Vergleich zwischen Ps 19A und Röm 8 zu sein. Die Aussagestruktur des
Psalms habe ich folgendermaßen verstanden: "Ps 19A
beschreibt ein Verkündigungsgeschehen im Bereich der
nichtmenschlichen Kreatur, das sich an den Maßstäben von
Jahwes besonderer Hinwendung zu Israel orientiert." (S.286).
Der Aussageinhalt ist in Röm 8 natürlich ein anderer als
in diesem hymnisch geprägten Psalm (zur Gattung vgl. S.287),
die Aussagestruktur aber an einem wichtigen Punkt sehr
ähnlich: Mit dem "Stöhnen" der Schöpfung wird in Röm 8
ein Zustand der nichtmenschlichen Kreatur in der Weise
beschrieben, wie die Glieder der Gemeinde ihr eigenes
Sein unter dem Aspekt des "Noch nicht" empfinden. Sowohl
in Röm 8 als auch in Ps 19 A wird also eine Befindlichkeit
des außermenschlichen Schöpfungsbereiches mit Hilfe von
menschlichen Erlebnismustern theologisch gedeutet. Weder
in Röm 8 noch in Ps 19 A ist dies so zu verstehen, daß
hier in naiver anthropomorpher Weise etwas vom Menschen
aus in die Natur hineinprojiziert würde (im Blick auf
Röm 8 weist auch Wilckens, S.156, eine solche Deutung

zurück). Beide Male geht es vielmehr darum, daß der glaubende Mensch die nichtmenschliche Schöpfung sub specie Dei voll und ganz ernst nimmt. Beschreibt einerseits der Dichter von Ps 19 A ein kosmisch-hymnisches Erzählen nach Art menschlichen Erzählens von Gottes Wohltaten, so sieht andererseits Paulus die Leidensäußerung der Schöpfung analog zu menschlichem Leiden und beides zusammen in der Hoffnungsperspektive von Kreuz und Auferstehung.

Gerade wenn man die aufschlußreiche Ähnlichkeit in der Aussagestruktur von Ps 19 A und Röm 8 auf sich wirken läßt, treten die konträren Aussageinhalte umso deutlicher zutage. Der Dichter des Psalms sieht den Kosmos von einem universalen Lobpreis durchwaltet, Paulus hingegen meint im Hinblick auf die Jetztzeit von einem universalen Stöhnen reden zu müssen. Nach dem Zeugnis von Ps 19 A ist Gott bei seiner Schöpfung in seiner Herrlichkeit präsent, von der rühmend erzählt werden kann (vgl. V.2) in Röm 8 tritt hingegen die Schöpfung in ihrer leidvollen Nichtigkeit ins Blickfeld (V.19f). Die Perspektive der zukünftigen Verherrlichung (V.21) hebt das Stöhnen in der Gegenwart nicht auf. Sie schärft vielmehr für die Augen des Glaubens den Blick auf das jetzt (noch) wahrnehmbare Leiden (vgl. V.23).

In der Gegenwart ist die Präsenz Gottes bei seiner Schöpfung vermittelt durch das Leiden seines Sohnes. Diese schöpfungstheologische Implikation des Kreuzesgeschehens ist m.E. in Röm 8 tatsächlich vorhanden, wenn man (wie dargelegt) V.22f in Zusammenhang mit V.16f sieht. Somit wird in Röm 8 die Anwesenheit Gottes bei seiner Schöpfung ganz anders gedacht als in Ps 19 A. Der Dichter des Psalms hat die Bedingungen der Daseinsgewährung vor Augen, Paulus hingegen die leidvolle Daseinsminderung.

Diese Unterschiedlichkeit der Sicht ist sicher auch dadurch begründet, daß der Psalm sein Augenmerk auf den herrlichen

Sonnenlauf richtet (V.5b-7), während Paulus - ohne das im einzelnen zu benennen - sicher andere Phänomene im Bereich der Schöpfung vor Augen hat (man denke etwa an das Leiden der Tiere, das ja auch jenseits unserer heutigen ökologischen Probleme eine beobachtbare Gegebenheit ist). Beide Aspekte der Weltbetrachtung sind also im Recht. Beide Aspekte sind somit auch für die Theologie relevant: sowohl die Schöpfung in ihrer Güte als auch die Schöpfung in ihrem Leiden. Die Frage ist dann nur, ob darüber hinaus eine Zuordnung beider Aspekte durch die "Vorstellung eines in sich sinnvoll zusammenhängenden Schöpfungsprozesses" (so Moltmann, S.68) angemessen ist.

M.E. würde sich die Theologie mit einer solchen Zielsetzung übernehmen. Ich hielte das für die Vorwegnahme einer Erkenntnis, die der eschatologischen Vollendung vorbehalten sein muß. Für die jetzige Weltzeit muß beides nebeneinanderstehen und somit beides sein uneingeschränktes Recht haben:das Lob der guten Schöpfung und das Stöhnen angesichts des Leidens in ihr. Das Dabeisein des gekreuzigten Christus bei der leidenden Kreatur gibt dem Glauben die Zuversicht, daß die Widersprüchlichkeit unserer Welterfahrung in der Zukunft Gottes ihre Auflösung finden wird. Das Dabeisein des Gekreuzigten als des Sohnes Gottes gibt weiterhin dem Glaubenden die Möglichkeit, an der Einheit Gottes trotz der Widersprüchlichkeit der Welterfahrung festzuhalten. Diese Widersprüchlichkeit selbst ist auch theologisch solange auszuhalten, solange im Leben der Schöpfung und somit auch in unserem persönlichen eigenen Leben ganz real dankbare Freude und sinnlos anmutendes Leid in gleicher Weise erfahren werden.

Anhang I: Predigt über Jes 40, 25-31

## 1. Erläuternde Hinweise

Folgende Predigt über Jes 40, 25-31 habe ich am 10. April 1988 in Roth gehalten. An diesem Tag hatten sich zusätzlich zu der sonstigen Gottesdienstgemeinde die Konfirmandenjahrgänge 1923, 1928 und 1938 eingefunden, um ihr 65-, 60- und 50jähriges Konfirmationsjubiläum zu begehen, also die Eiserne, Diamantene und Goldene Konfirmation.

Der Text Jes 40, 25-31, der an diesem ersten Sonntag nach Ostern ohnehin als alttestamentliche Lesung vorgesehen ist, schien mir zu dem genannten Anlaß als Predigttext besonders geeignet zu sein, wenn es darum geht, Menschen auf ihren Glaubens- und Lebensweg in den zurückliegenden ereignisreichen Jahrzehnten anzusprechen.

Diese Predigt, die unter den ganz gewöhnlichen Bedingungen meines Dienstes als Gemeindepfarrer entstanden ist und für den Druck auch ganz bewußt nicht mehr überarbeitet wurde, kann und will kein Musterbeispiel in homiletischer Hinsicht sein. Wohl aber mag sie als homiletische Konkretion dessen dienen, was ich exegetisch an diesem Text in Abschn. III.4.c erarbeitet habe.

M.E. kann eine Predigt, deren Anliegen es ist, eine konkrete Gemeinde anzusprechen, exegetische Einsichten nie zur umfassenden Darstellung bringen. Sie sollte freilich grundlegende Erkenntnisse der exegetischen Beschäftigung mit dem Text beibehalten. Ob dies gelungen ist, mag der Leser selber entscheiden.

Auf den für das Aussagegefälle nicht unwichtigen V. 27 habe ich mich in der Predigt nicht mehr direkt bezogen, sondern ihn bei der Situationsschilderung ausführlich umschrieben. Zusätzlich meinte ich, bei der Frage des Verhältnisses Gottes zur Geschichte die Akzente so setzen zu können, wie sie in dem konkreten Text mit einbeschlossen sind, bei Deuterojesaja anderweitig jedoch noch deutlicher hervortreten (vgl. Jes 40, 12-17. 18-24).

Schließlich sei noch hinzugefügt, daß dem Gottesdienst mit dieser Predigt am Tage zuvor ein Beichtgottesdienst vorausging, der als Grundlage den 103. Psalm hatte. Dort wurde die Thematik Schicksal - Schuld - Vergebung abgehandelt. Auch aus diesem Grund konnte in der nun folgenden Predigt der heilstheologische Schwerpunkt des Textes voll ausgeschöpft werden - bis hin zu seiner neutestamentlichen Zuspitzung, die ich bei alttestamentlichen Texten nicht grundsätzlich für nötig, hin und wieder aber als sinnvoll erachte.

## 2. Die Predigt

Liebe Gemeinde! Insbesondere: Liebe Jubiläumskonfirmanden!

Ein Festtag ist es heute, wenn Sie, die Jubiläumskonfirmanden, zusammenkommen, um miteinander zu feiern. Ein
Festtag ist es für Sie selber, aber auch für unsere ganze
Pfarrei Roth. Denn es darf heute über die Generationen
hinweg in besonderer Weise etwas sichtbar werden von
der großen Gemeinschaft der Gläubigen, in die wir durch
unsere Taufe und durch unsere Konfirmation hineingestellt
worden sind. Das gilt für Sie, die Jubiläumskonfirmanden,
und darüber hinaus für uns alle, die wir diesen
Gottesdienst mitfeiern.
Als Predigttext habe ich eine Stelle aus dem 40. Kapitel
des Jesajabuches ausgewählt. Es ist zugleich die alttestamentliche Lesung für den heutigen Weißen Sonntag. Die
prophetischen Worte, die wir jetzt hören, sind zum ersten
Mal zu einer Glaubensgemeinde gesprochen worden, die
viele Jahrhunderte vor uns sich versammelt hat. Etwa
um das Jahr 550 v.Chr. ist das Volk Israel in der babylonischen Gefangenschaft folgendermaßen angeredet worden:

> "Mit wem wollt ich mich also vergleichen,
> dem ich gleich sei? spricht der Heilige.
> Hebet eure Augen in die Höhe und seht!
> Wer hat dies geschaffen?
> Er führt ihr Heer vollzählig heraus
> und ruft sie alle mit Namen;
> seine Macht und starke Kraft ist so groß,
> daß nicht eins von ihnen fehlt.
> Warum sprichst du denn, Jakob,
> und du, Israel, sagst:
> Mein Weg ist dem Herrn verborgen,
> und mein Recht geht vor meinem Gott vorüber?
> Weißt du nicht?
> Hast du nicht gehört?
> Der Herr, der ewige Gott,
> der die Enden der Erde geschaffen hat,
> wird nicht müde noch matt,
> sein Verstand ist unausforschlich.
> Er gibt dem Müden Kraft
> und Stärke genug dem Unvermögenden.
> Männer werden müde und matt,
> und Jünglinge straucheln und fallen;
> aber die auf den Herrn harren, kriegen neue Kraft,
> daß sie auffahren mit Flügeln wie Adler,
> daß sie laufen und nicht matt werden,
> daß sie wandeln und nicht müde werden."
> (Jesaja 40, 25-31, Lutherübersetzung)

Alte Worte sind es, die wir hier vernehmen; Worte aus
längst vergangener Zeit. Aber diese Worte bleiben jung
und unverbraucht, weil sie von dem lebendigen Gott stammen,
der das A und das O ist, der Anfang und das Ende. Ich
möchte zuerst etwas erzählen von der Gemeinde, die diese
Worte zum ersten Mal vernommen hat. Es ist meine Hoffnung,
daß wir spüren: Auch für uns ist das gesprochen - über die

Zeiten hinweg.
Die Menschen damals um das Jahr 550 v.Chr. hatten viel
verloren. Glieder des Volkes Israel waren sie, die nach
harten Kriegen nach Babylon in die Gefangenschaft mußten.
Der Tempel zu Hause in Jerusalem war zusammen mit dem
ganzen Land zerstört. Fern von der Heimat konnte man
sich nur noch wehmütig an die besseren Zeiten erinnern,
die nun aus und vorbei waren.
Lebenskrisen können auch Glaubenskrisen nach sich ziehen.
Bei nicht wenigen ist das damals der Fall gewesen. Was
soll das für ein Gott sein, der uns so im Stich läßt?
So fragte man sich. Sollen wir noch an ihm festhalten,
wenn er sich nicht um uns kümmert? So fragte man weiter.
Und da tritt nun ein Prophet auf mit göttlicher Vollmacht.
Wir kennen nicht einmal seinen Namen. Seine Worte stehen
im Jesajabuch, weil sie an die Verkündigung des großen
Propheten Jesaja fast 200 Jahre zuvor erinnern.
Dieser Prophet kennt die Zweifel. Er kennt die Nöte.
Aber zugleich weiß er: Es besteht kein Grund, dem Gott
der Väter den Abschied zu geben. Seine Kraft und seine
Hilfe will gerade unter uns lebendig sein.
Mit wem soll Gott vergleichbar sein? So wird da gefragt.
Es ist keine Frage, die nur zum Schein gestellt worden
wäre. Die großen Mächte der Weltgeschichte hatten damals
wie heute das Sagen - nur die Namen sind andere geworden.
Und dann gab es damals noch die anderen Götter - vor
allem die Götter, an denen die Sieger glaubten. Wenn
wir daran denken, daß auch bei uns heute alle möglichen
religiösen Modeerscheinungen auf den Markt kommen bis
hin zu problematischen Formen des Aberglaubens, dann
ist das auch uns nicht so fremd.
Und so ist es tatsächlich damals wie heute nicht selbstverständlich zu sagen: Der Gott, mit dem wir einmal Bekannt-
schaft gemacht haben - dieser Gott trägt uns durch in
guten wie in bösen Tagen.
Gerade an diesen Gott aber erinnert der namenlose Prophet
damals seine Landsleute. Er erinnert sie an das, was
sie eigentlich immer schon gewußt haben, was ihnen aber
aus den Augen zu schwinden drohte. Er erinnert sie daran,
daß das letzte Sagen nicht die großen Mächte der
Weltgeschichte haben. Diese kommen und gehen, während
allein Gott ewig bleibt. Das letzte Sagen haben auch
nicht irgendwelche Schicksalsmächte, sondern allein der
ewige, barmherzige Gott.
Ich denke, liebe Gemeinde, in diese Erinnerung dürfen
wir uns hineinnehmen lassen - besonders Sie, liebe Jubiläumskonfirmanden. Sie können nun auf eine lange Zeit
zurückblicken, in der sich vieles verändert hat.

Der Wandel der Zeiten wird anschaulich, wenn wir uns
die Jahre 1923, 1928 und 1938 vergegenwärtigen, also
die Jahre, in denen Sie konfirmiert worden sind. Als
ein Glied der jüngeren Generation kann ich das jetzt
alles nur vom Hörensagen aus weitergeben. 1923 war das
schlimme Inflationsjahr als Folgeerscheinung des ersten
Weltkriegs. 1928 erlebte die Weimarer Republik eine gewisse
Blütezeit vor der großen Wirtschaftskrise mit der schlimmen

Arbeitslosigkeit. 1938 hatten sich die Zeiten wieder grundlegend gewandelt. Adolf Hitler war auf dem Höhepunkt seiner trügerischen Macht, der bald der Abgrund folgte, den Sie alle selber miterlebt haben.

Was hält durch, was trägt durch in diesem Wandel der Zeiten? Unser biblischer Text gibt darauf eine klare Antwort: "Der Herr, der ewige Gott, der die Enden der Erde geschaffen hat, wird nicht müde noch matt..." So wurde das damals den Menschen in der alttestamentlichen Zeit gesagt, und so dürfen wir es uns heute gesagt sein lassen.

Lassen wir uns dabei noch weiter hineinnehmen in das Blickfeld, das diese biblischen Worte uns eröffnen. Angesprochen ist dabei ein wesentlicher Teil unseres Glaubensbekenntnisses, nämlich das Bekenntnis zu Gott als dem Schöpfer der großen und kleinen Dinge, der seine Zuwendung nicht von uns nehmen will.

Ganz groß fängt unser Prophet an mit seiner Rede. Der Blick zum Himmel, zu den Gestirnen des Weltalls wird für ihn zu einem Zeichen für die Zuverlässigkeit unseres Gottes: "Hebet eure Augen in die Höhe und seht! Wer hat dies geschaffen? Er führt ihr Heer vollzählig heraus und ruft sie alle mit Namen; seine Macht und starke Kraft ist so groß, daß nicht eins von ihnen fehlt."

Ich empfinde das als eine sehr tröstliche und verheißungsvolle Perspektive unseres Glaubens; eine Perspektive, bei der es von Natur aus nicht um Beweise gehen kann, wohl aber um eine feste Gewißheit, die wir je und je neu gewinnen dürfen: Gott ist der Herr des großen, unermeßlichen Weltenraums um uns herum. Er ruft die Sonne, den Mond, die Sterne. Er ist ihr Herr, und von seiner Fürsorge leben sie; nicht eins von ihnen fehlt. Ich empfinde das als tröstlich und verheißungsvoll, weil von da aus jeder von uns wissen darf: In diesem Gott ist auch mein Leben geborgen. Paul Gerhardt hat es dann in seinem bekannten Lied "Befiehl du deine Wege" so ausgedrückt: "Der Wolken, Luft und Winden gibt Wege, Lauf und Bahn, der wird auch Wege finden, da dein Fuß gehen kann." Mit den Worten unseres prophetischen Textes formuliert: "Er gibt dem Müden Kraft und Stärke genug dem Unvermögenden. Männer werden müde und matt, und Jünglinge straucheln und fallen; aber die auf den Herrn harren, kriegen neue Kraft, daß sie auffahren mit Flügeln wie Adler, daß sie laufen und nicht matt werden, daß sie wandeln und nicht müde werden."

In diesen tröstlichen Worten klingt freilich auch etwas an, was dazu angetan ist, schmerzhafte Erinnerungen wachzurufen. "Männer werden müde und matt, und Jünglinge straucheln und fallen..." So etwas haben Sie, die drei Konfirmandenjahrgänge 1923, 1928 und 1938, ja ganz wörtlich erlebt. Der Krieg hat bei allen diesen Jahrgängen einen hohen Blutzoll gefordert.

Vom Konfirmandenjahrgang 1923 sind acht junge Männer gefallen, beim Jahrgang 1928 waren es 15, beim Jahrgang 1938 elf Konfirmanden, die in einem ganz jungen Alter Opfer des Krieges wurden. Auch durch andere Todesursachen sind viele der damaligen Konfirmandinnen und Konfirmanden nicht mehr unter uns. Und viele von Ihnen, die nun hier sind, können von schweren Tagen erzählen, die sie durchmachen mußten.

Stimmen dann angesichts all solcher Erfahrungen die Worte unseres Textes "Er gibt dem Müden Kraft... Die auf den Herrn harren, kriegen neue Kraft..."? Ich weiß nicht, wie jeder einzelne von Ihnen das persönlich empfindet. Ich kann nur das nachsagen, was mir einige unserer Gemeindeglieder schon gesagt haben, wenn sie auf schwere Zeiten ihres Lebens zurückgeblickt haben. Sie haben ihre Erfahrungen mit einem Wort aus dem 68. Psalm zusammengefaßt: "Gott legt uns eine Last auf, aber er hilft uns auch."

So könnte es vielleicht doch stimmen: "Die auf den Herrn harren, kriegen neue Kraft..." Ein billiger Lebensoptimismus ist das nicht und darf es auch nicht sein. Ein Vertrauen darf aber da sein, daß (um nocheinmal mit dem Bibeltext zu sprechen) der "Herr, der ewige Gott, der die Enden der Erde geschaffen hat" auch uns persönlich - jeden einzelnen von uns - nicht aus seiner Hand läßt.

Wir werden in diesem Gottesdienst zusammen das Abendmahl feiern. Dieses Mahl ist für uns das sichtbare Zeichen für die Zuwendung unseres Gottes durch seinen Sohn Jesus Christus. In seiner Obhut dürfen wir diejenigen wissen, die nicht mehr unter uns sind. Unsere eigene Vergangenheit mit ihren Licht- und Schattenseiten ist bei ihm aufgehoben. Und mit unserer Gegenwart und Zukunft dürfen wir uns ihm anbefehlen.

Amen

Anhang II: Predigt über das Lied "Geh aus, mein Herz, und
suche Freud"


## 1. Erläuternde Hinweise

Dieses bekannte Lied von Paul Gerhardt steht im gegenwärtig gebräuchlichen Evangelischen Kirchengesangbuch unter
der Nummer 371. Die Predigt hierüber habe ich am 28.
Juni 1987 bei einem Dorffest in Unterheckenhofen (einem
zu meinem Gemeindebezirk gehörenden Ort) gehalten. Die
Gemeinde sang dabei das Lied nicht nach der im Gesangbuch
angegebenen Melodie, sondern nach der geläufigeren volkstümlichen Weise von Augustin Harder.

Ich veröffentliche diese Predigt, die sich ja nun nicht
auf einen der von mir exegesierten Texte bezieht, deshalb,
weil ich hoffe, daß in ihr der Unterschied zwischen einer
"natürlichen Theologie" und einer "Theologie der Natur"
auch in homiletischer Hinsicht klar wird. Die Ablehnung
einer natürlichen Theologie kann m.E. den Weg zu einer
sinnvollen Theologie der Natur eröffnen.

Anknüpfend an meine Ausführungen in Abschn. I.1 und I.2
möchte ich nochmals festhalten: Die Aussagen des ersten
Glaubensartikels können gerade dann voll und ganz zu
ihrem Recht kommen, wenn sie in engem Zusammenhang mit
dem zweiten Glaubensartikel gesehen werden.


## 2. Die Predigt

Vers 1:Geh aus, mein Herz, und suche Freud/ in dieser
lieben Sommerzeit/ an deines Gottes Gaben;/ schau
an der schönen Gärten Zier/ und siehe, wie sie
mir und dir/ sich ausgeschmücket haben.

"Geh aus, mein Herz, und suche Freud". Dazu fordert der
Liederdichter Paul Gerhardt im Jahre 1653 sich selber
auf. Und unzählige Menschen haben sich seitdem von ihm
dazu auffordern lassen: "Geh aus, mein Herz, und suche
Freud in dieser lieben Sommerzeit an deines Gottes Gaben".
Das ist viel mehr als die Aufforderung zu einem Spaziergang
in der schönen Natur. Da sollen nicht nur die Füße in
Bewegung kommen. Wir sollen aus uns selber herausgehen,
unser Herz soll ausgehen. Wir sollen und dürfen alle
Sorgen und allen Mißmut fahren lassen, der in uns ist.
Wir dürfen den Blick nach außen wenden hin zu dem, was
Gott der Schöpfer bereitet hat vor unseren Augen: also
hin zu Gottes Gaben.
"Schau an...!" sagt der Dichter zu sich selber und zu
uns. "Schau an der schönen Gärten Zier", und dann geht
es in den weiteren Versen um all das, was anzuschauen
ist in Gottes schöner Natur. Ich brauche es nicht aufzuzählen. Wir können es uns im Gesang vergegenwärtigen.

Verse 2-7:Die Bäume stehen voller Laub,/ das Erdreich
decket seinen Staub/ mit einem grünen Kleide;/
Narzissus und die Tulipan/ die ziehen sich
viel schöner an/ als Salomonis Seide.

Die Lerche schwingt sich in die Luft,/ das
Täublein fliegt aus seiner Kluft/ und macht
sich in die Wälder;/ die hochbegabte Nachti-
gall ergötzt und füllt mit ihrem Schall/ Berg,
Hügel, Tal und Felder.

Die Glucke führt ihr Völklein aus,/ der Storch
baut und bewohnt sein Haus,/ das Schwälblein
speist die Jungen,/ der schnelle Hirsch, das
leichte Reh/ ist froh und kommt aus seiner
Höh/ ins tiefe Gras gesprungen.

Die Bächlein rauschen in dem Sand/ und malen
sich an ihrem Rand/ mit schattenreichen Myr-
ten;/ die Wiesen liegen hart dabei/ und klingen
ganz vom Lustgeschrei/ der Schaf und ihrer
Hirten.

Die unverdroßne Bienenschar/ fliegt hin und
her, sucht hier und dar/ ihr edle Honigspei-
se;/ des süßen Weinstocks starker Saft/ bringt
täglich neue Stärk und Kraft/ in seinem schwa-
chen Reise.

Der Weizen wächset mit Gewalt;/ darüber jauch-
zet jung und alt/ und rühmt die große Güte/
des, der so überflüssig labt/ und mit so manchem Gut begabt/ das menschliche Gemüte.

All das ist also anzuschauen: die Bäume voller Laub;
die Lerche in der Luft; der heranwachsende Weizen und
noch vieles andere. Das ist anzuschauen nicht nur mit
dem Auge, sondern auch mit dem Herzen, das aus sich herausgeht. Unser menschliches Gemüt wird "mit so manchem Gut
begabt", wie es im Vers 7 so schön heißt.
Ja - aber sehen wir das alles so? Sehen wir nicht auch
noch ganz anderes, wo keine Freude zu finden ist? Manche
Bäume stehen im Sommer nicht mehr voller Laub, sondern
sind nachhaltig geschädigt. Manche Bächlein rauschen
nicht mehr mit ihrem erfrischenden Wasser dahin, sondern
schleppen schwere Verschmutzungen mit sich.
In der Tat kann auch das angeschaut werden. Und dann
ist es mit der Aufforderung "Geh aus, mein Herz, und
suche Freud" dahin. Nur dürfen wir nicht meinen, erst
wir heute stünden vor Problemen, die uns den Blick nach
außen trüben. Auch Paul Gerhardt hätte beim Hinausgehen
seines Herzens auf Dinge schauen können, die die Freude
rasch beendet hätten. 1653 dichtet er sein Lied. Fünf
Jahre erst ist der 30jährige Krieg vorbei. Und da hätte
er nicht lange suchen müssen, um das zu finden, was die
Freude verdirbt. Anzuschauen waren auch zerstörte Städte
und Dörfer. Anzuschauen waren auch überfüllte Friedhöfe,
auf denen die Toten der fürchterlichen Pestkrankheit
lagen.

Trotzdem schaut der Dichter das alles <u>jetzt nicht</u> an.
Er schaut auf der schönen Gärten Zier; auf all das, wo
das Herz Freude finden kann. Nicht weil er all das andere
verdrängen und sich zu einem naiven Optimismus zwingen
will, sondern weil er weiß: Alles im Leben hat seine Zeit.
Die fröhliche Dankbarkeit für die guten Gaben unseres
Gottes hat ihre Zeit und das besorgte Nachdenken über
die Gefährdung der Natur hat ihre Zeit. Die Freude und
die Klage dürfen nicht zu einem schwer bekömmlichen Ein-
heitsbrei zusammengemischt werden. Und so darf auch einmal
die Zeit der unbefangenen Freude und der unbeschwerten
Dankbarkeit sein. Und so will Paul Gerhardt, daß Gottes
gutes Schöpfungswirken auch unsere Sinne anregt.

Vers 8: Ich selber kann und mag nicht ruhn,/ des großen
Gottes großes Tun/ erweckt mir alle Sinnen;/
ich singe mit, wenn alles singt,/ und lasse,
was dem Höchsten klingt,/ aus meinem Herzen rinnen.

Gottes Schöpfungswerk fordert den menschlichen Lobpreis
heraus. Das Wachsen und Blühen der Natur ist selbst
Lobpreis Gottes. Aber der Mensch soll beim Lob Gottes
nicht fehlen. Wir sind Teil dieser Schöpfung und zugleich
als die Krone der Schöpfung mit einer besonderen Sprachfähigkeit begabt. Genau diese Sprachfähigkeit, die sich
auch in unserem Singen äußert, sollen wir einsetzen,
damit das Lob Gottes in der Schöpfung zu seiner Fülle
und Ganzheit kommen kann.
Und doch geht unsere Freude und unser Loben noch weiter
- hinaus über die vorfindliche Wirklichkeit hin zu dem,
was nicht mehr mit den fünf Sinnen wahrgenommen werden
kann.

Verse 9-11: Ach, denk ich, bist du hier so schön/ und
läßt du's uns so lieblich gehn/ auf dieser
armen Erden:/ was will doch wohl nach dieser
Welt/ dort in dem reichen Himmelszelt/ und
güldnen Schlosse werden!

Welch hohe Lust, welch heller Schein/ wird
wohl in Christi Garten sein!/ Wie muß es
da wohl klingen,/ da so viel tausend Seraphim
mit unverdroßnem Mund und Stimm/ ihr Halleluja
singen.

Oh wär ich da! O stünd ich schon,/ ach süßer
Gott, vor deinem Thron/ und trüge meine Pal-
men:/ so wollt ich nach der Engel Weis' er-
höhen deines Namens Preis/ mit tausend schönen
Psalmen.

Jetzt geht es plötzlich nicht mehr um die Schönheit der
Schöpfung in ihrer gegenwärtigen Wahrnehmung, sondern
um die kommende Herrlichkeit. Über unsrer schönen Gärten
Zier hinaus wird ein Blick in Christi Garten geworfen,
also in die ewige Herrlichkeit. Der Dichter scheint hier
einen recht verständlichen Erkenntnisweg zu beschreiten:

vom Irdischen hin zum Überirdischen; vom Unvollkommenen
hin zum Vollkommenen.

Ich frage mich: Kann das so sein, daß aus der Betrachtung
der Natur gleichsam folgerichtig der Weg weitergeht zu
einer Erkenntnis der Wirklichkeit Gottes? Es gibt ja
viele unter uns, die meinen, viel besser als in der Kirche
könne man in der Natur Gott finden. Mir liegt es ferne,
Naturerlebnisse solcher Art verächtlich zu machen. Allerdings habe ich hier Bedenken, die (wie ich meine) nicht
nur theologische Beckmesserei darstellen.

Das, was wir in der Natur wahrnehmen, ist ja tatsächlich
zwiespältig. Damit meine ich jetzt nicht nur die Naturzer-
störung, von der vorhin anderweitig kurz die Rede war.
Auch die Natur, die vom Menschen nicht berührt oder gar
zerstört ist, bietet keineswegs nur ein Bild vollkommener
Harmonie. Da gibt es nicht nur die Lerche, die sich jubi-
lierend in die Luft schwingt, sondern auch Raubvögel,
die vom Himmel herabstechen, um andere Tiere zu töten.
Da führt einerseits die Glucke friedlich ihr Völklein
aus, andererseits kann ein einziger Fuchs einen ganzen
Hühnerstall ausräubern. Leid und Schmerz wird der Natur
nicht erst durch den Menschen zugefügt. Bereits in der
Natur selber ist ein tiefer Zwiespalt drin. Und so kann
es auch keinen folgerichtigen Weg von der Natur aus hin
zu dem Gott geben, bei dem ich mich geborgen wissen kann.
Allenfalls ist da das Walten einer unbegreiflichen Schicksalsmacht mit ihren guten und bösen Seiten zu erkennen.
Und das ist nicht der allmächtige und barmherzige Gott,
an den wir Christen in der Nachfolge Jesu glauben.

Wenn ich es recht sehe, geht auch Paul Gerhardt nicht
den Weg von der Natur hin zu Gott. Gleich am Anfang seines
Liedes, also bevor seine Naturbetrachtung beginnt, macht
er deutlich, daß sein Glaube an Gott nicht die Folge,
sondern die Voraussetzung seiner Naturbetrachtung ist:
"Geh aus, mein Herz, und suche Freud in dieser lieben
Sommerzeit an deines Gottes Gaben..." Seinen Gott findet
er nicht einfach in der Natur. Er weiß schon vorher von
ihm. Er weiß von seinem Gott durch Jesus Christus, dem
treuen Zeugen Gottes, der den Zwiespalt der Welt auf
sich genommen hat: "Ein Lämmlein geht und trägt die Schuld
der Welt und ihrer Kinder" - dieses Lied hat er sechs
Jahre vorher gedichtet. Und wenn nun in unserem Lied
von der schönen Natur aus die Gedanken weitergehen in
das noch schönere Himmelreich, dann kann das nur deshalb
so geschehen, weil Paul Gerhardt bereits anderweitig
eine Ahnung von diesem Himmelreich hat. Da muß er schon
vorher in seiner Bibel etwas vom diesem Himmelreich gelesen
haben, wenn ihm nun die Schönheit der Natur als ein Abglanz
des noch schöneren Himmelreichs erscheint.

Ich will damit, liebe Gemeinde, nur das eine sagen:
Eine Frömmigkeit, die so ohne weiteres in der Natur Gott
finden will, steht auf einem sehr unsicheren Boden und
kann sich nicht auf Paul Gerhardt berufen. Der hat von
seinem Gott aus der Bibel erfahren und auf dieser Grundlage
beginnt er seine Naturbetrachtung. Nur so kann er die
Welt um sich herum als Gottes gute Schöpfung wahrnehmen.
Und so wird dann für ihn all das, was in dieser Welt

schön ist, zu einem Vorzeichen der anderen Welt Gottes, jenseits unserer Erdenzeit; der anderen Welt Gottes, die wir mit unseren unvollkommenen Worten "Himmelreich" nennen.

Ich sage es etwas anders noch einmal so: Ohne den Gott der Bibel ist Gott in der Natur nicht zu finden, solange dieser Gott mehr sein soll als eine bloße Schicksalsmacht. Positiv ausgedrückt: Mit dem Gott der Bibel darf das Herz ausgehen und Freude suchen an seines Gottes Gaben. Der Gott der Bibel, der Vater Jesu Christi, engt unseren Blick nicht ein; er macht ihn frei für die Bäume voller Laub, für die Lerche in der Luft, für die rauschenden Bäche und für alle anderen guten Gaben.

Und zugleich weiß der Mensch, der zu diesem freien Blick befreit ist, um die Vorläufigkeit und so auch um die Unvollkommenheit all dieser guten Gaben der Natur. Jedenfalls weiß es Paul Gerhardt. Sein Ausblick auf das Himmelreich läßt sein Lob der guten Schöpfung Gottes in der Gegenwart nicht verstummen. Dieser Lobpreis ist sich aber bewußt, daß er etwas besingt, was einmal an sein Ende kommen wird.

In diesem Sinne singen wir nun Vers 12:

> Doch gleichwohl will ich, weil ich noch/ hier trage dieses Leibes Joch,/ auch gar nicht stille schweigen;/ mein Herze soll sich fort und fort/ an diesem und an allem Ort/ zu deinem Lobe neigen.

Unser Gebet wollen wir in die Verse 13 - 15 einmünden lassen, die ja selber ein Gebet sind.

> Herr, unser Gott!

Du bist der Schöpfer aller Dinge und läßt unser Herz ausgehen, damit es sich an deinen Gaben freue. Dein guter Geist durchströmt die Welt und spendet Leben. Um deinen göttlichen Geist bitten wir dich, damit er unseren menschlichen Geist segne und uns blühen lasse und schließlich uns zur Freude deines Reiches hinführe.

Als Gebet singen wir Vers 13 -15:

> Hilf mir und segne meinen Geist/ mit Segen, der vom Himmel fleußt,/ daß ich dir stetig blühe;/ gib, daß der Sommer deiner Gnad/ in meiner Seele früh und spat/ viel Glaubensfrücht erziehe.

> Mach in mir deinem Geiste Raum,/ daß ich dir werd ein guter Baum,/ und laß mich Wurzel treiben./ Verleihe, daß zu deinem Ruhm/ ich deines Gartens schöne Blum/ und Pflanze möge bleiben.

> Erwähle mich zum Paradeis/ und laß mich bis zur letzten Reis'/ an Leib und Seele grünen,/ so will ich dir und deiner Ehr/ allein und sonsten keinem mehr/ hier und dort ewig dienen.

Jesus Christus hat uns von Gott dem Vater erzählt, der
die Vögel unter dem Himmel nährt und die Blumen auf dem
Feld so schön kleidet. In Jesu Namen dürfen wir nun Gott
als Vater anreden und also beten:

> Vater unser im Himmel.
> Geheiligt werde dein Name.
> Dein Reich komme.
> Dein Wille geschehe,
> wie im Himmel, so auf Erden.
> Unser tägliches Brot
> gib uns heute.
> Und vergib uns unsere Schuld,
> wie auch wir vergeben
> unsern Schuldigern.
> Und führe uns nicht in Versuchung,
> sondern erlöse uns von dem Bösen.
> Denn dein ist das Reich
> und die Kraft und die Herrlichkeit
> in Ewigkeit.
>
> Amen

## BEITRÄGE ZUR ERFORSCHUNG DES ALTEN TESTAMENTS UND DES ANTIKEN JUDENTUMS

Herausgegeben von Matthias Augustin und Michael Mach

Band 1 Jürgen Kegler/Matthias Augustin: Synopse zum Chronistischen Geschichtswerk. 1984.

Band 2 Yehoshua Amir: Studien zum Antiken Judentum. Mit einem Geleitwort von Michael Mach. 1985.

Band 3 Matthias Augustin: Der schöne Mensch im Alten Testament und im hellenistischen Judentum. 1983.

Band 4 Wolfram Herrmann: Ester im Streit der Meinungen. 1986.

Band 5 Karl Eberlein: Gott der Schöpfer - Israels Gott. Eine exegetisch-hermeneutische Studie zur theologischen Funktion alttestamentlicher Schöpfungsaussagen. 2. erweiterte Auflage 1989.

Band 6 Dieter Vieweger: Die Spezifik der Berufungsberichte Jeremias und Ezechiels im Umfeld ähnlicher Einheiten des Alten Testaments. 1986.

Band 7 Siegfried Wagner/Herbert Breit: Die Menschenfreundlichkeit Gottes. Alttestamentliche Predigten mit hermeneutischen Überlegungen. 1986.

Band 8 Christian Streibert: Schöpfung bei Deuterojesaja und in der Priesterschrift. Eine vergleichende Untersuchung zu Inhalt und Funktion schöpfungstheologischer Aussagen in exilisch-nachexilischer Zeit. 1989.

Band 9 Sara Japhet: The Ideology of the Book of Chronicles and its Place in Biblical Thought. 1989.

Band 10 Jan Heller: An der Quelle des Lebens. Aufsätze zum Alten Testament. Mit einem Geleitwort von Werner H. Schmidt. 1988.

Band 11 Michael Mach: Studien zur jüdischen Angelologie in hellenistisch-römischer Zeit. 1989.

Band 12 Hans Seidel: Musik in Altisrael. Untersuchungen zur Musikgeschichte und Musikpraxis Altisraels anhand biblischer und außerbiblischer Texte. 1989.

Band 13 Matthias Augustin/Klaus-Dietrich Schunck (Hrsg.), »Wünschet Jerusalem Frieden«. Collected Communications to the XIIth Congress of the International Organization for the Study of the Old Testament, Jerusalem 1986. 1988.

Band 14 Ithamar Gruenwald: From Apocalypticism to Gnosticism. Studies in Apocalypticism, Merkavah Mysticism and Gnosticism. 1988.

Band 15 Mathias Schubert: Schöpfungstheologie bei Kohelet. 1989.

Band 16 Siegfried Bergler: Joel als Schriftinterpret. 1988.

Band 17 Klaus-Dietrich Schunck: Altes Testament und Heiliges Land. Gesammelte Studien zum Alten Testament und zur biblischen Landeskunde. Band I. 1989.

Band 18 Nathan Schur: History of the Samaritans. 1989.

## DATE DUE

| | | | |
|---|---|---|---|
| | | | |
| | | | |
| | | | |
| | | | |
| | | | |
| | | | |
| | | | |
| | | | |
| | | | |
| | | | |
| | | | |
| | | | |
| | | | |
| | | | |
| | | | |
| | | | |

HIGHSMITH    # 45220